民商事再审
前沿实务与疑难解析

以最高人民法院案例为视角

丁义平◇著

RETRIAL
IN
CIVIL AND COMMERCIAL CASES

法律出版社 | LAW PRESS
北京

图书在版编目(CIP)数据

民商事再审前沿实务与疑难解析：以最高人民法院案例为视角 / 丁义平著. -- 北京：法律出版社，2023
ISBN 978 -7 -5197 -7885 -9

Ⅰ. ①民… Ⅱ. ①丁… Ⅲ. ①民事诉讼－再审－研究－中国 Ⅳ. ①D925.118.4

中国国家版本馆 CIP 数据核字(2023)第 073073 号

民商事再审前沿实务与疑难解析
——以最高人民法院案例为视角
MINSHANGSHI ZAISHEN QIANYAN SHIWU YU YINAN JIEXI
—YI ZUIGAO RENMIN FAYUAN ANLI WEI SHIJIAO

丁义平 著

策划编辑 林 蕊 周 洁
责任编辑 林 蕊 周 洁
装帧设计 臧晓飞

出版发行 法律出版社
编辑统筹 司法实务出版分社
责任校对 王 丰
责任印制 胡晓雅
经　　销 新华书店

开本 710 毫米×1000 毫米 1/16
印张 36.75 **字数** 583 千
版本 2023 年 5 月第 1 版
印次 2023 年 5 月第 1 次印刷
印刷 三河市兴达印务有限公司

地址：北京市丰台区莲花池西里 7 号(100073)
网址：www.lawpress.com.cn
投稿邮箱：info@lawpress.com.cn
举报盗版邮箱：jbwq@lawpress.com.cn

销售电话：010－83938349
客服电话：010－83938350
咨询电话：010－63939796

书号：ISBN 978 -7 -5197 -7885 -9 **定价**：138.00 元
凡购买本社图书，如有印装错误，我社负责退换。电话：010－83938349

序一

2017 年 10 月，丁义平律师回到母校厦门大学，带来了其专著书稿《通向再审之路——最高人民法院民商事再审疑难实务》，希望我提出修改意见。2018 年 3 月，我为该书写了几句推荐语："义平律师执业多年，身经百战，经验丰富，且潜心学术，著书立说，难能可贵。我阅读本书初稿之后，深感这是一部法理与司法紧密结合的学术著作，书中提出了很多独到的见解，发人深思。我国民事再审制度的改革任重而道远。义平律师为此做的努力值得称赞。"此后我得知该书在 2018 年 12 月被评为"深圳律师纪念改革开放 40 周年暨深圳市律师协会成立 30 周年之最佳专著"，深感欣慰，当即向义平表示祝贺。

2012 年至今，我在澳门科技大学兼任博士生导师。几年前，考虑到义平一直从事法律实务工作、勤奋且有钻研精神，我曾建议他到澳门科技大学看一看，争取在该校攻读法学博士，以求进一步深造。义平当时有所动心，但最终因为工作太忙等未能实现，我为此感到遗憾。在和他的交流中，我能感受到他不忘初心，始终在法律实务和法学研究相结合的道路上毅然前行，志在千里，勇攀高峰。尤其难能可贵的是，他在繁忙的律师工作之余，结合《民法典》及最高人民法院近年来新的审判实践，以及其自身的丰富实务经验，对民商事再审与抗诉实务中的前沿与疑难问题进行了全面总结、阐述及诠释，形成了本书。得知他的新作即将由法律出版社出版，我再次表示祝贺并欣然作序。

"文章千古事，得失寸心知。""欲穷千里目，更上一层楼。"期待义平律师继续努力，在从事法律服务的同时，创作更多优秀的作品，为我国民事司法制度的改革与完善作出新的贡献。

是为序。

中国法学会民事诉讼法学研究会副会长
厦门大学法学院教授
澳门科技大学博士生导师

2023 年 4 月 18 日

序二*

再审有别于一审、二审，其为民事诉讼法的最后一道程序防线，在着力于维持生效裁判之既判力时，需对确有错误的生效裁判进行有限度的纠错。它是维护司法公平正义的最后一道法律防线，是纠正冤假错案及维护社会和谐稳定的最后法律程序保障。众所周知，最高人民法院的再审司法裁判在一定程度上反映着中国法律实施的价值走向，这就需要明确而稳定。客观现实是，最高人民法院民商事再审程序与裁判标准与二审的差异不小，就是最高人民法院自身，民商事再审裁判尺度尚不统一，这显然需要改进。正因如此，从最高人民法院再审案例视角出发，对最高人民法院有关民商事再审启动主体、再审运行状况、申请再审法定事由认定以及常见的疑难实务展开分析和研究就显得极有必要。

丁义平律师所著《通向再审之路——最高人民法院民商事再审疑难实务》以民事诉讼法中的审判监督程序为切入点，以最高人民法院公布的再审案例为文本，通过对其近 3000 个民商事再审案例进行深入的研究分析，分上、中、下三篇共计二十个章节梳理、提炼、归纳和总结其中的热点、疑点和难点，揭示最高人民法院民商事再审案件的审判规律、运行机制和裁判经验。

该书上篇从再审启动主体、可再审裁判文书等入手，深入剖析当事人申请再审、检察机关检察监督和法院依职权启动再审的运行现状、抗诉改判率

* 原为本书上一版《通向再审之路——最高人民法院民商事再审疑难实务》（法律出版社 2018 年版）序。——编者注

和法院依职权启动再审的改判率等;中篇聚焦《民事诉讼法》第 200 条规定的 13 项法定再审事由,尤其是对再审新证据、适用法律错误和认定事实缺乏证据证明以及超出或遗漏诉讼请求等法定再审事由进行了全面分析、比较研究,详细阐释最高人民法院审判实务中该法定再审事由的认定标准;下篇就民商事再审案件中诸如合同解除、合同无效、管辖错误、可得利益、违约金调整、表见代理、情势变更、建设工程优先受偿权、不可抗力及民刑交叉等十一个疑难点的再审认定深入展开剖析和比较分析。

该书研究再审案例超过 3000 个,并对其中 729 个再审案例进行细致分析,案例资料翔实,资料来源准确,用翔实精简的案例辅助阐述民商事再审理论、程序和实务,深浅适度,重点突出,内容厚重。

该书对民商事再审中的一些较为疑难、复杂的问题进行了深入探索,具有一定的学术前沿性,第十章对管辖异议再审的研究、第六章适用法律错误中有关举证责任分配不当的研究、第十一章有关合同任意解除权抛弃特约效力的研究;第十四章有关民刑交叉研究、本书有关约定放弃违约金调整效力的研究等,为其代表。当然,不同读者对这些问题可能有不同的看法,但本书的观点不失为一种可以参考的视角。

该书是义平律师作为一个实务法律人对最高人民法院民商事再审理论、程序及实务的思考、研究和经验的总结,他作为长期从事民商事诉讼与仲裁业务的律师,在忙于代理案件的同时能潜心从事学术研究,非常难能可贵。本书虽不能说尽善尽美,但对窥探最高人民法院民商事再审启动、运行及裁判规律等确有裨益,在同类书籍中特色鲜明。值此《通向再审之路——最高人民法院民商事再审疑难实务》付梓之际,谨向义平律师表示祝贺,并期待其百尺竿头,更进一步。同时也向大家推荐此书,以供大家研究或实践时参考。

是为序。

崔建远

于 2018 年 2 月 27 日

定稿于清华大学法学院明理楼

前言

提笔落墨，我的脑海浮现一宗十几年前代理的保证保险合同纠纷再审案件。当事人是最早进入深圳的基建工程兵，当时参与修建了罗湖区建设路的南洋大厦等，为深圳的发展做过贡献。该案当时已经进入执行阶段，申请再审期限还有2个月，我就答应先接收材料，过一周再答复是否正式接受委托代理此案。经过一周的分析，我发现该案有再审成功的可能。

本着客户至上原则，我接受委托后，调查案情、收集资料、提出申请、中止执行、再审立案，案无大小，事无巨细，处处均全力以赴。现在再审立案比较便利，在当时却极为不易。法院收到申请再审材料后近1年未正式立案，主审法官电话告知该案件中我方当事人的确在银行的借款合同上签了字，初步分析立不了案。我据理力争，当即表示本案与是否借款无关，当事人是否购买了保证保险才是本案代位求偿纠纷的基本事实与争议焦点，而本案我方当事人未购买保证保险，本案保险代位求偿的基础不成立。我连夜草拟了一份长达3000多字的《保险代位求偿权纠纷案件再审立案之法律意见》，并于次日向法院提交，法院方再审立案。后经两次开庭，法院终撤销原判并发回重审，该案最终也以对方当事人撤回起诉、法院退回执行款而了结。

此后，在接受当事人委托代理再审时，在申请检察监督时，在最高人民法院第一巡回法庭做志愿律师时，我坚持从理论到案例，从案例到本案，代理、分析、研判再审案件，做好类案化研究，进行精细型总结。多年来，积累了经验，得到了教训。

为将多年的法律实务经验、教训与读者诸君分享，以最高人民法院鲜活、真实的再审案例为分析样本，探究再审程序、法定事由及要点之疑难实务，归纳、剖析再审实务之差异，便有了2018年出版的《通向再审之路：最高人民法院民商事再审疑难实务》（以下简称第1版书）这一拙著。该书一经出版，受到读者朋友们高度关注、肯定与好评，有读者通过邮件交流反馈阅读心得、探讨实务中疑难问题，有非律师读者阅后依例推研案情亲办案件。能对读者有所帮助，我颇感欣慰。2018年12月，该书被评为“深圳律师改革开放40周年暨深圳市律师协会成立30周年之最佳专著”。

2020年以来，《民法典》及相关司法解释相继颁行，《民事诉讼法》也几经修改，审判实践更是日新月异。代理申请检察监督，为检察机关出具专家咨询意见，我勤于实践潜心研究，获益良多，2021年6月2日，获评最高人民检察院“民事行政检察专家咨询网优秀专家”荣誉称号。为汲取法学理论与审判实践之最新成果，呈现民商事再审领域的最新变化、更高视野、更宽思维，增补、修正原稿实有必要。虽力“研阅以穷照”[1]，赖资质愚钝，又需兼顾工作，着笔钟情清晨，伏案总在假日。多年来，我反复校阅资料，苦研案例，终成拙稿。

依据2021年10月施行的《最高人民法院关于完善四级法院审级职能定位改革试点的实施办法》的内容，根据新颁布实施的相关规定，我对第1版书进行了修改，具体如下：第一章“当事人申请再审论述”和第四章“再审审理程序论述”进行了大量修正、补充，对未上诉是否具有再审利益，再审后发回重审能否申请再审等争议问题处加以论证，对再审、审判监督和依职权再审的数据及规律进行了重新审视；依照2021年8月施行的《人民检察院民事诉讼监督规则》，对第二章“当事人申请检察监督论述”进行了必要调整、全面补充；对第五章增加了第四节“刑事文书与新证据”；经与审判实践相验证，对第六章“适用法律确有错误论述”第七节进行重大增补；对第八章“超过或遗漏诉讼请求论述”进行了系统性梳理，使之更具有实务参考性，并增补了第三节“预备性诉讼请求审视”；权衡实务参考价值，已对第十章“管辖错误再审论述”忍痛割爱；依照《最高人民法院关于审理建设工程施工合同纠纷案件适用法律问题的解释（一）》，对“优先受偿权论述”章节进行了重大调整、修改，多维度归纳分析了实际施工人、工程价款债权受让人是否可以

---

〔1〕［南朝］刘勰：《文心雕龙》，王志彬译注，中华书局2018年版，第320页。

主张优先受偿权等。

此外，结合《民法典》及最高人民法院之审判实践，对民商事再审实务中高频词汇“表见代理（含容忍型表见代理）、可撤销合同、合同无效、合同解除，适用法律确有错误、可得利益、民刑交叉、情势变更”等诸多实务疑难问题进行了全面修正、诠释。另新增了公司对外担保、债务加入以及再审之法律原则适用等内容。

本书与其他有关民商事再审书籍相比，具有如下鲜明特色：（1）对再审启动主体、启动方式、法定事由及再审程序中常见的12个实体疑难问题进行了系统性、案例解析式研究，研究较为全面；（2）对国内民诉法学者、民商事领域知名学者的最新理论研究成果以及最高人民法院的最新审判动态予以呈现，理论和审判结论较为新颖；（3）绝大部分案例均为最高人民法院终局性案例，尤其是再审案例，所援引案例权威且具稳定性；（4）全面呈现了国内学术界、审判实务界对民商事再审程序与实体主要疑难问题的观点差异，有助于读者多视角解读。因此，本书对从事民商事再审理论、程序和实务领域的有关人士的研究、学习、代理乃至实务均具有参考价值，是一本民商事再审领域的工具书，相信读者朋友一定会开卷有益。

囿于学疏识浅，纰漏在所难免，敬请诸君不吝赐教，[1]将在后续再版中一并改进。法律的生命在于经验，而经验来自实践，正如明朝刘基所言：“物有甘苦，尝之者识；道有夷险，履之者知”，为了法治的进步，让我们在实践中携手前行吧。

---

〔1〕 联系邮箱：xmudingyp@163.com。

全称、简称规则及对照

一、法院、检察院简称

本书中，最高人民法院简称为“最高法”，最高人民检察院简称为“最高检”。

对地方法院的简称规则为：对地名，省略“省”“市”“区”等修饰；对法院的简称，按照层级由高至低，分别为“高院”“中院”“法院”。例如，陕西省高级人民法院简称为“陕西高院”。

对地方检察院的简称规则为：对地名，省略“省”“市”“区”等修饰；对检察院的简称，删除“人民”。例如，山西省人民检察院简称为“山西检察院”。

二、法律简称

1.《中华人民共和国民法典》简称《民法典》；

2.《中华人民共和国民事诉讼法》简称《民事诉讼法》；

3.《中华人民共和国公司法》简称《公司法》；

4.《中华人民共和国合同法》简称《合同法》（自2021年1月1日起失效，文中表述时以此简称为准，不再标注时效性）；

5.《中华人民共和国海商法》简称《海商法》；

6.《中华人民共和国刑法》简称《刑法》；

7.《中华人民共和国侵权责任法》简称《侵权责任法》（自2021年1月1日起失效，文中表述时以此简称为准，不再标注时效性）；

8.《中华人民共和国企业破产法》简称《企业破产法》；

9.《中华人民共和国民法总则》简称《民法总则》（自2021年1月1日起

失效,文中表述时以此简称为准,不再标注时效性)。

三、司法解释简称

1.《最高人民法院关于适用〈中华人民共和国民法典〉有关担保制度的解释》简称《民法典担保制度解释》;

2.《最高人民法院关于适用〈中华人民共和国民法典〉总则编若干问题的解释》简称《民法典总则编解释》;

3.《最高人民法院关于适用〈中华人民共和国民法典〉时间效力的若干规定》简称《民法典时间效力规定》;

4.《最高人民法院关于审理买卖合同纠纷案件适用法律问题的解释》简称《买卖合同解释》;

5.《最高人民法院关于审理商品房买卖合同纠纷案件适用法律若干问题的解释》简称《商品房买卖合同司法解释》;

6.《最高人民法院关于适用〈中华人民共和国民事诉讼法〉的解释》简称《民诉法解释》;

7.《最高人民法院关于适用〈中华人民共和国民事诉讼法〉审判监督程序若干问题的解释》简称《民诉法审监解释》;

8.《最高人民法院关于在审理经济纠纷案件中涉及经济犯罪嫌疑若干问题的规定》简称《民刑交叉规定》;

9.《最高人民法院、最高人民检察院、公安部关于办理非法集资刑事案件适用法律若干问题的意见》简称《非法集资意见》;

10.《最高人民法院关于审理民间借贷案件适用法律若干问题的规定》简称《民间借贷规定》;

11.《最高人民法院关于适用〈中华人民共和国合同法〉若干问题的解释(一)》简称《合同法司法解释(一)》(自 2021 年 1 月 1 日起失效,文中表述时以此简称为准,不再标注时效性);

12.《最高人民法院关于适用〈中华人民共和国合同法〉若干问题的解释(二)》简称《合同法司法解释(二)》(自 2021 年 1 月 1 日起失效,文中表述时以此简称为准,不再标注时效性);

13.《最高人民法院关于适用〈中华人民共和国公司法〉若干问题的规定(三)》简称《公司法解释三》;

14.《最高人民法院关于适用〈中华人民共和国刑事诉讼法〉的解释》简称《刑诉法解释》；

15.《最高人民法院关于审理建设工程施工合同纠纷案件适用法律问题的解释》简称《建设工程司法解释》(2004年)；

16.《最高人民法院关于审理建设工程施工合同纠纷案件适用法律问题的解释(二)》简称《建设工程司法解释》(2018年)；

17.《最高人民法院关于审理建设工程施工合同纠纷案件适用法律问题的解释(一)》简称《建设工程司法解释》(2020年)；

18.《最高人民法院关于民事诉讼证据的若干规定》简称《证据规定》；

19.《最高人民法院关于贯彻执行〈中华人民共和国民法通则〉若干问题的意见》简称《民法通则意见》(自2021年1月1日起失效,文中表述时以此简称为准,不再标注时效性)。

四、其他司法文件简称

1.《最高人民法院关于完善四级法院审级职能定位改革试点的实施办法》简称《四级法院审级职能定位改革办法》；

2.《全国法院民商事审判工作会议纪要》简称《九民纪要》；

3.《人民检察院民事诉讼监督规则》简称《民诉监督规则》。

目录

上　篇

第一章　当事人申请再审论述 …… 3
第一节　申请再审主体 …… 5
一、当事人 …… 5
二、继受人 …… 8
三、案外人 …… 9
四、遗漏人 …… 11
第二节　申请再审对象 …… 13
一、生效判决书 …… 13
二、民事调解书 …… 13
三、生效裁定书 …… 18
四、驳回管辖异议生效裁定书 …… 19
五、再审发回重审后生效裁判 …… 21
第三节　申请再审期限 …… 25
一、原审当事人申请期限 …… 25
二、案外人申请再审期限 …… 25
三、民事调解书申请期限 …… 26
第四节　申请再审法院 …… 26
一、只向上一级法院申请 …… 26
二、也可向原审法院申请 …… 26

三、调解只可向高院申请 …… 27
四、限制向最高法申请 …… 27
第五节 结 语 …… 27

第二章 当事人申请检察监督论述 …… 28
第一节 申请检察监督程序要点 …… 29
一、申请检察监督主体 …… 29
二、检察监督前置程序 …… 30
三、申请检察监督对象 …… 31
四、申请检察监督期限 …… 32
五、申请上级监督复查 …… 33
第二节 检察监督法定事由 …… 34
一、监督事由比较 …… 34
二、依职权而监督 …… 36
三、检察机关抗诉 …… 37
四、依职权再抗诉 …… 39
五、再审检察建议 …… 40
第三节 检察监督与申请再审差异 …… 42
一、能否鉴定勘验不同 …… 42
二、能否调查取证不同 …… 42
第四节 检察机关抗诉与再审改判 …… 43
一、检察监督与再审改判 …… 43
二、最高检抗诉与改判 …… 45
第五节 结 语 …… 50

第三章 法院依职权启动再审论述 …… 51
第一节 法院依职权启动再审原由 …… 53
一、依职权再审裁判文书 …… 53
二、应当依职权再审案件 …… 53
三、依职权再审线索来源 …… 53
第二节 生效裁判确有错误认定 …… 55

第三节　法院依职权启动再审概况 …… 56
第四节　法院依职权再审改判比例 …… 58
第五节　结　语 …… 61

第四章　再审审理程序论述 …… 62
第一节　再审受理阶段 …… 62
一、收取材料审核程序分开 …… 63
二、再审申请增加必要内容 …… 63
三、最高法下移审查机制 …… 63
四、最高法裁定提审类型 …… 64
五、高院上报审理机制 …… 64
六、释明律师代理最高法 …… 64
第二节　再审审查阶段 …… 65
一、审查标准 …… 65
二、审查方式 …… 68
三、司法鉴定 …… 70
四、审查结果 …… 71
第三节　再审审理阶段 …… 75
一、程序:生效裁判审级 …… 75
二、审理:基本规律探索 …… 76
三、改判:法律原则适用 …… 80
第四节　结　语 …… 84

中　篇

第五章　再审新证据论述 …… 87
第一节　新证据构成要件 …… 88
一、形式要件 …… 88
二、实质要件 …… 89
三、逾期制裁 …… 92
第二节　新证据四大类型 …… 93

一、新发现的证据 …… 93
二、新取得的证据 …… 94
三、新形成的证据 …… 95
四、未质证的证据 …… 97
第三节 新证据提交时间 …… 97
第四节 刑事文书与新证据 …… 98
一、文书种类:在后裁判文书与程序性文件 …… 98
二、裁判差异:在后刑事文书与再审新证据 …… 99
三、评判策略:在后刑事文书与再审新证据 …… 100
第五节 结 语 …… 103

第六章 适用法律确有错误论述 …… 105
第一节 适用的法律与案件性质明显不符 …… 107
第二节 确定民事责任明显违背当事人约定或法律规定 …… 109
第三节 适用已经失效或未施行的法律 …… 111
第四节 违反法律溯及力规定 …… 112
第五节 违反法律适用规则 …… 114
第六节 明显违背立法原意 …… 116
第七节 举证责任分配不当 …… 118
一、举证责任分配:法定原则 …… 119
二、现状检视:“举证责任分配不当”普遍存在且影响裁判公正 …… 122
三、原因剖析:举证责任分配法定要素界定失当 …… 125
四、解决路径:宏观、中观及微观层面协同推进 …… 132
第八节 结 语 …… 137

第七章 认定事实缺乏证据证明论述 …… 138
第一节 基本事实的认定标准 …… 139
一、对原裁判有实质性影响的事实 …… 140
二、确定主体资格、案件性质、权利义务的事实 …… 141
第二节 基本事实缺乏证据证明的类型 …… 145
一、缺乏基本证据 …… 145

二、认定的事实未达到“证明标准” …… 146
三、明显违反日常生活经验法则和逻辑推理 …… 147
四、以虚假的自认作出的裁判 …… 149
第三节　结　语 …… 149

第八章　超出或遗漏诉讼请求论述 …… 151
第一节　超出诉讼请求辨析 …… 152
一、超出诉讼请求类型 …… 153
二、超出诉讼请求界定 …… 155
第二节　遗漏诉讼请求辨析 …… 161
一、遗漏诉讼请求类型 …… 161
二、遗漏诉讼请求处理思路 …… 164
第三节　预备诉讼请求审视 …… 165
一、理论阐述:预备性诉讼请求之构成要件 …… 166
二、呈现模式:主动提出与释明后追加 …… 167
三、司法实践:预备诉讼请求得到实证检验 …… 168
四、再审视角:超出或遗漏诉请之界定 …… 171
第四节　结　语 …… 172

第九章　其他程序性事由论述 …… 173
第一节　审判组织不合法或未依法回避 …… 173
第二节　非本人原因未能参加诉讼 …… 178
第三节　剥夺当事人辩论权利 …… 179
第四节　未经传票传唤缺席判决 …… 183
第五节　作出原判决裁定的法律文书被撤销或变更 …… 184
第六节　审判人员审理该案件时贪、弊、枉 …… 185
第七节　原裁判认定事实的主要证据系伪造 …… 187
第八节　未质证原裁判认定事实的主要证据 …… 188
第九节　人民法院未调查收集主要证据 …… 192
第十节　结　语 …… 196

下　　篇

第十章　债务加入论述 …………………………………………………… 199
第一节　债务加入构成要件 ………………………………………………… 200
第二节　债务加入与追偿权 ………………………………………………… 202
第三节　债务加入与保证担保 ……………………………………………… 205
第四节　债务加入与债务转移 ……………………………………………… 213
第五节　结　语 ……………………………………………………………… 215

第十一章　公司对外担保论述 ……………………………………………… 216
第一节　相对人善意认定 …………………………………………………… 217
第二节　公司的过错界定 …………………………………………………… 222
第三节　相对人过错识别 …………………………………………………… 224
第四节　结　语 ……………………………………………………………… 228

第十二章　合同解除权论述 ………………………………………………… 229
第一节　解除权行使主体 …………………………………………………… 230
一、法定解除权行使主体 …………………………………………………… 230
二、违约方可司法解除 ……………………………………………………… 234
三、双方违约综合判断 ……………………………………………………… 239
第二节　合同解除事由 ……………………………………………………… 240
一、法定解除 ………………………………………………………………… 240
二、约定解除 ………………………………………………………………… 244
第三节　合同解除权的行使 ………………………………………………… 244
一、合同解除期限 …………………………………………………………… 244
二、合同解除权的行使 ……………………………………………………… 247
第四节　合同解除异议 ……………………………………………………… 249
第五节　任意解除权抛弃 …………………………………………………… 252
第六节　合同解除:违约金与溯及力 ………………………………………… 258
一、合同解除与违约金 ……………………………………………………… 258

二、合同解除与溯及力 …… 260
第七节　结　语 …… 261

第十三章　合同无效论述 …… 262
第一节　违反效力性强制规定 …… 263
第二节　违反公序良俗之原则 …… 267
第三节　恶意串通损害他人权益 …… 272
一、债务人与第三人逃债型恶意串通 …… 277
二、双方当事人恶意串通欺诈第三人 …… 281
三、双方当事人恶意串通规避法律 …… 283
四、公司与他人恶意串通损害公司股东合法权益 …… 284
五、出卖人与后买受人恶意串通为多重转让 …… 286
六、与对方具有职权的职员恶意串通,损害国家利益 …… 288
第四节　虚假的意思表示 …… 290
一、相对人具有受领的意思表示 …… 291
二、表意人所做意思表示不属于内心真意 …… 291
三、以虚假法律行为掩盖其他法律行为 …… 292
四、表意人与相对人通谋 …… 298
第五节　结　语 …… 300

第十四章　可得利益论述 …… 301
第一节　可得利益概念 …… 302
第二节　可得利益损失调整规则 …… 303
一、可预见性规则 …… 303
二、过失相抵规则 …… 308
三、减轻损失规则 …… 310
四、损益相抵规则 …… 311
第三节　可得利益损失范围 …… 314
一、生产利润损失 …… 314
二、经营利润损失 …… 315
三、转售利润损失 …… 317

第四节　可得利益计算方法 …… 318
一、约定法 …… 318
二、估算法 …… 320
三、差额法 …… 321
四、类比法 …… 322
五、综合裁量法 …… 323
六、委托鉴定法 …… 324
第五节　可得利益损失限制 …… 326
一、可得利益损失仅限于合同领域,侵权领域不适用 …… 326
二、可得利益损失受到合同效力的限制 …… 327
三、可得利益损失受限于"客观确定性" …… 328
四、可得利益损失受限于"违约事实" …… 329
五、可得利益损失受限于当事人事先约定 …… 330
六、可得利益损失受限于违约方之合法利益 …… 331
第六节　结　语 …… 331

第十五章　民刑交叉论述 …… 332
第一节　民刑交叉界定标准 …… 334
一、界定标准:同一事实 …… 334
二、司法实践:认定路径 …… 335
第二节　民刑并举 …… 338
一、因债务人犯罪,要求担保人承担民事责任型 …… 339
二、行为人犯罪,追究法人民事责任型 …… 340
三、因负责人职务犯罪,追究法人民事责任型 …… 341
四、侵权人犯罪,要求保险人承担民事责任型 …… 342
五、施害人犯罪,请求其他主体承担民事责任型 …… 342
六、无须以刑事案件审理结果为依据型 …… 343
七、出借人起诉民事案件与刑事案件非同一型 …… 344
八、出借人起诉款项未纳入犯罪金额型 …… 345
第三节　先刑后民 …… 345
一、在办刑事案件与民事程序衔接 …… 346

二、违反先刑后民，应在再审中撤销 …… 349
三、法院在办民事案件继续进行的前提 …… 349
第四节　先民后刑 …… 350
一、刑事案件暂无进展，已核实违法行为可先民后刑 …… 350
二、权属确认型民刑交叉案件可先民后刑 …… 350
三、商业秘密等知产民刑交叉案件可先民后刑 …… 351
第五节　民刑交叉与合同效力 …… 352
一、涉诈骗类民事合同效力认定 …… 352
二、非法吸收公众存款罪成立的合同效力存有争议 …… 356
第六节　刑事追赃与民事再审 …… 359
一、刑事判决追缴具体明确的，不予受理型 …… 360
二、刑事判决追缴不明确具体的，应予受理型 …… 360
三、刑事追缴不能弥补损失，追究其他主体民事责任型 …… 361
四、刑事追缴与民事诉讼并行型 …… 362
第七节　结　语 …… 363

第十六章　约定违约金调整论述 …… 364
第一节　违约金性质 …… 365
第二节　违约金调整总论 …… 369
一、申请调整主体为当事人 …… 369
二、有权调整主体为司法机构 …… 371
三、申请调整违约金的时间 …… 372
四、违约金调整及请求方式 …… 373
五、违约金调整与证明责任 …… 375
六、约定放弃违约金调整效力 …… 376
第三节　违约金调整原则 …… 379
一、以违约造成的实际损失为基础 …… 380
二、兼顾合同履行情况及预期利益等 …… 382
三、结果上应符合公平与诚实信用原则 …… 389
第四节　非借贷的金钱给付合同违约金调整规则 …… 391
第五节　国有土地使用权出让合同纠纷违约金调整 …… 393

第六节　结　语 …… 396

第十七章　表见代理论述 …… 397

第一节　表见代理的概念 …… 398

第二节　表见代理的构成要件 …… 402

一、行为人以本人名义对相对人实施“代理”行为 …… 402

二、没有代理权超越代理权或代理权终止后实施代理行为 …… 404

三、客观上行为人具有代理权外观表象 …… 405

四、相对人基于善意且无过失地信赖该行为人有代理权 …… 416

五、关于是否需以本人具有可归责性为要件存有争议 …… 426

第三节　容忍型表见代理 …… 428

第四节　结　语 …… 432

第十八章　情势变更原则论述 …… 434

第一节　概念辨析 …… 435

第二节　构成要件与适用条件 …… 436

一、发生客观情势的重大异常变更 …… 436

二、无法定或约定风险的归属 …… 440

三、发生于合同成立后履行完毕前 …… 442

四、为当事人缔约时所不可预见 …… 443

五、不可归责于当事人 …… 443

六、继续按原合同履行对当事人一方明显不公平 …… 444

七、受不利影响当事方有权请求与对方重新协商 …… 446

八、由人民法院或仲裁机构变更或解除 …… 447

九、人民法院或仲裁机构不得主动援用情势变更原则 …… 447

十、该重大变化不属于商业风险 …… 448

第三节　情势变更与不可抗力 …… 448

一、引起原因不同 …… 449

二、导致结果不同 …… 449

三、法律责任不同 …… 449

四、法律性质不同 …… 450

第四节　情势变更与商业风险 …… 450
一、是否具有意外属性不同 …… 450
二、是否具有可预见性不同 …… 451
三、是否具有可归责性不同 …… 452
四、履行后果不同 …… 453
第五节　情势变更与显失公平 …… 454
一、法定事由不同 …… 454
二、启动主体不同 …… 455
三、产生时间不同 …… 455
四、产生原因不同 …… 455
五、法律性质不同 …… 455
第六节　结　语 …… 456

第十九章　建设工程价款优先受偿权论述 …… 457
第一节　优先受偿权行使主体 …… 459
一、与发包人订立建设工程施工合同的承包人 …… 459
二、装饰装修工程承包人 …… 459
三、发包人直接发包的其他专业工程承包人 …… 460
四、实际施工人 …… 460
五、工程款债权受让人 …… 464
六、工程总承包人 …… 467
第二节　优先受偿权行使范围 …… 468
一、优先受偿权保护范围包括直接费、间接费、利润和税金等 …… 469
二、承包人对发包人支付或承诺支付的补偿款项不享有优先受偿权 …… 469
三、不得就利息违约金损害赔偿金主张优先受偿权 …… 470
四、工程质保金可优先受偿 …… 471
第三节　优先受偿权行使方式 …… 472
一、催告函 …… 472
二、协议将建设工程优先抵债或折价 …… 474
三、通过诉讼或仲裁的方式主张工程价款优先受偿权 …… 475

四、承包人等权利人直接在执行阶段主张优先受偿权 …………… 475
第四节 建设工程价款优先受偿权行使期限 ……………………… 477
一、以生效裁判文书确定的时间为准 ……………………………… 478
二、有明确约定且合同已经履行完毕的,从约定 ………………… 478
三、双方未约定或约定不明且未结算,工程价款不确定型 ……… 479
四、破产案件受理日为工程加快应付日 ………………………… 484
第五节 放弃行使优先受偿权 ……………………………………… 486
一、无效说 …………………………………………………………… 487
二、有效说 …………………………………………………………… 488
三、最高法观点 ……………………………………………………… 489
第六节 合同效力与建设工程优先受偿权 ………………………… 491
一、历史沿革:合同效力与优先受偿权 …………………………… 491
二、现行规定:优先受偿权仅以建设工程质量是否合格为前提 …… 492
三、司法实践:来自最高法案例 …………………………………… 493
第七节 结 语 ………………………………………………………… 494

第二十章 可撤销合同论述 ……………………………………… 495
第一节 可撤销合同的特征 ………………………………………… 497
一、可撤销合同是意思表示有瑕疵的合同 ……………………… 497
二、可撤销合同在撤销前有效 …………………………………… 498
三、意思表示有瑕疵的一方才享有请求撤销合同的权利 ……… 499
四、当事人必须在一定期限内行使合同撤销权 ………………… 500
五、当事人必须以一定方式行使合同撤销权 …………………… 502
第二节 可撤销合同类型及其构成要件 …………………………… 503
一、重大误解的合同 ………………………………………………… 503
二、受欺诈订立合同 ………………………………………………… 509
三、受胁迫订立合同 ………………………………………………… 514
四、显失公平的合同 ………………………………………………… 520
第三节 撤销的法律后果 …………………………………………… 529
第四节 结 语 ………………………………………………………… 530

第二十一章 不可抗力论述 …… 531
第一节 不可抗力的特征 …… 532
一、须为当事人缔约时所不可预见 …… 532
二、结果上不能抗拒 …… 533
三、免除事由与其不履行义务之间存在必然联系 …… 533
第二节 不可抗力的后果 …… 534
一、责任免除 …… 534
二、解除合同 …… 537
三、迟延履行 …… 537
第三节 不可抗力的范围 …… 537
一、自然灾害 …… 537
二、社会异常事件 …… 539
三、政府行为 …… 540
第四节 不可抗力之约定 …… 543
第五节 结 语 …… 544

参考书目 …… 545

附录 最高人民法院民事案件当事人申请再审指南 …… 555

后 记 …… 561

上　篇

在终局判决获得确定、诉讼程序终结之后，判决的结果应当获得尊重；如若不然，纠纷将无法解决，诉讼制度的目的也无法实现。不过，如果对判决中存在的重大瑕疵置之不理，那么不仅违反裁判公正之理念，而且对于当事人来说显得过于残酷，进而使裁判无法获得应有的权威和人们对其的信赖，这正是再审制度之必要及根基所在。[1] 为了维护法的安定性和司法权威，维护裁判的既判力，依一事不再理之原则，严格限制轻易改判成为各大法系国家的基本共识。但为了调节确定判决的安定性及判决的正确性及法律正义，[2]早在秦汉时期，我国便有“乞鞫”制度，允许当事人或其亲属在判决生效后3个月内要求司法机关复审。[3] 而大陆法系国家和英美法系国家也均设置了再审纠错机制。

根据我国现行法律规定，民事再审启动方式分为四类，分别为当事人申请、案外人申请、检察机关提起检察监督和法院依职权启动。

当事人(含案外人、继受人，下同)不服生效裁判，向法院申请再审，凡符合形式要求的，法院会给“民申”案号。对于“民申”字案件，法院审查认为符合再审条件的，人民法院决定再审，当事人才会得到“民再”字案号；检察机关决定抗诉的，会出“检民监”字民事抗诉书，向法院提出抗诉，法院受理抗诉后，会有“民抗”字裁定书。然后进入再审审理阶段，会有“民再”字案号；法院发现原案件确有错误，决定依职权审查的，会有“民监”字案号，然后进入再审审理阶段，会有“民再”字案号。

就生效裁判文书中的判决和裁定而言，当事人申请和检察机关提起检察监督的法定事由完全一致，均为《民事诉讼法》第207条规定的情形；但就调解书而言，当事人申请再审的事由仅为违反自愿原则和调解内容违反法律规定，而检察机关对调解书进行检察监督情形为该调解书损害国家利益、社会公共利益或当事人通过虚假诉讼获得的民事调解书。相比当事人申请再审和检察机关提起检察监督这两种再审启动方式，法院依职权启动再审的标准和审理程序更为模糊，我国现行法律对此规定极为简单，即以“确有错误”为唯一标准。故在一定程度上，法院依职权启动再审的方式缺乏可操作性和透明性，充满神秘色彩。此外，现行《民事诉讼法》对案外人申请再审规定较为简单，且实务中存有争议，本书将其放在第一章“当事人申请再审论述”中予以讨论。

本书上篇共四章，第一章为“当事人申请再审论述”；第二章为“当事人申请检察监督论述”；第三章为“法院依职权启动再审论述”；第四章为“再审审理程序论述”。

---

〔1〕［日］新堂幸司：《新民事诉讼法》，林剑锋译，法律出版社2008年版，第665页。

〔2〕参见齐树洁主编：《台湾地区民事诉讼制度》，厦门大学出版社2016年版，第200页。

〔3〕参见程政举：《张家山汉墓竹简反映的乞鞫制度》，载《中原文物》2007年第3期。

第一章 当事人申请再审论述

公平与正义是人类孜孜以求的目标。故无论是大陆法系国家还是普通法系国家,民事诉讼程序均为输出公平正义的机制。但人类的经验和理性都证实,包括民事诉讼程序在内的所有诉讼程序都有可能输出非正义的诉讼结果,因而就出现了纠正这种非正义结果的特殊救济程序和制度,也就是再审程序和再审制度。[1]

就大陆法系国家而言,《德国民事诉讼法典》第578条等规定,对于以确定的终局判决而终结的诉讼程序,当事人可依取消之诉或回复原状之诉进行再审。在德国现行的民事诉讼再审程序中,提起再审的主体只能是当事人——在主诉中由败诉方当事人提起,即使是部分败诉的当事人也可以提起再审之诉。按照《法国民事诉讼法》第593条和第594条之规定,再审的目的是撤销已经发生既判力的判决,以期在法律上与事实上重新作出裁判;再审申请仅能由作为原判决当事人的人或委托代理人提出。[2] 依据《日本新民事诉讼法》第338条的规定,再审指对已作出确定(生效)终局判决的案件,依当事人的申请,要求作出判决的法院就其判决是否正确进行审查的程序。[3]

在不懈追求纠纷一次性解决的普通法系之美国,尽管不存在典型意义

---

〔1〕 参见汤维建:《从模式比较的视角看我国民事再审制度的改革与完善》,载《时代法学》2006年第4期。

〔2〕 参见《法国民法典,民事诉讼法典》,罗结珍译,国际文化出版公司1997年版,第565页。

〔3〕 参见白绿铉编译:《日本新民事诉讼法》,中国法制出版社2000年版,第114页。

上的再审制度，但美国民事诉讼中有所谓再审理（new trial）的制度，是指在陪审团作出的裁决或者法官作出的判决被登记后28日内，根据当事人的申请，把事实的全部或一部分重新提交给原审同一法院进行的开庭审理机制。

其实，两大法系均赋予当事人申请再审或某种程度上再审启动的权利，其原因在于当事人受生效裁判既判力的约束，是诉讼权益得失的直接关系人，对案件实体正义和程序正义的理解最具深刻性，他们是实现诉讼正义最忠实的力量。〔1〕

我国现行《民事诉讼法》第206条和第208条分别规定当事人可以对民事判决、裁定和调解书申请再审。根据表1－1可知，2017年至2022年，民事抗诉再审审查收案数量与全国法院民事再审审查收案数量比均不超过2%；依职权再审审查收案数量〔2〕与全国法院民事再审收案数量比分别为5.6%、5.4%、17.4%、10.1%、8.8%、6.7%，该数量占比也非常低。而当事人申请民事再审与全国法院民事再审审查收案数量比分别为92.7%、92.8%、80.8%、87.9%、89.4%、91.8%。可见，当事人（含案外人）申请再审系是全国法院民事再审审查案件的主要来源。

表1－1　全国法院再审审查收案情况汇总

年份	全国法院再审审查收案数/件	民事申请再审审查收案数/件	占比/%	民事依职权再审审查收案数/件	占比/%	民事抗诉再审审查收案数/件①	占比/%
2022	298,374	273,905	91.8	20,007	6.7	4392	1.5
2021	317,902	284,353	89.4	27,921	8.8	5628	1.8
2020	263,772	231,914	87.9	26,649	10.1	5209	2.0
2019	290,354	234,504	80.8	50,567	17.4	5283	1.8
2018	225,493	209,246	92.8	12,238	5.4	4009	1.8
2017	180,097	166,949	92.7	10,072	5.6	3176	1.8

数据来源：《最高人民法院公报》（2018～2023年）。

①《最高人民法院公报》公布的该民事抗诉再审审查数据与《中国法律年鉴》及《最高人民检察院工作报告》公布的抗诉案件数量（详见本书第二章表2－2）略有差异。

〔1〕 参见刘练军：《既判力、再审制度与司法公正》，载《杭州师范大学学报（社会科学版）》2012年第5期。

〔2〕 最高法依职权启动再审案例数量更是极少，据笔者根据公开资料不完全统计，最高法依职权启动再审自2016年后每年不超过100件，详情请参阅本书第三章第四节。

此外，在最高法层面，当事人申请再审的案件数量也不少。据笔者通过"中国裁判文书网"检索统计，截至2022年8月13日公布的案例中，裁判日期为2022年4月15日的当事人申请再审案件的裁判文书案号(2021)最高法民申7956号；2020年度为(2020)最高法民申7094号；2019年度为(2019)最高法民申6933号；2018年度为(2018)最高法民申6305号；2017年度为(2017)最高法民申5124号；裁判日期为2016年12月16日的当事人申请再审案件的裁判文书案号为(2016)最高法民申3788号。因此，2016年度，最高法受理当事人申请再审的案件至少有3788件，2017年度至少有3663件，2018年度至少有2442件，2019年至少有6933件，2020年至少有7094件，2021年至少有7956件。

当然，我们应该看到，受限于《四级法院审级职能定位改革办法》第11条之规定，在该实施办法持续有效之前提下，当事人向最高法申请再审之案例数量会急剧下降。

第一节　申请再审主体

一、当事人

原审判决书、调解书、裁定书的当事人，不仅包括原告、被告，也包括第三人(不承担责任的无独立请求权第三人除外)。此外，就当事人而言，应为部分败诉或全部败诉的当事人，不包括完全胜诉一方的当事人。

在左某全与陈某、四川建东建筑工程有限公司(以下简称建东公司)等建设工程施工合同纠纷案中，最高法认为，无独立请求权的第三人参加诉讼后，对双方当事人的诉讼标的没有独立请求权，不享有独立的诉讼地位，在人民法院没有判决无独立请求权的第三人承担民事责任的情形下，其并无上诉的权利，亦无申请再审的权利。本案中，一审法院依建东公司申请而通知左某全参加本案诉讼，一审、二审法院没有判决左某全承担民事责任，左某全不具有提起上诉和申请再审的权利。[1]

此外，未上诉，或者一审裁判后因其他方上诉但二审未改判，未上诉的

〔1〕 最高法民事裁定书，(2021)最高法民申5856号。

当事人是否可以申请再审，这个问题越来越值得关注。在司法实务中，经常会出现这样一种情况：虽然当事人对一审裁判结果不满意，但是不依法提起上诉，而是待一审裁判结果生效后，直接申请再审。对此，最高法审判实践差异明显，该差异还呈现时间交叉的特征。

观点一认为，对于无正当理由未提起上诉的当事人，一般不应再为其提供特殊的再审救济机制，[1]否则将变相鼓励或放纵不守诚信的当事人滥用再审程序，从而使特殊程序异化为普通程序，这不仅是对诉讼权利的滥用和对司法资源的浪费，也有违二审终审制的基本原则。当事人未经上诉直接申请再审，属于滥用申请再审诉权，缺乏再审利益，应当从程序上直接予以驳回。

在大庆市凯达物流有限公司与大庆市工商业融资担保有限公司等追偿权纠纷案中，最高法认为，再审申请人虽主张一审判决存在错误，但在法定上诉期限内未提起上诉，亦未提供客观上导致其不能行使诉权的合理理由，其放弃法律规定的常规性救济途径，即应当承担该处分行为所致的失权后果。故二审法院以其未提起上诉为由对其不承担保证责任的主张不予审查并无不当。其未经上诉直接向最高法申请再审，属于滥用再审程序的情形，故对其关于原审法院适用法律错误的主张，最高法从程序上直接予以驳回。[2]

在孔某忠、孙某厚、孙某明与南京银河生物技术有限公司、达森生物药业有限公司合同纠纷案中，最高法认为，对于无正当理由未提起上诉且二审判决未改变一审判决对其权利义务判定的当事人，不应再为其提供特殊的救济机制，对其再审申请可不予审查。[3]

观点二认为，对于当事人申请再审的理由能否成立，不应仅以应上诉而未上诉即从形式上作出否定评价，而是应在具体分析再审事由能否成立的

---

〔1〕 地方高院的再审案例也非常普遍，可参见广东高院（2021）粤民申 4054 号、（2020）粤民申 13036 号、（2019）粤民申 1951 号；北京高院（2020）京民申 355 号；青海高院（2022）青民申 510 号等。

〔2〕 最高法民事裁定书，（2020）最高法民申 7058 号。类案还有最高法民事裁定书：（2020）最高法民申 6979 号、（2019）最高法民申 4560 号、（2019）最高法民申 1613 号。另（2017）最高法民申 2483 号案例刊登在《最高人民法院公报》2018 年第 7 期。

〔3〕 最高法民事裁定书，（2021）最高法民申 4023 号。

基础上作出认定。自2020年11月后的最高法裁定书明显呈现上述变化趋势。即使被申请人以再审申请人未提起上诉作为抗辩理由,相关裁定书仍然对再审申请人的再审理由能否成立作出具体分析。在(2020)最高法民再234号案[1]中,再审申请人李某一审经法院依法传唤未出庭,二审未上诉,但最高法依然受理了其再审申请,并最终改判免除其3000万元的担保责任。该裁定书传达的价值导向显然是"实质正义"高于"程序正义"。

在青海新田房地产开发有限公司(以下简称新田公司)与万利建设有限公司、吴某永合资、合作开发房地产合同纠纷案中,最高法认为,虽然根据《民诉法解释》(2020年)[2]第381条的规定"当事人认为发生法律效力的不予受理、驳回起诉的裁定错误的,可以申请再审",对裁定申请再审的类型仅限于不予受理和驳回起诉的裁定,按自动撤回上诉处理的裁定不能申请再审。但是鉴于按自动撤回上诉处理的裁定作出后一审判决即发生法律效力,如对一审判决不服,当事人可以通过直接针对一审判决申请再审获得救济。本案新田公司系依法对一审判决申请再审,依法应予审查。另外,本案中,新田公司收到上诉案件交费通知书后未按照指定期限交纳二审案件受理费,其关于免交诉讼费的申请亦不符合规定,最高法依法裁定按新田公司撤回上诉处理。本案不存在新田公司未上诉且认可一审判决情形。故新田公司有权对一审判决申请再审。[3]

笔者认为,2018年9月15日发布的《最高人民检察院关于停止执行〈人民检察院民事诉讼监督规则(试行)〉第三十二条的通知》,要求针对人民法院作出的已经发生法律效力的一审民事判决、裁定提出的监督申请,无论是否提出过上诉,只要符合《民事诉讼法》(2012年)第209条规定[4],均应依法受理。《民诉监督规则》在2021年8月1日施行后,当事人可以针对人民法院作出的已经发生法律效力的一审民事判决、裁定向人民检察院提出监

[1] 裁判日期为2020年11月20日。

[2] 案例中引用判决时适用的规定版本。对于已被修改的法律、司法解释等,法条序号或内容与现行有效的不同的,在法律或文件名称后加年份,如《民事诉讼法》(2012年);对于已失效的,在法律或文件名称后加"(已失效)"。全书同。

[3] 最高法民事裁定书,(2021)最高法民申7905号,裁判日期为2022年3月7日。

[4] 对应现行《民事诉讼法》第216条。

督申请。[1] 从保护当事人诉权的角度看，我国《民事诉讼法》对再审的补充性[2]没有作出明文规定，也并未明确限制当事人可以申请再审的生效裁判文书之类型。依据文义解释，当事人针对一审生效裁判、未上诉且二审未改判的裁判申请再审，并不违反《民事诉讼法》的规定。因此，予以受理是应有之义。对于确无正当合理理由不上诉而径直申请再审的当事人，人民法院有权以不诚信参与诉讼为由予以民事制裁。

二、继受人

根据《民诉法解释》第 373 条第 1 款之规定，当事人死亡或者终止的，其权利义务承继者可以根据《民事诉讼法》第 206 条、第 208 条的规定申请再审。因此，原审案件当事人死亡或者终止的，其权利义务承受人可以申请再审并参加再审诉讼。所谓当事人死亡，此处当事人当指自然人，自然人死亡，根据《民法典》第 1127 条、第 1128 条、第 1129 条以及 1133 条之规定有关法定继承、代位继承、遗嘱继承等规定，进而确定该自然人的合法继承人，由该全体合法继承人共同提出再审申请，但明确放弃权利的继承人除外。

所谓当事人终止，当指企业、公司或社会组织注销。在（2018）最高法民申 2212 号案中，原二审执行过程中哈尔滨中院认定广宇公司已办理注销登记，清算报告中载明公司债务由股东孙某洋、孙某利负责，因此广宇公司注销后，最高法认为孙某洋、孙某利作为广宇公司权利义务承继人，可以申请再审。

在胡某国等与宁夏第二建筑有限公司等民间借贷纠纷案中，依据宁夏第二建筑有限公司申请再审时提交的《企业名称变更核准通知书》和企业法人营业执照载明的内容，宁夏二建集团有限责任公司已于 2013 年 6 月 28 日经工商行政管理部门核准，企业名称变更为宁夏第二建筑有限公司。最高法认为，作为原宁夏二建集团有限责任公司权利义务的承继者，宁夏第二建筑有限公司就本案申请再审是适格的主体。[3]

---

〔1〕 详见该规则第 19 条。

〔2〕 但学术界对此有研究和呼吁，可参见李浩：《再审的补充性原则与民事再审事由》，载《法学家》2007 年第 6 期；孟祥刚、程卫华：《当事人申请再审权与司法既判力之衡平》，载《人民司法》2012 年第 13 期。

〔3〕 最高法民事裁定书，（2015）民申字第 1985 号。

另外，关于债权受让人是否享有申请再审之权利，应以受让时间在判决、调解书生效前后为识别标准，分述如下：

在判决、调解书生效后受让的，根据《民诉法解释》第 373 条第 2 款“判决、调解书生效后，当事人将判决、调解书确认的债权转让，债权受让人对该判决、调解书不服申请再审的，人民法院不予受理”的规定可知，受让人如受让的是生效裁判确定的权利，从维持法律关系稳定性角度出发，适用《民诉法解释》第 375 条的规定，不允许申请再审。

如受让的是诉讼中争议的债权，即在判决、调解书生效前发生的债权转移行为，则适用“当事人恒定原则”。根据《民诉法解释》第 249 条第 1 款“在诉讼中，争议的民事权利义务转移的，不影响当事人的诉讼主体资格和诉讼地位。人民法院作出的发生法律效力的判决、裁定对受让人具有拘束力”之规定，债权在诉讼中转让，不受《民诉法解释》第 375 条约束，转让人依然具有申请再审之资格。[1]

三、案外人

所谓案外人，是指除当事人以外，案件的处理结果与其有法律上的利害关系的自然人、法人或其他组织。[2] 但就案外人的范围而言，我国现行法律并未明确规定，且学术界对此问题也存在不同的观点。有学者认为应该按照诉讼类型进行划分，“例如在物权纠纷中，本诉判决处分当事人财产的行为；在债权纠纷中，本诉当事人恶意串通，转移资产，逃避债务，增加当事人（债权人）债权受偿风险的行为；在代表诉讼中，代表人不认真履行代表人职责，损害被代表人利益的行为；在人事诉讼中，假离婚真逃债的行为；在股东诉讼中，股东代表损害其他股东利益的行为；等等。”[3]也有学者根据案外人因利益受侵害而主张权利的基础事实的不同，将其分为捏造事实型、隐瞒事实型、设定义务型和无权处分型四种。[4]

---

〔1〕 可参见最高法民事判决书，(2020)最高法民再 13 号、(2019)最高法民再 69 号、(2019)最高法民再 308 号。

〔2〕 参见江必新等：《新民事诉讼法再审程序疑难问题解答与裁判指导》，法律出版社 2014 年版，第 15 页。

〔3〕 孙祥壮：《关于案外人申请再审以及相关处理》，载《人民法院报》2009 年 3 月 17 日，第 5 版。

〔4〕 参见肖建国：《案外人申请再审的理论与适用》，载《人民法院报》2009 年 3 月 17 日，第 5 版。

笔者认为，根据现行法律规定及司法实践，申请再审的案外人应该根据其享有的物权种类进行划分，主要包括以下几种类型：(1)所有权人，包括完全所有权人、按份共有人和共同共有人。如果生效的判决、裁定和调解书侵犯了上述所有权人的利益，则其可以申请再审，请求排除妨害，保护其合法权益。(2)用益物权人。由于用益物权的行使必须占有标的物，因此，当生效裁判不当致使用益物权人的权利受到侵害时，权利人可以案外人的身份直接申请再审。(3)担保物权人。担保物权人对标的物享有优先受偿权，且质押权人和留置权人享有担保物权需以占有质押物和留置物为前提。因此，若人民法院的生效裁判存在不当而损害了其权益，担保物权人也可以案外人的身份直接申请再审。(4)诉讼中涉及的法定义务担当人。包括对标的物有处分权或者有管理权的人，如破产管理人、遗嘱执行人、失踪人财产代管人以及公司派生诉讼的股东等，这些人基于法定的诉讼担当，也可以在其依法管理、保护、支配的权益受到侵害时作为案外人申请再审。[1]

2008年实施的《民诉法审监解释》第5条创设了案外人申请再审制度，为合法权益受生效裁判侵害的案外人提供了申请再审的救济途径。[2] 2015年实施的《民诉法解释》对案外人申请再审的有关条件进行了调整。根据现行《民诉法解释》第420条、第421条和第422条之规定，案外人可以分为一般案外人和必要的共同诉讼当事人两种。因不能归责于本人或者其诉讼代理人的事由未能参加诉讼的必须共同进行诉讼的当事人为必要的共同诉讼当事人。根据《民诉法解释》第422条之规定，如案外人属于必要的共同诉讼当事人，则应按程序追加为当事人。

另外，根据《民诉法解释》第421条之规定，案外人申请再审必须以提出执行异议且该异议被驳回为前提。如案外人不服，可自前述驳回裁定送达之日起6个月内提出再审。比如，在(2019)最高法民申3938号案中，最高法认为案外人申请再审以执行异议被人民法院裁定驳回为前提。本案之案外人申请再审，并不具备该前提条件，故驳回其再审申请。

在沈阳市铁西区西三环街道办事处张士村民委员会(以下简称张士村委会)等与沈阳大龙洋石油有限公司(以下简称大龙洋公司)等民间借贷纠

---

[1] 参见于锐：《案外人申请再审的主体资格及路径分析》，载《行政与法》2010年第9期。

[2] 2021年1月1日施行的《民诉法审监解释》已经删去了该条。

纷案中，最高法再审认为，大龙洋公司、于某志、郭某军在二审期间达成以案涉国有土地使用权抵偿债务的调解协议时，大龙洋公司提交了该土地的国有土地使用证，现张士村委会提交了调解抵债土地的地籍档案资料等证据，用以证明其属于该国有土地使用权的实际权利人。上述事实表明，案涉国有土地使用权权属存有争议。鉴于张士村委会对案涉调解标的物的使用权权属提出异议，且提供相关证据予以证明，该事实需经一审审理作出认定。遂再审裁定支持案外人沈阳市铁西区西三环街道办事处张士村委会的再审申请。[1]

如果原判决、裁定有错误，案外人的民事权益受到了侵害，有条件申请再审的案外人可能同时符合第三人撤销之诉的条件。根据《民诉法解释》第301条之规定，案外人如同时符合第三人撤销之诉和案外人申请再审，应按照启动程序的先后，只能选择一种相应的救济程序，不能同时启动两种程序，一旦选定则不可再行变更，即不能在一种救济途径结束后，再寻求另一种救济途径。如果是先启动执行异议程序，对驳回其执行异议裁定不服的，按照《民事诉讼法》第234条之规定通过审判监督程序寻求救济；如果是先启动第三人撤销之诉程序，即便第三人又在执行程序中提出执行异议，第三人撤销之诉继续进行，第三人也不能申请再审。正如最高法在（2022）最高法民申353号中所阐述的："第三人撤销之诉与案外人申请再审均是保护案外人合法权益的救济制度和对原裁判效力稳定性挑战的纠错机制，二者在功能上和保护的主体范围上均有一定的重合。在第三人撤销之诉与执行程序中案外人申请再审竞合的情形下，案外人只可根据启动程序先后择一适用，另一程序则被限制适用，否则将容易导致当事人权利的滥用和司法资源的浪费。"

四、遗漏人

遗漏人，是指原审被遗漏的必要共同诉讼当事人。根据《民事诉讼法》第207条第8项的规定，必须共同进行诉讼的当事人因不能归责于本人或者其诉讼代理人的事由未参加诉讼的，其可以以原审当事人的身份申请再审。被遗漏的必要共同诉讼人为形式上的案外人，实质上的当事人，其申请再审

---

〔1〕 最高法民事裁定书，（2015）民再字第3号。

不以案件进入执行程序、提出执行异议为前置条件，其管辖与一般当事人申请再审无异。

同时，根据《民诉法解释》第420条之规定，当该制度与案外人申请再审重叠时，后者应优先适用。经审理，按照一审程序启动的再审，直接追加该再审申请人为当事人；按照二审程序进行的再审，可进行调解，调解不成的，发回一审法院重审，在重审程序中追加其为当事人，以充分保护其程序权利。

在陈某亮与林某雄等土地使用权转让合同纠纷案中，陈某亮以林某雄违反与蔡某珠所签《土地转让合同书》约定，将案涉土地转让给中盛公司，陈某亮作为该合同中蔡某珠一方权利义务受让人，权益受侵犯为由，起诉至阳春法院，请求判令案涉相关土地使用权归陈某亮所有、林某雄返还陈某亮土地转让款3,440,746.23元。二审判决认为：蔡某珠与陈某亮签订《债权转让协议》，约定转让标的包括案涉《土地转让合同书》中的相关权利义务。在没有证据表明蔡某珠对林某雄之相关义务已经履行完毕的情况下，该《债权转让协议》应认定为权利义务的概括转让。根据《合同法》第88条[1]，债权人的同意是权利义务概括转让合同对于债权人的生效要件。此外，不作为的默示只有在法律有规定或者当事人双方有约定的情况下，才可以视为意思表示。蔡某珠与陈某亮签订《债权转让协议》时，林某雄未明确表示同意，且林某雄未请求或实际接受陈某亮支付的土地转让款，不构成积极作为的默示，蔡某珠与陈某亮签订的《债权转让协议》应认定无效。陈某亮依据该协议请求林某雄履行《土地转让合同书》，不应支持。经该院审判委员会讨论并作出决定，判决驳回陈某亮的诉讼请求。陈某亮不服上述二审判决，向广东高院申请再审，但广东高院驳回了陈某亮的再审申请。陈某亮向最高法提出申诉。最高法认为：关于蔡某珠是否全面履行了《土地转让合同书》约定的相关义务，应在其参加诉讼的情况下，由法院根据相关证据予以查明；案涉《债权转让协议》的效力，除与林某雄利益相关外，还直接涉及包括转让人蔡某珠在内的、该协议双方的权利义务。故蔡某珠属必须参加本案诉讼的当事人。原审未追加蔡某珠为第三人，属程序不当。关于蔡某珠履行《土地转让合同书》义务的情况，《债权转让协议》的性质、效力问题，应在蔡某珠

---

〔1〕 对应《民法典》第555条。

参加诉讼审理后确定。遂裁定指令广东高院再审本案。[1]

另外，根据《民诉法解释》第373条第2款之规定，判决、调解书生效后，当事人将判决、调解书确认的债权转让，债权受让人对该判决、调解书不服申请再审的，人民法院不予受理。因此，判决裁定之债权受让人不得申请再审。

此外，根据《民事诉讼法》第206条之规定，对于已经发生法律效力的判决、裁定，当事人认为有错误的，除一方人数众多或者双方均为公民的案件，既可以向原审人民法院申请再审，也可向上一级人民法院申请再审外，一般均需要向原生效判决的上一级人民法院申请再审。

第二节　申请再审对象

申请再审对象，即可以申请再审的裁判文书类型。就绝大部分生效判决书、违反自愿原则和调解内容违反法律规定的调解书以及不予受理、驳回起诉的裁定而言，当事人均可以申请再审。具体如下：

一、生效判决书

当事人可以对发生法律效力的民事判决书申请再审。前述生效判决不含再审发回重审后重新形成的生效民事判决，本节第五点将对其进行详细分析。

另外，就解除婚姻关系的生效判决或调解书，基于保护再婚的合法权利，《民事诉讼法》第209条规定当事人对已经发生法律效力的解除婚姻关系的判决书、调解书，不得申请再审，即使该判决和裁定具备《民事诉讼法》第207条所规定的法定再审事由。

二、民事调解书

诉讼调解，是指在法院审判人员的主持下，各方当事人就发生争议的民事权利义务关系自愿进行协商，达成妥协进而解决纠纷的诉讼活动。它是

〔1〕 最高法民事裁定书，(2014)民监字第49号。

基于当事人协商解决纠纷的实践基础和私权自治的民事诉讼原理而设计的一项重要制度。根据《民事诉讼法》第9条“人民法院审理民事案件,应当根据自愿和合法的原则进行调解;调解不成的,应当及时判决”之规定可知,自愿和合法是调解的两大原则。因此,根据《民诉法解释》第407条之规定,当调解书违反自愿原则和调解协议的内容违反法律强制性规定时,当事人可以申请再审。现笔者分别从违反自愿原则和调解内容违反法律强制性规定进行分析。

首先,所谓自愿原则,是指调解必须遵循诉讼当事人自己的意愿接受人民法院调解,或者请求人民法院调解,当事人根据自己的意愿达成调解协议的基本准则。[1] 申言之,当事人自愿,包括程序上的自愿和实体上的自愿。程序上的自愿,指以调解的方式解决争议必须征求当事人的同意,当事人拒绝调解或不同意以调解的方式结案的,人民法院不能强迫当事人接受调解。实体上的自愿,是指达成调解协议必须双方自愿,调解协议必须是双方当事人互谅互让、自愿达成的。[2] 自愿原则是诉讼调解中必须遵循的基本原则。至于法院调解是否遵循自愿原则,可以从以下三个方面来考量:当事人是否同意、当事人意思表示是否真实,调解内容是否自愿。是否属于自愿调解,当应由主张调解书违反自愿原则之一方承担举证责任。

在天津港宁房地产发展有限公司(以下简称港宁公司)与高某润商品房委托代理销售合同纠纷案中,港宁公司提出其受胁迫签订《“一揽子”和解协议》以及非自愿达成调解协议并同意二审法院制作调解书,但只有其本人陈述,其提交的天津市公安局的拘留证、天津市人民检察院第一分院的不批准逮捕决定书等证据资料与该项主张并无直接关联性,不足以证明本案调解违反自愿原则。另外,港宁公司法定代表人高某生在二审法院调解笔录上签字,明确表示调解协议系自愿达成,最高法认为其再审不应支持。[3]

实践中,较为常见的违反自愿原则的情形有5种:

一是诉讼代理人、共同诉讼人未经合法委托或者不具有调解权限,却签订调解协议并接受调解书送达。比如,一个公司拥有多枚印章,法院根据其

---

〔1〕 参见宋朝武主编:《民事诉讼法学》,厦门大学出版社2015年版,第311页。

〔2〕 参见张卫平:《民事诉讼法》,法律出版社2013年版,第299页。

〔3〕 最高法民事裁定书,(2014)民申字第1794号。

中一方持其中一枚印章参加诉讼达成调解而出具的民事调解书是否属于违反调解的自愿原则？例如，在成都晚晴经济科技开发公司（以下简称晚晴公司）与李某房屋买卖合同纠纷案中，晚晴公司存在两枚印章，持有两枚印章的人分别自称代表晚晴公司，对于就二审调解书是否申请再审亦持相反意见。两枚印章中哪枚印章为晚晴公司授权使用的印章，以及两枚印章各自持有人的身份均不明确。因此，确定何者可以代表晚晴公司对外作出意思表示并参加本案诉讼的问题，不仅属于本案的基本事实，而且涉及诉讼程序的合法性，系本案审理应当解决的先决问题，人民法院应当向当事人释明依法通过相应途径予以确定。因此，最高法认为二审法院径行以调解书的方式对王某樾持有的木材质印章代表晚晴公司与李某达成的调解协议予以确认，显然构成认定事实不清，且有违反民事调解应当遵循合法、自愿原则之嫌，遂裁定撤销四川高院（2018）川民终 672 号民事调解书。[1] 又如，在（2014）民申字第 464 号案中，最高法是以生效民事调解书可能违反自愿原则而将其撤销的。在该案中，再审申请人申请再审时提交了其单方委托具有鉴定资质的内蒙古大学法学院司法鉴定所出具的《司法鉴定意见书》，证明二审代理人向二审法院提交的授权委托书上所盖的“国都建设（集团）有限公司”公章及“肖某义印”名章与国都公司提交的“国都建设（集团）有限公司”公章印样及“肖某义印”名章印样不同。最高法认为该证据可以证明二审代理人陈某军向二审法院提交的授权委托书可能不是国都公司出具的。虽然众义万和公司主张该授权委托书上国都公司的印章与国都公司提交的上诉状上的印章等是同一枚印章，但未提交证据予以证明，也未提交证据证明国都公司的法定代表人或其他有合法授权的人员参加过调解协议的签订过程或者事后对调解协议予以追认。因此，双方在诉讼过程中达成的调解协议可能不是国都公司的真实意思表示，二审调解书存在违反自愿原则的可能性，便裁定撤销原民事调解书。再如，在如下的（2019）最高法民申 3828 号案中，最高法则作出了二审民事调解书违反自愿原则的确定性认定。

在沈阳第三粮食收储有限公司（以下简称沈阳三粮公司，原沈阳市第三粮食收储库）与九三集团（黑龙江农垦）金粮经贸有限公司（以下简称九三金粮公司）合同纠纷案中，九三金粮公司主张沈阳市第三粮食收储库参与了二

---

〔1〕 最高法民事裁定书，（2019）最高法民再 325 号。

审诉讼(立案时间为2018年3月12日),其证据为:(1)“沈阳市第三粮食收储库”的《企业法人营业执照》;(2)盖有“沈阳市第三粮食收储库”印章的何某“法定代表人身份证明”(时间为2018年3月29日);(3)盖有“沈阳市第三粮食收储库”印章的蒋某勇律师“授权委托书”;(4)蒋某勇律师签收民事调解书的《送达回证》。

但最高法认为,本案二审立案时间为2018年3月12日,在该时点,沈阳市第三粮食收储库已更名为“沈阳第三粮食收储有限公司”,法定代表人为曹某华,而参与二审诉讼的仍为“沈阳市第三粮食收储库”,以及受“沈阳市第三粮食收储库”委托的律师。且参与调解、调解书签收均由律师完成。因此,以上诉讼、调解过程,因缺乏沈阳三粮公司合法有效手续,不能确认沈阳三粮公司参与二审调解,调解内容系其真实意思表示,以及调解书已合法签收。九三金粮公司亦未能提供调解书作出后沈阳三粮公司对诉讼代理人身份、调解书内容予以追认的有效证据。故二审民事调解书不符合法律规定的合法、自愿原则。[1]

其余4种常见的违反自愿原则的情形分别是:(1)一方当事人不具备完全民事行为能力。(2)原告串通他人以被告委托人名义进行调解。(3)当事人未出庭参加调解,调解书由未获当事人委托的同案当事人代签。此处之当事人,显然不包括未承担责任之无独立请求权第三人,调解协议未经未承担责任之无独立请求权第三人同意并不违反民事调解所需之自愿原则。(4)在当事人明确反对的情况下,法院认可特别授权代理人签署的调解协议。[2]

其次,所谓调解协议内容违反法律强制性规定,是指损害国家、集体、他人合法权益的情况,而非指违反所有法律规定。“调解协议内容的合法,是指一般意义上的合法,不是指严格意义上的合法,即协议的内容只要不违反法律禁止性规定的就是合法,而不是像判决那样严格按照法律规定对双方当事人的权利义务作出判定。”[3]根据《最高人民法院关于人民法院民事调解工作若干问题的规定》第10条之规定,侵害国家利益的、损害公序良俗

[1] 最高法民事裁定书,(2019)最高法民申3828号。
[2] 参见刘辉:《民事调解监督问题调研》,载《国家检察官学院学报》2014年第5期。
[3] 参见宋朝武主编:《民事诉讼法学》,厦门大学出版社2015年版,第313页。

的、侵害案外人利益的，都属于违反法律规定。调解协议内容违反法律规定之常见情形为：违反法律强制性法规处分人身权；处分他人财产权；调解协议中未经审批转让划拨土地使用权；未经村民代表会议发包土地；变相约定超高借款利息等。[1]

在三亚红棠湾国际高尔夫俱乐部有限公司（以下简称高尔夫公司）、三亚红棠湾置业有限公司（以下简称置业公司）与秦皇岛市臻宝源能源有限责任公司（以下简称臻宝源公司）借款合同纠纷案中，高尔夫公司和置业公司申请再审撤销本案民事调解书，其事实和理由为：（1）臻宝源公司据以向河北高院起诉的核心证据是2016年3月1日签订的还款协议，该协议系臻宝源公司及其实际控制人王某新与于某恶意串通、采用偷开保险柜偷盖印章等方式伪造而来的，虚构增加债权本息3.0719亿元，逃避其对河北宾馆的债务1.3245亿元，企图侵占借款人杨某俊、高某价值20亿元的质押股权拒不返还，并将置业公司无端拉入债务。该协议为无效协议。（2）于某无权代表高尔夫公司和置业公司签订调解协议。于某系王某新的股权代持人，其担任高尔夫公司法定代表人亦源于股权质押，王某新、臻宝源公司均明知于某无权代表高尔夫公司签署调解协议。此外，于某未得到置业公司法定代表人吴某燕授权委托，无权代表置业公司签署调解协议。河北高院的调解书违反了调解自愿原则，应予撤销。（3）本案调解书确认的利息超过年利率120%，保护高利贷，违反法律规定。

臻宝源公司提交意见称，（1）本案符合“让与担保”的构成要件，于某在2014年11月17日还款协议中借款方和出借方处均签字确认，可以认定双方通过订立借款合同、补充协议以及股权转让的方式，达成了让与担保协议。杨某俊和于某是让与担保权的设定人，王某新是让与担保权的权利人，于某不是王某新的股权代持人。（2）王某新对于某作为高尔夫公司法定代表人权利受限制并不知情，高尔夫公司未能提供证据证明王某新对此知情，因此于某签署2016年还款协议有效，王某新构成善意取得。（3）2016年还

〔1〕 参见刘辉：《民事调解监督问题调研》，载《国家检察官学院学报》2014年第5期。但在（2013）民申字第1512号案中，最高法认为，银行同类贷款利率的4倍是对法律保护范围的规定，而不是对法律禁止范围的规定，当事人就利率问题所达成的调解协议，在未损害他人利益的前提下，该约定有效。笔者认为这个裁判理由值得商榷。民间借贷利率上限关乎国家金融命脉与金融市场秩序，违反上限规定应视为违反法律的强制性规定。

款协议约定已经履行部分利息按照36%计算并无不当,属于自然债务。(4)于某代表高尔夫公司和置业公司签署的2016年还款协议并不损害二公司及其实际控制人利益,2016年还款协议约定的本金和利息均基于2014年还款协议,高尔夫公司和置业公司拒不还款造成臻宝源公司利息损失高达3.6553亿元,河北高院的调解书有效。

最高法再审认为,河北高院未查明臻宝源公司出借款项的数额,未审查调解协议中双方约定的利息是否符合法律规定,亦未查明调解是否违反自愿原则,原调解书基本事实认定不清,遂裁定撤销原民事调解书。[1]

在鄄城欧亚化工有限公司(以下简称欧亚公司)与郓城县水浒小额贷款有限公司(以下简称水浒公司)保证合同纠纷案中,最高法认为,即使合同无效,在未损害国家、集体或他人合法权益的前提下,调解协议也依然有效。《民事诉讼法》(2012年)第201条[2]规定的调解协议内容违反法律的情形,系指调解协议内容违反法律强制性规定,损害国家、集体、他人合法权益的情况,而并非泛指违反所有法律规定。故即使可以认定欧亚公司主张的《借款保证合同》未生效或违法无效的事实,本案生效调解书所载调解协议的内容,系欧亚公司和水浒公司之间,就其自身民事权利义务的处分,并未违反法律强制性规定并损害国家、集体、他人合法权益,因此,不属于《民事诉讼法》(2012年)第201条规定的应当就已生效民事调解书予以再审的情形。[3]

在内蒙古新井煤业有限公司与宁夏金力泰钢结构有限公司出资转让纠纷案中,最高法认为,持有80%股权兼法定代表人陈某干有权签署调解协议。[4]

三、生效裁定书

根据《民诉法解释》第379条之规定,当事人认为已经发生法律效力的不予受理、驳回起诉的裁定错误的,可以申请再审。依据文义解释,本条规定的不予受理裁定应涵盖各类民商事案件,应也包括对破产申请不予受理

〔1〕最高法民事裁定书,(2018)最高法民再104号。
〔2〕对应现行《民事诉讼法》第208条。
〔3〕最高法民事裁定书,(2015)民申字第3310号。
〔4〕最高法民事裁定书,(2014)民申字第698号。

的裁定。最高法在(2021)最高法民申4917号、(2021)最高法民申1295号、(2019)最高法民申4434号、(2019)最高法民申3125号裁定中均明确申请人对不予受理破产申请的裁定可以申请再审。

但客观事实却是,从最高法以降,也有各地案例[1]根据《民诉法解释》第378条"适用特别程序、督促程序、公示催告程序、破产程序等非讼程序审理的案件,当事人不得申请再审"之规定,认定不得再审。正如湖南高院在(2020)湘民申727号案中论述的:"但对于法院不受理破产申请的裁定,当事人能否申请再审,目前各地法院尚存在认识分歧,司法实践中有关该类案件的裁定结果也不一致,既有人支持当事人申请再审的裁定,也有人认为当事人不能申请再审的裁定。本院认为,破产企业的情况是一个动态变化的过程,不同时期的企业经营状况、负债情况不同,有关破产情形的事实认定应当根据企业发展变化和债务清偿情况重新判断,即使不对原裁定进行再审,当事人申请破产的诉权依然存在,如果被申请企业此后出现诸如法律上或事实上不能履行清偿义务等破产原因,当事人可以继续提出破产申请。"此等差异,足见我国法院对同一法条理解差异之大,也顿显最高法以指导案例或司法解释统一法律适用之必要了。

四、驳回管辖异议生效裁定书

就驳回管辖异议的生效裁定书,是否可以申请再审?在2015年2月《民诉法解释》出台前,对"管辖错误"裁定能否申请再审在理论与实践中均有巨大争议。张卫平、潘剑锋、陈桂明等学者均反对以管辖错误为由申请再审,[2]而学者李浩、汤维建等则认为,以管辖错误作为再审申请理由应予以支持。[3]"从比较法的经验看,大陆法系的德国、奥地利、日本和法国等都没有将管辖作为一项再审事由纳入立法例中。"[4]而在我国的立法实践中,

---

〔1〕可参考(2017)最高法民申1680号、(2017)苏民申4333号、(2019)粤民申7305号、(2020)晋民申226号、(2020)湘民申728号。

〔2〕参见张卫平:《管辖错误不宜作为民事再审的事由》,载《人民法院报》2007年9月18日,第6版;张卫平:《管辖权异议、回归原点与制度修正》,载《法学研究》2006年第4期;潘剑锋:《论"管辖错误"不宜作为再审事由》,载《法律适用》2009年第2期。

〔3〕参见李浩:《管辖错误与再审事由》,载《法学研究》2008年第4期;汤维建:《"管辖错误"作为再审事由的正当性确证》,载《人民法院报》2009年5月26日,第5版。

〔4〕潘剑锋:《论"管辖错误"不宜作为再审事由》,载《法律适用》2009年第2期。

2007年《民事诉讼法》修改时将管辖错误增设为一项法定再审事由,[1]2012年《民事诉讼法》修改时又删除了"违反法律规定,管辖错误的"这一法定再审申请事由。因此,当时许多报道均认为以管辖错误为由申请再审已成为过去。然而,通过考察最高法该时期的管辖错误再审裁判文书,可见并不尽然。比如,在(2015)民提字第8号案[2]中,最高法根据专属管辖规定,支持再审申请人的移送管辖之申请。

直到2015年2月,最高法在《最高人民法院民事诉讼法司法解释理解与适用》(下)一书中对《民诉法解释》第381条[3]修改进行阐述时写道:"关于管辖权异议裁定能否申请再审的问题,本司法解释起草过程中存有争议。考虑到管辖权异议的救济已经通过一审程序及二审程序来保障,从程序稳定性讲,允许对该类裁定申请再审将严重拖延诉讼,且实体判决错误的,可以通过对判决申请再审予以救济,故最终未规定对该类裁定可以申请再审。"[4]这可理解为自2015年2月14日《民诉法解释》实施起,除违反海事专门管辖[5]以及涉仲裁协议和涉外国法院的管辖权异议裁定外,[6]民事领域的管辖异议错误再审之门即已关闭了。尽管此后还有零星不服原审管辖异议裁定的再审案例[如在(2016)最高法民辖监1号案中,最高法认为湖南高院于2016年6月12日作出(2016)湘民辖终28号民事裁定确有错误应予再审],但总体而言,现今民事管辖错误不可再审已为最高法的司法实践所

---

[1] 2007年修订的《民事诉讼法》第179条规定:"当事人的申请符合下列情形之一的,人民法院应当再审:……(七)违反法律规定,管辖错误的……"

[2] 类似案例还有最高人民法院(2014)民申字第280号、(2014)民申字第775号、(2014)民提字第64号、(2015)民提字第165号、(2015)民提字第11号、(2015)民提字第194号、(2015)民提字第210号、(2015)民提字第87号、(2015)民提字第194号等。

[3] 《民诉法解释》(2015年)第381条规定:当事人认为发生法律效力的不予受理、驳回起诉的裁定错误的,可以申请再审。

[4] 最高人民法院修改后民事诉讼法贯彻实施工作领导小组编著:《最高人民法院民事诉讼法司法解释理解与适用》(下),人民法院出版社2015年版,第1009页。

[5] 《最高人民法院关于海事诉讼管辖问题的规定》第3条第2点:发生法律效力的管辖权异议裁定违反海事案件专门管辖确需纠正的,人民法院可依照《中华人民共和国民事诉讼法》第一百九十八条规定再审。因此,违反海事案件专门管辖的管辖异议裁定仍可以申请再审。实务案例则可参考最高人民法院民事裁定书,(2017)最高法民再184号。

[6] 最高法王朝辉法官认为,这两类裁定形式上是管辖权异议裁定,实质上属于人民法院主管和我国司法主权问题,并非真正意义上的管辖权异议裁定。参见王朝辉:《民事再审事由的体系展开与程序效力》,载《法律适用》2020年第20期。也可参考最高人民法院民事裁定书,(2020)最高法民再150号、(2021)最高法民再293号。

验证。[1] 比如,在(2021)最高法民申7513号及(2021)最高法民申5707号案中,最高法认为,原审法院关于管辖权争议的裁定不属于《民事诉讼法》(2017年)第200条[2]规定的可以申请再审的裁判文书,不是本案再审审查的法定标的。又如,在(2021)最高法民申5648号案中,最高法认为巴中广建所述管辖错误的问题不属于《民事诉讼法》(2017年)第200条规定的再审事由,故最高法不予审查。

此外,在刑民交叉领域,常有刑事案件受害人或者刑事案件潜在的犯罪嫌疑人将涉刑民事纠纷诉至法院,原审法院以《民刑交叉规定》第11条、《非法集资意见》第7条为由不予受理或者驳回起诉。除公安机关经过侦查或经刑事案件法定程序审查认定不构成犯罪,或者刑事追赃后不能得到全额赔偿,当事人还可以重新提起民事诉讼,[3] 以及部分案件符合《民诉法解释》第248条规定出现新的事实可再次提起诉讼等情形外,一般情况下,基于刑事案件处理期限长甚至遥遥无期,民事损失将长期得不到填补,或者民事被告现有财产可供查封担心将来等刑事案件处结后民事案件无财产可查封等各种因素,民事案件当事人为穷尽民事救济渠道,相当一部分当事人会根据《民诉法解释》第379条、以《民事诉讼法》第207条第6项申请民事再审。

五、再审发回重审后生效裁判

尽管《民诉法解释》第381条第1款规定了人民法院对当事人申请再审不予受理的三种具体情形。[4] 该解释对再审发回重审后的生效裁判是否属于再审判决、裁定并未明确规定,目前尚无法律和司法解释对"再审判决、裁定"的认定标准作出明确界定,而再审发回重审较为常见,这就导致在司法实践中,对于"再审判决、裁定"的认定存在分歧。为统一法律适用和裁判尺度,维护最高法的司法公信力,尽可能消弭类同不同判的情形,最高法于2019年印发了《最高人民法院关于建立法律适用分歧解决机制的实施办

---

〔1〕 最高法原副院长江必新等认为,在《民诉法解释》实施后,对于确有管辖错误的案件,其实是可以依职权提审的。

〔2〕 对应现行《民事诉讼法》第207条。

〔3〕 最高法民事裁定书,(2019)最高法民申2594号。

〔4〕 分别为再审申请被驳回后再次提出申请的;对再审判决、裁定提出申请的;在人民检察院对当事人的申请作出不予提出再审检察建议或者抗诉决定后又提出申请的。

法》,该办法第2条规定在最高法生效裁判之间存在法律适用分歧的,以及在审案件作出的裁判结果可能与最高法生效裁判确定的法律适用原则或者标准存在分歧的情形时,应向审管办提出法律适用分歧解决申请。但在新司法解释出台前,显然前述实施办法的实施情况并不理想。

1. 最高法理论的分歧

最高法对于再审发回重审后作出的生效裁判是否属于再审裁判,一直存在较大分歧。关于再审发回重审后作出的生效裁判是否允许申请再审,有两种观点:一是认为案件已经经过再审,不应允许当事人申请再审;二是认为既然是撤销原判发回重审,案件已经不存在生效裁判,案件情况也可能发生重大变化,如增加诉讼请求、提交新证据、追加当事人等,应允许就重新作出的裁判申请再审。2015年11月,最高法民事、行政审判专业委员会作出决议:对最高法发回重审、指令再审,下级法院维持原判的民事、行政案件,当事人不服,原则上应由当事人向检察机关申请检察建议或抗诉进行救济。2016年1月,对再审发回重审后的重审二审裁判,当事人是否有权向法院申请再审或直接向检察院申请监督,最高法民事、行政审判专业委员会经讨论,多数意见认为,该类裁判为再审裁判,但同时有意见认为,对该问题分歧较大,应征求立法部门意见后,再作最终结论。[1] 2017年8月2日,最高法向山东高院作出《关于再审撤销一、二审裁判发回重审的案件当事人对重审的生效裁判是否有申请再审权利的答复》,该答复认为,“再审后将案件发回重审后作出的生效裁判,当事人不服的,可以根据《民事诉讼法》第199条的规定申请再审”。2018年3月出版的《民事审判指导与参考》(总第72辑)“民事审判信箱”部分中,对于“经检察院抗诉,法院指令再审后,原二审法院将案件发回一审法院重审,重新形成一审、二审判决,当事人针对该判决申请再审,法院已立案受理,应当如何处理”的问题,该书编辑部认为,再审发回重审后形成的重审生效判决,因其系在再审程序中形成的判决,故在性质上属于“再审判决”,如果对当事人向人民法院的再审申请予以受理,则在实质上将违反2012年修改后的《民事诉讼法》所确立的“一审、二审、再审及检察院抗诉”的“3+1”模式。因此,对该判决申请再审人民法院不应予以受理;如果已经受理,则应当依据《民诉法解释》(2015年)第402条第6项的

〔1〕 参见王朝辉:《作为民事再审对象的生效判决、裁定》,载《人民司法·应用》2016年第13期。

规定，裁定终结审查当事人的再审申请。

2021 年，最高法民事审判第一庭 2021 年第 37 次法官会议纪要认为：再审撤销原判发回一审法院重审，当事人的诉讼恢复至原一审裁判之前的状态，其诉讼请求未被生效裁判所羁束，讼争的民事法律关系仍处于待决状态，一审法院应对当事人之间的争议重新进行审理。《民诉法解释》第 252 条规定，原判决、裁定被撤销后，审判程序重新开始，当事人依法可以变更、增加诉讼请求或者提出反诉、提交新证据；人民法院可以根据当事人的申请或者依职权追加当事人，适用一审程序相关规定确定当事人的诉讼权利义务。再审撤销原判发回重审之后的程序并非再审审理程序的延续，人民法院作出的裁判亦非再审裁判。当事人不服撤销原判发回重审后作出的生效裁判，可以依据《民事诉讼法》第 206 条的规定申请再审。

2. 最高法审判实践的分歧

最高法在(2019)最高法民申 3209 号案中明确承认，对于上级法院提起再审发回重审后形成的重审生效判决是否为再审判决，以及重审是否属于审判监督程序，存在争议和不同做法。[1]

第一类裁判文书认为，再审发回重审判决属于再审裁判，不可以申请再审。如(2017)最高法民申 1491 号民事裁定书认为：西安中院就本案作出的(2014)西中民三初字第 00296 号民事判决生效后，因九州公司申请再审，陕西高院裁定进入再审程序并提审本案，经审理作出(2016)陕民再 3 号民事裁定，撤销(2014)西中民三初字第 00296 号民事判决，发回重审。西安中院重审后作出(2016)陕 01 民初 544 号民事判决。九州公司提出上诉，陕西高院审理后作出(2016)陕民终 649 号民事判决。该判决是在本案再审程序启

---

〔1〕 除最高法层面有争议外，地方高院也有不同做法。可公开检索到如下地方高院认为再审发回重审判决属于再审裁判，不可以申请再审：广东高院(2021)粤民申 8262 号、(2021)粤民申 591 号、(2021)粤民申 3747 号、(2020)粤民申 13652 号、(2020)粤民申 329 号等民事裁定书；吉林高院(2020)吉民申 1591 号民事裁定书；内蒙古高院(2020)内民申 481 号民事裁定书；黑龙江高院(2022)黑 07 民申 18 号民事裁定书；山东高院(2021)鲁民申 8102 号民事裁定书；河南高院(2022)豫民申 67 号民事裁定书；湖北高院(2021)鄂民申 1389 号民事裁定书；陕西高院(2021)陕民申 4361 号民事裁定书；新疆高院(2022)新 40 民申 55 号民事裁定书；甘肃高院(2020)甘民申 1533 号民事裁定书。

动后作出的,属于《民诉法解释》第383条第1款第2项规定的再审判决。[1]

第二类裁判文书认为,再审发回重审判决不属于再审裁判,可以申请再审。如在吴某彬与新余市东亚物资有限公司(以下简称东亚公司)所有权确认纠纷案[2]中,最高法认为,吴某彬1999年提起的前案诉讼,经由最高法再审审查、江西高院提审后,由江西高院作出(2008)赣民再终字第4号民事裁定,撤销原一审判决,发回一审法院重审。至此,应视为该案的再审审理程序终结,重新开始一审程序的审理。本案再审发回重审后重新立案的(2009)余民一重字第00002号案应视为新的一审案件,当事人的诉讼权利义务应适用一审程序的相关规定予以确定。最高法该份民事裁定书,是2020年5月6日经最高法审判委员会讨论决定后经再审审理后作出的裁定书,该裁定书明确对2017年8月2日《最高法关于再审撤销一、二审裁判发回重审的案件当事人对重审的生效裁判是否有申请再审权利的答复》予以肯定,并认为该答复蕴含的基本前提是再审后发回重审已非再审审理程序的延续,发回重审案件已非再审案件,作出的裁判亦非再审裁判。

3. 笔者思考

笔者认为,再审发回重审后作出的生效裁判不属于再审裁判,当事人对于该类裁判,应可以向人民法院申请再审。首先,法院对再审后发回重审案件进行审理时,因原判决、裁定已经被撤销,再审程序即告终结,当事人讼争的权利义务也就被恢复至原一审前的状态,原审当事人的起诉地位恢复,由一审法院对当事人之间的争议重新进行审理。根据《民诉法解释》第252条之规定,原审当事人依法可以变更、增加诉讼请求或者提出反诉、提交新证据;人民法院可以根据当事人的申请或者依职权追加当事人,适用一审程序相关规定确定当事人的诉讼权利义务。因此,就发回重审后形成的生效裁判文书,如果不允许当事人向法院申请再审,会造成对当事人程序性权利的剥夺。其次,从再审制度设立目的来看,再审以纠错和维护司法公正为目的,再审发回重审后作出的生效裁判,如果仍然存在错误,而当事人无权申请再审,则有悖再审程序设立之立法目的。

---

[1] 类案还有:(2021)最高法民申2797号、(2018)最高法民申600号、(2017)最高法民申1072号、(2017)最高法民申2747号、(2017)最高法民申232号、(2017)最高法民申996号、(2017)最高法民申891号、(2017)最高法民申2168号、(2017)最高法民申1924号、(2016)最高法民申873号、(2016)最高法民申859号、(2016)最高法民申2406号。

[2] 最高法民事裁定书,(2018)最高法民再440号。

第三节 申请再审期限

申请再审期限的性质为除斥期间，是指权利预定存续期间，是不变期限，不适用中止、中断、延长的规定。一旦期限经过，当事人申请再审权利便当然消灭。当事人申请再审日期应以当事人向人民法院提出申请之日为准；如有的当事人提出申请后由于再审申请书书写不合格，应该写明的事项没有写明而要求其补正，应以当事人提出再审申请之日为申请日，而不能以补正后所交申请之日期作为申请日期。

一、原审当事人申请期限

就原审当事人对判决、裁定申请再审期限之起算时间而言，根据我国《民事诉讼法》第212条及《民诉法审监解释》第10条第2款之规定，原审当事人申请再审，应当在判决、裁定发生法律效力后6个月内提出。也就是说，一般情形下，若当事人在原判决、裁定发生法律效力后超过6个月才向人民法院申请再审的，人民法院应裁定驳回再审申请。

但若当事人以《民事诉讼法》第207条第1项、第3项、第12项、第13项规定的事由申请再审的，应当自当事人知道或者应当知道该法定事由之日起6个月内提出。上述事由即“（一）有新的证据，足以推翻原判决、裁定的……（三）原判决、裁定认定事实的主要证据是伪造的……（十二）据以作出原判决、裁定的法律文书被撤销或者变更的；（十三）审判人员审理该案件时有贪污受贿，徇私舞弊，枉法裁判行为的”。

二、案外人申请再审期限

就案外人申请再审期限之起算时间而言，其与当事人申请再审期限不同。根据《民诉法解释》第421条之规定，案外人对驳回其执行异议的裁定不服，认为原判决、裁定、调解书内容错误损害其民事权益的，应自执行异议裁定送达之日起6个月内申请再审。

三、民事调解书申请期限

对民事调解书申请再审期限之起算时间,根据《民诉法解释》第 382 条之规定,当事人对已经发生法律效力的调解书申请再审,应当在调解书发生法律效力后6个月内提出。另外,基于前述分析,对调解书申请再审,只有依据调解违反自愿原则和调解协议内容违反法律规定这两项事由,而该两项事由属于当事人在达成调解协议时就应当知道的情形,故当事人应当在调解书生效之日起6个月内行使申请再审的权利,不适用自知道或应当知道之日起起算申请再审期限的规定。[1]

在商丘越丰置业有限公司(以下简称越丰公司)与回某伟等合资、合作开发房地产合同纠纷案中,越丰公司收到二审判决书的时间为 2014 年 6 月 26 日,而其申请再审的时间为 2017 年 1 月 18 日。越丰公司提出原判决认定的基本事实缺乏证据证明以及适用法律错误,已超过六6个月的申请再审期限。[2]

第四节　申请再审法院

根据《民事诉讼法》第 199 条及 2021 年 10 月 1 日开始实施的《四级法院审级职能定位改革办法》第 11 条之规定,当事人申请再审法院应当遵循以下原则:

一、只向上一级法院申请

一般而言,上一级人民法院更不容易受到地方干扰,专业素养也更高,因此向上一级人民法院申请再审,更有利于纠错和定分止争。

二、也可向原审法院申请

下列两类案件可以向原审法院申请再审,也可以向上一级法院申请再

〔1〕 参见最高人民法院修改后民事诉讼法贯彻实施工作领导小组编著:《最高人民法院民事诉讼法司法解释理解与适用》(下),人民法院出版 2015 年版,第 1016 页。
〔2〕 最高法民事裁定书,(2017)最高法民申 311 号。

审:(1)当事人一方人数众多,这里人数众多,包括公民、法人和其他组织;(2)当事人双方为公民的案件,指原告和被告均为公民的案件。

此外,当事人一方人数众多或者当事人双方为公民的案件,当事人分别向原审人民法院和上一级人民法院申请再审且不能协商一致的,由原审人民法院受理。

三、调解只可向高院申请

当事人对高院作出的已经发生法律效力的民事调解书申请再审的,应当向相关高级人民法院提出。

四、限制向最高法申请

(1)当事人对最高法已经发生法律效力的一审、二审民事判决、裁定,调解书,可以向最高法申请再审。

(2)《四级法院审级职能定位改革办法》第 11 条规定,此次试点实施办法着重区分了高院和最高法的职能定位,明确了对于高院作出的生效民事裁判,以向原审高院申请再审为原则,只有在"认为只有法律适用有错误"和经"高级法院审委会讨论决定的"两种情况的,才可向最高法申请再审。该规定明显限缩了当事人向最高法申请再审的案件范围。

第五节　结　语

在我国,当事人提出再审申请是民商事再审案件的最主要来源。因此,当事人申请再审的期限、对象乃至当事人主体本身均是民商事再审实践中常涉及的课题。在四级法院审级职能定位改革的大背景下,如何做到既能维持生效裁判文书的稳定性与确定性,又能充分保障当事人的再审诉权,从而更好地实现司法实质公平正义,的确值得各位法律人进一步深思。

第二章 当事人申请检察监督论述

大陆法系国家检察制度起源于法国。资产阶级革命胜利后,检察官开始由“国王代理人”演变为“公益代表人”,即“共和国代理官”,独享刑事案件的公诉权,并且具有指挥监督预审法官和执行判决的权力。现行《法国新民事诉讼法典》第422 条、第423 条规定,检察官在两种情况下可以作为主要当事人提起诉讼:一是在一些“特别情形”中,如婚姻关系案件、亲权关系案件、专利权案件中;二是在维护公共秩序的案件中。在这些案件中,检察官依职权以当事人地位进行诉讼。德国引入了法国的检察制度,不过德国检察官的权限只限于追诉和执行判决。在英美法系国家,尤其是美国,检察机关主要行使的是公诉权。检察院的检察权与法院的审判权并非等量齐观的权力,对法院判决的监督也无从谈起。[1]

与其他国家相比,我国的民事检察监督制度更具中国特色。根据我国《宪法》第 134 条之规定,检察机关享有独立的法律监督权。我国检察权与审判权对立,检察机关不仅仅是公诉机关,同时还是法律监督机关,承担法律在全国统一实施的责任。“在此情形下,检察机关主动依职权启动再审就有了正当化基础,它是因国家利益和社会公共利益的要求而对私权利做的适当限制,从而在国家利益和社会公共利益与当事人私权利之间实现了妥

---

〔1〕 参见宋朝武:《当代中国民事检察监督的变革方向与路径考量》,载《河南社会科学》2011 年第1 期。

当的平衡。”[1]因此,在我国,检察机关启动检察监督程序包括两种情形:一种是检察机关依职权主动提出抗诉或检察建议,例如,对损害国家、社会公共利益的调解书提出抗诉或检察建议;另一种是依当事人的申请提出抗诉或检察建议。

根据我国《民事诉讼法》第215条“最高人民检察院对各级人民法院已经发生法律效力的判决、裁定,上级人民检察院对下级人民法院已经发生法律效力的判决、裁定,发现有本法第二百零七条规定情形之一的,或者发现调解书损害国家利益、社会公共利益的,应当提出抗诉”及《民诉法解释》第412条“人民检察院对已经发生法律效力的判决以及不予受理、驳回起诉的裁定依法提出抗诉的,人民法院应予受理”等规定可知,我国检察机关可通过抗诉或再审检察建议的方式启动对生效判决、裁定或调解书的审判监督。

第一节　申请检察监督程序要点

根据2021年8月2日施行的《民诉监督规则》第18条之规定,人民检察院民事诉讼监督案件的来源包括:当事人向人民检察院申请监督;当事人以外的公民、法人和其他组织向人民检察院控告;人民检察院在履行职责中发现等。

一、申请检察监督主体

《民诉监督规则》第19条规定,“当事人”可以申请抗诉或检察建议。另外,就非原审当事人是否有权申请检察监督之问题,笔者认为,鉴于申请检察监督前有需要先申请再审的前置程序,因此,如非原审当事人对生效裁判文书不服,如案外人,原审遗漏的必要共同诉讼参加人,或者权利义务继受人,只要其有资格申请再审,那其也应属于民事监督程序中的当事人。“案外人依照民事诉讼法第234条规定申请再审时,其身份已经转化为案件当事

[1] 杨荣馨主编:《民事诉讼原理》,法律出版社2003年版,第230页。

人,可以依照民事诉讼法第216条第1款规定申请监督。"[1]

上述情形外之自然人、法人或非法人组织自然是不能向人民检察院申请监督的。当然该等人向人民检察院提供线索,人民检察院依职权启动民事诉讼监督则另当别论。

此外,至于案外人是否享有申请检察监督的权利,我国现行法律、司法解释均没有明确规定,且理论上也存有争议。最高法原副院长江必新等认为,检察院提出抗诉,是行使法律赋予的监督权,并不能苛求其主体如何,对于案外人向检察院申请抗诉,检察院提出抗诉的,由于法律和司法解释均未作出明确规定,因此,检察机关应对案外人请求提起抗诉的内容做相应的审查,确定其是否符合《民事诉讼法》第207条的规定或者调解书是否存在损害国家利益和公共利益的情形,以及是否属于人民检察院可以提起抗诉的裁判文书。[2]

在中铁十七局集团有限公司(以下简称中铁公司)与冷某华等建设工程施工合同纠纷案中,中铁公司作为当事人,不服湖南高院(2014)湘高法民再终字第67号民事判决,向检察机关申诉。最高检认为本案符合《民事诉讼法》(2012年)第209条第1款、第200条第2项和第6项规定的情形,[3]以高检民监〔2015〕38号民事抗诉书向最高法提出抗诉。对此,最高法依照《民事诉讼法》(2012年)第206条、第211条的规定,[4]裁定由最高法提审本案。[5]

二、检察监督前置程序

就申请检察监督前置程序而言,《民事诉讼法》第216条规定:"有下列情形之一的,当事人可以向人民检察院申请检察建议或者抗诉:(一)人民法院驳回再审申请的;(二)人民法院逾期未对再审申请作出裁定的;(三)再审

---

〔1〕 最高人民检察院第六检察厅编:《人民检察院民事诉讼监督规则理解与适用》,中国检察出版社2021年版,第52页。

〔2〕 参见江必新等:《新民事诉讼法再审程序疑难问题解答与裁判指导》,法律出版社2014年版,第26页。

〔3〕 依次对应现行《民事诉讼法》第216条第1款、第207条第2项和第6项。

〔4〕 依次对应现行《民事诉讼法》第213条、第218条。

〔5〕 最高法民事裁定书,(2016)最高法民抗59号。

判决、裁定有明显错误的。人民检察院对当事人的申请应当在三个月内进行审查,作出提出或者不予提出检察建议或者抗诉的决定。当事人不得再次向人民检察院申请检察建议或者抗诉。”该条确立了“法院救济先行,检察监督断后”的申请再审前置程序以及申请检察机关提出检察建议或者抗诉以1次为限的再审检察监督司法理念。适用该规定时,应注意以下两点:

1. 当事人以“人民法院驳回再审申请的、人民法院逾期未对再审申请作出裁定的、再审判决、裁定有明显错误的”为由向人民检察院申请监督,有下列情形之一的,人民检察院不予受理:(1)当事人未向人民法院申请再审的;(2)当事人申请再审超过法律规定的期限的,但不可归责于其自身原因的除外;(3)人民法院正在法定期限内对民事再审申请进行审查的;(4)人民法院已经裁定再审且尚未审结的;(5)判决、调解解除婚姻关系的,但对财产分割部分不服的除外;(6)人民检察院已经审查终结作出决定的;(7)民事判决、裁定、调解书是人民法院根据人民检察院的抗诉或者再审检察建议再审后作出的;(8)申请检察监督超过2年期限的;(9)其他情形。

2. 当事人对一审判决、裁定未提出上诉,其是否可申请检察监督的问题,《民诉监督规则》删去了《民诉监督规则(试行)》的一审裁判原则上不能申请监督的条款,由此可见就一审生效的判决或裁定,即使经过了再审前置程序,依然可以依法申请检察监督。

三、申请检察监督对象

申请检察监督的对象,是指可以申请检察监督的裁判文书类别。其与人民法院受理当事人再审申请的范围一致,分别为:

1. 人民法院作出的生效判决〔1〕。在重庆市渝万建设集团有限公司(以下简称渝万建设公司)与重庆双庆产业集团有限公司建设工程施工合同纠纷案中,渝万建设公司不服重庆高院(2013)渝高法民终字第00054号民事判决,向检察机关申请监督。最高检依据《民事诉讼法》(2012年)第209条第1款、第208条第1款、第200条第6项〔2〕的规定,以高检民监〔2015〕150号民事抗诉书,向最高法提出抗诉。最高法依照《民事诉讼法》(2012年)第

---

〔1〕 解除婚姻关系的判决除外。

〔2〕 依次对应现行《民事诉讼法》第216条第1款、第215条第1款、第207条第6项。

206条、第211条[1]之规定，裁定本案由最高法提审。[2]

2. 驳回起诉、不予受理的裁定。《民事诉讼法》第157条规定的其他各种裁定包括：不予撤销仲裁裁决的裁定、诉讼费用负担裁定、中止诉讼的裁定、按自动撤回上诉处理的裁定、企业法人破产还债程序终结裁定、驳回当事人再审申请的裁定、诉前财产保全的裁定、人民法院作出的债权人优先受偿的裁定、人民法院作出的先予执行裁定、执行程序中查封人民法院作出维持原判决的裁定后，原来提出抗诉的人民检察院再次提出抗诉的，均是程序性的裁定，由于不具有诉的内容，不能适用再审程序进行审理，均系依法不可以抗诉再审的裁定。[3]

3. 损害国家、社会公共利益的调解书。根据《民诉监督规则》第85条之规定，地方各级人民检察院发现民事调解书损害国家利益[4]、社会公共利益[5]的或对当事人通过虚假诉讼获得的民事调解书，可以依职权向同级人民法院提出再审检察建议，也可以提请上一级人民检察院抗诉。

4. 当事人通过虚假诉讼获得的民事调解书[6]。根据《民诉监督规则》第75条第2款之规定，当事人通过虚假诉讼途径获得的民事调解书也应纳入人民检察院监督的对象。

四、申请检察监督期限

根据《民诉监督规则》第20条之规定，其期限为2年，起算自人民法院作出驳回再审申请裁定或者再审判决、裁定发生法律效力之日起2年内。另

---

[1] 依次对应现行《民事诉讼法》第213条、第218条。

[2] 最高法民事裁定书，(2016)最高法民抗85号。

[3] 参见江必新等：《新民事诉讼法再审程序疑难问题解答与裁判指导》，法律出版社2014年版，第26页。

[4] 国家利益是指能够满足国家生存发展为基础的各方面需要，并且对国家在整体上具有好处事物，如外交、国防。

[5] 社会公共利益是指特定范围的广大公民所能享受的利益，但因该概念过于抽象，实践中不易把握。在司法实践中，涉嫌虚假诉讼损害案外人权益的调解书往往也被纳入检察监督范围。虚假诉讼损害正常诉讼程序及司法权威，可视为损害社会公共利益。参见王朝辉：《作为民事再审对象的生效判决、裁定》，载《人民司法》2016年第13期。

[6] 也可参见最高检指导性案例检例53号。2021年，全国检察机关共办理虚假诉讼监督案件8800余件。参见冯小光、刘昀：《以习近平法治思想引领民事检察工作高质量发展》，载《中国检察官》2022年第13期。

外，该规定明确该2年期限为不变期间，不适用中止、中断、延长的规定。

五、申请上级监督复查

根据《民诉监督规则》第29条的规定，当事人申请监督是同级受理，不能直接申请上一级检察院抗诉。同级检察院审查后，可能提请上级院抗诉，也可能直接作出不支持监督决定。从实践情况看，大部分申请监督案件被同级检察院决定不支持监督申请。由于“一次监督”原则的存在，同级检察院作出的不支持监督申请决定也被认为是终局性决定，这就导致当事人实际上无法行使《民事诉讼法》规定的申请上一级检察院抗诉的权利。所以，《民诉监督规则》第126条第1款规定，对同级检察院作出的不支持申请决定，可以向上一级检察院申请复查一次，目的是保障《民事诉讼法》规定的当事人申请上一级检察院抗诉的权利。[1]“复查制度仅适用于对生效裁判监督案件，而且其针对的对象是生效裁判法院同级检察院作出的不支持监督申请决定。”[2]

根据《民诉监督规则》第126条第1款之规定，不服法院生效裁判、向检察院提出监督申请的当事人可享有检察监督申请复查权[3]，其要点为：(1)当事人认为不支持监督申请决定存在明显错误的。(2)当事人可以向上一级人民检察院申请复查一次。(3)应在不支持监督申请决定[4]作出之日起1年内行使。(4)初核存在如下情形，可以移送本院负责民事检察的部门审查处理：①有新的证据，足以推翻原判决、裁定的；②有证据证明原判决、裁定认定事实的主要证据是伪造的；③据以作出原判决、裁定的法律文书被撤销或者变更的；④有证据证明审判人员审理该案件时有贪污受贿，徇私舞

---

〔1〕刘文峰：《民事申请复查初核办案探讨》，载《中国检察官》2022年第9期。

〔2〕刘文峰：《民事申请复查初核办案探讨》，载《中国检察官》2022年第9期。

〔3〕最高检的复查抗诉书含有“高检民复查”字样，如高检民复查〔2018〕134号民事抗诉书。另关于民事监督复查权，最高检原民事行政检察厅与原控告申诉检察厅在2013年举办“办理民事行政案件第一次座谈会”时形成纪要，民事监督复查制度应时而生；在2014年第二次座谈会，对民事监督复查制度的复查对象、程序、次数、证据等作了明确规定。2021年8月施行的《民诉监督规则》第126条标志着该制度由内部规范性文件上升为司法解释。参见兰积成、张源：《抓住“三个关键”做好民事监督复查》，载最高检官网，https://www.spp.gov.cn/spp/llyj/202204/t20220420_554666.shtml。

〔4〕实践中，检察院会出具《不支持监督申请决定书》。

弊,枉法裁判等行为的;⑤有证据证明检察人员办理该案件时有贪污受贿,徇私舞弊,滥用职权等行为的;⑥其他确有必要进行复查的。从前述6种情形可知,申请上级复查的事由比当事人申请民事监督标准(《民事诉讼法》第207条)更为严格。[1] (5)负责民事检察的部门审查后,认为下一级人民检察院不支持监督申请决定错误,应当以人民检察院的名义予以撤销并依法提出抗诉。比如,在申诉人北京城建集团有限责任公司与被申诉人北京泰丰房地产开发有限公司一般取回权纠纷案[2]中,最高检认为应予抗诉,以高检民复查〔2020〕78号民事抗诉书向最高法提出抗诉。(6)上级人民检察院可以依职权复查下级人民检察院对同级人民法院已经发生法律效力的民事判决、裁定、调解书作出不支持监督申请决定的案件。

第二节　检察监督法定事由

一、监督事由比较

根据《民诉监督规则》第74条、第75条之规定,人民检察院发现人民法院已经发生法律效力的民事判决、裁定有《民事诉讼法》第207条规定情形之一的,或发现民事调解书损害国家利益、社会公共利益的,或者系当事人通过虚假诉讼获得的民事调解书,可依法向人民法院提出再审检察建议或者抗诉。就检察监督法定事由而言,《民诉监督规则》与《民诉法解释》的规定存有差异,即《民诉监督规则》规定的检察机关启动检察监督的法定事由在认定标准方面更为宽松,尤其是检察机关可以依据自行调查取得的新证据启动检察监督。现就《民诉监督规则》重点提及的法定事由与《民诉法解释》相关规定的差异罗列见表2-1:

---

[1] 最高检第六检察厅厅长冯小光认为,复查纠正的比例不到5%。参见冯小光、颜良伟:《新民事诉讼监督规则若干重点条文解读》,载《中国检察官》2021年第15期。

[2] 详见最高法民事裁定书,(2021)最高法民抗36号。

表 2－1　检察监督和申请再审法定事由界定差异对比

事由	《民诉监督规则》的规定	《民诉法解释》的规定
新证据	(1)该证据与案件基本事实有关并且能够证明原判决、裁定确有错误的;(2)人民检察院依照该规则第 63 条、第 64 条规定调查取得的证据,与案件基本事实有关并且能够证明原判决、裁定确有错误的(详见该规则第 76 条)	再审申请人提供的新的证据,能够证明原判决、裁定认定基本事实或者裁判结果错误的,应当认定为民事诉讼法第 207 条第 1 项规定的情形(详见该解释第 385 条)
认定的基本事实缺乏证据证明	(1)认定的基本事实没有证据支持,或者认定的基本事实所依据的证据虚假、缺乏证明力的;(2)认定的基本事实所依据的证据不合法的;(3)对基本事实的认定违反逻辑推理或者日常生活法则的;(4)认定的基本事实缺乏证据证明的其他情形(详见该规则第 77 条)	《民事诉讼法》和《民诉法解释》没有明确认定。但《民诉法解释》第 333 条规定基本事实为:用以确定当事人主体资格、案件性质、民事权利义务等对原判决、裁定的结果有实质性影响的事实
适用法律确有错误	(1)适用的法律与案件性质明显不符的;(2)确定民事责任明显违背当事人有效约定或者法律规定的;(3)适用的法律已经失效或者尚未施行的;(4)违反法律溯及力规定的;(5)违反法律适用规则的;(6)明显违背立法原意的;(7)适用法律错误的其他情形(详见该规则第 78 条)	(1)适用的法律与案件性质明显不符的;(2)确定民事责任明显违背当事人约定或者法律规定的;(3)适用已经失效或者尚未施行的法律的;(4)违反法律溯及力规定的;(5)违反法律适用规则的;(6)明显违背立法原意(详见该解释第 388 条)
审判组织的组成不合法	(1)应当组成合议庭审理的案件独任审判的;(2)人民陪审员参与第二审案件审理的;(3)再审、发回重审的案件没有另行组成合议庭的;(4)审理案件的人员不具有审判资格的;(5)审判组织或者人员不合法的其他情形(详见该规则第 79 条)	《民事诉讼法》和《民诉法解释》均没有明确规定
违反法律规定,剥夺当事人辩论权利	(1)不允许或者严重限制当事人行使辩论权利的;(2)应当开庭审理而未开庭审理的;(3)违反法律规定送达起诉状副本或者上诉状副本,致使当事人无法行使辩论权利的;(4)违法剥夺当事人辩论权利的其他情形(详见该规则第 80 条)	(1)不允许当事人发表辩论意见的;(2)应当开庭审理而未开庭审理的;(3)违反法律规定送达起诉状副本或者上诉状副本,致使当事人无法行使辩论权利的;(4)违法剥夺当事人辩论权利的其他情形(详见该解释第 389 条)

从表2－1可以看出，就上述5个法定再审事由而言，检察机关所适用的《民诉监督规则》比当事人申请再审所适用的《民诉法解释》的门槛更低。如在检察监督层面，严重限制当事人行使辩论权利属于违反法律规定剥夺当事人辩论权利的情形，但《民诉法解释》却不认为其属于剥夺当事人辩论权利之情形。

在高某与武汉津汉房地产开发有限公司、武汉世纪金星科技有限公司（以下简称世纪金星公司）等所有权纠纷案中，高某不服原生效判决，向检察机关申请监督。其申请监督期间向湖北检察院提交了其委托武汉国新房地产资产评估有限公司作出的国新评字［2012］第ZC31号《房地产估价报告》在内的多份新证据，用以证明世纪金星公司购买房产不能满足善意取得的三个构成要件。该案因最高检以有新的证据（法定事由）为由抗诉而再审，且最高法也以有新的证据为由再审改判。[1]

二、依职权而监督

民事检察依职权监督，是指民事检察工作中，检察机关不经当事人申请，以自行发现的线索为案件来源，从而对法院民事诉讼活动开展法律监督。一般检察机关自行发现线索渠道主要包括：（1）类案监督法，主要是就同一类案件进行监督，通过办理一件申请监督案件同时发现多起类似案件；（2）重点监督法，如虚假诉讼高发领域集中在借款合同纠纷、房屋买卖合同纠纷、商品房预售合同纠纷、民间借贷纠纷这四类，检察机关通常给予重点监督；[2]（3）通过新闻报道、网络媒介等方式发现；（4）有关机关转交的案件。[3]

2021年新修订的《人民检察院民事诉讼监督规则》第37条将原来依职权启动监督程序的三种情形增加到六种，即（1）损害国家利益或者社会公共利益的；（2）审判、执行人员有贪污受贿，徇私舞弊，枉法裁判等违法行为的；（3）当事人存在虚假诉讼等妨害司法秩序行为的；（4）人民法院作出的已经发生法律效力的民事公益诉讼判决、裁定、调解书确有错误，审判程序中审

---

〔1〕 最高人民法院民事判决书，（2019）最高法民再123号。

〔2〕 参见齐红、戴哲宇：《如何有效落实民事检察依职权监督》，载《检察日报》2019年11月10日，第3版。

〔3〕 金石：《民事诉讼中检察机关依职权监督问题研究》，载《人民检察》2021年第23期。

判人员存在违法行为,或者执行活动存在违法情形的;(5)依照有关规定需要人民检察院跟进监督的;(6)具有重大社会影响等确有必要进行监督的情形。

"在依法能动履职的背景下,民事检察监督程序启动方式应由原来的依申请为主,转变为依申请和依职权并重。这样才能最大限度地体现检察机关在民事生效裁判监督过程中依法能动履职的担当和作为。如最高检第155号指导性案例某小额贷款公司与某置业公司借款合同纠纷抗诉案,检察机关在履职中发现某小额贷款公司可能存在规避行业监管、变相收取高额利息、扰乱国家金融秩序的情形,遂依职权启动监督程序,并开展相关调查核实工作,一方面通过个案监督促进小额贷款公司规范经营;另一方面立足个案审视类案及行业问题,依法维护金融秩序和金融安全。"[1]

应特别注意的是,根据《民诉监督规则》第37条之规定,人民检察院对民事案件依职权启动监督程序,不受当事人是否申请再审之限制。

三、检察机关抗诉

抗诉由最高检向各级人民法院、上级人民检察院向下级人民法院提出、基层检察院没有直接的抗诉权,抗诉主要分为提出抗诉和提请抗诉。

1. 提出抗诉。根据《民诉监督规则》第90条之规定,最高检对各级人民法院已经发生法律效力的民事判决、裁定、调解书,上级人民检察院对下级人民法院已经发生法律效力的民事判决、裁定、调解书,发现有《民事诉讼法》第207条、第215条规定情形的,应当向同级人民法院提出抗诉[2]。申

---

[1] 《从"民生小案"读出"国之大者"——走进最高人民检察院第三十八批指导性案例》,载《检察日报》2022年8月17日,第5版。

[2] 自2019年以来,最高检搭建检察机关民事行政案件专家咨询网,由律师、学者等专家为检察机关行使民事行政检察监督权提供咨询意见,作为启动抗诉或检察建议的参考。笔者曾应北京检察院第一分院等邀请,为一宗民商事案件应否抗诉出具专家咨询意见。该案申诉人在一审、二审、再审阶段均败诉,某检察院也做出不予监督意见,该案可谓进入山穷水尽之境地。笔者收到原各审所有材料后在规定时间内加班加点认真研判,提出了原一审、二审判决认定基本事实和适用法律错误、有监督必要且应予抗诉的专家咨询意见,该意见被该院采纳。后该案由北京检察院向北京高院提出抗诉,北京高院以(2021)京民再51号民事判决最终改判。本人也于2021年6月2日被最高检评为第一期民事行政检察专家咨询网优秀专家(全国共78人获得该荣誉)。详见https://www.spp.gov.cn/spp/llyj/202106/t20210602_520072.shtml,最后访问日期:2022年9月4日。

言之，应当是上级检察院抗下级法院作出的判决，抗诉书向同级法院提；最高检对各级人民法院都可抗。

最高检提出抗诉后，一般而言，若存在《民事诉讼法》第207条第6项至第13项规定情形的，应由最高法审理。但根据《民事诉讼法》第218条之规定，有以下5种法定再审事由之一的，可以交下一级人民法院再审（但经该下一级人民法院再审的除外）：（1）有新的证据，足以推翻原判决、裁定的；（2）原判决、裁定认定的基本事实缺乏证据证明的；（3）原判决、裁定认定事实的主要证据是伪造的；（4）原判决、裁定认定事实的主要证据未经质证的；（5）对审理案件需要的主要证据，当事人因客观原因不能自行收集，书面申请人民法院调查收集，人民法院未调查收集的。

在李某与铜山县农村信用合作联社等民间借贷纠纷案中，李某不服江苏高院（2013）苏民终字第0358号民事判决，向检察机关申诉。最高检认为本案符合《民事诉讼法》（2012年）第200条第6项[1]规定的情形，以高检民复查〔2016〕120号民事抗诉书向最高法提出抗诉。最高法经审查认为，最高检提出的抗诉，既有法律适用问题，也有基本事实的认定是否缺乏证据证明的问题。据此，最高法依照《民事诉讼法》（2012年）第206条、第211条[2]之规定，裁定本案指令江苏高院再审。[3]

在四川玉兰纺织有限公司（以下简称玉兰公司）与丁某金等民间借贷纠纷案中，玉兰公司不服山西高院（2009）晋民终字第181号民事判决，向检察机关申诉。最高检认为本案符合《民事诉讼法》（2012年）第200条第2项[4]规定的情形，以高检民监〔2015〕147号民事抗诉书向最高法提出抗诉。最高法依照《民事诉讼法》（2012年）第206条、第211条之规定，裁定本案由山西高院再审。[5]

对于可以交下一级人民法院审理的案件，最高法也可以自己审理。在湖南省建筑工程集团总公司（以下简称建筑公司）与济宁市金丰混凝土有限公司等买卖合同纠纷案中，建筑公司不服山东高院（2012）鲁民监字第137

---

〔1〕 对应现行《民事诉讼法》第207条第6项。

〔2〕 对应现行《民事诉讼法》第213条、第218条。

〔3〕 最高法民事裁定书，（2017）最高法民抗19号。

〔4〕 对应现行《民事诉讼法》第207条第2项。

〔5〕 最高法民事裁定书，（2017）最高法民抗1号。

号民事判决，向最高检申诉。最高检认为本案符合《民事诉讼法》（2012 年）第 200 条第 1 项〔1〕规定的情形，以高检民监［2016］246 号民事抗诉书向最高法提出抗诉。最高法依照《民事诉讼法》（2012 年）第 206 条、第 211 条之规定，裁定本案由最高法提审，并未交山东高院再审。〔2〕

2. 提请抗诉，顾名思义就是提出请求上一级人民检察院提出抗诉。根据《民诉监督规则》第 81 ~83 条之规定，地方各级人民检察院发现同级人民法院已经发生法律效力的民事判决、裁定有下列情形之一：（1）有新的证据，足以推翻原判决、裁定的；（2）原判决、裁定认定的基本事实缺乏证据证明的；（3）原判决、裁定认定事实的主要证据是伪造的；（4）原判决、裁定认定事实的主要证据未经质证的；（5）对审理案件需要的主要证据，当事人因客观原因不能自行收集，书面申请人民法院调查收集，人民法院未调查收集的；（6）审判组织的组成不合法或者依法应当回避的审判人员没有回避的；（7）无诉讼行为能力人未经法定代理人代为诉讼或者应当参加诉讼的当事人，因不能归责于本人或者其诉讼代理人的事由，未参加诉讼的；（8）违反法律规定，剥夺当事人辩论权利的；（9）未经传票传唤，缺席判决的；（10）原判决、裁定遗漏或者超出诉讼请求的；（11）据以作出原判决、裁定的法律文书被撤销或者变更的，且符合判决、裁定是经同级人民法院再审后作出的或者判决、裁定是经同级人民法院审判委员会讨论作出的，一般应当提请上级人民检察院抗诉。

地方各级人民检察院发现同级人民法院的原判决、裁定适用法律确有错误的或者审判人员审理该案件时有贪污受贿，徇私舞弊，枉法裁判行为的，一般应当提请上一级人民检察院抗诉。

四、依职权再抗诉

“原规则对原提出抗诉的检察院再次抗诉问题未做规定，实践中也存在原提出抗诉的检察院认为再审裁判仍有明显错误而再次提出抗诉的情

〔1〕 对应现行《民事诉讼法》第 207 条第 1 项。
〔2〕 最高法民事裁定书，（2017）最高法民抗 9 号。

形，"[1]有的法院受理再次抗诉。如李某雄与刘某华房屋买卖合同纠纷案[2]中，广东省人民检察院先后两次抗诉，广东高院均受理并审理。有的法院则不予受理。如在原审原告谢某治与原审被告重庆市才富建筑钢模板有限公司、郑某祥、郑某林买卖合同纠纷案[3]中，重庆高院认为，诉讼法作为公法，法无规定不可为，故在现有法律并无上下两级人民检察院可以针对同一法律文书两次抗诉的规定的情形下，检察机关的本次抗诉缺乏相应的法律依据，鉴于检察机关未撤回抗诉，对其再次抗诉不予受理。对是否允许再次抗诉，不同法院的观点确实存在天壤之别，不得不让人感到诧异。

为终结前述混乱局面，2021 年起施行的《民诉监督规则》新增了检察院可依职权再次提出抗诉的条文。该规则第 91 条规定，对于检察院提出抗诉的案件，如接受抗诉的人民法院将案件交下一级人民法院再审，下一级人民法院审理后作出的再审判决、裁定仍有明显错误的，原提出抗诉的人民检察院可以依职权再次提出抗诉。

当然，该规定明确为"依职权"，是避免当事人误解为授权当事人可以申请检察机关再次监督，因为《民事诉讼法》第 216 条规定当事人向检察机关申请监督以一次为限。

五、再审检察建议

再审检察建议由检察院向同级人民法院提出，基层人民检察院有权提出再审检察建议，其直接向被监督的人民法院提出。再审检察建议更有利于检察机关减少办案环节，实现同级监督、直接监督，提高监督效率。如在（2021）鲁民再 471 号案中，山东检察院以有新的证据足以推翻山东高院（2017）鲁民终 1864 号民事判决为由，向山东高院特提出再审检察建议。后山东高院启动再审并改判。如果采取抗诉方式，需要山东检察院提请最高检向最高法提出，监督效率会大打折扣。

最高检对同级法院即最高法的检察监督，原则上均通过抗诉方式，通过

[1] 最高人民检察院第六检察厅编：《〈人民检察院民事诉讼监督规则〉理解与适用》，中国检察出版社 2021 年版，第 153 页。

[2] 详见最高法民事判决书，(2017) 最高法民再 87 号。类似案例还可以参考广东高院民事裁定书，(2015) 粤高法审监民提字第 35 号。

[3] 重庆高院民事裁定书，(2019) 渝民抗 34 号。

再审检察建议的方式极为罕见。已知个别案例为最高检发布第38批指导性案例之三，即郑某安与青海万通物业发展有限公司商品房买卖合同纠纷再审检察建议案[1]。该案中，郑某安不服二审判决，向最高法申请再审，该院裁定驳回郑某安的再审申请。郑某安不服又向最高检申请监督。最高检在对郑某安主张的可得利益损失是否应予赔偿以及酌定调整可得利益损失数额是否属行使裁量权失当等情况进行全面、客观审查后，认为生效判决适用法律确有错误，且有失公平，遂于2019年1月21日依法向最高法发出再审检察建议。最高法于2020年3月31日作出民事裁定，再审本案。再审中，郑某安与青海万通物业发展公司达成调解协议。

根据《民诉监督规则》第81条及《人民检察院检察建议工作规定》第8条之规定，如生效民事判决、裁定存在《民事诉讼法》第207条第6项“原判决、裁定适用法律确有错误”和第13项“审判人员审理该案件时有贪污受贿，徇私舞弊，枉法裁判行为”的法定事由的，应由原生效法院同级检察院的上一级人民检察院向其同级人民法院提出抗诉。一般而言，这两项法定事由不能通过再审检察建议方式行使法律监督权。

如生效民事判决、裁定存在《民事诉讼法》第207条其余11项[2]法定情形的，或者生效民事调解书存在损害国家利益、社会公共利益的，均为同级检察机关提出再审检察建议的法定事由范围，当然也可以由该同级检察机关的上一级人民检察院提出抗诉。

民事抗诉原则上会启动民事再审程序，而“再审检察建议不必然启动再审程序。”[3]根据《民诉法解释》第417条之规定，其更多取决于法院的审查

---

〔1〕 可参见最高法民事裁定书，(2019)最高法民监17号。

〔2〕 《民事诉讼法》第207条规定：“(一)有新的证据，足以推翻原判决、裁定的；(二)原判决、裁定认定的基本事实缺乏证据证明的；(三)原判决、裁定认定事实的主要证据是伪造的；(四)原判决、裁定认定事实的主要证据未经质证的；(五)对审理案件需要的主要证据，当事人因客观原因不能自行收集，书面申请人民法院调查收集，人民法院未调查收集的；(六)原判决、裁定适用法律确有错误的；(七)审判组织的组成不合法或者依法应当回避的审判人员没有回避的；(八)无诉讼行为能力人未经法定代理人代为诉讼或者应当参加诉讼的当事人，因不能归责于本人或者其诉讼代理人的事由，未参加诉讼的；(九)违反法律规定，剥夺当事人辩论权利的；(十)未经传票传唤，缺席判决的；(十一)原判决、裁定遗漏或者超出诉讼请求的；(十二)据以作出原判决、裁定的法律文书被撤销或者变更的；(十三)审判人员审理该案件时有贪污受贿，徇私舞弊，枉法裁判行为的。”

〔3〕 彭艳妮、刘雷：《民事再审检察建议类案件实证研究》，载《中国检察官》2020年第7期。

结果。但根据《民诉法解释》第411条及第413条之规定,人民检察院依法对损害国家利益、社会公共利益的发生法律效力的判决、裁定、调解书的再审检察建议是经过人民检察院检察委员会讨论决定的,或者是对有明显错误的再审判决、裁定提出再审检察建议的,人民法院应予受理。

根据《民诉监督规则》第124条之规定,法院对检察建议未在规定期限内作出处理并书面回复,或者对检察建议的处理结果错误的,检察院可以再次提出监督或提请监督。根据《民诉法解释》第417条之规定,前述规定期限自法院收到再审检察建议后3个月内。

第三节 检察监督与申请再审差异

一般而言,检察监督与申请再审至少有如下两大区别:

一、能否鉴定勘验不同

检察监督程序中,若在诉讼过程中已经进行过鉴定、评估、审计的,一般不再委托鉴定、评估、审计,但根据《民诉监督规则》第63条和第66条之规定,检察机关受理检察监督申请后,对于专门性问题认为需要鉴定、评估、审计的,可以委托具备资格的机构进行鉴定、评估、审计。

根据《民诉法解释》第397条之规定,在当事人申请再审之再审审查期间,若当事人申请人民法院委托鉴定、勘验的,人民法院应不予准许。如在(2020)最高法民申4195号案中,最高法阐述"申请再审时提出鉴定申请,本院不予准许"。

二、能否调查取证不同

根据《民诉监督规则》第62条之规定,检察机关为履行法律监督职责提出检察建议或者抗诉的需要,有下列情形之一的,可以向当事人或者案外人调查核实有关情况:(1)民事判决、裁定、调解书可能存在法律规定需要监督的情形,仅通过阅卷及审查现有材料难以认定的;(2)民事审判程序中审判人员可能存在违法行为的;(3)民事执行活动可能存在违法情形的;(4)其他需要调查核实的情形。此外,就调查措施而言,根据《民诉监督规则》第63

条之规定,人民检察院可以采取以下调查核实措施:(1)查询、调取、复制相关证据材料;(2)询问当事人或者案外人;(3)咨询专业人员、相关部门或者行业协会等对专门问题的意见;(4)委托鉴定、评估、审计;(5)勘验物证、现场;(6)查明案件事实所需要采取的其他措施。

而在当事人申请再审之再审审查阶段中,当事人无权申请调查取证。

第四节　检察机关抗诉与再审改判

一、检察监督与再审改判

从全国各级检察机关提起抗诉和检察建议启动再审之改判情况来看,再审维持原判率较低(见表2-2)。其原因在于部分案件经调解结案,部分案件经改判,还有部分案件发回重审但当年没有作出再审判决,因此无法统计该部分数据。

表2-2　全国检察机关办理民商事监督案件数量统计

单位:件

年份	受理	抗诉	提出再审检察建议	抗诉案件再审情况					
				合计	改判	发回重审	调解	维持原判	其他
2020	76,680	4994	9900	3693	2170	523	200	627	83
2019	76,900	5103	7972	4091	2342	472	358[①]	838	81
2018	60,593	3933	4087	1982	956	346	147	413	120
2017	48,874	3144	3093	1647	859	223	111	350	104
2016	83,614	3136	2803	1656	739	305	142	346	124
2015	83,872	3391	3780	2414	1060	364	246	577	167
2014	108,654	4064	4877	3609	1565	499	491	798	256
2013	133,041	5727	9186	5781	2157	653	1374	1120	477
2012	61,684	10,244	11,900	7122	2644	853	2319	1010	296
2011	62,497	10,022	—	8074	3069	940	2284	1452	329

续表

年份	受理	抗诉	提出再审检察建议	抗诉案件再审情况					
				合计	改判	发回重审	调解	维持原判	其他
2010	76,642	11,751	—	9485	3691	1007	2578	1781	428
2009	39,490	11,226	—	7469	2940	687	1864	1610	368
2008	34,221	10,966	—	7347	3263	331	1644	1763	346
2007	35,424	11,350	—	7643	3187	235	1752	2060	409

数据来源:《中国法律年鉴》(2008—2017 年)及《最高人民检察院工作报告》。

①含 114 件和解撤诉案件。

由表 2－2 可知,检察机关受理民事监督案件后,通过提出抗诉和再审检察建议的方式进行法律监督。且从 2013 年以来,总体趋势是,通过再审检察建议多于抗诉的方式。

最高检 2019～2021 年的工作报告显示,2021 年全国检察机关提出民事抗诉 5319 件,同比上升 6.5%,法院已审结 4006 件,其中改判、发回重审、调解及和解撤诉 3530 件,改变率 88.1%;2020 年,提出民事抗诉 4994 件,同比下降 2.1%,法院已改判、发回重审、调解、和解撤诉 2926 件,改变率为 80.7%;2019 年,提出民事抗诉 5103 件,同比上升 29.8%;法院已改判、发回重审、调解、和解撤诉 3172 件,2018 年,共提出民事抗诉 3933 件,同比上升 25.1%,法院已审结 1982 件,其中改判、发回重审、调解、和解撤诉 1499 件。

根据表 2－2 的数据,从检察机关提出抗诉案件与检察机关受理当事人申请检察监督案件之比来看,自 2013 年起,全国检察机关提出民事抗诉案件大幅度减少,不到 7%。其中 2013 年占比为 4.3%,2014 年占比为 3.7%,2015 年占比为 4%,2016 年占比为 3.7%,2017 年占比为 6.4%,2018 年占比为 6.4%,2019 年占比为 6.6%,2020 年占比为 6.5%,2021 年占比也为 6.5%[1]。其数量从 2007～2012 年每年超过 1 万件,至 2013 年降为 5727 件;从 2015 年至今,每年基本徘徊在 3000～5000 件。

从检察机关提出民事抗诉的效果来看,2013～2018 年,全国检察机关对

〔1〕 2021 年,全国检察机关共受理民事生效裁判结果监督案件 8.1 万件,详见冯小光、刘昀:《以习近平法治思想引领民事检察工作高质量发展》,载《中国检察官》2022 年第 13 期。

认为确有错误的民事生效裁判、调解书提出抗诉23,395件,人民法院已改判、调解、发回重审、和解撤诉12,237件,改变率约为52.3%。2018~2021年,经全国检察机关抗诉后的民事案件改变率(含改判、发回重审、调解及和解撤诉)为80%左右,其中2021的改变率为88.1%,2020年的改变率为80.7%。可见,检察机关抗诉后民事案件的改变率在逐步上升,这充分说明近年来我国检察机关的民事监督办案人员的专业能力已有大幅度提升。

二、最高检抗诉与改判

根据《民事诉讼法》第215条之规定,依据文义解释,最高检应以抗诉而不是检察建议方式向最高法提出再审检察监督。但在实践中,"在个别案件中,在协商一致的情况下也可以发出再审检察建议"。[1] 因此,最高检基本上是通过抗诉方式向最高法启动检察监督程序的。

笔者发现,最高检向最高法提出民事抗诉的数量并不多,2017年,最高检共向最高法提出民事抗诉31件;2018年,最高检共向最高法提出民事抗诉33件。[2] 另外,截至2022年8月15日,笔者通过"中国裁判文书网"检索经最高检抗诉而作出的民事判决书共有285份,并通过对其中再审案号含"(2018)""(2019)""(2020)"的民事判决书进行分析,发现该三年样本判决书为56份,其中维持原判有21篇判决书,维持率为37.5%;改判35篇判决书,改判率为62.5%(详见表2-3)。前述数据不包括抗诉后最高法发回重审、调解、和解撤诉之情形。当然,由于最高法公布裁判文书的滞后性和不完整性,前述统计数据与真实情况可能存有一定偏差。可见,即便通过最高检抗诉进而再审,最高法维持原判的比例也不低。

---

〔1〕 最高人民检察院第六监察厅编:《〈人民检察院民事诉讼监督规则〉理解与适用》,中国检察出版社2021年版,第140页。司法实践案例极为罕见,笔者仅检索到一例,即(2019)最高法民监17号案,就郑某安与青海万通物业发展有限公司商品房买卖合同纠纷,最高法于2014年9月4日作出(2014)民一终字第198号民事判决,已经发生法律效力。当事人向最高法申请再审被驳回后,向最高检申请监督,最高检通过调阅卷宗、询问当事人等方式查明实质争议后,认为生效判决适用法律确有错误且有失公平,最高人民检察院向最高人民法院发出高检民检[2015]209号再审检察建议书建议再审此案。经最高法院长提交审判委员会讨论认为,该判决确有错误,应予再审。并于再审阶段通过调解协议重新确定出卖人违约损害赔偿的数额。2022年7月15日,最高检发布的第38批指导案例中,检例第156号即为此再审检察建议案。

〔2〕 数据来源为2019年度的《最高人民检察院工作报告》。

表 2-3 裁判时间为 2018~2020 年最高检抗诉再审案件判决情况

序号	纠纷类型	抗诉案号	再审案号	判决结果
1	资金所有权确认纠纷	(2020)最高法民抗1号	(2020)最高法民再221号	改判
2	建设工程合同纠纷	(2020)最高法民抗20号	(2020)最高法民再269号	改判
3	房屋买卖合同纠纷	(2020)最高法民抗17号	(2020)最高法民再340号	维持
4	房屋买卖合同纠纷	(2020)最高法民抗16号	(2020)最高法民再339号	维持
5	物权保护纠纷	(2020)最高法民抗33号	(2021)最高法民再144号	改判
6	买卖合同纠纷	(2019)最高法民抗8号	(2020)最高法民再29号	改判
7	买卖合同纠纷	(2020)最高法民抗12号	(2020)最高法民再274号	维持
8	管道运输合同纠纷	(2019)最高法民抗24号	(2020)最高法民再246号	改判
9	买卖合同纠纷	(2020)最高法民抗7号	(2020)最高法民再326号	改判
10	建设工程施工合同纠纷	(2019)最高法民抗18号	(2020)最高法民再67号	改判
11	合同纠纷	(2019)最高法民抗11号	(2020)最高法民再128号	维持
12	租赁合同纠纷	(2019)最高法民抗23号	(2020)最高法民再222号	改判
13	合同纠纷	(2020)最高法民抗4号	(2020)最高法民再318号	改判
14	医疗损害责任纠纷	(2019)最高法民抗4号	(2020)最高法民再30号	改判

续表

序号	纠纷类型	抗诉案号	再审案号	判决结果
15	民间借贷纠纷	（2020）最高法民抗 21 号	（2020）最高法民再 310 号	改判
16	转让合同纠纷	（2019）最高法民抗 17 号	（2020）最高法民再 14 号	维持
17	借款合同纠纷	（2019）最高法民抗 21 号	（2020）最高法民再 130 号	改判
18	环境污染损害赔偿纠纷	（2020）最高法民抗 2 号	（2020）最高法民再 282 号	维持
19	环境污染损害赔偿纠纷	（2020）最高法民抗 3 号	（2020）最高法民再 281 号	维持
20	案外人执行异议之诉	（2019）最高法民抗 20 号	（2020）最高法民再 68 号	改判
21	借款合同纠纷	（2017）最高法民抗 42 号	（2018）最高法民再 57 号	维持
22	借款合同纠纷	（2017）最高法民抗 43 号	（2018）最高法民再 56 号	维持
23	侵害著作权纠纷	（2019）最高法民抗 10 号	（2019）最高法民再 347 号	改判
24	侵害著作权纠纷	（2019）最高法民抗 9 号	（2019）最高法民再 346 号	改判
25	建设工程施工合同纠纷	（2018）最高法民抗 27 号	（2019）最高法民再 66 号	改判
26	医疗损害责任纠纷	（2019）最高法民抗 22 号	（2020）最高法民再 66 号	改判
27	民间借贷纠纷	（2018）最高法民抗 22 号	（2019）最高法民再 234 号	维持
28	人事争议纠纷	（2018）最高法民抗 32 号	（2019）最高法民再 126 号	改判

续表

序号	纠纷类型	抗诉案号	再审案号	判决结果
29	建设工程施工合同纠纷	(2017)最高法民抗12号	(2018)最高法民再121号	维持
30	合伙协议纠纷	(2016)最高法民抗3号	(2018)最高法民再58号	改判
31	房屋租赁合同纠纷	(2018)最高法民抗3号	(2018)最高法民再194号	改判
32	合同纠纷	(2017)最高法民抗26号	(2018)最高法民再68号	维持
33	债权转让纠纷	(2018)最高法民抗9号	(2019)最高法民再83号	改判
34	债权转让纠纷	(2018)最高法民抗28号	(2019)最高法民再124号	改判
35	所有权纠纷	(2018)最高法民抗2号	(2019)最高法民再123号	改判
36	建设工程施工合同纠纷	(2018)最高法民抗34号	(2019)最高法民再128号	改判
37	买卖合同纠纷	(2017)最高法民抗6号	(2018)最高法民再126号	改判
38	土地租赁合同纠纷	(2018)最高法民抗14号	(2019)最高法民再317号	维持
39	信用证及担保纠纷	(2018)最高法民抗11号	(2018)最高法民再401号	改判
40	房屋买卖合同纠纷	(2018)最高法民抗7号	(2018)最高法民再207号	改判
41	房屋拆迁安置补偿纠纷	(2018)最高法民抗1号	(2018)最高法民再186号	改判
42	合伙协议纠纷	(2018)最高法民抗21号	(2019)最高法民再78号	维持

续表

序号	纠纷类型	抗诉案号	再审案号	判决结果
43	建设工程施工合同纠纷	(2017)最高法民抗41号	(2018)最高法民再183号	维持
44	建设工程施工合同纠纷	(2018)最高法民抗15号	(2019)最高法民再113号	维持
45	租赁合同纠纷	(2016)最高法民抗15号	(2018)最高法民再125号	维持
46	土地承包经营权合同纠纷	(2018)最高法民抗31号	(2019)最高法民再125号	改判
47	房屋确权纠纷	(2017)最高法民抗44号	(2018)最高法民再123号	维持
48	物业服务合同纠纷	(2018)最高法民抗4号	(2018)最高法民再263号	维持
49	股权转让纠纷	(2018)最高法民抗30号	(2019)最高法民再80号	维持
50	联合建房合同纠纷	(2016)最高法民抗77号	(2018)最高法民再124号	维持
51	借款担保合同纠纷	(2017)最高法民抗35号	(2018)最高法民再74号	改判
52	借款担保合同纠纷	(2017)最高法民抗33号	(2018)最高法民再76号	改判
53	借款担保合同纠纷	(2017)最高法民抗32号	(2018)最高法民再77号	改判
54	借款担保合同纠纷	(2017)最高法民抗36号	(2018)最高法民再73号	改判
55	借款担保合同纠纷	(2017)最高法民抗34号	(2018)最高法民再75号	改判
56	委托合同纠纷	(2018)最高法民抗13号	(2019)最高法民再77号	改判

另外，鉴于最高检提出抗诉后，部分案件最高法会指令原审法院再审，一般而言，这部分案件的改判率比最高法提审的改判率低，本书对该部分再审案件的改判率不做统计。

第五节 结　语

尽管我国学术界对于检察机关介入民事诉讼这一私权进行监督是否有必要存有争议。但笔者认为，检察机关依据当事人申请启动检察监督和特定情形下检察机关依职权启动检察监督的审判监督机制具有必要性。我国的民事检察监督制度符合我国国情与历史传统，检察监督有利于诉权与审判权的平衡，有利于司法公正和社会公共利益的维护。

第三章 法院依职权启动再审论述

民事再审（我国《民事诉讼法》中的“审判监督程序”）是大陆法系民事诉讼制度中“再审程序”的一部分。简言之，国外的民事再审程序只能通过当事人申请启动，[1]而我国除当事人申请之外，还有检察机关提起抗诉、检察建议和法院依职权启动再审两种方式，这体现公权力从诉讼的内部和外部分别实施“审判监督”的作用。审判监督制度始于“有错必纠”的理念，历经了近30年来立法上和观念上的变迁，直到今日仍与复杂的信访现象紧密关联或相互纠缠。这些都是我国民事再审的特点，有别于比较法上的“再审”概念。[2]

我国现行《民事诉讼法》第205条规定：“各级人民法院院长对本院已经发生法律效力的判决、裁定、调解书，发现确有错误，认为需要再审的，应当提交审判委员会讨论决定。最高人民法院对地方各级人民法院已经发生法律效力的判决、裁定、调解书，上级人民法院对下级人民法院已经发生法律效力的判决、裁定、调解书，发现确有错误的，有权提审或者指令下级人民法院再审。”这就是我国法院依职权启动再审的法律依据。由于该规定带有浓厚的职权主义色彩，并且违背了民事诉讼“不告不理”和《民事诉讼法》第13条规定的处分原则，因此，法院依职权启动再审将破坏其中立裁判者的立

---

〔1〕［美］约翰·亨利·梅利曼：《大陆法系》，顾培东、禄正平译，法律出版社2004年版，第127页。

〔2〕参见王亚新：《“再审之诉”的再辨析》，载《法商研究》2006年第4期。

场,并可能有损于法院公正的形象,[1]故受到许多学者的批评和抨击。

但也有学者认为,从我国国情出发,应在小范围内允许法院依职权启动再审。王亚新教授认为,鉴于我国的历史传统、目前国情及一般社会意识,即使生效裁判的当事人并未经过诉讼内的程序或其提出的再审申请被驳回,如果他们仍继续多方信访申诉的话,对于这种寻求救济的行动仍需要保留某种制度性渠道来作出回应。[2] 当下,我国有很大一部分当事人在再审申请被驳回或根本没有提出再审申请的情况下,选择向各部门反复信访、投诉,寻求改判。为了接受法律监督,回应社会关切,也为了解决当事人上访、申诉的问题,法院依职权启动再审便在再审申请之外为当事人申诉寻求救济提供了渠道。事实上,目前的民事审判实务中,法院依职权提起再审的案件,大部分不是法院为了纠错而主动审查的结果,而是在当事人信访后,法院有关部门发现了问题从而提起再审,不得已而为之的情形十分普遍。在尽可能疏导当事人穷尽诉讼制度内程序的前提下,法院依职权提起再审主要承担了接受当事人通过外部信访渠道过滤的救济诉求并予以妥善处理的功能。[3] 此外,在检察机关没有提出检察监督的前提下,依职权启动再审可以解决民事诉讼损害国家利益、社会公共利益的救济问题。

总之,笔者认为,鉴于我国每年涉诉信访、上访案件数量巨大,[4]信访现象可能还会继续存在,许多当事人在申请再审和抗诉再审程序走完后,仍坚持申诉,且确有部分案件存在错误。因此,2012年《民事诉讼法》修改后依然保留法院依职权启动再审是合理的,但一定不能滥用。

---

〔1〕 参见张卫平:《民事再审事由研究》,载《法学研究》2000年第5期。

〔2〕 参见王亚新:《"再审之诉"的再辨析》,载《法商研究》2006年第4期。

〔3〕 参见颜峰、黄立群:《法院依职权启动再审问题的思考》,载《山东审判》2011年第2期。

〔4〕 据笔者统计,从2009年到2016年这8年当中(2017年至2021年的信访数据未公布),就全国法院信访情况而言,除2009年和2010年信访总量超过100万件(人次)外,其他年份均维持在70万~80万件(人次)。具体数据为:2009年总数为1,357,602件(人次),申诉为255,663件(人次);2010年总数为1,066,687件(人次),申诉为184,053件(人次);2011年总数为790,330件(人次),申诉为133,123件(人次);2012年总数为800,878件(人次),申诉为122,401件(人次);2013年总数为714,540件(人次),申诉为106,917件(人次);2014年总数为758,386件(人次),其中申诉为125,702件(人次);2015年总数为798,961件(人次),其中申诉为126,794件(人次);2016年总数为744,164件(人次),其中申诉为122,807件(人次)。数据来源:最高人民法院公报(2010~2017年)。

第一节 法院依职权启动再审原由

人民法院依职权启动再审是人民法院内部对自身审判工作行使检查监督权的具体体现。[1] 因此,依职权再审不必遵从再审事由,也不限于当事人申请再审之法律文书类型。

一、依职权再审裁判文书

《民事诉讼法》第205条并未限制该判决、裁定或调解书的类型,只要发生法律效力即可。故理论上,对任何生效判决、裁定或调解书均可依职权再审。依职权再审的法律文书范围明显大于当事人可申请再审的法律文书类型。如根据《民诉法解释》第378条之规定,适用特别程序审理的案件,当事人不得申请再审,但法院却可以依职权再审,如最高法民监106号。

二、应当依职权再审案件

根据《民诉法审监解释》第21条之规定,应当依职权提审案件至少包括:当事人未申请再审、人民检察院未申请抗诉,但人民法院发现原判、裁定、调解书有损国家利益、社会公共利益等确有错误情形的案件。

三、依职权再审线索来源

综合现行《民事诉讼法》及其司法解释之规定以及最高法、学者观点,生效裁判具有以下7种情形之一,且不能通过当事人申请和抗诉途径启动再审时,若具有审查生效裁判是否存在“确有错误”情形的现实需要,人民法院可以决定是否依职权启动再审审查和再审。[2]

1. 检察机关根据《民事诉讼法》和相关司法解释、文件的规定,向人民法院提出的再审检察建议所涉及的案件,人民法院需要作出答复的。

---

〔1〕 参见孙祥壮:《民事再审程序:从立法意图到司法实践》,法律出版社2016年版,第36页。

〔2〕 参见江必新等:《新民事诉讼法再审程序疑难问题解答与裁判指导》,法律出版社2014年版,第45-46页。

2. 因上级法院指令再审而作出的生效裁判，再审时没有考虑上级法院明确的指定再审意见，且在裁判前没有报告，导致生效裁判具有不良社会效果，需要依职权对生效裁判是否还存在“确有错误”的情形进行审查的。

3. 在案件审理、执行过程中发现所涉及的最高法或者下级法院相关生效裁判可能存在错误而影响本案审理，需要对该生效裁判进行审查的。

如在秦皇岛首钢板材有限公司（以下简称首钢板材公司）与杭州家华钢铁贸易有限公司（以下简称家华公司）保证合同纠纷案中，最高法认为，现有证据不足以证明案涉担保合同系首钢板材公司的真实意思表示，原审法院认定案涉担保合同对首钢板材公司具有拘束力有所不当。首先，家华公司与首钢板材公司签订的案涉担保合同落款处仅有各方当事人公章，未有经办人员签字和落款时间。其中担保方首钢板材公司的公章，经另案生效刑事判决认定，系由余某龙伪造并加盖的，余某龙还将该枚伪造的印章加盖在秦皇岛首秦龙汇矿业有限公司变更经营范围的股东决议书上，但该股东会决议上没有首钢板材公司人员签字，依据该股东会决议所作的公司登记也因此被有关机关撤销，亦无其他证据证明首钢板材公司参与此次股东会并对盖章行为知情。另外，余某龙并非首钢板材公司法定代表人，也未得到首钢板材公司书面授权，不具有代表首钢板材公司签订合同的权利，故不能依据案涉担保合同上的公章及签订情况认定首钢板材公司知晓并同意合同内容。其次，案涉担保合同上加盖的首钢板材公司骑缝章与落款处首钢板材公司公章不是同一枚印章，作用亦不同，不能作为首钢板材公司签订了案涉担保合同的证据。同时，首钢板材公司对骑缝章的真实性不予认可并申请了鉴定，虽然鉴定未果，但因而认定骑缝章真实，进而认定案涉担保合同系首钢板材公司真实意思表示，依据不足。最后，家华公司在本案中提交首钢板材公司法定代表人李某锋身份证复印件，并主张该复印件系案涉担保合同（2014 年 3 月 25 日签订）所附。但在（2016）浙 0103 民初 2676 号案中，家华公司亦将该身份证复印件作为证据提交，并主张该证据系与 2011 年 10 月 25 日的担保合同一同取得，家华公司的陈述存在矛盾。该身份证复印件是否与案涉担保合同有关需进一步查明。综上，原审判决在认定事实和适用法律方面存在错误，遂依职权裁定再审，并指令浙江高院再审。[1]

---

〔1〕 最高法民事裁定书，（2022）最高法民监 7 号。

4. 对最高法或者下级法院的生效裁判，有关上级机关或者领导机关批示交办、相关方面关注的以及其他经最高法院长批示，人民法院需要作出落实或者回复的。

5. 在法律释明、判后答疑工作中发现最高法生效裁判可能存在错误，以及在信访工作中发现最高法及下级法院生效裁判可能存在错误，但按照法律规定不得申请再审的。

6. 为了回应生效裁判造成的重大社会影响，需要依职权对生效裁判是否存在确有错误的情形进行审查的。

7. 经原审当事人反复申诉后，为平息生效裁判引发的紧急涉诉信访事件而进行审查的。据笔者统计，最高法依职权裁定再审案件的主要来源还是"当事人申诉"。（详见本章下文中的表 3－1）

在李某山与深圳天诚运输实业有限公司（以下简称天诚实业公司）等股权转让纠纷案中，李某山、天诚实业公司不服二审判决，向广东高院申请再审，广东高院驳回李某山和天诚实业公司的再审申请。李某山仍不服，向最高法申诉。最高法受理该申诉案件后，天诚实业公司亦针对 1618 号判决提出申诉请求。最高法经审查，作出（2015）民监字第 34 号民事裁定，提审该案。[1]

第二节 生效裁判确有错误认定

与当事人申请再审以及检察机关抗诉有明确的法定再审事由不同，人民法院依职权启动再审是以"确有错误"作为标准的。确有错误的启动标准，在理论界和实务界被认为过于笼统、概括，缺乏具体的掌握尺度与可操作性，带有浓厚的主观色彩，在实践中也被认为难以掌握。[2] 一般认为，依职权启动再审中的"确有错误"标准，较当事人申请再审的事由更加严格，应当接近或者等同于再审改判的标准。有学者认为，《民事诉讼法》第 205 条

〔1〕 最高法民事判决书，（2015）民提字第 220 号。

〔2〕 江必新主编：《新民事诉讼法理解适用与实务指南（修订版）》，法律出版社 2015 年版，第 761 页。

规定的确有错误,是指足以导致生效裁判被撤销的认定基本事实错误,或适用法律错误。以下情形可以视为足以导致生效裁判被撤销的认定基本事实错误或者适用法律错误:(1)裁判理由与裁判结果互相矛盾且裁判理由违反法律规定的;(2)裁判认定的案件事实与所采信的证据互相矛盾造成裁判结果显失公正的;(3)与案件性质相同、案情相似的先例裁判相矛盾,且裁判结果显失公正、造成不良后果的;(4)生效裁判具有《民诉法审监解释》第 21 条所规定的损害国家利益、社会公共利益的情形;(5)其他足以导致原审生效裁判被撤销的认定基本事实确有错误,或者适用法律确有错误的情形。[1]

在河南省亿通电线电缆有限公司与国网甘肃省电力公司买卖合同纠纷案中,最高法审查认为,该判决在国网甘肃省电力公司应付货款中将其已经接受并使用的案涉 103 公里导线的货款予以扣减,缺乏充分的事实和法律依据,确有错误,应予再审。最高法遂裁定指令甘肃高院再审本案。[2]

在山西众心钢铁有限公司(以下简称众心钢铁公司)等与山西古冶实业(集团)有限公司等侵害企业出资人权益纠纷案中,众心钢铁公司等不服山西高院二审民事判决,向最高法申请再审。2012 年最高法作出(2012)民申字第 748 号民事裁定,驳回再审申请。后最高法以山西高院(2011)晋民终字第 164 号民事判决认定事实不清,适用法律确有错误、最高法(2012)民申字第 748 号民事裁定应予纠正为由,撤销最高法(2012)民申字第 748 号民事裁定、提审理本案。[3]

第三节　法院依职权启动再审概况

依职权启动再审之程序至少可分为再审审查阶段和再审审理阶段。在最高法立案受理后,经审查发现该裁判结果并非确有错误的,裁定驳回申诉。

在谢某平与湖南省常德电力实业发展总公司广州分公司等建设工程合

[1] 参见江必新等:《新民事诉讼法再审程序疑难问题解答与裁判指导》,法律出版社 2014 年版,第 48 页。

[2] 最高法民事裁定书,(2019)最高法民监 28 号。

[3] 最高法民事裁定书,(2015)民监字第 63 号。

同纠纷案中，谢某平不服广东高院（2014）粤高法民申字第938号民事裁定，向最高法申诉。最高法认为，谢某平的申诉不符合《民事诉讼法》（2012年）规定的再审条件。裁定驳回谢某平的申诉。[1]

若经审查发现符合确有错误标准，则以"民监字第×号"立案进入再审程序。案号中有"最高法民监"字样的，必为最高法依职权启动再审的裁定书。

在徐某洪与厉某敏合同纠纷案中，最高法认为，徐某洪提交的青田县住房和城乡规划建设局2018年11月22日出具的《关于对博文房地产评估造价集团有限公司相关问题的回复函》、博文房地产评估造价集团有限公司2018年12月6日向二审法院出具的函件等新证据，证实原审判决在认定事实方面确有错误，应予再审，遂裁定指令新疆兵团第一师中院再审本案。[2]

根据现行《民事诉讼法》第205条第2款之规定，最高法对地方各级人民法院已经发生法律效力的判决、裁定、调解书，上级人民法院对下级人民法院已经发生法律效力的判决、裁定、调解书，发现确有错误的，依职权启动再审时，既可以提审，也可以指令下级人民法院再审。但司法实践中，各级人民法院出现一种指令再审的趋势，相应地再审改判率逐渐下降。据最高法审监庭统计：近年来，对申请再审的民事案件启动再审的审理方式中，指令再审的比例逐年升高，从2007年的20%左右上升至2013年的60%左右，而改判比例却从33%下降至23%。再审发回重审的比例从5%上升至15%以上，有的法院甚至超过50%，而过半发回重审案件裁判结果与原来相同或基本相同。[3]

根据近几年的统计，全国各级法院提审案件再审纠错率[4]一般都高出指令再审案件10个百分点，这表明提审比指令再审更有利于再审纠错。[5]故为了确保再审纠错的及时性、有效性和正确性，避免不必要的重复劳动和

---

〔1〕 最高法民事裁定书，（2015）民监字第89号。

〔2〕 最高法民事裁定书，（2020）最高法民监18号。

〔3〕 高沈坚：《〈关于民事审判监督程序严格依法适用指令再审和发回重审若干问题的规定〉的理解与适用》，载《人民司法》2015年第13期。另外，高沈坚是最高院人民法院审判监督庭的集体笔名。

〔4〕 即改判、发回重审和调解比例之和。

〔5〕 参见高沈坚：《关于民事审判监督程序严格依法适用指令再审和发回重审若干问题的规定的理解与适用》，载《人民司法》2015年第13期。

可能的矛盾裁判，最高法于2015年3月15日起开始实施《最高人民法院关于民事审判监督程序严格依法适用指令再审和发回重审若干问题的规定》。该司法解释第2条第3款明确规定，法院依职权裁定再审的案件一律提审，没有任何例外规定。

但笔者通过检索“中国裁判文书网”公布的案例进行验证后发现，该规定施行后，最高法的司法实践并未完全按照“依职权裁定再审一律提审”的规定执行。[1] 如在(2022)最高法民监7号案中，最高法指令浙江高院再审该案；在(2020)最高法民监12号案中，最高法指令河南高院再审该案；在(2020)最高法民监18号案中，最高法指令新疆地方法院再审该案；在(2019)最高法民监28号案中，最高法指令甘肃高院再审该案；在(2019)最高法民监35号案中，最高法指令河南高院再审该案；在(2018)最高法民监6号案中，最高法指令河南高院再审该案；等等。

第四节　法院依职权再审改判比例

根据笔者不完全统计，最高法依职权启动再审比例占全部再审案件的比例极低。截至2022年8月14日，笔者通过“中国裁判文书网”查询案号以(2016)－(2020)开头的最高法依职权再审民事判决，共计查询到25份判决书。此外，就最高法第一巡回法庭而言，据最高法孙祥壮法官统计，从第一巡回法庭接待来访、发现错误、监督下级人民法院审判的情况来看，每1000件来访案件中被认为可能存在错误、立“民监字”案号的不超过20件，经复查认为确有错误、裁定进入再审的案件数量不超过10件。依职权启动再审渠道已经日渐成为拾遗补阙的再审救济渠道。[2]

在该25份裁判文书中，有21宗案例得到改判(见表3－1第1～10、15～25件案例)，改判率为84%；有4件案件再审后维持原判，维持率为16%(见表3－1第11～14件案例)。可见，只要是最高法依职权启动再审，

---

[1] 最高人民法院王朝辉法官也认为该规定并未得到严格遵守。参见王朝辉：《民事再审事由的体系展开与程序效力》，载《法律适用》2020年第20期。

[2] 参见孙祥壮：《民事再审程序：从立法意图到司法实践》，法律出版社2016年版，第37页。

再审改判的概率较高。

表 3-1　最高法再审案号年份为 2016~2020 年依职权启动再审判决情况

序号	来源	原审案号	裁定案号	再审案号	裁判结果
1	申请	(2017)苏民终1311号	(2019)最高法民监19号	(2020)最高法民再58号	改判
2	非申诉	(2012)一中民终字第14807号	(2017)最高法民监53号	(2018)最高法民再454号	改判
3	申诉	(2014)高民(商)再终字第3997号①	(2016)最高法民监34号	(2017)最高法民再6号	改判
4	非申诉	(2015)锡商终字第01162号	(2018)最高法民监24号	(2018)最高法民再241号	改判
5	申诉	(2012)穗中法民五终字第115号	(2018)最高法民监36号	(2018)最高法民再465号	改判
6	申诉	(2014)粤高法审监民再字第11号	(2016)最高法民监13号	(2017)最高法民再93号	改判
7	申诉	(2014)粤高法审监民再字第10号	(2016)最高法民监12号	(2017)最高法民再92号	改判
8	申诉	(2016)豫15民终1497号	(2018)最高法民监42号	(2019)最高法民再4号	改判
9	申诉	(2015)粤高法审监民提字第27号	(2016)最高法民监70号	(2017)最高法民再87号	改判
10	申诉	(2015)鲁民再字第24号②	(2016)最高法民监51号	(2017)最高法民再431号	改判
11	申诉	(2013)深中法涉外终字第80号	(2018)最高法民监41号	(2019)最高法民再37号	维持
12	申诉	(2014)高民提字第02248号	(2016)最高法民监4号	(2018)最高法民再146号	维持
13	申诉	(2010)吉民一终字第55号	(2014)民监字第37号	(2016)最高法民再270号	维持
14	申诉	(2012)吉民再字第00064号	(2014)民监字第38号	(2016)最高法民再271号	维持

续表

序号	来源	原审案号	裁定案号	再审案号	裁判结果
15	申诉	(2014)桂民提字第6号	(2016)最高法民监37号	(2017)最高法民再169号	改判
16	非申诉	(2015)宜官商初字第13号	(2018)最高法民监25号	(2018)最高法民再242号	改判
17	非申诉	(2019)鄂民再46号	(2019)最高法民监41号	(2020)最高法民再270号	改判
18	申诉	(2017)甘民再1号③	(2018)最高法民监1号	(2019)最高法民再298号	改判
19	申诉	(2010)粤高法审监民再字第43号	(2016)最高法民监50号	(2017)最高法民再185号	改判
20	申诉	(2011)粤高法审监民提字第79号	(2015)民监字第56号	(2016)最高法民再236号	改判
21	申诉	(2015)粤高法审监民提字第27号	(2016)最高法民监70号	(2017)最高法民再87号	改判
22	申诉	(2014)桂民提字第6号	(2016)最高法民监37号	(2017)最高法民再169号	改判
23	申诉	(2015)粤高法审监民提字第70号	(2016)最高法民监102号	(2016)最高法民再439号	撤销
24	申诉	(2015)粤高法审监民提字第68号	(2016)最高法民监100号	(2016)最高法民再437号	撤销
25	申诉	(2015)粤高法审监民提字第69号	(2016)最高法民监101号	(2016)最高法民再438号	撤销

①中国城建公司不服(2013)高民终字第2896号民事判决,向最高法申请再审。最高法以(2014)民申字第128号裁定指令北京高院再审。北京高院作出(2014)高民(商)再终字第03997号判决维持原判。中国城建公司不服再审判决,向最高法申诉。

②当事人不服(2014)鲁商终字第203号判决向最高法申请再审,最高法作出(2015)民申字第34号民事裁定指令山东省高级人民法院再审,山东高院作出(2015)鲁民再字第24号民事判决。

③西北水利水电公司不服(2014)甘民一终字第185号判决,向最高法申请再审。最高法于2015年12月25日作出(2015)民申字第951号民事裁定,指令甘肃高院再审。甘肃高院于2017年6月12日作出(2017)甘民再1号民事判决。

在国富发展有限公司与广州市隧道开发公司等债权人撤销权纠纷案中，广东高院于2015年6月17日作出（2014）粤高法审监民再字第11号民事判决，已经发生法律效力。最高法经审查认为，该判决确有错误，应予再审，依照《民事诉讼法》（2012年）第198条第2款[1]的规定，裁定最高法提审。[2]

第五节　结　　语

依职权启动再审，即为当事人冤屈伸张提供了最后一道屏障，但同时也有可能为个别司法腐败提供了某种便利，故其存废争议颇大。笔者认为，司法腐败可从其他途径管控，顾及我国追求实体公平之历史传统和国情，依职权启动再审方式在现阶段仍有存续之必要。

---

〔1〕 对应现行《民事诉讼法》第205条第2款。

〔2〕 最高法民事裁定书，（2016）最高法民监13号。

第四章 再审审理程序论述

再审审理程序可分为如下三个阶段:受理阶段、审查阶段和审理阶段。受理案件是再审审查的前提,再审审查是再审审理改判的基础。从法院处理再审案件的角度来看,受理阶段和审查阶段都可以称为审查阶段。具体而言,第一阶段即受理阶段,是对当事人的再审申请是否符合受理条件进行形式审查并决定是否立案受理的过程;第二阶段即审查阶段,是对再审申请是否符合再审事由进行审查,符合再审事由则裁定进入再审,不符合再审事由的裁定驳回再审申请;[1]第三阶段即审理阶段,通过审理以确定生效裁判是否应予改判。再审审理阶段的功能在于纠错[2]、救济和维护司法权威,现分析如下。

第一节 再审受理阶段

现对再审申请实行立案登记制,各地方法院对受理材料细节规定不一,

〔1〕 本章所说审查阶段仅指当事人申请再审的启动方式,检察机关检察监督和法院依职权启动再审不属于本章的研究范围。——笔者注

〔2〕 再审纠错与再审改判的关系:从当事人角度,申请再审当然是以实体结果改变为目的,希望判项改判;但从法院角度,再审后发现了诸如适用法律错误、合同性质认定错误、合同效力认定错误,乃至某项金额认定错误,就必须纠错,但如果最终实体结果公正合理的,最终判项还是维持。

申请再审前与各地法院核实细节即可。2021 年 10 月 1 日起施行的《四级法院审级职能定位改革办法》，旨在推动将涉及重大国家利益、社会公共利益和具有普遍法律适用指导意义的案件交由较高层级法院审理，逐步实现基层人民法院重在准确查明事实、实质化解纠纷；中院重在二审有效终审、精准定分止争；高院重在再审依法纠错、统一裁判尺度；最高法监督指导全国审判工作、确保法律正确统一适用。该规定对民事再审程序受理阶段[1]带来了如下重大变化。

一、收取材料审核程序分开

根据《四级法院审级职能定位改革办法》第 17 条的规定，最高法立案庭和各巡回法庭、知识产权法庭的诉讼服务中心根据法律、司法解释和本办法第 12 条的规定收取申请再审材料，确保材料齐全；材料齐全的，交由相关审判庭、巡回法庭、知识产权法庭的审判人员审核。

二、再审申请增加必要内容

明确向最高法申请再审时，提交的再审申请书中应增加必要内容。《民诉法解释》第 376 条对当事人再审申请书内容进行了明确规定。《四级法院审级职能定位改革办法》第 12 条明确规定，向最高法申请再审的再审申请书中应当增加两方面的内容：一是应声明对原判决、裁定认定的基本事实、认定事实的主要证据、适用的诉讼程序没有异议；二是应载明案件所涉法律适用问题的争议焦点、生效裁判适用法律存在错误的论证理由和依据。这一改变突出了最高法统一法律适用的重要职能。

三、最高法下移审查机制

明确了申请再审案件中最高法向高院的“下移”审查机制。《四级法院审级职能定位改革办法》第 13 条明确了申请再审案件中最高法向高院的“下移”审查机制，要点为：一是时间有要求，最高法应在收到再审申请书 30 日内作出由最高法审查还是原审高院审查的决定。二是案件情形有要求，一种情况是案件可能存在基本事实不清、诉讼程序违法、遗漏诉讼请求情

---

〔1〕 详情可参见本书附录。

形，对于涉及事实认定、证据采信、诉讼程序、贪赃枉法等方面事由的再审案件，交由原审高院另行组成合议庭审查，有利于发挥原审法院熟悉辖区情况、便于查证事实、统筹协调各方、实质化解矛盾的优势。另一种情况是原判决、裁定适用法律可能存在错误，但不具有法律适用指导意义，对于较为明显、低级的法律适用错误，适宜原审高级法院自行纠正。三是程序有要求，最高法决定将案件交原审高院审查的，应在10日内出具决定书，将相关材料一并送至原审高院立案庭，并书面通知再审申请人。

四、最高法裁定提审类型

明确了最高法裁定提审的类型。现行《民事诉讼法》规定有管辖权的法院经审查发现生效裁判确有错误的，有权以裁定提审或指令再审两种形式启动再审程序。《四级法院审级职能定位改革办法》第14条针对最高法启动再审程序规定了“应当裁定提审”和“可以裁定提审”两种情况。就前者该办法列举了“具有普遍法律适用指导意义”、“最高人民法院或者不同高级人民法院之间近三年裁判生效的同类案件存在重大法律适用分歧，截至案件审理时仍未解决的”以及“最高人民法院认为应当提审的其他情形”三种类型；就后者该办法主要针对当事人未申请再审而最高法依职权提起再审的情况。

五、高院上报审理机制

明确了申请再审案件高院向最高法的“上报”审理机制。《最高人民法院关于完善统一法律适用标准工作机制的意见》第9条、第11条对法律适用标准不统一问题提出了由各中级、基层法院层报的解决机制，但未涉及高院的上报机制。此次《四级法院审级职能定位改革办法》第15条明确了高院受理的申请再审案件的“上报”审理机制，并规定了上报的条件：一是原判决、裁定适用法律确有错误；二是符合该办法第14条第1款第1项、第2项所列情形之一；三是高院审委会讨论决定。

六、释明律师代理最高法

根据《四级法院审级职能定位改革办法》第16条之规定，当事人向最高法申请再审的，最高法应当向其释明委托律师作为诉讼代理人的必要性。

对于委托律师有困难的再审申请人，最高法应当及时告知其有权申请法律援助。

第二节　再审审查阶段

一、审查标准

再审审查的标准一直是难点问题。[1] 最高法林文学、吴凯敏法官认为，根据《民事诉讼法》的立法精神，民事再审审查属于"事由审查"，要围绕当事人提出的法定事由进行。事由成立的，裁定再审，同时注意处理好维护生效裁判既判力与监督纠错、保护当事人合法权益与减少当事人讼累、诉讼公正与诉讼效益之间的关系。[2]

最高法武建华法官认为，就再审审查的范围而言，目前通行的做法是就当事人申请再审的事由进行审查，还要结合其原审的诉讼请求，应坚持事由审查和全面审查的结合。[3]

最高法孙祥壮法官认为，再审案件的审查，作为一个独立的程序环节，是再审程序与一审、二审程序的不同之处。这一程序中，再审审查法官通过审查再审申请书等材料、调卷审查、询问当事人等方式确定当事人申请事由是否符合法定再审事由，不能通过审查的案件，也就谈不上审理和改判。"如有的案件'主要证据未经质证'，只要符合再审事由，即应当裁定再审，而不必顾及虽然'未经质证'但判决结果正确"之情形。[4]

笔者认为，申请再审案件应严格坚持法定事由审查机制。根据《民事诉讼法》第 207 条和第 208 条之规定，我国现行法律明确规定了 13 个法定再审事由。与 2007 年《民事诉讼法》第 119 条规定的再审事由相比，现行《民事诉讼法》已不存在"管辖权错误"的再审事由，也不见"对违反法定程序可能

---

〔1〕 参见武建华：《民事纠纷案件再审的审查标准》，载《人民司法》2016 年第 13 期。

〔2〕 参见林文学、吴凯敏：《民事再审审查法官行使自由裁量权的思考》，载《法律适用》2012 年第 11 期。

〔3〕 参见武建华：《民事纠纷案件再审的审查标准》，载《人民司法》2016 年第 13 期。

〔4〕 参见孙祥壮：《民事再审程序：从立法意图到司法实践》，法律出版社 2016 年版，第 142 页。

影响案件正确判决、裁定的情形”之口袋条款。[1] 也就是说，当事人申请再审的案件，必须具备这13个法定事由中的一个或几个。这个“法定”既包括事由法定，也包括申请时间法定。对于超过法定申请时间部分的事由，人民法院应不予审查。

在王某岐与刘某苹等案外人执行异议之诉案中，关于王某岐在最高法询问中提出的二审法院遗漏诉讼请求的问题，最高法认为，按照《民事诉讼法》(2012年)第200条[2]的规定，民事再审审查坚持事由审查的原则，王某岐在法律规定的申请再审期限内向最高法申请再审所提出的事由仅为第200条第6项，而其于2016年12月5日提出按照第11项的事由申请再审，已经超过了6个月的再审申请期限，最高法不应予以审查，遂裁定驳回再审申请。[3]

就法定再审事由引用频率而言，司法实践中，《民事诉讼法》第207条第2项是当事人引用最多的事由，其次是第6项。只要原审法院判非所愿，当事人即认为原生效裁判认定的事实缺乏证据证明，适用法律错误，第207条第2项和第6项可视为实体事由的兜底条款。在当事人没有新证据和原审不存在严重程序错误的情况下，当事人都可以将申请再审事由归入这两项。更重要的是，由于基本事实缺乏证据证明和适用法律确有错误的法定事由没有明确的认定标准，且不同的法官往往有不同的理解，因此，只要当事人引用这两项事由申请再审，法官均需要对原审进行全面的审查。[4]

笔者曾对最高法第一、第二巡回法庭2015~2017年已公开再审案例进行检索。现以第二巡回法庭的样本数据进行分析。通过对检索到的862件样本进行分析，除其中58件案件的裁判文书无法判断当事人以何种事由申请再审外，从剩下的804件案件来看，再审申请人主张根据《民事诉讼法》第207条的各项规定申请再审的情况如下。

1. 法定再审事由含有《民事诉讼法》第207条第2项“原判决、裁定认定

---

〔1〕《民事诉讼法》中这两项再审事由的删除始于2012年修正的版本，现行版本沿用了修正后的规定。

〔2〕对应现行《民事诉讼法》第207条。

〔3〕最高法民事裁定书，(2016)最高法民申3132号。

〔4〕参见林文学、吴凯敏：《民事再审审查法官行使自由裁量权的思考》，载《法律适用》2012年第11期。

的基本事实缺乏证据证明的”案件共计 631 件，占比约为 78.5%；

2. 法定再审事由含有《民事诉讼法》第 207 条第 6 项“原判决、裁定适用法律确有错误的”案件共计 628 件，占比约为 78.1%；

3. 法定再审事由含有《民事诉讼法》第 207 条第 1 项“有新的证据，足以推翻原判决、裁定的”案件共计 205 件，占比约为 25.5%；

4. 法定再审事由含有《民事诉讼法》第 207 条第 3 项“原判决、裁定认定事实的主要证据是伪造的”案件共计 115 件，占比约为 14.3%；

5. 法定再审事由含有《民事诉讼法》第 207 条第 11 项“原判决、裁定遗漏或者超出诉讼请求的”案件共计 80 件，占比约为 10%；

6. 法定再审事由含有《民事诉讼法》第 207 条第 5 项“对审理案件需要的主要证据，当事人因客观原因不能自行收集，书面申请人民法院调查收集，人民法院未调查收集的”案件共计 55 件，占比约为 6.8%；

7. 法定再审事由含有《民事诉讼法》第 207 条第 4 项“原判决、裁定认定事实的主要证据未经质证的”案件共计 53 件，占比约为 6.6%；

8. 法定再审事由含有《民事诉讼法》第 207 条第 11 项“审判人员审理该案件时有贪污受贿，徇私舞弊，枉法裁判行为的”的案件共计 20 件，占比约为 2.5%；

9. 法定再审事由含有《民事诉讼法》第 207 条第 9 项“违反法律规定，剥夺当事人辩论权利的”案件共计 19 件，占比约为 2.4%；

10. 法定再审事由含有《民事诉讼法》第 207 条第 7 项“审判组织的组成不合法或者依法应当回避的审判人员没有回避的”案件共计 15 件，占比约为 1.9%；

11. 法定再审事由含有《民事诉讼法》第 207 条第 8 项“无诉讼行为能力人未经法定代理人代为诉讼或者应当参加诉讼的当事人，因不能归责于本人或者其诉讼代理人的事由，未参加诉讼的”案件共计 7 件，占比约为 0.9%；

12. 法定再审事由含有《民事诉讼法》第 207 条第 12 项“据以作出原判决、裁定的法律文书被撤销或者变更的”案件共计 7 件，占比约为 0.9%；

13. 法定再审事由含有《民事诉讼法》第 207 条第 10 项“未经传票传唤，缺席判决的”案件共计 3 件，占比约为 0.4%。

由此可以看出，再审申请人根据《民事诉讼法》第 207 条第 2 项、第 6 项和第1项的规定申请再审的案件数量最多,这三项系民商事再审最为常见的三个法定再审事由。根据《民事诉讼法》第207条第3项、第4项、第5项、第7项、第8项、第9项、第10项、第11项、第12项和第13项的规定申请再审的案件数量极少。其原因在于,《民事诉讼法》第207条第2项和第6项规定的再审申请事由较为笼统,只要申请人对生效裁判的裁判结果不服,其主观上就认为判决、裁定认定的基本事实缺乏证据证明,适用法律确有错误。且只要申请人以此为由申请再审,人民法院就需要对全案进行审理,这有利于再审法院发现案件错误,因此,申请人根据上述两项事由申请再审的案件数量最多。就新证据而言,尤其是证人证言比较容易取得,故第1项再审法定事由也极为常见。而就诸如"未经传票传唤,缺席判决的"等其他法定再审事由而言,囿于举证能力及审判的规范性,再审申请人比较难以出示较为客观的证据,故当事人以此为由申请再审更为少见。

二、审查方式

民事再审审查可以根据申请再审事由、案件事实、难易程度等情况,采取径行裁定、阅卷审查、询问当事人等审查方式。司法实践中,对于应采用何种审查方式,大部分案件法官均可自由裁量。

根据《民事诉讼法》第210条[1]和《民诉法解释》第395条[2]之规定,对民商事案件进行再审审查时,法院可采取书面审查、询问审查的审查方式。此外,《民诉法审监解释》进一步规范了再审审查方式。该解释第11条、第12条、第13条分别规定了"径行裁定再审""调阅原审卷宗""询问当事人"三种审查方式。

实践中,对于原生效裁判存在明显问题(如应当回避的审判人员没有回避,判决遗漏当事人的诉讼请求,据以作出原判决、裁定的法律文书被撤销或变更),或者当事人超过期限申请再审、当事人提出的申请再审事由超出

---

〔1〕《民事诉讼法》第210条规定:"当事人申请再审的,应当提交再审申请书等材料。人民法院应当自收到再审申请书之日起五日内将再审申请书副本发送对方当事人。对方当事人应当自收到再审申请书副本之日起十五日内提交书面意见;不提交书面意见的,不影响人民法院审查。人民法院可以要求申请人和对方当事人补充有关材料,询问有关事项。"

〔2〕《民诉法解释》第395条规定:"人民法院根据审查案件的需要决定是否询问当事人。新的证据可能推翻原判决、裁定的,人民法院应当询问当事人。"

《民事诉讼法》第207条所列明的13项事由或其申请再审事由明显不成立的,则径行裁定再审是最经济的一种审查方式。

根据《民诉法审监解释》第12条之规定,仅凭再审申请书等材料难以作出裁定的,审判员应调阅原审卷宗予以审查。原审卷宗可直观反映原审实体和程序之运行状况,可直观了解各方当事人在原审中的证据、观点、诉求、质证以及合议庭认证之情况,便于审判员下达审查裁定。

除以有新证据可能推翻原判决、裁定为由申请再审属于必须询问当事人之情形外,其他情形是否应该询问当事人则由裁判者以案情需要决定即可,其实质属法官行使自由裁量权范畴。不过如果案件比较复杂,再审审查法官认为案件事实不清或对证据采信存有争议,则多会调阅原审卷宗或询问当事人。[1] 据最高法法官介绍,"二巡全面推广运行了每案必巡制度,要求申请再审案件一般都要进行询问。"[2]

根据笔者经验,当事人尤其是代理律师,一定要高度重视再审审查中的询问,争取询问、听证机会,充分准备询问、听证应辩材料,将案件存在的法定再审事由及对应的法律依据精准、坚定并自信地传达给再审审查的合议庭,必将有利于提审或指令再审。[3]

在齐齐哈尔市富拉尔基区人民政府(以下简称富区政府)、哈尔滨市鑫马房地产开发有限公司(以下简称鑫马公司)给付垫付款纠纷案中,富区政府和鑫马公司均不服黑龙江高院(2016)黑民终181号民事判决,向最高法申请再审。最高法组成合议庭对本案进行了两次询问。最高法认为,结合本案的实际情况,富区政府和鑫马公司的再审申请均不符合《民事诉讼法》(2012年)第200条第2项、第6项[4]规定的情形,遂裁定驳回再审申请。[5]

---

〔1〕 参见林文学、吴凯敏:《民事再审审查法官行使自由裁量权的思考》,载《法律适用》2012年第11期。

〔2〕《新时代做好民商事审判工作的几点认识——以在最高人民法院第二巡回法庭的审判实践为视角》,载《法律适用》2018年第17期。

〔3〕 在笔者代理的多宗再审改判疑难案件中,代理律师的执着、坚持和自信使几乎即将裁定驳回的案件有了转机,最终裁定再审并改判。

〔4〕 对应现行《民事诉讼法》第207条第2项、第6项。

〔5〕 最高法民事裁定书,(2016)最高法民申3144号。

三、司法鉴定

关于再审审查阶段是否可以启动司法鉴定的问题，有如下几个要点应予注意：(1)在法院依职权复查的案件，再审审查期间法院有权依职权委托鉴定，根据举轻明重规则，再审审理期间更无疑义。(2)根据《民诉法解释》第397条的规定，再审申请人申请人民法院委托鉴定、勘验的，人民法院不予准许。但该规定意在体现当事人申请鉴定期限应受举证期限限制，同时防止败诉方滥用申请鉴定的权利。(3)当事人自行委托鉴定形成的结论，仅视为一般书证。(4)现行法律并未限制人民法院在再审审查期间依职权委托鉴定。司法实践中，确有少数案件因公告送达导致当事人未提出鉴定申请，或者当事人提出鉴定申请，原审法院未同意，而主要证据确有鉴定必要(如民间借贷案件中的借条签字)，人民法院对再审审查案件或申诉复查案件依职权委托鉴定，并不违反《民事诉讼法》及其司法解释的上述规定。[1] 关键在于再审申请人是否能提出让审判人员决定依职权介入的足够理由。如下案例为最高法司法实践中不可多见的在再审审查期间，法院依职权启动司法鉴定并以此为由改判之案例，值得与诸君分享。

在李某与四川天府银行股份有限公司成都锦江支行(以下简称天府银行锦江支行)、成都利钊科技有限公司(以下简称利钊公司)、什邡市生鑫市场投资管理有限公司(以下简称生鑫公司)等金融借款合同纠纷案[2]中，由于李某申请再审提交材料中的签名与案涉关键证据《最高额保证合同》中"李某"字样存在肉眼可见的差异，而天府银行锦江支行无法提供李某面签《最高额保证合同》的任何证据，同时考虑案涉债务的担保人大多为利钊公司或生鑫公司的法定代表人及股东而李某仅为生鑫公司的普通工作人员、案涉债务所涉三份《最高额保证合同》中仅有落款"李某"的一份为单人单独签署等事实，法院认为案涉《最高额保证合同》的真实性存在重大疑点，故在再审审查阶段依职权启动司法鉴定，向天府银行锦江支行调取了落款"李某"的《最高额保证合同》原件，委托重庆市公信物证司法鉴定所对该合同中的签字、捺印是否系李某本人所为进行鉴定。重庆市公信物证司法鉴定所

[1] 参见景汉朝、孙华璞主编，最高人民法院审判监督庭编：《审判监督指导》(总第55辑)，人民法院出版社2017年版，第205页。

[2] 最高法民事判决书，(2020)最高法民再234号。

于2020年作出(痕)鉴字《司法鉴定意见书》和(文)鉴字《司法鉴定意见书》,两份鉴定意见书认为案涉《最高额保证合同》第4页签名处指纹不是李某本人所留,签名字迹不是李某本人所书写。该鉴定意见表明原审判决在较大概率上存在错误,最高法提审并改判。

四、审查结果

人民法院初步分析当事人提出的再审法定事由后,可能出现如下五种结果:

(一)裁定驳回再审申请

经审查,再审申请不符合《民事诉讼法》第207条规定的情形或者调解书不存在违反自愿原则、调解内容不违反法律规定,也不属于可以申请再审的裁定范围之情形,或者申请已经超过法定再审申请期限的,最高法会裁定驳回再审申请。

在海南保亭万龙旅游地产开发有限公司(以下简称万龙公司)与保亭三道投资有限公司(以下简称三道公司)等合资、合作开发房地产合同纠纷案中,最高法围绕万龙公司的申请再审理由是否符合该条的规定进行审查。首先,万龙公司在二审法院的主持下,与三道公司和中南公司互谅互让,协商一致,达成了调解协议,二审法院根据当事人之间达成的调解协议制作民事调解书,送达各方当事人,并已实际履行完毕。万龙公司并没有提出证据证明调解违反了自愿原则。万龙公司在调解解决争议后反悔,有悖诚实信用原则,不应予以支持。其次,万龙公司与三道公司、中南公司之间达成调解协议,主要内容是解除《合作开发土地合同书》,万龙公司退出合作开发项目,由三道公司向万龙公司返还支付的相关款项,并通过清算已经成立的项目公司,由万龙公司收回投资款。该调解协议内容是当事人通过支付相关款项了结它们之间的债权债务关系的自愿安排,并未损害国家、集体、第三人的利益,并未违反我国法律、行政法规的规定。二审法院对调解协议予以确认,并无不妥。至于《合作开发土地合同书》本身效力如何,并不影响当事人之间为了结争议而达成的调解协议的效力,并不影响对调解协议的内容是否违反法律的判断。万龙公司以《合作开发土地合同书》无效为由认为调解协议的内容违反法律的观点不能成立。裁定驳回万龙公司的再审申请。[1]

(二)裁定终结审查

根据《民诉法解释》第400条之规定,再审申请审查期间,有下列情形之一的,法院应裁定终结审查:(1)再审申请人死亡或者终止,无权利义务承继者或者权利义务承继者声明放弃再审申请的;(2)在给付之诉中,负有给付义务的被申请人死亡或者终止,无可供执行的财产,也没有应当承担义务的人的;(3)当事人达成和解协议且已履行完毕的,但当事人在和解协议中声明不放弃申请再审权利的除外;(4)他人未经授权以当事人名义申请再审的;(5)原审或者上一级人民法院已经裁定再审的;(6)有《民诉法解释》第381条第1款规定的如下情形的:再审申请被驳回后再次提出申请的;对再审判决、裁定提出申请的;在人民检察院对当事人的申请作出不予提出再审检察建议或者抗诉决定后又提出申请的。

在润扬集团(深圳)有限公司(以下简称润扬公司)与惠阳惠兴实业有限公司(以下简称惠兴公司)等股权转让合同纠纷案中,申请人不服广东高院(2014)粤高法民二终字第40号民事判决,向最高法申请再审。在再审审查过程中最高法查明,本案与最高法2015年4月20日立案的(2015)民申字第1099号案件均系针对系广东高院(2014)粤高法民二终字第40号民事判决提出的再审申请案件,本案再审申请人系(2015)民申字第1099号案件的被申请人。根据《民诉法解释》(2015年)第398条"审查再审申请期间,被申请人及原审其他当事人依法提出再审申请的,人民法院应当将其列为再审申请人,对其再审事由一并审查,审查期限重新计算"之规定,[2]在惠兴公司提出再审申请,最高法已立案审查后,润扬公司提出再审申请,应在(2015)民申字第1099号案件中与惠兴公司同列为再审申请人,对其再审事由一并审查。最高法依照《民事诉讼法》(2012年)第154条[3]、《民诉法解释》(2015年)第398条之规定,裁定本案终结审查。[4]

在九江翰晟实业有限公司(以下简称翰晟公司)与湖口鹿城振华投资开

[1] 最高法民事裁定书,(2016)最高法民申975号。

[2] 对应现行《民诉法解释》第396条。

[3] 对应现行《民事诉讼法》第157条。

[4] 最高法民事裁定书,(2015)民申字第1118号。

发有限公司房地产开发经营合同纠纷案中，因翰晟公司向最高法申请再审系针对（2015）赣民再终字第5号民事判决，而该判决是经审判监督程序进行审理之后作出的，最高法认为本案应终结审查，翰晟公司可以向人民检察院申请再审检察建议或者抗诉。遂裁定终结对再审申请人九江翰晟实业有限公司与湖口鹿城振华投资开发有限公司房地产开发经营合同纠纷案的审查。[1]

（三）裁定准许撤回再审申请

撤回再审申请包括当事人主动撤回和按自动撤回处理两种情形。就当事人主动申请撤回再审申请而言，多以达成和解为由申请撤回。由于当事人有权在法律规定的范围内处分自己的民事权利和诉讼权利，故如果当事人提出再审申请后又申请撤回再审申请，法院应重点审查是否有规避法律的行为，是否有损害国家、集体和他人利益的行为，只要不违反法律法规的禁止性规定，不损害国家、集体和他人合法权益，理应尊重当事人对其民事权利和诉讼权利的处分，故应依法准许撤回再审申请。[2]

在天柱县市场建设服务中心与贵州同泽恒达建筑工程有限公司等确认合同效力纠纷案中，最高法审查过程中，天柱县市场建设服务中心提交撤诉申请书称，其已就另金融不良债权转让合同纠纷申请再审案与贵州同泽恒达建筑工程有限公司达成执行和解协议，纠纷得以妥善化解，再审申请目的已经实现，特请求撤回该再审申请。最高法经审查认为天柱县市场建设服务中心撤回再审申请的请求不违反法律规定，予以准许。[3]

就裁定按自动撤回再审申请处理而言，根据《民诉法解释》第398条第2款之规定，再审申请人经传票传唤，无正当理由拒不接受询问的，可以按自动撤回再审申请处理。司法实践中，最高法的此类裁定极为少见。

另外，当事人撤回再审申请后，一般情况下不能再申请再审，但若有《民事诉讼法》第207条第1款第1项、第3项、第12项和第13项规定的情形，则自知道或者应当知道之日起6个月内仍可提出。

---

〔1〕最高法民事裁定书，（2016）最高法民申849号。

〔2〕参见最高人民法院修改后民事诉讼法贯彻实施工作领导小组编著：《最高人民法院民事诉讼法司法解释理解与适用》（下），人民法院出版社2015年版，第1057页。

〔3〕最高法民事裁定书，（2021）最高法民申3247号。

(四)达成调解协议

达成调解协议的,则提审并出具调解书。因在再审审查程序中,《民事诉讼法》及《民诉法解释》均未规定调解程序及法官拥有调解权限,即便当事人同意调解,法院也无权直接在再审审查阶段制作调解书,“只有采取了变通方式,先裁定提审该案,再出具调解书”[1]。

在武汉金牛经济发展有限公司与中国机械工业建设集团有限公司建设工程施工合同纠纷案中,申请人不服湖北高院民事判决,向最高法申请再审。最高法于2014年10月24日作出(2014)民申字第534号民事裁定,提审本案。本案审理过程中,经最高法主持调解,双方当事人自愿达成调解协议,双方均同意本调解协议在双方签字后生效。上述协议符合有关法律规定,最高法予以确认。[2]

(五)裁定再审

因当事人申请裁定再审的案件一般应当由裁定再审的人民法院审理。最高法裁定再审后,可以由最高法提审(详见本书第三章第三节),也可以指令原审法院再审,还可以指令其他法院再审。

就指令原审法院再审而言,根据《关于民事审判监督程序严格依法适用指令再审和发回重审若干问题的规定》第2条之规定,当事人申请裁定再审的案件一般应当由裁定再审的人民法院审理。但有下列情形之一的,最高法、高院也可以指令原审人民法院再审:(1)依据《民事诉讼法》第207条第1款第4项、第5项或者第9项的规定裁定再审的;(2)发生法律效力的判决、裁定、调解书是由第一审人民法院作出的;(3)当事人一方人数众多或者双方均为公民的;(4)经审判委员会讨论决定的其他情形。

根据《民诉法审监解释》第20条之规定,有下列情形之一的,不得指令原审人民法院再审:(1)原审人民法院对该案无管辖权的;(2)审判人员在审理该案件时有贪污受贿,徇私舞弊,枉法裁判行为的;(3)原判决、裁定系经原审人民法院审判委员会讨论作出的;(4)其他不宜指令原审人民法院再审的。

此外,如果系检察机关提出抗诉的案件,由接受抗诉的人民法院审理,

---

〔1〕 舒金曦:《对民事再审审查程序的反思与完善》,载《法律适用》2021年第3期。

〔2〕 最高法民事调解书,(2014)民提字第215号。

但若有《民事诉讼法》第 207 条第 1 项至第 5 项规定情形之一的，则可以指令原审人民法院再审。

在延边韩兴建筑安装工程有限公司与焦缔亮合同纠纷案中，延边韩兴建筑安装工程有限公司不服吉林高院(2013)吉民二终字第 33 号民事判决，向检察机关申诉。最高检认为本案符合《民事诉讼法》(2012 年)第 200 条第 6 项[1]规定的情形，以高检民监〔2014〕253 号民事抗诉书向最高法提出抗诉。最高法经审查认为，抗诉所称的原判决适用法律确有错误，实系延边韩兴建筑安装工程有限公司是否已实际支付焦缔亮 200 万元现金的事实问题以及双方当事人为此举示的相关证据证明力应如何判断的问题。据此，依照《民事诉讼法》(2012 年)第 206 条、第 211 条[2]之规定，裁定将该案指令吉林高院再审。[3]

就指令其他法院再审而言，根据《民诉法审监解释》第 18 条之规定，上一级人民法院经审查认为申请再审事由成立的，一般由最高法提审。最高法、高院也可以指定与原审人民法院同级的其他人民法院再审，或者指令原审人民法院再审。但在审查实践中，除了极个别的案件指定其他法院再审外，高院、最高法主要适用的还是提审及指令再审两种方式。[4]

第三节　再审审理阶段

人民法院立案受理后，对当事人提出的再审事由进行审查，审查成立的，进入再审审理程序(案号含有“民再字”)。现就再审审理程序、改判标准及再审视角下的法律原则适用简析如下：

一、程序：生效裁判审级

《民事诉讼法》第 214 条规定：人民法院按照审判监督程序再审的案件，

---

〔1〕 对应现行《民事诉讼法》第 207 条第 6 项。

〔2〕 依次对应现行《民事诉讼法》第 213 条、第 218 条。

〔3〕 最高法民事裁定书，(2016)最高法民抗 51 号。

〔4〕 参见林文学、吴凯敏：《民事再审审查法官行使自由裁量权的思考》，载《法律适用》2012 年第 11 期。

发生法律效力的判决、裁定是由第一审法院作出的,按照第一审程序审理,所作的判决、裁定,当事人可以上诉。发生法律效力的判决、裁定是由第二审法院作出的,按照第二审程序审理,所作的判决、裁定,是发生法律效力的判决、裁定。上级人民法院按照审判监督程序提审的,按照第二审程序审理,所作的判决、裁定是发生法律效力的判决、裁定。

可见,再审审理程序准用作出原生效判决裁定的审级法院之程序审理,但最高法再审审理均为终审判决。

此外,进入再审审理程序后,原生效裁判的既判力已经不复存在,除极少数案件外,绝大部分原生效裁判中止执行。无论是程序类再审事由、法律适用类再审事由还是事实类再审事由,最终均归结为裁判结果处理得正确与否。因此,此阶段主要是针对再审申请人的再审请求予以审理,并对原生效裁判是否应予撤销或变更加以评判,最终作出维持或改判的再审判决。[1]

当然,根据《民诉法解释》第 403 条第 3 款之规定,如果该判决、裁定损害国家利益、社会公共利益或他人合法权益的,即便不在再审请求范围内,也应一并审理。在东莞市百盛投资发展有限公司与李某中、郑某辉借款合同纠纷案中,最高法认为,案涉《个人借款合同》第 4 条约定,该合同项下每一笔借款的利率确定为月息 2.1% ,也即年利率为 25.2% 。《民诉法解释》(2015 年)第 323 条规定:"第二审人民法院应当围绕当事人的上诉请求进行审理。当事人没有提出请求的,不予审理,但一审判决违反法律禁止性规定,或者损害国家利益、社会公共利益、他人合法权益的除外。"[2]本案中,当事人虽未对借款利率提出异议,但根据上述规定,人民法院可就相关事项予以调整。案涉借款利率以银行同期同类贷款利率的 4 倍计算为宜。[3]

二、审理:基本规律探索

即便人民法院认定当事人的再审事由成立,并不意味着再审改判,实践中提起再审后维持原判的案例并不少见。总的来说,再审改判应当遵循适度从严和自由裁量权范围不予改判原则。所谓自由裁量权范围不予改判原

---

〔1〕 参见孙祥壮:《民事再审程序:从立法意图到司法实践》,法律出版社 2016 年版,第 141 页。

〔2〕 对应现行《民诉法解释》第 321 条。

〔3〕 最高法民事判决书,(2016)最高法民再 335 号。

则,是指对于证据的判断、法律的理解、量刑幅度的高低、酌定赔偿金的数额等属于法官自由裁量权范围的争议,不应列为司法纠错的对象,再审后应不予改判。[1] 最高法杜万华法官也强调:再审工作不能用一种审判观念取代另一种审判观念,或者用一种自由裁量权取代另一种自由裁量权。[2] 根据我国《民诉法解释》第 405 条之规定,再审审判标准可分为以下三种:

第一种,最高法经再审审理后,发现原判决认定事实清楚、适用法律正确的,则判决维持原生效判决书。在王某 1 与王某 2 民间借贷纠纷案中,王某 1 不服青海高院(2015)青民一终字第 117 号民事判决,向最高法申请再审。最高法认为,青海高院民事判决认定事实清楚,适用法律正确,再审判决维持青海高院前述民事判决。[3]

第二种,原生效裁判虽认定事实和适用法律存有瑕疵,但裁判结果正确,则在再审判决书、裁定书中纠正上述瑕疵或错误后予以维持。在北京瑞丰恒基房地产开发有限公司(以下简称瑞丰公司)与北京城建集团有限责任公司(以下简称城建集团)等合同纠纷案中,北京高院于 2011 年 10 月 19 日作出(2011)高民再终字第 2015 号民事判决,已经发生法律效力。最高法经审查于 2014 年 3 月 26 日作出(2012)民监字第 500 号民事裁定,再审本案。最高法经审理认为,瑞丰公司关于城建集团出资不到位的申请再审理由成立,原判决认定城建集团出资到位错误,最高法予以纠正;但原判决判令解除《重组协议》并无不当,最高法认为该判决结果应予以维持,遂判决维持北京高院(2011)高民再终字第 2015 号民事判决。[4]

第三种,对原审判决予以改判。对于当事人申请再审、检察机关抗诉启动再审和法院依职权启动再审的裁判结果,最高法的再审改判率呈现法院依职权启动再审改判率最高,最高检抗诉改判率次之,当事人申请再审改判率最低的基本规律。

在中国工商银行股份有限公司抚顺分行(以下简称抚顺工行)与沈某孚等不当得利纠纷案中,抚顺工行不服一审、二审、再审民事判决,向最高法申诉。最高法作出(2013)民监字第 134 号民事裁定,认定抚顺工行申诉符合

---

〔1〕 参见孙祥壮:《民事再审程序:从立法意图到司法实践》,法律出版社 2016 年版,第 228 页。

〔2〕 参见杜万华:《民事诉讼法司法解释重点问题解析》,载《法律适用》2015 年第 4 期。

〔3〕 最高法民事判决书,(2016)最高法民再 32 号。

〔4〕 最高法民事判决书,(2015)民提字第 122 号。

《民事诉讼法》(2012 年)规定的再审条件,并依照该法第 198 条第 2 款、第 206 条[1]之规定,裁定提审本案。最高法认为申诉人抚顺工行关于其取得沈某孚等人自愿代为赔偿的 734.5 万元具有充分的事实和法律依据,不属于不当得利,其不应当予以返还的请求和理由成立。原判决对此认定和处理不当,应予纠正。遂判决撤销原所有民事判决,改判驳回沈某孚的全部诉讼请求。[2]

表 4－1 是 2007～2021 年全国各级法院的民商事再审案件情况统计,改判率(不含撤诉、发回重审以及调解)在 30% 左右。具体数据为:2021 年为 29.01%、2020 年为 30.21%、2019 年为 20.90%、2018 年为 29.76%、2017 年为 29.47%、2016 年为 31.29%、2015 年为 30.55%、2014 年为 27.31%、2013 年为 23.15%、2012 年为 22.05%、2011 年为 23.48%、2010 年为 24.33%、2009 年为 27%、2008 年为 29.76%、2007 年为 30.63%。

此外,全国民商事案件通过各种方式启动再审的维持率在 2016 年之前一般也为 30% 左右,近年来有明显下降的趋势。通过对 2007～2021 年全国各级法院的民商事再审维持原判率进行统计,得出各年维持率如下:2021 年为 16.87%、2020 年为 21.02%、2019 年为 13.96%、2018 年为 21.00%、2017 年为 22.60%、2016 年为 25.26%、2015 年为 29.15%、2014 年为 29.31%、2013 年为 29.54%、2012 年为 27.29%、2011 年为 28.57%、2010 年为 28.56%、2009 年为 31.12%、2008 年为 33.25%、2007 年为 35.51%。

表 4－1　全国各级法院审理民商事再审案件情况统计

单位:件

年份	收案	结案	其他					
			维持	改判	撤诉	发回重审	调解	其他
2021	64,260	59,317	10,838	18,643	2593	7500	3703	15,723
2020	59,277	61,195	12,462	17,908	2743	6655	4332	16,871
2019	76,327	74,599	10,655	15,949	2718	7426	4425	33,238
2018	44,211	41,535	9284	13,158	2150	5759	4073	6943

[1] 依次对应现行《民事诉讼法》第 205 条第 2 款、第 213 条。
[2] 最高法民事判决书,(2014)民提字第 49 号。

续表

年份	收案	结案	其他					
			维持	改判	撤诉	发回重审	调解	其他
2017	34,778	33,999	7860	10,250	1921	4576	3695	5520
2016	29,926	29,468	7560	9364	1180	3577	2868	4919
2015	28,330	29,117	8260	8655	1753	3314	2875	4260
2014	29,145	29,375	8545	7961	1857	3811	3277	3924
2013	33,362	32,897	9857	7724	2254	4093	4298	4671
2012	34,324	33,902	9367	7570	2621	5050	5220	4072
2011	37,740	38,609	10,784	8862	2747	4932	6031	5253
2010	40,906	41,331	11,683	9953	1709	5012	5936	7038
2009	37,429	38,070	11,649	10,106	1097	4325	4853	6040
2008	35,246	35,704	11,719	10,492	612	3107	4452	5322
2007	37,766	38,786	13,414	11,569	577	2849	5008	5369

数据来源:《最高人民法院公报》(2007～2021年)。

就最高法层面而言,从第二、第三巡回法庭2017年度的再审审判数据便可窥见一斑:

2017年,第二巡回法庭在已结566件民商事申请再审案件中,提审和指令再审45件,占8.0%,其中提审案件29件,指令再审案件16件;裁定驳回再审申请515件,占91.0%;准予撤回再审申请2件,占0.4%;终结再审4件,占0.7%。在已结再审提审案件中,发回重审7件,维持8件,改判24件,占48%;调解5件,占10%;终结1件。[1]

2017年,第三巡回法庭已结民商事案件中,申请再审类案件504件,占78.63%;再审提审类案件11件,占1.72%;在已结504件民商事申请再审案件中,提审或指令再审47件,占9.33%,其中提审案件43件,指令再审案件4件;裁定驳回再审申请433件,占85.91%;准予撤回再审申请19件,占3.77%;按撤回再审申请处理1件,占0.20%;终结再审4件,占0.79%。关

〔1〕 详见第二巡回法庭:《最高人民法院第二巡回法庭2017年度民商事审判数据分析与通报》,载《法律适用》2018年第19期。

于提审案件，在已结11件再审提审案件中，撤销原裁定并指令审理2件，占18.18%；撤销原裁定并指令受理1件，占9.09%；改判7件，占63.64%；调解1件，占9.09%。[1]

从以上数据可见，2017年度最高法第二、第三巡回法庭的申请再审案件中，绝大多数为驳回再审申请，再审提审及指令再审率分别为8%、9.33%，均低于10%。虽然前述数据不是最高法当年度的全部数据，但从这两大巡回法庭的再审审判数据可见在最高法层面民事再审难度之大。

三、改判：法律原则适用

当事人常常纳闷，同是中国的法律，一样的案情，为何不同法院的判法不同，同一法院不同时间段的判法不同？"同案同判"乃至"类案同判"是司法实质正义的必然要求。没有做到"类案同判"，势必让败诉的一方找到了再审乃至申请抗诉、申诉的持久动力。暂不论法律自身沿革之原因，"同案不同判"之根源往往在于法官找法能力（找法）、解读法律能力（释法）、填补法律漏洞（补法）、逻辑推理能力乃至法律价值导向之迥异，进而呈现为不同法官对事实认定、法律适用及自由裁量权的组合不一。在再审领域，逐渐统一司法裁判尺度乃大势所趋，其势必要求让法官合理、适当裁量、让裁判"适当"，而不是"不当"。我们看到再审裁判文书中最后总有这样的结论：原审判决并无不当，应予以维持，或者原审确有不当，提审或改判。故此，原审裁判适当性是界定标准，法定再审事由是途径，诚信、公序、公平原则是校正砝码。实践中，主要有如下三大校正砝码对原审判决、裁定进行检视、透视乃至规制。

1. 诚实信用原则。《民法典》第7条规定："民事主体从事民事活动，应当遵循诚信原则，秉持诚实，恪守承诺。"诚实信用原则是民法的基本原则，甚至被称为民法帝王条款。从司法适用的角度讲，诚信原则具有确立行为规则、填补法律和合同漏洞、衡平、解释、降低交易费用和增进效率的功

---

〔1〕高宁智：《最高人民法院第三巡回法庭2017年度民商事审判数据分析与通报》，载《法律适用》2018年第13期。

能。[1] 在民事再审维度,诚实信用原则主要有以下功能。[2] (1)授予法官运用自由裁量权填补法律和合同漏洞的功能。在法律和合同无相应规定,通过法律和合同条款无法对民事行为漏洞进行解释,也无法找到可以参照适用的法律规定时,法官才可以依据诚实信用原则填补漏洞。(2)平衡利益的功能。诚实信用原则的目的在于实现当事人之间权利义务的实质性公平,其作用机制就是利益平衡机制,给予法官在当事人利益平衡上的自由裁量权。

在再审视角下,诚实信用原则主要体现在其权利义务的平衡,侧重维护当事人权利义务的实质公平;在合同纠纷、违约金争议再审案件里,尤为明显。

在北京隆昌伟业贸易有限公司诉北京城建重工有限公司合同纠纷案中,当事人双方就债务清偿达成和解协议,约定解除财产保全措施及违约责任 80 万元。一方当事人依约申请人民法院解除了保全措施后,另一方当事人不履行和解协议,并在和解协议违约金诉讼中请求减少违约金,人民法院以违反诚实信用原则为由不予支持。[3]

这是最高法首次就恶意违约应不予调整违约金出台指导性案例,意义重大,各级法院应予参照适用。

如在拉萨市国土资源局与拉萨玛吉阿米餐饮连锁有限责任公司(以下简称玛吉阿米公司)建设用地使用权出让合同纠纷案中,最高法认为,虽然《合同法》第 114 条及《合同法司法解释(二)》第 29 条规定赋予人民法院适当调减违约金的裁量权,但玛吉阿米公司无正当理由长期拒不支付土地出让金,导致产生高额违约金,之后又在《协议书》中明确承诺愿意支付该高额违约金,以换取拉萨国土局继续为其办理土地使用权证,因此二审判决将违约金数额由 30,356,290 元调减为 11,967,000 元反而有悖公平原则和诚实信用原则。最高法遂再审改判,将违约金调整至合同及协议约定的金额 30,356,290元。[4]

---

〔1〕 参见王利明:《民法总论》,中国人民大学出版社 2015 年版,第 55 页。

〔2〕 《中华人民共和国民法总则条文理解与适用》(上册),人民法院出版社 2017 年版,第 139－140 页。

〔3〕 最高法指导性案例 166 号。

〔4〕 最高法民事判决书,(2018)最高法民再 303 号。

上述案例中，违约方有再次违约行为，最高法处在更高审级，站在更高的视野，在当事人一方恶意违约时，充分利用诚实信用原则，对违约金调整的价值导向侧重于回到本源即合同严守，对二审违约金的自由裁量进行规制、调整，对当事人权利义务予以衡平。

2. 公序良俗原则。《民法典》共 8 次提及“公序良俗”。第 8 条规定：“民事主体从事民事活动，不得违反法律，不得违背公序良俗”，将公序良俗确定为民法的基本原则。再审视角下，公序良俗原则的适用，主要着眼于合同效力的界定，在涉及不特定公众人身及财产安全、金融安全、市场秩序、国家宏观政策等领域，且调整该领域的规范性文件只有部委、部门规章，无强制性法律法规适用空间的情况下，最高法便运用穿透式审判思维，以公序良俗作为调整原生效判决、裁定的抓手，对原生效判决、裁定进行调整、规制。

如在饶某礼诉某物资供应站等房屋租赁合同纠纷案中，原审判决认定《租赁合同》不违反法律规定应属有效。最高法再审认为，《商品房屋租赁管理办法》虽在效力等级上属部门规章，但是，该办法第 6 条规定体现的是对社会公共安全的保护以及对公序良俗的维护。在案涉房屋已被确定属于存在严重结构隐患、或将造成重大安全事故、应当尽快拆除的 D 级危房的情形下，双方当事人仍签订《租赁合同》，约定将该房屋出租用于经营可能危及不特定公众人身及财产安全的商务酒店，明显损害了社会公共利益、违背了公序良俗。案涉《租赁合同》应无效。[1]

同理，在辽宁中集哈深冷气体液化设备有限公司（以下简称中集哈深公司）与徐某欣、曾某外案外人执行异议之诉再审案中，徐某欣与曾某外为规避国家限购政策签订的《房产代持协议》，司法对于此种行为如不加限制而任其泛滥，则无异于纵容不合理住房需求和投机性购房快速增长，鼓励不诚信的当事人通过规避国家政策红线获取不当利益，不但与司法维护社会诚信和公平正义的职责不符，而且势必导致国家房地产宏观调控政策落空，阻碍国家宏观经济政策落实，影响经济社会协调发展，损害社会公共利益和社会秩序。故最高法便以违背公序良俗而认定协议无效。[2]

3. 公平原则。对于当事人基于意思自治的约定，理应受到结果是否公

---

〔1〕 最高法民事判决书，(2019)最高法民再 97 号。
〔2〕 最高法民事判决书，(2020)最高法民再 328 号。

平的拷问。《民法典》共计有8处明文涉及公平原则，如《民法典》第6条规定，“民事主体从事民事活动，应当遵循公平原则，合理确定各方的权利和义务”。公平原则一定程度上对意思自治有所限制，且公平原则在民事与商事领域有较大差异。在民事领域，公平原则主要体现在对消费者、劳动者、未成年人等特殊主体的保护上，而在商事领域，公平更多让位于效率。

在王某诚、王某博、王某宝（以下简称王某诚等三人）与中国建设银行股份有限公司青海省分行（以下简称建行青海分行）、青海越州房地产开发有限公司（以下简称越州公司）金融借款合同纠纷再审案中，最高法以公平原则作为价值导向，侧重于对消费者这一特殊主体的保护，充分考虑了商品房按揭贷款商业模式下各合同之间的密切联系和各方权利义务关系的平衡问题，避免因强调单个合同的相对性而造成三方权利义务的失衡。对案涉各方合同约定的权利义务关系进行了调整，侧重保护了消费者权利义务。[1]

本案涉及商品房买卖合同和商品房担保贷款合同双重法律关系。从合同内容来看，在商品房买卖合同中，王某诚等三人支付房款，越州公司交付房屋；在商品房担保贷款合同中，建行青海分行将王某诚等三人所贷款项直接支付给越州公司，越州公司实际用款。王某诚等三人并不支配购房贷款，但需偿付贷款本息。如果案涉合同正常履行，王某诚等三人取得房屋，各方权利义务亦可保持平衡。但本案中，因越州公司不能交付房屋而致使合同解除，导致合同约定的各方权利义务严重失衡。具体表现为：越州公司违约不能交房导致各方合同解除，但却实际占有使用王某诚等三人支付的首付款及建行青海分行按揭贷款；建行青海分行依据合同约定既享有抵押权，又同时享有对越州公司、王某诚等三人的债权；王某诚等三人未取得房屋，却既支付了首付款，又需偿还按揭贷款。若按合同约定的权利义务关系处理，则在王某诚等三人对合同解除无过错的情况下，仍要求其对剩余贷款承担还款责任，明显不合理地加重了其负担，各方权利义务失衡，有违公平原则，遂再审改判。

这是最高法以公平原则为价值导向推翻二审判决的再审案件，在当前房地产企业“爆雷”的大背景下，该案受到了空前的关注，法律人微信群转发时纷纷冠以“史上最伟大的判决”，不外乎平衡了各方权利义务而已。

---

〔1〕 最高法民事判决书，(2019)最高法民再245号。

而在商事合同纠纷领域，基于各方缔约能力平等，公平原则介入就非常谨慎。如在翟某伟与青海国科创业投资基金（有限合伙）（以下简称国科基金）合同纠纷再审案中，再审申请人要求用公平原则对估值调整协议（对赌协议）中约定的业绩补偿进行调整。最高法认为案涉估值调整协议系资本市场正常的激励竞争行为，双方约定的补偿金计算方式是以年度净利润在预定的利润目标中的占比作为计算系数，体现了该种投资模式对实际控制人经营的激励功能，符合股权投资中股东之间对赌的一般商业惯例，不构成"明股实债"或显失公平的情形，依法不应适用公平原则对当事人约定的权利义务进行干预调整。[1]

最高法在商事合同纠纷中慎用公平原则的意见清晰明了，干净利落，一目了然。上述两案分别为最高法在民事合同和商事合同领域适用公平原则评判的再审案例，从中可以窥见再审视角下最高院用公平原则这个工具对原判决进行调整的价值倾向。

当然，上述法律原则威力如此强大，并非可以随意适用，而是要遵循必要性和补充性方可。唯有如此，方可保持法律的张弛，从而规制自由裁量，确保裁判的快车行驶在合适的轨道上，达到定分止争之效果也。

第四节　结　　语

在再审审理程序中，再审事由审查法定化，但再审审理标准则基于秉持裁判结果正确与否。在相当多的案件中，裁判结果正确与否受到法官自由裁量权的限制。故存在各方当事人对再审裁判结果正确与否认识不一。因此，自由裁量权行使与再审裁判结果正确与否的确是一个值得进一步深究的课题。

〔1〕 最高法民事裁定书，(2022)最高法民申418号。

中　篇

民事再审事由即法院审查应否启动民事再审程序的理由或根据，是打开再审程序之门的“钥匙”，[1]是案件重新进入再审审判程序的法定根据，可能因此消灭原生效裁判的既判力。民事再审事由能够保障当事人、案外人申请再审权利的实现，同时也为约束利益主体滥用申诉权、规范人民检察院的检察监督行为，避免“错案”标准认识上的偏差，提供了法律基准。[2]

就《民事诉讼法》第207条规定的13个法定再审事由而言，国内学者对其分类并不一致。有学者主张按照“绝对性再审事由、相对性再审事由和复合性再审事由”进行分类；[3]也有学者主张按照“裁判主体不合法、裁判依据不合法和违反法定程序”分为三类；[4]还有学者主张按照“程序性再审事由、实体性再审事由和其他再审事由”分为三类。[5] 江必新大法官将其分为“诉讼证据类事由、法律适用类事由、诉讼程序类事由和其他类再审事由”，共四类。[6]

笔者认为，按照“程序性再审事由、实体性再审事由和其他再审事由”分类比较符合实际。同时，应当注意的是，《民事诉讼法》第207条中第1项、第2项、第6项、第11项在实务中援用较为多见，且认定较为疑难，故本篇特对上述4项单独成章论述，其余9项全部纳入第五章进行分析。

---

〔1〕 张卫平：《民事再审事由研究》，载《法学研究》2000年第5期。

〔2〕 参见肖建国：《民事再审事由的类型化及其审查——基于解释论的思考》，载《法律适用》2013年第4期。

〔3〕 参见汤维建、韩香：《民事再审事由分层（类型化）理论研究》，载《政治与法律》2012年第2期。

〔4〕 参见朱金高：《再审事由的深度透析》，载《法律科学（西北政法大学学报）》2013年第5期。

〔5〕 参见肖建国：《民事再审事由的类型化及其审查——基于解释论的思考》，载《法律适用》2013年第4期。

〔6〕 参见江必新：《民事再审事由：问题与探索——对〈民事诉讼法〉有关再审事由规定的再思考》，载《法治研究》2012年第1期。

第五章 再审新证据论述

根据《民事诉讼法》第 207 条第 1 项之规定，足以推翻原判决、裁定的新证据属于再审法定事由之一。实践中，提出再审新证据的主体是多元的，不仅再审申请人为推翻生效裁判可以提出再审新证据，而且被申请人为维护生效裁判也可以提出再审新证据。青岛中院和江苏高院对其辖区内法院 5 年来审结的民事再审案件进行实证分析后发现，涉及“有新的证据，足以推翻原判决、裁定的”再审事由的案件数量占申请再审案件总数的比例不高，当事人通过提交新证据对原审认定的事实进行攻击的案件数量不多，不超过案件总数的 5%，但一旦进入再审则改判率较高。此外，在《民诉法解释》第 386 条规定的四种类型的新证据中，除新发现的证据较为常见以外，其他三类证据在审判实践中适用率并不高。新证据中以书证为主，言词证据也较突出；新证据主要由当事人提出，不同主体对新证据种类的侧重不同，当事人侧重于提出书证；新证据适用集中于再审启动阶段，在再审审理阶段也会涉及。[1] 而据笔者对最高法第一巡回法庭自成立至 2017 年 10 月已公开民商事再审案例统计，发现在 397 件案例样本中，再审事由含有“有新的证据，足以推翻原判决、裁定的”的案件为 56 件，占比为 14.1%。在所统计的第二巡回法庭共计 804 件案例样本中，再审事由含有“有新的证据，足以推翻原判决、裁定的”的案件为 205 件，占比约为 25.5%。在当事人申请再审

〔1〕 参见孙祥壮等：《以正确司法理念为指导全面考量各种价值平衡——〈关于再审中新证据的认定及运用问题的调研〉会议综述》，载《人民法院报》2009 年 10 月 16 日，第 5 版。

的13个法定事由中，该事由的引用频率仅次于《民事诉讼法》第207条第2项和第6项。因此，分析再审视角下的新证据就显得极有必要。此外，本章还将对刑事文书与再审新证据的关联、认定进行实证研究，供各位作为实务中的参考。

第一节　新证据构成要件

根据《民事诉讼法》第207条及《民诉法解释》第385条、第386条之规定，构成再审新证据有两个标准：一是再审申请人提供的证据是新形成、新发现、新取得和未质证的证据，如已在原审程序中提交，不属于新证据，法院不再作为新证据予以审查。[1] 二是该新证据足以推翻原判决、裁定，即能够证明原判决、裁定认定基本事实或者裁判结果错误。具体而言，应满足以下要件：

一、形式要件

再审新证据的形式要件主要是从证据形成的时间上考量。首先，再审新证据一般是申请再审时新提交的证据。其次，再审新证据一般是指新发现的、新取得的、新形成的、未经质证且未作为裁判根据的证据，但原审法院依据《民事诉讼法》第68条之规定不予采纳的除外。

在重庆鎏中物资有限公司（以下简称鎏中公司）与重庆大佛建筑工程有限公司等不当得利纠纷案中，最高法认为，作为新证据提交的《专项审计报告》产生于本案二审之后，系根据293号案件材料形成的，该案判决书的落款时间为2015年2月16日，而本案一审判决书作出时间为2016年1月25日，鎏中公司有充分的时间依据另案材料作出审计并在本案一审、二审期间提交，其在再审申请时才提交，不符合新证据的形式要件。[2]

---

〔1〕 详见案例：山西省阳泉荫营煤矿与山西宏厦建筑工程第三有限公司建设工程施工合同纠纷案，最高法民事裁定书，(2016)最高法民申3690号。

〔2〕 最高法民事裁定书，(2017)最高法民申7号。

二、实质要件

再审新证据的实质要件主要是从再审新证据与原审主要诉争事实及裁判结果的关联性上去考量。除符合形式要件外，再审新证据还应当是证明力相当强的证据，也就是说“足以”推翻原判决、裁定或能够证明原判决、裁定认定的基本事实或者裁决结果错误。

对于“足以推翻”，实务中有两个标准，即“必然性标准”[1]和“盖然性标准”[2]。由于再审审查阶段的主要目的是审查生效裁判是否具备法定的再审事由，因此，在再审审查阶段，对“足以推翻”的把握，宜以高度盖然性为标准。[3]

再审新证据的实质要件极为重要，只有符合这一实质要件，才有必要进一步判断当事人未在原审提供证据的理由是否正当。因此，对于当事人申请再审阶段提交的证据，应当先判断其是否足以推翻原判决、裁定，对于足以推翻原判决、裁定的证据，再判断再审申请人未在原审提供证据的理由是否成立。[4]

结合《民诉法解释》第385条及《民诉法解释》第102条之规定，从体系解释出发，只要新证据“足以推翻原判”，即满足了再审新证据的实质要件，便可认定再审事由成立，不得以逾期为由认定证据失权。“检察监督案件中检察机关依职权调查取得的新证据并未考量当事人是否存有故意或过失逾期举证因素，这也为上述解析做了刚性注解。”[5]

在华堂房地产开发有限公司（以下简称华堂公司）与北京中银天成企业集团（以下简称中银天成集团）股权转让纠纷案中，最高法认为，虽然中银天成集团逾期提交证据具有主观过失，但其提交的新证据能够证明原判决关于中银天成集团未付股份转让金的基本事实认定错误，故符合再审新证据

〔1〕即再审后必然改变原裁判。

〔2〕即该证据可能推翻原裁判。

〔3〕参见最高人民法院修改后民事诉讼法贯彻实施工作领导小组编著：《最高人民法院民事诉讼法司法解释理解与适用》（下），人民法院出版社2015年版，第1024页。

〔4〕参见最高人民法院修改后民事诉讼法贯彻实施工作领导小组编著：《最高人民法院民事诉讼法司法解释理解与适用》（下），人民法院出版社2015年版，第1024页。

〔5〕王朝辉：《民事再审事由的体系展开与程序效力》，载《法律适用》2020年第20期。

之标准。

该裁定书认为，中银天成集团是依据《民事诉讼法》第200条第1项有新的证据，足以推翻原判决的规定申请再审。首先，关于何为新的证据，《民事诉讼法》（2012年）第65条第2款规定："当事人逾期提供证据的，人民法院应当责令其说明理由；拒不说明理由或者理由不成立的，人民法院根据不同情形可以不予采纳该证据，或者采纳该证据但予以训诫、罚款。"[1]《民诉法解释》（2015年）第388条第1款规定："再审申请人证明其提交的新的证据符合下列情形之一的，可以认定逾期提供证据的理由成立：（一）在原审庭审结束前已经存在，因客观原因于庭审结束后才发现的；（二）在原审庭审结束前已经发现，但因客观原因无法取得或者在规定的期限内不能提供的；（三）在原审庭审结束后形成，无法据此另行提起诉讼的。"[2]因此，《民事诉讼法》（2012年）第65条所确立的证据失权制度并非一概否定逾期提交的证据，而是根据逾期提交理由的正当性确定是否构成新证据，包括新发现的证据、新取得的证据和新形成的证据。考察中银天成集团申请再审阶段提交的证据，证据五和六是原审庭审结束后新形成的证据，证据一至四以及证据七则属于原审庭审结束前已经发现但新取得的证据。中银天成集团未于原审程序中提供，固然有档案保管不善、怠于查找等主观原因，但也有未能得到华泰财产保险股份有限公司（以下简称华泰公司）协助的客观原因，因此可以认定逾期提供证据的理由成立，其提交的证据构成新证据。其次，关于新证据是否足以推翻原判决的问题。《民诉法解释》（2015年）第387条第1款规定："再审申请人提供的新的证据，能够证明原判决、裁定认定基本事实或者裁判结果错误的，应当认定为民事诉讼法第二百条第一项规定的情形。"[3]华堂公司和中银天成集团签订的《股份转让协议》约定：股份转让金2120万元支付至华泰公司托管。受让方中银天成集团将股份转让金支付至华泰公司后，视为履行了合同约定的付款义务。因此，本案需要查明的基本事实是中银天成集团是否将股份转让金支付给了华泰公司。原判决认定中银天成集团证据不足以证明已付款，主要原因是缺乏银行付款凭证、华泰公

---

〔1〕 对应现行《民事诉讼法》第68条第2款。
〔2〕 对应现行《民诉法解释》第386条第1款。
〔3〕 对应现行《民诉法解释》第385条第1款。

司收款凭证等证据佐证。现华泰公司出具了《情况说明》,确认中银天成集团已付清股份转让金,而该《情况说明》有相应的支票转账凭证、《和解协议》、沈某远证人证言等证据予以佐证,并与涉案股权于2001年11月过户登记至中银天成集团后华堂公司在长达十余年时间内未曾主张股权转让款的背景事实相吻合,能够证明中银天成集团已付清股份转让金。华堂公司提出实际付款额高于约定的股权转让款以及董事会决议先于《和解协议》签署时间的异议,在商业安排中并不鲜见,不足以否定中银天成集团付款证据的证明力。因此,最高法认为中银天成集团提交的新证据能够证明原判决关于中银天成集团未付股份转让金的基本事实认定错误,构成《民事诉讼法》(2012年)第200条第1项的应予再审情形。[1]

在唐某新与林某雄委托合同纠纷案中,最高法认为,申诉方林某雄在申请再审阶段提交了华盛公司出具的44份收款收据以及证人翁某的证言等证据材料,证明案涉566万元股权转让款由林某雄收取后,唐某新仍参与与华盛公司业务有关的经营活动,并对相关财务款项的收支情况予以审批同意。最高法认为该证据足以推翻对原审生效判决认定的基本事实,裁定启动再审并发回重审。[2]

此外,最高法对当事人再审期间提交的不符合实质要件的证据的评判也值得关注。

在刘某利与朝阳义利房地产开发有限公司(以下简称义利公司)民间借贷纠纷案中,刘某利申请再审时提供了2011年度贷款利率表复印件及朝阳银行贷款利率表复印件各一份作为新证据,以证明二审法院认定刘某利向义利公司借款3,524,550元8个月的利息为552,096.08元明显过高。最高法经审查认为,刘某利所提供的2011年度贷款利率表及朝阳银行贷款利率表在一审、二审法院审理期间即已存在,刘某利无正当理由未予提供,且上述证明材料并不能推翻一审、二审法院认定的案件事实,不属于《民事诉讼法》(2012年)第200条第1项[3]及相关司法解释规定的再审新证据。[4]

在该案中,再审申请人所提交证据在原审审理期间既已存在且实质上

---

〔1〕 最高法民事裁定书,(2016)最高法民申1475号。

〔2〕 最高法民事裁定书,(2016)最高法民申1585号。

〔3〕 对应现行《民事诉讼法》第207条第1项。

〔4〕 最高法民事裁定书,(2016)最高法民申3274号。

不能推翻原审认定之基本事实，故不属于再审新证据。

在段某成与任某记等民间借贷纠纷案中，最高法审查询问过程中，段某成提交了甲方段某成与乙方胡某美（加盖巴州安达置业有限责任公司美岸分公司印章）于2013年12月31日签订的《补充协议书》，欲证明案涉三方协议形成了债务转移的法律关系；并提供了一张《欠条》，内容为三方协议达成了债务转移关系，任某记承诺偿还尚欠段某成的1633万元，日期为2014年1月29日。最高法认为上述两份证据不符合再审新证据的标准。首先，《补充协议书》是段某成与胡某美之间达成的协议，该协议若要形成债务的转移关系，必须得到任某记的确认。段某成提供该协议书，欲佐证证明三方协议具有债务转移的法律效果，该证明目的不能实现。《欠条》上虽有任某记的签字，但欠条的主体内容是由段某成书写的，任某记和安达公司对此欠条的真实性不予认可，并提出了欠条被裁剪、公章形成在先欠条内容书写在后等质疑。段某成称其一直未找到该证据致其逾期提交，该理由不是不可归责于自身的客观原因，法院不予采纳。因此，其主张有新证据足以推翻原判的再审申请理由，不能成立。[1]

可见，最高法从形式要件和实质要件两个方面对再审申请人提交的所谓新证据进行了审查。

三、逾期制裁

如前所述，除新形成的证据及曾提交未经质证且未作为裁判根据的证据外，其他诸如新取得的和新发现的证据，均可能与当事人故意或重大过失有关联。根据《民诉法解释》第102条之规定，对非因故意或重大过失逾期提交的证据，法院可对当事人训诫；对因故意或重大过失逾期提交的再审新证据，法院有权训诫、罚款或在再审阶段收取诉讼费用[2]或诉讼费用分担

---

[1] 最高法民事裁定书，(2017)最高法民申724号。

[2] 在(2018)最高法民再329号案中，张某兴再审提交的银行凭证，能够证明其向付聪支付了款项50万元，最高法认为，虽然付某不认可系股权转让款，但亦未举示证据证明双方还存在其他债权债务法律关系，因此张某兴关于其已经支付50万元股权转让款的再审申请理由成立。最高法根据《诉讼费用交纳办法》第9条第1款第1项关于“根据民事诉讼法和行政诉讼法规定的审判监督程序审理的案件，当事人不交纳案件受理费。但是……当事人有新的证据，足以推翻原判决、裁定，向人民法院申请再审，人民法院经审查决定再审的案件”除外的规定，最高法要求张某兴承担一审、二审及再审案件受理费各28,764.8元。

重新调整等措施。

在中国信达资产管理股份有限公司四川省分公司(以下简称信达公司)与资阳精益制药有限公司等金融借款合同纠纷案中,由于信达公司在二审中提交了新证据而二审改判,而该部分证据特别是前述三份股东会决议全部产生于原审诉讼前,信达公司因自身原因经原审法院多次释明告知后仍未提交该部分证据。二审中,信达公司提交了前述股东会决议等相关证据,最高法对信达公司在二审中提交的三份股东会决议予以采纳,但基于二审诉讼程序系因信达公司在原审中未提交前述证据而引发,故判决该案二审案件受理费737,800元由信达公司承担。[1]

第二节　新证据四大类型

根据《民诉法解释》第386条之规定,再审新证据是指相对于一审、二审之中提交过的证据而言另行提交的不同证据,主要包括如下四种类型:

一、新发现的证据

所谓新发现,是指在原审庭审结束前已经存在,因客观原因于庭审结束后才发现。新发现的证据并非必然属于新证据;要构成新证据,还要求该证据能够证明原判决、裁定认定基本事实或者裁判结果错误。

在张某武与陈某雄合同纠纷再审案中,张某武向最高法提交其女儿张某录制的张某武与陈某雄于2012年6月16日在深圳市五洲宾馆一楼大堂咖啡厅的谈话录音作为新证据,拟证明本案《合作协议》签订的整个过程及双方合作事宜的来龙去脉,即张某武与陈某雄的合作关系源于2001年,陈某雄认可张某武为项目公司所做的各项工作并对工作所形成的约定成果予以认可,陈某雄希望更改6000万元收益为3500万元,6000万元是40%权益的支付对价,即陈某雄在2008年选择了较股权价值低的对价6000万元。再审庭审中,张某武就提交的录音证据为何在另案4500万元标的案件向广东高院申请再审时才提出该证据作出解释说明。张某武述称该录音是在深圳市

〔1〕 最高法民事判决书,最高法民终968号。

五洲宾馆大堂的咖啡厅取得的，因为张某武在《合作协议》中涉及的1500万元和4500万元标的的两个案件一审均胜诉，1500万元标的的案件二审即本案亦为胜诉，案件结果证明依据其已向原审法院提交的《合作协议》等证据材料已足以达到充分举证的目的，所以未想到用该录音证据证明相关案件事实。最高法认为张某武的解释说明符合逻辑，存在客观合理性，张某武不存在故意隐瞒重要证据的行为。故张某武提交的该份录音证据虽然形成于原审庭审结束之前，但张某武在本案的一审、二审诉讼及另案4500万元标的的案一审诉讼均为胜诉，该证据对于张某武在本案原审的诉讼过程中并无提交的必要性，亦即张某武在主观上并无逾期提交证据的故意。其次，该份录音证据是张某武与陈某雄就《合作协议》相关款项的支付产生争议后双方沟通谈话的真实记录，其取得并未侵害陈某雄或其他人的合法权益，也未有违反法律禁止性规定或违背公序良俗的情形。最后，该录音证据系张某武与陈某雄就《合作协议》产生争议后双方协商的谈话过程，能够客观反映双方合作的相关事宜，与本案的基本事实密切相关，应当采纳。[1]

在该案例中，当事人在庭审后才发现该证据能否证明案件基本事实，属于新发现的证据。

二、新取得的证据

所谓新取得，是指在原审庭审结束前已经发现，但因客观原因无法取得或者在规定的期限内不能提供。新取得的证据能够证明原判决、裁定认定基本事实或者裁判结果错误的，才属于新证据。

在上海光仁塑胶制品有限公司（以下简称光仁公司）与上海淞南资产经营投资有限公司（以下简称淞南公司）租赁合同纠纷案中，光仁公司在向上海高院申请再审时，提供了在履行判决进行电缆交接时，淞南公司出具的两张收条，该收条证明有部分电缆并未包括在评估报告中；同时提供了在履行判决搬迁时发现有光仁公司当年进场施工的多项工程资料达760万余元，光仁公司在原审诉讼中，因部分财产被查封而未能提供上述证据。最高法对此认为，上述两份新证据可初步证明原判依据的评估报告对固定添附的评估有遗漏，原审法院在审查申请再审中未予审查，似有不当。综上所述，申

〔1〕 最高法民事判决书，（2015）民提字第213号。

诉人光仁公司的申诉符合《民事诉讼法》(2012年)规定的再审条件,最高法遂裁定上海高院再审本案。[1]

三、新形成的证据

所谓新形成,是指该证据在原审庭审结束后才形成,且无法据此另行提起诉讼。新形成的证据并非必然属于新证据,构成新证据还要求能够证明原判决、裁定认定基本事实或者裁判结果错误。

一般而言,原审庭审结束后,尤其是判决生效后新形成的证据,并不能作为再审新证据使用。其原因在于两个方面。一是既判力时间效力范围的作用。既判力于事实审的口头辩论终结时点产生效力,此为既判力的时间范围;既判力标准时后出现的事项,并不能成为前诉的判决依据。原审结束后新生成的证据,只能证明原审结束后方才发生的事实,不能证明原审结束前已经发生的事实,自然不能作为证明原审裁判认定的事实"有误"的证据。二是既判力正当化的根据。既判力正当化的根据之一是当事人获得了程序保障和当事人自我责任。从当事人的立场来说,标准时后出现的事由是当事人即便想主张也无法主张的事实,因此,让前诉的既判力对后诉中的新事实产生遮断效力,自然无妥当性。[2]

但如果该新生成的证据表明,判决后情况发生了重大变化,维持原审裁判的既判力确实不公平、不正义,且再审申请人无法据此另行提起诉讼,则为了实质公平正义,可认定为再审新证据。但需要注意的是:第一,结合《民诉法解释》第386条之规定,新形成的证据包括但不限于原审庭审结束后原作出鉴定意见、勘验笔录、重新鉴定意见,推翻原结论的证人证言以及判决书等类型;第二,该新证据与原判具有不可分性,无法据此另行起诉。

在平安银行股份有限公司济南分行(以下简称平安银行)与李某生、临邑恒昌啤酒麦芽有限公司(以下简称恒昌公司)案外人执行异议之诉案中,平安银行不服山东高院(2015)鲁民一终字第272号民事判决申请再审,再审中平安银行提交了四份新证据:最高法(2016)最高法民再297号民事裁

---

〔1〕 最高法民事裁定书,(2014)民监字第45号。

〔2〕 参见王胜全:《判决生效后新生成的证据不能用作再审新证据》,载《人民法院报》2009年11月24日,第6版。

定书、济南中院(2018)鲁01民初452号民事判决书、山东高院(2019)鲁民终508号民事判决书、山东永鼎司法鉴定中心(2018)文鉴字第251号《司法鉴定意见书》,拟证明《关于新增贷款的说明》系伪造,另案生效判决判定恒昌公司应偿还平安银行银行汇票承兑垫款本金3000万元及利息。前述新证据形成时间在原审庭审后,最高法认为,平安银行提交的新证据系生效法律文书及其采信的《司法鉴定意见书》,与其证明目的有密切关联,应予采信。[1]

在申请人海南龙浴温泉度假村有限公司与被申请人欧超群商品房销售合同纠纷再审案中,申请人提交了三份新证据,该三份证据分别形成于2015年8月12日和18日,均在2015年5月22日之后,故根据《民诉法解释》第388条第1款第3项关于"再审申请人证明其提交的新的证据符合下列情形之一的,可以认定逾期提供证据的理由成立:……(三)在原审庭审结束后形成,无法据此另行提起诉讼的"的规定,三份证据可以作为再审审查期间的新证据使用,但该证据是否能够达到利远公司的证明目的以及是否足以推翻原判决则另行评述。后再审采纳该新证据,推翻了二审判决。[2]

关于前述提及的鉴定意见,鉴于《民诉法解释》第397条之规定,再审审查期间当事人无权申请鉴定。因此,实践中,往往是当事人在原审裁判生效后,单方委托取得"鉴定意见",并以此作为新证据申请再审。正如最高法王朝辉法官所言:在再审审查时不应将此"鉴定意见"直接排除,而宜将其转化为一般的"书证"加以审查,并从证明力度评价其是否"足以推翻"原判。[3]

在熊某杰与刘某森等股权转让合同纠纷案中,最高法认为,刘某森是否代熊某杰向目标公司投入180万元是本案的争议焦点。本案一审、二审、再审法院未就刘某森支付180万元股权转让款的交易凭证、交易方式、交易习惯等进一步查证,均以熊某杰于2007年6月8日亲笔出具给答辩人刘某森确认收到股权转让款429万元的收条,以及2007年6月8日熊某杰出具给刘某森关于"今收到熊某杰广西八一水泥有限公司占百分之四十五的流动资金180万元"的收条为依据,从而判定刘某森完成了支付股权转让款的义

---

〔1〕 最高法民事判决书,(2021)最高法民再21号。

〔2〕 最高法民事判决书,(2016)最高法民再133号。

〔3〕 王朝辉:《民事再审事由的体系展开与程序效力》,载《法律适用》2020年第20期。

务缺乏证据支持，属认定事实不清。在广西润诚会计师事务所有限公司于2014年10月29日作出（润诚审字〔2014〕ZX0013号）《审计鉴证报告》后，原审法院仍以该《审计鉴证报告》只是公安机关侦查阶段委托中介机构所作的鉴定，且未经过审判程序认定，并不能证明本案生效判决存在错误为由，认定《审计鉴证报告》不能作为引起本案再审的新证据，实属不当，应予纠正。[1]

四、未质证的证据

未质证的证据并不必然属于新证据，但若能够证明原判决、裁定认定基本事实或者裁判结果错误，则属于新证据。根据现行法律规定，再审申请人提交的证据在原审中已经提供，原审人民法院未组织质证且未作为裁判根据的，人民法院应将其作为新证据处理，但原审人民法院依照《民事诉讼法》第68条之规定不予采纳的除外。

第三节　新证据提交时间

再审申请人应当在申请再审时提交新证据。实践中，新证据的适用集中于再审启动阶段，但在再审审理阶段也会涉及。上述主体不仅在案件的审查阶段可以提出新证据，而且在再审程序中也可以提出。特别是，案件被以事实认定不清发回一审法院重审后，上述诉讼主体不仅可以在重新审理阶段提出新证据，而且在再审上诉阶段中还可以提出。[2]

在哈池曼海运公司（以下简称哈池曼公司）与上海申福化工有限公司（以下简称申福公司）等海上货物运输合同货损纠纷案中，哈池曼公司在向最高法申请再审时未提交新的证据材料。庭审后，申福公司向最高法提交其与浙江利光塑料有限公司签订的《产品购销合同》、上海森福实业有限公司与福州广盛化工有限公司签订的《产品购销合同》以及相关的增值税发

---

〔1〕 最高法民事裁定书，(2016)最高法民监15号。

〔2〕 参见李后龙、花玉军、葛文：《再审新证据认定和运用的实证分析》，载《人民司法》2009年第21期。

票,以证明申福公司提供的经上海市闸北公证处公证的苯酚市场销售价格不包含增值税。哈池曼公司书面质证认为,该份证据材料为申福公司庭审后提供,不能作为新证据。最高法认为,哈池曼公司并未对该份证据本身的真实性提出异议,哈池曼公司主张该份证据材料为申福公司庭审后提供,不能作为新证据,法律依据不充分。[1]

从该案可以看出,只要是新证据,只要该新证据能动摇原审基本事实,在再审审查期间或审理期间提交,均具有可行性。

第四节　刑事文书与新证据

在民刑交叉案件中,当事人取得包括刑事裁判文书在内的刑事案件证据后,据此对在先的生效民事判决申请再审,该在后刑事证据是否属于再审新证据？本节试对此予以解析。

一、文书种类:在后裁判文书与程序性文件

第一类为生效刑事裁判文书,根据《民诉法解释》第93条之规定,生效刑事判决认定的事实属于免证事实,具有相对免证效力,产生举证责任倒置效果。在民事诉讼中赋予生效刑事判决以拘束力,也是基于刑事案件排除合理怀疑的证明标准显然高于民事案件优势证据的证明标准,且刑事案件事实更接近客观事实的考量,更何况在实践中民事案件推翻刑事案件所认定事实的情况很少出现。生效刑事裁判文书又可分为三种情形:(1)生效刑事判决书是认定刑事被告人有罪或者经法院查明确认被告人无罪的判决,其关联性和结果影响度较强;(2)疑罪从无的无罪判决,意味着刑事判决对事实认定未满足确认性,因此不能在其后的民事再审中用于证明被告没有实施侵害行为,其关联性明显较弱;(3)属于犯罪情节轻微的无罪判决,刑事判决并没有否认民事判决行为,只是在刑法上被认为情节轻微,故其关联度很弱。

第二类是刑事裁判文书之外的其他刑事案件证据。诸如立案决定书、

〔1〕 最高法民事裁定书,(2013)民提字第6号。

逮捕通知书、刑事拘留通知书、询问、讯问笔录、审计鉴定材料、起诉意见书、起诉书等。因该类证据不属于《民诉法解释》第 93 条规定之类型,不属于当事人免证事实,能否启动再审,需要看该等证据的证明力。如该证据能证明该刑事犯罪行为与民事行为是同一事实,则该类刑事案件证据对于民事再审而言,当然属于再审新证据;如果非同一事实,则除非生效裁判文书,其他刑事案件证据一般较少认定为再审新证据。

二、裁判差异:在后刑事文书与再审新证据

在审判实践中,最高法就在后刑事证据是否属于再审新证据存在如下两种裁判思路。

第一种思路为主张刑事案件证据内容未经生效裁判确认,不属于再审新证据。在(2017)最高法民申 2146 号案中,再审申请人以“提请批准逮捕书”和“批准逮捕决定书”作为新证据申请再审,请求撤销民事调解书。最高法认为,该两份证据不属于《民诉法解释》第 93 条规定的已为人民法院发生法律效力的裁判所确认的事实,故未支持再审申请。在(2018)最高法民申 390 号案中,在公安分局出具《受案回执》、《立案告知书》、《虚假诉讼案的侦查情况说明》以及《虚假诉讼案的侦查情况补充说明》的情况下,最高法认为,有关徐某伟向原审提交虚假书证以证明房屋买卖合同成立的证据,可能对认定商品房买卖合同成立及合同效力等产生影响,在民事诉讼中具有证明力,但未经公诉、审判等刑事诉讼环节后最终被法院生效刑事裁判文书所确认,依照《民诉法解释》第 93 条,上述书证的证明力尚不足以推翻支持原判的具有高度可能性的相关证据,故再审受理申请不应支持。

第二种思路为主张非刑事裁判文书等刑事案件证据属于再审新证据。民间借贷涉嫌非法集资的,在证据上并不需要生效刑事判决,公安机关的移送函,以及公安机关立案侦查、人民检察院的起诉书等均可以。[1] 涉嫌非法集资的,根据最高人民法院《民间借贷规定》第 5 条及《非法集资规定》第 7 条,应当裁定驳回起诉(或中止执行),并将涉嫌非法集资犯罪线索、材料移送公安机关或检察机关。[2]

---

〔1〕 如果刑事侦查结果或刑事判决认定所涉借款行为不构成非法吸收公众存款罪,则可重新起诉。

〔2〕 参见最高法民事裁定书,(2017)最高法民申 234 号。

在郑州市花园春有限公司(以下简称花园春公司)与王某、河南道行天下实业有限公司民间借贷纠纷案[1]中,最高法认为,王某红在以郑州市花园春有限公司(以下简称花园春公司)的名义向王某借款一事中涉嫌诈骗罪已被郑州市公安局于2017年10月6日立案侦查,该刑事案件与本案系基于相同事实,本案借款合同效力、花园春公司应否承担责任等基本事实须依据该刑事案件的审理结果认定,花园春公司的再审申请理由部分成立。

在沈阳地铁集团有限公司(以下简称地铁公司)与东北金城建设股份有限公司(以下简称金城公司)建设工程施工合同纠纷案[2]中,沈阳地铁集团有限公司(以下简称地铁公司)不服二审判决申请再审,地铁公司在申请再审期间向最高法提交了两份证据(沈阳市公安局公交分局出具的《立案决定书》和《关于〈沈阳地铁集团有限公司联系函〉的复函》),主张东北金城建设股份有限公司(以下简称金城公司)在一审、二审审理期间向法院提供的购买砂夹石相关证据和部分工程签证单系金城公司员工赵某伪造,赵某已被公安机关以涉嫌虚假诉讼罪立案侦查。金城公司对该组证据的合法性和关联性提出异议,认为砂夹石相关证据和部分工程签证单不是一审、二审法院据以作出判决的依据,这些证据是否系伪造并不影响判决结果。最高法认为,因地铁公司提供了上述两份证据的原件,且金城公司未对该两份证据原件的真实性提出异议,该两份证据反映金城公司在本案一审、二审审理期间提交的部分证据涉嫌伪造,金城公司的委托诉讼代理人赵某因其在本案一审、二审审理中的诉讼行为涉嫌虚假诉讼罪正被刑事追诉,故该两份证据与本案裁判结果具有关联性。地铁公司提供的上述两份新的证据初步表明金城公司在一审、二审期间向法院提交的砂夹石相关证据和工程签证单的真实性存疑。一审、二审法院认定案涉工程价款所依据的部分证据缺乏证明力。

三、评判策略:在后刑事文书与再审新证据

如本章第一节论述,再审新证据要符合两个要件。一是形式要件,即要

---

[1] 最高法民事裁定书,(2019)最高法民申1262号。

[2] 最高法民事裁定书,(2019)最高法民申5936号。

符合《民诉法解释》第386条认定的四类新证据[1]。就刑事新证据而言，主要是庭审后形成的这类刑事案件证据。二是实质要件，即要足以推翻原判决、裁定。[2] 就“足以推翻”之内涵而言，鉴于当事人以新证据申请再审属于再审审查阶段，实务中实际上是以“极有可能”来把握的，也就是一种高度盖然性标准。

就前述论述的实质要件而言，民事证据要讲究三性：即真实性、合法性和关联性，以及证明力，[3]对于刑事案件证据材料，就真实性而言，因材料系公权力机关利用职权取得，故争议较少；就刑事询问笔录、讯问笔录、审计鉴定报告等的合法性而言，民事审判实务中争议也比较少；相较而言，关联性是重中之重，应予以重点分析。笔者将关联性总结为事实关联和主体+结果关联。

1.所谓事实关联，关键要看生效刑事裁判（裁定和判决）认定的主要事实与民事判决需要查明的基本事实的关联性。当刑事判决书与原民事判决书都是针对同一事实作出法律评价（同一性），则刑事案件与民事案件关联程度最高；如果刑事判决与民事判决认定的事实是完全不同的事实之间也彼此不存在一定的关联性（非同一性），那么刑事判决则不能视为再审证据。这种关联度，至少需要达到足以引发民事案件中民事法律关系存在、变动或消灭的程度，致使原裁判确认的民事权利义务变得不准确而应当重新分配。

在辽宁百满房地产开发有限公司（以下简称百满公司）与赵某、沈阳市久利货物运输中心（以下简称久利中心）、陈某满民间借贷纠纷案中，辽宁百满房地产开发有限公司（以下简称百满公司）不服二审民事判决，再审期间提交的在后刑事判决和刑事裁定认定百满公司共偿还借款345.5万元，而原民事判决认定只偿还了25万元。显然在后生效的刑事判决直接否定了在先民事判决对偿还借款金额的认定，刑事判决和民事判决对百满公司偿还金额这一同一事实作出了不同的认定，刑事判决和原民事判决具有高度关联

---

〔1〕 四类新证据可简要概括为：(1)才发现：庭审前存在但庭审后发现；(2)已发现：庭审前发现但无法提供；(3)才形成：庭审后形成的；(4)未质证：庭审前已提交但未组织质证且未作为裁判依据的。

〔2〕 参见《民事诉讼法》第207条第1项。

〔3〕 参见《民事诉讼法》第104条。

性和证明力,符合再审新证据的实质要件。[1]

再如,在河南民基建设工程有限公司(以下简称河南民基公司)与张某生、长葛市滨海置业有限公司(以下简称长葛滨海公司)租赁合同纠纷案中,河南高院根据租赁合同、任某某证明、焦作市山阳区兴隆建筑设备租赁站(以下简称兴隆租赁站)提货单137张等证据,判定河南民基公司和长葛滨海公司需向张某生承担责任。二审判决后,河南省长葛市人民法院作出刑事判决查明:前述民事案件之证据均系伪造,刑事被告均被判刑。由此可知,原民事判决判定河南民基公司和长葛滨海公司向张某生承担责任的主要证据均系伪造,则是否需要承担责任等事实需进一步审理查明,最高法以刑事新证据支持了再审申请人的再审申请,启动再审。[2] 从这个案例中也可以看出,在后的生效刑事判决所认定的伪造证据的犯罪事实足以否定或消灭原审判决对民事纠纷所查明的事实,这具有事实的高度关联度。

2. 就主体+结果关联而言,要看再审申请人与承担刑事责任主体是否具有同一性。如果不具有同一性关联,要审查刑事裁判对再审申请人民事责任的承担是否会产生实质上的影响;没有实质影响的,不属于再审新证据。如担保人被判承担民事责任后,借款人被判非法吸收公众存款罪,担保人作为再审申请人以借款人犯罪为由主张担保合同无效而不承担民事责任,我们以此来判断,发现其主体不具有同一关联,且刑事案件裁判对担保人民事责任承担不会产生实质影响。

在钟某星与安徽三建工程有限公司(以下简称安徽三建)、鲍某霞民间借贷纠纷案中,民事再审申请主体为钟某星,承担刑事案件主体为鲍某霞,主体不具有同一性,且生效刑事判决已查明:鲍某霞作为安徽三建在铜陵地区业务的实际负责人,挂靠该公司并以其铜陵分公司名义对外承揽工程;鲍某霞出于为其承揽的建设工程进行融资等目的,私自找人刻制了“安徽三建工程有限公司”与“安徽三建工程有限公司铜陵分公司”的印章。鲍某霞在公安机关供述其以金钱为诱惑找人冒充安徽三建办公室人员,用其伪造的公章在借据上盖章。根据《民刑交叉规定》第5条第1款关于“行为人盗窃、盗用单位的公章、业务介绍信、盖有公章的空白合同书,或者私刻单位的公

[1] 最高法民事判决书,(2018)最高法民再47号。

[2] 最高法民事裁定书,(2018)最高法民申1205号。

章签订经济合同,骗取财物归个人占有、使用、处分或者进行其他犯罪活动构成犯罪的,单位对行为人该犯罪行为所造成的经济损失不承担民事责任”的规定,可认定该刑事判决对民事责任认定不产生实质性影响,故再审申请应予驳回。[1]

在张某与中国农业银行股份有限公司盘山牛官支行(以下简称农行牛官支行)储蓄合同纠纷案中,最高法认为,已生效的河南高院刑事裁定书查明:“2010 年 5 月 31 日,张某 1 伙同朱某,由朱某以高息存款为由,诱骗被害人张某同意以其本人名义在农行牛官支行开设银行卡,并存入 2500 万元。张某 1、朱某等人在张某本人未在场的情况下,违规开通张某该银行卡网上银行业务。”因此,原审法院认定农行牛官支行不存在擅自开办了网上银行服务并对外转款的事实缺乏证据证明。[2]

第五节　结　　语

笔者研究发现,在最高法司法实践中,有关再审阶段新证据的认定侧重于审查实质要件。尽管法律规定既要满足“新”这一形式要件,[3]也要满足“足以推翻原判决、裁定”这一实质要件。但综观最高法的再审裁判可以发现,最高法对再审新证据的认定侧重于实质要件的审查,即该证据是否足以推翻原判决、裁定。在最高法的再审审查和再审审理过程中,实际上已经对因当事人主观因素未在原审中提交但符合实质要件之证据予以从宽考量,对于因当事人的过错而未能在原审中及时提交的证据,如果该证据足以推翻原裁判,一般是裁定再审,并在再审程序中作为合法证据进行质证、认证,对于可归责于一方当事人的,予以诉费制裁或另行提起侵权损害赔偿之诉。[4] 笔者赞成这种做法。“民事诉讼法的结构绝对允许得出下面这一结

---

〔1〕 最高法民事裁定书,(2019)最高法民申 3201 号。

〔2〕 最高法民事裁定书,(2019)最高法民申 1834 号。

〔3〕 或者虽然不属于新证据,但符合《民诉法解释》第 386 条规定的证据类型。

〔4〕《民诉法解释》第 102 条对此也有规定,另可参见孙祥壮等:《以正确司法理念为指导　全面考量各种价值平衡——〈关于再审中新证据的认定及运用问题的调研〉会议综述》,载《人民法院报》2009 年 10 月 16 日,第 5 版。

论:民事诉讼的目的是在真相的基础上实现实体法。"[1]实体公正是民事诉讼的最终目标。即使在非常注重程序公正的国家,民事诉讼理论和实践仍然把发现真实作为民事诉讼的目的,[2]法官必须输出实质正义。发现真实在诉讼制度中具有极为重要的作用,因为"对事实而言,法律是通过三段论来寻求解答的。因此,如果作为前提的事实本身存在错误,那么法律性的解答也就难免产生错误。可见,人民对法院寄予的最大希望就是准确地对事实作出认定,这一点是谁也不能否定的"[3]。

---

〔1〕[德]高尔:《民事诉讼目的问题》。转引自[德]米夏埃尔·施蒂尔纳编:《德国民事诉讼法学文萃》,赵秀举译,中国政法大学出版社2005年版,第37页。

〔2〕参见邱联恭:《程序制度机能论》,台北,三民书局2008年版,第268页。

〔3〕[日]石井一正:《日本实用刑事证据法》,陈浩然译,台北,五南图书出版公司2000年版,第4页。

第六章 适用法律确有错误论述

司法实践中,审判人员无论是采用司法三段论,[1]还是采用证明责任法,[2]均需要适用法律。适用法律正确与否与案件的裁判结果直接相关,适用法律错误极有可能导致裁判结果不正确。法律规范之间内在的关联性以及法律体系的统一性,进一步增加了法律适用的复杂程度。面对纷繁复杂的案件事实以及时常发生冲突的法律秩序,[3]在许多案件中,法律问题与事实问题之间的区分往往极难辨别。[4] 故法律适用者出现错误也就不是什么值得大惊小怪和"偶发"的事件了,奢望法律适用不犯错误是不现实的。[5] 司法实践中,适用法律错误极为常见。《民事诉讼法》第 207 条第 6 项"原判

---

〔1〕 即"以法律法规为大前提,具体确定的事实为小前提,来推论法律法规效果的有无为结论的法则,作为法律判断的程式。"参见程春华:《民事案件裁判方法论:三段论法与证明责任法》,载《南昌大学学报(人文社会科学版)》2013 年第 2 期。

〔2〕 即"识别诉讼标的—寻找法律—寻找具体的事实要件—寻找事实证明—形成裁判结果"。参见程春华:《民事案件裁判方法论:三段论法与证明责任法》,载《南昌大学学报(人文社会科学版)》2013 年第 2 期。

〔3〕 参见[德]伯恩·魏德士:《法理学》,丁小春、吴越译,法律出版社 2005 年版,第 119 页。

〔4〕 参见[德]K. 茨威格特、H. 克茨:《比较法总论》,潘汉典等译,法律出版社 2003 年版,第 187 页。

〔5〕 参见[德]卡尔·恩吉施:《法律思维导论》,郑永流译,法律出版社 2004 年版,第 73 页。

决、裁定适用法律确有错误的"是当事人援引最多的法定再审事由之一。[1]

何为再审程序下的适用法律确有错误？如果严格适用《民事诉讼法》第207条第6项之规定，符合该项6种情形[2]则应进入再审程序。但根据《民诉法解释》第388条之规定，最高法对认定是否属于"适用法律是否确有错误的"设定了一个前提，即该适用法律不当是否已经导致判决、裁定结果确有错误。如果最高法受理再审申请后发现适用法律不当，的确对当事人权利义务产生了实质上影响，实质上是申请人的权利义务受到损害，裁判结果不公平，则应属于再审意义下的适用法律确有错误之列。否则，虽有适用法律瑕疵或不当，[3]然鉴于最终裁判结果尚属公平或实质正确，如果进入再审后经过冗长审理必然也会维持原判，有浪费司法资源之嫌。故最高法会在裁定书中指出虽适用法律确有不当但原审裁判结果正确后即驳回当事人的再审申请。最高法的这种司法解释和司法实践，充分说明再审在坚持审查实体审判结果是否公正，在此前提下在节省诉讼资源、避免当事人诉累与当事人再审维持原判所产生的效益做价值判断，认为节省司法资源和免及当事人诉累更值得保护和提倡，故应属于对《民事诉讼法》第207条第6项作出了限缩性解释。

一般认为，此项"适用法律"中的"法律"包括全国人大及其常委会制定的法律、国务院颁布的行政法规和自治条例和单行条例、最高法颁布的司法

---

〔1〕笔者曾对最高法第一巡回法庭2015～2017年已公开再审案例进行检索，共检索到442份样本。除其中45件案件的案例文书样本无明确体现何种再审事由外，就剩下397件案件而言，以《民事诉讼法》第207条规定之13项再审事由进行检索和核实，法定再审事由含有"原判决、裁定适用法律确有错误"的案件有337件，占比76.24%；对最高法第二巡回法庭2015～2017年已公开再审案例进行检索，共检索到862份样本。除其中的58件案件的裁判文书无法判断当事人以何种事由申请再审外，就剩余804件案件来看，法定再审事由含有"原判决、裁定适用法律确有错误的"案件计628件，占比约为78.1%。

〔2〕详见《民诉法解释》第388条。

〔3〕《民诉法解释》第405条将裁判结果正确但适用法律不当的，定性为适用法律瑕疵，显然是避免出现概念混乱。

解释、规定或批复[1]等规范性文件，但不包括地方性法规、部门或地方规章以及“红头文件”等。[2] 根据《民诉法解释》第388条之规定，原判决、裁定适用法律确有错误包括以下情形。

第一节　适用的法律与案件性质明显不符

所谓案件性质，是指民事案件所包含的法律关系。[3] 案件性质决定了案由选择，不同案由一般适用不同的法律。案件定性确有与其他案件相区别的作用，但是，这只是案件定性的一般目的，并非主要目的。案件定性的主要目的，是确定案件适用法律的标准或准则。从基本性质上说，民事法律关系案件应当适用民事法律，行政法律关系案件应当适用行政法律。从具体性质上说，物权法律关系案件不能适用债权法，亲属法律关系不能适用人格权法。更详细地说，同为合同法律关系，所适用的法律亦各不相同。借贷合同和借用合同，虽然同样是转移财产使用权的合同，但因其标的物的性质不同，法律关系的性质也不同，借贷合同适用借贷合同的法律规定，其标的是可消耗物，返还的是种类物；借用合同适用借用合同的法律规定，其标的是不可消耗物，返还时必须返还原物，即特定物。如果将借贷合同误定性为借用合同，因而适用借用合同的法律规定，确认借方向贷方返还特定物，则为适用法律错误，且不可能实现。可以说不能正确确定案件性质，就没有法

[1] 关于最高法的批复，根据《最高人民法院关于司法解释工作的规定》第6条，批复属于司法解释，故其具有法律效力及普遍适用效力，也为最高法裁判文书所印证，如在(2020)最高法民申578号、(2018)最高法民申4588号、(2020)最高法民再283号等。另外，关于最高法的复函和答复等，一般指仅对下级法院(省高院)就某个案中定性或存疑点进行答疑，下级法院报请时往往会附上审判委员会讨论的倾向性意见，以便最高法审核与评判，就其效力只涉及个案本身，并不具有普遍适用性。参考案例详见最高法指导性案例36号，以及最高法民事裁定书，(2021)最高法民申1049号。

[2] 参见何东宁、丁俊峰、杨心忠：《新民事诉讼法再审程序问题裁判标准》，人民法院出版社2013年版，第86页；孙祥壮：《民事再审程序：从立法意图到司法实践》，法律出版社2016年版，第115页。在(2020)最高法民申973号案中，最高法认为作为再审事由的“适用法律确有错误”中的“法律”应为实体法，而非程序法。

[3] 参见杨立新：《关于民事行政申诉案件的案卷审查》(上)，载《人民检察》2001年第9期。

律的正确适用。[1] 而一旦适用的法律与案件性质明显不符,则极有可能导致三段论中最后一段"形成裁判结果"的错误。

在甘肃富基资产管理有限公司(以下简称富基公司)与甘肃省武威市凉州区国有资产管理局(以下简称凉州国资局)等抵押权纠纷案中,最高法较为具体地阐述了适用法律与案件性质不符之情形。虽然判决内容较长,笔者觉得还是有必要介绍如下:

该案一审、二审裁定均认为,该案中抵押权系为担保主债权实现而设定的从权利,抵押人系债务人爱雅公司,抵押权人富基公司在主债权不能实现的情形下应向抵押人主张行使抵押权。凉州国资局对爱雅公司的资产进行划转,属于政府对国有企业资产进行的行政性划转。在资产划转后,凉州国资局、武威银河亚麻纺织厂(以下简称武威银河)将划转资产转让给甘肃高新纺织有限公司(以下简称高新公司)也是经凉州区人民政府审批而作出的。《最高人民法院关于审理与企业改制相关的民事纠纷案件若干问题的规定》第3条规定:"政府主管部门在对企业国有资产进行行政性调整、划转过程中发生的纠纷,当事人向人民法院提起民事诉讼的,人民法院不予受理",故富基公司提起的诉不属于人民法院受理民事案件的范畴。但最高法再审审查认为,对企业国有资产进行行政性调整、划转是国家资产管理部门对所属企业的行政管理行为,产生的纠纷不应通过民事诉讼解决;而企业间以等价有偿原则进行的资产转让行为则是民事行为,所产生的纠纷应当通过民事诉讼解决。本案中,凉州国资局和武威银河为转让方、高新公司为受让方签订《资产转让协议书》,约定三方协商同意将武威银河全部资产以1800万元价格转让给高新公司。该资产转让行为是由企业自身决定的,协议各方法律地位平等,经过平等协商达成资产转让合意,高新公司接受资产支付了相应的对价。在企业国有资产监督管理体制中,国有资产管理部门具有履行出资人职责与作为监督管理者的双重身份,凉州国资局以武威银河唯一出资人的身份签订了《资产转让协议书》,履行的是国有企业出资人的职责,进行的是处分国有企业财产的行为。武威银河向高新公司转让资产的行为与行政性调拨、划转中,政府主管部门与被划转资产的当事人法律地位不平等,具有从属关系,且资产转移无须支付对价等情形不同,显属平

---

[1] 参见杨立新:《关于民事行政申诉案件的案卷审查》(上),载《人民检察》2001年第9期。

等民事主体之间等价有偿的民事行为，由此引发的纠纷应作为民事案件受理。该资产转让行为虽然经过凉州区人民政府审批，但该审批属于一般行政管理行为，与政府主管部门直接划拨企业资产行为有本质的区别，不能改变上述资产转让民事行为的性质，也不能因此剥夺富基公司提起民事诉讼的权利。综上所述，该纠纷性质为平等民事主体之间的财产纠纷，属于人民法院受理民事诉讼的范围。富基公司主张其享有的抵押权受到侵害，请求凉州国资局、高新公司赔偿损失。富基公司与案件具有直接利害关系；有明确的被告；有具体的诉讼请求和事实、理由；属于人民法院受理民事诉讼的范围和受诉人民法院管辖。本案符合《民事诉讼法》(2012 年)第 119 条[1]规定的起诉条件。人民法院在立案阶段仅对案件进行形式审查，当事人享有程序权利保障与其实体上的请求权能否得到支持是两个不同问题。富基公司是否享有其主张的抵押权，抵押权是否受到侵害以及直接请求凉州国资局与高新公司承担赔偿责任能否得到支持，立案受理阶段无须审查，应待实体审理中查明并依法判决。最高法遂裁定撤销原一、二审裁定。[2]

第二节 确定民事责任明显违背当事人约定或法律规定

所谓民事责任，是指民事主体因违反法律规定的或当事人自行约定的民事义务而应当承担的法律后果。根据《民法典》第 179 条之规定，承担民事责任的方式有：停止侵害，排除妨碍，消除危险，返还财产，恢复原状，修理、重作、更换，继续履行，赔偿损失，支付违约金，消除影响、恢复名誉，赔礼道歉等。

所谓民事责任之法律规定，即有时法律为了平衡各方当事人的利益，对当事人的自由约定进行一定程度的规制。如《民法典》第 585 条规定："当事人可以约定一方违约时应当根据违约情况向对方支付一定数额的违约金，也可以约定因违约产生的损失赔偿额的计算方法。约定的违约金低于造成

[1] 对应现行《民事诉讼法》第 122 条。
[2] 最高法民事裁定书，(2015)民提字第 235 号。

的损失的，人民法院或者仲裁机构可以根据当事人的请求予以增加；约定的违约金过分高于造成的损失的，人民法院或者仲裁机构可以根据当事人的请求予以适当减少。”此外，部分民事责任的承担，不取决于当事人之约定，需要法律明文规定，且法律也会考虑到一旦当事人约定不明时应如何处理的问题。如《民法典》第582条规定：“履行不符合约定的，应当按照当事人的约定承担违约责任。对违约责任没有约定或者约定不明确，依据本法第五百一十条的规定仍不能确定的，受损害方根据标的的性质以及损失的大小，可以合理选择请求对方承担修理、重作、更换、退货、减少价款或者报酬等违约责任。”又如《民法典》第1170条规定：“二人以上实施危及他人人身、财产安全的行为，其中一人或者数人的行为造成他人损害，能够确定具体侵权人的，由侵权人承担责任；不能确定具体侵权人的，行为人承担连带责任。”这种侵权责任甚至不当得利、无因管理之民事责任的承担均由法律明确规定。

所谓民事责任之当事人约定，即当事人之间自行就各方应承担的法律后果所作出的真实意思表示。意思自治和契约自由系民商法领域重要的法律原则，当事人有权自由处分自己的民事权利便是这一法律原则的体现。一般而言，当事人之间就权利义务之约定优先于法律规定，只要当事人在合同中就民事权利义务之约定没有违反法律的强制性规定或限制性规定，司法裁判机关即不应予以干涉。如果判决书中确定的民事责任明显违背了当事人之间的约定，则实为违反了当事人之间私自创设的“法律”。

因此，就民事责任的承担而言，当事人有约定且该约定不违反强行法之禁止性、限制性规定的，约定优先；否则，以法律规定确定。如生效裁判文书确定当事人应予承担之民事责任明显违背法律的规定或当事人约定的种类、范围、幅度、比例等，则当然属于适用法律错误，应允许当事人以此为由申请再审。

在齐齐哈尔市非凡建筑装饰工程有限责任公司（以下简称非凡公司）与泰来县聚洋购物中心有限公司（以下简称聚洋公司）等建设工程施工合同纠纷案中，再审庭审中，聚洋公司称，其提起的反诉是针对施工质量不合格提出的，不是使用过程中的保修责任。因此，本案聚洋公司反诉要求非凡公司承担的是因其施工工程质量不合格而产生的质量责任，并非诉请非凡公司履行保修义务，承担保修责任。一审法院基于聚洋公司申请，委托鉴定机构进行鉴定也是针对施工的部分工程质量是否合格及返修需要的费用,并非针对案涉工程是否出现了属于保修范围的质量缺陷及需要的维修费用。据此,二审法院在认定非凡公司对案涉工程质量应承担的是保修责任的前提下,判决维持了一审判令非凡公司给付聚洋公司工程质量不合格修复费用的判决结果,实际上是判决非凡公司承担了工程施工中出现的或工程经验收不合格产生的质量责任,与非凡公司依据合同约定及法律法规规定对案涉工程应承担的保修责任不一致,适用法律确有错误,最高法予以纠正。[1]

第三节　适用已经失效或未施行的法律

任何法律均只有经权力机关制定并公之于众后才具有对世的约束力。当法律施行后出现某种重大缺陷且无法通过修改来弥补时,权力机关会宣布其失效或以新的法律取代该旧法,从而消灭其法律效力。正如德国法学家柯勒在《法律概念》中所言:“没有永恒的法律,适用于这一时期的法律决不适用于另一时期,我们只能力求为每种文明提供相应的法律制度。”[2]尚未施行的法律,鉴于其尚未公之于众,因此,从严格意义上说并不算法律。法律一旦失效,其效力即完全消灭,不再具有任何约束力,甚至不能称为法律。因此,法律的适用必须以法律的合法有效为基本前提,只有合法有效的法律规定才能适用于当前的案件,无效或失效的法律规定均不得在司法中予以适用。如果裁判文书适用了已经失效或尚未施行的法律条文,案件裁判结果极有可能损害当事人的合法利益,甚至一定程度上危及公序良俗。因此,适用已经失效的法律应赋予当事人申请再审的权利。

在山东康迪泰克工程橡胶有限公司与山西和顺正邦煤业有限公司买卖合同纠纷案中,最高法认为,原国家安全生产监督管理总局于2010年8月11日发布《关于废止242件安全生产规范性文件的通知》(安监总政法〔2010〕135号),原审法院认定合同无效的《煤矿矿用产品安全标志管理暂行办法》已于2010年9月1日被废止。原审法院援引该办法作为认定讼争

〔1〕 最高法民事判决书,(2016)最高法民再23号。

〔2〕 《法国民法典》,罗结珍译,中国法制出版社1999年版,第1页。

合同无效的依据之一,适用法律存在错误。讼争合同是双方当事人真实意思表示,虽然合同对输送带下覆盖层厚度约定为6毫米,低于《MT688—2008规则》规定的8毫米的标准,但双方当事人对此均系明知,属缔约双方当事人意思自治的范畴,故原判决以合同约定低于《MT688—2008规则》为由,认定合同无效,理据不足,最高法予以纠正。[1]

第四节 违反法律溯及力规定

法律的溯及力即法律溯及既往的效力,是指法律颁布后对它生效以前的行为和事件是否适用的问题。如果适用,该法律就有溯及力;如果不适用,该法律就不具有溯及力。法律不溯既往,乃罗马法以来公认之原则也。[2] 此后,该原则为美国法和法国法所继承。美国1787年《宪法》规定:"追溯既往的法律不得通过。"1804年《法国民法典》第2条也规定:"法律仅适用于将来,没有溯及力。"[3]

我国《立法法》第93条之规定,一般来说,法律不具有溯及既往的效力,但如果是为了更好地保护公民、法人和其他组织的权利和利益,也可以作出特别规定。即不溯及既往是原则,溯及既往是例外。朱力宇教授将该条概括为"从旧兼有利"原则。所谓"从旧"即"法律不溯及既往";"旧法"是指"行为时法"或"事件发生时法"。所谓"有利"主要指对法律调整的对象有利,即为了更好地保护公民、法人和其他组织的权利和利益,这些都是私权利主体而非公权力主体的权利和利益。该"有利"是指既有利于保护实体方面的权利和利益,又有利于保护程序方面的权利和利益,而且,这些权利和利益往往是比较具体的。[4]

法律不溯及既往原则的来源和基础之一是信赖利益保护,而信赖利益一般是基于实体法形成的。所谓信赖利益保护,简言之就是:立法者在立法

---

〔1〕 最高法民事判决书,(2016)最高法民再288号。

〔2〕 参见史尚宽:《民法总论》,中国政法大学出版社2000年版,第14页。

〔3〕 参见《法国民法典》,罗结珍译,中国法制出版社1999年版,第1页。

〔4〕 参见朱力宇:《关于法的溯及力问题和法律不溯既往原则的若干新思考》,载《法治研究》2010年第5期。

时必须考量，人民根据以往法律所构建的秩序、所获得的利益应该获得何种程度的维持。[1] 而法律的规定是信赖利益的基础，人们遵从或依据这一信赖基础作出某种行为并因此而获得或即将获得的利益，包括财产权益和人身权益，都是信赖利益的表现。所以要保护信赖利益，就不能改变信赖利益产生的基础，即不能以事后产生的法来约束事先产生的事件和行为，所以法律不得溯及既往。[2]

实体法溯及既往会影响法的安定性和人民对旧法的信赖利益，而程序法溯及既往反而可能有助于新法迅速妥适地适用，所以，"程序法溯及既往作为原则是国内外法学界的共识"[3]。

此外，我国在私法领域中关于法的溯及力问题和法律不溯既往原则的规定都是通过最高法的司法解释予以解决的。[4] 我国《合同法》于 1999 年 10 月 1 日起施行，而关于其溯及力的问题是在 1999 年 12 月 19 日颁布的《合同法司法解释（一）》中规定的。《合同法司法解释（一）》第 1 条明确规定了合同法不溯及既往，即"《合同法》实施以后成立的合同发生纠纷起诉到人民法院的，适用《合同法》的规定；《合同法》实施以前成立的合同发生纠纷起诉到人民法院的，除本解释另有规定的以外，适用当时的法律规定……"《合同法司法解释（一）》在明确法不溯及既往的一般原则之外，针对合同效力的问题，又规定了一项特殊的"合同有效优先的例外"，即"人民法院确认合同效力时，对合同法实施以前成立的合同，适用当时的法律合同无效而适用合同法合同有效的，则适用合同法。"此外，《合同法司法解释（一）》第 1 条还确立了当旧法存在法律漏洞时，可适用《合同法》补充适用的规定，即"当时没有法律规定的，可以适用合同法的有关规定。"2021 年 1 月 1 日施行的《民法典时间效力规定》系对民事法律溯及力进行专门规定的首个司法解释。该解释也明确了"法不溯及既往"的基本原则及有利溯及、空白溯及等

---

〔1〕 参见陈新民：《德国公法学基础理论》（下册），山东人民出版社 2001 年版，第 547－548 页。

〔2〕 参见吴坤城：《公法上信赖保护原则初探》，载城仲模主编：《行政法之一般法律原则》（二），台北，三民书局 1997 年版，第 239－241 页。

〔3〕 胡建淼、杨登峰：《有利法律溯及原则及其适用中的若干问题》，载《北京大学学报（哲学社会科学版）》2006 年第 6 期。

〔4〕 参见朱力宇：《关于法的溯及力问题和法律不溯既往原则的若干新思考》，载《法治研究》2010 年第 5 期。

例外规则。

可见,我国法律以"法不溯及既往"为原则,以有利追溯、空白溯及为补充。因此,如果原审法院在适用法律时,适用了没有溯及力的法律或者存在有利溯及法律而未适用的,均属于"适用法律违反溯及力规定"之当事人有权申请再审范围的情形。

如在海口融华实业发展公司与中国人民解放军北京军区联勤部等土地使用权转让纠纷案中,最高法认为,关于二审判决是否法律适用错误的问题。《合同法司法解释(一)》第1条规定,"合同法实施以后成立的合同发生纠纷起诉到人民法院的,适用合同法的规定;合同法实施以前成立的合同发生纠纷起诉到人民法院的,除本解释另有规定的以外,适用当时的法律规定,当时没有法律规定的,可以适用合同法的有关规定。"由于《民法通则》第58条第1款第5项和《经济合同法》(已失效)第7条第1款第1项中均有违反法律或者社会公共利益、合法形式掩盖非法目的的合同无效的规定,二审判决适用《合同法》认定案涉合同无效不当,最高法予以纠正。[1]

第五节 违反法律适用规则

德国法理学家伯恩·魏德士指出:"法律适用通常不是对某个具体规范的适用,而是对散布在法律秩序的若干法律部门中相关规范的适用。法律适用者寻找的不是适用于具体案件间的某个规范的答案,而是整个法律秩序的答案。"[2]法律适用必须在整体的法律秩序中寻求答案,这是法律适用者必须牢记的一个重要原则。[3]

在民事法律规范中,常有多个民事法律规范同时调整同一社会关系,但所规定之法律后果存有差异,从而产生了法律规范冲突,要解决法律规范冲突,必须以特定规则解决如何适用不同法律的问题。根据我国《立法法》第88条、第89条、第92条之规定,法律适用有三大规则,即上位法优于下位

〔1〕 最高法民事裁定书,(2013)民申字第2100号。

〔2〕 [德]伯恩·魏德士:《法理学》,丁小春、吴越译,法律出版社2003年版,第125页。

〔3〕 参见余文唐:《法律冲突三大适用规则关系论——兼论新普旧特法冲突的适用模式》,载《法官文丛》2008年第1期。

法、特别法优于普通法和新法优于旧法。此外,强行法应优于任意法。上位优先规则对于其他两规则的制约是绝对而单向的。也就是说,上下位法之间无论下位法是特别法还是普通法、新法还是旧法,只要上下位法相抵触,都得适用上位优先规则而无其他两规则的适用空间。即使下位法是特别法、新法,也仍然是如此。[1] 同时,根据《立法法》第92条等规定,同一机关制定的法律、行政法规、地方性法规、自治条例和单行条例、规章,特别规定与一般规定不一致的,适用特别规定;新的规定与旧的规定不一致的,适用新的规定。法律之间对同一事项的新的一般规定与旧的特别规定不一致,不能确定如何适用时,由全国人民代表大会常务委员会裁决。行政法规之间对同一事项的新的一般规定与旧的特别规定不一致,不能确定如何适用时,由国务院裁决。司法实践中,违反法律适用规则在法律适用错误中所占比例不小。

在张某武与陈某雄合同纠纷案中,就张某武向最高法提交其女儿张某录制的张某武与陈某雄于2012年6月16日在深圳市五洲宾馆一楼大堂咖啡厅的谈话录音证据的合法性问题,广东高院再审审查时认为,该录音证据是在未取得陈某雄同意的情况下单方录制,该院根据《最高人民法院关于未经对方当事人同意私自录音取得的资料能否作为证据使用问题的批复》(已失效)关于"证据的取得首先要合法,只有经过合法途径取得的证据才能作为定案的根据。未经对方当事人同意私自录制其谈话,系不合法行为,以这种手段取得的录音资料,不能作为证据使用"的规定,认定该录音证据不具有证明力。

而最高法认为,根据2002年4月1日实施的《证据规定》第68条关于"以侵害他人合法权益或者违反法律禁止性规定的方法取得的证据,不能作为认定案件事实的依据"的规定,[2] 上述批复所指的"未经对方当事人同意私自录制其谈话,系不合法行为"应当理解为系对涉及对方当事人的隐私场所进行的偷录并侵犯对方当事人或其他人合法权益的行为。《民诉法解释》(2015年)第106条关于"对以严重侵害他人合法权益、违反法律禁止性规定

---

[1] 参见余文唐:《法律冲突三大适用规则关系论——兼论新普旧特法冲突的适用模式》,载《法官文丛》2008年第1期。

[2] 现行版本已删除该规定,其内容已被移至现行《民诉法解释》第106条。

或者严重违背公序良俗的方法形成或者获取的证据,不得作为认定案件事实的根据”的规定明确了该司法精神。本案中,张某武与陈某雄的谈话系在宾馆大厅的公共场所进行,录音系在该公共场所录制,除张某武的女儿外也未有其他人在场,并未侵犯任何人的合法权益,故对该录音证据应予采纳,并作为认定本案相关事实的依据。广东高院对该证据未予认定,属于适用法律错误,最高法予以纠正。[1]

就私自录音所取得的录音证据是否合法的问题,法复〔1995〕2 号批复[2]属于旧法,《证据规定》(2001 年)第 68 条及《民诉法解释》(2015 年)第 106 条属于新法。显然该案中广东高院违反法律适用规则,属于适用法律错误。

第六节　明显违背立法原意

“受业务水平和经验不足的制约,有些法官还难以运用科学的法律方法准确理解法律的立法原意。”[3]所谓立法原意,是指立法机关在制定法律时的真实意思表示。一般而言,适用法律时必须按照立法者创立该法律条文时的原本意思作出解释,这种解释可能是限缩性的,也可能是扩张性的,但一般而言,应进行当然解释,这是法律适用者应当遵循的路径。司法裁判人员在裁判案件时,如果能够准确识别立法者的真实立法意图,采用与立法意图一致的方式解释和适用该法律规定,则裁判结果正确的可能性较大。相反,如果适用法律明显违背立法本意,则极有可能导致裁决结果错误。

“如果从立法者的意图角度看,能够体现立法者含义的不仅是法律文本,还有起草法律过程中能反映立法者意图的其他文件或资料。”[4]故此,司法实践中,在运用和解释法律时,“考量立法意图,主要可以从普通含义、专

〔1〕 最高法民事判决书,(2015)民提字第 212 号。

〔2〕 根据《最高人民法院关于司法解释工作的规定》第 6 条的规定,司法解释的形式分为“解释”“规定”“规则”“批复”“决定”五种,因此,最高法的批复也属于司法解释。

〔3〕 胡云腾、于同志:《案例指导制度若干重大疑难争议问题研究》,载《法学研究》2008 年第 6 期。

〔4〕 强世功:《文本、结构与立法原意——“人大释法”的法律技艺》,载《中国社会科学》2007 年第 5 期。

门含义、上下文和谐、一般法律原则、目的等方面进行，立法机关所作的立法说明也是探寻立法本意或立法意图的重要法律文献”[1]。根据《立法法》的规定，我国民事法律基本制度由全国人大专属立法。因此，探寻全国人大制定法律的立法意图，可优先查询全国人大常委会负责人的立法说明[2]、全国人大常委会法工委的法律释义[3]等，都“最精准地展现了立法意图”[4]。

如在黄某安与广西旭日航空实业股份有限公司（以下简称旭日航空公司）、广西蓝天航空职业学院（以下简称蓝天学院）等民间借贷纠纷案中，旭日航空公司、蓝天学院在一审期间并未提出诉讼时效抗辩，仅主张案涉《债务代偿协议书》系保证担保协议，其作为保证人的保证责任期间已过。二审判决在旭日航空公司、蓝天学院一审期间并未提出诉讼时效抗辩、二审亦未提交新证据证明黄某安的请求权已过诉讼时效期间的情况下，采纳旭日航空公司、蓝天学院的诉讼时效抗辩，对一审判决予以改判。基于一般理解，尽管保证期间与诉讼时效制度创设的目的均是为督促权利人积极行使权利，但保证期间显然有别于诉讼时效，旭日航空公司、蓝天学院在本案一审中主张保证期间经过并不能当然视为诉讼时效抗辩。二审改判明显违背《最高人民法院关于审理民事案件适用诉讼时效制度若干问题的规定》（2008年）第4条第1款[5]：“当事人在一审期间未提出诉讼时效抗辩，在二审期间提出的，人民法院不予支持，但其基于新的证据能够证明对方当事人的请求权已过诉讼时效期间的情形除外”的立法原意，属于适用法律错误。[6]

在海南三亚国家级珊瑚礁自然保护区管理处（以下简称珊瑚礁管理处）与周某梅等股东出资纠纷案中，关于珊瑚礁管理处是否应将案涉土地使用权转移登记至三亚中海生态旅游发展有限公司（以下简称中海公司）名下的问题，最高法认为，案涉出资土地系国有划拨用地，依据《土地管理法》（2004

[1] 孙祥壮：《对原判决、裁定适用法律确有错误再审事由的初步解读》，载《人民司法·应用》2011年第15期。

[2] 如《关于〈中华人民共和国民法典（草案）〉的说明》。

[3] 如全国人大常委会民法室主任黄薇主编的《中华人民共和国民法典合同编释义》等。

[4] 程啸：《民法学习方法九讲》，中国人民大学出版社2022年版，第219页。

[5] 对应现《最高人民法院关于审理民事案件适用诉讼时效制度若干问题的规定》第3条第1款。

[6] 最高法民事判决书，（2021）最高法民再346号。

年)等相关法律法规,划拨土地使用权只能用于划拨用途,不能直接用于出资。出资人欲以划拨土地使用权作为出资,应由国家收回直接作价出资或者将划拨土地使用权变更为出让土地使用权。《公司法解释三》第 8 条规定的本意就是考虑到在司法实践中如果划拨土地使用权存在的权利瑕疵可以补正,且在法院指定的合理期限内实际补正的,可以认定当事人以划拨土地使用权出资的效力。但能否补正瑕疵的决定权在于土地所属地方政府及其土地管理部门,人民法院判断出资行为的效力应以瑕疵补正的结果作为前提。因而,《公司法解释三》第 8 条等规定“人民法院应当责令当事人在指定的合理期间内办理土地变更手续”,即人民法院应当在诉讼过程中给当事人指定合理的期间,由其办理相关的土地变更手续,并视变更手续完成的结果再行作出判决。本案中,最高法在再审审查期间已给予当事人相应的时间办理土地变更手续,再审审理过程中又为当事人指定了两个月的合理期限办理土地变更登记手续,但当事人未能在最高法指定的期间内完成土地变更登记行为,即其无法自行补正划拨土地使用权出资的瑕疵。故珊瑚礁管理处虽将案涉土地交付给中海公司使用,但未将案涉土地过户登记至中海公司名下,因而其以案涉土地使用权出资的承诺并未履行到位。周某梅、中海公司请求确认珊瑚礁管理处未履行作为中海公司股东的出资义务,有事实和法律依据,应以支持。但因案涉出资土地系划拨用地,当事人未能在最高法指定的合理期间内办理土地变更登记手续,故周某梅、中海公司请求将案涉土地办理过户登记至中海公司名下,没有法律依据。一审、二审法院直接判决珊瑚礁管理处将案涉划拨土地使用权变更登记到中海公司名下,适用法律错误,实体处理不当,应予撤销。最高法遂裁定再审并改判。[1]

第七节 举证责任分配不当

所谓举证责任,也称证明责任,是指“证明主体依据法定职权或举证负

〔1〕 最高法民事判决书,(2016)最高法民再 87 号。

担在诉讼证明上所应承担的相应责任"[1]。相应责任就是,应当由当事人对其主张的事实提供证据并予以证明,若诉讼终结时根据全案证据仍不能判明当事人主张的事实真伪,则由该当事人承担不利的诉讼后果。[2] "举证责任是民事证据制度的核心,举证责任的分配则是核心中的核心。"[3]而举证责任分配,则是法官按照法律规定或有关法律原则,在当事人之间依法公平地分配举证责任。因此,举证责任分配是否妥当与案件结果密切相关,正确分配举证责任能促进个案公平,推动社会正义。鉴于最高法的司法裁判在一定程度上反映中国法律实施的价值走向[4],因此,以最高法的民事案例为样本进行研究就显得极有必要。

一、举证责任分配:法定原则

具体到民事诉讼中,举证责任是指应当由当事人对其主张的事实提供证据予以证明,若作出判决前,根据全案证据仍不能判断当事人所主张事实之真伪的,则应由该当事人承担不利之诉讼后果。我国现行法律规定的举证责任分配制度如下:

首先,我国《民事诉讼法》基本遵循"谁主张,谁举证"的举证责任分配原则。《民事诉讼法》第 67 条第 1 款规定:"当事人对自己提出的主张,有责任提供证据。"《民诉法解释》第 90 条规定:"当事人对自己提出的诉讼请求所依据的事实或者反驳对方诉讼请求所依据的事实,应当提供证据加以证明,在作出判决前,当事人未能提供证据或证据不足以证明其事实主张的,由负有举证证明责任的当事人承担不利的后果。"

在浙江省建工集团有限责任公司(以下简称浙江建工)等与浙江建工等民间借贷纠纷案中,最高法认为,原判仅依据 2010 年 2 月 5 日刘某中作为浙江建工(临沂大学项目部)项目负责人(甲方)与严某营(乙方)签订《借款协议》、刘某中出具的《付款通知书》及 2011 年 1 月 5 日浙江建工出具缴款单

---

[1] 毕玉谦主编:《证据法要义》,法律出版社 2003 年版,第 364 页。
[2] 张永泉:《民事诉讼证据原理研究》,厦门大学出版社 2005 年版,第 160 页。
[3] 程春华:《举证责任分配、举证责任倒置与举证责任转移——以民事诉讼为考察范围》,载《现代法学》2008 年第 2 期。
[4] 丁义平:《通向再审之路——最高人民法院民商事再审疑难实务》,法律出版社 2018 年版,崔建远序第 1 页。

位为临沂大学工程建设筹建处的收据两份交由严某营持有即认定借款事实发生不当。具体理由为：首先，《借款协议》虽约定自2004年6月起至2006年施工完毕，刘某中又多次向严某营借款用于工程施工共计335万元，但该协议落款时间为2010年2月5日，严某营作为出借人负有对于款项已经支付的举证责任，并对款项用于案涉工程作出合理说明。其次，严某营虽持有浙江建工出具的用于支取临沂大学土建及幕墙工程款和工程保修金的收据，但该收据载明款项为土建及幕墙工程款1,737,109元和工程保修金793,577.88元，与案涉借款数额并非一致。刘某中亦未提供证据证明浙江建工与发包方存在已经结算但尚未支取的600余万元。另外，刘某中作为案涉工程项目具体负责人、款项借贷当事人在本案一审、二审中，经法院传票传唤无正当理由未到庭参加诉讼，审查现有证据无法确认借贷事实是否发生及借贷金额、支付方式等案件主要事实。原判认定355万民间借贷关系成立的基本事实不清、举证责任分配不当、主要证据未经质证，因此，浙江建工的再审申请符合《民事诉讼法》（2012年）第200条第2项、第4项、第6项[1]规定的情形。[2]

在阳江市国土资源局与阳江市练达房地产开发有限公司（以下简称练达公司）建设用地使用权出让合同纠纷案中，最高法认为，原审法院将是否构成恶意串通的举证责任分配给被指控恶意串通之人，属于举证责任分配不当。

该判决书认为，在案涉土地使用权挂牌出让的过程中，练达公司先后向阮某、阮某秋支付20万元、向陈某康等人支付300万元。这些行为有可能是练达公司雇请阮某等人干扰土地使用权出让活动的共同行为，或者是基于利诱陈某康等人退出竞价的目的，与阮某及陈某康等人共谋实施的，但是，现有证据尚不足以证明练达公司确系出于如此目的或确实存在与陈某康等人串通、共谋的事实。第一，如上所述，生效的另案刑事判决中并没有认定相关事实，阳江检察院阳检函（2009）42号函件也不能证明上述事实；第二，有关机关在侦查、调查过程中形成的讯问笔录内容，亦没有明确肯定有关串通、共谋的事实，本案当事人在诉讼中也未申请有关人员出庭作证；第三，对

〔1〕 对应现行《民事诉讼法》第207条第2项、第4项、第6项。

〔2〕 最高法民事裁定书，（2015）民申字第130号。

于支付上述款项的缘由和目的，练达公司一直主张系因受到黑恶势力的恐吓，以求“花钱免灾”，而陈某康等人在诉讼中亦否认其与练达公司进行过串通、共谋，并称其放弃最终竞价的原因是“对当地各方面的投资环境越来越没有信心”。由此应当认为，原审判决在没有足以证明练达公司与陈某康等人存在串通、共谋之事实的其他有效证据的情况下，针对“练达公司与陈某康在本案均辩称是受胁迫支付或收取相关款项”的主张，仅以其“并未对此提供足够的证据予以证明”为由，令双方承担举证不能的不利后果，进而认定其行为构成恶意串通，属于举证责任分配不当。原审判决认定本案当事人之间构成恶意串通、确认案涉《土地使用权交易成交确认书》《国有土地使用权出让合同》无效，证据不足，适用法律错误，应当予以纠正。后最高法再审维持了该认定。[1]

其次，根据《民诉法解释》第 91 条之规定，除法律另有规定外，[2]一般而言，主张法律关系存在的当事人，应当对产生该法律关系的基本事实承担举证证明责任；主张法律关系变更、消灭或者权利受到妨害的当事人，应当对该法律关系变更、消灭或者权利受到妨害的基本事实承担举证证明责任。审判实践中，就当事人的主张应提供哪些证据予以证明，或者说当事人提供的证据能否证明自己的主张之问题，其判断权属于司法裁判人员，即司法裁判人员必须分配举证责任，并依据当事人提供的证据作出裁判结果。故如果原审法院违反《民事诉讼法》及《证据规定》的前述举证分配原则，则属于适用法律错误。

在无锡市锡山区汇侬农村小额贷款有限公司（以下简称汇侬公司）与王某储等民间借贷纠纷案中，最高法认为，根据现有的证据，王某储关于这些款项是薛某归还的其个人借款 250 万元的本息的主张不能成立。王某储应当承担进一步的举证责任，证明其主张，也即证明其收到的 270 多万元与本案争议的 2500 万元利息无关。在王某储没有充分证据证明其抗辩事项成立，也无证据证明无锡市文博置业有限公司（以下简称文博置业公司）与汇侬公司恶意串通的情况下，其应承担举证不能的后果。原审判决仅以王某储曾汇款 250 万元给薛某，以及文博置业公司不能明确其支付利息的具体数

[1] 最高法民事判决书，(2015)民一终字第 143 号。
[2] 主要是指举证责任倒置的情形。

额和文博置业公司相关经办人未出庭作证为由,对文博置业公司提供的证明其支付王某储2500万元利息的证据不予采信,举证责任分配不当,适用法律错误,应予纠正。[1]

二、现状检视:"举证责任分配不当"普遍存在且影响裁判公正

我国民事诉讼领域"举证责任分配不当"现状如何?本部分通过对我国最高法209个民事案例的考察,发现我国民事"举证责任分配不当"现象并不少见,其在全国各省法院均不同程度存在,兹分述如下。

1. 从地域分布来说,当事人以原审"举证责任分配不当"为由提起上诉或申请再审案例遍及全国各高级人民法院。

截至2018年9月5日,笔者以"举证责任分配不当、举证责任分配失当、举证责任分配错误、举证责任分配有误、举证证明责任分配不当"为关键词,在"中国裁判文书网"共检索到209个民事案例,通过对该209个案例逐一分析,发现该209个案例地域分布遍及全国各省、市及自治区。除实质上属于"举证责任分配不当",但裁判文书"最高法认为"部分却未明确表述为"举证责任分配不当"的部分案例外,[2]仅以裁判文书中"最高法认为"部分明确认定存在"举证责任分配不当"之44个案例为例,就广泛分布于全国21个省、市及自治区高级人民法院(见表6-1)。

表6-1 举证责任分配不当之省级法院分布情况

序号	原审法院	件数	序号	原审法院	件数
1	山西高院	6	6	福建高院	3
2	山东高院	5	7	陕西高院	3
3	新疆高院	3	8	四川高院	2
4	广东高院	3	9	吉林高院	2
5	辽宁高院	3	10	黑龙江高院	2

---

[1] 最高法民事裁定书,(2015)民提字第32号。

[2] 该209个案例中,部分案例的当事人以"举证责任分配不当"为由申请再审或提起上诉,最高法实际上也因存在举证责任分配不当而发回重审或改判,但由于这些裁判文书"最高人民法院认为"部分并未明确表述为"举证责任分配不当",故本书未统计在内。

续表

序号	原审法院	件数	序号	原审法院	件数
11	安徽高院	2	17	甘肃高院	1
12	内蒙古高院	1	18	江苏高院	1
13	北京高院	1	19	江西高院	1
14	上海高院	1	20	宁夏高院	1
15	天津高院	1	21	青海高院	1
16	重庆高院	1			

2. 从被认定存在"举证责任分配不当"案例所占比例来看，在最高法的司法实践中，该比例是比较高的。

该209个案例中，有44篇裁判文书中"最高法认为"部分明确认定原判存在"举证责任分配不当"，占比约21.05%，该比例与最高法再审或二审改判率相当。其余165个案例，最高法认定不存在"举证责任分配不当"（见图6－1）。此外，在该209个案例中，以"举证责任分配不当"为由申请再审案例有176个，二审案例有33个，被认定存在"举证责任分配不当"的再审和二审案例分别为31个和13个。

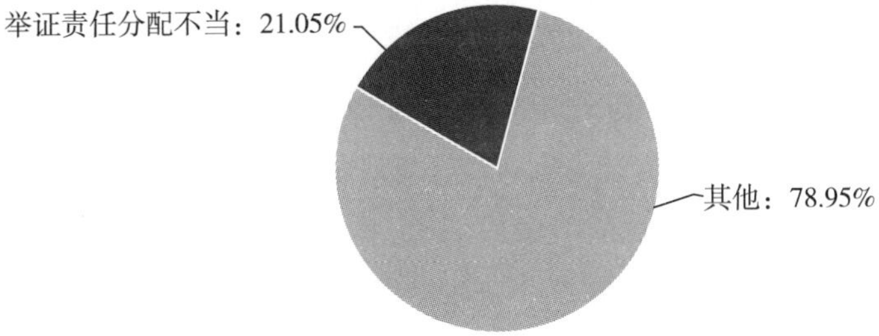

图6－1　209个案例中存在举证责任分配不当案例比例

3. 从案件结果来看，因存在"举证责任分配不当"而被发回重审、指令再审或直接改判[1]的比例极高。

在44个存在举证不当之民事案例中，实质上改变了原审处理结果的案

〔1〕为表述方便，本书后续凡是涉及"发回重审和改判比率"的，统一以"发改率"定义。

例高达40个,占比高达90.9%。其中14个案例以“举证责任分配不当”〔1〕为由裁定再审,5个案例被撤销原判,发回重审,21个案例被撤销原判并直接改判。据笔者前述统计,在认定存有举证责任分配不当案例中,除3个案例由于案件结果可归属于法官自由裁量权范畴而维持原判外,其余均予以纠正(见图6-2)。由此可见,在最高法司法实践中,一旦原判决被认定“举证责任分配不当”,发回重审、指令再审或直接改判概率极高,“举证责任分配不当”与案件实体结果具有重大直接关联。

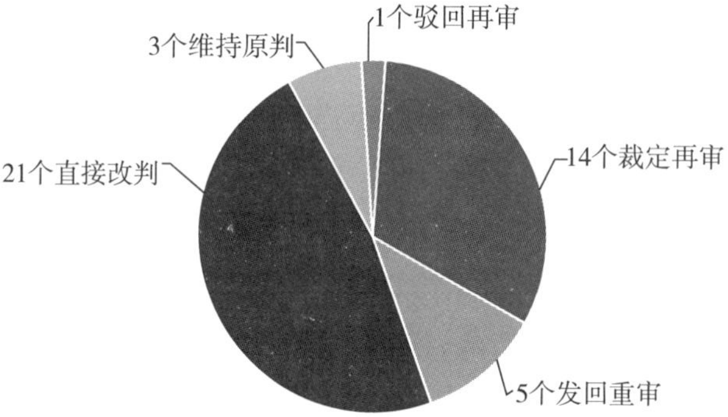

图6-2 举证责任分配不当案例审理结果

4.从与民事案由关联度来看,“举证责任分配不当”在不同案由的案件中广泛分布。

从图6-3可知,“举证责任分配不当”案件之民事案由分布极为广泛。44个被认定存在“举证责任分配不当”案例中,涉及合同纠纷、股权转让纠纷、债权人代位权纠纷、股东知情权纠纷、执行异议之诉、不当得利纠纷、知识产权纠纷及破产清算纠纷等,但以合同纠纷为主。而合同纠纷遍及建设工程施工合同纠纷、借款合同纠纷、货物运输合同纠纷、股权转让合同纠纷、保证合同纠纷、房屋买卖合同纠纷等众多民事案件案由类型,基本覆盖了民商事审判领域,覆盖面广。

---

〔1〕 学术界对于举证责任分配不当是否应归属于《民事诉讼法》第207条第6项“适用法律确有错误”存有争议,有人认为应将其增加为新的法定再审事由。详见刘生亮、任莉志:《审判瑕疵与司法错误的界定——基于民事再审审查与再审异化的实证分析》,载贺荣主编:《深化司法改革与行政审判实践研究》(上),人民法院出版社2017年版。

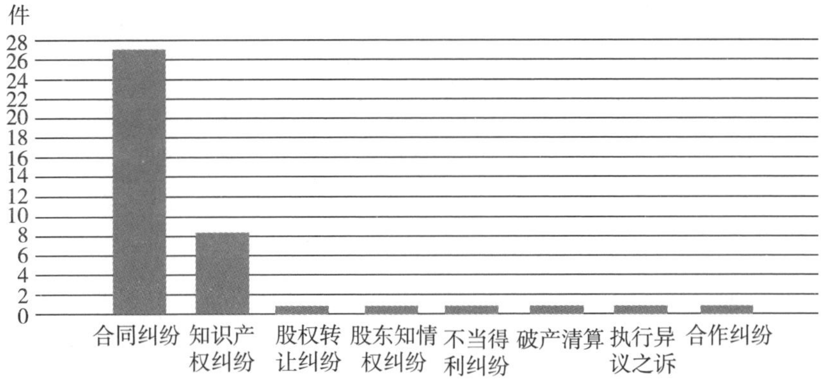

图 6－3　举证责任分配不当案件民事案由分布

5. 从是否构成“法律适用错误”角度来看，“举证责任分配不当”并不必然直接等同于“法律适用错误”。

该 44 个案例中，当事人均以“举证责任分配不当”提起上诉或申请再审，最高法对此存在三种做法：第一，认定存有“举证责任分配不当”，但因裁判结果正确，根据《民诉法解释》第 405 条之规定，定性为适用法律存在瑕疵，但不属于适用法律确有错误之情形；第二，认定存有“举证责任分配不当”，导致认定事实不清，实体裁判结果不正确，认定属于基本事实缺乏证据证明；第三，认定存有“举证责任分配不当”，导致事实不清，实体裁判结果不正确，归属于认定事实不清，适用法律错误。

综上所述，通过检视最高法民事案例之现状进行，可以发现在我国司法实践中，“举证责任分配不当”已经遍及全国各高院，其涉及民事案件案由极为广泛，最高法对存在“举证责任分配不当”之案例发改率极高，“举证责任分配不当”正在严重影响案件结果裁判之公正性。

三、原因剖析：举证责任分配法定要素界定失当

在民事诉讼中，法官必须准确识别案件基本事实，评判当事人所举证据对其主张的事实是否达到了民事证明标准。[1] 如果正反方面证据皆举，但

[1] 根据《民诉法解释》第 108 条、第 109 条等规定，该标准可能是高度盖然性，也可能是排除合理怀疑，抑或盖然性占优。

待证事实如仍处于真伪不明[1]状态，则应由承担证明责任的一方承担责任，进而作出裁判。

原则上，举证责任分配标准是法定的，而不是酌定的，应依据法律规则来分配，而不是依照法官个人自由意志来分配。但毋庸置疑，在具体案件中，举证责任又必须由法官根据对法律规范的理解来"分配"。法官对案件要件事实、初步举证责任、反驳证据的证明程度、消极事实举证责任等举证责任分配所涉及的法定要素界定是否妥当，将对举证责任分配是否妥当起到决定性作用。司法实践中，法官对于举证责任分配不当的原因探析如下5类。

第一类是对案件基本事实界定失当。所谓基本事实，其是与间接事实或次要事实、辅助事实相关联之概念，其是用于判断民事主体权利义务发生、变更或消灭之法律效果的直接必要事实。在民事诉讼理论中，决定法律关系性质或者当事人权利义务内容等的事实，属于基本事实。[2] 我国《民诉法解释》第333条规定，基本事实是指对原判决、裁定的结果有实质影响、用以确定当事人主体资格、案件性质、具体权利义务和民事责任等主要内容所依据的事实。正如张卫平教授所言："证明责任分配运用是与实体法的法律要件密切联系在一起的，是以特定的法律要件事实为前提。对于某一特定权利或法律关系，如果不清楚权利发生、权利消灭、权利妨碍的要件事实是什么，也就无法分配证明责任。"[3]

在赵某如与新疆鸿远投资有限公司（以下简称鸿远公司）民间借贷纠纷案中，原审法院对"鸿远公司是否已经分红"这一基本事实界定失当，致使原审判决认为赵某如应提交鸿远公司有利润分红而不分红、阻却付款条件成就的证据，而事实上赵某如对鸿远公司为何未进行利润分配的证据也并不掌控，属于举证责任分配失当。[4]

---

〔1〕 在当代德国学者著作中，"真伪不明"可以是指生活事实因证据短缺而无法认定，也可以是指要件事实存在无法克服的不可解释性。参见[德]汉斯·普维庭：《现代证明责任问题》，吴越译，法律出版社2006年版，第9页、第25页、第50页。我国《民诉法解释》第108条明确提出了待证事实有可能存在真伪不明的情形。

〔2〕 参见江伟、肖建国主编：《民事诉讼法》，中国人民大学出版社2015年版，第338页。

〔3〕 张卫平：《民事证据法学》，法律出版社2017年版，第298页。

〔4〕 最高法民事判决书，(2016)最高法民终241号。

该案中，赵某如承诺“以鸿远公司的分红偿还借款”，故鸿远公司是否已经分红应属于本案基本事实，而原审法院却以鸿远公司为何没有进行分红定为基本事实，并由赵某如承担举证不能的后果，完全混淆了基本事实和次要事实的区分，致使案件判决结果错误。

在北京鸿浩天元新技术开发有限公司（以下简称天元公司）与青岛鲁建冷暖设备工程有限公司（以下简称鲁建公司）不当得利纠纷案中，最高法认为原审法院对“是否签订合同问题上的交易习惯”这一基本事实认定不当，致使举证责任分配失当。

该案中，鲁建公司主张其与天元公司就所涉烟台港动力公司的2台设备之间存在口头合同，天元公司主张不存在任何合同关系。而在送货问题上的交易习惯是按照鲁建公司指示天元公司送货到客户，但在是否签订合同问题上的交易习惯是应当签订书面合同。故本案基本事实应为购买设备是否签订合同的交易习惯，而天元公司的供货行为与双方合同约定的交易惯例是否一致应为本案次要事实。原判决以“天元公司的供货行为与双方合同约定的交易惯例一致”即次要事实具有证据证明为由，进而认定本案主要事实即“是否签订合同问题上的交易习惯”也具有证据证明，属于举证证明责任分配不当，导致认定事实错误。〔1〕

第二类是对初步举证责任是否完成界定失当。所谓初步举证责任，根据“谁主张，谁举证”的基本原则，一方当事人向法院提出诉讼请求，应有证明其诉讼请求之基础证据，且该等证据应比较接近高度盖然性的标准，即如果对方当事人无法提供证据反驳，该初步证据应可以让法官内心确信该当事人所主张之要件事实存在，不至于届时法官以其没有完成初步举证责任而判决其败诉。如果一方当事人已经完成了初步举证责任，则行为意义上的举证责任转移〔2〕至对方当事人，应由对方当事人提供相应证据予以反驳，〔3〕如果对方当事人未能提交证据充分反证，则该当事人即已经完成举证

〔1〕 最高法民事判决书，(2017)最高法民再42号。

〔2〕 举证责任转换（转移）颇有争议，学术界主流观点认为结果意义上的举证责任具有不可转换性。但在最高法的判例中，不乏未有严格区分行为意义和结果意义举证责任的案例。比如最高人民法院(2017)最高法民再284号，(2017)最高法民申1997号和1998号，(2016)最高法民再2号，(2016)最高法民再55号，(2016)最高法民终553号，(2014)民申字第148号等。

〔3〕 详见《民事诉讼法》第67条第1款之规定。

责任,应由对方当事人承担举证不能之后果。

在日照港集团物流有限公司与启东新世界进出口贸易有限公司(以下简称启东新世界公司)买卖抵押合同纠纷案中,最高法认为,启东新世界公司未能完成初步举证责任,原审法院界定不当。[1]

最高法认为,为证明供货事实所进行的证明活动即为本证,应达到《民诉法解释》第108条所要求的“高度可能性”的程度,才能被视为完成举证证明责任。但本案中,启东新世界公司仅凭增值税发票和《企业间往来询证函》主张已经供货,并未完成举证证明责任。一审法院在举证证明责任分配和证明标准适用上均有不当。

而在梁某德与宁夏荣达房地产开发有限公司(以下简称荣达公司)合同纠纷案中,最高法认为,荣达公司尚未尽到举证证明责任,原审判决将本案诉争垫付款的举证证明责任分配给梁某德,确有不当。[2]

最高法认为,原判决既已查明王某云与石嘴山市金岩商贸有限公司(以下简称金岩公司)的劳动关系已于2015年2月27日解除,王某云并非金岩公司的主管会计;王某云领取荣达公司的工资;金岩公司印章由荣达公司和王某云共同保管使用等,据此应当认定有关王某云代表金岩公司并加盖金岩公司印章的荣达公司垫付款票据所记载款项这一基本事实,而原判决却将本案诉争垫付款的举证证明责任分配给被告梁某德是不妥当的。

当事人是否完成了初步举证责任,与应否发生行为意义上的举证责任转移和举证责任分配密切关联。而衡量是否完成了初步举证责任,应从以下两方面考察:

1. 从结果意义上的举证责任来看,所举证据应使待证事实至少达到了盖然性占优,甚至是高度盖然性,在不同类型案件中适用不同的标准。比如有的案件存在对方当事人自认[3]或出现免证事实[4]。

2. 就行为意义上的举证责任而言,应已经按照诚实信用原则积极举证

---

〔1〕 最高法民事判决书,(2016)最高法民终114号。

〔2〕 最高法民事裁定书,(2017)最高法民终660号。

〔3〕 详见《民诉法解释》第92条。

〔4〕 也称司法认知,详见《民诉法解释》第93条。

甚至是穷尽举证,不存在怠于举证之情形。这可结合距离证据远近[1]、举证难易程度及举证能力等综合判断,如有关证据保存在有关机构,则其应依法申请法院调取该证据。[2]

在崔某娥与山东世纪利华能源有限公司(以下简称利华公司)追偿权纠纷案中,最高法就明确根据当事人距离证据的远近来确定证明责任分配。[3]

最高法认为,利华公司提供了山东华青电力燃料有限公司(以下简称华青公司)注册资金情况明细表作为证据,该证据表明崔某娥、李某分别向华青公司出资1100万元、900万元,公司成立后短时间内(华青公司成立时间为2011年3月1日,款项转出时间为2011年3月3日),华青公司即将与出资数额一致的款项分三次转入日照国能电力燃料有限公司和日照开发区汇贤经贸有限公司账户。利华公司作为华青公司的债权人,已就对华青公司股东存在抽逃出资行为产生合理怀疑提供了证据。一审、二审法院根据证据距离理论和《公司法解释三》第20条之规定,判令由崔某娥对其不存在抽逃出资行为负举证责任,并无不当。

在菏泽市牡丹区农村信用合作联社(以下简称信用联社)、山东日照银丰房地产开发有限公司(以下简称银丰公司)、菏泽市牡丹区银鹰开发总公司与日照天通旅游度假开发有限公司合同纠纷案中,最高法也明确根据当事人距离证据的远近来确定证明责任分配。[4]

最高法认为,对三申请人主张的土地开发及楼盘销售必然存在相应税费应当扣除成本的问题,鉴于信用联社及银丰公司系违约方,而成本分担问题协议中没有明确约定,且信用联社在签订"8·19协议"后又实际控制和运营银丰公司,应当掌握该公司财务资料却不能提供充分证据。此种情形下,

---

〔1〕在现有法律框架下,距离证据远近理论仅为一个兜底性质的规则起补充作用,尤其是对非要件法律事实的认定缺乏明确法律规制的情况下,起到填补法律空白和漏洞之作用。就其概念而言,汤维建教授认为,"证据距离是指在有可能负担举证责任的双方当事人之间,哪一方距离证据的源泉更近一些,哪一方应当负担该举证责任"。参见汤维建:《论民事诉讼中的举证责任倒置》,载《法律适用(国家法官学院学报)》2002年第6期。

〔2〕《民诉法解释》第94条规定,"当事人及其诉讼代理人因客观原因不能自行收集的证据包括:(一)证据由国家有关部门保存,当事人及其诉讼代理人无权查阅调取的;(二)涉及国家秘密、商业秘密或者个人隐私的;(三)当事人及其诉讼代理人因客观原因不能自行收集的其他证据"。

〔3〕最高法民事裁定书,(2015)民申字第1755号。

〔4〕最高法民事裁定书,(2016)最高法民申979号。

原审法院将成本问题的举证证明责任分配给信用联社，并判令其承担举证不能的法律后果，并无不当。

第三类是对反驳证据是否足以让本证所证明事实陷入真伪不明界定不当。本证，是指在民事诉讼中负有证明责任的一方当事人提出的、用于证明自己所主张事实真实的证据。反证，是指没有证明责任的一方当事人所提出的、用于证明对方主张事实不真实的证据。[1] 在民事诉讼中，对待证事实负有举证证明责任的当事人所进行的本证，需要使法官的内心确信达到高度可能性的程度。而反证只需要达到动摇法官对本证所主张事实的内心确信程度，使其陷入真伪不明状态即可。此时，如本证未能针对反证进一步举证证明，则本证并未取得证明优势，本证拟证明的事实就不成立。

在朱某等与张某民间借贷纠纷案中，最高法认为朱某提交的反驳证据已经使本证事实陷入了真伪不明状态，原审法院仅凭张某的单方陈述就认定该款项属于朱某游和张某的其他经济往来，显属举证责任分配不当。[2]

该案中，出借人张某向朱某之子朱某游的账户已汇款，借款人朱某、朱某1出具了借到张某现金贰佰万元整的借条。对该笔200万元是否已经归还，应当由借款人朱某、朱某1承担反证责任。现借款人朱某、朱某1提交了842.2万元的还款凭证，此刻出借人张某没有提交任何证据否认借款人朱某、朱某1已经归还借款的事实，仅是认为其与朱某游之间存在其他的往来款项，属于其他的法律关系，却未能提交任何证据。该反驳证据已经使本证事实陷入了真伪不明。应由出借人张某对其和朱某游存在其他经济往来这一事实继续承担举证责任，而原审法院实际上对真伪不明界定不清，对出借人后续提供的反驳证据之证明力界定不当，致使举证责任分配不当。

第四类是对消极事实举证责任界定失当。消极事实是一种否定事实或不存在的事实，[3] 与积极事实互为正反。一般而言，消极事实并不存在或不以显性的方式存在，由于其通常并未发生，相比积极事实而言，本身是无法

---

〔1〕 张卫平：《民事诉讼法》，法律出版社2016年版，第218页。

〔2〕 最高法民事裁定书，(2016)最高法民申3784号。

〔3〕 参见杨剑、窦玉梅：《论消极要件事实的证明——以法律要件分类说为基础》，载《法律适用》2007年第7期。

直接证明的,但某些时候可以间接证明。[1] 因此,基于消极事实的证明难度,其举证责任的分配通常就决定了诉讼的胜负结果。一般而言,主张消极事实一方无法举证,而否认消极事实一方更容易举证,且对消极事实的抗辩,则会成为认定消极事实主张是否成立的直接证据。故一般情况下将查明消极事实的举证责任分配给主张消极事实一方则的确有强人所难之感,可归属于"举证责任分配不当"。

在米恩与徐某平、李某英委托合同纠纷案中,最高法认为,原审法院以米恩不能证明其委托徐某平设立的公司名称不是长春天地人公司且其没有委托徐某平作为名义投资人为由判令米恩承担不利后果,实质系要求米恩就消极事实举证,举证责任分配有误。[2]

而在朱某华与成都金睿国都置业有限公司民间借贷纠纷案中,最高法认为,一审法院要求出借人完成"借款尚未归还"这一消极事实的举证,属于举证责任分配不当。[3]

但在某些特定个案中,如果消极事实为要件事实而成为待证事实,那么主张消极事实的当事人仍应就此负举证责任。若当事人主张的消极事实存在举证困难,且此种困难并非立法者有意为之(立法预设),裁判者也无正当理由支撑使该负举证责任的当事人遭受过于苛刻之对待,基于武器平等、证据接近、诚实信用、协力义务等原则,实有必要考虑适用举证责任减轻的方式加以缓和。[4] 正如有学者提出举证责任减轻方式可为举证责任倒置、举证责任转换、表见证明、证明度降低、强化相对人的具体化义务及事案解明义务等。[5] 若豁免主张消极事实方举证责任,也应属举证责任分配不当。

如在吴某波与陈某杰不当得利纠纷案[6]中,最高法就对主张消极事实方的举证责任予以了减轻,并通过举证责任转换的方式较好地解决了消极事实举证责任分配之问题。

---

〔1〕 参见陈贤贵:《论消极事实的举证证明责任——以〈民诉法解释〉第91条为中心》,载《当代法学》2017年第5期。

〔2〕 最高法民事裁定书,(2017)最高法民申1137号。

〔3〕 最高法民事判决书,(2014)民一终字第229号。

〔4〕 参见姜世明:《举证责任与证明度》,台北,新学林出版社股份有限公司2008年版,第24页。

〔5〕 参见陈贤贵:《论消极事实的举证证明责任——以〈民诉法解释〉第91条为中心》,载《当代法学》2017年第5期。

〔6〕 最高法民事裁定书,(2017)最高法民申1854号。类似案例还有(2016)最高法民终223号。

该案中，鉴于陈某杰关于吴某波获利无合法依据之主张，系对消极事实之主张，而消极事实通常无法直接予以证明，但通过本案陈某杰所提交其他资料可认定其已经完成不当得利基础事实的举证责任，吴某波未能提供合法占有陈某华所汇款项之证据，应承担举证不能之后果。

第五类是对因实体法规定的举证责任界定失当。部分案件中，当事人的举证责任来源于实体法或相应司法解释的直接规定。《民诉法解释》第91条即属于实体法举证规范。如法官未能按照该实体法举证分配规则准确界定该举证责任，则会导致分配举证责任错误。

在西安恩哲斯信息技术有限公司（以下简称恩哲斯公司）与西安心途网络科技有限公司（以下简称心途公司）技术开发合同纠纷案[1]中，最高法认为根据实体法规定，心途公司负有检验、验收义务却怠于验收，应由其承担软件不符合约定之证明责任。

根据《合同法》第157条及第158条[2]之规定，当事人应当在约定检验期内及时检验，如在检验期内不检验或怠于将检验结果告知的，视为质量符合规定。这是对负有检验义务一方的心途公司所规定的举证责任。而一审、二审法院置实体法规定于不顾，将软件是否不符合约定之举证责任交由恩哲斯公司，并以恩哲斯公司应当承担举证不能的不利后果为由认定软件不符合约定，存在举证责任分配错误。

四、解决路径：宏观、中观及微观层面协同推进

自《民诉法解释》第90条和第91条发布并实施后，民事举证责任分配一般规则已经确立，理想状态下各种案件类型的举证责任分配问题均应可以根据一般规则进行识别，实践中举证责任分配不当之案例照理应该罕见了。但笔者通过对最高法涉及“举证责任分配不当”二审及再审案例之考察，依然发现司法实践中对初步举证责任是否完成、对反证是否达到了动摇本证确信度，对消极事实如何分配举证责任以及对实体法规定举证责任如何界定依然存在模糊甚至混乱之情形，致使虽有规则指引，举证责任分配错误却依然继续存在。这是因为，对涉及举证责任分配之相关概念认定均需

[1] 最高法民事裁定书，(2017)最高法民申2829号。
[2] 对应《民法典》第620条及第621条。

要法官根据个人阅历和社会经验,通过自由心证演绎后确定。但囿于司法裁判者个体经验和逻辑推理能力之差异,如无较为规范之参照系数及路径,“举证责任分配不当”就不可避免。为此,笔者认为,为减少司法实践中“举证责任分配不当”,可供选择之解决路径如下。

1. 宏观层面之一,就实体法规范而言,应在后续实体法及配套司法解释中进一步细化具体民事纠纷的举证责任分配规则。尽管我国部分地方法院〔1〕在出台的审判指导意见中对部分案件中当事人的初步举证责任进行了界定。但从立法层面来看,无论是现行《民事诉讼法》还是《证据规定》,抑或《民诉法解释》均未明确清晰界定初步举证责任、消极事实等概念,〔2〕即前述法定要素之界定标准仅存在于民事诉讼法理论及学术界。而学术理论界所谓见仁见智,争论差异较大,审判一线的法官只能结合各自司法认知及经验形成心证,这必然会造成认定差异,故而“举证责任分配失当”在所难免。因此,应在实体法及配套司法解释中进一步细化当事人初步举证责任和另一方反驳证据证明尺度,案件中消极事实如何认定及如何举证等,应规范民事诉讼领域常见案件类型之初步举证责任、消极事实举证责任等词汇的概念、应包含之构成要素,从而避免前述概念模糊不清,进而导致审判人员认定偏差。

2. 宏观层面之二,对非常见型案例,在指导性案例中应加强对举证责任分配法定要素界定之论证。根据《最高人民法院关于案例指导工作的规定》,指导性案例是指最高法确定并统一发布,对审判工作具有普遍指导作用,供全国各级法院审判类似案件时应当参照的案例。截至 2022 年 7 月 6 日,最高法已陆续发布了共 32 批 185 件指导性案例,其中民商事案例 114 件。现行指导性案例由标题、关键词、裁判要点、相关法条、基本案情、裁判结果、裁判理由以及包括生效裁判审判人员姓名的附注等组成,尚缺乏对案件基本事实、初步举证责任、反驳证据证明力、消极事实及实体法举证规定

〔1〕 如《江苏省高级人民法院关于审理适用公司法案件若干问题的意见(试行)》第 48 条就对案涉当事人的初步举证责任进行了界定。

〔2〕 虽然在个别实体法司法解释中,最高法对当事人的初步举证责任有界定,如《最高人民法院关于审理侵犯专利权纠纷案件应用法律若干问题的解释(二)》第 27 条及《最高人民法院关于审理劳动争议案件适用法律问题的解释(一)》第 42 条,实际上均对当事人的初步举证责任进行了规定。但依然并未直接使用初步举证责任这一概念。

等影响举证责任分配法定要素的分析及认证，故该等指导性案例对类似案件之举证责任分配尚缺乏指导性作用。鉴于最高法公布的指导性案例对类似案件具有“应当按照”的约束力，如能在后续指导性案例内容结构上增加举证责任分配认定，对案件基本事实、初步举证责任、反驳证据证明力等进行详细分析认证，并将该类案件之举证责任分配及法官自由心证路径通过指导性案例予以公示，会极大地减少审判人员对后续类似案件审判之“举证责任分配不当”。

3. 中观层面，应进一步规范举证责任分配法定要素界定之自由心证路径。因为自由心证的形成亦不是完全“自由”的，还需要符合相应的逻辑规则和经验法则。[1] 举证责任分配法定要素界定实际上是法官自由心证的一种外化表现。法官对要件基本事实、初步举证责任[2]、反驳证据证明力、消极事实等法定要素界定都是基于自己的心证。“自由心证是内在的思维过程，自由裁量是外显的裁判结果。”[3] 自由心证路径越规范，举证责任分配就越适当。笔者通过对前述案例之考察，可知现行裁判文书尚缺乏对举证责任分配法定要素界定之心证外化显示。因此，应通过进一步强化庭审程序及裁判文书对举证责任分配的释法说理，进而对导致“举证责任分配不当”等案件要件基本事实、初步举证责任、反驳证据证明力、消极事实等法定要素进行逻辑式阐述、解释、分析、归纳、推理和认证。通过对前述要素的充分争辩和演绎，进而推动自由心证认定更符合我国《民诉法解释》第 91 条确立的举证责任分配规则，更符合我国实体法有关举证责任分配之规定，从而减少审判实践中“举证责任分配不当”问题之发生。

---

〔1〕 刘星海、魏冬灵、杨潍陌：《逻辑之旅：司法证明的理性建构》，载胡云腾主编：《法院改革与民商事审判问题研究——全国法院第 29 届学术讨论会获奖论文集》（上），人民法院出版社 2018 年版。

〔2〕 以初步举证责任认定为例，截至 2018 年 9 月 1 日，在“中国裁判文书网”共检索到了 16 个直接对当事人是否完成了初步举证责任进而分析论证的民事案例，这相对于最高法每年审理的数以万计案例而言，占比是极低的。这些案例的案号分别为：(2018) 最高法民申 353 号、(2017) 最高法民终 55 号、(2017) 最高法民申 3818 号、(2017) 最高法民申 2477 号、(2017) 最高法民终 5 号、(2017) 最高法民申 196 号、(2016) 最高法民申 3636 号、(2016) 最高法民申 2795 号、(2016) 最高法民再 18 号、(2008) 民申字第 1054 号、(2014) 民申字第 567 号、(2014) 民申字第 1284 号、(2014) 民申字第 1655 号、(2014) 民申字第 1461 号、(2015) 民申字第 2526 号、(2016) 最高法民申 1599 号。

〔3〕 朱兰春：《法官如何裁判》，中国法制出版社 2021 年版，第 506 页。

4. 微观层面,应构建举证责任分配"六步法"。

第一步,准确界定要件事实。应以法律规范要件分类说为出发点,对原告诉讼请求所依据的法律规范基础进行检索,分析该法律规范的构成要件,是属于法律关系的成立还是变更、消灭或者权利受到妨害,从而准确界定该案之要件事实。

第二步,查明实体法举证规则。我国部分实体法及相应司法解释明确规定了对部分民事纠纷的举证责任,且该等特别规定具有特定性和适用上的优先性。因此应优先查明实体法对举证责任分配的特别规定。这些特别规定包括举证责任倒置[1]以及举证妨碍、表见证明和推定在内的其他法定举证责任减轻[2]情形,以防出现违反实体法举证分配规则之情形。

第三步,确定消极事实举证责任。因消极事实通常无法直接予以证明,因此在准确界定案件基本事实并查明实体法相关举证规则后,对于案件中出现的消极事实,在原告方穷尽举证能力的情况下,通过采取举证责任倒置、举证责任转换、证明妨害、表见证明、证明度降低、强化相对人的具体化义务等仍未查明事实的,应将消极事实的举证责任分配给被告。

第四步,界定初步举证责任。主张法律关系存在、变更、消灭或者权利受到妨害的当事人,应当对该法律关系存在、变更、消灭或者权利受到妨害的基本事实承担初步举证责任。该初步举证责任并非一定要达到高度盖然性或排除合理怀疑标准,但应依据经验法则和逻辑推理,依据初步证据,法官在不排除其他可能性的情形下,得推论有该基本事实的存在。在对方没有提供足以使该初步证据所证明的事实陷入真伪不明时,该初步证据所证明的事实即达到了民诉法举证责任证明标准。

第五步,界定反驳证据证明力。根据《民诉法解释》第 90 条之规定,反驳对方诉讼请求所依据的事实,具有提供反驳证据的义务。反驳举证责任证明力度较低,以是否将本证事实陷入真伪不明为界线。故主张法律关系变更、消灭或权利受到妨害时,在当事人完成初步举证责任后,行为意义上的举证责任转换至另一方当事人。如对方当事人所举反驳证据不足以将法

---

〔1〕 主要体现在《证据规定》第 4 条、第 6 条(现行版本已删去该 2 条规定),《最高人民法院关于审理医疗损害责任纠纷案件适用法律若干问题的解释》第 10 ~ 12 条,《民法典》第 1230 条等。

〔2〕 如《民诉法解释》第 112 条,《民法典》第 1222 条,《最高人民法院关于审理民间借贷案件适用法律若干问题的规定》第 16 条等。

官心证程度拉回真伪不明状态[1],一方当事人之初步举证即达到证明标准[2],案件要件事实之真伪已明,应作出对其有利的裁判。

第六步,以结果公正衡平举证责任分配。如果严格适用法规语词会导致一个完全不合理的或荒谬的结果,那么就应当准许法院将衡平法的例外植入该法律规则之中。[3] 如严格按照《民诉法解释》第90条及第91条之举证责任分配的一般规则及现行实体法关于权利要件的规定确定举证责任分配,在一些特殊的案件处理上可能导致个案失衡。则尽管《民诉法解释》未再明确规定保留特殊情形下由法官进行举证责任分配,但当负有初始证明责任方举证确有困难时,可通过适用举证妨碍制度、举证责任交替转换、推定、初步举证责任适当降低、法官指导当事人调查取证、依职权调查取证、“询问当事人等方式综合解决”[4]及向最高法请示批复等方式作出新的司法解释,对举证责任分配进行调整,以便维护实质正义。

民事“举证责任分配不当”影响案件正确裁判结果,危及公平正义。由于法官不得拒绝裁判,因此,当案件待证事实真伪不明时,法官应进行举证责任分配。因此,司法裁判人员对举证责任的分配成为当事人诉讼案件能否胜诉的关键。如果原审法院在行使这一自由裁量权时偏袒一方当事人,使不应承担举证责任的一方承担了举证责任,进而导致其败诉,则败诉方可向法院申请再审。此时,仍将其归于“适用法律错误”的类型无法律依据。但由于缺少与之明确对应的再审事由,故此类案件应以《民事诉讼法》第207条第2款规定的“认定的基本事实缺乏证据证明”为由启动再审。

下附举证责任分配不当案例一览表(见表6-2)。

表6-2 举证责任分配不当相关案例

序号	案号	纠纷类型	原审法院	结果
1	(2018)最高法民终34号	合同纠纷	黑龙江高院	发回重审

[1] 参见王亚新、陈杭平、刘君博:《中国民事诉讼法重点讲义》,高等教育出版社2017年版,第104页。

[2] 证明标准可分为高度盖然性标准(《民诉法解释》第108条)、排除合理怀疑标准(《民诉法解释》第109条)和盖然性占优标准(以《证据规定》第86条第2款为例)。

[3] [美]E.博登海默:《法理学——法律哲学与法律方法》,邓正来译,中国政法大学出版社2004年版,第561页。

[4] 参见谭启平、张海鹏:《违约金调减权及其行使与证明》,载《现代法学》2016年第3期。

续表

序号	案号	纠纷类型	原审法院	结果
2	(2017)最高法民申4993[①]号	侵害植物新品种权	山西高院	指令再审
3	(2017)最高法民申1137号	合同纠纷	辽宁高院	指令再审
4	(2017)最高法民再42号	不当得利纠纷	山东高院	改判
5	(2017)最高法民再284号	破产清算	江西高院	发回重审
6	(2017)最高法民申2829号	合同纠纷	陕西高院	指令再审
7	(2017)最高法民终34号	合同纠纷	四川高院	维持
8	(2017)最高法民再431号	合同纠纷	山东高院	改判
9	(2017)最高法民申2155号	执行异议之诉	内蒙古高院	指令再审
10	(2017)最高法民终5号	建设工程合同纠纷	辽宁高院	发回重审
11	(2017)最高法民终660号	合同纠纷	宁夏高院	发回重审
12	(2017)最高法民再91号	合同纠纷	福建高院	改判
13	(2016)最高法民再207号	民间借贷纠纷	山东高院	改判
14	(2016)最高法民申3784号	民间借贷纠纷	安徽高院	指令再审

①莱州永恒国槐研究所系列案还有5例，分别为(2017)最高法民申4995号、(2017)最高法民申4999号、(2017)最高法民申5002号、(2017)最高法民申5006号、(2017)最高法民申3059号，因裁判观点和结果均同，故未单独纳入表格。

第八节　结　　语

“究竟法官在必须受法拘束的前提之下，要如何妥当衔接法规范与眼前个案，进而在实现个案正义的同时，又能满足法规范体系性的要求？”〔1〕法官裁判案件时必须查明应适用何种法律，但囿于法律条文的庞杂和成文法的隐晦深奥，法律适用问题注定是一个值得持续研究和讨论的课题。未来，我们还将锲而不舍地继续研究。

〔1〕 黄舒芃：《变迁社会中的法学方法》，台北，元照出版有限公司2009年版，第41页。

第七章 认定事实缺乏证据证明论述

"以事实为根据,以法律为准绳"为我国民事诉讼基本原则。[1] 此处之"事实"可分为"客观事实"与"法律事实"。"客观事实"形成于诉讼活动前,"法律事实"则有待于在诉讼活动中确认。我国学界和实务界通常使用"客观事实"与"法律事实"的称谓,分别指称客观上实际发生的事实和法院在审判程序中认定的事实。[2] 案件之审理,必须先查明[3]法律事实,然后在查明法律事实之基础上适用法律,再作出判决,是为三段论方法。在此三段论中,法律事实查明或认定是基础。因此,除免证事实之外,待证事实认定就显得尤为重要。案件法律事实尤其是基本事实不明即下判,当属《民事诉讼法》第207条第2项法定再审事由了,该事由与《民事诉讼法》第207条第6

---

〔1〕 参见《民事诉讼法》第7条。

〔2〕 参考孔祥俊:《论法律事实与客观事实》,载《政法论坛》2002年第5期。

〔3〕 查明的方法一般有自认、拟制自认、免证事实、诉讼证明、推定等。详见《关于民事诉讼证据的若干规定》第3条、第4条、第5条、第10条;另可参考邹碧华等:《民商事审判方法》,法律出版社2017年版,第165-184页。另外,适用事实推定应以待证事实无法直接证明为前提条件,可参考最高法民事裁定书,(2021)最高法民再268号。

项均为当事人申请再审时最常见援用的法定再审事由[1]。

第一节 基本事实的认定标准

所谓事实认定,是指司法裁判人员凭借自身的经验和逻辑推理能力,运用证据将客观事实进行分解、重构成法律事实的认证过程。故事实认定中的事实不是一般的事实,而是对本案裁判有法律意义的事实。[2] 法律事实与客观事实的一般关系是,客观事实是法律事实的基础,法律事实是客观事实的再现或者反映,法律事实必须以客观事实为追求目标。[3] 由于司法裁判人员不能亲历业已发生之案件客观事实,只能倚仗人为拼凑的证据,有时甚至是当事人虚构的事实和虚假的书证、人证,并通过经验和逻辑推理,尽量去还原案件先前之事实真相,进而认定案件之法律事实。但囿于司法裁判人员的法学素养、经验和逻辑推理能力之局限性,事实认定尤其是案件中基本事实之认定就存有不准确性之可能,甚至是缺乏证据证明的情形,且

---

〔1〕 最高法孙祥壮法官认为,根据最高法多年来的统计数据,申请再审案件和再审案件中,以"原判决、裁定认定的基本事实缺乏证据证明"作为法定事由申请再审的案件数量占70%以上。参见孙祥壮:《再审事由之"原判决、裁定认定的基本事实缺乏证据证明的初步解读"》,载《法律适用》2009年第9期;王朝辉法官认为,由于原判"认定的基本事实缺乏证据证明的"规定仍然较为笼统,具有很大解释空间,从而成为实务中引用最多的再审事由。参见王朝辉:《民事再审事由的体系展开与程序效力》,载《法律适用》2020年第20期。另外,笔者曾对最高法第一巡回法庭2015~2017年已公开再审案例进行检索,共检索到442份样本。除其中45件案件的案例文书样本无明确体现何种再审事由外,就剩下397件案件而言,以《民事诉讼法》第207条规定之13项再审事由进行检索和核实,法定再审事由含有"原判决、裁定认定的基本事实缺乏证据证明"的案件有304件,占比68.78%;对最高法第二巡回法庭2015~2017年已公开再审案例进行检索,共检索到862份样本。除其中的58件案件的裁判文书无法判断当事人以何种事由申请再审外,就剩余804件案件来看,法定再审事由含有"原判决、裁定认定的基本事实缺乏证据证明的"案件计631件,占比约为78.5%。该检索数据与前述最高法审监庭法官观点基本吻合。

〔2〕 参见梁慧星:《裁判的方法》,法律出版社2003年版,第11页。

〔3〕 孔祥俊:《论法律事实与客观事实》,载《政法论坛》2002年第5期。

“事实问题和法律问题的界分本身就是一个难题”[1]。因此,认定事实的道路充满了荆棘、诱惑与陷阱。如果裁判认定的法律事实通常与客观事实不相符,亲历客观事实的当事人必然对法律事实心生不服,成为其到更高层级法院“讨说法”的原生动力。故“原判决、裁定认定的基本事实缺乏证据证明”成为最为常见的法定再审事由之一。

在林某玉与宋某业等买卖合同纠纷案中,最高法认为,从本案证据的证明力看,林某玉提供的证据的证明力大于宋某业提供的证据的证明力。涉案证据之间相互佐证,共同构成较完整的证据链,证明宋某业收到了林某玉委托加工的4个货柜的货物;宋某业没有证据证明其收货后支付了相应的货款。三亚中院二审认定林某玉与宋某业不存在本案买卖合同法律关系,判决驳回林某玉的诉讼请求,属认定案件的基本事实缺乏证据证明。[2]

所谓基本事实,其是与间接事实或次要事实、辅助事实相关联之概念,其是用于判断民事主体权利义务发生、变更或消灭之法律效果的直接必要事实。在民事诉讼理论中,决定法律关系性质或者当事人权利义务内容等的事实,属于基本事实。[3] 我国《民诉法解释》第333条规定,基本事实是指对原判决、裁定的结果有实质影响、用以确定当事人主体资格、案件性质、具体权利义务和民事责任等主要内容所依据的事实。根据该司法解释,其要点分解如下:

一、对原裁判有实质性影响的事实

基本事实需对原判决、裁定的结果有实质性影响,这是首要考虑的因素。凡是事实认定对原判决、裁定结果不具有实质性影响,当事人以此为由申请再审均不能成立。所谓实质影响,是指该事实是案件裁判的基础,该事实认定正确与否与案件裁判结果具有直接因果关系。一旦该事实认定错

---

〔1〕 王朝辉:《民事再审事由的体系展开与程序效力》,载《法律适用》2020年第20期。另可参考最高法(2020)最高法民再188号案。该案中,最高法认为包商银行在保证期间内已经向保证人主张了权利,保证人依法应当承担保证责任。本案中虽然包商银行未提起上诉,但保证期间届满将直接导致债权人请求保证人承担保证责任的实体权利消灭的法律后果,因此,人民法院应当依职权主动对保证期间是否届满进行审查。而二审未主动审查,属于认定基本事实和适用法律确有错误。最高法类似的案例并不少见。

〔2〕 最高法民事裁定书,(2015)民监字第76号。

〔3〕 参见江伟、肖建国主编:《民事诉讼法》,中国人民大学出版社2015年版,第338页。

误，势必导致裁判结果变动。如果事实认定虽然错误或缺乏证据证明，但该事实对案件性质及当事人权利义务等不起决定作用，最终未影响到最终案件判决、裁定结果，则不属于基本事实。

在和记黄埔地产（长春）有限公司（以下简称和记黄埔）与长春建工新吉润建设有限公司（以下简称新吉润公司）建设工程施工合同纠纷案中，最高法认为，和记黄埔在申请再审中提交了2011年6月24日银行进账单、2011年7月8日收据、银行票据申请，《长春市净月潭大顶山住宅发展项目三期缴纳行政事业性费用事宜》的函件等证据，拟证明该笔190余万元款项系其他工程项下的款项，应由新吉润公司返还。经审查，和记黄埔举示的相关证据均有原件，且结合其在二审中提交的长春净月高新技术产业开发区劳动保障监察大队出具的《证明》，可以印证该笔200万元农民工工资保证金系用于案外人承建的长春市净月潭大顶山住宅发展项目三期工程。但其中1,986,648元被政府主管部门扣划用于支付新吉润公司拖欠的农民工工资，对此新吉润公司应负有返还义务。和记黄埔提出的新的证据能够推翻原审判决的认定事实和结果，和记黄埔认为原审判决对于该节事实的认定缺乏证据证明的理由成立。[1]

在三九企业集团兰考葡萄酒业有限公司蛋白食品分公司与江西江中食疗科技有限公司等侵害外观设计专利权纠纷案中，原一审、二审法院将总公司与分公司之间补充赔偿责任认定为连带赔偿责任，最高法以"虽有不妥，但并不影响本案实际的处理结果"为由裁定驳回再审申请。[2]

二、确定主体资格、案件性质、权利义务的事实

基本事实是用以确定当事人主体资格、案件性质、具体权利义务等主要内容所依据的事实。总之，该基本事实是界定案件主要内容的事实，对案件非主要内容认定即使缺乏证据证明也不在此限。

就主体资格而言，主体资格是指当事人参与民事活动并享有诉讼权利与承担诉讼义务的资格。只有具备这种资格，当其权益受损或侵权违约时，当事人才有权起诉或应诉。如果当事人没有诉讼主体资格，诉讼活动就无

---

〔1〕 最高法民事裁定书，(2019)最高法民申1298号。

〔2〕 最高法民事裁定书，(2016)最高法民申2540号。

法进行,原有判决势必要撤销。故在再审申请阶段,当事人时常就诉讼主体资格是否适格而申请再审。

在云南中浩房地产开发有限公司(以下简称中浩公司)与中铁五局集团第五工程有限责任公司(以下简称第五公司)返还原物纠纷案中,中浩公司申请再审时称原判决对第五公司诉讼主体资格认定错误,中铁五局(集团)有限公司才是本案适格主体。对此,最高法认为:虽然中浩公司在起诉书中所列的被告为"中铁五局集团第五工程有限公司",比第五公司名称少"责任"两字,但工商登记中无"中铁五局集团第五工程有限公司"的相关信息,中浩公司诉请的是返还原物,而实际使用涉案房产的正是第五公司。在一审诉讼中,中浩公司并未对第五公司的诉讼主体资格提出过异议,在第五公司提起反诉后,中浩公司进行了答辩,在其代理词中使用的也是第五公司的名称。从第五公司提交的相关证据来看,可以证实第五公司系由原铁道部第五工程局第五工程处改制而来,且与《补充协议》中的约定相互印证,上述证据能够证实第五公司系本案适格的诉讼主体。中浩公司新提交企业注册登记资料两份,欲证明第五公司的诉讼主体错误,一是原铁道部五局第五工程处 2001 年变更和 2002 年注销的资料,二是中铁五局(集团)有限公司第五分公司 2002 年成立的资料,这两份证据不能证明中铁五局(集团)有限公司第五分公司就是其诉称的"中铁五局集团第五工程有限公司",并且由原铁道部第五工程局第五工程处转制而来。因此,原审对第五公司诉讼主体认定无误,中浩公司新提交的证据材料不足以推翻原审相关认定。[1]

就案件性质而言,其是指何为以民事权利和民事义务为内容的法律关系定性。不同性质案件属于不同的案由,不同的民事案由适用不同的法律。因此,一旦案件定性错误,就可能会导致适用法律错误,进而导致认定基本事实错误。比如,在多种法律关系并存时,案件的定性,首先要看诉讼请求与案由是否一致,其次看具体案件法律性质是否认定错误,如是合同之债还是侵权之债,是买卖合同纠纷还是定作合同纠纷等。

在天津港丰船舶燃料销售有限公司(以下简称港丰公司)与长江航道局等债权转让合同纠纷案中,关于本案纠纷性质,最高法认为,根据港丰公司的诉讼请求以及所依据的法律关系,港丰公司是依据其受让宏德盛禹公司

---

〔1〕 最高法民事裁定书,(2013)民申字第 1439 号。

对长江航道局的债权而向长江航道局主张权利的，根据《民事案件案由规定》的规定，本案应为债权转让合同纠纷。工程建造合同法律关系发生于宏德盛禹公司与长江航道局之间，原审将本案之案由确定为工程建造合同纠纷缺乏事实依据，最高法予以纠正。[1]

就权利义务基本事实而言，民事权利与义务是相对应的一对概念，是对立统一的关系，二者构成民事法律关系的内容。民事权利是民事主体依法享有并受法律保护的利益范围或者实施某一行为（作为或不作为）以实现某种利益的可能性。简言之，就是权利主体对实施还是不实施一定行为的选择权。民事义务，是指民事法律关系的义务主体为满足权利主体受法律保护的利益，依法应当为或不应当为一定行为的约束。民事权利义务认定有误，则势必影响裁判时民事责任的区分和承担。就民事权利义务认定的法律依据而言，有法律强制性规定的，以法律强制性规定为准；无强制性规定的，约定优先。如果约定前后冲突、不明，则以交易习惯、行业惯例、通常标准、合同目的为判断标准。

在王某明与李某等买卖合同纠纷案中，关于王某明的履约行为应否被认定为符合《协议》约定的连续3个月未能按期支付银行按揭月供的情形的问题。李某、卢某平与王某明签订的《协议》相关约定内容为，"若乙方（指王某明）连续3个月未能按期支付银行按揭月供时，本协议转让性质也自动失效"。对上述约定中的"连续3个月未能按期支付银行按揭月供"，到底是指3个月逾期，还是指3个月断供，以及连续3个月断供应否按金融系统的相关规定及交易惯例进行理解，双方各执一词。最高法认为，第一，该条约定并未明确每月20日为还款日；第二，此前李某、卢某平自行还款时亦存在20日之后还款的情形；第三，李某、卢某平未在订约时将《借款合同》交与王某明，《借款合同》中每月还款日的约定不能直接视为王某明参与订立的《协议》的组成部分；第四，本案系发生在王某明和李某、卢某平之间的合同履行争议，该合同履行中违约行为的界定与李某、卢某平和银行之间借款合同违约行为的界定不应等同，而根据合同相对性，《支付结算办法》《中国人民银行个人住房贷款管理办法》《中国人民银行贷款规则》《中国工商银行综合业务核算操作规程》等金融系统的相关规定与交易惯例及银行依据上述规定

[1] 最高法民事判决书，(2016)最高法民再55号。

惯例作出的相关认定,至多只能约束作为银行交易相对方的李某、卢某平,不能约束作为李某、卢某平交易相对方的王某明,且王某明客观上也不存在连续3个自然月未予还款的情形,基于上述四点理由,北京高院再审关于王某明的履约行为已构成《协议》约定的连续3个月不按期支付月供及李某、卢某平据此依约有权解除协议的认定不能成立,应予纠正。[1]

在大同北岳建筑安装有限责任公司(以下简称北岳建安公司)与大同市天力房地产开发有限责任公司(以下简称天力房地产公司)建设工程施工合同纠纷案中,一审判决在确认天力房地产公司应支付工程款的问题时已经考虑并包含了5%保修金3,201,953元,二审判决在维持一审判决的基础上,判决第二项又判令天力房地产公司应支付5%保修金3,201,953元给北岳建安公司,属重复计算,最高法予以纠正。[2]

在港丰公司与长江航道局等债权转让合同纠纷案中,最高法认为,原审法院对当事人是否享有合法债权认定错误,属于基本事实认定缺乏证据证明之情形。

该案中,长江航道局和港丰公司再审庭审时确认争议焦点为:涉案债权转让时宏德盛禹公司对长江航道局是否有债权。长江航道局一共签收了宏德盛禹公司发出的三份债权转让通知书,其选择落款时间在先的债权转让通知书进行清偿并无不当。原判决认为长江航道局应当与宏德盛禹公司就其欠付工程款的数额及相关债权转让通知如何履行问题进行沟通,对债权受让人的利益进行综合考虑后方能作出付款行为,其径行履行债务,损害了港丰公司的利益,由此产生的后果应由长江航道局承担。然而,我国《合同法》对存在多份债权转让通知时如何履行并没有作出明确规定,原判决的上述认定缺乏事实和法律依据,应予纠正。长江航道局收到2014年3月债权转让通知书后,共计支付了14,783,968.7元。付款由两大部分组成,一是根据2013年4月12日两份债权转让通知书记载的内容向滨海市政和普交工支付相应款项;二是根据天津海事法院的协助执行通知书(时间早于2014年债权转让通知书),向天津海事法院、汇丰公司和鸿霖公司支付相应款项。从各笔付款情况看,目前没有证据证明任何一笔付款是长江航道局向债权

[1] 最高法民事判决书,(2014)民抗字第48号。
[2] 最高法民事判决书,(2016)最高法民再304号。

转让人即宏德盛禹公司直接支付欠付的工程款,其原来欠付宏德盛禹公司的工程款,已经基于协助法院执行以及履行2013年4月12日两份债权转让通知书而偿付完毕。原判决仅依据长江航道局在收到2014年3月债权转让通知书后的付款行为,认定宏德盛禹公司对长江航道局存在有效债权缺乏证据证明,最高法予以纠正。[1]

第二节　基本事实缺乏证据证明的类型

基本事实缺乏证据证明主要包括以下几种情形:

一、缺乏基本证据

基本证据也称主要证据,缺乏基本证据即缺乏能够证明案件基本事实所必不可少的证据。对于认定事实已有主要证据,仅缺乏那些与主要证据相对应的补强证据(用于补充主要证据以加强和确认证明力的证据)的,由于补强证据不关涉案件基本事实的判断错误,即使缺乏补强证据,一般也不应理解为"缺乏证据证明"。[2]

在联中企业(资源)有限公司(以下简称联中公司)与厦门国贸集团股份有限公司(以下简称厦门国贸)买卖合同纠纷案中,就联中公司是否应对鱼粉生虫及熏蒸延误销售而产生的损失承担主要责任之认定问题。最高法认为,本案双方当事人对于"鱼粉不得含有任何活昆虫"和"买方保留卸货港复验权"的含义理解不一,联中公司认为该约定并不改变原有的贸易条件,厦门国贸应承担货物越过船舷时起的一切风险责任;厦门国贸则认为该约定属于卖方的货物品质担保。首先,鱼粉生虫属于风险责任,即经过一段时期后货物自然发生的品质变化,应由贸易双方通过价格术语分配风险,涉案合同采用C & F价格术语则意味着货物风险自越过船舷时转移至买方。而"鱼粉不得含有任何活昆虫"和"买方保留卸货港复验权"的约定并没有改变

---

〔1〕 最高法民事判决书,(2016)最高法民再55号。

〔2〕 孙祥壮:《再审事由之"原判决、裁定认定的基本事实缺乏证据证明的初步解读"》,载《法律适用》2009年第9期。

原有价格术语的构成，货物自越过船舷时的风险以及投保义务仍然属于买方厦门国贸。其次，《伦敦保险协会货物保险条款》"一切险条款"规定，"本保险对所保货物因一切意外灾害所致损失，不论损失程度，均负赔偿责任"。可见，《伦敦保险协会货物保险条款》规定的"一切险"并不排除"虫害险"。按照前述条文内容，"虫害险"符合"一切险"的要求，应当包含其中。最后，"鱼粉不得含有任何活昆虫"是指交货时不得含有活昆虫。从涉案合同约定的 SGS 机构出具的全套检验证书表明，涉案鱼粉在装船前没有活虫；经公证认证的由智利农业部出具的检验证书及意见证实，智利不存在拟白腹皮蠹虫。因此，卖方已经依约完成交货义务，厦门国贸并没有证据证明涉案鱼粉在装运前存在品质问题，故联中公司不应承担违约责任。其次，就厦门国贸损失问题，厦门国贸提起本案诉讼时认为，"因熏蒸杀虫历时 2 个月，至检疫所放行时，鱼粉销售季节已过，致厦门国贸蒙受重大经济损失"，故请求损害赔偿。然而，根据厦门国贸自己制作的"销售一览表"以及厦门国贸的鱼粉销售发票，鱼粉的销售总收入达 244.6 万美元，而其支付的货款为 127.6 万美元，厦门国贸并没有证据证明其因鱼粉生虫而产生所谓的损失。

综上所述，二审判决认定联中公司应对鱼粉生虫及熏蒸延误销售而产生的损失承担主要责任，基本事实缺乏证据证明，亦缺乏合同及法律依据，遂撤销二审判决。[1]

二、认定的事实未达到"证明标准"

根据我国《证据规定》第 85 条、第 86 条以及《民诉法解释》第 108 条，我国民事诉讼证明标准有三：一是最为常见的"高度盖然性"的证明标准；二是对欺诈、胁迫、恶意串通、口头遗嘱或赠与事实认定的"排除合理怀疑"证明标准；三是对于诉讼保全、回避等程序事项有关的事实认定"较大可能性"证明标准。若人民法院认定的法律事实没有达到前述标准，则也属于基本事实缺乏证据证明的情形。当然，现行法律并无进一步规定如何量化包括"高

---

〔1〕 最高法民事判决书，(2016)最高法民再 373 号。

度盖然性"[1]的证明标准,故实为法官自由心证原则所指引。

在顺吉集团有限公司(以下简称顺吉公司)与余某生、吴某江建设工程施工合同纠纷案中,天景公司出具的《鉴定报告》《补充说明》的单价套用的是天平公司出具的《审核报告》中的单价,而天平公司《审核报告》系接受浙江龙丽丽龙高速公路建设指挥部的委托,依据该指挥部与顺吉公司之间签订的《合同协议书》《补充合同协议书》等文件确定的审核结论。由此,天景公司上述《鉴定报告》《补充说明》等的结论并非依据双方当事人约定的工程量清单价确定本案工程款。而余某生与顺吉公司就案涉工程的施工及工程量清单价已经达成了一致意思表示,双方当事人就工程量清单价已有约定。可见天景公司出具的《鉴定报告》《补充说明》等确定本案工程款相比明显不具有"高度盖然性"。但原审法院在余某生与顺吉公司就案涉工程形成工程量清单价的情形下,要求按照顺吉公司与浙江龙丽丽龙高速公路建设指挥部之间约定的工程量清单价计算本案工程款,即依据天景公司出具的《鉴定报告》《补充说明》等确定本案工程款,认定事实缺乏证据证明,适用法律不当。[2]

三、明显违反日常生活经验法则和逻辑推理

根据《证据规定》第 85 条及《民诉法解释》第 105 条之规定,对于原审法官有明显违反日常生活经验法则和逻辑推理等行为的,可以认定为"缺乏证据证明"等。[3] 所谓经验法则,是指人们从生活经验中归纳获得的关于事物因果关系或属性状态的法则或知识。经验法则既包括一般人日常生活所归纳的常识,也包括某些专门性的知识,如科学、技术、艺术、商贸等方面的知

---

〔1〕 关于量化"高度盖然性",李浩教授提出,优势证据证明标准所要求的盖然性程度较低,只要本证的证明力稍稍超出反证(典型的例子是两种可能性之比为 51%:49%),法官或陪审团就可认定一方所主张的事实存在。高度盖然性的证明标准所要求的盖然性程度较高,按此标准盖然性的程度虽然不必达到或接近确然,但也不能仅凭微弱的优势对事实作出认定,它的盖然性程度如用百分比来说明的话,应当是 80% 左右。参见李浩:《民事证据的若干问题——兼评最高人民法院〈关于民事诉讼证据的司法解释〉》,载《法学研究》2002 年第 3 期。

〔2〕 最高法民事判决书,(2019)最高法民再 115 号。

〔3〕 参见何东宁等:《新民事诉讼法再审程序问题裁判标准》,人民法院出版社 2013 年版,第 56 页;孙祥壮:《民事再审程序:从立法意图到司法实践》,法律出版社 2016 年版,第 98 页。

识等。[1] 法院不仅要根据自身的生活体验，而且还要认知虽非经本人的亲身体验，但为其他社会群体所普遍认知与接受的经验，甚至在个别情形下还要推测（或称推理）在某种特定的环境条件下应适用何种经验，[2] 进而认定待证事实。不同的法官具有不同的知识结构和生活经历，其对日常生活经验法则的司法理解可能与公众普遍接受的经验法则的内涵存有差异。对于用明显有悖于公众普遍认可或接受的经验法则所得出的法律真相，应属于缺乏证据证明之列。

在杨某慧与陈某平等民间借贷纠纷案中，最高法认为，二审法院关于《收款收据》载明的350万元已经实际支付的认定不违反日常生活经验法则。首先，杨某慧提供的2011年1月18日的《延期还款申请》、2011年4月6日的《还款计划》以及2012年5月31日的《债务偿还担保协议》，前两者均形成于《收款收据》出具前，《债务偿还担保协议》并未载明协议所确认的欠款1620万元的明细构成，故上述证据尚不足以推翻《收款收据》所证明的实际偿还了350万元的事实。其次，杨某慧称《收款收据》是为方便双全公司做财务平账并应陈某平要求开具，但并无充分证据加以证明。最后，双方当事人对于2200万元借款中的132万元系现金支付均未予否认，故当事人之间存在现金交付的资金往来方式，故杨某慧称《收款收据》载明的350万元为现金交付有违日常生活经验法则，理据不足。[3]

在阿克苏汇众房地产开发有限责任公司（以下简称汇众房产公司）与新疆环宇建设工程（集团）有限责任公司（以下简称环宇建设公司）建设工程施工合同纠纷案中，最高法认为，根据日常生活经验法则，工程款项的支付一般滞后于工程的施工进度，二审判决以《决定》签署日为界线划分工程量和已付工程款项，不合常理，其据此认定汇众房产公司应当支付给环宇建设公司的工程款数额，缺乏证据证明。[4]

在周某坑与朱某萍房屋买卖合同纠纷案中，最高法认为，周某坑在订立合同时及履行合同过程中存在诸多与日常生活经验法则相悖的情形：(1)周某坑在一审时陈述其与朱某萍在中介公司签订《购房协议书》，但在二审庭

---

〔1〕 参见[日]新堂幸司：《民事诉讼法》，林剑锋译，法律出版社2008年版，第375页。
〔2〕 参见毕玉谦：《经验法则及其实务应用》，载《法学》2008年第2期。
〔3〕 最高法民事裁定书，(2015)民申字第678号。
〔4〕 最高法民事裁定书，(2016)最高法民申3614号。

审时又称其从未见过朱某萍，两者截然相反。(2)关于房屋交易价格的问题。周某坑与朱某萍签订的《购房协议书》约定的房屋价格为 1,650,000 元，但案涉证据显示其交易完税价格是 1,080,000 元，该价格远低于其签订房屋买卖合同时的市场价格。(3)关于收款方周某刚的身份问题。在一审庭前证据交换时周某坑称周某刚是朱某萍的老公，付款前见过两者的结婚证，且朱某萍当时要求其汇款至周某刚名下。但在一审庭审中其又称周某刚为中介公司的工作人员。(4)关于付款行为的问题。周某坑称其是一位在广州做了 20 年生意的商人，并用其一生积蓄购买案涉房屋。但其又称忘记了付款的具体情况，也不清楚案涉房屋的最终交易完税的价格，有违常理。因而二审法院进而认定周某坑为非善意购买人，并无不当。[1]

四、以虚假的自认作出的裁判

若原判决、裁定认定事实以虚假的自认作为基础，则也构成基本事实缺乏证据证明。例如，当事人的自认是在他人实施违法行为的情况下被迫作出的，或者双方当事人恶意串通，[2]在诉讼中对相关事实作出虚假自认，误导法院对相关事项作出与事实不符的认定，也可以基本事实缺乏证据证明为由申请再审。[3]

第三节 结 语

保证案件审理正确的前提是查明案件事实，而查明案件事实需要证据予以证明。[4] 因此，在有限的时间内凭借当事人碎片化的证据，司法裁判人员认定的案件基本事实与客观事实存有偏差极为正常。不同民商事案件之基本事实各不相同，且认证过程存有自由裁量权，而《民事诉讼法》第 207 条

---

〔1〕 最高法民事裁定书，(2015)民申字第 2577 号。

〔2〕 当事人双方恶意串通型虚假自认涉嫌虚假诉讼，权利相关人除申请再审外，还可根据《刑法》第 307 条以虚假诉讼罪追究相关责任人之刑事责任。

〔3〕 参见江伟、肖建国主编：《民事诉讼法》，中国人民大学出版社 2015 年版，第 338 页。

〔4〕 全国人大常委会法制工作委员会民法室编著：《2012 民事诉讼法修改决定条文释解》，中国法制出版社 2012 年版，第 254 页。

第 2 项“原判决、裁定认定的基本事实缺乏证据证明的”规定过于笼统，含义不明，缺乏可操作性，致使实务中存在以一种审判观念取代另一种审判观念，或者用一种自由裁量权取代另一种自由裁量权的现象时有发生。因此，实践中，《民事诉讼法》第 207 条第 2 项成为当事人申请再审最常援引的法定事由。

第八章 超出或遗漏诉讼请求论述

所谓诉讼请求,是指原告以诉讼标的为基础提出的具体实体请求。换言之,诉讼请求是指原告获得实体法上的具体法律地位或具体法律效果的诉讼主张。[1]

我国《民事诉讼法》第13条第2款规定,"当事人有权在法律规定的范围内处分自己的民事权利和诉讼权利",这是我国以成文法形式确立了民事诉讼当事人处分权,"处分权是当事人尤其是原告专有的权能,当事人能通过这些对自己权利的处分行为来规定程序的进行,法院原则上必须受这些行为的约束"。[2]

因此,人民法院应严格以当事人的诉讼请求为基础,围绕当事人的诉讼请求下判,且与当事人的诉讼请求一一呼应。判决是否超出诉讼请求应根据当事人的诉讼请求内容和判决的判项内容加以认定。

审判人员"不得拒绝裁判"原则已成为世界多国普遍适用的司法原则,《法国民法典》第4条规定,"审判员借口没有法律或法律不明确、不完备而拒绝受理者,得依拒绝审判罪追诉之"[3]。《瑞士民法典》第1条第2款规定,"如本法无相应规定,法官应依据惯例;如无惯例,依据自己作为立法人

[1] 参见江伟、肖建国主编:《民事诉讼法》,中国人民大学出版社2015年版,第25页。

[2] [日]谷口安平:《程序的正义与诉讼》,王亚新等译,中国政法大学出版社1996年版,第97页。

[3] 《法国民法典》,罗结珍译,中国法制出版社1999年版,第1页。

所提出的规则裁判"[1]。由此可见,即使当事人穷尽举证责任依然真伪不明,审判人员亦不得拒绝裁判之,否则就违反了作为裁判者最为基本的职责,需要承担相应的法律责任。当代中国虽然无此类似的成文规定,但"不得拒绝裁判"也成为一项普遍的司法原则。如果对当事人的诉讼请求不加理睬或拒绝裁判,均属于遗漏诉讼请求之情形。

综上所述,如果原审判决超出或遗漏当事人诉讼请求的,[2]势必系重大程序瑕疵,属于当事人申请再审的法定事由之一。我们也应该看到,基于再审程序之补充性,在再审维度审视是否超过或遗漏诉讼请求,必然会受到是否符合实质正义,是否符合诉讼经济原则和便利原则,是否有利于一次性解决争议以及避免诉累等诸多方面的考量。

第一节 超出诉讼请求辨析

民事判决超出诉讼请求范围是指案件受理后,法庭辩论结束前,原告未提出增加或变更诉讼请求,受诉法院却作出超出其诉讼请求范围的判决结果。[3] 根据《民事诉讼法》第175条"第二审人民法院应当对上诉请求的有关事实和适用法律进行审查"及《民诉法解释》第321条"第二审人民法院应当围绕当事人的上诉请求进行审理。当事人没有提出请求的,不予审理,但一审判决违反法律禁止性规定,或者损害国家利益、社会公共利益、他人合法权益的除外"之规定,民事诉讼实行"不告不理"原则,人民法院应当围绕当事人的诉讼请求进行审理。民事判决超出诉讼请求范围侵害了当事人处分权和诉讼权利,对于明显超出当事人诉讼请求且不符合除外情形的,应准许再审。现就司法实践中超出诉讼请求类型及最高法再审视角下界定超出诉讼请求思路简析如下。

[1] 《瑞士民法典》,殷生根译,法律出版社1987年版,第1页。

[2] 有些判决、裁定同时存在超出或遗漏诉讼请求之情形,可参见最高法民事判决书,(2016)最高法民再4号。

[3] 参见刘如谦:《判决不应随意超出诉讼请求范围》,载《法学杂志》1995年第3期。

一、超出诉讼请求类型[1]

第一类是基于当事人同一诉讼请求的金额超判。基于当事人同一诉讼请求的金额超判是指裁判文书之“判项”仍基于当事人所主张的诉讼请求，仅在数额上超出了当事人所主张之范围。

如在拉萨经济技术开发区天创源商品混凝土有限责任公司（以下简称天创源公司）与西藏高争建材股份有限公司（以下简称高争公司）买卖合同纠纷案中，本案二审法院未支持天创源公司的上诉请求，本应予以驳回上诉即可，但却在高争公司未上诉的情况下，以一审判决有失妥当为由增加了一审认定的高争公司应付债务数额，属于超出当事人诉讼请求的情形。[2]

又如在武汉中生建工集团有限公司（以下简称中生公司）、武汉中生建工集团有限公司阳新分公司（以下简称中生公司阳新分公司）与湖北园晟置业有限公司建设工程施工合同纠纷案中，最高法认为，中生公司、中生公司阳新分公司于2019年6月20日向一审法院提交的《证据证明目的》载明，外脚手架补偿款的计算范围系富川大酒店和附属1号楼，并未包含附属2号楼部分，一审法院将附属2号楼面积计算在内，超出了当事人的诉讼请求。[3]

第二类是增加或变更了当事人所未主张的不同种类的诉讼请求，也不符合实质公平原则。增加或变更了不同种类的诉讼请求，是指“超判了”当事人未主张的、与已主张的诉讼请求不同种类的事项，且最终结果损失了实质公平原则。

如在江河创建集团股份有限公司（以下简称江河创建公司）与南昌阳光新地置业有限公司（以下简称阳光新地公司）建设工程施工合同纠纷案[4]中，阳光新地公司上诉请求为判令江河创建公司承担工期延误违约金239万元及后期维修费用。但二审法院却对双方当事人未提异议的案涉工程款支付问题重新加以认定，并改判阳光新地公司向江河创建公司支付工程款4万

---

〔1〕本节有关超出诉讼请求类型参考了刘学在、刘悦：《论超诉讼请求判决的识别与规制——以2015年至2019年390份民事判决书为样本》，载《西部法学评论》2020年第3期；钱斌、孔令媛、王广田：《民事判决超出诉讼请求范围的现象解析及其规制——以中国裁判文书网887份因超出诉讼请求范围被发改裁判文书为样本》，全国法院第29届学术讨论会，2018年4月于北京。

〔2〕最高法民事裁定书，（2016）最高法民申3429号。

〔3〕最高法民事判决书，（2020）最高法民终766号。

〔4〕最高法民事判决书，（2017）最高法民再181号。

余元及利息，明显超出了阳光新地公司所提出的上诉请求之种类。并且，人民法院径行判决被告支付连当事人都没有争议的工程款，岂不违反公平原则？

而在深圳中科发明投资管理有限公司（以下简称深圳中科公司）、单某双与中山中科南头创业投资有限公司（以下简称中山中科公司）合同纠纷案中，案涉股票（股权）转让过户事宜并非当事人之诉讼请求，但最高法认为深圳中科公司、单某双向中山中科公司支付股票转让款后，中山中科公司亦应将相应的案涉股票返还给深圳中科公司，此系双方合同义务的对等履行。二审判决为减少当事人诉累，节省司法资源，对股票过户事宜一并处理，符合尽可能一次性解决纠纷的司法政策，并非一般意义上的超出诉讼请求范围进行裁判的情形，符合实质公平精神，并无明显不当。[1]

在大连富业船舶工程有限公司（以下简称富业公司）与王某昌、付某鑫、吉粮集团大连运销总公司股权转让合同纠纷案中，二审法院在认定《产权转让协议书》无效的情况下，考虑到富业公司所尽义务，又依照该协议判令王某昌、付某鑫给付富业公司补偿款200万元，且该款项为补偿款，而非富业公司诉请中要求的合同价款，最高法认为二审法院该项判决属于适用法律错误，且超出诉讼请求判决。[2]

第三类是判决认定的责任主体与被请求的责任主体错位。如在潘某龙、崇信县鑫盛新型建材有限责任公司（以下简称鑫盛公司）与张某军、平凉市第二建筑工程有限公司（以下简称二建公司）建设工程施工合同纠纷案中，张某军提起本案诉讼，诉请二建公司和鑫盛公司支付工程款，未向潘某龙主张权利。潘某龙系一审法院依鑫盛公司申请追加的被告，一审法院追加潘某龙为被告后，未询问张某军是否向潘某龙主张权利，竟直接判令潘某龙承担责任，原审法院判决认定的责任主体与被请求的责任主体明显错位，显属超出了张某军的诉讼请求之情形。[3]

但在黄某兴与高某坤等股权转让纠纷案中，最高法认为，原审法院判决违约方须向未提出诉讼请求之第三人承担责任也不属于超出诉讼请求，则

---

〔1〕 最高法民事裁定书，(2021)最高法民申1244号。
〔2〕 最高法民事判决书，(2016)最高法民再75号。
〔3〕 最高法民事裁定书，(2019)最高法民再233号。

似乎有过分追究实质正义而有悖民事诉讼处分原则之要义。该案中，黄某兴与占某作为案涉股权转让合同的一方当事人，黄某兴起诉要求高某坤、王某红支付违约金，而另一方即占某也作为被法院追加为本案第三人参加诉讼，该第三人其在原审过程中并未提出诉讼请求，但也未明确表示放弃实体权利。但原审生效判决直接判令高某坤、王某红共同向黄某兴、占某承担违约责任。最高法认为，原审程序虽有瑕疵，但根据诉讼经济和效率原则以及本案的实际情况，基本合理。[1]

二、超出诉讼请求界定

分析比较最高法民商事再审案例，笔者发现最高法在再审程序中判断原生效判决、裁定是否属于超出诉讼请求这一法定事由时，总体裁判思路为：只要原审裁判结果总体公正，符合诉讼经济便利原则，则应对当事人提出的诉讼请求作出必要的扩张解释，以尽量保持生效裁判的稳定性。现结合最高法案例将前述总体裁判思路分解如下。

1. 对于合同效力的审查，属于人民法院依职权应当审查的范畴，[2]如当事人主张合同有效，但人民法院认定合同无效，即使当事人没有提出该请求，法院对此作出判定并判决返还因相应行为取得的财产，[3]不属于超出诉讼请求之情形。根据《九民纪要》第36条之规定，在双务合同中，原告起诉请求确认合同有效并请求继续履行合同，被告主张合同无效的，或者原告起诉请求确认合同无效并返还财产，而被告主张合同有效的，都要防止机械适用“不告不理”原则，仅就当事人的诉讼请求进行审理，而应向原告释明变更或者增加诉讼请求，或者向被告释明提出同时履行抗辩，尽可能一次性解决纠纷。第一审人民法院未予释明，第二审人民法院认为应当对合同不成立、无效或者被撤销的法律后果作出判决的，可以直接释明并改判，因此该情形并不属于超出诉讼请求之情形。

在胡某雄与湖北中民建筑工程有限公司（以下简称中民建公司）建设工程施工合同纠纷案中，最高法认为，双方在诉讼中均是以合同有效为前提起

---

〔1〕 最高法民事裁定书，(2015)民申字第2543号。

〔2〕 可参见吉林鑫城房地产综合开发有限责任公司与汤某鹏房屋买卖合同纠纷案，载《最高人民法院公报》2020年第3期（总第281期），以及最高法典型案例，(2017)最高法民终340号。

〔3〕 人民法院或仲裁机构可径行判决返还的裁判依据为《民法典》第157条。

诉及答辩，而一审、二审法院均认定合同无效。对于合同无效的认定及法律后果，法律有明确规定。本案中，胡某雄与中民建公司签订的合同被确认无效后，中民建公司依据该合同收取的管理费应当依法返还，胡某雄并未表示放弃该项利益。因此，二审法院认定本案合同无效，并依法判令中民建公司返还收取的105万元管理费，不属于超出当事人的诉讼请求。[1]

2. 虽判项与当事人诉讼请求不完全一致，甚至存在超出当事人诉讼请求范围之情形，但若原审裁判结果实质符合当事人请求范围，符合诉讼经济和效率原则及公平原则，则不属于再审视角下超出诉讼请求之情形。如在(2016)最高法民申1738号案中，信达公司提出了要求各原审被告共同承担责任的诉讼请求，没有明确该共同责任是连带还是按份。最高法认为，在信达公司没有要求各被告按各自份额承担责任的情况下，原判决判令三晋公司和广和公司对太原三晋大厦的债务承担连带责任，并未超出诉讼请求的范围。[2]

在广西合正房地产开发有限公司(以下简称合正公司)与南宁市国凯实业有限责任公司(以下简称国凯公司)等建设用地使用权纠纷案中，合正公司一审本诉请求法院判令国凯公司将案涉土地的国有土地使用证办理更名过户登记至合正公司名下，国凯公司退还多收取的项目固定收入款(土地使用权转让款)21,724,612.52元，金沙湾公司对上述款项承担连带偿还责任。而国凯公司一审反诉请求法院判令解除其与合正公司签订的《合作开发协议书》、《补充合同》及《协议书》，合正公司向国凯公司返还案涉土地并拆除地上建筑物并支付逾期支付土地出让金而应承担的滞纳金。

最高法认为，原判决对双方诉请均未支持，则实际结果自然为当事人双方应继续履行《合作开发合同》、《补充合同》及《协议书》，判决主文部分原则上应仅针对本诉、反诉各项诉讼请求应否支持作出判决，对于各项诉讼请求被驳回后合同应继续履行的内容可体现在"最高法认为"的说理部分。原判决在判决主文部分将继续履行上述合同作为判项列出，从文书处理的角度上看虽稍有不妥，但并不影响案件裁决的实质结果。原判决不属于遗漏

〔1〕 最高法民事判决书，(2014)民抗字第10号。
〔2〕 最高法民事裁定书，(2016)最高法民申1738号。

或超出诉讼请求。[1]

3. 当事人之诉讼请求不明确或存在瑕疵、疏漏，但在审理过程中对其诉讼请求进行了细化和补充，人民法院对其一并处理，不属于超出诉讼请求。

在泰邦基建发展有限公司、湖南潭衡高速公路开发有限公司与中诚信托有限责任公司(以下简称中诚公司)金融借款合同纠纷案中，中诚公司在原审起诉状中第一项诉讼请求为依法判令两被告偿还原告借款本金11亿元及截至实际清偿日止的利息、复利。在所附《欠息情况表》中，表明了截至2015年5月20日所欠利息、复利的计算标准及数额，其中利息中包含罚息。原审中中诚公司将该《欠息情况表》作为证据七提交，并已经法庭质证。最高法认为，原审中诚公司关于利息的诉讼请求中包含罚息，原审在判项中将罚息列明，并未超出中诚公司的诉讼请求范围。[2]

4. 当事人主张解除合同，但若庭审时当事人同意继续履行且从法律上判断该合同不应解除时，人民法院直接判决继续履行合同的；或者一方当事人诉请继续履行，如果经审查认为争议的合同事实上已无法继续履行，进而判决解除合同的；或案件符合法定解除，但当事人却主张约定解除，原审法院依据法定解除进行判决的[3]，均不属于超出诉讼请求之情形。

在王某达、朱某帅与陈某瑞、季某权、蔡某生股权转让纠纷案中，最高法认为，陈某瑞在原审中请求继续履行其与王某达、季某权签订的《股份协议书》，实质上是要求确认和行使其在刘沟煤矿的股份利益。因刘沟煤矿在本案审理过程中发生重大事故，导致《股份协议书》客观上无法继续履行，陈某瑞所享有股权的财产价值已全部灭失，其诉讼请求就相应体现为股权受到侵害后的损害赔偿请求权，或股权转让款的返还请求权。故二审判决判令王某达、季某权对陈某瑞的股权损失承担连带赔偿责任，并未超出陈某瑞的诉讼请求。[4]

在海南天富鹅业有限公司(以下简称天富鹅业)与琼中黎族苗族自治县农业科学研究所等租赁合同纠纷案中，最高法认为，因该协议已不再具有继续履行的合理性，天富鹅业请求继续履行协议书的诉讼请求不能得到支持，

[1] 最高法民事裁定书，(2015)民申字第1951号。
[2] 最高法民事判决书，(2017)最高法民终459号。
[3] 最高法民事判决书，(2020)最高法知民终1587号。
[4] 最高法民事裁定书，(2013)民申字第2128号。

应当驳回天富鹅业继续履行合同的诉讼请求。这种情况实际上已经使合同关系处于终止状态,从合同不能再继续履行的意义上看,与解除合同的效果相当。故为了彻底了结该合同项下纠纷,避免当事人通过另行诉讼宣告一项只具有形式意义的结论之讼累,即使当事人仅仅以抗辩的形式表达了实质上类似的意思,而并未明确地将解除合同作为一项请求提出,人民法院判决解除合同的,也可以视为是对驳回继续履行合同诉讼请求及解决违约责任之裁判内容的自然延伸,而不属于超出诉讼请求之情形。[1]

在金某志、何某武、赵某汀、诸暨康富美投资有限公司与方某军及詹某军股权转让合同纠纷案中,最高法认为,方某军的诉讼请求是解除合同及要求对方承担违约责任,二审法院认为解除合同的诉讼请求不能得到支持,在方某军未明确变更诉讼请求的情况下,考虑到合同不能解除的后果仍然是继续履行,在诉讼过程中双方当事人又均表示尚欠的股权转让款及利息应当支付,二审法院直接判令金某志等四再审申请人支付剩余的股权转让款及利息,可以减少当事人的讼累,且未导致判决结果的不公平,不构成超出诉讼请求之情形。[2]

5. 当事人债权债务关系属实,债权人虽未提出正式诉讼请求,但庭审时已主张行使该权利的,人民法院从符合诉讼经济和诉讼效率的原则进行判决,致使判项与当事人诉讼请求实质上不一致的,也不属于超出诉讼请求之情形。

在义利公司与刘某利民间借贷纠纷案中,义利公司的诉讼请求中并不包含要求刘某利支付 90 万元借款保证金。最高法却认为,根据义利公司与朝阳银行签订的《按揭贷款业务合作协议》第 5 条的约定,履约保证金是因刘某利为购买朝阳燕都大厦商用房向银行贷款时,贷款银行为保证刘某利按期履行还款付息义务,要求该大厦的开发商义利公司作为保证人在贷款银行指定的账户上存入一定数额款项,在刘某利未按期偿还贷款本息而义利公司亦未主动履行还款义务时,贷款银行直接在该保证金账户扣收以冲抵刘某利欠款本息的款项。根据上述协议的约定,虽然该款项应在义利公司保证金账户预留并扣收,发生在贷款银行与义利公司之间,但义利公司在

---

〔1〕 最高法民事裁定书,(2015)民申字第 1931 号。

〔2〕 最高法民事裁定书,(2015)民申字第 2026 号。

银行扣收后就该扣收款项有权向刘某利追偿。因此，对于朝阳银行自2013年12月31日起分笔扣划用于垫付朝阳优丽雅特窗帘店贷款的90万元款项，因该款项已实际用于偿还刘某利家庭经营的朝阳优丽雅特窗帘店的贷款，且对该款项义利公司有权向借款人追偿，义利公司又主张在案涉刘某利借款中扣收，因此，为减少诉累，一审、二审法院在本案中一并审理并作出处理，对刘某利并无不公。[1]

当然，鉴于何为诉讼经济和诉讼效率原则全凭审判人员自由裁量，有时定性未必完全准确。如在杨某宾等与吴某菊等民间借贷纠纷案中，最高法就并没有遵循同一审判标准，认为原审法院一并就财务顾问费作出处理属于超出诉讼请求之范围，该案并未从诉讼效率和诉讼经济角度出发予以考虑。在该案中，杨某宾、吴某菊于2010年6月17日向张某艳出具《借据》，又于同日与张某艳、福港公司签订《财务顾问合同》，双方当事人以两份独立合同形式，掩盖高息借贷之目的。按照《借据》及《财务顾问合同》之约定，杨某宾、吴某菊向张某艳、福港公司所应当支付利息、违约金及财务顾问费，已累计超出银行同期同类贷款利率4倍。原二审法院综合双方当事人借款关系实际情况，将杨某宾、吴某菊所应当支付利息、违约金及顾问费的总和，调整为不得超过银行同期同类贷款利率的4倍。但张某艳向原一审法院起诉时，仅请求杨某宾、吴某菊支付《借据》所涉本金、利息及违约金，并未请求支付《财务顾问合同》所涉顾问费，原二审法院径行将《借据》《财务顾问合同》所涉利息、违约金及顾问费一并作出判定，已超出张某艳诉讼请求，违反了民事诉讼“不告不理”基本原则。[2]

6. 就合同从义务之利息问题，如果合同无效，即使当事人未提出返还利息之主张，径行判决返还利息也不属于超出诉讼请求之范畴。但在合同有效之情况下，则大有不同。

在新疆中新资源有限公司（以下简称中新资源公司）与大庆油田工程有限公司（以下简称大庆油田公司）委托设计合同纠纷案中，大庆油田公司并未向新疆中新资源有限公司主张拖欠设计费的利息，但原审法院以利息属于法定孳息为由直接下判，一审法院判决中新资源公司支付设计费利息，显

---

〔1〕 最高法民事裁定书，(2016)最高法民申3274号。
〔2〕 最高法民事判决书，(2015)民提字第234号。

然已经超出了大庆油田公司诉讼请求的范围,中新资源公司就此问题提起上诉后,二审法院以利息为法定孳息为由驳回了中新资源公司的该项上诉请求,明显不当,最高法认为其属于超出诉讼请求之列并予以纠正。[1]

而在吴某娟与叶某辉、泉州闽科贸易有限公司(以下简称闽科公司)、泉州建江汽车配件制造有限公司民间借贷合同纠纷案中,吴某娟一审中的诉讼请求为要求闽科公司立即向其支付拖欠的股权转让款共计人民币900万元,其诉讼请求中并不包括要求闽科公司等归还利息和违约金等内容。二审判决在认定双方之间构成借贷关系的基础上,根据本息的归还情况,判令闽科公司归还尚欠的本金191万元,并根据款项归还的情况,以中国人民银行同类贷款利率的4倍为计息标准,分段计算闽科公司应支付的利息。最高法却认为,吴某娟在本案中虽然未就闽科公司迟延履行及尚未履行的欠款利息提出相应的诉讼请求,但基于"纠纷一次性解决"的诉讼经济考量,二审判决将该部分利息的给付问题在本案中一并解决,不仅免却了申请人吴某娟通过另案再行寻求救济的讼累,切实维护了其合法权益,也节约了司法资源。故二审判决不机械拘泥于当事人的诉讼主张,将利息支付这一从给付义务纳入本案一并处理的审理方法,实体结果公正,程序合法、正当。最高法认为吴某娟关于二审判决在其没有主张利息的情况下作出裁判系超诉讼请求裁判的申请理由不能成立。[2]

笔者认为,就当事人诉讼中未主张的利息,如果严格遵照法律规定,在不损害他人利益的前提下,法院断无径行判决之法律依据。毕竟当事人不主张也算是处分其自身民事权利,法院对当事人的该项权利应予以尊重,如果属于当事人自行放弃,何来节约司法资源一说?故而(2017)最高法民申2179号的裁判思路是欠妥的。

7. 根据《民诉法解释》第390条之规定,即使一审判决超出诉讼请求,但当事人未对一审判决、裁定超出诉讼请求提起上诉的;[3]或一审判决超出诉讼请求,当事人上诉后在二审庭审中实质上认可一审判决结果的,意味着其默认了审判机关对其处分权的剥夺,故其不再享有再审利益,不得再以"超

[1] 最高法民事判决书,(2016)最高法民再11号。
[2] 最高法民事裁定书,(2017)最高法民申2179号。
[3] 最高法民事裁定书,(2016)最高法民申552号。

出诉讼请求”申请再审。

在北京中利睿钻商贸有限责任公司(以下简称中利睿钻公司)与湖北苏商城市投资有限公司(以下简称苏商公司)合资、合作开发房地产合同纠纷案中,最高法认为,中利睿钻公司的一审诉求为要求苏商公司继续履行合同,一审法院在中利睿钻公司未变更诉讼请求的情况下,直接判决终止履行合同,超出了当事人的诉讼请求。考虑到中利睿钻公司在二审中认为由于苏商公司以实际行动表明不再继续履行合同,故该公司认为原审判决终止履行合同并无不妥。鉴于苏商公司主张该公司已行使了单方解除权解除了合同,而中利睿钻公司对原审判决终止履行《联合开发合同》不持异议,二审判决合同终止履行并无不当。[1]

第二节 遗漏诉讼请求辨析

所谓遗漏诉讼请求,是指原审判决、裁定对当事人的诉讼请求有未审、未判之情形。在实践中,常见如下四种类型:

一、遗漏诉讼请求类型

第一类是遗漏当事人二审当庭增加且当事人不持异议的诉讼请求。在中铁北京工程局集团北京有限公司(以下简称中铁北京工程局)与山西楼东工贸集团公司(以下简称山西楼东集团)建设工程合同纠纷案[2]中,中铁北京工程局一审诉讼请求为支付拖欠的工程款36,669,815元及利息等,二审中,中铁北京工程局提交山西方超工程造价咨询有限责任公司出具的《山西楼东综合服务大楼主体已完工程结算审核报告》和《山西楼东综合服务大楼主体外已完工程结算审核报告》,其中主体工程造价106,128,946.28元,主体外工程造价5,286,899.82元,合计111,415,846.1元。减去已付款51,450,000元,二审要求变更诉讼请求为59,965,846.1元。山西楼东集团和中铁北京工程局均同意就二审增加该诉讼请求部分由法院二审一并审

[1] 最高法民事裁定书,(2014)民申字第1823号。

[2] 最高法民事裁定书,(2021)最高法民申3936号。

理。但二审法院仅对主体已完工的工程价款进行了审理判决，遗漏了主体外已完工的工程价款的认定及处理，属于遗漏诉讼请求应予再审之情形。

第二类是遗漏利息或违约金之诉讼请求。在甘肃红旗建设工程集团有限公司与青海福音房地产开发有限公司建设工程施工合同纠纷案中，当事人诉讼请求有明确表述为暂计至起诉日并有"利随本清"且有法律依据，而原审法院对此未作出判决，属于遗漏诉讼请求之情形。[1]

第三类是遗漏原告或独立第三人之诉讼请求或被告之反诉请求。在同时存在本诉请求与反诉请求的判决中，遗漏了反诉请求的判项，也属于遗漏诉讼请求之情形。如在(2019)最高法民申4778号案中，原审判决对请求被告承担连带清偿责任未予以审理。在(2020)最高法民再56号案中，铁通公司明确诉请确认协议效力，原审法院认定协议内容有效，却在判项中直接驳回了铁通公司全部诉讼请求，未对该公司确认协议效力的诉讼请求作出有针对性的判决。同时，铁通公司除诉请交付信通大厦第16～18层外，还请求交付1～2层门厅东侧4、5档区域，面积约360平方米。原审法院未对铁通公司该部分诉讼请求进行审理，存在遗漏诉讼请求的问题。

在大连寰宇房地产开发有限公司(以下简称寰宇公司)与大连海川建设集团有限公司(以下简称海川公司)建设工程施工合同纠纷案中，最高法认为，寰宇公司在一审中提出反诉请求判令海川公司交付全部工程竣工报验资料。一审判决予以支持，该判决第三项写明"海川公司于本判决发生法律效力之日起十日内向寰宇公司交付全部竣工报验资料"。但二审判决撤销一审判决后，应当对包括当事人的起诉、反诉、上诉请求在内的所有诉讼请求给予判决。对于寰宇公司要求海川公司交付竣工报验资料，在寰宇公司给付海川公司全部工程款的同时，作为施工方，海川公司理应履行其义务，将案涉工程的竣工报验资料全部交付给建设方。但二审判决既未在判决书主文中对该项诉求予以论述，也未在判项中对此给予判决，同时也没有"驳回寰宇公司其他诉讼请求"的判项，属遗漏诉讼请求应予再审的情形。[2]

第四类是根据《民诉法解释》第252条之规定，再审发回重审的案件，但

---

〔1〕 最高法民事判决书，(2015)民一终字第249号。另在(2015)民申字1419号，(2017)最高法民再176号和(2017)最高法民再145号中，均认定遗漏利息属于应予再审之情形。

〔2〕 最高法民事判决书，(2014)民抗字第50号。

当诉讼标的物灭失或者发生变化致使原诉讼请求无法实现的，以及当事人申请变更、增加诉讼请求或者提出反诉，无法通过另诉解决的，人民法院对当事人申请的增加诉讼请求未审理的，属于遗漏诉讼请求之情形。武汉兴旺北湖农工贸科技发展有限公司（以下简称兴旺公司）与武汉武钢北湖经济开发公司（原武汉北湖农工商公司，以下简称北湖农场）等土地租赁合同纠纷案就属于此种情形的典型案例。就遗漏诉讼请求，该案历经一审、再审，重审一审、二审、再审，乃至最高检抗诉，最高法再审，颇具曲折、艰辛。[1]

该案一审判决作出后，兴旺公司不服判决向武汉中院申请再审，武汉中院裁定适用一审程序再审。再审一审判决作出后，兴旺公司、北湖农场均不服，分别向湖北高院提起上诉。湖北高院以原审程序违法为由，将本案发回武汉中院重审。重审一审判决作出后，兴旺公司、北湖农场均不服，分别向湖北高院提起上诉，后湖北高院依职权启动再审，并作出（2007）鄂民监一再终字第00002号民事判决。但是，该案走完这么多诉讼程序，解决问题了没有？显然没有。

最高检抗诉认为，兴旺公司在最初的原审一审中没有主张预期可得利益，因其当时诉求为继续履行合同，无须主张预期可得利益。在之后的再审一审和重审一审中，涉案租赁合同事实上已不能履行，经法院释明，特别是在2005年5月31日岳华会计师事务所受法院委托作出岳鄂鉴字2005第026－1号《鉴定报告》，对9号、12号围子在合同期内年预期收益作出认定后，兴旺公司在之后的再审庭审和重审申诉、重审法院调查、重审开庭庭审时均明确其诉请包含了合同预期可得利益。

凡有抗必审。由于最高检抗诉，最高法提审了本案并认为，基于诉讼经济和便利原则，再审一审、重审一审应当将合同预期可得利益纳入本案审理范围。但再审一审判决仍是以兴旺公司在原审中未主张预期可得利益为由未裁判该诉求；重审一审判决更是对兴旺公司主张预期可得利益这一诉求未予评述与裁判；终审判决又以兴旺公司在原审及再审一审中均未主张合同预期可得利益为由不予支持。对于兴旺公司在再审一审、重审一审和二审时主张的预期可得利益损失，武汉中院、湖北高院均应当进行审理，武汉

---

〔1〕 最高法民事裁定书，（2020）最高法民再306号。

中院、湖北高院均未进行审理,属于遗漏当事人诉讼请求。[1]

二、遗漏诉讼请求处理思路

1. 尽管遗漏诉讼请求属于应予以再审的情形,但如果当事人就漏判另行起诉更有利于保护债权人利益,则可不予再审。

在大洋众城集团股份有限公司(以下简称大洋公司)与翠泉源地产控股有限公司(以下简称翠泉源公司)建设工程施工合同纠纷案中,大洋公司一审反诉及二审上诉请求均为支付工程款及利息,二审判决工程款应付。就利息,根据《建设工程司法解释》(2004 年)第 17 条的规定:"当事人对欠付工程价款利息计付标准有约定的,按照约定处理;没有约定的,按照中国人民银行发布的同期同类贷款利率计息。"[2]翠泉源公司也应就其尚欠大洋公司的工程款支付利息。

但是,一审、二审均未对欠付工程款利息部分进行审理并作出判项,属于漏判。翠泉源公司在二审判决生效后,主动将欠付款项提存至执行法院,即本案已进入执行程序。从保护债权人利益,及时实现债权的角度考虑,对于漏判的工程款利息部分,大洋公司有权另行提起诉讼解决。故最高法驳回再审申请。[3]

2. 根据《民诉法解释》第 390 条之规定,即使一审判决遗漏诉讼请求,但当事人未对一审判决、裁定遗漏诉讼请求提起上诉的,或者一审判决遗漏诉讼请求,当事人上诉后在二审庭审中实质上认可一审判决结果的,意味着其默认了审判机关对其诉讼权利的剥夺,此时当事人将不再具有再审利益,故其不能以"遗漏诉讼请求"为由申请再审。

3. 确认之诉与给付之诉并存时,如果只判决给付之诉,不属于遗漏确认之诉,因为给付之诉可吸收确认之诉。

---

[1] 最高法民事裁定书,(2020)最高法民再 306 号。

[2] 该司法解释现已失效,其第 17 条对应 2021 年 1 月 1 日施行的《建设工程司法解释》(2020 年)第 26 条:"当事人对欠付工程价款利息计付标准有约定的,按照约定处理。没有约定的,按照同期同类贷款利率或者同期贷款市场报价利率计息。"

[3] 最高法民事裁定书,(2017)最高法民申 4443 号。

◆ 第三节　预备诉讼请求审视

2016年，笔者在上海某法院代理的某股权转让纠纷案中，根据民诉法理论提出的预备性诉讼请求得到了法院的实质认可，该案既顺利实现了当事人的目的，也触发了笔者对预备性诉讼请求的进一步审视与思考。如何准确界定预备性诉讼请求，以及原审法院对预备性诉讼请求进行审理或不予审理，是否属于再审视角下"超出或遗漏诉讼请求"之情形？现结合笔者的办案经验，将实务研究心得简述如下，求教于方家。

预备性诉讼请求，又称为选择性诉讼请求、备位诉讼请求，备用诉讼请求，在诉讼法学理论上也有称为客观预备性合并〔1〕、预备性诉讼请求合并〔2〕及预备合并之诉。预备性诉讼请求，是指原告在一个诉中向同一被告主张了法律上、逻辑上相互排斥又具有先后顺位的两个诉讼请求，以便主位诉讼请求在法律上或事实上没有理由时，要求人民法院对预备性诉讼请求进行审判。"我国民事诉讼法虽然没有明确规定予以承认，但也没有明确予以禁止"〔3〕，但上海高院〔4〕、重庆高院〔5〕在相关解答及指导意见中对预备性诉讼请求进行过规定。

---

〔1〕 可参见张卫平：《主观预备合并之诉及制度建构研究》，载《政法论丛》2020年第5期。

〔2〕 段文波：《类型化视角下诉讼请求合并的程序展开》，载《中外法学》2022年第3期。

〔3〕 张卫平：《主观预备合并之诉及制度建构研究》，载《政法论丛》2020年第5期。另（2017）最高法民申3901号案裁定书明确"现行法律并未禁止当事人在要求对主位诉讼请求的同时提出备位诉讼请求"。

〔4〕 上海高院于2006年6月作出的《关于审理涉及债权转让纠纷案件若干问题的解答》第2条规定："预备诉讼是在同一诉讼中，同一原告针对同一被告在主要诉讼请求得不到满足时的备位诉讼请求。"

〔5〕 《重庆市高级人民法院关于当前民事审判若干法律问题的指导意见》第52条规定，"关于补充性诉讼请求的处理。补充性诉讼请求，又称预备性诉讼请求，是指当事人提出两个或两个以上的诉讼请求，为了防止第一位的主要请求不被承认，事先就提出如果第一位的主要请求不被承认就要求审理第二位次要请求，如果第一位的主要请求被承认就不用审理第二位次要请求的情形。人民法院应当允许当事人提出补充性诉讼请求，在未评议确定第一个请求能否支持前，对当事人的多个请求均应予以审理。诉讼中不必要求原告必须选择一个请求提交法院审判，但判决必须确定具体。"

一、理论阐述:预备性诉讼请求之构成要件

预备性诉讼请求得以成立,应符合如下四个构成要件:

1. 事实关联性。主诉讼请求与预备性诉讼请求得以成立的请求基础之事实关系之间具有关联性。因为预备请求必须是原告在对主请求缺乏胜诉确信或举证确信情形下提出的诉讼请求,所以原告如果对主请求获得胜诉充满信心,则没有必要提出预备请求。[1] 因此,提出的诉讼请求之间应当紧密关联。

2. 诉求排斥性[2]。这是指数个诉讼请求之间不能同时成立或者说相互排斥,[3]即当事人的主诉讼请求与预备性诉讼请求在法律上不能被法院同时支持,不能两立,互为成立的前提和条件。法院如果认为主位诉讼请求有理,应当就主位请求作出判决,预备性诉讼请求的申请则视为没有提出,法院不能对其作出裁判。反之,法院如果判决驳回主位诉讼请求,则应对预备性请求作出裁判。

在赵某莎与陈某玲所有权确认纠纷案中,陈某玲的主位诉讼请求为判令确认陈某玲为房屋的所有权人,同时陈某玲提出了预备性诉讼请求,即如赵某莎的行为导致房产无法办理过户确权或导致陈某玲无法实际占有房产,判令赵某莎按房屋现价向陈某玲作出赔偿。可见其第一项、第二项诉讼请求是选择性关系。而本案一审判决对陈某玲该两项诉讼请求同时予以支持。最高法认为该两判项内容是并列关系,属于重复支持了陈某玲的请求,为避免造成双重执行,应当予以纠正。[4]

3. 诉求顺位性。这是指原告提出的主、预备性诉讼请求具有先后顺序及选择关系,法院应先审理裁判主位诉讼请求,这也是原告的本意和其首要目的。只有当主位诉讼请求经审理后未得到法院的认可时,法院才必须审理裁判第二个请求。即裁判第二个请求必须以第一请求的失当为前提。如

---

〔1〕 段文波:《类型化视角下诉讼请求合并的程序展开》,载《中外法学》2022 年第 3 期。

〔2〕 张卫平教授认为,客观的预备合并之诉中,主位请求与预备请求之间是否必须以相互排斥关系为前提。德国一些学者认为,主位请求与预备请求之间可以不存在排斥关系;日本一些学者认为应当具有排斥关系,否则没有意义。参见张卫平:《主观预备合并之诉及制度建构研究》,载《政法论丛》2020 年第 5 期。

〔3〕 段文波:《类型化视角下诉讼请求合并的程序展开》,载《中外法学》2022 年第 3 期。

〔4〕 最高法民事裁定书,(2020)最高法民申 5448 号。

果原告对两项矛盾的诉讼请求同时主张，且没有先后顺序和选择关系，则不符合预备性诉讼请求制度之理论。

4. 主体同一性。即主位诉讼请求和预备性诉讼请求的对象均应指向同一被告。在(2022)最高法民终179号案中，最高法认为，“大庆农村商业银行股份有限公司(以下简称大庆农商行)主张，其提起的是备位诉讼。而且不说我国民事诉讼法尚未明确承认备位诉讼制度，即便当事人可以提起备位诉讼，其也仅是相同当事人在同一诉讼中提出的两个以上具有先后满足顺序的诉讼请求的预备合并。本案中，大庆农商行系针对不同当事人提出两个诉讼，不符合备位诉讼的法理。”

二、呈现模式：主动提出与释明后追加

在何种案件中会出现预备性诉讼请求？主要有两类：(1)在合同效力性案件中，当事人对合同是否有效心有疑虑，甚至明知无效但为后续和解博取最大利益而按照合同有效来主张其主位诉讼请求，但其又希望一次性解决纠纷，避免诉累，一旦法院认定合同无效，基于《民法典》第157条之规定，合同无效的法律后果是互相返还及赔偿损失，因此提出预备性诉讼请求。(2)在事实无法履行的合同案件中，当事人会考虑一旦标的物不存在或者确实无法履行，则考虑解除合同、赔偿损失，进而一次性解决纠纷。实践中，预备性诉讼请求出现的模式有：

1. 当事人主动提出。基于对第一诉讼请求获得法院支持的信心不足，旨在避免第一个诉请败诉后再次起诉提出第二个诉请，当事人在起诉时提出预备性诉讼请求。这是最常见模式。如原告起诉时提出一个主位诉讼请求即履行合同交付标的物，同时再提出一个预备诉讼请求即合同不能履行的情况下返还保证金并赔偿损失。

在承德市委招待处与承德奥龙农牧渔产业集团有限责任公司合同纠纷案[1]中，承德市委招待处在一审中提出的诉讼请求为解除《股权转让合同》及返还财产。其同时提出了选择性诉讼请求机如案涉《股权转让合同》有效则案涉股权转让价款是否合理。

原告行使诉权是用经济手段维护自己的权益，通过一次诉讼穷尽追求

〔1〕 最高法民事裁定书，(2020)最高法民申6146号。

自己可能得到的利益，使自己在同一事件中受到的损失以最经济便利途径获得司法救济。

2. 经法官释明后提出。法院往往为诉讼便利及经济原则考虑，会在诉讼过程中对当事人之间的合同效力或合同性质进行释明，促使当事人提出预备性诉讼请求。

如在北京城建集团有限责任公司（以下简称城建公司）与重庆尚信置业有限公司（以下简称尚信公司）及重庆市德感建筑安装工程有限公司建设工程施工合同纠纷案[1]中，城建公司明确表示其诉讼请求系以2012年9月23日签订的《工程施工合同》有效为前提提出。最高法在二审庭审中向城建公司释明，征求其是否以该《工程施工合同》无效为基础提出备用诉讼请求的意见。

在泰来家美房地产开发有限公司、海天公司建设工程施工合同纠纷案[2]中，海天公司原始诉讼请求包括请求家美公司给付延期支付工程款违约金及迟延退场费违约金，该两项诉请建立在《建设工程施工合同》有效的基础上。一审法院基于对效力审查的职责，向海天公司释明《建设工程施工合同》存在无效的可能性，海天公司对合同无效可能性作出了将主张违约金变更为主张损失的预备性诉讼请求，且计算方法与数额均不变，并无不当。

三、司法实践：预备诉讼请求得到实证检验

1. 在最高法层面，"现行法律并未禁止当事人在要求对主位诉讼请求的同时提出备位诉讼请求"[3]，法无禁止即可为，因此对当事人诉讼请求中含有预备性诉讼请求的，认为符合立案条件，应予受理。如在甘肃省国营八一农场（以下简称八一农场）、金昌水泥（集团）有限责任公司决议效力确认纠纷案[4]中，一审、二审法院均认为，八一农场既主张股东会决议无效，又请求确认其享有金昌水泥（集团）有限责任公司增资的2404.2922万元的对应股权，其诉讼请求相互矛盾，经庭审释明后八一农场明确表示不变更诉讼请求，导致人民法院无法确定八一农场的具体诉讼请求，因此对其起诉予以驳

[1] 最高法民事判决书，（2019）最高法民终876号。
[2] 最高法民事判决书，（2019）最高法民终564号。
[3] 最高法民事裁定书，（2017）最高法民申3901号。
[4] 最高法民事裁定书，（2019）最高法民再152号。

回。但最高法认为，八一农场在提起股东会决议无效之诉的同时，又请求确认该股东会决议增资对应的股东权益归其所有，两个诉讼请求虽然是相互矛盾的，但八一农场提起的两个诉，诉讼要素齐全，均符合《民事诉讼法》规定的立案标准，当事人可以在前一个诉的请求不被支持时，退一步选择主张后一个诉的诉讼请求，对当事人的两个诉，人民法院均应立案受理。

在天津银行股份有限公司北京分行（以下简称天津银行北京分行）、中国农业银行股份有限公司临夏分行（以下简称农行临夏分行）合同纠纷案[1]中，天津银行北京分行一审主诉请求为判令农行临夏分行履行《三方合作协议》，购买合同项下信托受益权，预备性诉讼请求为判令包商银行股份有限公司在《三方合作协议》被认定不成立或无效的情况下，向天津银行北京分行返还信托受益权资金并赔偿损失。最高法认为符合起诉条件，应予受理。

从最高法的上述两个案例可知，最高法认为含有预备性诉讼请求的起诉符合起诉条件是明确的。其实，《民事诉讼法》第 122 条规定诉讼请求必须明确，但未规定两个以上诉请不能相互排斥、对立，因此当事人提出的预备性诉讼请求不违反法律规定，人民法院亦不能对当事人行使诉权提出苛求，且法院也应当尽可能保障当事人的诉权行使，不应以当事人提出预备性诉讼请求、致使诉讼请求不明确为由随意驳回当事人的正当诉请。

依据前述逻辑，应予受理就潜含应予审理之义。在泰来家美房地产开发有限公司、海天建设集团有限公司（以下简称海天公司）建设工程施工合同纠纷案中，最高法认为，一审法院在审理过程中，基于对效力审查职责，向海天公司释明《建设工程施工合同》存在无效的可能性，海天公司对合同无效可能性作出了将主张违约金变更为主张损失的预备性诉讼请求，且计算方法与数额均不变，并无不当。[2]

2. 就地方法院而言，实质认可预备性诉讼请求的法院不在少数。因此，当事人起诉拟提出预备性诉讼请求时，应对拟立案法院的过往裁判案例进行调研分析预判。如在深圳前海元泉资产管理有限公司（以下简称元泉公司）与深圳枢纽资产管理有限公司、第一创业证券股份有限公司委托

〔1〕 最高法民事裁定书，(2018)最高法民终 817 号。
〔2〕 最高法民事判决书，(2019)最高法民终 564 号。

理财合同纠纷案[1]中，元泉公司的诉讼请求为：请求依法撤销原、被告及第三人签订的《基金合同》，被告返还原告投资款24,595,068.49元，并赔偿原告相应的资金占用损失。如不能撤销双方签订的基金合同，则请求判令被告赔偿原告本金3000万元，并支付逾期利息。一审法院判决支持元泉公司的主位诉讼请求，即撤销合同并返还款项等。二审法院认为合同不应撤销，但鉴于元泉公司的备位诉讼请求未审理，故发回重审。另从(2018)粤民初120号案中，亦可以看出广东高院对当事人提预备性诉讼请求是认可的。

又如，在(2020)京73民终263号中，北京高院认可"在本案审理过程中，经法庭释明，周某颖在本案中提起预备诉讼"。另上海一中院在(2021)沪01民终11625号案中，重庆高院在(2019)渝民终152号案中，天津高院在(2020)津民终6号案中均传递了支持预备性诉讼请求的明确信号。[2] 无锡中院则在(2020)苏02民终2188号案中是持反对意见的。

另外，根据《民法典》第186条"因当事人一方的违约行为，损害对方人身权益、财产权益的，受损害方有权选择请求其承担违约责任或者侵权责任"之规定，在违约与侵权责任竞合情形下，当事人在同一诉讼中只能择一提出，而不能以预备性诉讼请求方式同时提出违约与侵权之诉。在实务中，经常会出现原告方对侵权责任之诉与违约责任之诉未作出明确选择的情形，人民法院应当"通过释明其不予选择的不利后果的情况下由当事人作出选择，其仍不选择导致案件无法继续审理的，可以裁定驳回起诉"[3]。

由于我国法律对预备性诉讼请求没有明确规定，在法院的审判实践中，法院常参照最高法《证据规定》(2001年)第35条，《证据规定》(2019年)第

[1] 一审阶段：福田法院民事判决书，(2019)粤0391民初25号；二审阶段：深圳中院民事裁定书，(2020)粤03民终15667号。

[2] 对预备性诉讼请求持肯定意见的案例还有：(2019)桂03民终655号、(2021)鲁02民终6712号、(2020)鲁15民终3001号、(2020)皖03民终1436号等。

[3] 最高人民法院民法典贯彻实施工作领导小组主编：《中华人民共和国民法典总则编理解与适用》(下)，人民法院出版社2020年版，第940页。

53 条[1]予以裁判。

四、再审视角：超出或遗漏诉请之界定

即便当事人可以提起备位诉讼，其也仅是相同当事人在同一诉讼中提出的两个以上具有先后满足顺序的诉讼请求的预备合并，这符合诉讼便利和经济原则。因此，在最高法的再审审判实践中，支持观点有之[2]，反对观点亦有之。

支持者认为，在具有先后满足顺序的诉讼请求中，原审法院如果第一项诉讼请求不予支持，对备位诉讼请求进行审理并不属于再审视角下超出诉讼请求之范畴。该观点实质上承认备位诉讼请求存在之合法性。

如在宜春市利达房地产开发有限公司（以下简称利达公司）与袁某生合伙协议纠纷案中，袁某生一审提出的诉讼请求为请求确认其为利达公司的股东，确认其持有利达公司 18% 的股份，并责令利达公司在 10 个工作日内完成其股东身份及持股比例的登记工作。其备位诉讼请求为若上述诉请不能得到支持，则请求判令利达公司支付拖欠袁某生的股权转让款 1013.39 万元、利息 719.51 万元，合计 1732.9 万元，并请求责令利达公司向袁某生支付该 1732.9 万元的相应利息。可见，袁某生提出的第二项诉讼请求是在第一项诉讼请求不能获得法院支持情况下的预备性诉讼请求，原审法院在审理认为袁某生第一项诉讼请求不能成立的情况下对第二项诉讼请求予以审理并作出裁判，最高法认为原审判决符合诉讼便利和经济的原则，也有利于法院对当事人争议裁判的协调统一，并无不当。[3]

最高法展现反对观点的案例见（2018）最高法民申 3217 号案。在该案中，天水市秦州区玉泉镇东方红村民委员会诉讼请求天水宏安房地产开发有限责任公司（以下简称宏安公司）交付 3 号楼，同时提出“如果因房屋确实

---

〔1〕 现行《证据规定》第 53 条规定：“诉讼过程中，当事人主张的法律关系性质或者民事行为效力与人民法院根据案件事实作出的认定不一致的，人民法院应当将法律关系性质或者民事行为效力作为焦点问题进行审理。但法律关系性质对裁判理由及结果没有影响，或者有关问题已经当事人充分辩论的除外。存在前款情形，当事人根据法庭审理情况变更诉讼请求的，人民法院应当准许并可以根据案件的具体情况重新指定举证期限。”

〔2〕 可参见最高法民事裁定书，（2019）最高法民再 152 号。

〔3〕 最高法民事裁定书，（2019）最高法民申 1016 号。

已经销售完毕,要求宏安公司按照市场价格给予货币补偿”之备用诉讼请求。原一审、二审法院未支持其主交楼的诉讼请求,但对其就3号楼的预备性诉讼请求,一审、二审判决未予处理,最高法却认为不属遗漏诉讼请求之情形。

第四节 结　语

诉讼请求是民事诉讼的起点,也是司法裁判的终点。再审视野下,既要维护生效判决的既判力和法的安定性,也应尊重当事人的民事处分权和诉讼权利,维护诉讼经济和便利原则。因此应以结果公正、权利义务衡平作为终极评价标准,允许当事人提出预备性诉讼请求,对超出诉讼请求进行适当扩张性解释,对“漏而未判”遗漏诉讼请求进行限缩性解释。

第九章 其他程序性事由论述

我国现行《民事诉讼法》规定了违反法定程序的一系列法定再审事由，这是对原审是否存在程序违法问题进行监督，体现了程序正义的要求。对于这类事由，只要存在法定情形，即应裁定再审，无须考虑判决结果是否有误，此时，裁定再审与再审是否改判没有必然联系。[1] 本章将结合八大程序性法定再审事由一一论述。

第一节 审判组织不合法或未依法回避

若审判组织的组成不合法或者依法应当回避的审判人员没有回避，则应予以再审。审判组织是人民法院审理案件的主体。根据《人民法院组织法》第 29 条之规定，审理民事案件的组织形式包括合议制和独任制两种。独任制仅适用于基层人民法院及其派出法庭，且仅限于审理简单的民事案件和一般的非诉案件。除此之外，其他按照一审程序审理的民事案件以及按照二审程序或因检察机关抗诉而启动再审程序审理的民事案件均应采用合议制。一般而言，"审判组织的组成不合法或应回避而未回避的"情况可从如下八个维度进行理解：

---

〔1〕 参见崔玉清、林文学：《完善民事再审审查制度的思考》，载《人民检察》2013 年第 22 期。

1. 将本应由合议庭审理的案件改为独任制审理。

2. 原审庭审中，合议庭组成人员缺席。[1]

3. 生效裁判程序为二审，但提出对一审是否存在审判组织不合法予以审查。

在王某生与黄某敏借款合同纠纷案中，关于本案一审判决是否存在审判组织的组成不合法或者依法应当回避的审判人员没有回避的问题，最高法认为，根据《民事诉讼法》(2012 年)第 199 条[2]之规定，本案再审审查的对象为生效判决即本案二审判决，故就王某生提出的一审判决存在上述严重程序违法的主张，最高法仅从二审判决是否存在未对其予以审理和纠正的角度进行审查。王某生称一审开庭时，审判员付某国未到庭，合议庭亦未向当事人告知付某国的姓名，但二审判决所记载王某生的上诉理由中，并未见其提出一审判决存在上述程序问题，王某生向最高法提交的二审庭审笔录中，亦未记载王某生曾就一审程序问题提出异议，而且王某生的上诉请求仅要求二审法院予以改判驳回黄某敏的诉讼请求，而未依据《民事诉讼法》(2012 年)第 170 条第 1 款第 4 项[3]之规定，以一审判决严重违反法定程序为由请求发回重审，现王某生提出二审判决对一审存在程序错误未予纠正的申请再审理由，不属于《民事诉讼法》(2012 年)第 200 条第 7 项[4]规定情形，该项申请再审理由不能成立。[5]

在熊某祥与中电国华神木发电有限公司等建设工程施工合同纠纷案中，熊某祥提出一审审判组织不合法。最高法认为，当事人申请再审应当是针对生效判决提出。本案中，发生法律效力的是陕西高院(2013)陕民一终字第 56 号民事判决，因此，一审法院审判组织是否存在问题不应作为申请再审的主张提出。[6]

---

〔1〕 参见孙祥壮:《民事再审程序:从立法意图到司法实践》,法律出版社 2016 年版,第 131 页。

〔2〕 对应现行《民事诉讼法》第 206 条。

〔3〕 对应现行《民事诉讼法》第 177 条第 1 款第 4 项。

〔4〕 对应现行《民事诉讼法》第 207 条第 7 项。

〔5〕 最高法民事裁定书,(2016)最高法民申 2786 号。

〔6〕 最高法民事裁定书,(2014)民申字第 1454 号。

4. 除符合规定的人民陪审员外，参加庭审的合议庭人员不具有法官资格。

根据2015年9月21日施行的最高人民法院《关于完善人民法院司法责任制的若干意见》之规定，法官是指经法官遴选委员会遴选后进入法官员额的法官。就助理审判员是否属于法官而言，在广州市天河亮励得电子灯饰厂与陈某荣侵犯发明专利权纠纷案中，最高法认为，助理审判员由最高法院长提出，并经审判委员会讨论通过后，临时代行审判员职务是合法的。[1]

在湖北丽群房地产开发有限公司、武汉市十建集团有限公司建设工程施工合同纠纷案中，湖北高院认为，原一审法院合议庭成员林某不是该院入额法官。员额制改革之前任命的法官，不再具有法官身份，一律转为法官助理或司法行政人员，不再独立办案。原一审法院审判组织不合法，严重违反法定程序。[2]

5. 告知当事人的合议庭组成人员与庭审时出席的人员不一致，但经庭审释明无异议的除外。

在海口融华实业发展公司（以下简称融华公司）与海南洋浦正合实业总公司等土地使用权转让纠纷案中，最高法认为，二审法院因工作需要开庭前临时调整合议庭成员虽有程序瑕疵，但在庭审中向融华公司进行了释明，融华公司当庭表示对于合议庭的组成并无异议，融华公司再以审判组织的组成不合法为由申请再审，最高法不予支持。[3]

6. 法律文书上署名的合议庭成员与开庭时的合议庭组成人员不一致，但系笔误经补正的除外。

如在李某存与陈某明等房屋租赁合同纠纷案中，最高法认为，就二审民事判决书的署名人员与参加庭审的合议庭人员不一致的问题，经查系二审法院制作民事判决书时笔误形成，二审法院已制作民事裁定书予以补正。[4]

在黑龙江省和盛建筑工程有限责任公司等与黑龙江农垦泰鑫房地产开发有限公司等建设工程施工合同纠纷案中，二审法院审理本案过程中，在庭前合议笔录、庭审笔录及合议笔录中记载的合议庭成员均为李某某、范某

---

〔1〕 最高法民事裁定书，(2011)民申字第616号。
〔2〕 湖北高院民事裁定书，(2019)鄂民再227号。
〔3〕 最高法民事裁定书，(2013)民申字第2100号。
〔4〕 最高法民事裁定书，(2017)最高法民申199号。

某、李某。2016年6月15日，二审法院向最高法出具《情况说明》，说明李某某、范某某、李某共同组成合议庭开庭审理并依法作出裁判。裁判文书中合议庭成员署名王某某系笔误。之后二审法院亦通过补正裁定进行了纠正。因此，二审裁判文书上合议庭署名存在的瑕疵不属于《民事诉讼法》(2012年)规定的审判组织的组成不合法的情形，该项再审事由不能成立。[1]

而在徐某燕、中国太平洋财产保险股份有限公司青岛分公司等机动车交通事故责任纠纷案中，山东高院认为，开庭告知合议庭组成与判决书载明的合议庭组成人员不一致，应认定原审审判组织的组成不合法，违反《民事诉讼法》第200条第7项的规定，本案应当再审。[2]

另外，若当事人以二审法院违反《民事诉讼法》第44条为由提出再审申请，人民法院应不予支持。

在海南昌江鑫龙房地产开发有限公司(以下简称鑫龙公司)与海南献林建筑安装工程有限公司建设工程施工合同纠纷案中，申请再审人提出，二审法院在审理本案时由林某影担任审判长，曲某生和潘某菲参加合议，林某影为该院审判员，曲某生为该院环境资源审判庭庭长却未担任本案的审判长，违反了《民事诉讼法》(2012年)第41条关于"合议庭的审判长由院长或者庭长指定审判员一人担任；院长或者庭长参加审判的，由院长或者庭长担任"[3]之规定。依据《民事诉讼法》(2012年)第200条第7项[4]的规定，二审法院在审理本案时审判组织的组成不合法，故本案应当再审。对此，最高法认为，二审法院审理本案时，虽然该院环境资源审判庭庭长未担任审判长，但该情形不属于《民事诉讼法》(2012年)第200条第7项规定的审判组织的组成不合法的情形，故鑫龙公司该项再审理由亦不能成立。[5]

7. 应当由法官组成合议庭但有陪审员参加。

8. 另行组成合议庭时，有参加过原审庭审的法官或陪审员参加的等。司法实践中，审判组织组成不合法的情形非常少见。

所谓"回避"，是指在民事诉讼中，审判人员以及其他可能影响案件公正

---

〔1〕 最高法民事裁定书，(2016)最高法民申115号。

〔2〕 山东高院民事裁定书，(2021)鲁民申4684号。

〔3〕 对应现行《民事诉讼法》第44条。

〔4〕 对应现行《民事诉讼法》第207条第7项。

〔5〕 最高法民事裁定书，(2017)最高法民申51号。

审理的有关人员，在遇有法律规定的情形时，退出该案诉讼程序的制度。[1] 回避制度的设立体现了程序正义的要求，可以进一步确保审判的公正性，提高司法的公信力。一方面，它是实体裁判公正性的重要保障，可以避免与案件有利害关系的审判人员和其他有关人员因偏私而造成裁判不公；另一方面，它是程序公正性的重要体现，可以消除当事人疑虑，提高当事人对法院公正性的信任度。[2]

按照《民诉法解释》第 43 条之规定，审判人员应当回避的情形包括：(1)是本案的当事人或者与当事人有直系血亲、三代以内旁系血亲及姻亲关系的；(2)本人或者其近亲属与本案有利害关系的；(3)担任过本案的证人、鉴定人、勘验人、辩护人、诉讼代理人、翻译人员的；(4)与本案的诉讼代理人、辩护人有夫妻、父母、子女、兄弟姐妹、祖父母、外祖父母、孙子女、外孙子女等关系的；(5)本人或者其近亲属持有本案非上市公司当事人的股份或股权的；(6)与本案当事人或者诉讼代理人有其他利害关系，可能影响案件公正处理的。

所谓审判人员，是指包括参与本案审理的人民法院院长、副院长、审判委员会委员、庭长、副庭长、审判员和人民陪审员。其他诉讼参加人，即书记员、翻译、鉴定、勘验人员，其也适用回避制度，但其他诉讼参加人违反回避制度并不构成再审事由。

但根据《民诉法解释》第 45 条之规定，发回重审的案件，在一审法院作出裁判后又进入第二审程序的，原第二审程序中的合议庭组成人员参与审判合法，无须回避。

在杨某青与沈阳市排水公司等返还原物纠纷案中，最高法认为，本案一审法院合议庭成员额某某格虽然是杨某青申诉案件的审判长，但法律并不禁止其继续参加与杨某青有关案件的审理，且杨某青本人也未能举证证明一审、二审法院合议庭组成人员不合法，或者存在应当回避的审判人员没有回避的情形。故该再审理由不能成立。[3]

在芦某军与国营公主岭市范家屯林场林业承包合同纠纷案中，最高法

---

〔1〕 张卫平：《民事诉讼法》，法律出版社 2013 年版，第 57 页。

〔2〕 参见江伟主编：《民事诉讼法》，中国人民大学出版社 2015 年版，第 65 页。

〔3〕 最高法民事裁定书，(2016)最高法民申 2824 号。

认为，二审法院作出（2012）吉民一终字第120号民事裁定即将本案第二次发回重审时，审判人员为虞某江、王某以及陈某志。在一审法院作出（2013）四民一重字第1号民事判决即本案一审判决后，因双方当事人不服，本案再次进入二审程序。根据《最高人民法院关于审判人员在诉讼活动中执行回避制度若干问题的规定》第3条规定，虞某江、王某在本案二审程序中继续担任审判人员并不构成程序违法，故对芦某军关于审判人员违反回避制度的主张，不予支持。[1]

第二节 非本人原因未能参加诉讼

按照现行法律规定，若无诉讼行为能力人未经法定代理人代为诉讼或者应当参加诉讼的当事人，因不能归责于本人或者其诉讼代理人的事由未参加诉讼，人民法院应予以再审。“诉讼行为能力，又称为诉讼能力，是指当事人可以亲自实施诉讼行为，并通过自己的行为，行使诉讼权利和承担诉讼义务的诉讼法上的资格。”[2]当事人的诉讼行为能力与民事行为能力具有密切关系。完全民事行为能力人具有诉讼行为能力，无民事行为能力人和限制民事行为能力人由于意思能力不足，且欠缺社会经验，因此，其一般不具有诉讼行为能力。诉讼行为能力的判断应当以身份证或户籍上的出生日为准，根据《民法典》第18条和第22条之规定，对于18周岁以下的公民（以自己的劳动收入为主要生活来源的16～18周岁未成年人除外）和不能完全辨认自己行为的成年人，其只能通过其法定代理人或者其法定代理人委托的诉讼代理人代为实施诉讼行为。

根据《民事诉讼法》第135条之规定，必须共同进行诉讼的当事人没有参加诉讼的，人民法院应当通知其参加诉讼。对于应当参加诉讼的当事人，人民法院必须依职权追加，否则构成程序违法。根据《民诉法解释》第63条、第65条、第67条、第69条、第70条、第71条、第72条之规定，以下属于必须参加诉讼的当事人：（1）企业法人合并的，因合并前的民事活动发生的

〔1〕 最高法民事裁定书，（2014）民申字第452号。

〔2〕 张卫平：《民事诉讼法》，法律出版社2013年版，第114页。

纠纷,以合并后的企业为当事人;企业法人分立的,因分立前的民事活动发生的纠纷,以分立后的企业为共同诉讼人。(2)借用业务介绍信、合同专用章、盖章的空白合同书或者银行账户的,出借单位和借用人为共同诉讼人。(3)在继承遗产的诉讼中,部分继承人起诉的,人民法院应通知其他继承人作为共同原告参加诉讼;被通知的继承人不愿意参加诉讼又未明确表示放弃实体权利的,人民法院仍应把其列为共同原告。(4)被代理人和代理人承担连带责任的,为共同诉讼人。(5)因一般保证合同起诉保证人,应通知债务人做被告。(6)共有财产权受到侵害,部分共有人起诉,其他共有人应参加。(7)无民事行为能力人、限制民事行为能力人造成他人损害的,无民事行为能力人、限制民事行为能力人和其监护人为共同被告。(8)对侵害死者遗体、遗骨以及姓名、肖像、名誉、荣誉、隐私等行为提起诉讼的,死者的近亲属为当事人。当然,如果原告明确放弃实体权利可不追加,不愿放弃的仍应列为共同原告。

但如果是因当事人本人或诉讼代理人的过错未能参加诉讼的,则不属于本项再审事由。

在白山市兴达房地产开发有限公司(以下简称兴达公司)与隋某喜、穆某利民间借贷纠纷再审案中,兴达公司主张穆某利在原审过程中被羁押,穆某利应该参与本案诉讼,原审法院开庭时没有通知穆某利参加诉讼,最高法认为,《民事诉讼法》(2012 年)第 200 条第 10 项〔1〕规定的未经传票传唤,缺席判决,针对的是所谓未经传票传唤的当事人申请再审的情形,保护的是缺席判决当事人的程序保障权,至于穆某利是否经传票传唤,与兴达公司行使诉讼权利没有关系,故该公司的该项再审事由亦不能成立。〔2〕

第三节　剥夺当事人辩论权利

我国《民事诉讼法》第 12 条规定:"人民法院审理民事案件时,当事人有权进行辩论。"因此,当事人在民事诉讼过程中享有辩论的权利。所谓辩论

〔1〕 对应现行《民事诉讼法》第 207 条第 10 项。

〔2〕 最高法民事裁定书,(2016)最高法民申 2499 号。

权,是指“法院在对一个人的权利、义务、责任进行判定的时候,该人有就案件的事实、证据材料及法律问题进行反驳、答辩,发表自己意见和见解并以此影响法院的审判程序及其结果的权利”[1]。辩论权的设置可以防止诉讼突袭、确保诉讼的正当性、提升当事人对裁判的信赖度。

所谓“剥夺”,主要是指在原审审理过程中根本没有赋予当事人辩论权利。[2] 如果法院赋予了当事人的辩论权利,但当事人自行放弃的,不在此列。如在(2016)最高法民申2922号案中,该案庭审阶段曾经宣布进入法庭辩论程序,但当事人双方均没有发表具体辩论意见,但在笔录上签名认可记录内容。最高法据此认定不存在驳回辩论权利之事实。根据《民诉法解释》第389条等规定,剥夺当事人辩论权的表现为:

1. 不允许当事人发表辩论意见。如在(2017)最高法民申184号案中,最高法认为,本案二审《开庭笔录》和《补充调查笔录》均未载明辩论的内容,故本案二审存在剥夺当事人辩论权利的情形。另外,对于庭审过程中,人民法院及时制止当事人及其诉讼代理人陈述与案件无关的或者反复陈述同一事实的行为,不属于剥夺当事人辩论权利的行为。此外,特殊情况下,通过书面方式补充质证和表达异议也不属于剥夺当事人辩论权利的情形。

在哈尔滨华伦鲍氏房地产开发有限公司(以下简称鲍氏公司)与哈尔滨铁龙建筑工程有限公司建设工程施工合同纠纷案中,鲍氏公司认为二审法院将现场核对异议的鉴定答复方式改为书面答复,是剥夺当事人的辩论权利。最高法认为,本案中,对于鉴定结论的质证意见,二审法院已充分允许鲍氏公司发表,且案件承办人询问鲍氏公司需要多长时间制作书面异议材料,鲍氏公司回答需要10日,二审法院已经给予其充分的时间制作书面异议,鉴定单位复函后,二审法院再次组织庭审,对答复意见进行质证,充分保障了鲍氏公司的质证、辩论权利。[3]

2. 违反法律规定送达起诉状副本或者上诉状副本,致使当事人无法行使辩论权利的。如果当事人收到起诉状副本和传票后非因不可抗力而未出庭的,则不属于剥夺辩论权利的情形。

---

〔1〕 何东宁、丁俊峰、杨心忠:《新民事诉讼法再审程序问题裁判标准》,人民法院出版社2013年版,第126页。

〔2〕 参见孙祥壮:《民事再审程序:从立法意图到司法实践》,法律出版社2016年版,第136页。

〔3〕 最高法民事裁定书,(2016)最高法民申637号。

在张某梅与李某等合同纠纷案中，本案民事纠纷发生在温某擎因涉嫌犯罪被刑事羁押以及被判刑后的服刑期间。最高法认为，温某擎系签订《赔偿协议》的当事人之一，其曾提出亲自到庭参加本案民事诉讼的申请，但其没有说明本人必须到庭参加诉讼的理由，也无证据证明存在其必须到庭参加诉讼的必要性。温某擎以信件形式向法院提交书面意见，法院对此亦进行了审理。况且，虽然温某擎失去人身自由不能到庭参加本案诉讼，但是法院已告知其有权委托代理人代为参加诉讼。其在本案诉讼中未委托代理人，系其对自身诉讼权利的处分。因此，一审、二审法院均不存在违反法律规定，剥夺当事人辩论权利的情形。[1]

3. 应当开庭而没有开庭审理的。另外，二审原则上都要开庭审理[2]，应当开庭而没有开庭的案件，属于剥夺当事人辩论权的表现。

4. 违法剥夺当事人辩论权利的其他情形。当然，依法缺席审理、依法径行判决、裁定的除外。

如在四川希腾建设集团有限公司、付某成与张某锋、陈某等建设工程施工合同纠纷案中，最高法认为，《鉴定意见书》"二、鉴定依据"第5、7、8、9、10项均是鉴定机构据以确定工程价款的基础性材料，原一审法院没有将上述当事人存在争议的鉴定材料进行质证，就将其移送鉴定机构，原二审法院也未进行补充质证，属违法剥夺当事人辩论权利情形，不符合民事诉讼辩论原则。[3]

又如在秦皇岛志昊房地产开发有限公司（以下简称志昊公司）与秦皇岛博辉房地产集团有限公司（以下简称博辉公司）项目转让合同纠纷案中，最高法认为，双方当事人之间签订的《项目运作转让合同》和《项目转让合同》中对博辉公司的付款义务均未设定条件，博辉公司、志昊公司原审期间对此亦未提出异议。二审法院却以博辉公司履行付款义务的条件尚未成就为由驳回志昊公司起诉，认定基本事实缺乏证据证明，亦剥夺了当事人的辩论权利。[4]

---

〔1〕 最高法民事裁定书，(2015)民申字第580号。

〔2〕 根据《民事诉讼法》第176条的规定，经过阅卷、调查和询问当事人，对没有提出新的事实、证据或者理由，人民法院认为不需要开庭审理的，可以不开庭审理。

〔3〕 最高法民事裁定书，(2021)最高法民再316号。

〔4〕 最高法民事裁定书，(2017)最高法民申5212号。

再如在承德华晨建工集团有限公司(以下简称华晨公司)与河北天悦房地产有限公司承德分公司(以下简称天悦公司)建设工程施工合同纠纷案中,天悦公司在一审中主张其实际已支付的工程款为22,150,692.99元,一审判决认定其实际支付款项为21,353,043.03元。天悦公司上诉时并未对一审判决认定的实际已支付款项提出异议,也未提供证据证明已实际支付22,150,692.99元,二审法院将一审认定的天悦公司实际已支付款项变更为22,150,692.99元,增加了近80万元,却并没有经过审理和查证,剥夺了华晨公司的辩论权利。[1]

此外,实践中还有超出或遗漏诉讼请求的情形,也会实质上同时剥夺当事人的辩论权利。如在(2017)最高法民再39号案中,最高法认为根据《民事诉讼法》第154条第1款规定:“裁定适用于下列范围……(七)补正判决书中的笔误……”可见,《民事诉讼法》仅规定笔误的补正,并未规定可以作出补充判决。由于案涉《房屋买卖协议》被确认为无效,故姜某依据该协议第2条关于赠与一层偏厦220平方米和北侧小二楼等内容的诉讼请求,也不应得到支持。故黑龙江高院(2009)黑监民再字第54-1号补充判决的判决形式和内容均不当,(2009)黑监民再字第54-1号补充判决属于适用法律错误、剥夺当事人辩论权利以及超出诉讼请求。又如在(2016)最高法民申692号案中,最高法认为,原审法院虽判决双方《租赁合同》有效应继续履行,但友谊棉纺厂提起诉讼时,并未主张2014年和2015年的租金,原审法院对此作出处理,超出了当事人诉讼请求的范围。且原审法院将2014年、2015年租金按照年租金352,045元的标准认定,没有合同依据,亦剥夺了当事人的辩论权利。再如在(2017)最高法民申128号案中,张某华在起诉时明确提出了返还其已代付的200万元款项的诉讼请求,但原审法院未进行审理并作出裁判,遗漏了当事人诉讼请求,最高法认为剥夺了其相应的辩论权利。

根据现行《民事诉讼法》第207条之规定,对于违反法律规定,剥夺当事人辩论权利的案件,当事人可以向人民法院申请再审,人民法院应当再审。但通过对最高法有关剥夺当事人辩论权案例之分析,笔者发现,由于再审目的在于纠正案件裁判结果错误,因此一个客观事实是,就当事人提出剥夺其辩论权利的再审申请,最高法始终坚持对其作限缩解释,以防止并不导致实

---

〔1〕 最高法民事裁定书,(2016)最高法民申3772号。

质裁判结果错误的轻微剥夺辩论权情形的瑕疵案件进入再审程序。如在(2015)民申字第1803号案中,最高法认为,关于二审判决是否违反法律规定,剥夺当事人辩论权利的问题。合同效力的认定属于人民法院依职权审查事项,即便案涉当事人未对合同效力提出异议,经审查具有导致合同无效的情形,人民法院应依法认定合同无效。虽然二审法院未就合同效力的法律适用问题向当事人释明,相关问题未经当事人庭审辩论,确有不妥,但判决结果并无不当。又如在(2016)最高法民申1087号案中,对于万润公司提出的逾期过渡费请求,河北省沧州市中级人民法院在一审中未作审理、判决,二审法院没有依照《民诉法解释》(2015年)第326条[1]的规定,进行调解,或者在调解不成时发回重审,而是径行作出判决。最高法认为,二审法院对一审未作处理的诉讼请求径行判决,确有不当,但并未导致判决结果错误,未认定属于上述剥夺当事人辩论权利之情形。

第四节 未经传票传唤缺席判决

缺席判决与对席判决是相对应的一组概念。所谓缺席判决,是指人民法院在一方当事人无正当理由拒不参加庭审或者未经许可中途退庭的情况下,依法对案件进行审理后作出的判决。[2] 根据《民事诉讼法》第146条、第147条和第148条第2款之规定,无论是当事人无正当理由不到庭,还是未经法庭许可中途退庭,甚至是法庭不准许撤诉的情形,人民法院经传票传唤后,均可进行缺席判决。

当事人出庭参加诉讼既是其权利,也是其义务。因此,在人民法院已经充分给予当事人应诉、答辩机会的前提下,若当事人不利用,则既属于当事人对其权利的放弃,也属于对自身义务的不履行,故人民法院应缺席判决。"如果不规定缺席判决制度,必将带来拖延诉讼等危及诉讼效率的后果,甚至损害司法权威,不利于保护对方当事人的合法权益。"[3]

---

[1] 对应现行《民诉法解释》第324条。

[2] 参见江伟、肖建国主编:《民事诉讼法》,中国人民大学出版社2015年版,第305页。

[3] 何东宁、丁俊峰、杨心忠:《新民事诉讼法再审程序问题裁判标准》,人民法院出版社2013年版,第129页。

对该项理解,应把握如下要点:(1)经传票传唤;(2)该传票有效送达;(3)无正当理由拒不到庭,或未经法庭许可中途退庭。未经传票传唤,缺席判决属于程序上的重大瑕疵,剥夺了当事人参与诉讼的基本权利,严重损害当事人合法权益,损害法律的威严,当属可依法申请再审的法定事由。

在江门粤海饲料有限公司(以下简称江门粤海公司)与罗某波、珠海市海中龙饲料有限公司(以下简称海中龙公司)案外人执行异议之诉案中,最高法认为,首先,广东高院对二审被上诉人罗某波、海中龙公司的送达程序不合法,导致罗某波、海中龙公司未能参加二审法庭调查程序;其次,广东高院法庭调查笔录记载"上诉人提交新证据 43 份、详见证据清单",但二审判决记载"二审中,当事人没有提交新证据",这说明广东高院遗漏对江门粤海公司二审提交的证据组织质证和认证。因此,江门粤海公司的再审申请符合《民事诉讼法》第 200 条第 4 项"原判决、裁定认定事实的主要证据未经质证的"、第 10 项"未经传票传唤,缺席判决的"规定〔1〕的情形。〔2〕

第五节 作出原判决裁定的法律文书被撤销或变更

我国《民诉法解释》第 391 条规定:"民事诉讼法第二百零七条第十二项规定的法律文书包括:(一)发生法律效力的判决书、裁定书、调解书;(二)发生法律效力的仲裁裁决书;(三)具有强制执行效力的公证债权文书。"因此,《民事诉讼法》第 207 条第 12 项规定的"法律文书"不包括行政机关的文书。且根据《民诉法审监解释》第 10 条〔3〕的规定,当上述法律文书被撤销或变更时,并非只要根据上述法律文书认定了事实就符合再审的条件,只有原判决、裁定对基本事实和案件性质的认定系根据上述法律文书作出时,人民法院才应予以再审。

〔1〕 对应现行《民事诉讼法》第 207 条第 4 项、第 10 项。

〔2〕 最高法民事裁定书,(2017)最高法民申 1860 号。

〔3〕 《民诉法审监解释》第 10 条规定:"原判决、裁定对基本事实和案件性质的认定系根据其他法律文书作出,而上述其他法律文书被撤销或变更的,人民法院可以认定为民事诉讼法第二百条(现行《民事诉讼法》第 207 条)第(十二)项规定的情形"。

在李某阳与内蒙古赤峰奔腾实业(集团)有限公司(以下简称奔腾公司)等房屋租赁合同纠纷案中,内蒙古高院作出的(2011)内民一终字第154号民事判决,将赤峰市红山区人民法院(2009)红民初字第713号判决和赤峰中院(2012)赤商终字第89号民事判决中判决的内容作为查明的事实予以确认,并据此认定奔腾公司尚欠李某阳租金的事实清楚,对李某阳主张奔腾公司给付占用其南侧商厅的租金数额予以认定。故应当认定本案原判决系依据赤峰市红山法院(2009)红民初字第713号判决和赤峰中院(2012)赤商终字第89号民事判决作出。现赤峰市红山法院(2009)红民初字第713号判决和赤峰中院(2012)赤商终字第89号民事判决,已被赤峰中院(2013)赤民再字第16号裁定,以一审、二审判决认定事实不清为由,裁定撤销,发回赤峰市红山法院重审。综上所述,奔腾公司的再审申请符合《民事诉讼法》(2012年)第200条第12项规定的情形。[1]

第六节　审判人员审理该案件时贪、弊、枉[2]

首先,审判人员,是指人民法院按照法定程序对案件进行审理并作出裁决的人员。对于审判人员的范围,实践中主要存在两种观点。第一种观点认为,本条规定的"审判人员"包括参加一审、二审、再审中的审判人员;第二种观点认为,再审事由中的"审判人员"应限定为参加作出生效裁判审判程序的审判人员。[3] 笔者赞成第一种观点。审判人员包括该案一审、二审或再审的审判长、合议或独任审判员、陪审员,不包括书记员、法官助理。任何一个审级的审判人员出现如上情形均可申请再审,且不因为其是少数意见而不予认定。此外,审委会成员如果参与了案件讨论作出了决定,也属于审判人员。

其次,所谓贪污受贿,是指审判人员利用审理案件的职务之便,索取当事人的财物或者非法收受当事人的财物,为该当事人谋取利益的行为;徇私

〔1〕 最高法民事裁定书,(2012)民申字第1577号。
〔2〕 是指贪污受贿、徇私舞弊和枉法裁判的行为。
〔3〕 参见何东宁、丁俊峰、杨心忠:《新民事诉讼法再审程序问题裁判标准》,人民法院出版社2013年版,第143页。

舞弊，是指审理案件的审判人员为谋取私情、私利，滥用审判权，情节严重的行为；枉法裁判，是指审判人员故意违背案件事实和法律规定，不依法裁判案件，情节严重的行为。[1]

再次，贪污受贿、徇私舞弊、枉法裁判行为必须是审判人员在审理该案件时发生且与案件具有直接关联，若审判人员在审理该案件之外出现上述行为，则不属于再审的法定事由。

最后，根据《民诉法解释》第 392 条之规定，只有审判人员在审判过程中出现的上述行为已经被刑事法律文书或者纪律处分所确认，才属于再审的法定事由。且当事人应自知道或者应当知道出现该事由之日起 6 个月内提出。

在张某敏与山东省老龄工作委员会办公室期货欠款纠纷案中，最高法认为，张某敏虽依据《民事诉讼法》(2012 年)第 200 条第 13 项[2]申请再审，但并未提交相关刑事法律文书或者纪律处分决定，故对该申请理由不予支持。[3]

在怀宁县兴安房地产开发有限公司与潜山市自然资源和规划局建设用地使用权出让合同纠纷案中，最高法于 2016 年 11 月 6 日作出(2015)民一终字第 345 号民事判决书，已经发生法律效力。在该院依职权审查期间，潜山市自然资源和规划局不服该判决向检察机关申诉，最高检以高检民监(2018)184 号民事抗诉书向最高法提出抗诉。经最高法审判委员会讨论认为，本案符合《民事诉讼法》(2012 年)第 200 第 13 项关于"审判人员审理该案件时有贪污受贿、徇私舞弊、枉法裁判行为的"规定，依照《民事诉讼法》(2012 年)第 198 条第 1 款、第 206 条的规定，裁定提审。[4]

---

〔1〕 参见孙祥壮:《民事再审程序:从立法意图到司法实践》，法律出版社 2016 年版，第 140 页。司法实践案例可见(2021)最高法民申 5538 号案，在该案中，本案一审合议庭审判长在审理本案过程中徇私舞弊、滥用职权且被相关部门给予纪律处分，信诚达融公司不服本案二审判决提出再审申请，最高法认为其反映审判人员的违纪问题发生于本案一审期间。其以一审审判人员违纪为由质疑二审判决并申请再审，不符合前述法律规定。

〔2〕 对应现行《民事诉讼法》第 207 条第 13 项。

〔3〕 最高法民事裁定书，(2013)民申字第 1004 号。

〔4〕 最高法民事裁定书，(2019)最高法民监 33 号。

第七节　原裁判认定事实的主要证据系伪造

"原判决、裁定认定事实的主要证据是伪造的"这一法定再审事由在我国司法实践中适用极少,笔者通过"中国裁判文书网"查询,就全国法院而言,当事人申请再审的法定事由中含有"原判决、裁定认定事实的主要证据是伪造的"为7443件,而在该网公布的最高法再审案例中,截至2022年8月18日,仅检索到60份裁判文书中含有当事人以"原判决、裁定认定事实的主要证据是伪造的"作为再审申请的法定事由。

根据学术界对证据的分类,主要证据与补强证据是相对应的一组概念。[1] 根据《第一次全国民事再审审查工作会议纪要》第22条之规定,主要证据是指确定当事人主体资格、案件性质、具体权利义务和民事责任等原判裁定基本事实的证据。[2] 但目前我国法律对何为主要证据,并没有作出单独解释。《证据法学》对此的解释为:"根据证据能否证明案件的主要事实,可以把证据分为主要证据与补强证据。主要证据,又称主证据、实质证据,指证明主要事实存否之证据。补强证据,也成辅助证据,是指某一证据由于其存在某些瑕疵,不能单独作为认定案件事实之依据,须其他证据担保其真实性或补强其证明力的证据。"[3] 根据我国《证据规定》第90条之规定,补强证据适用于言词证据、视听资料、书证、物证等。

一般而言,主要证据具有如下几个特征:(1)用以证明案件之当事人主体资格、案件性质、民事权利义务等基本事实之证据,而不是证明案件次要事实或证明案件细枝末节之证据;(2)该证据的证明力很强,无论该主要证据是直接证据还是间接证据,其对案件前述基本事实均具有较强证明力;(3)该证据是查明案件基本事实不可或缺的证据,缺少该证据,案件基本事

---

〔1〕 参见卞建林主编:《证据法学》,中国政法大学出版社2002年版,第184页。

〔2〕 载人民法院网,http://www.court.gov.cn/shenpan-xiangqing-3172.html,最后访问日期:2017年7月22日。

〔3〕 卞建林主编:《证据法学》,中国政法大学出版社2002年版,第184页。

实无从查清、双方的民事权利义务无从判断、各方责任无法区分。[1]

在泰安市泰山恒盛国际名城置业有限公司（以下简称恒盛公司）与金某一般借款合同纠纷案中，最高法认为，关于二审判决认定事实的主要证据是否为伪造的问题。经查明，京民司鉴（2014）文鉴字第6号鉴定结论系二审判决生效后恒盛公司单方委托作出，使用的检材为复印件，不足以证实王某平出具的《证明》系伪造。况且，该《证明》也不是二审判决认定事实的主要证据。而张某的证言已经出庭证实，其在原泰安市永信泰经贸有限公司的工作经历以及与谢某的关系亦不能否定该证言是本人作出的事实。因此，恒盛公司主张二审判决认定事实的主要证据系伪造亦不能成立。[2]

所谓伪造证据，是指非法制造虚假的证据，包括直接制作虚假证据及在真实证据上涂改、挖补、添加、删除相关内容进而冒充真实证据的行为。例如，（1）模仿证据：模仿真实的证据；（2）虚假证据：凭空捏造的证据，私刻公章、虚构股东会决议等；（3）变造证据：涂改、添加、挖补，如空白介绍信后期添加内容。

当事人所提供主要证据如系伪造且被司法裁判机构所采纳的，可能导致案件基本事实认定错误。因此，应当允许当事人申请再审。由于次要证据、补充证据对案件基本事实认定不具有实质影响，也对案件裁决结果不具有实质影响，因此，从维护既判力和法的安定性出发，即使该次要证据或补强证据系伪造，也不可据此申请再审。

第八节　未质证原裁判认定事实的主要证据

“原判决、裁定认定事实的主要证据未经质证的”这一法定再审事由在我国司法实践中适用也比较少。笔者通过中国裁判文书网查询，截至2022年8月18日，就全国法院而言，当事人的再审申请中含有“原判决、裁定认定事实的主要证据未经质证的”之案例为6091件，而在该网公布的最高法再

〔1〕 参见何东宁、丁俊峰、杨心忠：《新民事诉讼法再审程序问题裁判标准》，人民法院出版社2013年版，第74页。

〔2〕 最高法民事裁定书，（2012）民申字第893－1号。

审的案例中，当事人的再审申请中含有“原判决、裁定认定事实的主要证据未经质证的”之案例仅为34件。

质证既是当事人享有的重要诉讼权利和实现胜诉目的之必要手段，也是审判人员审查认定证据效力之必要前提，故《民事诉讼法》第71条规定，证据应当在法庭上出示，并由当事人互相质证。关于质证的概念，学界认识不一，归纳起来有以下几种：

谭兵教授等认为，所谓质证是指在审判人员的主持下，由案件的当事人对在法庭上出示的证据进行对质核实，以确认其证明力的诉讼活动。[1] 最高法原副院长景汉朝等认为，所谓当庭质证，是指在法官的主持下，由当事人双方对法庭上出示的各种证据材料及证人证言等进行对质核实的活动。[2] 毕玉谦教授认为，所谓质证，是指在庭审过程中由案件的当事人就法庭上所出示的证据采取辨认、质疑、说明、辩论等形式进行对质核实，以确认其证明力的诉讼活动。[3] 江伟教授等则认为，所谓质证，是指在审判人员的主持下，各方当事人对在法庭上出示的各种证据材料进行询问、辨认、质疑、说明和辩驳，以便在证据的证明力等问题上对审判人员的内心确信产生影响的诉讼活动。[4]

笔者认为，质证是指在审判人员的主持下，由法律允许的当事人通过采用听取、辨认、质疑、分析、说明、推理、解释、咨询、辩驳等形式，对提交法庭的证据材料之客观性、合法性和关联性进行对质核实，以确认其是否具有证明力以及证明大小之诉讼活动。对于未经认定也既未质证的证据，不属于本项法定事由。为准确理解本项，需注意以下三点：

1. 证据未经质证。即某一方或者全部当事人并未对其他方提供的证据就其真实性、关联性、合法性等发表意见。

在王某马与海南凯鸿船舶工程有限公司（以下简称凯鸿公司）船舶建造合同纠纷案中，最高法认为，根据《证据规定》（2008年）第47条的规定，证据应当在法庭上出示，由当事人质证。未经质证的证据，不能作为认定案件

---

〔1〕 参见谭兵、黄胜春：《论我国民事诉讼中的质证制度》，载《法学评论》1995年第5期。

〔2〕 参见景汉朝、卢子娟：《经济审判方式改革若干问题研究》，载《法学研究》1997年第5期。

〔3〕 参见毕玉谦：《民事证据法及其程序功能》，法律出版社1997年版，第371－372页。

〔4〕 参见江伟、肖建国主编：《民事诉讼法》，中国人民大学出版社2015年版，第189页。

事实的依据。[1] 二审法院以该院(2015)琼刑二终字第 17 号刑事裁定书为依据,认定中航公司获批的渔船更新改造指标不具有合法性。但该刑事裁定书并非双方当事人提供,也未在法庭上出示并由当事人质证,双方当事人亦没有就该刑事裁定书对合同效力的影响发表意见,二审法院据此认定涉案《造船合同》和《合作协议》无效,程序上存在不当。[2]

2. 证据系主要证据。未经质证的必须是认定案件主体资格、案件性质或民事权利义务等基本事实的证据,不能是次要证据或补充证据。

在北京中关村开发建设股份有限公司(以下简称中关村建设公司)、北京中关村开发建设股份有限公司第三建筑工程分公司(以下简称中关村建设第三分公司)与北京宏特盛商贸有限公司(以下简称宏特盛公司)买卖合同纠纷案中,最高法认为,一审法院于 2014 年 4 月 11 日开庭。田某冲于 2014 年 8 月 14 日向该院提交《案件情况说明》,其内容是关于田某冲如何先挂靠泛华建设集团有限公司,后挂靠中建保华建筑有限责任公司,以及有关钢材采购签约与履行的事实;田某冲自认自己是钢材的实际采购人和受益人,并向法院表示由其自己独自承担还款责任等。8 月 18 日,法院对田某冲进行询问,但未再就该《案件情况说明》组织双方当事人质证。作为证据的《案件情况说明》,涉及钢材买卖合同签订及履行的全过程,以及有关钢材的实际采购人和受益人情况等事实认定,是本案认定案件事实的依据,应当进行质证。原审法院没有组织双方当事人对上述证据进行质证不当。再审申请人认为"原审审判程序违法"的理由成立。[3]

3. 该证据已经用于认定事实,未经质证,但原审法院却予以采信并用于认定事实的证据。

在中国石油天然气股份有限公司西气东输管道分公司(以下简称管道分公司)与山西金港房地产开发有限公司(以下简称金港公司)合同纠纷案中,最高法认为,关于二审判决对租金数额的认定是否缺乏证据证明、认定事实的主要证据是否未经质证的问题,二审法院判决管道分公司给付金港公司 10,612,599.5 元的依据是"经向其周边同等档次酒店调查了解,一般同

---

[1] 现行《证据规定》已经删除此规定,相同内容可见《民诉法解释》第 103 条第 1 款。

[2] 最高法民事裁定书,(2017)最高法民申 1607 号。

[3] 最高法民事裁定书,(2015)民申字第 1594 号。

期长包房价格为门市价 5 折左右，以 5 折计算，管道分公司包房价格应为 10,612,599.5 元”。最高法认为，二审判决中所谓“调查了解”，属于人民法院调查收集证据的范畴，而二审法院调查收集证据的行为，既无当事人申请，也不存在法院应当依职权调查收集证据的事由，其调查收集证据行为本身不合法，所调取的资料不能作为认定事实的依据。而且，二审法院对其所谓“调查了解”的证据材料，未组织质证、听取当事人的意见，其实质上也剥夺了当事人辩论的权利。管道分公司关于二审判决认定的基本事实缺乏证据证明、认定事实的主要证据未经质证的申请再审理由成立，予以采纳。[1]

而在潮州市慧如公园管理处（以下简称公园管理处）与李某权合同纠纷中，关于是否存在一审、二审判决认定事实的主要证据未经质证的问题，最高法认为，李某权主张其一审提交的“2013 年 4 月 18 日李某权写给公园管理处的《回复》”未经质证，属于《民事诉讼法》（2012 年）第 200 条第 4 项[2]规定的“认定事实的主要证据未经质证”的再审理由。《民事诉讼法》（2012 年）第 200 条第 4 项规定是指一审、二审判决采信了未经质证的证据，且该证据是认定案件事实的主要证据。而本案中，对李某权提交的证据“《回复》”，一审、二审判决并未采信，其亦不是本案认定案件事实的主要证据，故李某权主张本案认定事实的主要证据未经质证的再审理由不能成立。[3]

另外，如果主要证据系当事人在原审中拒绝发表质证意见的证据，或者质证中对证据发表了不予质证的意见，则不属于“未经质证”。

在福建省德化县宝源陶瓷研究所等与洛阳盛世牡丹瓷文化艺术有限公司（以下简称盛世公司）等著作权权属、侵权纠纷案中，盛世公司、李某武针对相关证据明确表示不予质证，原审法院就相关证据给予了双方当事人质证的机会，李某武发表了不予质证的意见。作为认定案件事实依据的证据必须经过当事人质证，但并不要求双方当事人均确认该证据的证明力。因此，主张原审法院认定事实的主要证据未经质证缺乏事实依据。[4]

在芜湖市惠康工贸有限责任公司与中建六局土木工程有限公司（以下简称中建六局）等不当得利纠纷案中，对于冯某东的询问笔录，原审法院已

---

〔1〕 最高法民事裁定书，(2015)民申字第 43 号。

〔2〕 对应现行《民事诉讼法》第 207 条第 4 项。

〔3〕 最高法民事裁定书，(2016)最高法民申 1231 号。

〔4〕 最高法民事裁定书，(2014)民申字第 2056 号。

经明确要求中建六局进行质证，根据《民事诉讼法》（2012 年）第 65 条“人民法院根据当事人的主张和案件审理情况，确定当事人应当提供的证据及其期限”[1]的规定，人民法院有权根据相关情况和法律规定确定当事人提供证据的期限，中建六局以对方举证已经超过举证期限为由而拒绝质证，并无事实和法律依据。故原判决认定“由于该证据形成于一审庭审后，一审法院经审查认为与本案事实相关，遂要求中建六局进行质证，并在中建六局坚持不予质证的情况下，结合本案其他证据综合加以认定，并无不当”，并非原判决、裁定认定事实的主要证据未经质证的情形。[2]

从该案可以看出，如果主要证据是当事人在原审中拒绝发表质证意见的证据，则不属于再审视角下的“未经质证”情形，当事人以此为由申请再审，不应得到支持。

第九节　人民法院未调查收集主要证据

《民诉法解释》第 67 条第 2 款赋予了当事人的调查取证申请权，但根据《民诉法解释》第 95 条之规定，与待证事实无关联、对证明待证事实无意义或者其他无调查收集必要的，人民法院不予准许。因此，对于审理案件需要的主要证据，若当事人因客观原因不能自行收集，书面申请人民法院调查收集后，人民法院未调查收集的，属于法定再审事由。所谓审理案件需要的主要证据，是指“人民法院认定案件基本事实所必须的证据”[3]。

我国法律强调审判案件须以事实为依据，而司法裁判机关查清事实尤其是基本事实必须建立在经过质证的合法有效的主要证据之基础上。如果在缺乏主要证据之前提下即行下判，裁判错误概率极高。故为了实现实质正义，若确有认定案件基本事实之主要证据存在，但当事人囿于客观原因无法收集又有书面申请，人民法院应当予以调查收集。若人民法院未有收集，则应赋予当事人申请再审的权利。

---

[1] 对应现行《民事诉讼法》第 68 条。

[2] 最高法民事裁定书，(2016)最高法民申 2410 号。

[3] 《民诉法审监解释》第 9 条。

在林某妍与洪某海、福建泛华矿业股份有限公司、厦门元华投资有限公司(以下简称元华投资公司)民间借贷纠纷再审案中,林某妍二审期间申请法院调取厦门元华投资有限公司(以下简称元华投资公司)的账户往来明细以查证本案借贷关系发生、消灭等法律事实,二审法院以元华投资公司是本案当事人,其有义务亦有能力向二审法院提供其财务凭证为由未予准许。最高法认为,在一般情况下,因林某妍系元华投资公司的法定代表人,应当有能力获得公司的银行账户明细,因此原审法院未予准许该申请符合一般情形下的处理原则。但二审法院未能注意到本案中民间借贷关系的特殊之处,洪某海出借的款项并非如通常情形下交由债务人福建泛华矿业股份有限公司和林某妍支配和使用,而是交付至元华投资公司并由债权人洪某海实际掌管,林某妍虽为元华投资公司登记的法定代表人,但公司实际由洪某海所控制的事实决定了林某妍客观上难以自行收集该证据原件。而且,在林某妍已经将该证据线索提交法院,书面说明不能自行收集证据原件的原因且申请法院调取的情况下,该证据是否真实已然成为人民法院认定本案基本事实需要调查、收集的证据。因此,二审法院不予准许该调查取证申请实质违反了法定程序,也导致案件基本事实认定错误。[1]

根据《民事诉讼法》第 207 条之规定,适用该项要点如下:

第一,此处当事人,当指在原一审、二审程序有申请调取主要证据的一方,在原审中未申请调取证据的当事人,不享有依据该事由申请再审之权利。

在抚顺市正大建筑安装有限公司(以下简称正大建筑公司)与抚顺市正达建设开发有限公司(以下简称正达开发公司)等房屋拆迁安置补偿合同纠纷案中,正大建筑公司申请再审称,本案起诉后,正达开发公司向一审法院提出书面申请,请求向原抚顺市橡胶一厂(以下简称橡胶一厂)的法定代表人池某洪调查取证,但一审法院未予调取。最高法认为,按照正大建筑公司所称,申请调取证据的当事人为正达开发公司,而并非其自身,并且正达开发公司并未向最高法申请再审,故在正大建筑公司未向一审、二审法院书面申请调查收集证据的前提下,其依据《民事诉讼法》(2012 年)第 200 条第 5

---

〔1〕 最高法民事判决书,(2018)最高法民再 28 号。

项[1]之规定申请再审缺乏依据,不应支持。[2]

第二,在申请再审和再审审理阶段,应调取而未调取的证据系主要证据。辅助证据或补强证据,或与待证事实无关联、对证明待证事实无意义或没有调查收集必要的均不在此列。所谓无调查必要,是指申请调取证据所要证明的事实已经被其他证据或其他判决所确认。[3]

在王某全与中冶地勘岩土工程有限责任公司(以下简称中冶公司)建设工程施工合同纠纷案中,最高法认为,王某全、中冶公司对工程价款的确定已在合同中明确约定,而案涉工程的财政拨款情况等资料与本案讼争事实并无关联,亦无调查收集必要。王某全主张二审法院未调查收集证据,程序违法的事由,不能成立。[4]

在苏某义与主某霞民间借贷纠纷案中,苏某义、主某霞主张其在二审开庭前向二审法院书面申请调取辽宁省辽阳市白塔区公安分局电建派出所的报警记录,并主张其在一审法院办公场所与钱某振签订《承诺书》时受到钱某振的胁迫,其当时进行了报警。对此,最高法认为,苏某义及主某霞主张《承诺书》系受到胁迫而签订,其二人有义务提供证据予以证实,而其二人所申请人民法院调查收集的证据,仅仅能够反映出其报警行为以及未得到任何处理的事实,并不能证实是否受到钱某振的胁迫,故该报警记录与待证事实并无直接关联。况且,按照其二人自称的当时未向一审法院反映所谓受到胁迫的情况,其二人的消极行为与其主张明显不符。因此,可以认定此份报警记录对待证事实并无任何意义。二审法院未予调查收集报警记录并不违反法律规定。[5]

第三,所谓客观原因,其与主观原因是相对应的一组概念,是指非因当事人主观原因而无法收集的证据。主要为:

1. 因证据本身的特点和性质致使无法收集。这一点可以从相反方向判断,即如果不借助法院的职权,在同一条件下其他人可以取得证据的,则不予调取。

---

[1] 对应现行《民事诉讼法》第207条第5项。

[2] 最高法民事裁定书,(2015)民申字第2111号。

[3] 最高法民事裁定书,(2017)最高法民申1970号。

[4] 最高法民事裁定书,(2016)最高法民申2952号。

[5] 最高法民事裁定书,(2015)民申字第2371号。

2. 因对方当事人或者第三人的妨碍行为致使一方当事人无法收集。另外，根据《民诉法解释》第 112 条之规定，书证在对方当事人控制之下的，承担举证证明责任的当事人可以在举证期限届满前书面申请人民法院责令对方当事人提交。申请理由成立的，人民法院应当责令对方当事人提交，对方当事人无正当理由拒不提交的，人民法院可以认定申请人所主张的书证内容为真实。

3. 因存在特殊情况无法收集或者难以收集。[1] 根据《民诉解释》第 94 条之规定，是指：(1)证据由国家有关部门保存，当事人及其诉讼代理人无权查阅调取的；(2)该证据涉及国家秘密、商业秘密或者个人隐私的；(3)当事人及其诉讼代理人因客观原因不能自行收集的其他证据。

第四，根据《民诉法解释》第 96 条之规定，人民法院认为审理案件需要的证据类型为：(1)涉及可能损害国家利益、社会公共利益的；(2)涉及身份关系的；(3)涉及《民事诉讼法》第 58 条规定诉讼的；(4)当事人有恶意串通损害他人合法权益可能的；(5)涉及依职权追加当事人、中止诉讼、终结诉讼、回避等程序性事项的。

第五，当事人在原审举证期限内提出了书面申请但未获批准的，且书面申请格式须符合《证据规定》第 20 条之规定。

另外，在牡丹江市联发建筑安装工程有限公司与黑龙江省皓月食品工业股份有限公司(以下简称皓月公司)建设工程施工合同纠纷案中，皓月公司申请再审是指该公司在原审中以书面形式向原审法院提交了工程造价鉴定申请，而原审法院未予准许。最高法认为，申请鉴定和申请调查取证是当事人在民事诉讼中的两项不同的权利，皓月公司将申请鉴定未获人民法院准许视为人民法院未依职权调查收集证据，是对《民事诉讼法》及相关司法解释规定的理解错误。皓月公司在原审审理过程中申请工程造价鉴定，应当按照《民事诉讼法》及相关司法解释的规定提出，但该申请显然不属于《民事诉讼法》(2012 年)第 200 条第 5 项[2]规定的人民法院调查收集证据的范围。故皓月公司该项申请再审事由不成立。[3]

---

[1] 李浩：《民事证明责任研究》，法律出版社 2003 年版，第 100 - 101 页。

[2] 对应现行《民事诉讼法》第 207 条第 5 项。

[3] 最高法民事裁定书，(2016)最高法民申 3085 号。

第十节 结 语

程序正义与实体正义是相辅相成的,案件审理程序缺乏正义,往往昭示实体审判可能存在错误。因此,对存在诸如未经质证等事由赋予当事人申请再审的权限,有助于实体正义之实现。退言之,即使经再审审查或审理后,实体裁判没有错误无须改判,但仅就制止、纠正程序偏离正常轨道这一重大问题,其对维护司法公正就显得极有必要。

下　篇

在最高法受理的各类民商事再审案件中，以建设工程施工合同纠纷、与公司有关的纠纷、民间借贷纠纷及一般合同纠纷这四类案件居多。而在这四类案件中，常常涉及合同无效的认定、合同应否解除及当事人约定放弃合同解除权之效力认定、守约方可得利益如何计算、当事人约定的违约金应如何调整、民刑交叉中到底是适用“民刑并举”还是“先刑后民”甚至是“先民后刑”，建设工程价款优先受偿权行使期限，放弃该优先受偿权是否有效，以及如何认定表见代理、债务加入与保证区别、公司对外担保的效力、情势变更及不可抗力等。这些问题看似普通，但笔者发现在最高法的司法实践中，这些问题颇有争议且具有重大研究价值，尤其是在《民法典》自 2021 年 1 月 1 日起实施的情况下，更具有研究和实践指导意义。故笔者不揣浅陋，以最高法的相关裁判文书为视角，分列十二章，对这些问题从理论层面、实务层面进行归纳、提炼、分析、比较，以期抛砖引玉。

第十章

债务加入论述

1900年,《德国民法典》首次规定了债务加入。受德国法的影响,随后其他大陆法系的国家和地区的立法大都有相似的规定。《日本民法典》于2017年修订时即新增第470～471条规定债务加入。

在我国,债务加入作为一种有效的增信措施,被广泛运用于民商事领域当中,但长期以来我国法律和司法解释没有规定债务加入,其"是人民法院裁判实践所创设的判例制度"[1]。具体案例可参见《最高人民法院公报》2012年第5期中最高法民事判决书(2010)民提字第153号。可见,面对"法律不足",司法实践中主要依据民法原理之债务承担理论,对债务加入予以规范。

《民法典》第552条明确规定:"第三人与债务人约定加入债务并通知债权人,或者第三人向债权人表示愿意加入债务,债权人未在合理期限内明确拒绝的,债权人可以请求第三人在其愿意承担的债务范围内和债务人承担连带债务。"这是我国首次以法律形式将债务加入作为一项民事法律制度加以确认,为司法实践提供了明确的法律援引依据,结束了长期以来我国司法裁判中关于债务加入没有明确法律依据的局面。

债务加入,有的依据法律直接规定而成立,无论当事人的真意如何;有的依当事人约定产生。法定的债务加入的成立要件和法律效果均由法律直接规定,本书不赘述,在此仅就约定的债务加入略陈管见,期冀助益诸君。

---

〔1〕 梁慧星:《合同通则讲义》,人民法院出版社2021年版,第270页。

第一节　债务加入构成要件

债务加入，又称并存的债务承担、附加的债务承担、重叠的债务承担。债务加入在各国立法中并没有一个明确概念，相关学者对债务加入的定义为：德国的迪特尔·梅迪库斯将债务承担称为共同的债务承担，是一名新的债务人在原债务人之外负责任。就是说，债务加入不引起债务人变更，而引起多数债务人。[1] 日本学者称，所谓的并存的债务承担是指，承担人与债务人达成的就同一内容的债务进行共同承担的契约。我国崔建远教授认为，债务加入是指第三人（承担人）加入债的关系之中，与原债务人一起向债权人承担同一债务的现象。[2] 韩世远教授认为，也有场合并不发生债务的移转，只是承担人与原债务人一起承担债务，这种情形虽非本来的债务承担，但仍可将它纳入广义债务承担的范畴，称为并存的债务承担。[3] 王利明教授认为，并存的债务承担，又称为债务加入，它是和免责的债务承担相对应的概念，是指原债务人并没有脱离债的关系，而第三人加入债的关系，并与债务人共同向同一债权人承担债务。[4]

在司法实践领域，最高法民法典贯彻实施工作领导小组认为，债务加入是指债务人并不脱离原合同关系，第三人加入债的关系后，与债务人共同向债权人履行债务。[5] （2019）最高法民再236号等最高法的司法裁判文书也基本持该定义。债务加入的构成要件为：

1. 原债务系真实有效的债务。判断债务加入成立与否，必须要首先审查原债权债务的真实性、合法性。如最高法在（2019）最高法民申2026号案的认定。

2. 债务具有可转移性。债务加入若对第三人发生效力，则可能将由他

---

〔1〕［德］迪特尔·梅迪库斯：《德国债法总论》，杜景林、卢谌译，法律出版社2004年版，第539页。

〔2〕崔建远：《合同法总论》（中卷），中国人民大学出版社2016年版，第541页。

〔3〕韩世远：《合同法总论》，法律出版社2008年版，第432页。

〔4〕王利明：《合同法研究》（第2卷），中国人民大学出版社2011年版，第253页。

〔5〕最高人民法院民法典贯彻实施工作领导小组：《中华人民共和国民法典合同编理解与适用（一）》，人民法院出版社2020年版，第581页。

向债权人清偿,因而要求债务具有转移性,否则,第三人无法向债权人清偿原本属于债务人的债务。

3. 第三人需要有承担债务的真实意思表示,当事人就第三人作为新债务人承担债务达成合意。这包括第三人与债权人达成合意。如在(2019)最高法民再316号案中,第三人以自己的名义另行向债权人出具债务凭据并承诺由其偿还,债权人同意第三人承担还款责任,但双方没有约定原债务人脱离债权债务关系,债权人没有明确表示免除原债务人的还款义务,也没有其他证据或行为表明债权人同意由第三人独立承担原债务人债务,认定为并存式债务承担。还有第三人和债务人达成合意,以及第三人、债权人和债务人三分达成合意的三种情形。

当加入债务的第三人为公司时,根据《民法典担保制度解释》第12条、《民法典》第61条及第504条等规定,公司债务加入必须以公司股东(大)会、董事会等公司机关的决议作为授权的基础和来源,在订立债务加入协议时,债权人没有尽到审查债务加入人股东会决议的合理审慎义务,则债务加入协议对公司[1]无法律约束力。有关债权人是否尽到了合理审查义务以及法定发表人是否越权,详见本书第十一章"公司对外担保论述",此处不赘述。此外,"债务加入因欠缺公司决议而不具有法律约束力后的民事责任可以参照担保无效的规定处理。"[2]

在黑龙江昆丰农业发展集团有限公司(以下简称昆丰集团公司)与瓮福集团农资有限责任公司(以下简称瓮福农资公司)、克山县兴隆农业有限责任公司(以下简称兴隆公司)企业借贷纠纷案中,最高法认为,就昆丰集团公司时任法定代表人刘某彦在《会议纪要》上签字确认昆丰集团公司欠付案涉借款5000万元的问题,《会议纪要》系昆丰集团公司时任法定代表人刘某彦

---

[1] 在(2021)最高法民申7409号案中,公司的法定代表人出具"我愿还款"的承诺书,该承诺书落款处除有该法定代表人签字外,还加盖了其担任法定代表人的公司公章,但债权人不能提供公司决议,最高法认定该承诺书中的"我"应为该法定代表人,只构成法定代表人债务加入,而不构成公司的债务加入。

[2] 最高法民事判决书,(2021)最高法民终355号。该案中,最高法认为签订《承诺书》时,鸿运公司由于对公司公章管理不善,使孟庆彪具备代为缔约的合理外观;聚丰公司未审查鸿运公司的决议文件,亦未尽到应有的注意义务,双方对于《承诺书》的不具有法律效力均负有过错。参照《民法典担保制度解释》第7条、第17条的规定,酌定鸿运公司应承担借款人孟某彪、孟某明不能清偿债务部分50%的赔偿责任。

以昆丰集团公司名义向瓮福农资公司表示承担兴隆公司的债务，该行为在性质上属于债务加入。该债务加入相比为他人提供担保，可能会对昆丰集团公司及其股东的权益造成更为不利的影响，故该债务加入的意思表示同样需要参照《公司法》第16条第1款规定的精神，按照该公司的章程的规定，由公司股东会或者董事会决议。刘某彦以昆丰集团公司法定代表人名义作出上述债务加入的意思表示，属于越权代表；基于上述法律规定，瓮福农资公司知道或应当知道刘某彦在《会议纪要》上签字确认加入债务系超越代表权限，故该《会议纪要》亦应认定为无效。[1]

4. 原债务人债务并不免除，这与债务转移截然相反。就二者的区别，详见本章第四节论述，此处不赘述。

5. 将此债务加入的情形通知债权人，或者第三人向债权人表示愿意加入债务，债权人未在合理期限内明确拒绝。

第二节 债务加入与追偿权

根据《民法典》第700条之规定，除非当事人另有约定，保证人在承担保证责任后，有权在其承担保证责任的范围内向债务人追偿。但在债务加入法律关系中，第三人作为债务加入人在履行债务后是否对债务人享有追偿权，现行法律并未有明确规定。就此问题，学界与实务界存在分歧。现笔者就债务加入人是否可以对债务人进行追偿的问题，简要分析如下。

1. 第一种观点认为，“债务加入人作为连带债务人履行债务后，是否对债务人有追偿权，取决于其与债务人之间的约定”[2]。债务人与第三人就清偿后的追索权有约定的，遵照约定执行。如果当事人没有约定，由于新加入的债务人对债权人履行债务本质上是为履行自己的债务，而不是代原债务人履行债务，新加入的债务人在对债权人履行债务后，其原则上不能向原债

[1] 最高法民事判决书，(2019)最高法民终1451号。

[2] 黄薇主编：《中华人民共和国民法典合同编解读》(上册)，中国法制出版社2020年版，第307页。

务人追偿。[1]

在中国城市建设控股集团有限公司与安信信托股份有限公司营业信托纠纷案中，最高法认为承担人在承担后对债权人有清偿或者其他免责行为时，对于原债务人有无求偿权及其求偿范围，依据承担人与债务人之间内部法律关系而确定。[2]

2. 第二种观点认为，由于债务加入中的第三人与债务人居于连带债务关系，负有连带义务的每个债务人都负有清偿全部债务的义务，则第三人清偿债务后，有权要求原债务人偿付其应当承担的份额。[3] 最高法民二庭认为，根据《民法典》第552条的规定，一旦债务加入成立，债务加入人与原债务人之间成立连带债务关系，而根据《民法典》第519条的规定，连带债务人之间是相互有追偿权的。[4] 可见，该观点的要点为：一是债务加入人有追偿权；二是追偿份额受到限制，即只能就超过债务加入人份额部分进行追偿。而债务加入人向原债务人追偿的数额，取决于其与原债务人之间的基础法律关系中需分担的份额，债务加入人对于超出自己份额的部分，才可以向原债务人追偿。这与《民法典》第700条保证人可享有承担保证责任范围内的全额追偿明显不同。

3. 第三种观点则认为，第三人代债务人履行后，债务人在没有法律依据的情况下获益，第三人可依据《民法典》关于不当得利的规定向债务人主张偿还。

在河南红旗渠电炭有限公司（以下简称红旗渠电炭公司）与宝舜科技股份有限公司（以下简称宝舜公司）及王某玉、王某周、李某慧、中国建设银行股份有限公司安阳分行（以下简称建行安阳分行）第三人代为履行追偿权纠纷案中，根据原审查明的事实，2016年12月21日，红旗渠电炭公司（甲方）、建行安阳分行（乙方）、宝舜公司（丙方）及王某玉、王某周、李某慧分别作为丁方签订三份《借款债务转移协议》，约定红旗渠电炭公司将《银行承兑协

[1] 王利明：《论"存疑推定为保证"——以债务加入与保证的区分为中心》，载《华东政法大学学报》2021年第3期。

[2] 最高法民事判决书，(2018)最高法民终867号。

[3] 参见韩世远：《合同法总论》，法律出版社2018年版，第636页。

[4] 最高人民法院民事审判第二庭：《最高人民法院民法典担保制度司法解释理解与适用》，人民法院出版社2021年版，第178页。

议》(建安银承〔2015〕032 号)项下的 19,819,734.71 元债务及逾期罚息、《银行承兑协议》(建安银承〔2015〕042 号)项下的 7,438,000 元债务及逾期罚息转移给宝舜公司,王某玉、王某周、李某慧分别提供保证担保。红旗渠电炭公司将其两份《银行承兑协议》项下债务 30,683,586.67 元转移给宝舜公司并经建行安阳分行同意的行为,属于《合同法》第 88 条[1]规定的“将自己在合同中的权利和义务一并转让给第三人”的行为。宝舜公司截至 2017 年 1 月 24 日,先后将 30,683,586.67 元转入到建行安阳分行贷款应付挂账户,用于偿还红旗渠电炭公司银行承兑汇票垫款的本金及利息。案涉《借款债务转移协议》未约定宝舜公司代偿欠款后红旗渠电炭公司应承担的责任,客观上形成了红旗渠电炭公司取得了免除其债务的利益及宝舜公司因代偿债务造成损失的结果。宝舜公司与红旗渠电炭公司也无其他债权债务关系。宝舜公司可依据权利义务相一致与公平原则,向红旗渠电炭公司主张案涉代偿债务所造成的损失。因此,红旗渠电炭公司关于宝舜公司不享有追偿权的再审申请理由不能成立。[2]

4. 如债务人与第三人之间无追索权约定,鉴于在债务加入法律关系中,第三人承担连带债务后,不构成债权转移,其与债务人之间的关系,按照其与债务人之间法律关系的性质处理,现行法律并未明确规定第三人承担连带债务后可以向债权人的保证人追偿,故第三人对债权人的保证人无权追偿。

在成都银行股份有限公司西安分行(以下简称成都银行西安分行)与杨某恒、杨某晓、陕西荟鑫源实业有限公司(以下简称荟鑫源公司)追偿权纠纷案中,最高法认为,在债务加入法律关系中,债权人可以请求第三人在其愿意承担的债务范围内和债务人承担连带债务。具体到本案,因荟鑫源公司怠于履行债务,马某卫向人民法院提起诉讼,要求成都银行西安分行在其愿意承担的债务范围内承担连带债务,成都银行西安分行亦根据人民法院生效判决向马某卫支付了相应款项。至此,案涉债权债务关系为马某卫(债权人)向荟鑫源公司(债务人)借款(杨某恒、杨某晓以全部财产为上述债权提供连带责任保证)这一债权债务关系,则基于成都银行西安分行的清偿而归

---

〔1〕 对应现行《民法典》第 555 条。

〔2〕 最高法民事裁定书,(2019)最高法民申 1144 号。

于消灭。此外，保证合同属于从合同，从合同因主合同的无效或消灭而相应地无效或消灭。上述债权债务关系基于成都银行西安分行的清偿归于消灭，杨某恒、杨某晓提供的保证担保亦随着案涉新债权债务关系的消灭而归于消灭。故成都银行西安分行无权向杨某恒、杨某晓追偿。[1]

第三节　债务加入与保证担保

"债务加入与保证历来不易区分。"[2]甚至有人认为，二者的区分是民法上的一大难题。[3] "债务加入与连带保证在实践中的识别十分困难。"[4]根据《民法典》第681条及第682条之规定，保证在于债务人不履行债务时，由保证人代债务人履行，其属从属债务；而债务加入则系由承担人负担主债务。"债权人系对承担人及原债务人直接发生债的关系，相互间没有主从关系。"[5]如果属于连带保证，依照《民法典》第700条的规定，则第三人可享有追偿权。但如前所述，如认定为债务加入，则第三人是否享有追偿权存在极大不确定性。此外，如果属于保证，则第三人享有保证期间的抗辩权，而在债务加入情形，第三人不享有该权利。因此，对于认定当事人的约定到底是债务加入还是保证，极具现实意义。现结合《民法典担保制度解释》第36条规定以及最高法的司法案例做如下简析。

在甘南鸿运矿业有限责任公司（以下简称鸿运公司）与青海聚丰典当有限公司（以下简称聚丰公司）、黄某、孟某彪、孟某明、青海西晶矿业有限公司（以下简称西晶公司）典当纠纷案中，2014年1月20日，孟某彪以西晶公司和鸿运公司名义向聚丰公司出具《承诺书》，承诺："我公司分别于2012年9月13日及2013年4月15日与青海聚丰典当有限公司各签订一份典当借款

---

〔1〕 最高法民事裁定书，（2021）最高法民申1642号。

〔2〕 Staudinger/Stürner(2020)，Vorbem. zu §§ 765，Rn. 406，转引自王利明：《论"存疑推定为保证"——以债务加入与保证的区分为中心》，载《华东政法大学学报》2021年第3期。

〔3〕 王利明：《论"存疑推定为保证"——以债务加入与保证的区分为中心》，载《华东政法大学学报》2021年第3期。

〔4〕 刘贵祥：《民法典关于担保的几个重大问题》，载《法律适用》2021年第1期。

〔5〕 参见孙森焱：《民法债编总论》（下册），法律出版社2006年版，第814页。

合同……现该借款已到期……我公司特此承诺于2014年2月底前支付本金11,500,000元及利息7,245,000元……”有鸿运公司公章,孟某彪签名,聚丰公司公章和法定代表人签名。2014年2月26日,孟某彪又在《承诺书》上手写备注以下内容:“款项实际使用人为青海西晶有限公司,甘南鸿运矿业有限公司为担保人。”并有孟某彪签名。最高法认为,《承诺书》签署于2014年,虽然当时的法律、司法解释没有规定债务加入,但根据《民法典时间效力规定》第3条规定,本案可以适用《民法典》第552条认定构成债务加入。青聚丰字(2012)第002号《典当(借款)合同》的借款人为孟某彪、孟某明,青聚丰字(2013)第005号《典当借款合同》的借款人为孟某彪。鸿运公司、西晶公司出具《承诺书》,明确表示同意支付上述合同项下欠款的本息,该约定没有改变其债务内容,作为债权人的聚丰公司对于鸿运公司、西晶公司承担债务的承诺也予以认可,符合《民法典》第552条关于债务加入的规定。关于孟某彪手写部分的效力。2014年2月26日孟某彪在《承诺书》上备注“鸿运公司为担保人”的内容,既未加盖鸿运公司公章,亦不符合《公司法》第16条第2款规定的决议条件,应属无效。[1]

实践中,相关处理要点如下:

1. 若当事人之间的协议、第三人向债权人提供的作为增信措施的差额补足、流动性支持等类似承诺文件中有“保证”“保证方”“保证人”“保证期间”“担保”等字样的,或者能够明确推知其具有提供保证意思的,应按保证处理,[2]这便是文义解释。

实践中,在把握措辞文义时应注意不能仅拘泥于某些措辞的字面意思,而应结合语境考察当事人的真意。例如,第三人承诺“加入……债务,以保证……债务的清偿”或“为保证……债务的清偿,第三人加入该债务……”之类的表述,其中“保证”应当理解为“保障”,而非担保意义上的保证。[3]

在邓州市金川城乡建设有限公司(以下简称邓州金川公司)与辛某辰、陈某伟保证合同纠纷案中,最高法认为,保证是保证人与债权人约定,在债

---

〔1〕 最高法民事判决书,(2021)最高法民终355号。

〔2〕 刘保玉、梁远高:《民法典中债务加入与保证的区分及其规则适用》,载《山东大学学报(哲学社会科学版)》2021年第4期。

〔3〕 刘保玉、梁远高:《民法典中债务加入与保证的区分及其规则适用》,载《山东大学学报(哲学社会科学版)》2021年第4期。

务履行期限届满或者约定条件成就的情况下债务人不履行其债务时，由其按照约定履行债务或承担责任的担保方式。案涉《协议书》在2015年4月16日签订时，邓州市昆仑职业培训学校（以下简称昆仑学校）对辛某辰的借款债务已超过清偿期限2年多。因此，虽然《协议书》明确将邓州金川公司约定为“担保方”，但《协议书》中有关邓州金川公司对昆仑学校的债务承担清偿责任的约定，应当认定为邓州金川公司自愿加入该债务，而非对该债务的担保。[1]

在江西中寰医院（以下简称中寰医院）、江西中寰医疗设备技术服务有限公司（以下简称中寰医疗设备公司）与赵某、王某全、陈某林合同纠纷案中，最高法认为：2017年6月16日，中寰医院、中寰医疗设备公司共同向赵某、王某全出具一份《承诺书》，内容为：“陈某林欠赵某、王某全借款，其中有贰仟万元欠款本金及利息江西中寰医院多次承诺还清赵某、王某全，由于我们资金紧张，多次违约，承诺人保证：上述贰仟万元欠款本金及利息（自2012年9月28日起按月息2%计算，直至还清欠款之日止）在2017年12月31日前还清。”中寰医院、中寰医疗设备公司所作的上述承诺明确表示对陈某林所欠债务中2000万元本金及利息承担还款责任，但未明确其承担的还款责任为担保责任，亦未体现陈某林所欠债务与其所承担的还款责任之间存在主从关系。此案例虽然在《承诺书》中有“保证”二字出现，但就其具体内容来看，未体现陈某林所欠债务与其所承担的还款责任之间存在主从关系，最高法据此认定中寰医院、中寰医疗设备公司所作的承诺更符合债务加入的特征。[2]

2. 第三人向债权人提供差额补足、流动性支持等类似承诺文件或书面协议作为增信措施，虽无保证字样，但符合保证的从属性实质含义的，仍应按保证对待。[3]

如双方约定了债务人和第三人的先后履行顺序，即只有在主债务人届期不履行债务时，第三人才履行债务，此时即便双方约定为债务承担，实际

---

〔1〕 最高法民事裁定书，（2021）最高法民申7198号。

〔2〕 最高法民事裁定书，（2019）最高法民申6420号。

〔3〕 参见刘保玉、梁远高：《民法典中债务加入与保证的区分及其规则适用》，载《山东大学学报（哲学社会科学版）》2021年第4期。另参见刘贵祥：《民法典关于担保的几个重大问题》，载《法律适用》2021年第1期。

上仍然只是保证。第三人的履行顺位在后,不符合债务承担的本质,这里体现的是保证的从属性特征。又如有些承诺文件中的“债务人到期无法归还(偿还、清偿),则由……承担(偿还、负责、还款、代付)”,是常见的一般保证的不规范表述,其含义与债务加入有明显的差异。[1]

在金昌成音投资管理有限公司(以下简称金昌成音公司)与上海电气风电集团股份有限公司(以下简称上海电气公司)、上海电气风电设备甘肃有限公司(以下简称上海电气甘肃公司)合同纠纷案中,案涉《甘肃公司厂房租赁及收购合同补充协议》约定,上海电气公司将合同的权利义务转让给上海电气甘肃公司,不再享有合同项下的权利,也不向金昌成音公司履行任何义务,上海电气甘肃公司承担合同项下的一切责任和义务。故上海电气公司作为上海电气甘肃公司的全资母公司,在该协议签订后已不是案涉合同中厂房收购的履约主体。根据《甘肃公司厂房租赁及收购合同补充协议》,上海电气公司作为上海电气甘肃公司的全资母公司,上海电气公司承诺,若上海电气甘肃公司不能全部或部分承担相关义务时,该合同所有义务自动由上海电气公司承担。根据《担保法》第17条第1款[2]规定:“当事人在保证合同中约定,债务人不能履行债务时,由保证人承担保证责任的,为一般保证。”一般保证具有补充性,只有在主债务人不能履行债务之时,保证人方需履行债务或者承担责任,而债务加入并不具有补充性,债权人可以直接要求原债务人或债务加入履行债务。故该合同条款的约定是一般保证责任。[3]

3. 如第三人向债权人提供的承诺文件、书面文件或当事人的协议,具有加入债务或者与债务人共同承担债务等意思表示的,人民法院应当认定为《民法典》第552条规定的债务加入。

若协议中出现“债务加入人”“作为共同借款(债务)人,加入……”“共同偿还”“连带清偿”“承担连带责任”等表述[4],或者直接出具借条[5]等

---

[1] 参见刘保玉、梁远高:《民法典中债务加入与保证的区分及其规则适用》,载《山东大学学报(哲学社会科学版)》2021年第4期。另参见刘贵祥:《民法典关于担保的几个重大问题》,载《法律适用》2021年第1期。

[2] 对应现行《民法典》第687条第1款。

[3] 最高法民事判决书,(2021)最高法民终344号。

[4] 参见最高法民事裁定书,(2019)最高法民申5503号、(2018)最高法民申3946号、(2017)最高法民申243号;最高人民法院民事判决书,(2014)民二终字第138号、(2014)民抗字第84号。

[5] 参见最高法民事判决书,(2019)最高法民再236号。

具有明显加入债务意思，一般应认定为债务加入。如果根据措辞仍不能准确判定是否为债务加入时，可以债务加入人所加入的债务与原债务有无主从关系作为辅助判断标准；若无，则可以确认为债务加入。[1] 通常情况下，若协议中明确约定了付款金额、付款时间等信息，则表明该债务独立于原债务。[2] 除前述具有比较明显的债务加入意味的措辞外，实践中还有的以"代替履行""由本人解决""由我方负责支付""承诺支付"等表述来体现债务加入意思。[3]

在江苏金涛投资控股有限公司（以下简称金涛公司）与上海亿舟资产管理有限公司、朱某宁等借款合同纠纷案中，最高法认为，《差额补足协议》约定金涛公司、朱某宁无条件履行《借款合同》项下可能产生的科特公司所获取的固定收益及本金的差额补足义务，金涛公司、朱某宁对上述义务承担无限连带责任。可见，金涛公司、朱某宁自愿加入履行《借款合同》项下的借款人的义务，保证出借人的债权实现。该《差额补足协议》与《借款合同》的权利义务存在关联性，具有债务加入的性质，金涛公司和朱某宁应当按《差额补足协议》的约定对《借款合同》中亿舟公司的义务承担无限连带责任。金涛公司、朱某宁认为《差额补足协议》未成立和无效的主张不能成立，认为差额补足义务属于一般保证责任，而非连带保证责任的抗辩缺乏事实和法律依据，不予支持。我们注意到，虽然此案中《差额补足协议》属于《民法典担保制度解释》第36条第1款列明的差额补足、流动性支持等类似承诺文件，但从其具体内容约定来看，差额补足义务不具有债务从属性，因此不应当认定为保证。在司法实践中，当措辞具有多种可能性时，不应仅依文义作出定性，而应当结合第三人承担债务的目的和性质等实质标准作进一步判断。[4]

4. 第三人出具的承诺文件或当事人协议中既有"保证"意味的字样，也有"债务加入"意味的字样的，如果两种约定均明确，则当事人同时约定的该两种责任并不冲突，债权人有权选择最有利于债权实现的责任方式。

如在陈某康、浙江省广业钢铁实业有限公司（以下简称广业钢铁公司）

---

〔1〕 参见最高法民事判决书，(2016)最高法民再322号。

〔2〕 参见最高法民事判决书，(2019)最高法民再316号。

〔3〕 参考刘保玉、梁远高：《民法典中债务加入与保证的区分及其规则适用》，载《山东大学学报（哲学社会科学版）》2021年第4期。

〔4〕 最高法民事判决书，(2020)最高法民终295号。

与被广业控股有限公司(以下简称广业控股公司)、杭州堡业建设有限公司(以下简称堡业公司)、金某根民间借贷纠纷案中,《投资协议书》第12条约定:"如按本协议约定,甲方不能支付乙方相关款项,由丙丁方负责支付。同时丙丁方自愿为甲方履行本协议提供连带保证责任,保证期限与甲方履行本协议期限一致。"最高法认为,上述条款"如按本协议约定,甲方不能支付乙方相关款项,由丙丁方负责支付"的约定应视为金某根对广业钢铁公司债的加入,金某根应对广业钢铁公司的债务承担共同还款责任。虽然上述条款还约定"同时丙丁方自愿为甲方履行本协议提供连带保证责任,保证期限与甲方履行本协议期限一致"系关于金某根连带责任的约定,但是当事人同时约定的该两种责任并不冲突,陈某康选择最有利于债权实现的责任方式亦不违反法律规定,因此金某根虽因保证期限已过无须承担保证责任,但仍应承担作为债务加入人的还款责任。[1]

另外,在庄某霖与昆明市五华区农村信用合作联社黑林铺信用社(以下简称黑林铺信用社)等金融借款合同纠纷案[2]中,庄某霖等人既与黑林铺信用社签订了《保证合同》,承诺对案涉借款提供连带责任保证,又向黑林铺信用社出具了《共同还款承诺书》,承诺作为案涉借款合同项下所有债务的共同还款人,如绿都公司到期不能归还借款本息,其愿与绿都公司共同归还所欠贷款本息及一切相关费用,直至贷款本息结清。最高法认为,黑林铺信用社既可以选择要求其按《保证合同》的约定承担连带保证责任,也可以选择要求其按《共同还款承诺书》的约定承担共同还款责任。黑林铺信用社选择要求庄某霖等人按《共同还款承诺书》的约定承担共同还款责任,系其对自己权利的处分,原审予以支持并无不当。

5. 第三人出具的承诺文件或各方协议中既有"保证"意思的字样,也有"债务加入"意思的字样,且两种约定不甚明确的,应当综合证据与当事人履约情况,以表意更直接的字样来判定承诺的性质。[3]

---

[1] 最高法民事判决书,(2017)最高法民终940号。

[2] 最高法民事裁定书,(2021)最高法民申5792号。

[3] 参见刘保玉、梁远高:《民法典中债务加入与保证的区分及其规则适用》,载《山东大学学报(哲学社会科学版)》2021年第4期。另参见刘贵祥:《民法典关于担保的几个重大问题》,载《法律适用》2021年第1期。

如在瑞安中华汇地产有限公司（以下简称瑞安中华汇公司）与北京中天宏业房地产咨询有限责任公司（以下简称中天宏业公司）合同纠纷案中，《五方协议》既载明中天宏业公司就上述贷款本金及利息提供连带责任保证；在其他条款又约定"若截至2012年2月11日，股东贷款中有任何应付未付余额尚未被偿付，新佰益公司、山风公司和中天宏业公司应当就该等余额的偿付承担连带责任"。最高法认为，在后条款虽提及"连带责任"，但用语中未使用"债务加入"的措辞。在无其他特别说明或者特别约定的情况下，中天宏业公司关于第4条中的"连带责任"系对应第2条"连带保证责任"的理解，更符合合同文本前后用语含义的一致性与延续性，应当更贴近当事人签约当时的真实意思表示。此外，审查实际履约行为，后续各方磋商过程中也未提及债务加入，而是涵盖承担连带保证责任，进一步确认合同各方的真实意思表示。相较而言，瑞安中华汇公司将该"连带责任"另行引申为作出债务加入的意思表示，理据相对欠缺，故应认定为连带责任保证，而不是债务加入。[1]

又如在绥芬河龙江商联进出口有限公司（以下简称商联公司）与毛某敏、太仓港都进出口贸易有限公司（以下简称港都公司）、江苏浙申投资管理有限公司（以下简称浙申公司）民间借贷纠纷案中，商联公司与港都公司、毛某敏于2014年1月17日签订《借款合同》，该合同明确约定，毛某敏作为保证人对港都公司的借款提供保证，并约定了保证方式和保证范围，毛某敏亦在保证人处签名捺印。该合同约定的内容明确，系各方当事人真实意思表示，对各方均具有法律约束力。毛某敏系保证人而非共同借款人，其应承担的是保证责任。2014年1月17日，港都公司向商联公司出具《借据》，明确记载："兹有港都公司向商联公司借款1500万元"，即明确借款人是港都公司，并未将毛某敏变更为共同借款人，亦无毛某敏加入案涉借贷关系的意思表示。债务加入需加入债务关系人有明确承担债务的意思表示，虽然毛某敏在《借据》空白处签名捺印，但不能据此认定其是共同借款人。毛某敏于2014年1月17日出具的《责任人确认书》，载明"本人对此笔借款承担第一责任。如借款发生不良，由本人负责赔偿"，其中关于"第一责任"的表述亦不能得出毛某敏有债务加入意思表示的结论。二审判决关于"第一责

---

〔1〕 最高法民事判决书，(2019)最高法民终1178号。

任"系"毛某敏作为保证人对其承担连带责任保证的履行顺位的进一步确认,并未改变毛某敏为案涉借款提供连带责任保证的性质"的认定,并无不当。毛某敏于2016年6月5日出具《担保书》,再次确认其对案涉借款承担连带责任保证,亦未明确表示加入案涉债务。二审法院综合本案有关情况,认定现有证据不足以认定毛某敏就案涉借款构成债务加入,并无不当。商联公司主张根据《责任人确认书》《担保书》认定毛某敏构成债的加入,依据不足。[1]

可能具有迷惑性的是有些协议、承诺文件中"造成一切责任由我方承担"的措辞,此时须注意是否有前提条件,若并无履行顺位之安排或条件的,则应当认定为债务加入。[2]

6. 第三人提供的承诺文件或当事人协议难以确定是保证还是债务加入的,人民法院应当将其认定为保证。认定为保证后,如无法区分为一般保证还是连带保证,则可参照《民法典》第686条之规定,按照一般保证处理。[3]

在第三人意思表示不明时,应当首先依据《民法典》第142条进行解释,如仍不能确定真实含义,方可适用"存疑推定为保证"的规则。原因在于,按照《民法典》第686条第2款"当事人对保证方式没有约定或者约定不明确的,按照一般保证承担保证责任"的立法精神,债务加入人的责任相较于保证责任更重,做有利于第三人的推定更符合立法精神。[4] 此外,正如王利明教授所言:"保护债权人的利益的前提是,债权人对于获得该利益具有合理的信赖。在意思表示不清晰的情况下,不能认为债权人可以合理信赖意思表示的发出者会承担更重的责任,此时对于债权人的利益保护而言,由于其

---

〔1〕 最高法民事裁定书,(2020)最高法民申763号。

〔2〕 刘保玉、梁远高:《民法典中债务加入与保证的区分及其规则适用》,载《山东大学学报(哲学社会科学版)》2021年第4期。

〔3〕 依照法释〔2020〕28号第36条第3款认定为保证后,是参照一般保证规则还是连带责任保证规则,法律及司法解释未明确,理论界存有争议,崔建远教授认为如果关注个案的案情再定比较妥当,而如果需要设计普遍适用的法律规则,其赞同参照一般保证规则。清华大学龙俊副教授认为应参照连带责任保证规则。详见崔建远:《合同法》,北京大学出版社2021年版,第283页。

〔4〕 刘保玉、梁远高:《民法典中债务加入与保证的区分及其规则适用》,载《山东大学学报(哲学社会科学版)》2021年第4期。另外,杨代雄主编的《袖珍民法典评注》(中国民主法制出版社2022年版)的观点也与此类似,即"相较之下,债务的加入人的责任重于保证人的责任,所以,在措辞模糊的情况下,不能轻易认定构成债务加入。"参见该书第492页。

并不具有意思表示作出者会进行债务承担的合理信赖，因此推定为保证并不会显著减损其权利。因而，即便从债权人利益出发，推定为保证亦未必对其完全不利。既然债权人已经在原有债权之外增加了一个保障，而此时更需要考虑第三人的真实意思，尤其是通过尽量减轻第三人的责任，从而鼓励担保，促进交易。”“从推定规则与意思表示解释的关系来看，存疑推定为保证的规则弥补了当事人意思表示的不足，在依据《民法典》第142条规定的解释方法适用后，仍然无法作出解释时，推定规则确定了一种拟制的意思表示。这种拟制在根本上平衡了当事人各方的利益，符合民法典所秉持的保护不明意思表示作出者的精神，这对于贯彻实施好《民法典》关于债务加入和保证制度将发挥重要作用。”〔1〕

7. 第三人向债权人提供的承诺文件不符合前三款规定的情形，债权人请求第三人承担保证责任或者连带责任的，人民法院不予支持，但是不影响其依据承诺文件请求第三人履行约定的义务或者承担相应的民事责任。

按照我国现行法律之规定，从债务人承担责任轻重来说，一般保证轻于连带保证，连带保证轻于债务加入，债务加入轻于独立担保。关于如何界定第三人提供的承诺文件或当事人协议中的债务加入或类似承诺之法律性质，正如刘贵祥所言：“《民法典》施行后，法官在审判实务中对于一些似是而非的承诺文件，如果不能作出令人足以信服的解释，应当结合《民法典》的整体立法精神进行综合判断。而从《民法典》第686条的规定看，与《担保法》相比，《民法典》在立法倾向上已发生了变化，即已由注重对债权人的保护向平衡债权人和担保人的利益转变，因此，在无法作出有说服力的合同解释的情况下，应向责任较轻的方向进行推定。”〔2〕

第四节　债务加入与债务转移

债务转移也称债务让与，是指经债权人同意，债务人将其负有的债务全

〔1〕 王利明：《论“存疑推定为保证”——以债务加入与保证的区分为中心》，载《华东政法大学学报》2021年第3期。

〔2〕 刘贵祥：《民法典关于担保的几个重大问题》，载《法律适用》2021年第1期。

部或者部分转移给第三人,由第三人全部或者部分取代债务人的地位,对债权人承担履行相应债务的义务。《民法典》第551条规定:"债务人将债务的全部或者部分转移给第三人的,应当经债权人同意。债务人或者第三人可以催告债权人在合理期限内予以同意,债权人未作表示的,视为不同意。"债务加入与债务转移的主要区别如下:

1. 生效条件不同。债务转移给第三人必须经债权人同意,否则债务转移不生效。是否取得债权人同意不是债务加入的必备条件,因为第三人的加入不会给债权人的权益造成伤害,增加履行债务的人,反而有利于债权人。

2. 意思表示不同。债务转移应当经债权人同意,[1]债务人或者第三人可以催告债权人在合理期限内予以同意,债权人未作表示即默示的,视为不同意。债务加入则只需要债权人未在合理期限内明确拒绝即可。

3. 法律效果不同。在债务转移的情况下,如债务人将债务转移给第三人后,原债务人与债权人的债务关系归于消灭,第三人与债权人之间新的债务关系产生。债权人只能请求第三人履行债务,不得向原债务人请求清偿。在债务加入之情况下,第三人加入不会引起债务人清偿责任的灭失,债务人与第三人须对债权人承担连带责任,债权人可以向债务人请求实现自己的债权,也可以向第三人请求实现自己的债权。

4. 债务上的担保是否存续不同。债务转移中可能会损害保证人利益,而债务加入有利于原债务人清偿能力提升,不会损失保证人利益。因此《民法典》第697条规定:"债权人未经保证人书面同意,允许债务人转移全部或者部分债务,保证人对未经其同意转移的债务不再承担保证责任,但是债权人和保证人另有约定的除外。第三人加入债务的,保证人的保证责任不受影响。"

另外,在债务转移与债务加入的意思表示不明确时,全国人大常委会法工委民法室主任黄薇主编的《中华人民共和国民法典合同编解读》一书认为,在究竟是债务转移还是债务加入意思不清晰时,考虑到债权人对债务人

---

[1] 崔建远教授却认为,关于债权人同意的方式,明示或默示均可,不要求必须采取一定方式。债权人即使未明确表示,但如果其向承担人请求履行或受领承担人的履行,那么亦表明其同意。详见崔建远:《合同法》,北京大学出版社2021年版,第279页。

资力与履行能力的信赖，基于保护债权人利益的价值，债务人不应轻易地从债务中摆脱，可以推定为债务加入。[1] 即债务人应当继续对债权人承担清偿责任。

如在张某良与张某双等借款合同纠纷再审案[2]中，最高法认为，以原债务人是否继续承担债务为标准，债务承担可以大体划分为免责式债务承担和并存式债务承担。债务承担人与债权人约定债务承担时，未明确约定原债务人是否脱离债权债务关系的，构成并存式债务承担。

又如在远东智慧能源股份有限公司（以下简称远东智慧公司）与三普药业有限公司（以下简称三普公司）、原审被告西藏荣恩科技有限公司（以下简称西藏荣恩公司）第三人撤销之诉案[3]中，最高法认为，从案涉《股权收购协议》约定内容来看，第4.1条约定的5000万元债务系三普公司新老股东对三普公司与远东智慧公司以及其关联公司之间的债权债务核算后确定的数额，约定由受让股东西藏荣恩公司支付，该约定构成西藏荣恩公司对三普公司的债务加入。

第五节　结　　语

为促进交易，债务加入作为有效的增信措施，已经越来越得到广泛应用。但受限于当事人的文字表述能力或法律专业知识，实践中各种约定层出不穷，致使认定债务加入与保证的区别等时有困惑。诚然债务加入是民法老生常谈的，但不可否认的是，在我国法律语境中债务加入却是新问题，且《民法典》中仅有一个法律条文对此进行规范，顿显法律不足。

---

〔1〕 黄薇主编：《中华人民共和国民法典合同编解读》（上册），中国法制出版社2020年版，第307页。

〔2〕 最高法民事判决书，(2019)最高法民再316号。

〔3〕 最高法民事判决书，(2022)最高法民终50号。

第十一章 公司对外担保论述

由于担保的潜在风险，我国古代遂有“一不为媒，二不作保”之说。[1]根据《公司法》第 16 条之规定，“控制公司提供担保的工具有两个：一个是公司章程，另一个是董事会、股东会或者股东大会决议”[2]。公司[3]为他人提供担保的行为不是公司法定代表人所能单独决定的事项，必须以公司股东(大)会、董事会等公司机关的决议作为授权的基础和来源。如果只要有法定代表人签字、盖章，担保合同即有效，风险就无法防范。[4]

关于公司决议程序：(1)在关联担保[5]的情况下，根据《公司法》第 16 条第 2 款的规定，此时必须要经股东(大)会决议。(2)在非关联担保[6]的情况下，根据《公司法》第 16 条第 1 款的规定，此时由公司章程规定是由股东(大)会决议还是董事会决议；章程未规定的，如果法律有规定由董事会决

---

〔1〕 刘俊海：《现代公司法》(上册)，法律出版社 2015 年版，第 675 页。

〔2〕 王东敏：《公司法审判实务与疑难问题案例解析》，人民法院出版社 2021 年版，第 370－371 页。

〔3〕 根据《公司法》第 2 条等有关规定，公司是指在中国境内设立的有限责任公司和股份有限公司，不包括合伙企业和个人独资企业。

〔4〕 参见虞政平：《公司法案例教学》(上)，人民法院出版社 2018 年版，第 154 页。

〔5〕 就《公司法》第 16 条第 2 款，依据文义解释，指的是公司为其股东或者实际控制人提供担保。但近年来有部分案例对实际控制人进行了扩张解释，如在上海金融法院(2020)沪 74 民终 289 号、镇江中院(2021)苏 11 民终 621 号案例中，扩张到实际控制人控制的其他关联人(公司)。但前述观点并非普遍，如上海高院在(2020)沪民终 599 号民事判决书中，就认为“尤航公司称该条中的‘实际控制人’应扩张解释为包括实际控制人控制的其他关联人，但此种主张已经超出了法律条文通常的文义范围，本院不予采纳”。

〔6〕 所谓非关联担保，指的是公司为股东或者实际控制人以外的人提供担保。

定，则为董事会决议，如根据《企业国有资产法》第30条的规定，国家出资企业为他人提供大额担保，除有关法律、行政法规以及企业章程的规定，由履行出资人职责的机构决定的以外，国有独资企业由企业负责人集体讨论决定，国有独资公司由董事会决定；如果法律对此没有特别规定，公司章程也没有明确规定的，可视为股东会允许公司董事会决定。因此，董事会决议或者股东（大）会决议都是公司适格决议。[1]

这种以决议前置的方式限制法定代表人担保权限的立法安排，意旨在于确保该担保行为符合公司的意思，不损害公司、股东的利益。法定代表人未经公司决议程序[2]擅自对外提供担保的，构成越权代表、越权担保，应根据《民法典》第504条关于法定代表人越权代表之规定及《民法典担保制度解释》第7条之规定，区分订立合同时债权人（相对人）是否善意分别认定合同效力：债权人善意的，合同有效；反之，若公司董事会或者股东会、股东大会决议未予追认，合同无效。

因此，界定公司法定代表人以公司名义[3]对外担保是否对公司发生法律效力，要看相对人即债权人是否构成善意。在相对人不构成善意时，应分析担保人和相对人是否存有过错，以便界定担保合同无效的赔偿责任。

第一节 相对人善意认定

公司法本身承担维护公司和股东利益的职能，如果过分强调对公司相对人利益的保护，难免导致法律功能及法律解释的错位。[4] 因而《公司法》第16条就公司担保设置了代表权法定限制，相对人不能盲目相信法定代表人有订立担保合同的代表权。在法定权限限制下，任何人不得以不知道法

〔1〕 也有观点认为若章程中对公司担保机构未作规定时，公司担保决策推定由公司股东大会持有。可参见司伟、肖峰：《担保法实务札记》，中国法制出版社2019年版，第37－38页；刘俊海：《现代公司法》（上册），法律出版社2015年版，第683页。

〔2〕 符合《民法典担保制度解释》第8条情形的除外。

〔3〕 未经决议，公司的非法定代表人如以公章代表公司对外提供担保，则相对人过错极为明显，本书不做详细论证。

〔4〕 叶林：《公司法研究》，中国人民大学出版社2008年版，第150页。

律规定为由免除注意义务。[1] 结合《民法典担保制度解释》第7条之规定，在越权担保的情况下，要界定该担保是否对公司发生效力，应看相对人是否构成善意。所谓善意，指的是相对人对法定代表人超越权限这一事实不知情或者不应当知情。且就相对人善意的判断，应当由相对人举证证明其对公司决议进行了合理审查。[2] 下文结合最高法案例就相对人是否构成善意进行阐述：

首先，先看是否有公司决议。无决议的，包括法定代表人未经公司决议程序对外提供担保以及公司的非法定代表人以公章代表公司对外担保，原则上构成越权担保，除非出现《民法典担保制度解释》第8条之情形，否则相对人都不构成善意。在最高法民终968号案中，因信达公司在原审中未提交中佳公司同意提供保证担保的股东会决议，原审据此认定该保证合同无效，但在二审中信达公司提交了该股东会决议，最高法便予以改判。

在湖南航空股份有限公司（以下简称湖南航空）与中国有色金属工业第十四冶金建设公司（以下简称十四冶）、昆明恒益元盛生物科技有限公司（以下简称恒益元盛）建设工程施工合同纠纷案中，最高法认为，湖南航空原法定代表人唐某在公司章程明确规定公司禁止为他人提供担保，且未经公司董事会或者股东会决议的情况下，于2015年9月13日以湖南航空名义向十四冶签发《担保协议书》，构成越权代表。十四冶未对湖南航空的董事会或股东会决议进行必要审查，不构成善意。根据上述法律规定，案涉《担保协议书》应属无效。一审判决认定案涉《担保协议书》有效，系适用法律错误，予以纠正。[3]

其次，如有决议，应看该决议是否为适格决议。

第一步，审查公司决议是否由适格的公司机构作出。公司为公司股东或者实际控制人提供担保的，必须经股东会或者股东大会决议；公司为公司股东或者实际控制人以外的人提供非关联担保的，主要审查公司章程的规定是股东大会决议还是董事会决议。在章程没有规定股东大会决议还是商业判断规则的董事会决议时，应当由股东大会决议。

---

〔1〕 参见周伦军：《公司对外提供担保的合同效力判断规则》，载《法律适用》2014年第8期。

〔2〕 参见高圣平：《担保法前沿问题与判解研究》（第5卷），人民法院出版社2021年版，第80页。

〔3〕 最高法民事判决书，(2021)最高法民终687号。

在俞某平与威海中天房地产有限公司(以下简称中天公司)、余某强、林某澜民间借贷纠纷案中,最高法认为,俞某平与余某强签订《股权转让协议》,由余某强受让俞某平在中天公司的相应股权,因余某强未按时支付股权转让款,双方约定将该款项转为借款,并由中天公司为余某强提供担保。由此可见,中天公司为余某强借款提供的担保实质是对余某强支付股权转让款的担保,此时余某强为中天公司股东,中天公司为其提供担保应当严格遵守上述法律规定。但中天公司提供案涉担保并未经过股东会的同意,余某强提供的中天公司为案涉款项提供担保的股东会决议中,仅有余某强一人签字。根据法律规定,余某强不得参加该股东会决议的表决。现俞某平主张担保合同有效,应当提供证据证明其在订立合同时对股东会决议进行了审查,在排除被担保股东表决权的情况下,应由其他股东过半数通过。而俞某平作为中天公司此前的股东,对中天公司的股权结构及股东情况应当知晓,余某强提交的股东会决议仅有被担保股东余某强一人签字,俞某平应明知其他股东并未同意中天公司为股东余某强的债务提供担保,其未能对股东会决议进行必要的审查,并非善意债权人。[1]

第二步,在关联担保中,应审查公司股东会决议与公司作出担保时的有效章程和法律规定是否相冲突。应审查股东会决议的签字人员是否与章程相符,该签字人员的签章与章程上的股东签章是否表面基本相符;审查上市公司的担保金额是否超过《公司法》第 121 条规定的公司资产总额 30% 之限制。

在中兴天恒能源科技(北京)股份公司(以下简称中兴天恒公司)与中国华融资产管理股份有限公司江西省分公司(以下简称华融江西分公司)等借款合同纠纷案[2]中,由于案涉《保证协议》未经适格机关即股东大会审议批准,法定代表人未经授权擅自为他人提供担保,构成越权代表,中兴天恒公司主张,案涉担保数额由于超过公司最近一期经审计净资产 10%,须经董事会审议通过后提交股东大会审议批准,而中兴天恒公司并未将其提交股东大会审议,华融江西分公司仅审查董事会决议,未采取正确的审查方式,未尽到合理审查义务,存在重大过错,不属于善意相对人。最高法认为,在案

---

〔1〕 最高法民事裁定书,(2019)最高法民申 6027 号。

〔2〕 最高法民事裁定书,(2020)最高法民申 5166 号。

涉担保为非关联担保的情况下，只要债权人能够证明其在订立担保合同时对董事会决议或者股东（大）会决议进行了审查，同意决议的人数及签字人员符合公司章程的规定，应当认定其构成善意。本案中，债权人华融江西分公司在订立《保证协议》时，对中兴天恒公司的董事会决议进行了形式审查，且中兴天恒公司对该《董事会决议》的真实性不持异议，《董事会决议》不仅同意为案涉债务提供担保，并声明担保金额和相关事项完全符合《公司法》和《公司章程》的规定。虽然中兴天恒公司公开披露的《公司章程》（2016 年修订）、《对外担保管理制度》、《2016 年年度报告》以及《上海证券交易所股票上市规则》显示，案涉担保数额超过公司最近一期经审计净资产 10%，应进一步提交股东大会审议通过，但上述《公司章程》和内部制度对相关担保的决议机关规定属于约定限制，相对人的审查义务并非基于其对外效力，故应以形式审查为限；且对外担保数额和公司资产的关系并不能从相关公开文件中直接获取，需要债权人进一步计算得出，故不能以上述文件对外公开披露就认定本案债权人明知《公司章程》对案涉担保决议机关有明确规定；且要求债权人在签订担保合同时对公司担保数额和公司资产的关系比例进行实质审查，或者对债务人董事会相关声明的真伪予以确认，亦增加了债权人的举证责任和交易成本。综上，本案中，华融江西分公司已尽到合理审查义务，属于善意相对人。

还应审查决议上同意担保的股东所持表决权（股权、股份）之和是否达到法律规定的或公司章程中载明的股东（大）会决议形成的最低表决权要求，审查关联股东或受实际控制人控制的股东是否有回避表决等。

在太原市神龙亚飞贸易有限公司（以下简称神龙亚飞公司）、山西神迪汽车销售有限公司（以下简称神迪公司）与中国信达资产管理股份有限公司山西省分公司（以下简称山西信达公司）金融借款合同纠纷案中，神迪公司认为农行河西支行接受神迪公司提供担保时未对股东会决议的合法性进行审查，该股东会决议缺少神迪公司股东山西神龙亚飞汽车连锁店有限公司的签章，违反公司法规定担保合同无效。最高法认为，《公司法》第 16 条对公司提供担保作出限制，主要是为了保护中小股东的利益，同时也为了让相对人在交易时主动审查担保人的真实意思表示从而降低交易风险。从本案来看，该股东会决议有神龙亚飞公司的签章和神龙亚飞公司法定代表人崔某斌与股东崔某的签字，因崔某斌同时担任神龙亚飞公司、神迪公司和山西神龙亚飞汽车连锁店有限公司的法定代表人，因此其在股东会决议上签字的行为可以推知神迪公司已经知晓为神龙亚飞公司提供担保事宜。且除神龙亚飞公司外，持有29%股权的股东崔某也已经签字同意，不存在损害小股东利益的问题。因此，神龙亚飞公司主张担保合同无效的理由不能成立，二审判决适用法律并无不当。[1]

在非关联担保中，应审查董事会决议的签字人员和表决权比例是否与公司作出担保时的有效章程相符；审查同意担保的董事是否达到法律规定的或公司章程中载明的董事会决议形成的最低人数要求；审查担保数额是否超过公司章程的限制等。

在天津银行股份有限公司唐山高新区支行（以下简称天津银行）与山西同煤铁丰铁路运输有限责任公司（以下简称铁路运输公司）等金融借款合同纠纷案[2]中，最高法认为，天津银行主张，铁路运输公司2017年提供担保时，向其提交了经工商部门备案的2007年《内资公司设立登记审核表》中的公司章程，根据该章程规定，铁路运输公司不设董事会，设执行董事一人，对公司股东会负责。该章程未规定为他人提供担保时，由董事会还是股东会决议，故执行董事有权决定对外担保，天津银行已尽到了合理的审查义务。经查明，铁路运输公司已于2012年重新制定了新的公司章程，并于2014年进行了工商备案。新公司章程已明确规定，公司设立股东会和董事会，董事会审议批准公司对外提供担保。本案中，天津银行虽审查了铁路运输公司提供的《同意担保承诺函》《执行董事决议》《证明》，但如前所述，天津银行对于铁路运输公司提供担保行为的审查范围，还应包括对董事会或股东会同意对外担保决议的审查。铁路运输公司对外担保的意思表示系由时任法定代表人毛某民作出，现天津银行并无证据证明其与毛某民签订案涉《保证合同》时，已对铁路运输公司董事会或股东会决议进行了审查，其并未尽到必要的注意义务。

---

〔1〕 最高法民事裁定书，（2018）最高法民申617号。
〔2〕 最高法民事裁定书，（2020）最高法民申5144号。

第二节 公司的过错界定

根据《民法典》第504条的规定，法定代表人越权担保情形下，若相对人非善意的，担保合同对公司不发生效力，公司不承担担保责任。但如相对人请求公司承担赔偿责任的，结合《民法典担保制度解释》第17条的相关规定，要认定公司是否负有过错。公司的过错主要有以下3类：

1. 对公章管理不当、内部管理失范，属于公司的过错。公司本应对公章的使用和管理加以规范，法定代表人未经公司决议就擅自以公司名义对外担保的，可以认定公司具有过错。如在（2021）最高法民申6970号案中，最高法认为，华晶金刚石公司在《保证合同》上加盖公司印章，未经股东大会决议却对外提供担保，原判决认定华晶金刚石公司在内部管理上存在重大过失，并无不当。在（2020）最高法民终1143号案中，最高法认为，中建公司法定代表人未经董事会决议或股东会决议擅自以公司名义出具案涉《第三方单位担保书》且加盖公司公章，存在内部管理不规范等问题，对于案涉《保证合同》无效亦存在过错。在（2021）最高法民申146号案中，最高法认为，亿阳信通公司为其股东亿阳集团提供担保未经股东大会决议通过，天元天润公司对此也未尽到审查义务，双方均有过错。

又如，在抚顺中石油昆仑燃气有限公司（以下简称抚顺中石油公司）与中海信托股份有限公司（以下简称中海信托公司）、同益实业集团有限公司（以下简称同益公司）、宋某铭、黎源公司债券交易纠纷案中，上海高院认为，公司为他人提供担保，属于重大经营行为，存在较大风险，抚顺中石油公司本应对公司公章的使用和管理加以规范，亦应对其法定代表人加以约束，使其按照公司的内部管理规定处理对外担保事宜。但抚顺中石油公司未能尽此义务，自身也存有过错，理应承担系争担保无效后的相应民事责任。原审法院酌定抚顺中石油公司承担同益实业公司不能清偿部分1/2的民事赔偿责任，并无不当。最高法认为案涉《担保合同》系由抚顺中石油公司时任法定代表人王某洋签订，中海信托公司签约时审阅了公司章程，并向王某洋索要公司决议但未果。综合在案证据以及抚顺中石油公司的过错，二审法院对抚顺中石油公司应当承担的责任依法作出认定,并无不当。[1]

2. 公司亦应对其法定代表人加以约束、对法定代表人擅自担保损害公司利益的行为不能及时发现和制止,使其按照公司的内部管理规定处理对外担保事宜,属于公司的过错。如在(2020)最高法民终908号案中,最高法认为,刘某升越权代表三河建设公司签订《保证合同》,刘某升为三河建设公司的执行董事、法定代表人,其对外实施损害公司利益行为时,三河建设公司未能及时发现和制止损害结果的发生,负有用人不当、管理不善的过错责任。

在浙江金盾风机股份有限公司(以下简称金盾风机公司)与金某、周某等民间借贷纠纷案[2]中,最高法认为,关于案涉《保证协议》无效,金盾风机公司应否对合同相对方金某承担过错赔偿责任问题。《保证协议》上加盖的金盾风机公司印章虽与该公司提供曾使用同序号印章、工商内档曾使用同序号印章、银行预留印鉴中同序号印章不一致,但是根据金盾风机公司陈述,周某1使用金盾风机公司印章签订相关合同引发了40宗案件,而这些案件至周某1因故去世后才爆发。因此,原审判决认定金盾风机公司对于周某1损害公司利益的行为,存在未能及时发现和制止的管理不当情形,应当承担相应过错赔偿责任,亦无不当。

在吉林翔瑞投资有限公司(以下简称翔瑞投资公司)与吉林省吉煤投资有限责任公司(以下简称吉煤公司)等借款合同纠纷案[3]中,最高法认为,涉案保证合同无效的主要原因是翔瑞投资公司时任法定代表人王某鑫及其董事会,在未按其公司章程规定经股东龙翔集团同意或者授权情况下,擅自决定为吉煤公司提供了担保,并在《委托贷款保证合同》上加盖了公司印章,且承诺为债权本金5000万元及利息、违约金、赔偿金等承担保证责任。对于上述对外实施损害公司利益的行为,翔瑞投资公司均未能及时发现和制止,存在管理不当的过错责任,其应就因担保合同无效导致吉煤公司信赖利益受损承担赔偿责任。

3. 在主合同无效导致担保合同无效情况下,公司明知主合同无效仍促

---

〔1〕 最高法民事裁定书,(2021)最高法民申4798号。

〔2〕 最高法民事裁定书,(2020)最高法民申2443号。

〔3〕 最高法民事裁定书,(2020)最高法民申4981号。

使主合同成立或为主合同的签订作中介,公司明知主合同无效仍为之提供担保,均属于公司的过错。

在姜某生与苏州香山古建园林工程有限公司(以下简称香山公司)、泰州市文化广电新闻出版局(以下简称文广新局)、姚某言追偿权纠纷案中,最高法认为,在主合同无效导致担保合同无效情况下,担保人的过错不仅包括担保人明知主合同无效仍促使主合同成立或为主合同的签订作中介,还包括担保人明知主合同无效仍为之提供担保等情形。本案中,姜某生主张其不知晓《施工合作协议条款》无效,但该协议明确约定姚某言按图纸、合同及行业规范进行施工,保证工程质量,并上交总承包人香山公司工程造价的4%作为管理费,香山公司对项下工程有权监督检查验收,香山公司在收到建设方汇款后按审核工作量支付姚某言相应款项,该协议未再约定香山公司其他义务,且合同对香山公司与姚某言的合作方式、利润分配与风险承担等事项亦无涉及,该协议明显符合借用资质挂靠协议特征,应当认定姜某生知晓姚某言与香山公司系挂靠关系,现姜某生仅以聘书及协调会会议纪要为由认为姚某言属香山公司职员二者系内部委托关系,与事实不符。因此,姜某生应当知晓《施工合作协议条款》无效。姜某生明知其提供担保是其从姚某言处承接案涉工程部分分包项目的必要条件,也知晓其保证行为是姚某言与香山公司挂靠协议订立和履行的重要条件,在此情况下,姜某生为承接项目,应姚某言的要求提供担保,对担保无效存在一定的过错。后姜某生确实自姚某言处承接了部分项目的施工,并取得工程款。考虑到姜某生对主合同订立、履行的影响程度以及香山公司在合同订立、履行中的过错程度等因素,原审法院酌定姜某生在担保范围内对姚某言不能清偿部分的1/6承担责任,并无不当。[1]

第三节 相对人过错识别

《民法典担保制度解释》第7条第2款规定,相对人对公司决议负有合理审查的义务。《民法典担保制度解释》改变了《九民纪要》的“形式审查”

[1] 最高法民事裁定书,(2018)最高法民申764号。

表述,而采取了"合理审查"的表述,显然立法者是赋予了相对人更高的审查义务。"合理审查也即审慎的形式审查,必然需要一定程度覆盖决议等书面文件的合法性和真实性的审查,同时也需要考察章程对担保的规定,以及审查决议是否与章程规定比例相匹配,这样才能彰显审慎性。"[1]因此,相对人的过错也在于没有尽到合理审查的注意义务。主要可分为以下情形:

1. 未能通过股东名册和章程识别是否为关联担保,未要求公司提供决议和存在《民法典担保制度解释》第7条第3款规定的"相对人知道决议系伪造、变造"的情形。

在北海银河生物产业投资股份有限公司(以下简称银河生物)、四川永星电子有限公司(以下简称永星公司)与上海卓舶公司实业有限公司(以下简称卓舶公司)、银河天成集团有限公司(以下简称银河天成)、姚某平、潘某、潘某1企业借贷纠纷案中,最高法认为,根据本案查明事实,案涉加盖银河生物公章及徐某军私章的《保证合同》与案涉加盖永星公司公章和法定代表人叶某斌私章以及叶某斌签字的《保证合同》,并未依据公司章程规定经过两公司股东大会表决通过。故加盖永星公司公章及法定代表人叶某斌签字的案涉《保证合同》,属于越权代表行为。加盖银河生物公章及徐某军私章的案涉《保证合同》,虽然徐某军并非时任法定代表人,但相对人基于对公章的信赖,有理由相信公章为法定代表人或其授权他人使用,故不影响认定加盖银河公司公章这一行为构成越权代表。另外,银河生物作为上市公司,和其控股子公司永星公司对外提供担保,应履行法律规定的信息披露义务。卓舶公司在接受银河生物、永星公司提供的担保时,可公开查询银河生物对该担保事项有无进行公告,据此可认定卓舶公司应当知道案涉《保证合同》未经过上市公司股东大会表决通过。可见,卓舶公司并未履行基本的形式审查义务,不属善意相对人,故案涉加盖银河生物、永星公司公章的《保证合同》无效。[2]

在张某福与海南鼎顶网络科技股份有限公司(以下简称鼎顶网络公司)等民间借贷纠纷案[3]中,最高法认为,鼎顶网络公司等在案涉其他债务相

---

[1] 李建伟:《公司诉讼类型化专题24讲(二)公司大数据实证分析与裁判规则评述》,法律出版社2022年版,第327-328页。

[2] 最高法民事判决书,(2020)最高法民终935号。

[3] 最高法民事判决书,(2020)最高法民终742号。

关借款合同保证人处加盖公司印章，但该担保行为未经鼎顶网络公司等股东会决议，贷款人张永福未就此进行审查，亦有过错。

在上海瀚辉投资有限公司（以下简称瀚辉公司）与上海斐讯数据通信技术有限公司（以下简称斐讯通信公司）、上海斐讯投资有限公司（以下简称斐讯投资公司）、顾某平借款合同纠纷案[1]中，最高法认为，斐讯通信公司法定代表人顾某平未经授权擅自为斐讯投资公司提供担保，构成越权代表。本案原审中瀚辉公司自述当时追问过斐讯通信公司的法定代表人和其他人员是否经公司决策机构决议，但在该公司未出示股东会决议的情况下，仍与其签订担保合同，事后也未经有权机关追认，由此表明瀚辉公司对于顾某平超越法定代表人权限与其订立担保合同系为明知。作为专业投资公司，瀚辉公司明知斐讯通信公司法定代表人顾某平未向其提供股东会同意担保的决议，仍与之签订担保合同，未尽依法审查的合理审慎义务，难言善意。

此外，相对人知道或应当知道分支机构对外提供担保未经公司决议程序，而接受分支机构以自己的名义对外提供担保，相对人请求公司或者其分支机构承担担保责任的，也属于前述情形。

2. 出现《民法典担保制度解释》第 7 条第 3 款规定的“相对人应当知道决议系伪造、变造”和公司决议存在明显瑕疵[2]的情形。所谓存在明显法律瑕疵的情形，如表决的人数或表决权、股东或董事的签章明显不符合公司章程的规定；接受章程禁止对外担保的公司提供的担保等。

在云南曲靖鹏跃有限公司（以下简称鹏跃公司）与中国银行股份有限公司宣威支行（以下简称中行宣威支行）、宣威市鹏跃科技饲料有限公司（以下简称饲料公司）及彭某跃、孙某凤金融借款合同纠纷案中，鹏跃公司申请再审称彭某跃私刻鹏跃公司印章、伪造股东会决议用于签订案涉抵押合同，提供抵押担保不是鹏跃公司的真实意思表示，最高法认为，彭某跃作为鹏跃公司法定代表人，向中行宣威支行提供了鹏跃公司营业执照、公司章程、股东会决议、公司股东身份证、公司股东签字及公司公章印文样本、登记于公司名下的房地产权属证书。最高法认为，中行宣威支行尽到了审慎的审查义

---

〔1〕 最高法民事裁定书，(2020)最高法民申 1773 号。

〔2〕 刘贵祥：《担保制度一般规则的新发展及其适用——以民法典担保制度解释为中心》，载《比较法研究》2021 年第 5 期。

务,属于善意相对人。第一,鹏跃公司虽然不是专门提供担保业务的机构,但是法律并不禁止公司以自有资产对外提供担保。鹏跃公司主张提供担保超出其经营范围,缺乏法律依据。第二,鹏跃公司股东会决议上四位股东的签字,肉眼无法确认是同一人笔迹,且股东会决议上加盖的鹏跃公司印章,经已发生法律效力的云南省曲靖市中级人民法院(2018)云03民终1603号民事判决确认,与彭某跃提供的公司公章印文样本一致。鹏跃公司主张该股东会决议明显虚假,缺乏事实依据。第三,《公司法》第16条第3款规定,为公司股东或者实际控制人提供担保的,该股东或受该实际控制人支配的股东不得参加股东会就该事项的表决,且该事项要由出席会议的其他股东所持表决权的过半数通过。由于饲料公司并非鹏跃公司的股东或实际控制人,彭某跃在鹏跃公司股东会为饲料公司提供担保事宜中的表决权并不在上述法条明确禁止之列。即使因彭某跃同时担任两公司法定代表人而排除他在案涉担保事宜上的表决权,其他投赞成票股东所持表决权亦超过了参会股东表决权的半数。鹏跃公司以彭某跃参加表决违反法律规定为由主张股东会决议无效,不能成立。第四,案涉抵押物登记在鹏跃公司名下,中行宣威支行有理由相信鹏跃公司有权对其名下的房地产设定抵押。鹏跃公司主张其不是抵押物的真实权利人,不影响案涉抵押权的效力。[1]

3. 根据《民法典担保制度解释》第9条规定,相对人接受上市公司提供担保前应审查其公示的担保公告,确保能在合法公开渠道查询到,才能接受上市公司的担保。因此,相对人如未根据上市公司公开披露的关于担保事项已经董事会或者股东大会决议通过的信息,与上市公司订立担保合同,或者与上市公司已公开披露的控股子公司订立的担保合同,或者相对人与股票在国务院批准的其他全国性证券交易场所交易的公司订立担保合同的,均可认定相对人过错。

在威龙葡萄酒股份有限公司与华夏银行股份有限公司烟台龙口支行、山东龙口酿酒有限公司、山东威龙集团公司、王珍海、范崇玲金融借款合同纠纷案中,最高法认为,上市公司的所有担保事项都必须披露,如果相对人没有根据上市公司公开披露的信息与上市公司订立担保合同,就会损害证券市场上广大股民的权利,该合同应当认定对上市公司不发生效力,上市公

[1] 最高法民事裁定书,(2020)最高法民申4267号。

司不应承担任何民事责任。[1]

第四节 结 语

在现代商事交易下,公司对外担保越来越多,风险也越来越大。就公司法定代表人以公司名义对外担保,从《九民纪要》到《民法典担保制度解释》,判断相对人是否善意的标准已经从形式审查转变为有限实质审查即合理审查义务。规范对外担保,合理规范审查,促进商业交易,推动社会经济发展,大有裨益。此外,“在相对人知道或应当知道法定代表人越权的情形中,其法律效果应类推无权代理,即越权担保行为是否有效应由公司选择,若公司对该行为进行追认,则越权担保行为的效果归属于公司,反之则效果不归属于公司”[2]。这也有最高法的司法案例所验证。在(2019)最高法民申2439号案和(2018)最高法民申2995号案中,公司通过决议追认或不提出异议而默示认可越权担保,最高法均予以确认,这实际上体现了公司权力机关的意思自治,符合公司对外担保的价值判断。

---

〔1〕 最高法民事裁定书,(2021)最高法民申1082号。

〔2〕 高圣平:《担保法前沿问题与判解研究——最高人民法院新担保制度司法解释条文释评(第五卷)》,人民法院出版社2021年版,第92页。

第十二章 合同解除权论述

契约的解除，是指在订立契约后，通过一方当事人的意思表示，溯及消灭契约关系，使尚未履行的债务失去履行必要，如果存在已经履行的债务，则通过相互返还清算法律关系。[1] 当合同发生法定的或当事人约定的解除情形时，当事人拥有法定或者约定解除权。法定解除权、约定解除权均为形成权，[2]仅依解除权人的单方意思表示即可发生合同效力溯及既往消灭的法律效果。《民法典》第565条第1款规定，当事人一方主张解除合同的，应当通知对方。合同自通知到达对方时解除。这说明解除权人仅以自己单方的意思表示即可解除合同，无须经过裁判。但解除权人必须作出解除合同的意思表示并送达对方，否则不产生合同解除的法律效果。

合同解除权属于私力救济权，它是解除权人在法律允许的范围内，依靠自身实力，通过实施解除行为以救济自己被侵害的合法权益之民事权利。当解除权人认为解除条件具备时，是否行使由当事人依个人意愿决定，无须依靠他方的配合或认可来实现。合同解除属于契约严守原则的例外，按照契约严守原则，当事人应当依照合同享有权利、承担义务，使合同目的得以正常实现。但由于种种原因，合同得不到正常履行在所难免，应当允许当事人通过合同解除的方式提前终止合同关系，以适应形势变化的需要。[3] 在

---

〔1〕 参见［日］我妻荣：《债法各论》（上卷），徐慧译，中国法制出版社2008年版，第121页。

〔2〕 参见［日］我妻荣：《债法各论》（上卷），徐慧译，中国法制出版社2008年版，第169页。

〔3〕 参见孔祥俊：《合同法疑难案例评析与法理研究》，人民法院出版社1999年版，第413页。

最高法司法实践中,对于有权解除合同的主体、解除合同能否主张违约金、合同任意解除权能否放弃等问题均存在一定争议,本章将对此展开分析。

第一节 解除权行使主体

合同解除权的行使主体在理论上和司法实践中均存在一定争议。有学者认为,“合同的解除权行使主体,除因不可归责于任何一方的因素导致合同无效外,只能是受害方享有该权利,违约方不得行使”[1]。也有观点认为,我国现行法律并没有关于违约方不得解除合同的明确规定。违约方的合同解除权,在我国现有的法律框架内能够找到明确依据。《民法典》第 580 条规定,在当事人一方不履行非金钱义务或者履行非金钱义务不符合约定时,对方可以要求履行,但有下列情形之一的除外:法律上或事实上不能履行;债务的标的不适于强制履行或履行费用过高;债权人在合理期限内未要求履行。因此,在出现上述情形时,违约方得以主张免除合同义务的履行。[2]

一、法定解除权行使主体

法定解除权主要体现在《民法典》第 563 条。王利明、崔建远、韩世远、谢鸿飞、刘凯湘教授都认为,除第 1 项外,该条中的“当事人”是指“非违约方”。[3] 即在出现该条第 2 项、第 3 项、第 4 项中的情形时,违约方不可以行使合同法定解除权。但是,梁慧星教授认为,法定解除权之享有和行使,不应限于守约、受损害方当事人,而取决于合同目的是否能否实现。就前述第 563 条,梁教授认为除第二项、第三项因合同目的并未落空,仅守约方当事人可以行使法定解除权外,其他各项中,双方当事人(守约方、违约方)均可以

---

〔1〕 余延满:《合同法原论》,武汉大学出版社 1999 年版,第 490 页。

〔2〕 参见怀晓红:《合同违约方能否主张解除合同》,载《人民法院报》2014 年 5 月 21 日,第 7 版。

〔3〕 参见崔建远:《合同法总论》(中卷),中国人民大学出版社 2013 年版,第 594 - 649 页;王利明:《合同法研究》(第 2 卷),中国人民大学出版社 2011 年版,第 307 - 313 页;韩世远:《合同法总论》,法律出版社 2011 年版,第 515 - 518 页。谢鸿飞教授认为,依《合同法》第 94 条的文义,除在不可抗力导致合同目的无法实现的情形之外,其他根本违约情形的解除权人只能界定为债权人。参见谢鸿飞:《〈民法典〉法定解除权的配置机理与统一基础》,载《浙江工商大学学报》2020 年第 6 期。

行使法定解除权。[1] 可见,多数民法学者均认为违约方没有合同法定解除权,守约方才享有合同法定解除权。

在深圳市富山宝实业有限公司(以下简称富山宝公司)与深圳市福星股份合作公司(以下简称福星公司)等合作开发房地产合同纠纷案[2]中,最高法认为,由于项目建设中富山宝公司构成根本违约,导致未完工程被列为清理对象的深圳市52个问题楼盘之一,致使双方签订合同的目的无法实现。因此,福星公司有权解除其与富山宝公司之间的《合作投资兴建三星花园合同书》。鉴于此,作为守约一方的福星公司委托律师向富山宝公司发函,提出解除双方之间的《合作投资兴建三星花园合同书》,是享有合同解除权的一方行使法定解除权,并无不当。[3]

在上海万顺房地产开发公司诉永新实业发展有限公司(以下简称永新公司)等合作开发协议纠纷案中,最高法认为,由于合同解除制度之意旨在于将解除权赋予守约方,而永新公司发出"4·1"函时仍处于违约状态,故永新公司不能享有合同解除权。[4] 该案判决认为违约方不享有合同解除的权利。

在东京日进佳芭拉株式会社(以下简称东京日进)等与大连民翊荣子经贸有限公司(以下简称荣子公司)合同纠纷案中,最高法认为,东京日进和大连日进佳芭拉工业有限公司(以下简称大连日进)以合作过程中出现"不和谐事件"为由单方面通知荣子公司解除合同并停止向荣子公司供货,不符合合同约定。原判决认定东京日进和大连日进在合同履行期间擅自解除合同,已构成违约并无不当。东京日进和大连日进作为违约方,依法不享有合同解除权,应当按照《合同法》第113条[5]的规定向荣子公司赔偿损失。[6]

在最高法(2015)民二终字第392号案中,最高法认为,在解某违约的情形下,其承担违约责任并不能必然享有解除合同的权利。因合同的解除是

---

[1] 梁慧星:《合同通则讲义》,人民法院出版社2021年版,第303-304页。刘凯湘教授认为,解除权原则上只能是对守约方的救济,只有守约方才能享有合同解除权。参见刘凯湘:《民法典合同解除制度评析与完善建议》,载《清华法学》2020年第3期。

[2] 载《最高人民法院公报》2011年第5期。

[3] 最高法民事判决书,(2010)民一终字第45号。

[4] 最高法民事判决书,(2003)民一终字第47号,载《最高人民法院公报》2005年第3期。

[5] 对应《民法典》第584条。

[6] 最高法民事裁定书,(2015)民申字第2629号。

法律允许非违约方在对方违约的情况下可采取的补救方式，是否愿意继续受到合同约束的选择权在于非违约方。

《合同法》第94条即现《民法典》第563条确立了合同法定解除权制度。这一制度的首要之意固然是授予非违约方以合同解除权，使其能够获得以解除合同为补救方式的特殊救济；但法定解除权制度作为合同编项下的制度，必然须以维护意思自治、鼓励市场交易、稳定市场秩序、实现资源的有效配置的合同编立法宗旨和价值取向为依归，故对合同法定解除权的使用条件予以严格限定才是这一制度的主要方面和价值侧重。解除合同本就不是违约情形下唯一的救济手段，更不是当然的救济手段。若合同动辄可得解除，交易关系动辄可致"流产"，则必将引发市场秩序的混乱、交易成本的虚高和资源配置效率的低下。故尽管依据《民法典》第563条第4项之规定，如一方迟延履行债务或者有其他违约行为致使合同目的不能实现，则另一方有权解除合同；但仍须明确，仅当违约致使合同目的不能实现时，方存在适用解除合同这一救济方式的空间。换言之，该条款项下合同法定解除权的行使须以一方的违约行为致使合同目的落空为标准。综上所述，为实现合同法定解除权制度的主要价值，必须对《民法典》第563条第4项予以严格适用，而要严格适用该条款，关键在于正确认定合同目的，避免对合同目的作出超越当事人真实合意的扩大解释。

在海南金凯汽车工业有限公司（以下简称金凯公司）与海南融元实业有限公司（以下简称融元公司）等合作开发房地产合同纠纷案中，最高法认为，应对《合同法》第94条第2项、第3项、第4项进行限缩性解释，即应解释为当事人一方违约时，另一守约方才享有合同解除权，而违约方并不享有合同解除权。关于金凯公司诉请解除合同的问题，最高法认为，合同的解除包括约定解除和法定解除。金凯公司并未提交证据证明其已与融元公司就解除《项目合作协议》达成了意思表示一致，因此不符合约定解除的条件。关于法定解除，《合同法》第94条规定了5项情形，其中第2项、第3项、第4项均为当事人一方违约时的法定解除，对此条款应做限缩性解释，理解为当事人一方违约时，另一守约方享有合同解除权，而违约方并不享有合同解除权。金凯公司主张融元公司迟延履行设立项目公司以及向项目公司注资的义务，但金凯公司在尚未解除与融元公司签订的《项目合作协议》的情况下，又将涉案土地作为出资与吕某山、第三人弘美丽岛公司签订了项目投资入股合同书，并组建了项目合作公司，以自己的行为表明不再履行与融元公司的《项目合作协议》，金凯公司存在根本性违约行为。金凯公司作为违约方，并不享有《合同法》第 94 条规定的法定合同解除权。因此，原审判决驳回金凯公司要求解除《项目合作协议》的反诉请求并无不当。[1]

在海南昌江鑫龙房地产开发有限公司（以下简称鑫龙公司）与海南献林建筑安装工程有限公司（以下简称献林公司）建设工程施工合同纠纷案中，最高法认为，法定解除权，就其性质而言是一种形成权，是指权利人依自己单方意思表示即可使民事法律关系消灭的权利，正由于法定解除权赋予了权利主体以单方意思表示干预法律关系的权利，从保护相对人免受不公平结果损害，以及维护交易安全和稳定，鼓励交易的角度出发，法定解除权通常应赋予守约方而非违约方。鑫龙公司依据《合同法》第 94 条第 3 项以及《建设工程司法解释》（2004 年）第 8 条第 2 项的规定，请求解除《2014 年合同》。最高法认为，鑫龙公司该主张不能得到支持。首先，根据《合同法》第 94 条第 3 项关于"当事人一方迟延履行主要债务，经催告后在合理期限内仍未履行"，当事人可以解除合同的规定，以及《建设工程司法解释》（2004 年）第 8 条第 2 项规定"合同约定的期限内没有完工，且在发包人催告的合理期限内仍未完工"，发包人请求解除建设工程施工合同的，应予支持的规定，均为规定法定解除合同的条款，即合同生效后，没有履行或者未履行完毕前，当事人在法律规定的解除条件出现时，行使解除权而使合同关系消灭。根据二审查明的事实，依据《2014 年合同》等合同文件的约定，案涉项目中标价为 98,682,324.26 元，鑫龙公司应于合同签订后支付合同价款的 25% 即 24,670,581.06元，于工程量完成 50% 时支付至合同价款的 65% 即 64,143,510.77元。从鑫龙公司开始付款至 2014 年 4 月，鑫龙公司累计付款 330 万元，未达到合同价款的 25%；至 2014 年 10 月，因水泥问题导致 1 号、7 号楼出现质量问题时，鑫龙公司累计付款 910 万元，亦未达到合同价款的 25%；至 2014 年 11 月，S7 – S15 完工且通过初步验收，鑫龙公司累计付款 1080 万元，仍未达到合同价款的 25%。因此，鑫龙公司未按合同约定支付工程价款，构成违约。献林公司虽因补救质量问题拖延了工期，但经过整改补救，1 号、7 号楼主体分部工程质量验收合格。故二审法院认为献林公司属一

[1] 最高法民事裁定书，（2013）民申字第 1521 号。

般违约,相较而言,鑫龙公司未按合同约定足额支付工程款,构成严重违约,不支持鑫龙公司解除《2014 年合同》的主张,亦未有不当。此外,鑫龙公司需依约按期支付工程价款的义务不因献林公司是否有催促其支付而免除;鑫龙公司在合同签订后便应支付献林公司合同价款 25% 的工程价款,该项支付义务不以工程量的完成进度为前提,故献林公司是否有按月报送工程量报告亦不能免除鑫龙公司迟延支付的违约责任;工程量是否已完成 50% 及其具体时间节点不详,亦不影响鑫龙公司因未依约按期支付献林公司合同价款 25% 的工程价款而产生的违约责任。且鑫龙公司在二审庭审中认可献林公司大约完成工程量 5000 万元。本案因鑫龙公司违约在先,献林公司的迟延履行存在正当理由,鑫龙公司请求解除《2014 年合同》,因不符合上述条款有关法定解除合同的条件,其该项申请再审理由无事实和法律依据,最高法不予支持。[1]

二、违约方可司法解除

根据我国《民法典》第 787 条、第 829 条及第 933 条之规定,承揽人、托运人、委托人享有任意解除权。这意味着即使这三个主体属于违约方,其也享有合同解除权。可见,现行《民法典》明文规定了特定情形下违约方享有合同解除权的情形。但针对原《合同法》总则部分,对于违约方是否享有合同解除权的问题,理论界和司法实务界均存有较大争议。有观点认为,我国现行法律并没有关于违约方不得解除合同的明确规定。且我国《合同法》第 110 条规定,在当事人一方不履行非金钱债务或者履行非金钱债务不符合约定的,对方可以请求履行,但有下列情形之一的除外:法律上或事实上不能履行;债务的标的不适于强制履行或履行费用过高;债权人在合理期限内未请求履行。[2] 因此,在出现上述情形时,违约方可以主张免除合同义务的履行。即尽管不能依据《合同法》第 94 条的规定行使法定解除权,但是在合同无法继续履行或强制履行成本过高的情形下,强制履行显然是非理性的选择。依据《合同法》第 110 条的规定,违约方可以以承担违约责任的代价换取对合同义务履行的免除。在合同履行存在该条规定的情形时,违约方主

---

〔1〕 最高法民事裁定书,(2017)最高法民申 51 号。

〔2〕 对应《民法典》第 580 条。

张解除合同应予支持。[1]

孙良国教授认为,赋予违约方解除权必须经由符合整体法秩序的"法外续法",即依据以效率为根据的诚实信用原则创设新规则。然而,违约方的解除权并不能成为一般规则,只有在符合分割式或内在关联性商事经营、无过错以及导致不成比例效率损失等严格条件下,该权利才可实现利益均衡,具有正当性。[2]

《最高人民法院公报》2006 年第 6 期收录了新宇公司诉冯某梅商铺买卖合同纠纷案,该案判决援引《合同法》第 110 条,承认了违约方一定条件下也享有合同解除权,并支持违约方的解除合同请求。其裁判要旨指出:"有违约行为的一方当事人请求解除合同,没有违约行为的另一方当事人要求继续履行合同,当违约方继续履约所需的财力、物力超过合同双方基于合同履行所能获得的利益,合同已不具备继续履行的条件时,为衡平双方当事人利益,可以允许违约方解除合同,但必须由违约方向对方承担赔偿责任,以保证对方当事人的现实既得利益不因合同解除而减少。"[3]

但司法判例仍在不断突破传统观念,如耀玮公司等诉天马电影公司租赁合同纠纷案[4]。该案历经一审、二审、广东高院再审指令佛山中院再审,佛山中院再审依然维持违约方在本案享有合同解除权之结论。"审判实践中一方当事人选择违约要求解除合同的案例比比皆是……因而,我国一贯坚持的合同全面履行原则应作适当调整,在合同无法继续履行的情况下,双方当事人均可是行使这一权利的主体。"[5]尽管如此,但在实际操作层面,无论是有效的指导性文件,还是法院法官,均大多支持违约方无合同解除权的观点。如《广东省高级人民法院关于商事审判疑难法律问题的解答》规定:"法律并没有赋予违约方合同法定解除权,除非双方有明确约定,对于违约方解除合同的请求,人民法院不予支持。"

---

[1] 参见怀晓红:《合同违约方能否主张解除合同》,载《人民法院报》2014 年 5 月 21 日,第 7 版。
[2] 参见孙良国:《违约方的合同解除权及其界限》,载《当代法学》2016 年第 5 期。
[3] 灵武法院民事判决书,(2016)宁 0181 民初 3426 号。
[4] 佛山中院民事判决书,(2013)佛中法审监民再字第 67 号。
[5] 石银山:《违约方主张解除合同如何处置》,载《中国审判》2012 年第 9 期。

2019年,《九民纪要》第48条[1]赋予特定情形下违约方有权起诉请求解除合同。这是最高法用于指导审判的规范性意见中首次对违约方可诉请解除合同进行明确,但因条文列明的适用条件较窄,较为原则、宽泛,实践中各地法院对于违约方可诉请解除合同依然存在认知标准不一致现象。

《民法典》第580条[2]第2款作为新增条款,系在《九民纪要》第48条的基础上修改而成,赋予了违约方可以不用继续履行、提起诉讼解除合同的权利。该新增条款系为解决不可抗力和情势变更以外的原因所造成的履行不能僵局提供的重要方案。这是对委托人、托运人和承揽人享有任意解除权外的新规定,意义重大。《民法典》第580条第2款使用的是“终止合同权利义务关系”,因《民法典》不刻意区分“解除”和“终止”,这里的“终止”与“解除”同义。其中,“当事人”包括双方,无论其是否为违约方。依据该条规定,违约方提起解除合同诉讼应当仅限非金钱债务,且需符合该条规定的三种情形之一,致使合同目的不能实现。

1. 法律上或者事实上不能履行。法律上不能履行,是指由于法律规定或者变化,继续履行已经违法,如出卖禁止流通物。[3]

在湛江喜强工业气体有限公司(以下简称喜强公司)诉广东省湛江市遂溪县人民政府(以下简称遂溪县政府)、广东省湛江市遂溪县自然资源局(以下简称遂溪县自然资源局)不履行法定职责案中,最高法认为,2006年8月31日印发的《国务院关于加强土地调控有关问题的通知》第5条规定,工业用地必须采用招标拍卖挂牌方式出让,其出让价格不得低于公布的最低价

---

〔1〕《九民纪要》第48条规定:“违约方不享有单方解除合同的权利。但是,在一些长期性合同如房屋租赁合同履行过程中,双方形成合同僵局,一概不允许违约方通过起诉的方式解除合同,有时对双方都不利。在此前提下,符合下列条件,违约方起诉请求解除合同的,人民法院依法予以支持:(1)违约方不存在恶意违约的情形;(2)违约方继续履行合同,对其显失公平;(3)守约方拒绝解除合同,违反诚实信用原则。人民法院判决解除合同的,违约方本应当承担的违约责任不能因解除合同而减少或者免除。”

〔2〕《民法典》第580条规定:“当事人一方不履行非金钱债务或者履行非金钱债务不符合约定的,对方可以请求履行,但是有下列情形之一的除外:(一)法律上或者事实上不能履行;(二)债务的标的不适于强制履行或者履行费用过高;(三)债权人在合理期限内未请求履行。有前款规定的除外情形之一,致使不能实现合同目的的,人民法院或者仲裁机构可以根据当事人的请求终止合同权利义务关系,但是不影响违约责任的承担。”

〔3〕最高人民法院民法典贯彻实施工作领导小组主编:《中华人民共和国民法典合同编理解与适用(二)》,人民法院出版社2020年版,第737页。

标准。2007 年 4 月 4 日印发的《国土资源部、监察部关于落实工业用地招标拍卖挂牌出让制度有关问题的通知》第 2 条规定，明确范围，坚定不移地推进工业用地招标拍卖挂牌出让。本案遂溪县自然资源局于 2006 年 12 月 25 日与喜强公司签订《供地协议书》，约定将案涉土地给喜强公司使用，并负责给其办理土地使用权证。但协议签订时案涉土地系集体土地，2009 年 5 月 25 日经湛江市国土资源局批复同意，方才办理农用地转用手续。故按照上述文件的规定，案涉土地应该通过招标拍卖挂牌方式出让。喜强公司依据《供地协议书》要求被申请人向其颁发土地权属证书，属于法律上不能履行。[1]

所谓事实上不能履行，是指基于自然规则而发生的不能履行，如果作为合同标的物的特定物灭失。[2]

在环创（厦门）科技股份有限公司（以下简称环创公司）与淮阳万容环境科技有限公司（以下简称淮阳万容公司）、中原环资科技有限公司（以下简称中原环资公司）招标投标买卖合同纠纷案[3]中，最高法认为，环创公司一审诉讼请求为判令淮阳万容公司向环创公司一次性付清合同总价 19,936,800 元等。而环创公司未交付设备，陈述其公司可在 3 个月内交付全部案涉设备，故环创公司请求权基础实为要求继续履行合同。然淮阳万容公司与环创公司所签合同是针对案涉项目的要求而定制的设备，现淮阳万容公司已被取消案涉项目的特许经营权并退出案涉项目建设，新的合同方已中标案涉项目并已开始建设，淮阳万容公司事实上已无法接收环创公司交付设备。基于环创公司现尚未交付设备的客观情况，二审法院认定本案构成事实上的履行不能，案涉合同不应再继续履行，并驳回环创公司相应诉请，并无不当。如环创公司因本案纠纷产生损失，环创公司可另行主张权利。

2. 债务的标的不适于强制履行或者履行费用过高。债务的标的不适于强制履行，是指债务的性质不宜直接强制履行，如技术开发合同、委托合同、演出合同、直播合同等具有人身依附性的债务。

在北京因联科技有限公司与广东豪特曼智能机器有限公司计算机软件

---

〔1〕 最高法行政裁定书，（2020）最高法行申 2856 号。

〔2〕 最高人民法院民法典贯彻实施工作领导小组主编：《中华人民共和国民法典合同编理解与适用（二）》，人民法院出版社 2020 年版，第 738 页。

〔3〕 最高法民事裁定书，（2021）最高法民申 6177 号。

开发合同纠纷案[1]中，最高法认为，合同的履行有赖于委托方与开发方之间的密切协作，合同完成必须得到委托方的积极配合。而委托方已明确不再履行，且电商 App 具有时效性强、开发时间短的特点，延后交付的软件不能满足已经变化的市场竞争需求，因此，根据《民法典》第 580 条第 2 款判决解除涉案合同。

在鼎捷软件股份有限公司（以下简称鼎捷公司）、上诉人苏州市麦点彩印有限公司（以下简称麦点公司）计算机软件开发合同纠纷案中，最高法认为，双方签订涉案合同的整体目的在于：鼎捷公司为麦点公司建立 ERP 系统；麦点公司向鼎捷公司支付报酬。虽然基于《配套服务合同》《客户需求确认》的二次开发任务主要由鼎捷公司完成，但是 ERP 系统需要根据麦点公司的具体需求、资源、管理流程实现，没有麦点公司的配合，鼎捷公司无法独立完成涉案合同的继续履行。涉案二次开发任务属于不适于强制履行的债务标的。虽然麦点公司在本案中主张解除合同所提出的事实依据均不能成立，但其原审中明确表示拒绝继续履行，鼎捷公司也表示如果麦点公司拒绝继续履行，涉案合同无法继续履行。考虑如下因素，如果不允许麦点公司请求解除合同，对合同双方都不利，因此最高法对麦点公司解除合同的诉讼请求予以支持：一是涉案合同自签订至双方发生分歧麦点公司关闭鼎捷公司开发权限后，合同履行没有取得任何进展，实际已经出现合同僵局；二是鼎捷公司、麦点公司对合同陷入僵局均存在一定过错，麦点公司不存在恶意违约；三是鼎捷公司没有拒绝解除合同，而是提出如果麦点公司执意解除合同，应赔偿其遭受的损失；四是如果要求麦点公司继续履行合同，如上所述，需要其履行的配合等义务在事实上不适于强制履行，麦点公司长期不履行义务可能对双方均造成严重不利后果。虽然最高法允许麦点公司请求解除合同。[2]

所谓履行费用，主要是违约方继续履约的成本。履行费用过高，即指合同虽然可以继续履行，但是债务人履约的成本远远大于其获得的履行利益，或者强制实际履行需要花费很长时间，实际履行不利于社会资源的有效配

---

〔1〕 最高法民事判决书，（2020）最高法知民终 1911 号。
〔2〕 最高法民事判决书，（2021）最高法知民终 1431 号。

置，失去了经济上的合理性。[1]

3. 债权人在合理期限内未请求履行。未请求履行包括未采取任何主张履行请求权的方式，即没有向法院或仲裁机构起诉或提出仲裁，也没有直接向债务人主张履行。这里的合理期限即非诉讼时效，亦非除斥期间，而属于失权期间，不产生中止、中断的问题。此外，对这个合理期限的长短法律没有明确规定，如果当事人在合同中有约定则从其约定；合同中没有约定的，当事人可以补充协议约定。若当事人也无法通过补充协议进行明确，则只能由司法裁判机关结合合同性质、交易习惯等进行确定。

另外，《九民纪要》第 48 条从诚实信用原则、公平公正这一基本法律理念出发设定的三个条件，虽然《民法典》中没有进行明确，但最高法民法典贯彻实施工作领导小组在《中华人民共和国民法典合同编理解与适用（二）》中认为“主观上非恶意、继续履行对其显失公平以及守约方拒绝解除合同违反了诚信原则”乃违约方起诉解除合同需要同时具备的三个条件，在审判实践中应当作为法院审查应否解除合同的标准。

此外，违约方通过《民法典》第 580 条第 2 款获得的是诉请解除合同请求权，并非获得合同解除权，[2]该请求权仅仅是一种程序法上的权利，法院经过审查认定符合司法解除条件的，判定合同解除。因此，违约方只能通过诉讼、仲裁方式诉请解除合同，而不能通过通知的方式解除合同。违约方主张解除合同的理由也仅限于《民法典》580 条规定之情形，而不适用《民法典》第 563 条规定的法定解除事由。

三、双方违约综合判断

双方均违约时应综合判断合同解除权行使主体。《最高人民法院公报》2015 年第 5 期收录了兰州滩尖子永昶商贸有限责任公司等与爱之泰房地产开发有限公司合作开发房地产合同纠纷案[3]，该案的裁判要旨指出：“在双务合同中，双方均存在违约的情况下，应根据合同义务分配情况、合同履行程度以及各方违约程度大小等综合因素，判断合同当事人是否享有解除

[1] 最高人民法院民法典贯彻实施工作领导小组主编：《中华人民共和国民法典合同编理解与适用（二）》，人民法院出版社 2020 年版，第 738 页。

[2] 参见王利明：《论合同僵局中违约方申请解约》，载《法学评论（双月刊）》2020 年第 1 期。

[3] 最高法民事判决书，(2012)民一终字第 126 号。

权。”该判决虽然倾向于将合同解除权赋予已经履行了主要义务的承担方，但并非十分明确。这一判例透露的信息是：在双方都有违约行为的情形下，合同解除权归属何方有一定的张力和较大的弹性。[1]

◇ 第二节　合同解除事由

学理上，一般将合同解除的事由分为协议解除（《民法典》第 562 条第 1 款）、法定解除（《民法典》第 563 条）和约定解除（《民法典》第 562 条第 2 款）。本书重点分析法定解除和约定解除。

一、法定解除

法定解除，是指由法律直接加以规定，当一定事由发生时，一方当事人享有的直接解除合同的权利。《民法典》在充分吸收两大法系及国际公约立法经验的基础上，对法定解除条件作了较为严格的限制。

（一）不可抗力

不可抗力，是指不可预见、不可避免、不可克服的客观情况。当出现不可抗力时，毫无疑问，合同的履行会受到影响。不可抗力事件的发生，对履行合同的影响有大有小，有时只是暂时影响合同的履行，有时则可能使合同永久无法履行。如果只是暂时影响合同的履行，则可以通过顺延日期履行以实现合同目的，尚不能行使合同解除权。只有当这种影响十分重大，导致合同目的无法实现时，才会产生法定解除的问题。此时，双方当事人均可按照法律之规定终止合同。一般而言，当事人订立合同均希望以此实现一定合同目的，当不可抗力致使合同目的失去实现之可能时，合同继续履行对当事人没有任何价值，如果要求当事人继续履行合同，则可能导致不公平的结果，对于受到不可抗力影响的一方当事人之损失将继续扩大。因此，当出现不可抗力导致合同目的完全失去实现之可能性时，应当允许当事人解除合同，使双方摆脱合同的束缚。

---

[1] 最高人民法院办公厅编：《中华人民共和国最高人民法院公报》（2015 年卷），人民法院出版社 2016 年版，第 398－405 页。

（二）预期违约

预期违约，是指双方当事人在合同签订后，没有正当理由，明确表示或者以自己的行为表示其在履行期限到来后将不会履行合同义务的行为。预期违约主要规定在我国《民法典》第 563 条第 2 项，即“在履行期限届满之前，当事人一方明确表示或者以自己的行为表明不履行主要债务”。当一方出现预期违约时，另一方可以要求解除合同，以终止当事人双方的权利义务关系。预期违约是履行期限到来之前的行为，它并不意味着实际上未履行，只是由于一方的行为让对方丧失了合同履行的期待权。

在阜新华通管道有限公司（以下简称阜新公司）与新疆准东特变能源有限责任公司（以下简称特变能源公司）买卖合同纠纷案[1]中，案涉《采购合同》约定总价为 72,002,725 元，阜新公司在 2017 年 7 月 14 日向特变能源公司传真要求调整合同总价为 8300 万元，同年 7 月 18 日又再次传真表示，如不接受价格调整则合同解除，并请特变能源公司另行寻找其他合作方。阜新公司的行为符合《合同法》第 94 条第 2 项[2]：“在履行期限届满之前，当事人一方明确表示或者以自己的行为表明不履行主要债务”的法定解除情形，因此特变能源公司与阜新公司关于合同解除的往来函件，应理解为特变能源公司针对阜新公司单方违约行为的回复，而非进行协商。二审判决依照前述预期违约导致合同解除。最高法认为并无不当。

（三）催告未果的迟延履行

迟延履行，是指债务人无正当理由，在约定的履行期限届满时，仍未履行债务的行为。迟延履行主要规定在我国《民法典》第 563 条第 3 项，适用此项解除合同时，需要满足“主要债务”“经催告”“在合理期限内仍未履行”三个要素。此处的迟延履行应当是合同一方当事人迟延履行主要债务，但并未导致合同目的不能实现，这有别于根本违约。

在张某旗、大连筑达实业有限公司（以下简称筑达公司）合同纠纷再审案[3]中，在双方《协议书》明确约定禁止私自抵押的情况下，合同签订仅 3 个月后，筑达公司即私自将案涉土地抵押并贷款用于自身经营使用，其后将

---

〔1〕 最高法民事裁定书，（2019）最高法民申 5505 号。

〔2〕 对应《民法典》第 563 条第 1 款第 2 项。

〔3〕 最高法民事判决书，（2019）最高法民再 288 号。

地上房屋再行抵押贷款，并对合作方张某旗长期隐瞒。特别是2016年10月张某旗向筑达公司发出律师函指出其违约行为并要求妥善处理的情况下，筑达公司仍持续违约行为，再次将地上房屋予以抵押贷款。该违约行为持续时间较长，次数较多，张某旗主张依据《合同法》第94条规定行使法定解除权，二审法院认定属于《合同法》第94条第3项规定的情形，最高法再审予以确认。

(四)合同目的落空

合同目的落空，包括迟延履行不能实现合同目的以及因其他违约行为致使不能实现合同目的的情形。迟延履行不能实现合同目的包括：(1)当事人在合同中明确约定超过期限履行合同，债权人将不接受履行，而债务人履行迟延；(2)履行期限构成合同的必要因素，超过期限履行将严重影响订立合同所期望的经济利益；(3)继续履行不能获得合同利益。

其他违约行为包括：完全不履行，履行质量与合同约定严重不符，部分履行合同，且该部分所占比例很小，以及根据《买卖合同解释》第19条之规定，出卖人没有履行或者不当履行从给付义务，致使买受人不能实现合同目的等情形。[1]

(五)情势变更

根据《民法典》第533条之规定，合同成立后，合同的基础条件发生了当事人订立合同时无法预见的、不属于商业风险的重大变化，继续履行合同对一方当事人明显不公平的，人民法院可以根据当事人的请求判决解除合同。为解读引述一则案例，余论详见本书第十八章中情势变更原则论述部分。

在遵义市播州区国土资源局建设用地使用权出让合同纠纷案[2]中，最高法认为，首先，双方当事人均未提交证据证明在签订《成交确认书》时，对方已知道鸭溪酒业大道的规划、设计情况，故鸭溪酒业大道的修建是双方当事人在订立合同时无法预见、不可控制的范围之内，故不属于鼎盛公司能够预知、防控的商业风险。其次，鸭溪酒业大道的修建不属于不可抗力的情形。另外，2011年12月14日，遵义县发展和改革局发布的遵县发改投资(2011191号)关于鸭溪镇酒业大道的立项批复及该道的修建，对于从事房地

---

[1] 参见胡康生主编：《〈中华人民共和国合同法〉释义》，法律出版社2009年版，第156-159页。
[2] 最高法民事裁定书，(2017)最高法民申492号。

产开发的鼎盛公司是不可预测的，而鸭溪酒业大道的修建导致涉案土地开发商业价值的下降、继续开发建设将面临巨大损失是客观事实，且双方当事人对此客观情况的变化均无过错。可见，《成交确认书》赖以成立的基础关系已经发生了变化。合同虽然可以继续履行，但是按照《成交确认书》载明的土地出让金履行会造成合同对价不平衡，对于鼎盛公司来讲有失公平。因此，二审法院根据《合同法司法解释（二）》第 26 条“合同成立以后客观情况发生了当事人在订立合同时无法预见的、非不可抗力造成的不属于商业风险的重大变化，继续履行合同对于一方当事人明显不公平或者不能实现合同目的，当事人请求人民法院变更或者解除合同的，人民法院应当根据公平原则，并结合案件的实际情况确定是否变更或者解除”之规定，判决解除《成交确认书》，适用法律并无不当。而且，为了城镇发展需要，政府改变道路规划，有利于社会公共利益。由此造成当事人私人利益受损，也不应由无过错的一方当事人单独承担非商业损失。故二审法院解除《成交确认书》，也符合社会公平、诚信价值。因此，播州国资局申请再审称二审判决适用“情势变更”原则错误，理由不能成立。

（六）任意解除权

我国现行法律规定的当事人享有任意解除权的有名合同包括以下几种类型：(1) 不定期租赁合同。根据《民法典》第 730 条之规定，不定期租赁合同，当事人可以随时解除。(2) 委托合同。根据《民法典》第 933 条之规定，委托人或者受托人均可以随时解除委托合同。(3) 承揽合同。《民法典》第 787 条规定，定作人在承揽人完成工作前可以随时解除承揽合同。(4) 货运合同。根据《民法典》第 829 条之规定，在承运人将货物交付收货人之前，托运人可以要求承运人中止运输、返还货物、变更到达地或者将货物交给其他收货人。(5) 保管合同。根据《民法典》第 899 条之规定，寄存人可以随时领取保管物。(6) 保险合同。《保险法》第 15 条规定：除本法另有规定或者保险合同另有约定外，保险合同成立后，投保人可以解除合同，保险人不得解除合同。

（七）不安抗辩权

根据《民法典》第 528 条之规定，一方当事人因行使不安抗辩权而中止履行合同，另一方当事人在合理期限内未恢复履行能力，也未提供适当担保的，中止履行的一方可以解除合同。

二、约定解除

约定解除，是指当事人约定于一定事由发生时，一方或双方享有合同解除权，从而解除合同的行为。约定解除权的产生是基于当事人双方的约定，这种约定可以在订立合同时约定，也可以在订立合同后另行约定。根据《民法典》第 562 条第 2 款“当事人可以约定一方解除合同的事由。解除合同的事由发生时，解除权人可以解除合同”之规定可知，当事人在约定解除权时，可以附加一定条件，条件成就时，权利人即可行使合同解除权。另外，当发生符合行使约定解除权的事由时，并不当然出现合同解除的后果，而必须由解除权人在解除期限内向对方发出解除合同的意思表示。通知到达时，合同解除。此外，解除合同既可在诉讼外提出，也可在诉讼中提出，且若有解除权行使方法之特殊约定的，应依其约定。

第三节　合同解除权的行使

一、合同解除期限

解除权是一种破坏性权利。为维护合同法律关系的稳定性，平衡当事人之间的利益，《民法典》第 564 条规定，法律规定或者当事人约定解除权行使期限，期限届满当事人不行使的，该权利消灭。法律没有规定或者当事人没有约定解除权行使期限，自解除权人知道或应当知道解除事由之日起 1 年内不行使，或者经对方催告后在合理期限内不行使的，该权利消灭。

可见，解除权人应当在合同约定的期限内行使解除权，法律规定解除权行使期限的，按照规定行使。若法律没有规定且当事人亦没有约定解除权行使期限，在对方不催告的情形下，根据《民法典》第 564 条第 2 款的规定，自解除权人知道或者应当知道解除事由之日起 1 年内不行使，或者经对方催告后在合理期限内不行使的，该权利消灭。前述一年期间为不变期间，不适用中止、中断或延长的规定。

在北海东诚房地产开发有限公司（以下简称东诚公司）与陈某聪商品房买卖合同纠纷案中，最高法认为，陈某聪未依《补充协议》约定在 2011 年 9 月 30 日前支付 100 万元，东诚公司依约享有合同解除权，但东诚公司在 2011 年 10 月 31 日解除权发生之日起至 2012 年 10 月 30 日 1 年内并未行使合同解除权,依据《商品房买卖合同司法解释》(2003 年)第 15 条第 2 款[1]规定,解除权消灭。而且,在东诚公司 2013 年 5 月 14 日发出《履约通知》后陈尔聪又陆续支付 100 万元购房款,东诚公司亦予以接受,表明双方尚有继续履行合同的合意。因此,二审判决不支持东诚公司关于解除《商品房买卖意购协议书》和《补充协议》的诉求,并无不当。[2]

关于何为合理期限的问题,尽管存在《海商法》第 97 条对航次租船合同解除权行使期限的规定、《商品房买卖合同司法解释》第 11 条第 2 款规定合理期限为 3 个月等零星规定,但现行法律并无统一标准。解除权行使期限属于除斥期间,超过权利行使期限,解除权消灭,故该期限的确定对当事人的权利义务具有重大影响。但合理期限是一个相对模糊不清的时间概念,在合理期限的确定问题上,法官具有一定的酌情适用裁量权。当然,这并非意味着法官可以随意解释。相反,法官应当根据纠纷所涉合同的履行情况、交易习惯、合同标的、合同类型以及诚信原则等进行综合判断。[3]

在天津市天益工贸有限公司(以下简称天益公司)与天津市滨海商贸大世界有限公司(以下简称滨海公司)等财产权属纠纷案中,最高法认为,应当由人民法院结合具体案情予以认定。天益公司申请再审称参照《商品房买卖合同司法解释》(2003 年)第 15 条第 2 款的规定,滨海公司未在天益公司《通报函》发出后 3 个月内行使解除权,其解除权已在起诉前消灭。对此,最高法认为,天益公司的该项申请再审理由不能成立:首先,《商品房买卖合同司法解释》第 1 条明确规定:"本解释所称的商品房买卖合同,是指房地产开发企业将尚未建成或者已竣工的房屋向社会销售并转移房屋所有权于买受人,买受人支付价款的合同。"滨海公司并非房地产开发企业,其系向特定的对象天益公司及王某锋出售房屋,而非向社会销售,故案涉协议并非该司法解释所称的商品房买卖合同,本案不适用上述司法解释。解除权行使期限属于除斥期间,超过权利行使期限,解除权消灭,故该期限的确定对当事人的权利义务具有重大影响,在法无明文规定的情况下,天益公司请求参照适用上述司法解释就商品房买卖合同所规定的解除权行使期限,缺乏事实与

---

[1] 现行版本第 11 条第 2 款。

[2] 最高法民事裁定书,(2016)最高法民申 760 号。

[3] 最高人民法院民法典贯彻实施工作领导小组主编:《中华人民共和国民法典合同编理解与适用(一)》,人民法院出版社 2020 年版,第 650－651 页。

法律依据。其次,根据《合同法》第95条[1]的规定,法律没有规定或者当事人没有约定解除权行使期限,经对方催告后在合理期限内不行使的,该权利消灭。对房屋买卖合同的解除权行使期限,法律没有规定,本案当事人在合同中亦未约定何为"合理期限",应当由人民法院结合具体案情予以认定。本案中,《转让协议》签订后,滨海公司已将案涉房屋交付给天益公司管理、经营,天益公司已支付了首付款3400万元,并自2004年5月17日起至2006年6月26日共计向案涉房屋内的租户收取租金18,723,264.69元及保证金145,211元。一旦合同解除,不仅涉及滨海公司、天益公司及王某锋之间的权利义务关系,还涉及资产及租户移交等诸多问题,且天益公司在2005年12月18日发出的《通报函》亦只是表明"拟与贵公司(滨海公司)协商解除上述协议",因此,滨海公司需要充分时间对是否解除合同进行研究。最后,天益公司在发出《通报函》后至滨海公司起诉前,既未履行《补充协议》项下的付款义务,亦未表达过继续履行合同的意愿,其违约行为始终处于延续状态。综合本案情况,滨海公司收到《通报函》后,于2006年6月28日提起诉讼,并未超出合理期限。[2]

在沈阳清华同方信息港有限公司(以下简称清华同方)与辽宁泰丰铝业装饰工程有限公司(以下简称泰丰铝业)建设工程施工合同纠纷案中,最高法认为,该案中1个月时间也属于合理期限。最高法认为,对于解除合同是否符合法定条件问题,本案泰丰铝业未在双方约定的最终日期2012年6月20日完工的事实存在。经二审法院查明,2012年7月18日,清华同方发给泰丰铝业《工作联系函》,要求泰丰铝业于2012年7月25日前将质量问题全部整改合格并完成合同约定的全部工程内容,否则终止双方的合作。此事实应视为清华同方向泰丰铝业进行了催告,催告泰丰铝业应在7月25日前完工。但事实上,直至2012年8月28日清华同方解除合同,泰丰铝业仍未最终完工,依据《建设工程司法解释》(2004年)第8条第2项有关"承包人具有下列情形之一,发包人请求解除建设工程施工合同的,应予支持:……(二)合同约定的期限内没有完工,且在发包人催告的合理期限内仍未完工

---

〔1〕 对应《民法典》第564条。

〔2〕 最高法民事裁定书,(2012)民再申字第310号。

的"的规定,清华同方有权解除合同。[1]

二、合同解除权的行使

符合《民法典》第 562 条第 2 款及第 563 条之前提下,依据我国《民法典》第 565 条之规定,合同依法解除方式可分为三种情形:一是直接通知解除;二是通知附期限解除;三是直接司法解除。

第一种方式,源自《合同法》第 96 条之规定,合同自通知到达对方时自动解除。《民法典》并未规定通知的形式,因此,书面、口头、电邮、微信、传真、律师函等方式均可,但应保留通知证据,以备诉讼之用。

第二种方式,为《民法典》新增条款,即"通知载明债务人在一定期限内不履行债务则合同自动解除,债务人在该期限内未履行债务的,合同自通知载明的期限届满时解除",无须解除权人此后另发解除通知。

第三种方式,即当事人直接提起诉讼或仲裁方式解除合同。对以诉讼或仲裁方式诉请解除合同,过往因法律规定不明确,司法实践中对于诉求人民法院解除合同的效力问题存有争议,裁判标准并不统一,有依"举轻明重"法理裁判的,有以没有法律依据为由驳回的。反对说认为,依据文义解释,合同解除权是一种消灭性的形成权。其行使条件由法律直接规定。当此条件具备时,当事人可以行使解除权。而《合同法》第 96 条只规定了"通知"这一解除合同的方式,并没有将诉讼和仲裁作为通知的方式,因此,裁判机构不能直接判决解除合同,仅能确认通知解除合同的效力。赞同说认为,《合同法》第 96 条规定的通知只是表明解除权的行使不以诉讼为必要,但法律并非排除解除权人通过诉讼或仲裁方式解除合同的可能性。且通过司法方式解除合同并不影响解除权性质的实现。郑玉波先生也认为:"解除权之行使,应向他方当事人以意思表示为之,其方式如何,则非所问,不论于审判外或审判上,又不论为明示或默示均无不可。"[2]《民法典》第 565 条对此一锤定音,直接明确当事人可以直接以提起诉讼或申请仲裁方式依法主张解除合同,从而消弭前述理论与实践的争议。

此外,解除权在实体方面属于形成权,在程序方面则表现为形成之诉。

---

〔1〕 最高法民事判决书,(2015)民提字第 193 号。

〔2〕 郑玉波著、陈荣隆修订:《民法债编总论》,中国政法大学出版社 2004 年版,第 333 页。

在没有当事人依法提出该诉讼请求的情况下，一般而言，人民法院不能依职权径行裁判解除合同。解除合同到底是当事人的行为，还是裁判机关的行为？是主审法院判决合同解除，还是判决确认合同解除？这是较有争议的问题，司法实践裁判标准不一。以崔建远教授为代表的一种观点认为：除适用情势变更裁判合同解除外，其他类型的合同解除，都是当事人的行为，而非法院、仲裁机构的行为。因此，只有在解除权人行使解除权的情况下，法院、仲裁机构才有权审核解除权产生的条件及行使的条件是否具备，若具备，则确认合同解除；若未具备，则不认定合同已经解除。假如解除权人并未行使解除权，在诉讼或仲裁中也不行使解除权，而是请求法院或仲裁机构裁判合同解除，即使通过释明，解除权人也仍然坚持自己并不行使解除权，而是请求法院或仲裁机构裁判合同解除，那么，法院、仲裁机构无权依职权裁判合同解除，不发生合同解除的法律效力。[1]

在青岛市崂山区国土资源局与南太置业公司国有土地使用权出让合同纠纷案中，最高法认为，合同解除权为形成权。当事人关于形成权的纠纷，即为形成之诉。形成权的行使必须基于权利人的意思表示，并且于该意思表示为相对人了解或者到达相对人时发生效力。因此，《合同法》第96条第1款规定："当事人一方依照本法第九十三条第二款、第九十四条的规定主张解除合同的，应当通知对方。合同自通知到达对方时解除。对方有异议的，可以请求人民法院或者仲裁机构确认解除合同的效力。"[2]根据"相同情况相同处理"的法律适用理念，当事人直接请求人民法院判决解除合同，应当理解为当事人的一种意思表示方式，与以通知方式行使解除权并无本质的差别。也就是说，当事人在诉讼中若想达成解除合同的目的，必须提出相应的诉讼请求，人民法院也须基于该请求作出相应裁判。如当事人未提出解除合同的诉讼请求，人民法院不能依职权径行裁判解除合同。[3]

但在违约方继续履行非金钱给付债务所需费用过高之情况下，即合同履行不能时，在当事人没有诉请解除合同的前提下，人民法院能否径行解除合同呢？在海南天富鹅业有限公司（以下简称天富鹅业）与琼中黎族苗族自

---

〔1〕 参见崔建远：《合同法总论》（中卷），中国人民大学出版社2012年版，第652页；崔建远：《无权处分合同的效力、不安抗辩、解除及债务承担》，载《法学研究》2013年第6期。

〔2〕 对应《民法典》第565条第1款。

〔3〕 最高法民事判决书，（2004）民一终字第106号。

治县农业科学研究所(以下简称琼中农科所)等租赁合同纠纷案中,最高法认为,为了免去诉累,可以直接判决解除合同。琼中农科所约定租赁给天富鹅业的场地,在双方签订协议之前已经租赁给若干农户,为了履行向天富鹅业交付全部出租场地的义务,琼中县政府积极协调各部门配合收回琼中农科所先前出租的土地,2012 年已经组织通过征用方式收回。2013 年 5 月 17 日,琼中县国土局以《拨付县农科所收地经费的请示》向琼中县政府汇报了总征地成本费为 6,878,615 元,要求县政府拨付该款项开展征地补偿工作。由于收地成本价过高,琼中县政府没有资金拨付。上述情况表明,琼中农科所收回已经出租出去的土地,履行向天富鹅业交付全部土地的义务,需支付 6,878,615 元的成本费,而其依据协议可以从天富鹅业处收取的 50 年租金加上补偿金总共只有 1,575,000 元。琼中农科所继续履约所需的代价超出其基于合同履行所能获得利益的数倍,因此该协议书已经不再具有继续履行的合理性,此种情况属于《合同法》第 110 条第 2 项[1]所规定的非金钱债务履行费用过高的情形,天富鹅业请求继续履行协议书的诉讼请求不能得到支持,应当驳回天富鹅业继续履行合同的诉讼请求。这种情况实际上已经使合同关系处于终止状态,从合同不能再继续履行的意义上看,与解除合同的效果相当,而天富鹅业也提出了琼中农科所赔偿损失的请求。故为了彻底了结该合同项下纠纷,避免当事人通过另行诉讼宣告一项只具有形式意义的结论之讼累,即使当事人仅仅以抗辩的形式表达了实质上类似的意思,而并未明确地将解除合同作为一项请求提出,人民法院判决解除合同的,也可以视为对驳回继续履行合同诉讼请求及解决违约责任之裁判内容的自然延伸,本案二审中,琼中农科所明确要求解除协议书,二审维持解除合同的判决,并无不当。[2]

第四节　合同解除异议

合同解除权属于形成权,是合同解除制度的一项重要内容,系为平衡双

〔1〕 对应《民法典》第 580 条第 2 项。

〔2〕 最高法民事裁定书,(2015)民申字第 1931 号。

方当事人的利益而设,旨在避免解除权滥用而导致非解除权一方当事人遭受不当损失。其行使并不需要对方当事人的同意。合同一旦解除,合同权利义务即终止,对双方当事人权利义务影响甚大。鉴于此,我国《合同法》第96条[1]构建了合同解除异议制度,赋予了相对人异议权,以便制约和抗衡解除权。《合同法司法解释(二)》第24条对合同解除异议权的行使期限和逾期后果进行了进一步细化。

尽管如此,理论界和司法实务界对于一方当事人逾期行使异议权时法院是否需要进行实质审查仍争议不休。一方当事人在收到另一方当事人送达的解除合同通知之日起3个月内,未请求人民法院或者仲裁机构确认解除合同之效力,原被告双方签订的合同是否已经解除仍然是目前司法实践中争议较多的问题,其原因在于,《合同法司法解释(二)》第24条立法不成熟。如果严格按照该解释第24条之规定理解和执行,一旦解除合同通知送达另一方后,另一方未在约定期限内(未有约定异议期则按3个月计算)提起诉讼或仲裁表达异议的,人民法院均应认定合同已经解除。

但也有观点认为,当一方向另一方送达解除合同的通知后,另一方无论是否已过约定或法定异议期,法院或仲裁机构均应对提出解除合同一方是否具有《合同法》第93条、第94条[2]规定的情形进行实质性审查,如果提出解除合同一方不具备《合同法》第93条、第94条之约定或法定解除条件,即使另一方没有在约定或法定异议期内向人民法院或仲裁机构提出异议,合同也并不当然发生解除之效力。这一种观点实质上修正了《合同法司法解释(二)》第24条之规定。

在王某斌与山东冠宇路桥建设工程有限公司(以下简称冠宇公司)等股权转让纠纷案[3]中,冠宇公司及时提出了异议,但并未向法院起诉。对此,最高法也对王某斌的合同解除效力进行了实质上审查。

在广州市润力房地产开发有限公司(以下简称润力公司)与广州气体厂有限公司(以下简称气体厂公司)等房屋买卖合同纠纷案[4]中,最高法再次明确了需要进行实质审查之观点。润力公司对气体厂公司2012年6月26

---

〔1〕 对应《民法典》第565条。

〔2〕 依次对应《民法典》第562条、第563条。

〔3〕 最高法民事裁定书,(2014)民申字第703号。

〔4〕 最高法民事裁定书,(2016)最高法民申3375号。

日发出的解约通知在法定期限(3 个月)内未行使异议权,未提起诉讼或仲裁,后在 2014 年 4 月才向法院起诉确认解除行为无效和继续履行合同。最高法认为,润力公司向人民法院提起诉讼,请求确认气体厂公司解除《包销协议》的行为无效,人民法院应当对气体厂公司向润力公司发出《关于解除包销协议的函》是否具备《合同法》第 93 条或者第 94 条规定的条件进行实质审查。《合同法》第 96 条第 1 款规定:“当事人一方依照本法第九十三条第二款、第九十四条的规定主张解除合同的,应当通知对方。合同自通知到达对方时解除。对方有异议的,可以请求人民法院或者仲裁机构确认解除合同的效力。”[1]根据上述规定,气体厂公司根据《合同法》第 96 条规定通知润力公司解除合同的,必须具备《合同法》第 93 条或者第 94 条规定的条件。气体厂公司并无约定或法定的解除权,其解除行为并不发生法律效力,气体厂公司关于其向润力公司发出《关于解除包销协议的函》已经发生合同解除效力的再审申请理由,不能成立。

最高法上述案件的裁判思路体现出,即使另一方当事人逾期行使异议权,人民法院也应对一方当事人向另一方所发出的解除合同行为是否具备《合同法》第 93 条、第 94 条规定的条件进行实质审查。其原因在于:一方面,《合同法司法解释(二)》第 24 条是对《合同法》第 96 条、第 99 条规定的合同解除或者债务抵销的异议期间及其法律后果的解释。行使解除权的程序必须以当事人享有解除权为前提。《合同法》第 96 条的适用前提是具备《合同法》第 93 条第 2 款所规定的约定解除权或第 94 条所规定的法定解除权。故非解除权人在约定或法定期间届满后的诉讼中对合同解除提出异议的,人民法院应对一方当事人发出合同解除时是否具有合同解除权进行实体审理。另一方面,合同解除权是形成权,其行使并不需要对方当事人的同意,合同一旦解除对双方当事人权利义务影响巨大。《合同法司法解释(二)》第 24 条涉及当事人的实体权利。因此,人民法院对合同解除条件的成就与否应予以实体审查。

此外,若不对是否具有合同解除权进行实体审理,可能赋予无解除权的合同一方当事人解除合同的权利,这有违公平正义原则。有可能会使本不享有解除权或不具备解除权行使条件的当事人一方,利用相对人不懂法律

[1] 对应《民法典》第 565 条第 1 款。

或其疏忽大意，恶意发出“解除通知”，一旦约定的异议期限届满或在当事人没有约定异议期间时解除通知到达之日起满3个月，就发生“合同解除”的效果，逃避本应履行的合同义务。

《民法典》第565条第1款则对合同解除异议权进行了相应调整，不再规定将异议期限定为3个月。对此，有学者认为这是一个遗憾，认为法律不规定异议权的除斥期间，弊大于利，该期限不宜长，《合同法司法解释（二）》第24条规定的3个月比较妥当。[1]

此外，《民法典》第565条第1款也进一步明确了可提起确认合同解除行为效力的当事人不以非解除方为限，亦即发出解除合同通知的一方在对方针对解除合同通知提出异议后，亦可向法院提起诉讼或仲裁机构申请仲裁，请求确认解除行为发生解除合同的效力。[2]

第五节 任意解除权抛弃

自罗马法以来，各国或地区的民事立法大多明确规定委托合同的当事人享有任意解除权。我国《民法典》第933条规定：“委托人或者受托人可以随时解除委托合同。因解除合同造成对方损失的，除不可归责于该当事人的事由外，无偿委托合同的解除方应当赔偿因解除时间不当造成的直接损失，有偿委托合同的解除方应当赔偿对方的直接损失和合同履行后可以获得的利益。”该规定表明委托合同中的委托人享有任意解除权。任意解除权系不附加任何前置条件的解除权，侧重于强调委托合同解除权的无因性，且该解除权于合同成立时即生成。我国现行合同法主要规定了承揽合同、委托合同等合同的任意解除权。

在江苏悦达卡特新能源有限公司（以下简称悦达新能源公司）等与富锋生物能源（泰兴）有限公司（以下简称富锋公司）承揽合同纠纷案中，最高法认为，根据《合同法》第268条“定作人可以随时解除承揽合同，造成承揽人

---

〔1〕 参见刘凯湘：《民法典合同解除制度评析与完善建议》，载《清华法学》2020年第3期。

〔2〕 最高人民法院民法典贯彻实施工作领导小组主编：《中华人民共和国民法典合同编理解与适用（一）》，人民法院出版社2020年版，第656页。

损失的,应当赔偿损失"[1]的规定,定作人享有法定任意解除权。《委托加工合同》第11条第3项约定,如悦达新能源公司、悦达新材料公司单方终止合同,需要提前1个月书面通知富锋公司。该条系双方当事人对解除权行使方式的约定,与《合同法》第268条的规定并不矛盾。悦达新能源公司、悦达新材料公司仍享有法定任意解除权,只是要受到讼争合同约定的解除权行使方式的约束。根据一审、二审查明的事实,悦达新能源公司、悦达新材料公司2014年4月27日书面通知富锋公司解除合同,故二审判决依据前述约定认定《委托加工合同》于2014年5月底解除并无不妥。悦达新能源公司、悦达新材料公司关于二审判决认定《委托加工合同》于2014年5月底解除适用法律不当的理由不能成立。[2]

当然,如果当事人缔结的委托合同中不仅有委托合同的要素,而且还加入了包销合同或其他类型合同的要素,则不能适用委托合同的任意解除权。最高法在海南中宇行房地产投资顾问有限公司诉三亚天长实业有限公司商品房委托代理销售合同纠纷案[3]中明确表明了该观点。

我国关于委托合同任意解除权的规定在司法实务中正面临越来越多的挑战。例如,委托事务接近完成,甚至受托人为履行委托事务专门设立了公司,从事委托合同约定的业务,受托人即将据此取得可观的合同利益,恰在此时,委托人援用该条规定主张解除合同,有的以其解除存在不可归责于己的事由作为根据,拒绝承担损害赔偿责任;有的虽然寻觅不出不可归责于己的事由,从而承担损害赔偿责任,但因赔偿范围受到因果关系等因素的制约,赔偿数额远远低于委托合同继续有效并实际履行给受托人带来的利益。在上海盘起贸易有限公司与盘起工业(大连)有限公司委托合同纠纷案[4]中,这些问题尤为凸显。[5]

实践中,正是因为委托人任意解除合同存在很大弊端,故当事人约定放弃任意解除权之行为并不鲜见,但现行法律并没有明确规定委托人能否放弃任意解除权。大陆法系之法国最高法诉状审理庭认为,"原则上,委托人

---

〔1〕 对应《民法典》第787条。

〔2〕 最高法民事裁定书,(2016)最高法民申994号。

〔3〕 最高法民事裁定书,(2013)民申字第1413-1号。

〔4〕 最高法民事裁定书,(2005)民二终字第143号。

〔5〕 参见崔建远、龙俊:《委托合同的任意解除权及其限制》,载《法学研究》2008年第6期。

可以随其意愿撤销委托,但委托人也可以放弃这一权利,或者对行使这一权利规定特许的条件。"[1] 史尚宽先生认为,委托事由的处理非独以委托人利益为目的,其终止权抛弃之特约例外有效。[2] 郑玉波先生认为,终止权抛弃之特约,尚不违反公序良俗,原则上应属有效。[3] 崔建远教授认为,应分无偿委托和有偿委托两种情形。无偿委托中,由于当事人之间法的约束力很弱,维系合同关系的只有当事人之间的信赖关系,一旦信赖关系破裂,没有理由勉强维持合同关系,所有应当认为存在无偿委托的情形,解除权抛弃特约无效。而在有偿委托的情形下,当事人之间除信赖关系外,还有其他利益关系存在,为了保护这种利益关系,当事人通过合意限制任意解除权,出于尊重意思自治应当认为这种限制原则上是有效的,除非这种限制有违公序良俗,或出现了不得不解除合同的情形。也有学者认为有偿的委托合同不能任意解除。[4] 最高法原副院长唐德华和社科院法学研究所孙华君教授组织编写的《合同法及司法解释条文释义》认为:对于双方当事人在委托合同中预先约定抛弃任意解除权的,一般应确认其特约有效,以贯彻合同自由原则。[5] 王利明教授也持相同观点,认为根据合同自由原则,应当允许当事人约定放弃任意解除权的行使。[6]

在最高法的司法实践中,从时间轴线上来看不乏支持委托人解除权抛弃特约有效之大量案例。

在大连世达集团有限公司与大商股份有限公司合同纠纷案[7]中,最高法认为,在商事委托合同的缔结过程中,双方法定代表人或者代理人之间是否存在人身信赖关系往往并非委托人选择受托人的主要考量因素,其更多的是关注受托人的商誉及经营能力。同时,受托人为完成委托事务通常要投入大量的人力和物力来开拓市场、联系客户等,为了防止对方行使任意解除权带来的不确定风险,故对解除条件作出特别约定以排除任意解除权的

---

[1] 《法国民法典》,罗结珍译,法律出版社 2005 年版,第 1454 页。

[2] 参见史尚宽:《债法各论》,台北,三民书局 1960 年版,第 385 页。

[3] 参见郑玉波:《民法债编各论》(下),台北,三民书局 1981 年版,第 453 页。

[4] 参见崔建远、龙俊:《委托合同的任意解除权及其限制》,载《法学研究》2008 年第 6 期。

[5] 参见唐德华、孙秀君主编:《合同法及司法解释条文释义》,人民法院出版社 2004 年版,第 1645 页。

[6] 参见王利明:《合同法研究》(第 3 卷),中国人民大学出版社 2012 年版,第 741 页。

[7] 最高法民事裁定书,(2013)民申字第 2491 号。

适用,是双方当事人对合同履行风险所作出的特殊安排,体现了意思自治原则,且也不损害国家利益、社会公共利益以及第三人的合法利益。在此情况下,如仍允许委托人行使任意解除权,就会给受托人带来重大损失,且由于经营可得利益的不确定性,解除合同后受托人所能获得的损害赔偿往往与继续履行合同所能获得收益不相匹配,这一结果显然有悖公平原则。故鉴于商事委托合同的特殊性,当双方当事人对合同解除权的行使作出特别约定时,应当认定《合同法》第410条[1]关于任意解除权的约定已经被排除适用。

在湖南康帅房地产开发有限公司与深圳天骜投资策划有限公司委托合同纠纷案[2]中,最高法认为就有偿委托合同而言,任意解除权可以基于合同当事人的合意予以排除,当事人通过合同就任意解除权不得行使的约定具有法律约束力。

在广西融昌置业有限公司(以下简称融昌公司)与广西弘毅营销顾问有限公司(以下简称弘毅公司)商品房委托销售合同纠纷案[3]中,融昌公司不服广西高院(2014)桂民提字第75号民事判决,向检察机关申请监督。最高检向最高法提出抗诉。最高法认为,案涉合同为委托合同,根据本案双方在《销售代理合同书》第11条终止方式及违约责任第2.3项约定:"……非经与弘毅公司协商或合同约定的情形,融昌公司不得单方解除或终止合同,否则视为弘毅公司已经完成合同约定的销售任务",可见,融昌公司和弘毅公司在合同中预先对委托合同的任意解除权进行了放弃,即双方均不得单方面解除合同或终止合同。在法律没有对当事人放弃任意解除权作出限制或禁止性规定的情况下,当事人的意思自治应得到尊重,该约定内容应有效,对本案双方均有约束力,故融昌公司不得依据《合同法》第410条关于任意解除的规定单方解除本案《销售代理合同书》。但是由于《合同法》第93条、第94条[4]规定了法定解除和约定解除,本案当事人仍然可以依据上述法律条文规定主张解除权。

在菲律宾国际商业有限公司(以下简称商业公司)与厦门市富华东方投

---

[1] 对应《民法典》第933条。

[2] 最高法民事裁定书,(2015)民申字第990号。

[3] 最高法民事判决书,(2017)最高法民再50号。

[4] 依次对应《民法典》第562条、第563条。

资有限公司、明新投资有限公司合同纠纷案[1]中，商业公司已明确放弃了任意解除权，该约定表明各方希望能够加强合同的稳定性，关系合同双方当事人的利益，并不损害社会公共利益，并不违反我国法律法规的规定，应为有效。

在北京润某律师事务所（以下简称润某律所）与富海集团有限公司法律服务合同纠纷案[2]中，最高法认为富海集团有限公司作为委托人，有权随时解除合同。因合同中没有就排除任意解除权进行明确约定，故润某律所关于“合同第7条、第8条第2款对可以行使合同解除权的情形作出了穷尽式列举以及约定了无故解除合同的违约责任，可以视为对委托合同中任意解除权的排除”的再审申请理由不成立。可见最高法实质上是认可当事人约定排除任意解除权的效力的。

但是，最高法民法典贯彻实施工作领导小组却在《中华人民共和国民法典合同编理解与适用》中存有不同理解。该书认为，关于对任意解除权进行限制的约定条款的效力判定，应当注意两方面因素：首先，从立法本意看，任意解除权是法律赋予委托合同双方当事人的权利，是随时可以行使的。即使有约定，当事人亦可随时行使，约定并不能阻却任意解除权的行使。其次，从社会实践看，在有偿合同中特别是商事合同中，约定限制任意解除权的现象比较常见，存在市场需求，如果一律认定无效，可能不利于保护被解除方的合法权益。这个问题比较复杂，需要进一步研究探索。但有一点可以肯定，关于限制任意解除权的约定并不能真正阻却任意解除权的行使，此类约定亦不适于强制履行。对于一方当事人主张任意解除权的，应当认定行使任意解除权的行为有效，而不能否定行使效果。对于解除方违反约定行使任意解除权的行为，可作为当事人违约的一种情形，追究解除方的违约责任。对于这个问题，有待通过司法解释或者指导性案例等形式予以进一步明确。[3]

《民法典》实施后最高法司法实践案例中涉及放弃任意解除权的案例尚比较少，为此笔者检索到成都中院和长沙中院的两个案例，均认可当事人约

---

〔1〕 最高法民事判决书，(2018)最高法民终1344号。

〔2〕 最高法民事裁定书，(2020)最高法民申6929号。

〔3〕 最高人民法院民法典贯彻实施工作领导小组主编：《中华人民共和国民法典合同编理解与适用(四)》，人民法院出版社2020年版，第2528－2530页。

定放弃任意解除权的效力。最高法仲伟珩法官认为,《民法典》实施后,在该条立法精神系通过赔偿范围的修订而间接限制任意解除权行使的情况下,应认可当事人抛弃任意解除权特约的效力。[1]

在陈某与上海央昂商务咨询管理中心(以下简称央昂咨询)、成都棠湖泊林城房地产开发有限公司委托合同纠纷案[2]中,因案涉事实一直延续到《民法典》实施后,属于《民法典》施行后的法律事实引起的民商事纠纷,因此,本案应适用《民法典》。就陈某是否享有合同任意解除权的问题,成都中院认为,《委托书》《确认书》虽系央昂咨询为重复使用而预先拟定的,但其内容简单,语句表述明晰,相关条款与《四川省商品房买卖合同(预售)》的约定相互印证,且系对双方权利义务的约定,不存在不合理地免除或者减轻央昂咨询责任,加重陈某责任、限制陈某主要权利的情形,亦不存在其他法定的格式条款无效情形。法律所规定的委托合同双方当事人所享有的任意解除权,主要是基于委托合同对双方当事人而言存在重大人身信赖关系,一旦这种信任关系破裂,合同便没有存续的必要,但是商事委托合同在缔约过程中,是否存在人身信赖关系往往并非当事人主要考量因素,而更多的是关注受托人的商誉及经营能力。同时,作为商业经营主体的受托人为完成委托事务通常要有大量人力、物力的投入,为了防止委托方行使任意解除权带来的将来经营不确定性损失风险,对其解除条件作出特别约定,是双方当事人对合同履行风险所作出的特殊安排,是当事人意思自治的结果,并不损害国家集体和其他第三方的利益,应当合法有效,此种情况下可以排除任意解除权的适用。本案中,陈某签署的《委托书》《确认书》对委托事项、应付款项及不得随意要求退款等内容约定明确,表明了不得任意解除合同的意思表示,故陈某不享合同任意解除权。

在张某萍与长沙高岭商贸城有限公司(以下简称高岭公司)委托合同纠纷案[3]中,长沙中院认为,《民法典》第933条规定,委托人或者受托人可以随时解除委托合同。本案中,《委托经营管理合同》约定"合同生效后,双方应本着诚实信用原则履行合同,未有法定或约定事由,任何一方不得擅自终

---

〔1〕 仲伟珩:《有偿委托合同任意解除权的法律适用问题研究》,载《法律适用》2020年第17期。

〔2〕 成都中院民事判决书,(2022)川01民终3415号。

〔3〕 长沙中院民事判决书,(2021)湘01民终9042号。

止本合同”。原审法院认为,《民法典》规定委托合同双方均可行使任意解除权,主要是基于委托合同双方当事人存在人身信赖关系,当这种委托信赖关系破裂,合同便没有存续的必要,应允许当事人行使任意解除权。但在该案中,高岭公司为完成张某萍的委托事项,需投入大量的人力和物力招商引资、开拓市场、联系租户等,为防止合同相对方行使任意解除权带来的不确定风险,对解除条件作出特别约定以排除任意解除权的适用,这是双方对合同履行风险所作的特殊约定,体现了意思自治原则,且不损害国家利益、社会公共利益以及第三人的合法利益,《委托合同》中对排除任意解除权的约定条款有效,双方均不具有任意解除权。

鉴于上述分歧,可以预见,《民法典》施行后,围绕《民法典》第 933 条规定的有偿委托合同任意合同解除权问题的争议,仍将是司法审判实务的热点、难点。

第六节 合同解除:违约金与溯及力

一、合同解除与违约金

我国《合同法》第 97 条规定,“合同解除后,尚未履行的,终止履行;已经履行的,根据履行情况和合同性质,当事人可以请求恢复原状或采取其他补救措施,并有权请求赔偿损失”。[1] 该条文规定的是赔偿损失,并非违约金。因此,对于合同解除后,守约方能否根据合同已有违约金条款请求违约方承担违约金,当时是一个较具争议的问题。理论界和实务界有几种观点。

第一种观点以广西泳臣房地产开发有限公司(以下简称泳臣公司)与广西桂冠电力股份有限公司(以下简称桂冠公司)房屋买卖合同纠纷案[2]为代表。该案中双方当事人在合同中约定如泳臣公司不能按补充协议工作周期规定的时间完成有关工作,视为违约应承担应付款项的日万分之二的违约金。本案中因泳臣公司违约,桂冠公司诉请泳臣公司就合同解除后支付违约金(5187 万元)并且赔偿购房款利息损失、办公楼重置费损失等诉讼请

---

〔1〕 对应《民法典》第 566 条。

〔2〕 最高法民事判决书,(2009)民一终字第 23 号。

求。对此,最高法认为,依照《合同法》第 97 条之规定,“合同解除后,尚未履行的,终止履行,已经履行的,根据履行情况和合同性质,当事人可以请求恢复原状、采取其他补救措施,并有权要求赔偿损失”。因此合同解除的法律效果是使合同关系归于消灭,解除合同的后果,违约方的责任承担方式也不表现为支付违约金。因此,对桂冠公司要求支付违约金的主张,最高法亦不予支持。

第二种观点则为我国大多数合同法学者所认同。该观点认为,因一方当事人的违约导致合同解除时,合同中违约金条款继续有效,对方当事人可以要求支付违约金。[1]

在立法层面上,最高法从 2009 年以后逐渐对此表明了态度,即对于已有违约金条款,合同解除后可继续适用该条款,但可依法适当调整违约金幅度。《最高人民法院关于当前形势下审理民商事合同纠纷案件若干问题的指导意见》规定,合同解除后,当事人主张违约金条款继续有效的,人民法院可以根据《合同法》第 98 条(认为违约金条款属于合同中清理和结算条款可独立存在)的规定进行处理。2021 年施行的最高人民法院《买卖合同解释》第 20 条明确提出,买卖合同因违约而解除后,守约方主张继续适用违约金条款的,人民法院应予支持;但约定的违约金过分高于造成的损失的,人民法院可以参照《民法典》第 585 条第 2 款的规定处理。

在广州市仙源房地产股份有限公司(以下简称仙源公司)与广东中大中鑫投资策划有限公司(以下简称中鑫公司)等股权转让纠纷案[2]中,最高法在再审判决理由部分论述了违约金与合同解除的关系。该判决书认为,《股权转让及项目合作合同》第 5 条第 1 款的内容为若中鑫公司、中国投资集团国际理财有限公司(以下简称理财公司)不能按约定完成办理股权转让的全部法律手续,视为违约,中鑫公司应无条件退还仙源公司投资款并承担出资总额每天 1% 违约金。根据该违约责任条款,只要中鑫公司违约,就应按每日 1% 支付违约金,仙源公司还可以要求解除合同,至于是选择解除合同还是选择要求继续履行合同,则是仙源公司的法定权利。

---

〔1〕 参见王利明:《合同法研究》(第 2 卷),中国人民大学出版社 2003 年版,第 701 页;韩世远:《合同法学》,高等教育出版社 2010 年版,第 348 页;崔建远主编:《合同法》,法律出版社 2010 年版,第 351 页;柳经纬主编:《债法总论》,北京师范大学出版社 2011 年版,第 287 页。

〔2〕 最高法民事裁定书,(2009)民申字第 1068 号。

在邯郸市博地房地产开发有限公司与西安飞机工业装饰装修工程股份有限公司装饰装修合同纠纷案中，最高法隐含的判决思路为合同解除不影响违约金赔偿。[1]

在中国航空港建设总公司（以下简称航空港公司）与新疆中通客车有限公司建设工程施工合同纠纷案中，最高法明确提出，航空港公司称合同解除后不再支付违约金的主张没有法律依据，即使合同解除了，仍应承担相应的违约责任。[2]

《民法典》第566条第2款明确规定，合同因违约解除的，无论是一方因对方违约行使约定解除权或法定解除权解除合同，还是双方因一方违约或者双方违约合意解除合同，除当事人另有约定外，合同中关于违约责任的约定并不因合同解除而失效。守约方可以根据《民法典》第577条之规定要求违约方承担违约责任。

二、合同解除与溯及力

合同解除的溯及力，是指合同解除后自始消灭，视为合同未成立。溯及力是合同解除的基础性问题，不仅事关解除效力的确定，更决定解除后合同当事人之间法律、利益关系处理的方法和标准。其核心争议点是合同解除是否应当有溯及力地消灭解除时点之前业已形成的法律关系。史尚宽先生认为："盖契约解除之效力，并无使债权关系全面消灭之必要，于认损害赔偿请求权继续存在之范围内契约之效力不妨视为依然继续。"[3]目前，对于合同解除是否具有溯及力的问题，学术界依然存有争议。例如，李开国教授提出，合同解除应废除有溯及力之说。[4] 但通说认为，合同解除是否有溯及力，不能一概而论，应具体分析之。

1. 合同尚未履行的，原则上合同解除具有溯及力。合同解除使合同回复到双方未签订合同之前的状态。对此《民法典》第566条已有明确规定，即"合同解除后，尚未履行的，终止履行"。

---

〔1〕 最高法民事裁定书，（2017）最高法民申975号。

〔2〕 最高法民事裁定书，（2016）最高法民申165号。

〔3〕 史尚宽：《债法总论》，中国政法大学出版社2000年版，第562页。

〔4〕 参见李开国、李凡：《合同解除有溯及力可以休矣——基于我国民法的实证分析》，载《河北法学》2016年第5期。

2. 因一方违约而解除合同的,原则上合同解除具有溯及力。此种规定有利于保护诚信守约的当事人,维护社会公平正义。

3. 因非违约而解除合同的(如发生不可抗力、情势变更等客观情形),合同解除原则上不具有溯及力。此种情况,由于合同解除的原因不可归责于当事人,合同解除不具有溯及力更能体现公平原则。

4. 当事人协议解除合同的,合同解除是否具有溯及力由当事人自行协商处理,若未约定合同解除具有溯及力,则推定合同解除不具有溯及力。

5. 继续性合同(如水、电、气的供应合同,租赁合同),原则上不具有溯及力,因为此种合同对已发生的情形不可能恢复原状。此外,劳务合同、演出合同、委托合同等以行为为标的的合同原则上也不具有溯及力。

第七节　结　　语

合同解除制度是我国合同法律制度的重要组成部分,它对于提高交易效率、保护当事人的合法权益均有积极作用。合同解除权的正确行使和运用,对于维护正常的社会交易秩序、督促当事人认真履行合同义务、保护当事人合法权益均有重要意义。对于合同解除中所涉及的疑难问题,学术界和实务界意见并非一致,最高法的司法判例也是在矛盾冲突中不断前进:人类历史何尝又不是如此呢!

第十三章 合同无效论述

合同的效力是合同当事人所具有的法律拘束力，是基于对国家利益、社会公共利益的保护而对当事人的合意进行法律上的评价。合同的效力问题，关涉合同的价值判断，对合同的效力和性质认定不基于当事人主张与否，人民法院应依职权主动进行审查。即使合同当事人不主张合同无效，仅要求判令解除合同或追究对方的违约责任，人民法院仍可依职权认定合同无效。

无效合同是违反合同生效要件的一种合同类型，是相对于有效合同而言的，是指合同虽然已经成立，但因其在内容上违反了法律、行政法规的强制性规定或社会公共利益而不发生法律效力的合同。[1] 无效合同存在两种情况：一是法律直接规定之，违反该条即为无效；二是合同违反法律、行政法规之强制性规定，但该法律法规并没有直接规定其无效。一旦合同被认定无效，则应互相返还因此取得的财产；不能返还或者没有必要返还的，应当折价补偿。由于将合同认定为无效合同会与合同法鼓励交易之宗旨背道而驰，因此，自 1999 年 10 月 1 日《合同法》实施以来，最高法先后通过《合同法司法解释（一）》第 4 条和《合同法司法解释（二）》第 14 条以及《最高法关于当前形势下审理民商事合同纠纷案件若干问题的指导意见》等对《合同法》第 52 条合同无效之规定不断进行限缩性解释。2017 年 10 月 1 日起实施的

---

〔1〕 王利明：《论无效合同的判断标准》，载《法律适用》2012 年第 7 期。

《民法总则》更是将无效合同限定为 4 种类型,[1]从而极大地缩小了无效合同之范围,最大限度维护了私法自治。2021 年 1 月 1 日起施行的《民法典时间效力规定》第 8 条对合同效力认定确定了有利溯及规则,即《民法典》施行前成立的合同,适用当时的法律、司法解释的规定合同无效而适用《民法典》的规定合同有效的,适用《民法典》的相关规定。从而将合同无效范围进一步缩小,最大限度保护当事人对自身权利义务安排的自由和行为预期。

出于体系化建构的目的,《民法典》总则编民事法律行为无效制度吸收了《合同法》第 52 条关于合同无效的五种法定情形,即由第 144 条、第 146 条、第 153 条、第 154 条规定组成了民事法律行为无效制度体系。故此,在《民法典》正式实施后,认定合同无效的裁判依据,应当回归至《民法典》民事法律行为无效制度。无民事行为能力人实施的民事法律行为,包括纯获益行为,均属于无效,《民法典》第 144 条对此有明确规定,本书不再赘述,现就合同无效的其他情形做如下分析。

第一节 违反效力性强制规定

就强制性规定而言,史尚宽先生认为,强行法得为效力规定和取缔规定,前者着重违反行为之法律行为价值,以否认其法律效力为目的;后者着重于违反行为之事实行为价值,应探求其行为目的。违反取缔规定并不导致合同无效。[2] 我国 1999 年实施的《合同法》虽然规定了违反法律、行政法规的强制性规定之合同无效,但并未对各种情形作具体分析。按照以往理论界和实务界的理解,只要违反了法律、行政法规的强制性规定,合同即无效。王利明教授认为:“对强制性的规定进一步区分为效力规定和取缔规定是必要的。从法律的强制性规定来看,有的只规定违反法律强制性规定应当受到行政处罚,有的则明确规定违反法律的强制性规定不仅要受到处罚而且会导致合同无效。据此,有必要区分效力性规范与取缔性规范。”[3]

---

[1] 详见《民法总则》第 146 条、第 153 条和第 154 条。

[2] 参见史尚宽:《民法总论》,中国政法大学出版社 2000 年版,第 330 页。

[3] 参见王利明:《合同法新问题研究》,中国社会科学出版社 2011 年版,第 322 页。

就效力性强制性规定的区分标准而言，笔者认为，应该从正、反两个方面进行识别。在肯定性识别上，第一个标准为，如果法律、行政法规明确规定违反强制性规定将会导致合同无效，则该规定就属于效力性规定；第二个标准为，法律、行政法规虽没有明确规定违反强制性规定将会导致合同无效，但违反该规定后，合同继续有效将会损害国家利益和公序良俗的，也应当认定该规定为效力性规定。而从否定性识别上来看，第一，应从强制性规定之立法目的进行判断，倘其系为实现管理的需要而设置，并非针对行为内容本身，则可认为并不属于效力性强制性规定。比如，强制性规范禁止的对象只是行为手段或者行为方式，或者禁止的是行为的外部条件如经营时间、地点等，而允许依其他手段、方式或者时间、地点作出行为的，[1]则应把这类强制性规范作为管理性规范对待，排除在认定合同效力依据的范围之外。第二，也可以从强制性规定的调整对象来判断该规定是否为效力性强制性规定。一般而言，效力性强制性规定针对的都是行为内容，而管理性强制性规范很多时候限制的单纯是主体的行为资格。[2] 当然，上述两个方面的判断不能以偏概全，还要结合合同无效的其他因素考虑。[3]

在武汉银城实业发展总公司（以下简称银城公司）等与湖北信联实业发展有限公司（以下简称信联公司）国有土地使用权转让合同纠纷案中，最高法认为，银城公司在原审中即主张其与信联公司 2006 年 3 月 17 日签订的《协议书》无效，理由是该《协议书》违反了《企业国有资产监督管理暂行条例》（2003 年）第 3 条、《国有资产评估管理办法》（1991 年）第 3 条、《企业国有产权转让管理暂行办法》和《湖北省企业国有产权交易操作规则》的相关规定，转让作为国有资产的土地使用权时没有报上级主管部门批准，没有进行评估，也没有在规定场所交易，所以应当适用《合同法》第 52 条第 5 项[4]的规定认定《协议书》无效。但按照《合同法司法解释（二）》第 14 条的规定："合同法第五十二条第（五）项规定的'强制性规定'是指效力性强制性规定"，而上述行政和地方性法规，均属管理性规定。原判决据此没有认定《协

[1] 参见应秀良：《违反行政法强制性规定的合同效力探讨》，载《法律适用》2004 年第 3 期。
[2] 参见韩世远：《合同法总论》，法律出版社 2011 年版，第 178 页。
[3] 参见最高人民法院研究室编著：《最高人民法院关于合同法司法解释（二）理解与适用》，人民法院出版社 2015 年版，第 136 页。
[4] 对应《民法典》第 153 条。

议书》无效，不存在适用法律错误的问题。[1]

在深圳土畜产茶叶进出口有限公司（以下简称土畜产公司）与广东地产公司等建设用地使用权转让合同纠纷案中，土畜产公司主张《合作成立项目公司协议书》违反《国有资产评估管理办法》（1991 年）的强制性规定，应当无效。对此，最高法认为，关于强制性规定问题，《合同法司法解释（二）》第 14 条规定，《合同法》第 52 条第 5 项规定的“强制性规定”，是指效力性强制性规定。而《国有资产评估管理办法》（1991 年）第 3 条规范的是国有资产占有单位处置国有资产的行为，属于管理性强制性规定，不能据此确认合同的效力。鉴于此，土畜产公司主张《合作成立项目公司协议书》无效于法无据，一审、二审判决认定事实清楚，适用法律正确，判决结果并无不当。[2]

2004 年，最高法有关负责人就《建设工程司法解释》（2004 年）答记者问时，强调应将强制性规范作进一步分类。其认为，“法律和行政法规中的强制性规定，有的属于行政管理规范，如果当事人违反了这些规范应当受到行政处罚，但不应当影响民事合同的效力”[3]。

2009 年 5 月 13 日生效的《合同法司法解释（二）》第 14 条将学理观点法律化，在法律层面第一次提出了《合同法》第 52 条第 5 项中的“违反法律、行政法规的强制性规定”是指“违反效力性强制性规定”这一概念。言外之意，违反非效力性强制性规定不会导致合同无效。

2009 年 7 月 7 日，《最高人民法院关于当前形势下审理民商事合同纠纷案件若干问题的指导意见》第 15 条、第 16 条明确将效力性强制性规定的对立概念定义为管理性强制性规定，并提出违反效力性强制规定的，人民法院应当认定合同无效，而违反管理性强制规定的，人民法院应当根据具体情形认定其效力。如强制性规定规制的是当事人的“市场准入”资格而非某种类型的合同行为，或者规制的是某种合同的履行行为而非某类合同行为，人民法院对于此类合同效力的认定，应当慎重把握，必要时应当征求相关立法部门的意见或者请示上级人民法院。显然，该指导意见并未就管理性强制性规定是否属于无效合同的判断标准作出明确说明。

---

〔1〕 最高法民事裁定书，（2016）最高法民申 876 号。

〔2〕 最高法民事裁定书，（2014）民申字第 304 号。

〔3〕 最高人民法院民事审判第一庭编著：《最高人民法院建设工程施工合同司法解释的理解与适用》，人民法院出版社 2015 年版，第 6 页。

在招商银行股份有限公司大连东港支行与大连振邦氟涂料股份有限公司(以下简称振邦股份公司)等借款合同纠纷案中,最高法认为,《公司法》第16条第2款规定"公司为公司股东或者实际控制人提供担保的,必须经股东会或者股东大会决议"为管理性强制性规范。对于违反该规范的,原则上不宜认定合同无效。最高法对于"原则上"这三个字的表述充分表明其认为《合同法司法解释(二)》第14条的规定应当有所突破。

上述案例再审判决认为,案涉公司担保合同效力的认定,因其并未超出平等商事主体之间的合同行为的范畴,故应首先从《合同法》及司法解释等相关规定出发展开评判。法律及相关司法解释均已明确了将违反法律或行政法规中效力性强制性规范作为合同效力的认定标准之一。公司作为不同于自然人的法人主体,其合同行为在接受合同法规制的同时,当受作为公司特别规范的公司法的制约。《公司法》第1条开宗明义规定,"为了规范公司的组织和行为,保护公司、股东和债权人的合法权益,维护社会经济秩序,促进社会主义市场经济的发展,制定本法"。《公司法》第16条第2款规定,"公司为公司股东或者实际控制人提供担保的,必须经股东会或者股东大会决议"。上述《公司法》规定已然明确了其立法本意在于限制公司主体行为,防止公司的实际控制人或者高级管理人员损害公司、小股东或其他债权人的利益,故其实质是内部控制程序,不能以此约束交易相对人。故此上述规定宜理解为管理性强制性规范。对违反该规范的,原则上不宜认定合同无效;如作为效力性规范认定,将会降低交易效率和损害交易安全。譬如股东会何时召开,以什么样的形式召开,何人能够代表股东表达真实的意志,均超出交易相对人的判断和控制范围,如以违反股东决议程序而判令合同无效,必将降低交易效率,同时也给以违反股东决议主张合同无效的不诚信行为留下了制度缺口,最终危害交易安全,不仅有违商事行为的诚信规则,更有违公平正义。故本案一审、二审法院以案涉《股东会担保决议》的决议事项并未经过振邦股份公司股东会的同意,振邦股份公司也未就此事召开过股东大会为由,根据《公司法》第16条的规定,作出案涉不可撤销担保书及抵押合同无效的认定,属于适用法律错误,最高法予以纠正。

第二节　违反公序良俗之原则

无论是《民法通则》《合同法》，还是现行的《民法典》，均以社会公德或社会公共利益替代大陆法系之通用概念“公序良俗”。按照我国民法学者的解释，所谓“社会公共利益”，其地位和作用相当于各国民法中的“公共秩序和善良风俗”，[1]《民法通则》中的“社会公共利益”相当于法、德、日的公序良俗概念，乃是大陆法系民法学者之通说。[2] 因此，可以确认，《合同法》第52条第4项中所说的社会公共利益即为《民法典》所称的“公序良俗”。

我国法律体系中第一次正式使用“公序良俗”这一大陆法系普遍存在的正式称谓，是在《全国人民代表大会常务委员会关于〈中华人民共和国民法通则〉第九十九条第一款、〈中华人民共和国婚姻法〉第二十二条的解释》[3]中，2015年《民诉法解释》第106条[4]和2015年《民间借贷规定》第14条也明确规定了该概念[5]。2017年《民法总则》及2021年《民法典》第153条第2款亦继续沿用“公序良俗”替代“社会公共利益”这一概念。至此，“公序良俗”概念已经取代“社会公共利益”一说。

“公序良俗”，即为公共秩序和善良风俗，是现代民法一项重要法律概念和法律原则，在现代市场经济社会中，有维护国家社会一般利益及一般道德观念的重要功能。其和诚实信用原则一样，系现代民法至高无上的基本原则。以公序良俗之观念限制法律行为之内容，为罗马法以来所公认，其系支

---

〔1〕 王家福主编：《中国民法学·民法债权》，法律出版社1991年版，第356页。

〔2〕 参见王家福主编：《中国民法学·民法债权》，法律出版社1991年版，第356页；佟柔主编：《中国民法学·民法总则》，中国人民公安大学出版社1990年版，第21页；梁慧星：《民法》，四川人民出版1988年版，第129页。

〔3〕 该解释于2014年11月1日由全国人大常委会颁布。其规定：“公民原则上应当随父姓或者母姓，有不违反公序良俗的其他正当理由等，可以在父姓和母姓之外选取姓氏。”

〔4〕《民诉法解释》第106条规定：“对以严重侵害他人合法权益，违反法律禁止性规定或者严重违背公序良俗的方法形成或者获取的证据，不得作为认定案件事实的根据。”现行版本此项规定的内容和条目均与2015年版相同。

〔5〕 该规定第14条第4款规定，违背社会公序良俗的民间借贷合同无效。该规定对应现行版本第13条第6项。

配私法全领域之大原则，现在所有的法律关系都应受到公序良俗支配。[1]

关于何为公共秩序，史尚宽先生认为，公共秩序是指"社会之存在及其发展所必要之一般秩序"[2]。郑玉波先生认为，所谓公共秩序，乃指国家社会之一般利益。[3] 可见，尽管学者之间概念并非完全相同，但总体而言，公共秩序讲的是现行社会存续发展所必需的社会秩序规范。

就善良风俗而言，史尚宽先生认为，善良风俗谓为社会之有在及其发展所必要之一般道德。[4] 郑玉波先生认为，所谓善良风俗乃指社会的一般道德观念。[5] 王利明教授认为，所谓善良风俗，也称社会公共道德，是指由社会全体成员所普遍认许、遵循的道德准则。[6] 总之，善良风俗着重于社会道德观念、准则。

由于社会秩序、道德观念的具体内容随着时代变迁而时有变化，因此，自罗马法以来，"公序良俗"内容均没有具体细化，只能抽象定义之，而这也是其生命力常青之所在。一般认为，违反善良风俗包括以下几种类型：违反性道德的行为、赌博行为、限制人身自由的行为、违反家庭伦理道德的行为、违反职业道德的行为、诱使他人违反合同的行为、暴利行为、对违反道德目的的无偿资助行为等。[7]

梁慧星教授在总结我国台湾地区和日本等相关学术理论之基础上，将《合同法》中危害"公序良俗"的行为归为 10 类，即(1)危害国家公序行为类型；(2)危害家庭关系行为类型；(3)违反性道德行为类型；(4)射幸行为类型；(5)违反人权和人格尊重的行为类型；(6)限制经济自由的行为类型；(7)违反公正竞争行为类型；(8)违反消费者保护的行为类型；(9)违反劳动者保护的行为类型；(10)暴利行为类型。[8]

但需要强调的是，"公序良俗"之规定在于补充强行法之强制或禁止功

---

〔1〕 参见史尚宽：《民法总论》，中国政法大学出版社 2000 年版，第 40 页；[日]我妻荣：《新订民法总则——我妻荣民法讲义 I》，于敏译，中国法制出版社 2008 年版，第 304 页。

〔2〕 史尚宽：《民法总论》，中国政法大学出版社 2000 年版，第 334 页。

〔3〕 参见郑玉波：《民商法问题研究(一)》，台北，三民书局 1983 年版，第 33 页。

〔4〕 参见史尚宽：《民法总论》，中国政法大学出版社 2000 年版，第 335 页。

〔5〕 参见郑玉波：《民商法问题研究(一)》，台北，三民书局 1983 年版，第 33 页。

〔6〕 参见王利明：《论无效合同的判断标准》，载《法律适用》2012 年第 7 期。

〔7〕 参见《〈中华人民共和国民法总则〉理解与适用》，人民法院出版社 2017 年版，第 1018 页。

〔8〕 参见梁慧星：《民商法论丛》(第 1 卷)，法律出版社 1994 年版，第 43 页。

能。作为或不作为脱序,而强行法又苦无强制或禁止之规定可用时,“公序良俗”之规定,方始发生补充之功能。[1] 梁慧星教授也认为,违反“公序良俗”与违反法律之间不是并列关系,而应该是补充关系,目的是在遇有损害国家利益、社会公益或社会道德秩序的行为,而又缺乏相应的禁止性法律规定时,法院得直接适用“公序良俗”原则判决该行为无效。[2]

“公序良俗”,其概念极为抽象,内涵存有不确定性,司法实务中,对于何种行为违反公序良俗需做严格界定,以防滥用。

在贺某林与中国长城资产管理公司石家庄办事处(以下简称长城石办)委托代理合同纠纷案中,最高法认为:在委托代理合同关系中,委托人自身的权利是代理人合法行使代理权的基础,代理人应当依照委托人授权的范围和权限,忠实、勤勉地为委托人服务。长城石办与原河北百某律师事务所签订的《全风险代理协议》约定,原河北百某律师事务所指派本所律师作为长城石办案件代理人,其中第 10 条约定,“如甲方(长城石办)中途终止合同,或未经乙方(原河北百某律师事务所)同意撤回起诉,或私下与欠款责任方和解,视为总涉案标的已全部追回,甲方应承担一切责任,并按合同第 8 条规定全额支付代理费”。诉讼中是否和解、调解、撤诉是当事人的权利,但上述第 10 条的约定实质上是对委托人权利形成了限制,与委托代理合同应有的目的、性质不符,二审判决以违反社会公共利益为由认定该条款无效正确。二审判决考虑到代理人付出了一定劳动,仍然判决长城石办支付代理费 84 万元,已经保护了代理人的基本权利。贺某林关于二审判决适用法律错误的主张不能成立,最高法不予支持。[3]

违反规章一般情况下不影响合同效力,但该规章的内容涉及金融安全、市场秩序、国家宏观政策等公序良俗的,应当认定合同无效。[4] 近年来,最高法也通过个案裁判的方式,将违反行政规章或国家政策的合同效力认定理由,转换为是否构成“损害社会公共利益”的要件,进而认定合同的效力。如果当事人缔结的该合同违反地方性法规和规章,而该地方性法规和规章

---

〔1〕 参见曾世雄:《民法总则之现在与未来》,中国政法大学出版社 2001 年版,第 28 页。

〔2〕 参见梁慧星:《民法总论》,法律出版社 2007 年版,第 49 页。

〔3〕 最高法民事裁定书,(2012)民再申字第 216 号。

〔4〕 最高人民法院民事审判第二庭编著:《〈全国法院民商事审判工作会议纪要〉理解与适用》,人民法院出版社 2019 年版,第 17 页。

旨在保护国家和社会公共利益，则裁判机构会以损害国家和社会公共利益为由认定合同无效。

比如，在福建伟杰投资有限公司与福州天策实业有限公司、君康人寿保险股份有限公司营业信托纠纷案〔1〕中，最高法认为，当事人签订的《信托持股协议》违反了中国保监会《保险公司股权管理办法》(2014 年)第 8 条〔2〕关于"任何单位或者个人不得委托他人或者接受他人委托持有保险公司的股权"的规定，损害了社会公共利益，依法应认定无效。

又如，在杨某国与林某坤、常州亚玛顿股份有限公司股权转让纠纷案〔3〕中，最高法认为，根据相关监管规定，上市公司股权不得隐名代持，拟上市公司股权必须清晰，否则对于上市公司系列信息披露要求、关联交易审查、高管人员任职回避等监管举措必然落空，必然损害广大非特定投资者的合法权益，从而损害资本市场基本交易秩序与基本交易安全，损害金融安全与社会稳定，损害社会公共利益。因此应认定合同无效。

在北京中京合创投资有限责任公司（以下简称中京合创公司）与邯郸市肉鸡场（以下简称肉鸡场）以及中国长城资产管理股份有限公司河北省分公司（以下简称长城资产河北分公司）确认合同无效纠纷案中，最高法认为，根据《金融资产管理公司资产处置公告管理办法（修订）》（以下简称《资产处置管理办法》）之规定，以要约邀请公开竞价、公开询价等方式处置时，至少要有两人以上参加竞价，当只有一人竞价时，需按照公告程序补登公告，公告 7 个工作日后，如确定没有新的竞价者参加竞价才能成交。《资产处置管理办法》规定资产处置标的超过 5000 万元（含）的处置项目，在资产所在地的省级（含）以上公开发行的经济类或综合类报纸上进行公告。本案中，长城资产河北分公司在只有中京合创公司竞价时，未补登公告，即与中京合创公司达成债权转让协议，对案涉债权的处置程序不符合上述规定。虽然长城资产河北分公司辩称其延期至 2018 年 10 月 17 日开始竞价，其间债权转让公告一直进行，但补登公告亦应在省级以上经济类或综合类报纸上进行公告，故延期竞价并不能代替补登公告的程序。结合邯郸市人民政府证明

---

〔1〕 最高法民事裁定书，(2017)最高法民终 529 号。

〔2〕《保险公司股权管理办法》已于 2018 年 4 月 10 日失效。相关规定参见《保险公司股权管理办法》(2018 年)第 18 条第 3 项。

〔3〕 最高法民事裁定书，(2017)最高法民申 2454 号。

其没有收到案涉债权转让通知和享有优先购买权的通知，并主张不放弃优先购买权的事实，可以认定长城资产河北分公司未按规定进行公告及通知的行为，是导致涉案债权最终由一人竞价购买的原因，对依照公开、公平和竞争、择优原则处置不良资产造成实质影响。根据《海南会议纪要》的规定，在审理不良债权转让合同效力的诉讼中，人民法院应当根据《合同法》和《金融资产管理公司条例》等法律法规，并参照国家相关政策规定，重点审查不良债权的可转让性、受让人的适格性以及转让程序的公正性和合法性。金融资产管理公司转让不良债权存在转让不良债权公告违反《资产处置管理办法》的规定，对依照公开、公平、公正和竞争、择优原则处置不良资产造成实质性影响的情形的，人民法院应当认定转让合同损害国家利益或社会公共利益或者违反法律、行政法规强制性规定而无效。故二审判决认定案涉债权转让协议无效并无不当。[1]

2021 年 11 月 9 日，最高法公布了第 170 号指导案例[2]。在该案例中，最高法认为，违反行政规章一般不影响合同效力，但违反行政规章签订租赁合同，约定将经鉴定机构鉴定存在严重结构隐患，或将造成重大安全事故的应当尽快拆除的危房出租用于经营酒店，危及不特定公众人身及财产安全，属于损害社会公共利益、违背公序良俗的行为，应当依法认定租赁合同无效。

在该案中，最高法认为：根据江西省建设业安全生产监督管理站于 2007 年 6 月 18 日出具的《房屋安全鉴定意见》，案涉《租赁合同》签订前，该合同项下的房屋存在以下安全隐患：一是主要结构受力构件设计与施工均不能满足现行国家设计和施工规范的要求，其强度不能满足上部结构承载力的要求，存在较严重的结构隐患；二是该房屋未进行抗震设计，没有抗震构造措施，不符合《建筑抗震设计规范》国家标准，遇有地震或其他意外情况发生，将造成重大安全事故。《房屋安全鉴定意见》同时就此前当地发生的地震对案涉房屋的结构造成了一定破坏、应引起业主及其上级部门足够重视等提出了警示。在上述认定基础上，江西省建设业安全生产监督管理站对案涉房屋的鉴定结果和建议是，案涉租赁房屋属于应尽快拆除全部结构的 D

---

〔1〕 最高法民事裁定书，(2020)最高法民申 2756 号。

〔2〕 饶某礼诉某物资供应站等房屋租赁合同纠纷案，最高法民事判决书(2019)最高法民再 97 号。

级危房。据此,经有权鉴定机构鉴定,案涉房屋已被确定属于存在严重结构隐患或将造成重大安全事故的应当尽快拆除的D级危房。根据住房和城乡建设部《危险房屋鉴定标准》(已失效)第6.1条的规定,房屋危险性鉴定属D级危房的,系指承重结构已不能满足安全使用要求,房屋整体处于危险状态,构成整幢危房。尽管原《危险房屋鉴定标准》第7.0.5条规定,对评定为局部危房或整幢危房的房屋可按下列方式进行处理:(1)观察使用;(2)处理使用;(3)停止使用;(4)整体拆除;(5)按相关规定处理。但本案中,有权鉴定机构已经明确案涉房屋应予拆除,并建议尽快拆除该危房的全部结构。因此,案涉危房并不具有可在加固后继续使用的情形。《商品房屋租赁管理办法》第6条规定,不符合安全、防灾等工程建设强制性标准的房屋不得出租。《商品房屋租赁管理办法》虽在效力等级上属部门规章,但是,该办法第6条规定体现的是对社会公共安全的保护以及对公序良俗的维护。结合本案事实,在案涉房屋已被确定属于存在严重结构隐患、或将造成重大安全事故、应当尽快拆除的D级危房的情形下,双方当事人仍签订《租赁合同》,约定将该房屋出租用于经营可能危及不特定公众人身及财产安全的商务酒店,明显损害了社会公共利益、违背了公序良俗。从维护公共安全及确立正确的社会价值导向的角度出发,对本案情形下合同效力的认定应从严把握,司法不应支持、鼓励这种为追求经济利益而忽视公共安全的有违社会公共利益和公序良俗的行为。故依照《民法总则》第153条第2款关于违背公序良俗的民事法律行为无效的规定,以及《合同法》第52条第4项关于损害社会公共利益的合同无效的规定,[1]确认《租赁合同》无效。

第三节 恶意串通损害他人权益

所谓恶意串通,就是当事人为了谋取私利,相互勾结,采取不正当方式,共同实施损害国家、集体或第三人利益的行为。"恶意串通行为"包括"恶意"与"串通"两个要素。所谓"恶意",是指行为人明知法律行为会损害国家、集体或者第三人利益而故意为之;"串通",则是指行为人对恶意损害国

〔1〕 相关规定对应《民法典》第153条第2款。

家、集体或者第三人利益具有意思联络。[1] 我国《民法总则》第154条将“损害国家、集体和第三人利益”调整为“损害他人合法权益”，现行《民法典》第154条亦承袭了这一规定。王利明先生认为，在解释“国家、集体或者第三人利益”时，无须纠结于国家利益、集体利益或者个人利益的区分，将其理解为合同关系之外的第三人利益即可。[2] 司法实务中，认定恶意串通须把握如下四个要点：

第一，双方当事人主观上应为恶意。“恶意”或“善意”均属当事人之间的主观心理状态，审判人员不是见证人，没有亲身经历，凭表象无从得知当事人主观意图。只能通过案件事实和证据，结合逻辑推理和日常生活经验法则作出客观判断，重点分析双方当事人订约时的身份状况、行为人与相对人的关系（如亲属关系、关联关系）[3]、合同具体内容及履行情况，进而推定当事人主观上是否具有恶意。司法实践中恶意的判断标准为：以“明显不合理低价转让或受让财产”[4]“明知出让人没有处置财产的权限”[5]等。

在日照国晖电子科技有限公司（以下简称国晖公司）与山东国恒能源有限公司（以下简称国恒公司）等招商合同纠纷案中，最高法认为，依照《招商、投资协议书》“一、招商、投资项目”中第7条关于“甲（开发区管委会）、乙（中恒公司）双方同意，待乙方在日照成立项目公司之后，知会甲方，乙方将本协议中的乙方权利及义务一并交由该公司承接”的约定，双方已经确认国恒公司依约承继了北京中恒投资公司（以下简称中恒公司）在《招商、投资协议书》的权利、义务，国恒公司成为《招商、投资协议书》中的一方当事人，山东日照高新技术开发区管理委员会（以下简称开发区管委会）应当明知国恒公司依约享有全部290亩建设用地的权利。开发区管委会于同年4月30日与国晖公司签订了《补充协议》，仍依据《招商、投资协议书》“一、招商、投资项目”中第7条的规定，将原中恒公司在《招商、投资协议书》中的权利及义

---

〔1〕 崔建远：《合同法总论》（上卷），中国人民大学出版社2011年版，第308页。

〔2〕 参见王利明：《合同法研究》，中国人民大学出版社2011年版，第655－657页。

〔3〕 参见最高法民事裁定书，（2021）最高法民申5265号、（2021）最高法民申7220号，最高法民事判决书，（2017）最高法民终248号。

〔4〕 参见瑞士嘉吉国际公司诉福建金石制油有限公司等确认合同无效纠纷案，最高人民法院指导案例33号（2014）；最高法民事判决书，（2019）最高法民终1815号、（2020）最高法民终327号。

〔5〕 参见最高法民事裁定书，（2021）最高民申7220号。

务及290亩建设用地中的92.79亩提供给国晖公司。中恒公司并非该《补充协议》的缔约方,且开发区管委会知道国恒公司已经承继了中恒公司在《招商、投资协议书》中的权利、义务,中恒公司已无权再处分该合同中的权利。因此,开发区管委会与国晖公司在《补充协议》中约定由国晖公司承继原中恒公司的合同权利、义务,其权利依据不足。开发区管委会应当知道《补充协议》的内容侵害了国恒公司依《招商、投资协议书》所享有的权益,未经国恒公司参与并同意,其与梅某森代表的国晖公司签订《补充协议》,在主观上具有明显的恶意,对国恒公司构成恶意交易。开发区管委会关于其在签订《补充协议》时"相信梅某森得到了国恒公司的授权,不存在恶意"的抗辩理由,不符合我国相关民事法律关于法人作为民事主体从事民事行为的基本要求及交易惯例,不予采纳。关于国晖公司是否为善意交易方的问题。梅某森在国恒公司成立前后具体负责其设立及项目申报、建设等事宜,其于2006年2月8日、3月2日所撰写的工作记录及其本人庭审时的陈述,均能证明国恒公司承继《招商、投资协议书》和对290亩建设用地进行项目开发、规划、建设的事实。同时,除梅某森本人陈述外,没有其他有效证据能够证明其在代表国晖公司与开发区管委会签订《补充协议》时征得了国恒公司的同意。综合本案中的相关事实,最高法认为,梅某森利用其特殊的身份,筹划并设立国晖公司,其目的就是让国晖公司从国恒公司规划建设的290亩土地中获得92.79亩用地(《招商、投资协议书》中约定的第二期用地,因周边市政道路拓宽而使实际用地面积略减),并作为另一个项目公司。因此,尽管代表国晖公司在《补充协议》上签字的是其法定代表人王某卫,但梅某森代表国晖公司从事协商、签约的行为,足以证明其代表了国晖公司的真实交易目的和动机,亦反映了国晖公司在其设立及其签订《补充协议》时的真实的主观状态,而国晖公司亦从未主张过梅某森对其实施了签约欺诈行为。因此,本案二审判决认定"国晖公司明知《补充协议》的内容损害国恒公司的合同利益"并无不当。国晖公司在签订《补充协议》时并不属于善意交易方。综上所述,开发区管委会和国晖公司在签订《补充协议》时均明知其侵害了国恒公司业已享有的合同权益,未经国恒公司同意而实施的该签约行为,在客观上产生了对权利人国恒公司的侵害结果。原一审、二审判决认定双方构成"恶意串通"行为,并判决《补充协议》无效,系认定事实清楚,适用法律正确。[1]

第二，当事人之间互相串通。所谓互相串通，首先，是指当事人之间存在意思联络或者沟通，它可以表现为双方当事人事先达成协议，也可以表现为一方当事人作出意思表示，对方当事人明知其目的非法而用默示的方式接受。双方都希望通过实施该民事法律行为而损害特定第三人的合法权益。其次，当事人之间在客观上相互配合或者共同实施了该非法的民事法律行为。双方表示的内容既可能是真实的意思（如股权多重让与），也可能是虚假的意思（如逃避债务的行为）。如在（2018）最高法民终851号案中，行为人在离婚诉讼期间，以《股权转让协议》方式将其名下的股权转让给相对人。司法实践中，恶意串通的协议体现方式众多，以股权转让协议、房屋买卖协议、抵债协议、财产转让协议为常见。

另外，串通行为实践中更多是靠社会一般观念，通过对当事人之间的特定关系、双方之间不正常或有违常理的商业交易行为“推定”得出的，实质上就是法官的自由心证。如在（2012）执复字第6号案[2]中，最高法认为拍卖行与买受人有关联关系，拍卖过程中没有其他无关联关系的竞买人参与竞买，或者虽有其他竞买人参与竞买，但未进行充分竞价的；拍卖标的物的评估价明显低于实际价格的，仍以该评估价成交的，便可以“视为拍卖行与买受人恶意串通”。

第三，客观上损害他人的合法权益。该他人合法权益既可能是公共利益（如避税行为中），也可能是特定第三人的利益（如投标人恶意串通中）。从司法审判实践来看，恶意串通通常是双方当事人损害特定他人利益的情形。[3] 在徐某嵘等六人与五矿邯邢矿业有限公司（以下简称邯邢公司）等股权转让纠纷案中，最高法认为，所谓损害第三人利益中的第三人是指恶意串通当事人以外的第三人，为特定第三人，并非不特定第三人。

在上述案例中，最高法认为，徐某嵘等六人依据《合同法》第52条第2项的相关规定主张案涉《股权整体转让协议书》无效，即徐某嵘等六人主张，

---

〔1〕 最高法民事判决书，（2011）民提字第45号。

〔2〕 广东龙正投资发展有限公司与广东景茂拍卖行有限公司委托拍卖执行复议案，最高法指导案例35号。

〔3〕 参见冉克平：《“恶意串通”与“合法形式掩盖非法目的”在民法典总则中的构造》，载《现代法学》2017年第4期。

本案导致合同无效情形为“恶意串通，损害国家、集体或者第三人利益”，而本案并未涉及国家、集体利益受到损害，且徐某嵘等六人系案涉《股权整体转让协议书》中的移交方及诺普矿业公司股东，并非该协议当事人之外的第三人，故徐某嵘等六人的该项主张不能成立，最高法不予支持。徐某嵘等六人主张有关法律所规定的“损害第三人利益”中的第三人是指恶意串通当事人以外的第三人，案涉《股权整体转让协议书》系基于王某陵与邯邢公司恶意串通而达成的，损害其利益，不是股权转让方的真实意思表示，应属无效。对此，首先，《补充协议书》约定了关于各方同意以 1.7 亿元为基础价格，高于或者低于此价格的部分均由王某陵个人继受或承担的内容，其意味着转让人不仅赋予王某陵代理权，在形式上亦表示了将其视为居间人的意思；邯邢公司与王某陵订立居间合同，以激励其促成交易，与转让人所表示的意思并无违背，不能以此为由认定邯邢公司存在与王某陵恶意串通的主观故意；其次，徐某嵘等六人参与订立的《股权整体转让协议书》约定股权整体转让价款 1.9 亿元，超出徐某嵘等六人于 2006 年 5 月 26 日与上海老股东及王某陵签订的《补充协议书》确定的交易底价 1.7 亿元，大幅超出了徐某嵘等六人的价格预期，徐某嵘等六人亦在该《补充协议书》上签字确认，体现了徐某嵘等六人的真实意思表示，且现有证据也难以证明案涉股权可以更高的价格转让，故对徐某嵘等六人关于王某陵与邯邢公司恶意串通损害其利益，案涉《股权整体转让协议书》应属无效的主张，最高法不予支持。[1]

第四，要求第三人对恶意串通各方的通谋行为不知情。在王某声与九江联达建设有限公司等借款合同纠纷案中，最高法认为，具有恶意串通，损害国家、集体或者第三人利益情形的，合同无效。从该恶意串通的构成要件分析，应包括缔约各方具有损害国家、集体或者第三人利益的主观恶意，且为实现此不正当目的事先通谋，通过缔约及履约行为造成国家、集体或者第三人利益的损害，同时要求第三方对恶意串通各方的通谋行为不知情。[2]

在平安银行股份有限公司重庆分行与土默特右旗大顺矿业有限责任公司等合同纠纷案中，最高法认为，构成恶意串通，合同当事人须有损害第三方利益的“恶意”，还须有为共同的不正当目的而事先通谋，以及第三方对此

---

〔1〕 最高法民事判决书，(2011)民二终字第 37 号。

〔2〕 最高法民事判决书，(2014)民提字第 138 号。

种基于共同目的的通谋并不知情。[1]

最高法针对恶意串通审理的案例较多,笔者对近年来最高法审理的案例进行梳理后发现,大致可以归纳为如下六种类型:

一、债务人与第三人逃债型恶意串通

在实践中,逃债型恶意串通会损害债权人的利益。债权人有两种救济途径。一是根据《民法典》第 538 条及第 539 条之规定行使债权人的撤销权,请求人民法院撤销债务人的行为;二是债权人提起恶意串通的无效之诉。撤销之诉的举证证明标准为“高度盖然性”,而主张恶意串通要适用举证难度更大的“排除合理怀疑”的证明标准。此外,行使撤销权受到除斥期间的限制,提起恶意串通无效之诉没有诉讼时效及除斥期间之限制。此类型典型例子如恶意低价转让财产或者恶意设立虚假抵押权以逃避债务。

在青海信瑞资产运营管理有限责任公司与张某奎、郑某梅、张某、常州金坛万豪金都餐饮服务有限公司、曹某债权转让合同纠纷案中,行为人负有数千万债务无法执行的情况下,仍将其 2400 万元债权以严重低于债权金额的价格 1000 元转让给相对人,行为人的行为明显导致其清偿资力减少,以至于这种不利影响无法满足其清偿其他债权的要求,认定行为人主观上存在低价处分财产权损害其他债权人利益的恶意。[2]

逃债型恶意串通,尤以最高人民法院第 33 号指导案例为典型,即在福建金石制油有限公司(以下简称福建金石公司)等与嘉吉国际公司(以下简称嘉吉公司)买卖合同纠纷案中,最高法结合当事人之间的亲属关系,款项实际支付情况等,认为债务人将主要财产以明显不合理低价转让给其关联公司,关联公司在明知债务人欠债的情况下,未实际支付对价,可以认定为债务人与其关联公司恶意串通,损害债权人利益,与此相关的财产转让合同应当认定为无效。

上述案例判决认为,首先,福建金石公司、福建田源生物蛋白科技有限公司(以下简称田源公司)在签订和履行《国有土地使用权及资产买卖合同》的过程中,其实际控制人之间系亲属关系,且王某琪和柳某分别作为福建金

[1] 最高法民事判决书,(2015)民一终字第 295 号。

[2] 最高法民事判决书,(2020)最高法民终 327 号。

石公司与田源公司的法定代表人在《国有土地使用权及资产买卖合同》上签署,王某琪和柳某系夫妻关系,因此,可以认定福建金石公司与田源公司在签署以及履行转让福建金石公司国有土地使用权、房屋、设备的合同过程中,田源公司对福建金石公司的状况是非常清楚的,对包括福建金石公司在内的金石集团因“红豆事件”被仲裁裁决确认对嘉吉公司形成1337万美元债务的事实是清楚的。其次,《国有土地使用权及资产买卖合同》订立于2006年5月8日,其中约定田源公司购买福建金石公司资产的价款为2569万元,其中国有土地使用权作价464万元、房屋及设备作价2105万元。大连达信会计师事务所有限公司于2006年5月5日出具《资产评估报告书》,载明福建金石公司所提供的机器设备资产在评估基准日2006年4月30日的评估值为1568.54万元;漳州天正资产评估有限公司于2006年11月20日出具《评估报告书》,就福建金石公司委托对其拥有的国有土地使用权、厂房、办公楼等建筑物进行评估,认定截至评估基准日2006年5月8日委托资产估值为10,004,607元。大连达信会计师事务所有限公司出具的评估报告仅就机器设备进行了评估;漳州天正资产评估有限公司出具的评估报告时间晚于《国有土地使用权及资产买卖合同》签订的时间。显然,福建金石公司与田源公司签订《国有土地使用权及资产买卖合同》时并未根据会计师事务所的评估报告作价,因此,福建金石公司、中纺粮油(福建)有限公司(以下简称中纺福建公司)关于《国有土地使用权及资产买卖合同》是根据两家会计师事务所的评估报告作价的上诉理由,不能成立。一审法院根据福建金石公司一审过程中出具的2006年5月31日的资产负债表,以其中载明固定资产原价44,042,705.75元、扣除折旧后固定资产净值为32,354,833.70元,而《国有土地使用权及资产买卖合同》中对房屋及设备作价仅2105万元,认定《国有土地使用权及资产买卖合同》中约定的田源公司购买福建金石公司资产的价格为不合理低价是正确的。在受让人田源公司明知债务人福建金石公司欠债权人嘉吉公司巨额债务的情况下,其以不合理低价购买福建金石公司的主要资产,足以证明田源公司与福建金石公司在签订《国有土地使用权及资产买卖合同》时具有主观恶意,属恶意串通,该合同的履行足以损害债权人嘉吉公司的利益。再次,《国有土地使用权及资产买卖合同》签订后,田源公司虽然于2006年6月15日通过中国农业银行漳州支行向福建金石公司在同一银行的账户转账2500万元,该转账并未注明款项用途,且福建金石公司于当日将2500万元分两笔汇入其关联企业大连金石制油有限公司账户,又根据福建金石公司和田源公司当年的财务报表,并未体现该笔2500万元的入账或支出,而是体现出田源公司尚欠福建金石公司"其他应付款"121,224,155.87元。一审法院据此认定田源公司并未根据《国有土地使用权及资产买卖合同》向福建金石公司实际支付价款是合理的。上诉人福建金石公司、中纺福建公司关于已实际支付合同价款的上诉理由,没有事实依据,不能成立。最后,从公司注册登记资料看,漳州开发区汇丰源贸易有限公司(以下简称汇丰源公司)成立时股东构成似与福建金石公司无关,但在汇丰源公司股权变化的过程中,可以看出,汇丰源公司在与田源公司签订《买卖合同》时对田源公司转让的资产来源以及福建金石公司对嘉吉公司的债务是明知的。《买卖合同》约定的价款为2669万元,与田源公司从福建金石公司购入该资产的价格相差不大。汇丰源公司除已向田源公司支付569万元外,其余款项未付。一审法院据此认定汇丰源公司与田源公司签订《买卖合同》时恶意串通并足以损害债权人嘉吉公司的利益,并无不当。汇丰源公司是否实际开展经营活动,以及高某天、张某毅的证人证言,对一审法院作出上述合理结论并无实质影响。因此,上诉人福建金石公司、中纺福建公司、汇丰源公司关于一审法院对汇丰源公司状况描述错误、汇丰源公司与田源公司之间不构成恶意串通的上诉理由,不能成立,最高法不予支持。综上所述,福建金石公司与田源公司于2006年5月8日签订的《国有土地使用权及资产买卖合同》、田源公司与汇丰源公司于2008年2月21日签订的《买卖合同》属于恶意串通、损害嘉吉公司利益的合同。[1]

在中国农业银行股份有限公司绵竹市支行(以下简称农行绵竹支行)与东方电气集团峨嵋半导体材料有限公司(以下简称东气半导体公司)等债权人撤销权纠纷案中,最高法认为,东方电气集团财务有限公司(以下简称东气财务公司)作为东气半导体公司的关联公司,通过事后抵押,将东气半导体公司有价值的资产全部为自身信用贷款设立抵押以保全资产,与东气半导体公司具有损害农行绵竹支行债权的共同故意,导致农行绵竹支行的债权无法实现,属于恶意串通损害他人合法权益的行为。

上述案例判决书认为,判断案涉《最高额抵押合同》是否无效问题,核心

---

〔1〕 最高法民事判决书,(2012)民四终字第1号。

在于东气半导体公司与东气财务公司在订立合同时是否存在恶意串通损害第三人利益情形。恶意串通，是以损害他人利益为目的而相互通谋作出的意思表示。具体到恶意抵押行为上，判断抵押人（债务人）与抵押权人（债务人的多个债权人之一）是否存在恶意串通损害其他债权人利益情形，要考虑到该债权人是否知悉债务人已陷入支付危机且该债权人知悉债务人陷入支付危机后串通设定抵押为债务人逃废其他债务，进而导致其他债权人无法以相应财产实现债权等因素加以认定。根据本案查明的事实，农行绵竹支行于 2008 年开始向东气半导体公司发放信用贷款，东气财务公司晚于农行绵竹支行于 2010 年 12 月开始向东气半导体公司发放信用贷款。2009 年 10 月 14 日，东气半导体公司向农行绵竹支行作出了在还清该行信用贷款前不将财产（光伏项目除外）抵押担保他行贷款的书面承诺。截至 2011 年 11 月 25 日东气半导体公司违反上述承诺擅自与东气财务公司签订《最高额抵押合同》时，东气半导体公司欠农行绵竹支行信用贷款本金共计 8 亿元，欠东气财务公司信用贷款本金共计 9.6 亿元，以上贷款均未设立担保。同期，东气半导体公司生产经营状况持续恶化，出现巨额亏损，并于 2011 年下半年开始停产至今，主要依靠东气财务公司的贷款支付职工工资、到款贷款本息等费用，企业已实际陷入支付危机。东气半导体公司在 2012 年 6 月 14 日将上述《最高额抵押合同》涵盖的抵押财产全部办理完抵押登记后不久，即致函农行绵竹支行，表示该司已无偿付贷款本息的能力，决定向该行停止支付一切贷款本息。东气半导体公司虽向农行绵竹支行停止偿付信用贷款本息，但却还清了其所欠其他银行所有贷款（均为担保贷款）。由此可见，东气半导体公司违背向农行绵竹支行作出的不得将财产抵押他人的承诺，在暗自与东气半导体公司订立《最高额抵押合同》时，不仅自身已陷入支付危机，而且逃废农行绵竹支行金融债权的恶意明显。东气财务公司在二审答辩中认可，其与东气半导体公司作为同一集团控制下的关联企业，两者具有关联关系。东气财务公司向东气半导体公司提供贷款融资，虽然利用的是市场化方式和手段，但在东气半导体公司严重亏损的情况下仍提供巨额贷款，更多的是基于关联关系的特殊考虑，两者的利益也更趋同一性。因此，相较于农行绵竹支行等东气半导体公司的外部债权人，东气财务公司对东气半导体公司的生产经营情况、财务状况等公司各项实际情况应当更加了解。在订立案涉《最高额抵押合同》时，东气财务公司对东气半导体公司尚欠农行绵竹支行8亿元信用贷款本金且已处于财务困境、陷入支付危机状态的客观实际应属明知。东气财务公司在设立案涉最高限额为12亿元的最高额抵押后,截至2012年9月29日,虽仍向东气半导体公司提供新增贷款共计143,360.2万元,但其通过将《最高额抵押合同》项下的系列债权担保期间设立为2010年12月1日至2014年12月31日的方式,将2011年11月25日《最高额抵押合同》签订之前对东气半导体公司的9.6亿元信用贷款余额纳入该《最高额抵押合同》项下的抵押贷款。而且至本案一审时,东气财务公司对东气半导体公司贷款余额为93,360.2万元,相比《最高额抵押合同》订立时96,000万元信用贷款余额反而减少了2639.8万元,且该93,360.2万元债务全为抵押贷款。至此,东气财务公司对东气半导体公司的所有债务均有了抵押财产保障。东气半导体公司在东气财务公司的贷款支持下,还将所欠其他银行的数亿元贷款全部偿还完毕。而作为东气半导体公司外部债权人的农行绵竹支行,其8亿债权因无任何财产担保、东气半导体公司拒不偿还,至今无法收回,即使另案经人民法院强制执行,也因案涉抵押的设立而无财产可执行。从上述事实可知,东气财务公司作为东气半导体公司的关联公司,通过事后抵押,将东气半导体公司有价值的资产全部为自身信用贷款设立抵押以保全资产,与东气半导体公司具有损害农行绵竹支行债权的共同故意,导致农行绵竹支行的债权无法实现。基于上述事实,可以认定东气财务公司、东气半导体公司在订立案涉《最高额抵押合同》存在恶意串通损害第三人利益的情形,应确认东气财务公司与东气半导体公司订立的《最高额抵押合同》无效。[1]

二、双方当事人恶意串通欺诈第三人

如借款人与贷款人恶意串通骗取他人担保、数个投标者恶意串通竞标或者拍卖行与买受人恶意串通竞标、当事人恶意串通以骗取受让人的财产等。

在广东龙正投资发展有限公司(以下简称龙正公司)与广东景茂拍卖行有限公司(以下简称景茂拍卖行)委托拍卖执行复议案中,最高法认为,买受人在拍卖过程中与拍卖机构是否存在恶意串通,应从拍卖过程、拍卖结果等

---

〔1〕 最高法民事判决书,(2014)民二终字第70号。

方面综合考察。

如果买受人与拍卖机构存在关联关系，拍卖过程没有进行充分竞价，而买受人和拍卖机构明知标的物评估价和成交价明显过低，仍以该低价成交，损害标的物相关权利人合法权益，可以认定双方存在恶意串通。本案中，在景茂拍卖行与买受人之间因股东的亲属关系而存在关联关系的情况下，除非能够证明拍卖过程中有其他无关联关系的竞买人参与竞买，且进行了充分的竞价，否则可以推定景茂拍卖行与买受人之间存在串通。该竞价充分的举证责任应由景茂拍卖行和与其有关联关系的买受人承担。2003 年拍卖结束后，景茂拍卖行给广东高院的拍卖报告中指出，还有另外两个自然人参加竞买，现场没有举牌竞价，拍卖中仅一次叫价即以保留价成交，并无竞价。而买受人龙正公司和景茂拍卖行不能提供其他两个竞买人的情况。经审核，其复议中提供的向工商管理部门备案的材料中，并无另外两个竞买人参加竞买的资料。拍卖资料经过了保存期，不是其不能提供竞买人情况的理由。据此，不能认定有其他竞买人参加了竞买，可以认定景茂拍卖行与买受人龙正公司之间存在串通行为。

鉴于本案拍卖系直接以评估机构确定的市场价的 70% 之保留价成交的，故评估价是否合理对于拍卖结果是否公正合理有直接关系。之前对一半房产的评估价已达 1 亿多元，但是本次对全部房产的评估价格却只有原来一半房产评估价格的 35% 。拍卖行明知价格过低，却通过亲属来购买房产，未经多轮竞价，严重侵犯了他人的利益。拍卖整个楼的价格与评估部分房产时的价格相差悬殊，拍卖行和买受人的解释不能让人信服，可以认定二者之间存在恶意串通。同时，与广丰大厦相关的权利有申请交付广丰大厦预售房屋、回迁房屋和申请返还购房款、工程款、银行借款等，总额达 15 亿多元，仅购房人登记所交购房款即超过 2 亿元。而本案拍卖价款仅为 2412 万元，对于没有优先受偿权的本案申请执行人毫无利益可言，明显属于无益拍卖。鉴于景茂拍卖行负责接受与广丰大厦相关的权利的申报工作，且买受人与其存在关联关系，可认定景茂拍卖行与买受人对上述问题也应属明知。因此，对于此案拍卖导致与广丰大厦相关的权利人的权益受侵害，景茂拍卖行与买受人龙正公司之间构成恶意串通。[1]

---

〔1〕 最高法民事裁定书，(2012)执复字第 6 号，系最高人民法院指导案例 35 号。

在沈某念等与杨某学等煤矿承包合同纠纷案中，最高法认为，根据一审、二审查明事实，该煤矿并非杨某全、杨某飞所有，而是恒兴天成公司所有，二人在没有授权的情况下，以煤矿所有人身份，同实际煤矿承包人沈某念一同协商后以自己名义与杨某学签订合同，对煤矿行使处分权，属无权处分，合同应为无效。另外，案涉煤矿属资源整合煤矿，技改期间不得生产、经营，当地各有关部门多次向煤矿发出书面隐患及安检意见书和通知单等，要求其撤出井下一切人员，停止井下开采作业、封闭巷道。上述检查单、通知单的矿长签名处，多由杨某飞或沈某念签名，说明杨某飞、沈某念作为转包合同一方是明知煤矿存在重大安全隐患，但经三人协商后决定将煤矿及相应设备转包给杨某学，在签订承包合同时均未如实告知杨某学上述情况，沈某念甚至还告知杨某学煤矿仍可出煤，导致杨某学对煤矿的发展和安全状况认识错误并进而签订了煤矿承包合同，同时与沈某念达成设备转让关系。三人上述故意隐瞒和欺骗事实，已经构成了欺诈和相互串通行为。原审认定三人对杨某学构成欺诈和恶意串通进而认定案涉合同及转让行为无效并无不当。[1]

二、双方当事人恶意串通规避法律

若当事人在订立合同时为了规避法律恶意串通，损害了国家利益，则该合同无效。

在中国农产品交易有限公司（以下简称农产品公司）与王某群等股权转让合同纠纷案中，最高法认为，农产品公司与王某群、武汉天九工贸发展有限公司（以下简称天九公司）于2007年签订《11.56亿元股权买卖协议》和《0.89亿元股权转让协议》，该两份协议转让的标的均为武汉白沙洲农副产品大市场有限公司（以下简称白沙洲公司）90%股权，而对股权转让价款、支付方式、法律适用及争议解决方式的约定却不相一致。《11.56亿元股权买卖协议》约定股权转让价款共计为11.56亿元，其中以可换股票据方式支付3.6亿港元，适用香港特区规定，接受香港特区法院的非专属司法管辖；《0.89亿元股权转让协议》则约定以现金方式支付人民币8981.793万元，适用内地规定，争议通过内地法院诉讼解决。农产品公司通过香港联交所信

---

〔1〕 最高法民事裁定书，(2012)民申字第315号。

息披露网站详细披露了《11.56亿元股权买卖协议》所涉及股权转让交易，未披露《0.89亿元股权转让协议》，而在向商务部报批时则只提交了《0.89亿元股权转让协议》。当事人在同一天就相同的标的签订两份合同价款、支付方式、准据法和管辖法院均不相同的协议不符合商业常理，且从或者用《11.56亿元股权买卖协议》隐瞒《0.89亿元股权转让协议》，或者用《0.89亿元股权转让协议》隐瞒《11.56亿元股权买卖协议》，并按《11.56亿元股权买卖协议》实际履行的行为看，很显然，《0.89亿元股权转让协议》无疑是基于向审批机关报批之目的所订立的。本案股权转让属于境外投资者并购境内企业，依法应当适用中华人民共和国法律，而根据《关于外国投资者并购境内企业的规定》第2条的规定，"外商投资者购买境内非外商投资企业股东的股权或认购境内公司增资，使该境内公司变更设立为外商投资企业"，即为"股权并购"，该规定对"外国投资者以股权作为支付手段并购境内公司"专章作出规定，对并购条件、申报文件与程序等作出更为严格的规定。原审判决基于上述情况，认定"农产品公司以发行可换股票据方式支付部分转让价款，实质上是外国投资者以股权作为支付手段并购境内公司，即'股权并购'"，"当事人串通签订《0.89亿元股权转让协议》，目的是规避必要的较为严格的行政审批要求，破坏了国家对外商投资、对外投资的监管秩序和外汇管理秩序，属于双方恶意串通，损害国家利益；也属于以合法形式掩盖规避更严格审批要求的非法目的，应认定该协议无效"，并不存在缺乏证据证明、认定事实和适用法律错误的问题。农产品公司申请再审所提交的"新的证据"亦不能证明原审判决认定基本事实或者裁判结果错误，该公司此项再审申请事由也不能成立。[1]

四、公司与他人恶意串通损害公司股东合法权益

公司与他人恶意串通损害公司股东合法权益的情况下，该公司的股东属于第三人的，其有权提起确认合同无效之诉。在东风汽车贸易公司等与内蒙古环成汽车技术有限公司等侵权纠纷案中，该判决书认为，"《合同法》第52条第2项[2]规定的第三人利益包括公司股东的利益，而股东的利益显

---

[1] 最高法民事裁定书，(2015)民申字第1868号。

[2] 应对《民法典》第154条。

然属于特定第三人的利益”[1]。

在重庆碧波房地产开发有限公司(以下简称碧波公司)等与陈某等合作开发房地产合同纠纷案中,重庆奥康置业有限公司(以下简称奥康公司)和碧波公司提出,根据合同相对性原则,陈某、皮某勇不是奥康公司与碧波公司之间的《关于解除“联合开发奥康住宅小区合同”及“包销协议”的协议》的签约人和权利义务人,二审判决依据解除协议认定陈某、皮某勇权益受到侵害,没有法律依据。对此,最高法认为:(1)关于奥康公司是否明知或应知解除协议侵害陈某、皮某勇权益的问题。构成恶意串通确需行为人明知或应知该行为侵害国家、集体、第三人利益,即行为人主观上具有恶意。而判断行为人主观上是否有恶意则需结合具体案情予以综合评判。本案二审判决根据奥康公司与碧波公司签订解除协议当时和之后的具体情况,结合《股东合作协议》、联合开发合同及包销协议的约定和履行情况,综合评判奥康公司和碧波公司是否构成恶意串通,证明方法并无不当。(2)根据查明的事实,在碧波公司与奥康公司2007年12月28日签订解除协议时,该项目已有部分房屋竣工,绝大部分房屋已取得预售许可证,在即将取得项目预期利润时,碧波公司与奥康公司签订解除协议,仅由奥康公司支付300万元违约金,将项目归属于奥康公司,缺乏解除合同的合理理由,确属明显违背商业规律,二审判决这一认定并无不当。(3)联合开发合同和包销协议的性质为土地使用权转让合同,奥康公司已将土地实际交与碧波公司开发,履行了合同主要义务,没有明显违约行为,而解除协议约定由奥康公司支付碧波公司300万元违约金,确与履约事实以及常理不符,二审判决这一认定并无不当。(4)根据查明的事实,解除协议签订后,夏某均仍在全面负责该项目。现奥康公司主张夏某均是受奥康公司聘请作为项目负责人,但基于夏某均系碧波公司法定代表人和合伙人之一的特殊身份,奥康公司的这一主张不足以推翻二审判决关于奥康公司与夏某均在解除协议签订后实施的行为,与合同解除应当导致的后果明显相悖的认定。综上所述,碧波公司、夏某均、奥康公司认为碧波公司和奥康公司不存在恶意串通所依据的理由和证据,不足以推翻二审判决关于碧波公司与奥康公司存在恶意串通的认定,该项主

---

[1] 最高法民事裁定书,(2007)民一终字第49号。

张不能成立。[1]

五、出卖人与后买受人恶意串通为多重转让

我国司法审判实践认为,包括股权在内的多重转让,致使先订立合同的受让人之利益受到损害,若有证据证明转让人与此后的受让人之间具有损害先订立合同的受让人之共同故意,则此后的转让合同会因恶意串通而无效。

在刘某等与唐某新等与公司有关的纠纷案中,最高法认为,本案系刘某与唐某新因履行《框架协议》导致的纠纷,唐某新原一审诉讼请求之一就是要求刘某履行《框架协议》,将成都杰佳科技有限公司(以下简称杰佳公司)100%的股权过户给唐某新。经审理,原审法院作出(2011)川民初字第22号民事判决,支持了唐某新的诉讼请求,刘某不服该22号民事判决提起上诉。2013年8月16日,最高法开庭审理该77号案。2013年9月5日、9月10日,刘某先后与秦某旭签订了"9·5协议""9·10协议",将其持有的杰佳公司98%的股权转让给秦某旭,办理了股权变更登记,并称因其已经将杰佳公司98%的股权转让给秦某旭,该部分股权客观上无法再转让给唐某新。最高法认为,刘某二审期间转让财产,意图通过诉讼中的股权转让阻止唐某新受让杰佳公司股权,刘某损害唐某新利益、妨碍诉讼正常进行的主观恶意明显。签订"9·5协议"后,刘某与秦某旭又签订"9·10协议"。根据法律规定,股权转让的当事人应向国家缴纳相关税费。"9·5协议"约定的股权转让款为6000万元,"9·10协议"约定的股权转让款为9.8万元,计税数额相差5900余万元。刘某自认"9·10协议"是向工商登记机关办理股权过户手续所用,刘某与秦某旭就同一股权,签订两份价格相差巨大的协议,"9·10协议"明显属于恶意串通,为逃避国家税收、损害国家利益而签订。根据《合同法》第52条第2项的规定,应属无效。对刘某、秦某旭通过签订虚假协议逃避国家税收的行为,最高法已向有关国家机关发出司法建议。根据秦某旭与刘某之间的亲属关系及秦某旭在本案诉讼中的行为,秦某旭的职业经历、自身经济状况与其参与涉案股权交易的不匹配性,涉案股权转让协议订立、内容及履行情况,最高法认为,秦某旭具有配合刘某损害唐某

[1] 最高法民事裁定书,(2009)民申字第1760号。

新利益的主观恶意。刘某与秦某旭签订的“9·5 协议”有恶意串通,损害第三人唐某新利益的情形,亦应属无效。故原审认定刘某、秦某旭二人签订股权转让协议属恶意串通,损害唐某新利益,讼争股权转让协议无效正确,最高法予以支持。[1]

在四川京龙建设集团有限公司(以下简称京龙公司)与简阳三岔湖旅游快速通道投资有限公司(以下简称三岔湖公司)等股权确认纠纷案中,最高法认为,现有证据深圳市鼎泰嘉业房地产投资管理有限公司(以下简称鼎泰公司)和深圳市合众万家房地产投资顾问有限公司(以下简称合众公司)在受让案涉股权时,就已经知道或应当知道该股权在其受让前已由京龙公司受让的事实。鼎泰公司受让成都星展置业顾问有限公司(以下简称星展公司)、成都锦荣房产经纪有限公司(以下简称锦荣公司)各 10% 股权的价格 1000 万元显著低于京龙公司受让同比股权的价格 24,713,145 元;合众公司受让成都锦云置业咨询有限公司(以下简称锦云公司)、成都思珩置业顾问有限公司(以下简称思珩公司)全部股权的价格 141,901,125 元显著低于京龙公司受让全部股权的价格 170,281,350 元。因鼎泰公司和合众公司在知道三岔湖公司、刘某良与京龙公司的股权转让合同尚未解除的情况下,分别就星展公司和锦荣公司、锦云公司和思珩公司与三岔湖公司、刘某良达成股权转让协议,且受让价格均显著低于京龙公司的受让价格,并将受让公司过户到鼎泰公司、合众公司名下,而三岔湖公司、刘某良在未解除与京龙公司之间的合同的情形下将目标公司股权低价转让给关联公司,损害了京龙公司根据《股权转让协议》及其《补充协议》可以获取的利益,根据“恶意串通,损害国家、集体或者第三人利益”的合同属于无效合同之规定,鼎泰公司与三岔湖公司签订的《锦荣和星展公司股权转让协议》、合众公司与三岔湖公司、刘某良签订的《锦云公司和思珩公司股权转让协议》属于无效合同。[2]

在徐州华源投资有限公司(以下简称华源公司)与灵石县泉洲兔业发展有限责任公司(以下简称兔业公司)等一般股权转让侵权纠纷案中,最高法认为,《股权转让余款支付协议》约定的兔业公司付款日期 2006 年 8 月 30 日、2007 年 8 月 30 日届至后,兔业公司在未向华源公司支付相应款项的情

---

〔1〕 最高法民事判决书,(2015)民二终字第 270 号。
〔2〕 最高法民事判决书,(2013)民二终字第 29 号。

况下，于2007年9月28日与昌泰源公司签订《股权转让协议》，将其持有的灵石县两渡镇铁新煤矿有限公司（以下简称铁新公司）20%股权以800万元转让给昌泰源公司。因该笔股权转让价款明显低于同日兔业公司向保利科技有限公司（以下简称保利公司）转让其所持铁新公司另外25%股权的价款8750万元，也没有证据证明上述800万元的股权转让款被兔业公司实际收取或用于抵销相应债务。而且，股权转让当年兔业公司所有者权益从年初9,573,029.88元变为年末-9,630,342.71元也可表明低价转让股权后该公司清偿能力受到影响。所以，上述股权转让行为明显损害兔业公司债权人之利益。昌泰源公司及其法定代表人邢某珍在2007年9月28日铁新公司就上述两笔股权转让的股东会决议上盖章、签字的行为，表明昌泰源公司知道其从兔业公司受让铁新公司20%股权之价格属明显低价。而且兔业公司在与昌泰源公司签订《股权转让协议》时的法定代表人李某泉同时系在昌泰源公司持股20%的股东。所以，在兔业公司未提供证据证明其与昌泰源公司之间股权转让行为正当、合理的情况下，对华源公司提出的兔业公司与昌泰源公司间《股权转让协议》属恶意串通损害其利益进而应无效之主张，应予支持。最高法对兔业公司与昌泰源公司间签订的《股权转让协议》无效予以认定。[1]

六、与对方具有职权的职员恶意串通，损害国家利益

此类恶意串通得以查证，多以该具有职权的工作人员被纪委监察委员会查处或被人民法院追究刑事责任（如受贿罪、玩忽职守罪、滥用职权罪）为表象。

如在云南澄江澄阳商务有限公司（以下简称澄阳公司）与澄江县旅游总公司（以下简称旅游公司）等股权转让纠纷案[2]中，澄阳公司与旅游公司的恶意串通在旅游公司一方的主管副县长被判刑后才真相大白。

在邵东邦盛置业有限公司（以下简称邦盛公司）与邵东县生态产业园管理委员会（以下简称邵东生态产业园）合同纠纷案[3]中，邦盛公司与邵东管

---

〔1〕 最高法民事判决书，(2014)民提字第22号。
〔2〕 最高法民事判决书，(2019)最高法民终1815号。
〔3〕 最高法民事判决书，(2019)最高法民终1942号。

委会数以亿计的国土土地出让收益减免，在邵东县委书记据此被判刑后，该恶意串通得到最高法的确认。

在卢某芳等与罗定市人民政府等建筑工程公司建设工程施工合同纠纷案中，最高法认为，当事人通过行贿方式取得《工程量完成情况》及指挥部据此出具给范某荣确认尚欠其工程款的《欠条》，属于当事人恶意串通并损害国家利益的情形。

上述案例裁定书认为，卢某芳系范某荣之母。广州铁路中院（2004）广铁中法刑初字第42号刑事判决和广东高院（2005）粤高法刑二终字第59号刑事裁定均认定涉案发电厂的土石方工程由卢某芳承包。罗定检察院对段某国（卢某芳之女婿）的讯问笔录载明：段某国和卢某芳二人承包发电厂土石方工程，当时以置业公司名义签订合同。范某荣提交的罗定发电厂工程指挥部（以下简称指挥部）出具的两份《欠条》载明，该工程款段某国、范某荣各占50%并载明了已付工程款和欠付工程款。从上述事实可以看出，卢某芳与范某荣等人系亲属关系，范某荣与段某国系假借置业公司的名义承包涉案工程，卢某芳与范某荣、段某国同为涉案工程实际施工人，故中共广东省纪律检查委员会对卢某芳的谈话笔录具有证明力，一审、二审法院予以采信并无不当。卢某芳在上述谈话中已多次承认本案土石方工程量经实地测量实际仅为65万立方米，其与指挥部有关人员串通将土石方工程量虚增到100万立方米，目的是私分虚增的土石方工程款800万元；2000年工程竣工验收时尚有10万立方米土石方工程量未做完，指挥部也给予结算，《工程量完成情况》及《欠条》就是在此情况下签订的。段某国在罗定市检察院的讯问笔录中也承认卢某芳授意其向发电厂土石方测量工程师陈某华行贿10万元，以便在工程测量时得到关照。陈某华承认收受了段某国贿赂10万元，并承诺测量本案土石方工程量时给予关照。卢某芳、段某国及陈某华的相关犯罪事实已被生效的刑事判决所确认。故指挥部与置业公司签订的《工程量完成情况》及指挥部据此出具给范某荣确认尚欠其工程款的《欠条》，属于当事人恶意串通并损害国家利益的情形，二审判决认定上述证据材料无效并无不当。[1]

另外，《民诉法解释》第109条规定："当事人对欺诈、胁迫、恶意串通事

---

〔1〕 最高法民事裁定书，(2013)民申字第2110号。

实的证明，以及对口头遗嘱或者赠与事实的证明，人民法院确信该待证事实存在的可能性能够排除合理怀疑的，应当认定该事实存在。"该条解释对提高证明标准的特殊情形作出了明确规定，即欺诈、胁迫和恶意串通等事实，在实体法立法上使用"足以""显失公平"的表述，均反映立法者有对此类待证事实提高证明标准的意图，审判实践中对这些事实也应当适用高于高度盖然性的证明标准。[1] 可见，恶意串通等事实的证明标准，需要达到排除合理怀疑的程度，高于民事诉讼中高度盖然性的一般证明标准，这对主张合同无效的相关方提出了更高的举证要求。正如崔建远教授所言："适用《民法典》第 154 条的规定，难题之一是举证证明恶意串通。"[2]

在徐某宏等与李某等确认合同效力纠纷案中，最高法认为，当事人对于其提出的存在恶意串通的事实主张，应当提供充分的证据以达到足以排除合理怀疑的证明标准，才能对存在恶意串通的待证事实予以认定。而恶意串通订立的合同是指当事人双方在主观上具有恶意，即明知其行为会造成国家、集体或者第三人利益的损害而故意为之，并且当事人之间具有串通性，在实现非法目的的意思表示达成一致后，当事人约定互相配合或者共同实施该行为。[3]

第四节 虚假的意思表示

对于虚假意思表示[4]及其效力，《德国民法典》第 117 条第 1 款规定："对相对人所作出的意思表示，如果系通谋所作出的虚伪表示，则无效。"[5] 在德国民法中，虚假意思表示因不具有"内心真意"而无效。我国《民法总则》第 146 条第一次明确地规定了这一引起法律行为无效的原因。通谋进行虚假的意思表示，由于其外部表示和内心意思不一致，当事人没有使法律

---

[1] 参见最高人民法院修改后民事诉讼法贯彻实施工作领导小组编著：《最高人民法院民事诉讼法司法解释理解与适用》（上），人民法院出版社 2015 年版，第 362 页。

[2] 崔建远：《合同法》，北京大学出版社 2021 年版，第 103 页。

[3] 最高法民事裁定书，（2016）最高法民申 3126 号。

[4] 德国民法规定为"虚假法律行为"，为同一概念。

[5] 《德国民法典》，陈卫佐译注，法律出版社 2015 年版，第 48 页。

效果发生的效果意思，因此毫无疑问它属于无效的民事行为。[1] 现行《民法典》第146条对《民法总则》的这一规定予以继续保留。

德国学者拉伦茨认为，虚假法律行为是指表意人与表示的受领人一致同意表示事项不应该发生效力，亦即双方当事人一致同意仅仅造成订立某项法律行为的表面假象，而实际上并不想使有关法律行为的法律效果产生。[2] 史尚宽先生认为，虚伪之意思表示，为表意人对于非真意有认识，而且与相对人通谋所为之意思表示。

就虚假意思表示之构成要件而言，史尚宽先生认为应包括以下四个要件：(1)须有意思表示之存在；(2)表示须与意思不一致；(3)表意人自己须对于其意思与表示之不一致有认识；(4)须非真意表示，与相对人通谋为之。[3] 王泽鉴先生则认为，通谋虚伪表示应具备三个要件：(1)前提是存在一个意思表示行为；(2)表意人的意思表示与其内心真意不一致；(3)表意人与相对人进行通谋。[4]

笔者认为，构成虚假的意思表示应具备以下四个要件。

一、相对人具有受领的意思表示

因为虚假法律行为的构成要求具有"通谋"，要求双方对于"表意不真"具有共识，因此，相对人应具有受领的意思表示。正如史尚宽先生所言，"虚伪之意思表示，唯就要相对人之意思表示，有其成立，而不要相对人之意思表示，及实质上非要相对人而要官署受领之意思表示，不成立通谋虚伪表示。"[5]

二、表意人所做意思表示不属于内心真意

在虚假的法律行为中，双方当事人虽然有意思表示的外观，但不属于其内心真意。也就是说，双方当事人不具有使法律行为发生预期效果的真实意思。表现出的行为并不代表其真意，仅仅是为了造成虚伪的表象。表意

---

〔1〕 参见李仁玉等：《合同效力研究》，北京大学出版社2006年版，第193页。

〔2〕 参见[德]卡尔·拉伦茨：《德国民法通论》，王晓晔等译，法律出版社2003年版，第479页。

〔3〕 参见史尚宽：《民法总论》，中国政法大学出版社2000年版，第385页。

〔4〕 参见王泽鉴：《民法总则》，北京大学出版社2014年版，第333页、第339页。

〔5〕 史尚宽：《民法总论》，中国政法大学出版社2000年版，第385页。

双方并不追求表示的这种法律效果，而是为了实现其他的法律行为。正如《德国民法典》第 118 条所言："非诚意之意思表示，如预期其诚意之欠缺，不致为他人所误解者，其意思表示无效。"

在沈阳市苏家屯区人民政府（以下简称苏家屯区政府）、沈阳市自然资源局（沈阳市规划局、沈阳市林业和草原局）苏家屯分局（以下简称区自然资源局）与沈阳华锦置业有限公司（以下简称华锦公司）建设用地使用权出让合同纠纷案中，案涉《国有建设用地使用权出让合同》签订于 2011 年 9 月 13 日，该合同约定的案涉土地净地交付时间为 2011 年 9 月 1 日。根据现已查明的事实，案涉土地在合同签订时并未全部达到交付标准。因此，在案涉《国有建设用地使用权出让合同》签订时，合同约定的违约事实即已发生。华锦公司作为房地产开发公司，在案涉《国有建设用地使用权出让合同》签订前对土地现状进行了多轮尽调，对案涉土地名为净地出让实为毛地出让的事实显属明知。根据合同法基本原理，合同中关于违约责任的条款，应是就将来可能发生的违约事实，约定由违约方向守约方承担相应责任的条款。由此可见，案涉《国有建设用地使用权出让合同》中关于案涉土地交付时间及所对应的迟延交付违约责任条款并非苏家屯区政府、区自然资源局和华锦公司的真实意思表示。否则，苏家屯区政府、区自然资源局自缔约时即已构成违约，就需承担 13 天的迟延交付土地违约责任，这显然与双方缔约时的真实意思表示不符。原审认定苏家屯区政府、区自然资源局应按照合同约定从未交付土地之日起承担迟延交付土地违约责任，该认定不符合本案各方关于案涉土地毛地出让的真实意思表示。因此，案涉《国有建设用地使用权出让合同》中关于案涉土地交付时间及所对应的迟延交付违约责任的条款，属双方通谋的虚假意思表示。依法应认定为无效条款。[1]

三、以虚假法律行为掩盖其他法律行为

任何法律行为都有其目的性，虚假法律行为往往是为了掩盖另一种法律行为，并有意使另一种法律行为即隐藏的法律行为发生法律效力。大陆法系民法理论上称其为"虚伪行为"。如《德国民法典》第 117 条第 2 款规定，"另一法律行为被虚伪行为所隐藏的，适用关于被隐藏的法律行为的规

---

〔1〕 最高法民事判决书，(2021)最高法民再 351 号。

定”。在虚假民事法律行为中，行为人与相对人都知悉自己所表示的意思并非真意，而通谋作出与真意不一致的意思表示，且双方也均不希望此行为能够真正发生法律上的效力。《民法典》第 143 条第 2 项规定意思表示真实为民事法律行为有效的要件之一，至于该虚伪行为，从法律体系化解释出发，也应属无效。此外，“与双方共同作假一样，法律会给予明确否定的回答，认定其无效，主要涉及公共秩序问题”〔1〕。

在高安市城市建设投资有限责任公司（以下简称高安城投）与华金证券股份有限公司（以下简称华金证券）等确认合同无效纠纷案中，最高法认为，一方面，华金证券签订《合伙协议》及《补充协议》成为承担合伙企业投资风险的优先级合伙人；另一方面，华金证券又将与高安城投签订《合伙企业份额受让合同》并明确转让溢价款的支付方式及金额，作为履行约定案涉款项出资义务及《合伙协议》《补充协议》是否终止的前提。这说明华金证券签订案涉《合伙协议》《补充协议》时真正意思表示并非设立合伙企业，成为合伙人，通过合伙企业生产经营取得合伙收益、承担合伙风险。而是将持有的合伙企业财产份额全部转让给高安城投，并约定 3 年内以所谓溢价率的名义按季度收取固定回报。由于华金证券签订案涉《合伙协议》及《补充协议》时明确约定以《合伙企业份额受让合同》签订生效为《合伙协议》及《补充协议》继续有效的前提，故将几份协议整体理解即为，华金证券签订《合伙协议》及《补充协议》约定出资成为合伙人，承担风险和收取不确定收益的同时，又以签订《合伙企业份额受让合同》、转让其合伙份额、不承担合伙风险并收取固定溢价款的回报作为成为合伙人的前提。也即，华金证券成为合伙人的前提是转让合伙企业财产份额退出合伙企业。这两者明显存在冲突。故华金证券签订《合伙协议》及《补充协议》时的真实意思表示并非成为合伙人，分享合伙企业投资收益，承担合伙企业风险，而是以设立合伙企业的同时转让合伙企业财产份额并收取固定溢价款形式变相实现还本付息的借贷目的。综合上述案涉协议签订背景事实和案涉协议相关内容约定，可以认定案涉《合伙协议》及《补充协议》均为当事人虚假的意思表示。〔2〕

---

〔1〕 最高人民法院民法典贯彻实施工作领导小组主编：《中华人民共和国民法典总则编理解与适用》（下），人民法院出版社 2020 年版，第 145－146 页。

〔2〕 最高法民事判决书，（2020）最高法民终 682 号。

司法实践中，虚假意思表示的法律行为，既常存于名为不良资产转让、资产转让等非封闭性交易的商事合同中，更多见于煤炭、钢材、铜等大宗商品循环买卖交易中。在后一类循环买卖交易中，相关的交易主体形成完整的闭合交易链条，其中的一方（融资方）既卖又买、低卖高买，自甘受损，与正常市场交易习惯和商业规则不符。实际提供资金方（采购合同中的买方之一）往往不承担买卖风险且有价差收益回报。此外，此种交易通常只有资金的流转，而没有货物的实际交付，即“走单、走款、不走货”。因此，循环买卖为虚假的意思表示，融资借贷为隐藏的真实民事法律行为。[1] 最高法往往运用穿透式审判思维，透过现象看本质，重实质轻形式，刺穿书面协议的外在形式，穿透双方真实、实质的权利义务，进而作出认定。

在江西蓝海国际贸易有限公司（以下简称蓝海公司）与中国纺织机械和技术进出口有限公司（以下简称中纺机公司）、上海康峰实业有限公司（以下简称康峰公司）、宁某、陈某香、上海旌升实业有限公司（以下简称旌升公司）买卖合同纠纷案中，最高法认为，首先，本案中四方当事人之间的交易流程为，旌升公司从康峰公司以 14,300 元/吨采购进口复合橡胶，却以 14,214.5 元/吨价格低价销售给中纺机公司，明显高买低卖。中纺机公司每吨加价 35.5 元销售给蓝海公司，蓝海公司每吨加价 274 元销售给康峰公司。最后康峰公司加价购买自己出卖的货物，最初的出卖人和最终的买受人混同，这种闭合循环交易方式完全有违商业常理。其次，蓝海公司与康峰公司于 2014 年 1 月 3 日签订的《采购协议》约定由蓝海公司垫资为康峰公司采购，采购中涉及的一切风险损失均由康峰公司承担。从上下游的交易情况来看，康峰公司在自己承担所有货物交易风险情况下，以 14,524 元/吨从蓝海公司处购入货物，却指定蓝海公司从中纺机公司处以低于其采购价的 14,250 元/吨购入货物，康峰公司明显存在利益受损。上述内容均为合同约定，蓝海公司上诉主张对康峰公司利益受损不知情的理由不能成立。最后，四方之间签订买卖合同约定的内容除价格差异之外，在货物数量、标的、品质、交货方式等条款上均没有任何差异，且各方之间并没有任何真正意义上交付货物的行为，均是书面的货物流转凭证。即便是拟制交货，前提也必须是有货物的存在，而蓝海公司未提供证据证明有实际交付货物的行为。原审

---

〔1〕 参考案例：(2019)最高法民终 880 号、(2020)最高法民终 756 号、(2015)民提字第 74 号案。

判决认定蓝海公司对案涉交易性质知情,并从交易流程、资金流向及货物是否交付等方面综合认定案涉交易为以货物买卖形式掩盖的企业间的融资借贷行为,并无不当。根据《民法总则》第146条的规定:“行为人与相对人以虚假的意思表示实施的民事法律行为无效。”[1]原审判决据此认定案涉《采购合同》无效,并无不当。[2]

在南京华能南方实业开发股份有限公司(以下简称南京华能公司)与南通中天恒利达煤炭贸易有限公司(以下简称南通恒利达公司)、王某、南通炎黄福宇房地产开发有限公司(以下简称南通炎黄公司)、王某涛、科右中旗兴旺矿业有限公司(以下简称科右兴旺公司)、天津开发区中天恒达矿产销售有限公司(以下简称天津恒达公司)、南通鑫磊煤炭贸易有限公司(以下简称南通鑫磊公司)买卖合同纠纷案中,最高法认为,其一,案涉煤炭买卖合同均约定了质量验收标准,但是根据合同履行情况,该条款与南京华能公司在庭审中确认案涉煤炭买卖合同仅需双方签署收货确认单即完成,并不需要货物的现实交付的合同履行方式相矛盾。其二,从合同履行情况来看,在上述合同条款完全没有实际履行的情况下,在案涉合同涉及的期间内,各方当事人一直不间断地签订内容近乎完全相同的合同,明显不符合市场交易行为习惯。其三,根据案涉合同约定内容及销售煤炭情形,天津恒达公司、南通鑫磊公司向南京华能公司销售煤炭,南京华能公司加价后销售给南通恒利达公司,南通恒利达公司又以低于买入价销售给天津恒达公司、南通鑫磊公司,依据本案查明的事实,各方签订合同的顺次、时间、价格等情形,明显不符合正常的市场交易习惯。其四,案涉各方特别是天津恒达公司、南通鑫磊公司在没有任何事实理由的前提下主动放弃自己的巨额债权,明显不符合正常的市场交易规则。其五,根据案涉合同,本案的煤炭交易数量巨大,但没有证据证明买受方对货物质检等关键环节履行相关手续,完全不符合买卖合同当事人对于买卖标的物质量是否合格的正常主观行为,亦可以印证当事人虽然签订了案涉合同,但并不关心案涉货物是否真实存在,案涉合同交易是否真实流转。综上所述,南京华能公司虽主张其与南通恒利达公司之间存在买卖合同关系,在本案二审审理过程中其亦称案涉交易为连环买

---

〔1〕 对应《民法典》第146条。

〔2〕 最高法民事裁定书,(2019)最高法民申6780号。

卖,不需要物流运输及货物的现实交付,交易双方签收货物确认单即可,但结合本案查明的事实,本案名为煤炭买卖实为借贷。[1]

在江西腾荣实业有限公司(以下简称腾荣公司)、江西银行股份有限公司南昌高新支行(以下简称江西银行南昌高新支行)债权转让合同纠纷案中,最高法认为:本案腾荣公司与江西银行南昌高新支行所签订的《债权转让协议》和《资产委托管理协议》名为债权转让和资产委托管理协议,实为双方订立的本金为5400万元的借款合同的组成部分。理由如下:首先,从《债权转让协议》和《资产委托管理协议》的约定看,该两份协议约定的内容不符合常理。一般而言,腾荣公司作为案涉债权受让方及资产委托管理方,其受让案涉债权并委托江西银行南昌高新支行清收,应以获取收益为目的,但本案双方签订的《债权转让协议》《资产委托管理协议》约定,腾荣公司以10,620,439.51元的对价受让江西银行南昌高新支行的债权,再委托江西银行南昌高新支行予以清收,清收所得款项在扣除支出费用后,剩余款项全部作为委托管理费归江西银行南昌高新支行所有,即腾荣公司在向江西银行南昌高新支行支付了10,620,439.51元的债权转让款后,并不能从受让的上述债权中获取任何收益。其次,从双方签订《债权转让协议》《资产委托管理协议》的目的看,腾荣公司是为了与江西银行南昌高新支行签订借款合同,以获得江西银行南昌高新支行5400万元的借款;江西银行南昌高新支行与腾荣公司签订《债权转让协议》《资产委托管理协议》是为了在借款合同之外另行收取10,620,439.51元的款项,并达到剥离不良资产即案涉债权的目的。腾荣公司2015年5月13日向江西银行南昌高新支行出具的《关于要求提供债务人信息资料的报告》中载明:“我公司为了在贵行贷款伍仟肆佰万元人民币,接受了贵行债务人江西维财实业有限公司的不良贷款债权转让条件……”江西银行南昌高新支行在本案一审中也有关于“该借款腾荣公司享受了优惠的利率政策,年利率仅为6.15%,当时江西银行南昌高新支行的贷款利率执行的标准为年利率13%左右,这也是腾荣公司同意接受本案债权的原因所在”的陈述。最后,从《债权转让协议》和《资产委托管理协议》的实际履行情况看,江西银行南昌高新支行并未实际履行该两份协议。《债权转让协议》第2条约定,江西银行南昌高新支行应在交割日即2013年10月

---

[1] 最高法民事判决书,(2020)最高法民终756号。

28 日将案涉债权及从权利转让给腾荣公司，但根据江西银行南昌高新支行在本案一审中自认的事实，其在收到腾荣公司支付的 10,620,439.51 元债权转让款后并未将案涉债权移交给腾荣公司，而是继续以自己的名义通过提起诉讼、申请法院强制执行的方式对案涉债权进行追讨，且江西银行南昌高新支行并未提供证据证明其已将相关债权追讨情况告知了腾荣公司。综合以上分析可以看出，腾荣公司与江西银行南昌高新支行关于债权转让及资产委托管理的意思表示是虚假的，江西银行南昌高新支行收取的 10,620,439.51元的债权转让款应认定为其就案涉 5400 万元借款在双方于 2013 年 10 月 21 日签订的《借款合同》之外另行收取的利息。本案中腾荣公司与江西银行南昌高新支行以虚假的意思表示所实施的债权转让及资产委托管理行为应为无效。[1]

关于虚伪行为所隐藏的法律行为的效力，《民法典》第 146 条第 2 款规定，"以虚假的意思表示隐藏的民事法律行为的效力，依照有关法律规定处理"。可见，虚伪表示所隐藏的民事法律行为体现了双方当事人的真实意思表示，但隐藏行为的效力最终如何，仍然应当根据该行为自身的效力要件予以判断，不宜不加限制地一律承认其效力。[2] 如果隐藏的民事法律行为系民间借贷，则应根据《民间借贷规定》对其效力进行认定；如果隐藏的民事法律行为系让与担保，则应根据最高人民法院《民法典担保制度解释》相关规定予以认定。

在湖北泰地置业发展有限公司（以下简称泰地公司）与武汉鲁园建设集团有限公司（以下简称鲁园公司）建设工程施工合同纠纷案中，最高法认为，《民法总则》第 146 条规定："行为人与相对人以虚假的意思表示实施的民事法律行为无效。以虚假的意思表示隐藏的民事法律行为的效力，依照有关法律规定处理。"具体到本案中，根据一审、二审查明的事实，在泰地公司对涉案建设工程项目招标之前，泰地公司已与鲁园公司签订标前合同，鲁园公司也已进场施工并完成了过半工程量，双方之间实际履行的系标前合同，且泰地公司、鲁园公司所签订的标前合同与中标合同在工程价款、建设工期、工程质量等方面均存在实质差异。二审据此认定中标合同虽在相关部门进

---

〔1〕 最高法民事裁定书，(2020)最高法民申 7094 号。
〔2〕 黄薇主编：《中华人民共和国民法典总则编解读》，中国法制出版社 2020 年版，第 474－475 页。

行了备案,但并非双方当事人真实意思表示并不缺乏依据。而对于标前合同以及补充协议,作为被虚假意思表示所隐藏的民事法律行为,其效力需要根据相关法律规定进行判断。因涉案项目并非必须招投标的工程项目,泰地公司在一审、二审中也未提供充分证据证明鲁园公司在签订标前合同时知晓涉案工程将履行招投标程序,结合泰地公司在一审法院组织质证时明确表示同意以标前合同以及补充协议作为确定双方当事人之间权利义务关系的依据,二审据此认定标前合同以及补充协议系双方当事人真实意思表示应为有效并不缺乏依据。[1]

此外,关于虚伪行为所隐藏的民事法律行为,是否应在原诉讼中一并解决的问题,经过释明后当事人变更诉讼请求的,可按所隐藏的民事法律关系予以审判并裁判。如经过释明当事人未变更或者未释明当事人也未主张变更的,可由当事人另行起诉解决。

在山西省冶金物资有限公司(以下简称冶金公司)与山西焦炭集团国际贸易有限公司(以下简称焦炭公司)买卖合同纠纷案[2]中,最高法认为,二审判决未对双方隐藏的法律关系作出处理,未损害冶金公司权利,冶金公司可依据其与焦炭公司之间隐藏的法律关系另行主张相关权利。

在福建省物资(集团)有限责任公司(以下简称物资集团)与福建邦盛集团有限公司(以下简称邦盛集团)等买卖合同纠纷案[3]中,最高法认为,鉴于本案符合当事人以买卖合同为名行借贷合同之实的特征,但物资集团未举证证明款项如何借出、如何流转、如何计息等基本事实,一审判决驳回其诉讼请求并释明可在补充证据后另行起诉,结果正确。

四、表意人与相对人通谋

所谓通谋,不仅需要相对人知道该外观上的表示不是真实意思表示,而且需要表意人与相对人双方就此存有意思的联络。虚伪意思表示以当事人的意思联络为核心,如果不存在通谋的意思联络,就不构成通谋虚伪意思表示。正如德国学者所言,虚伪行为以双方当事人的一致同意为前提条件,只

---

〔1〕 最高法民事裁定书,(2021)最高法民申3933号。

〔2〕 最高法民事裁定书,(2021)最高法民申4789号。

〔3〕 最高法民事判决书,(2021)最高法民终1032号。

有当两个表示都经双方当事人一致同意而虚伪作出时，才可能将该合同视为虚伪行为。如果表意人希望另一方将表示理解为虚伪表示，而另一方却没有意识到表示的虚伪性质，也就是说，双方未就虚伪作出表示达成“一致同意”，则为失败的虚伪行为。[1] 在我国《民法总则》实施前，国内学界和最高司法实务界对以合法形式掩盖非法行为是否需要“通谋”存有争议，但笔者认为，自《民法总则》实施伊始，此事已有了定论。

在中国民生银行股份有限公司南昌分行（以下简称民生银行南昌分行）与江西省地方有色金属材料有限公司（以下简称有色金属公司）、上海红鹭国际贸易有限公司（以下简称红鹭公司）、陶某君、罗某钢票据追索权纠纷案中，最高法认为，有色金属公司的法定代表人罗某钢为达到向民生银行南昌分行借款之目的，在与该行协商以票据贴现形式借款并保证以所借款项归还正拓公司逾期贷款的同时，亦与红鹭公司总经理房某庆协商，由正拓公司、有色金属公司分别与红鹭公司签订无实物交割的阴极铜连环贸易合同，红鹭公司将钱款转手并从中赚取差价。有色金属公司与民生银行南昌分行均明知本案票据开立、贴现及系列合同签订的真实意思表示是借款，只是就民生银行南昌分行而言，其上述行为的主要目的在于实现正拓公司归还其逾期贷款，而有色金属公司的目的则除用该笔借款归还正拓公司的逾期贷款外，还能够再继续获得一部分借款以解决其资金困难问题。对于红鹭公司来说，虽其系出于赚取差价签订了案涉合同及相关文书，红鹭公司并不知晓有色金属公司与民生银行南昌分行借新还旧、转嫁风险的真实意图，但是红鹭公司至少明知其与正拓公司、有色金属公司分别签订的《阴极铜购销合同》没有真实交易内容。故对于本案票据的签发、取得和转让不具有真实的交易关系，红鹭公司账户收到的票据贴现款的用途亦并非用于向正拓公司支付票据项下《阴极铜购销合同》的货款，有色金属公司、民生银行南昌分行、红鹭公司均属明知。三方虽然明知本案票据项下无真实交易关系，但出于不同真实目的，相互合谋实施了该票据行为，属于通谋虚伪行为。因此，本案票据活动是各方伪装行为，所掩盖、隐藏的真实行为实际是借款。[2]

---

〔1〕 参见［德］卡尔·拉伦茨：《德国民法通论》，王晓晔等译，法律出版社2003年版，第480页。

〔2〕 最高法民事判决书，（2017）最高法民终41号。

第五节 结 语

从鼓励交易和贯彻意思自治之目的出发，多年来，我国法律体系中从《民法通则》到《合同法》第52条，再到《民法总则》及《民法典》，有关判定合同无效的法律依据是越来越少了，判定合同无效的标准也是越来越严了，自《民法总则》开始直接规定违反公序良俗和虚假的意思表示，也越来越与大陆法系国家接轨了。合同一旦被认定为无效，牵涉面极广，对包括既往履行情况以及担保等均产生极大影响，故合同无效的确应限制在极小范围适用。

第十四章 可得利益论述

可得利益损失赔偿制度始于罗马古典法时期。“可得利益”也称为“所失利益”,是大陆法系国家理论界与实务界的用法。《德国民法典》第 252 条规定了所失利益,即“按照事物的惯常运行或根据特殊情况,特别是根据所做准备和所采取的预防措施,能够以极大的可能性预期得到的利益,视为所失利益”[1]。《日本民法典》第 416 条规定,“(1)损害赔偿的请求,以赔偿债务人不履行而产生的通常损害为其标的。(2)虽因特别情事产生的损害,但当事人已预见或可以预见该情事时,债权人亦可请求赔偿”。

在英美法系国家,至 18 世纪末,合同法仍受所有权交易理论的支配,且损害赔偿金仍根据衡平法原则确定。[2] 受合同交易所有权理论的影响,在英国 1776 年的 Flureau v. Thornhill 案中,对于失去交易机会的可得利益赔偿问题,一名法官曾经轻蔑地评论,原告“无权对空想的交易的好处获得损害赔偿,虽然他认为自己受到了损失”。[3] 普通法时期的可得利益损害赔偿在莫姆森和科恩菲尔德的研究之后便尘埃落定。[4] 正如英国合同法专家阿狄亚所述,“产生于允诺和其他行为方式的允诺和保护合理预期的愿望导致

---

〔1〕《德国民法典》,陈卫佐译注,法律出版社 2015 年版,第 88 页。

〔2〕参见[美]莫顿·J. 霍维茨:《美国法的变迁 1780～1860》,谢鸿飞译,中国政法大学出版社 2004 年版,第 243－244 页。

〔3〕参见[美]莫顿·J. 霍维茨:《美国法的变迁 1780～1860》,谢鸿飞译,中国政法大学出版社 2004 年版,第 245－246 页。

〔4〕参见郝丽燕:《违约可得利益损失赔偿的确定标准》,载《环球法律评论》2016 年第 2 期。

了合同法的产生。无过错的当事人有权就其预期的损失要求全部赔偿，那就是说，他有权通过损害赔偿而处于合同得到全部履行时其应该处于的地位。保护合理预期的愿望……这一目的通常被认为是合同法的基础甚至是专有的功能"[1]。可得利益应予赔偿的惯例，在各国立法中已经获得普遍确认。[2] 我国《合同法》第113条也规定了违约情形下之可得利益赔偿。[3] 然而，笔者对最高法近年来的司法裁判文书进行研究后发现，我国现行法律对可得利益损失虽有诸多条文加以规定，但法院判决却很少支持其可得利益损失之请求，可得利益损失的法律规定与司法实践中存在较为明显的脱节。本章是对司法实践中可得利益的有关疑难问题之分析，以期为读者实践办案有所裨益。

第一节　可得利益概念

所谓可得利益，是指合同在适当履行以后可以实现和取得的财产利益。[4] 也有一些学者将其称为"预期实现和取得的财产增值利益"或"由于违约方的违约而导致受损方丧失的应得收益"[5]。根据我国《民法典》第584条之规定，可得利益，是指因当事人一方不履行合同义务或者履行行为不符合合同的约定，从而导致对方丧失合同履行后可以获得的利益。

由此可见，可得利益主要有以下三个特点：(1)未来性。可得利益在违约行为发生时并未为守约方所实际享有，需要通过合同的实际履行方能实现。(2)期待性。订立合同时能合理预见、期望通过履行获得的利益。(3)确定性。只要合同如期履行，就会确定获得该利益。在确定是否可以获得某种可得利益时，应当考虑一般的交易习惯、经验、市场情况等各种因素，且确定性也要求可得利益的损害能够以金钱计算，如果完全不能以金钱确

[1] [英]P. S. 阿狄亚：《合同法导论》，赵旭东等译，法律出版社2002年版，第34－35页。
[2] 详见《德国民法典》第252条、《法国民法典》第1149条和《日本民法典》第416条。
[3] 对应《民法典》第584条。
[4] 参见王利明：《合同法研究》(第2卷)，中国人民大学出版社2003年版，第614页。
[5] 程德钧主编：《涉外仲裁与法律》(第1辑)，中国人民大学出版社1994年版，第138页。

定,也不能视为可得利益。[1]

此外,根据我国《民法典》第 584 条、第 591 条、第 592 条以及《买卖合同解释》第 23 条等相关规定,并参考最高法的长期审判实践,在民商事合同纠纷中,法院在审查非违约方所主张的可得利益损失时,应遵循可预见性规则、减损规则、过失相抵规则和损益相抵规则以及客观确定性规则。同时,应考虑违约行为与损害结果之间有无因果关系、违约方有无免责事由等。

第二节　可得利益损失调整规则

根据《民诉法解释》第 91 条所确定的举证规则,可得利益损失应由守约方承担举证责任,证明标准需达到“高度可能性”。其应当对其遭受的可得利益损失的确定性以及金额、必要的交易成本等承担举证责任。同时,应根据可预见性规则、过失相抵规则、减轻损失规则以及损益相抵规则进行依法调整。现就可得利益的调整规则分述如下。

一、可预见性规则

可预见性标准最早由法国学者波蒂埃提出,其是法国 18 世纪私法学集大成者。他的契约理论体现了意思自治,并根据意思自治理论提出将可得利益赔偿限制在当事人可预见的范围之内。波蒂埃在其《债务论》中提出,“违约损害赔偿责任的范围不得超过违约方在订立合同时已经预见或者应当预见到的因违约而造成的损失”。[2] 可预见规则作为一种法限定技术对可得利益赔偿进行的限制,其规定于《法国民法典》第 1150 条,即“如果债务的未履行并非因债务人的欺诈,债务人仅就其订立合同时所预见或可预见的损害负赔偿责任”。在普通法系国家,《美国统一商法典》第 2 - 175 条确认了可预见性标准。《美国合同法重述》(第 2 版)第 351 条对此进行了详细规定。此外,《1979 年英国货物买卖法》也规定了可预见性规则。1988 年正

[1] 参见王利明:《合同法研究》(第 2 卷),中国人民大学出版社 2003 年版,第 615 页。
[2] 王利明:《违约责任论》,中国政法大学出版社 2000 年版,第 764 页。

式生效的《联合国国际货物销售合同公约》[1]第74条也规定:"这种损害赔偿额不得超过违反合同一方在订立合同时,依照他当时已知道或理应知道的事实和情况,对违反合同预料到或理应预料到的可能损失。"我国《民法典》第584条但书条款明确规定了可得利益赔偿的预见性;同时,该条还对可得利益的预见主体、预见时间作了明确规定。

可预见性标准的重要目的是确定损害赔偿的要件之一,即因果关系,法律要求违约当事人仅对其在订约时能合理预见到的损害负责,从而为因果关系的确定提供客观依据。[2] 尽管如此,我国现行法律对合理预见的判断标准仍规定不明确,以致学界和实务界对此认识不尽一致。此外,由于可预见性是一个极富弹性的概念,因此,其赋予了法官相当大的自由裁量权。

就预见主体而言,学术界有三种不同的观点。(1)只要违约方合理预见即可,无须考虑受害方;(2)违约方和受害方同时合理预见;(3)依合理的标准来考虑当事人一方或双方是否应当预见。[3] 学界通说认为,预见的主体为违约人,而不是非违约人。[4]

就预见时间而言,一般情况下应以订立合同的时间为准,而不是违约之时。

就预见者的能力标准而言,其又称判断标准,即违约方的预见能力标准。有学者提出,预见者有两种预见标准——主观标准和客观标准,应采用客观标准作为参照标准。[5] 预见以客观标准进行,也就是说,以一个抽象的"理性人""常人""善良家父"等标准进行。[6] 笔者认为,一般情况下应坚持客观标准,但在特殊案件中,如果违约方的预见能力高于一般人的预见能力,就应当按照违约方的实际预见能力来确定损害赔偿的范围,不过对于违约方的特殊预见能力应由非预见方举证。如果非预见方不能证明违约方具

---

〔1〕 我国于1986年加入了该公约。

〔2〕 参见王利明:《合同法研究》(第2卷),中国人民大学出版社2003年版,第652页。

〔3〕 参见王利明:《合同法研究》(第2卷),中国人民大学出版社2003年版,第652页。

〔4〕 参见胡康生主编:《〈中华人民共和国合同法〉释义》,法律出版社1999年版,第183页。

〔5〕 参见李永军:《合同法》,法律出版社2010年版,第564页。

〔6〕 参见韩世远:《合同法总论》,法律出版社2011年版,第633页;最高人民法院民事审判第二庭编著:《最高人民法院关于买卖合同司法解释理解与适用》,人民法院出版社2016年版,第464页。

有高于一般人的预见能力,则应当以社会一般人的预见能力为准。[1]

关于合理预见的内容、程度,学术界亦存在不同观点。一种观点认为,违约方不仅应预见到损害类型、原因,还应预见到损害范围。另一种观点认为,违约方仅需预见损害种类即可,无须预见具体范围。如崔建远教授认为,我国《民法典》第 584 条但书并未特别言明是否要求预见到损害的程度或数额,解释上宜将预见的内容确立为:只要求预见损害的类型而无须预见损害的程度、具体数额。[2]

在山东泰丰纺织有限公司(以下简称泰丰公司)与上海中冠纺织品有限公司(以下简称中冠公司)买卖合同纠纷案中,关于违约损失问题,最高法认为,涉案合同明确是外销产品购销合同,即中冠公司购买产品用于出口外销,泰丰公司出具的保函亦保证产品达不到合同要求而致中冠公司客户索赔、拒付、退货等给中冠公司造成损失的,泰丰公司无条件全额赔付。因此,泰丰公司应当预见到其违约行为将给中冠公司造成转售利润的可得利益损失。本案中,因泰丰公司的违约行为致使澳大利亚公司解除剩余订单,中冠公司相应解除与泰丰公司未交货部分的订单,中冠公司所丧失的未交货部分的可得利润,属于中冠公司可得利益损失的范围。二审法院以两份合同的差价酌情扣减中冠公司如履行剩余订单所需付出的成本,从而确定合同未履行部分的利润损失共计人民币 310 万元并予以支持,并无不当。本案中,二审法院在维持一审判决泰丰公司返还定金人民币 80 万元的基础上,加判泰丰公司承担人民币 230 万元的损失赔偿责任,因此损失赔偿总额仍为因泰丰公司违约造成的损失,该处理结果并无不当。[3]

在苏州中环集团有限公司(以下简称中环公司)与长业建设集团有限公司(以下简称长业公司)建设工程施工合同纠纷案中,最高法认为,通常的社会观念可以作为可预见之衡量标准。关于逾期竣工违约金是否应当包含可得租金利益的问题,最高法认为,损害赔偿的范围不得超过长业公司在订立合同时已经预见到或应当预见到其延误工期的行为可能给中环集团所造成的损失。本案中,中环公司主张的可得利益损失是其与案外人苏州市捷诚

---

〔1〕 参见王利明:《合同法研究》(第 2 卷),中国人民大学出版社 2003 年版,第 653 页。

〔2〕 参见崔建远:《合理预见规则的解释论》,载《东方法学》2022 年第 4 期。

〔3〕 最高法民事裁定书,(2013)民申字第 730 号。

储运公司之间签订的租赁合同约定的年租金810万元，因案涉工程为中环公司的新建厂区厂房工程，依通常的社会观念，长业公司无法预见中环公司会将其新建的厂区厂房用于对外出租营利，且中环公司在本案中所提供的证据并不能证明长业公司在与其签订《建设工程施工合同》及《建设工程施工合同补充协议》之时，就已经知晓中环公司与案外人签订租赁合同的事实，故中环公司在本案中所主张的厂房出租的可得利益损失，该损失的性质和种类超出了长业公司签约时的可预见范围，依法不应予以支持。二审判决在综合考虑当事人的损失、过错、预期利益、合同履行程度等多项因素的基础上，根据公平原则和诚实信用原则，将中环公司的实际损失180万元确定为逾期竣工的违约金数额，事实依据和法律依据均较为充分。[1]

在突泉泰银矿业有限责任公司（以下简称泰银公司）与浙江天城建设集团有限公司（以下简称天城公司）建设工程施工合同纠纷案中，最高法认为，案涉间接损失系因安全生产监督管理部门责令停工停产造成，天城公司对此无法预见。最高法认为，该案原审期间，内蒙古高院为查明案情，根据天城公司申请，向突泉县安全生产监督管理局调取了相关证据，该局于2015年3月5日出具《情况说明》称，2012年8月17日泰银公司施工过程中发生一起坠井事故，造成一人死亡，突泉县安全生产监督管理局当晚赶赴现场组织调查，并责令停止井下施工。2012年12月17日，经资质备案，验收合格后，同意复工，但同意复工的指令报告存根未找到，查询相关记录，复工时间为2013年1月上旬。因此，内蒙古高院关于本案所涉矿区停工停产的事实认定，证据充分。泰银公司虽主张《情况说明》不具有证据的证明力，并对停工工期时间提出异议，但不能提出相关证据予以佐证，其主张不予支持。泰银公司主张的间接经济损失应以违约方订立合同时预见或应当预见不履行合同可能造成的损失为限。原审法院经调查认为，案涉间接损失系因安全生产监督管理部门责令停工停产造成，天城公司对此无法预见，故不应承担停工期间的间接损失，符合法律规定，并无不当。[2]

在海南中宇行房地产投资顾问有限公司（以下简称中宇行公司）与三亚天长实业有限公司（以下简称天长公司）商品房委托代理销售合同纠纷案

---

〔1〕 最高法民事裁定书，(2015)民申字第2208号。

〔2〕 最高法民事裁定书，(2016)最高法民申1695号。

中,最高法认为,双方关于如未按时完成销售任务,天长公司可以扣减保证金或者对保证金不予退还的约定,一定程度上体现了双方签订合同时所预见的违约损失范围。本案《代理销售合同》为商品房包销合同,天长公司并不享有任意解除权。天长公司在合同签订后,因当地房价上涨,与中宇行公司协商上调销售房屋均底价未依约达成一致,且没有证据证明中宇行公司有违约行为的情况下,单方发函要求终止合同履行,应当承担相应的违约责任。即便中宇行公司事后同意解除合同,或经人民法院判决解除合同,也并不表明违约方可以当然不承担违约责任。本案《代理销售合同》第 2 条约定了中宇行公司的具体销售目标:正式开盘前,首期项目为推广宣传、认购阶段;对《房屋预售许可证》办理完成,即正式开盘后,分别明确了 3 个月、6 个月、8 个月等销售目标任务;还约定了未按时完成销售目标的责任。尽管当时海南房地产市场整体向好,但中宇行公司要完全实现该销售目标也要受所销售楼盘自身价格、品质、地段、营销策略以及国家房地产调控政策等多重因素影响,存在一定的不确定性。2011 年 2 月 19 日天长公司要求调高销售楼盘的均底价,但中宇行公司未予接受,现中宇行公司主张以该函中提及的价格计算其可得利益损失,缺乏事实和法律依据。双方约定中宇行公司缴纳销售保证金 100 万元,如中宇行公司未按时完成销售任务,天长公司可以扣减保证金或者对保证金不予退还。后天长公司发函要求解除《代理销售合同》,并退还该 100 万元,中宇行公司予以接受。这在一定程度上体现了双方签订合同时所预见的违约损失。因此,二审法院综合本案具体案情,依法行使裁量权,判令天长公司在向中宇行公司赔偿实际损失的基础上再赔偿可得利益损失 140 万元,并未导致双方利益严重失衡。[1]

在甘肃英来信息技术有限责任公司(以下简称英来公司)与中国联合网络通信有限公司甘肃省分公司(以下简称联通甘肃分公司)联营合同纠纷案中,最高法对于法官可以对可得利益行使自由裁量权的幅度进行了较为清晰的分析。其认为可得利益损失属于违约损害赔偿范畴,对其赔偿重在补偿守约方,次在惩罚违约方。本案二审判决综合各种因素,并斟酌可得利益赔偿制度的目的,判令按所主张的 840 多万元的 30% 给付可得利益损失,既不违反法律规定,也未滥用自由裁量权。最高法认为,一审、二审判决对英

---

〔1〕 最高法民事裁定书,(2013)民申字第 1413－1 号。

来公司可得利益的裁量并不缺乏证据证明,亦不违反法律规定。可得利益的实现往往受多种因素影响,具有不确定性。本案联通甘肃分公司于2012年8月单方终止了"宽带通系统维护包"平台的运行,已经构成违约。此时,用户数量为83,542人,英来公司以此为依据主张可得利益840多万元。但在当时,如双方合同继续履行,是否会导致用户数量的增加或减少仍然无法完全确定。尽管英来公司在诉讼中提供材料以证明2012年8月以后,用户的实际数量在增长,但无法认定该用户数量的增长与双方合同的终止或继续履行存在必然联系。从英来公司履行合同成本看,"宽带通系统维护包"平台终止运行后,其相关管理、维护等费用都无须再支出,对此,在计算可得利益时应予充分考量。合同约定履行时间为3年,实际履行1年3个月,英来公司对于已履行部分所应获得的利益已经通过另诉获得赔偿。可得利益损失属于违约损害赔偿范畴,对其赔偿重在补偿守约方,次在惩罚违约方。本案二审判决综合各种因素,并斟酌可得利益赔偿制度的目的,判令按英来公司所主张的840多万元的30%给付可得利益损失,既不违反法律规定,也未滥用自由裁量权。二审判决对英来公司主张赔偿利息损失的请求不予支持并无不当。英来公司已在另案中主张了2011年9月至2012年8月联通甘肃分公司所拖欠的款项,而在2012年8月之后,并不存在已履行合同义务所产生欠款的问题,其所主张的2012年8月以来的利息损失577,689.5元属于违约责任。在二审判决已经依法判令联通甘肃分公司承担英来公司可得利益损失的违约责任,弥补了其损失的情况下,不能重复适用利息损失赔偿。[1]

二、过失相抵规则

英美法系国家将混合过错规则称为共同过失。日本将其称为过失相杀,[2]是指在违约责任中,受损方对违约损害的发生或扩大亦有过错时,可以减轻或免除违约方的赔偿责任。所谓过失相抵,并不是指受损方的过失与违约方的过失相互抵销,而是指基于公平与诚实信用原则,若受损方对损害的发生或扩大也有过失,则就不应让违约方承担全部赔偿责任。否则,就

〔1〕 最高法民事裁定书,(2015)民申字第1509号。
〔2〕 参见胡康生主编:《〈中华人民共和国合同法〉释义》,法律出版社1999年版,第185页。

等于将基于受损方之过失所引发的损害转嫁与违约方。[1]

过失相抵规则的适用须具备以下三个要件：

第一，受害人因对方违约而受到损害。此处所说的损害是指受害人因违约造成的直接损害，如违约发生后并未造成直接损害而只是由于受害人的过失导致损失，则不构成混合过错。[2]

第二，双方当事人具有过错。即违约方的违约行为造成了损害的直接发生，且受害方的过错行为促成损害的发生或扩大。需要强调的是，受害人的过错并不是损害发生的唯一原因，也就是说损害的发生是违约方的违约行为引起的，受害人的过错行为只是对损害的发生起到了一定作用。[3] 即若受损方的过错行为与违约方的违约行为共同作用造成了现有损害结果的发生，则可适用混合过错规则，根据受损方的过错程度，减轻或免除违约方的赔偿责任。

第三，双方过错与损害结果具有因果关系。也就是说，损害结果的发生是加害人的违约行为所引起的，但受害人的过错行为对损害的发生也起到一定的作用。受害人的行为可以是积极行为，也可以是消极行为（如未采取合理措施），它们对损害的发生具有作用。[4] 正是由于双方行为的结合才最终造成了损害结果，仅有一方的违约行为不会导致最终损害结果的发生。

在朱某地等与深圳市沿国投资有限公司（以下简称沿国公司）等股权转让纠纷案中，最高法认为，在《股权转让合同》的履行过程中，朱某地、陶某才、吴某清未按期移交与目标公司经营行为相关的全部证照及文件资料（仅办理营业执照登记的变更手续），影响新疆永泽中草药科技发展有限公司的重组及后续经营的发展，显属违约行为。二审判决也认为，沿国公司未按约定时间、数额支付股权转让款，也构成了违约。《合同法》第 120 条规定："当事人双方都违反合同的，应当各自承担相应的责任。"[5]故双方当事人在合同的履行过程中均存在过错，导致股权转让合同最终目的不能实现，根据上述规定，各自应向对方承担违约责任，赔偿对方损失。出让方朱某地、陶某

[1] 参见曾世雄：《损害赔偿法原理》，台北，三民书局 1986 年版，第 218 页。
[2] 参见王利明：《合同法研究》（第 2 卷），中国人民大学出版社 2003 年版，第 662 页。
[3] 参见王利明：《合同法研究》（第 2 卷），中国人民大学出版社 2003 年版，第 662 页。
[4] 参见王利明：《合同法研究》（第 2 卷），中国人民大学出版社 2003 年版，第 663 页。
[5] 对应《民法典》第 592 条。

才、吴某清的损失主要体现在合作经营的可得利益损失，而受让方的损失主要为资金占用损失。二审判决本着过失相抵的原则，对于双方的请求均不予以支持，符合民法的公平原则。[1]

在烟台泰盛置业有限公司（以下简称泰盛公司）与海阳市自然资源和规划局、海阳经济开发区鲁古埠社区居民委员会建设用地使用权出让合同纠纷案中，最高法认为，泰盛公司作为专业的房地产开发公司，即便其主张的可得利益损失客观存在，在土地不能交付、案涉合同约定的解除条件早已具备的情况下，长达6年时间未行使合同解除权，对该损失的造成也存在过错。[2]

三、减轻损失规则

所谓损害赔偿的减轻，是指在一方违约并造成损害以后，另一方应及时采取合理的措施防止损失的扩大，否则，应对扩大部分的损害负责。这一规则几乎为各国的立法和判例所承认与采纳，[3] 如《德国民法典》第254条。就我国现行法律规定而言，《民法典》第591条是关于违约损害赔偿的限制性规定，现行《买卖合同解释》第22条也同样适用于可得利益损失的赔偿。根据相关规定，违约行为发生后，受损方不得无动于衷任凭损失的扩大，而应采取积极措施，减少损失。基于公平原则考量，受损方不得就其本可采取合理措施予以避免的损失获得赔偿。在适用该规则时，对于受害人采取的措施是否合理的判断，应结合时空环境之现状，主要考虑受害人是否按照诚实信用原则尽自己的努力采取一切措施避免损失的扩大。

在中信银行股份有限公司东莞分行（以下简称中信银行东莞分行）诉陈某华等金融借款合同纠纷案中，中信银行东莞分行分别与陈某华等三人签订《最高额抵押合同》，约定陈某华以东莞市中堂镇东泊村的房屋为案涉债务提供担保。陈某华等三人尚未取得案涉房屋所占土地使用权证，因房地权属不一致，案涉房屋未能办理抵押登记，抵押权未依法设立。东莞市房产管理局已于2011年明确函告辖区各金融机构，房地权属不一致的房屋不能

---

[1] 最高法民事裁定书，(2015)民申字第658号。

[2] 最高法民事判决书，(2019)最高法民终977号。

[3] 参见王利明：《合同法研究》(第2卷)，中国人民大学出版社2003年版，第655页。

再办理抵押登记。据此可以认定，中信银行东莞分行在2013年签订案涉抵押合同时对于案涉房屋无法办理抵押登记的情况应当知情或者应当能够预见。中信银行东莞分行在知晓案涉房屋无法办理抵押登记后，没有采取降低授信额度、要求提供补充担保等措施防止损失扩大，最高法有适当减轻陈某华等三人的赔偿责任。即以陈某华等三人以抵押财产价值为限，在华丰盛公司尚未清偿债务的1/2范围内，向中信银行东莞分行承担连带赔偿责任。[1]

在太湖县妙生水产开发有限责任公司（以下简称妙生公司）与太湖县大石乡人民政府（以下简称大石乡政府）渔业承包合同纠纷案中，最高法认为，涉诉湖区天气情况仅是原审判决酌定损失的因素之一，妙生公司以原审对天气情况的认定存有瑕疵为由否定原审认定的损失数额，理由并不充分。涉诉拦水墙被挖断后，作为养殖机构的妙生公司应当预见到该情况对生长经营的影响，也应当积极采取措施防止损失扩大，但妙生公司仍投放大量鱼苗造成养殖密度过大进而造成损失，对此妙生公司应对损失承担主要责任。原审判决酌定大石乡政府承担相应损失10%即134,679.72元的赔偿责任，并无明显不当。[2]

在大连市中山区亨得利眼镜专卖店、大连市中山区宜美多眼镜超市与大商股份有限公司房屋租赁合同纠纷案中，最高法认为，案涉有关鉴定意见认定承租人自合同解除至合同期满期间近7年的可得利益为749万元，但承租人在此期间应当积极寻找替代性租赁场所，不能坐等违约损失进一步扩大。据此，从合同解除之日起至约定的期限届满的7年期间内，承租人所受的损失不应全部得到赔偿。[3]

四、损益相抵规则

根据现行《买卖合同解释》第23条之规定，损益相抵，是指买卖合同当事人一方因对方违约而获有利益时，违约方可主张从损失赔偿额中扣除该部分利益。我国台湾地区学者将其定义为，基于同一原因事实受有损害并

---

〔1〕 最高法指导性案例168号。

〔2〕 最高法民事裁定书，(2014)民申字第1236号。

〔3〕 最高法民事裁定书，(2021)最高法民申1914号。

受有利益者,其请求之赔偿金额,应扣除所受之利益。[1] 王利明教授持相同的观点,认为损益相抵即损益同销,是指受害人基于损失发生的同一原因而获得利益时,应在其所得的损害赔偿额中,扣除其所获得的利益部分。[2] 通常而言,适用损益相抵规则应当满足以下要件:

1. 损害赔偿之债成立。[3] 即因为违约方违约导致受害方遭受了损害,该损害责任应由违约方承担。

2. 受害人有获取利益。即受害人因违约行为的发生而获得了一定利益。这种利益既包括积极利益(如受托人逾期抛售有价证券,委托人后因有价证券涨价而获得利益),也包括消极利益(如因对方中止投资而节省建筑材料、人员工资等费用)。这种利益既可以是已经取得的利益,也可以是本来应该取得的利益。对于本来可以取得的利益,如果因为受害人的故意和重大过失而怠于取得,则此种利益也应从损失中扣除。[4]

3. 损害事实与利益的获得之间具有因果关系。即损害为因,利益为果。也即正是因为违约方的违约行为才导致受害人因此意外受益。就因果关系而言,按照我国台湾地区学者史尚宽先生的观点,虽有条件说、原因说和相当因果关系说等,但以相当因果关系说中之一般适当条件最为可采。[5] 韩世远教授认为,"我国合同法理论不赞成相当因果关系说"[6]。崔建远教授却赞同相当因果关系说,其认为,"只要损失与利益是基于同一违约行为所产生的,就可适用损益相抵,损失和利益可以都是同一违约行为的直接结果,也可以都是同一违约行为的间接结果。或者一个为直接结果,另一个为间接结果。都可以认为有相当因果关系"[7]。最高人民法院民事审判第二庭认为,"相当因果关系说虽判断标准尚失之模糊,但却能在较大程度上解释损益相抵之合理性,我们倾向于相当因果关系说"[8]。

---

[1] 参见王泽鉴:《债法原理》,北京大学出版社 2013 年版,第 344 页。
[2] 参见王利明:《合同法研究》(第 2 卷),中国人民大学出版社 2003 年版,第 663 页。
[3] 参见韩世远:《合同法总论》,法律出版社 2011 年版,第 648 页。
[4] 参见王利明:《合同法研究》(第 2 卷),中国人民大学出版社 2003 年版,第 665 页。
[5] 参见史尚宽:《债法总论》,台北,荣泰印书馆 1978 年版,第 284 页。
[6] 韩世远:《合同法总论》,法律出版社 2011 年版,第 648 页。
[7] 崔建远:《合同责任研究》,吉林大学出版社 1992 年版,第 220 页。
[8] 最高人民法院民事审判第二庭编著:《最高人民法院关于买卖合同司法解释理解与适用》,人民法院出版社 2016 年版,第 479 页。

另外，由于损益相抵规则属于赔偿责任范围的确定问题，是限定违约损害赔偿范围的一项规则，而非两个债权相互抵销，因此不适用债的抵销规则。[1]

在中国农业银行股份有限公司锦州锦兴支行（以下简称锦兴支行）与锦州玥宝塑业有限公司（以下简称玥宝公司）金融借款合同纠纷案中，最高法认为，关于玥宝公司应否承担给付锦兴支行所欠借款本金 82,397,797.25 元及利息责任的问题，在本案所涉 8250 万元贷款到期前，玥宝公司于 2008 年 6 月 29 日向锦兴支行递交了《关于玥宝公司用抵押物尽快清偿贷款本息的意见》。同年 7 月 2 日，锦兴支行向市农行报送的《关于锦州玥宝塑业有限公司 8250 万元贷款的风险预警报告》载明，该行会同市行业务处于 6 月 27 日（周五）对企业进行现场调查，周日紧急约见该企业法人代表，该企业将来只能处置抵押物才能偿还全部贷款，控制化解风险已迫在眉睫。在原审庭审中，锦兴支行认可该风险预警报告的真实性。通过风险预警报告载明的内容可以认定，锦兴支行知晓玥宝公司只能通过处置抵押物偿还全部贷款的事实，玥宝公司以抵押物偿还贷款的意思表示已经到达锦兴支行。《合同法》第 119 条规定："当事人一方违约后，对方应当采取适当措施防止损失的扩大；没有采取适当措施致使损失扩大的，不得就扩大的损失要求赔偿。"[2]本案中，锦兴支行在上述款项到期之前，已经认识到玥宝公司到期不能清偿债务本息的风险，根据玥宝公司的请求，其可以在债务到期后通过及时行使抵押权避免玥宝公司利息损失扩大，但其直到 2011 年 2 月才诉请玥宝公司清偿债务和实现抵押权，故对于其未能及时行使抵押权而至违约损失扩大的部分，不能要求赔偿。本案的特殊性在于，作为抵押物的房地产，在借款合同到期之后至今，一直处于升值状态，玥宝公司的实际损失并未增加。换言之，锦兴支行迟延行使抵押权在增加玥宝公司利息损失的同时使玥宝公司因抵押物增值而受益。综上所述，根据损益相抵规则，最高法通过利益衡量认为，对于 8250 万元到期后的利息，玥宝公司仍应承担给付责任。[3]

当然，本节所称可得利益赔偿之四大限制规则，司法裁判机构并非单独

---

〔1〕 参见崔建远：《合同责任研究》，吉林大学出版社 1992 年版，第 218 页。

〔2〕 对应《民法典》第 591 条。

〔3〕 最高法民事判决书，(2013)民二终字第 57 号。

使用，而是结合具体案情，综合使用之。如在滨州高新铝电股份有限公司（以下简称滨州公司）与湖南晟通科技集团有限公司（以下简称晟通公司）等买卖合同纠纷案中，最高法认为，原二审法院考虑到晟通公司与滨州公司之间确系买卖合同关系，而非加工承揽关系，产品非定做，且合同约定款到发货，滨州公司在获知晟通公司不付款的情形下仍可将产品出售给他人，在综合运用可预见性规则、减损规则、损益相抵规则以及过失相抵规则的情况下，酌情认定滨州公司的损失为 185 万元，并判令晟通公司赔偿滨州公司 185 万元，既不缺乏证据证明，也不存在适用法律错误的问题，处理基本适当。[1]

第三节　可得利益损失范围

我国台湾地区学者黄茂荣先生认为，可得利益最常见的类型为：物或权利的销售或转售、资金之利用的预期利益，以及劳动力的减损所造成的收入的损失或减少，但不以此为限。[2] 根据《最高人民法院关于当前形势下审理民商事合同纠纷案件若干问题的指导意见》之规定可知，我国法律上的可得利益损失包括以下几种。

一、生产利润损失

生产利润损失，是指在生产设备、原材料的买卖合同中，买方因卖方迟延交货而耽搁生产所遭受的利润损失。一般可根据延误的生产期限与可比利润率来计算。这种可比利润率是受害人在以往一定期间内平均的经营利润，无法计算时可以参考同类企业在相同市场环境下的平均生产利润率。

在沈阳透平机械股份有限公司（以下简称透平机械公司）与淮安润尔华化工有限公司（以下简称润尔华公司）等产品质量损害赔偿纠纷案[3]中，最高法认为，关于利润损失，二审判决认定的润尔华公司的利润损失为生产利

〔1〕 最高法民事裁定书，(2016)最高法民申 2273 号。
〔2〕 参见黄茂荣：《债法总论》（第 2 册），中国政法大学出版社 2003 年版，第 69 页。
〔3〕 最高法民事裁定书，(2014)民申字第 324 号。

润损失，只与是否生产有关，即由 $\sum$ 正常生产的各种产品的产量 × 销售单价 − $\sum$ 正常生产的各种产品的产量 × 成本单价 − $\sum$ 税金及附加构成，该计算方式并不违反会计准则。此外，淮安市环境保护局与淮安市安全生产监督管理局分别于 2010 年 7 月 14 日、7 月 19 日作出批复，同意润尔华公司于 2010 年 7 月开始试生产。2010 年 9 月 4 日润尔华公司开始试生产，2010 年 9 月 22 日发生案涉事故。可见，案涉事故发生时润尔华公司并不属于非法生产，其预期利润也非违法利润，润尔华公司有权请求透平机械公司予以赔偿。

就生产利润损失和经营利益损失而言，最高法有时在裁判文书中也没有做严格区分，互相混用。

在南京国昌化工科技有限公司（以下简称国昌化工公司）与山西省长子丹峰化工有限公司（以下简称丹峰化工公司）合同纠纷案中，最高法认为，关于国昌化工公司应赔偿丹峰化工公司停产期间多少损失的问题。勤信会计师事务所出具的审计报告确定丹峰化工公司停产期间生产经营利润损失 4,408,648.33元，国昌化工公司对此予以认可，在一审时并未申请重新审计。2011 年 11 月 21 日，案涉设备安装后不断出现问题，反复维修，多次停产，直到 2012 年 5 月 14 日，国昌化工公司依然承认是自己的产品质量问题造成丹峰化工公司停产。由于设备一直不能修好，正值生产旺季，丹峰化工公司不得已从其他公司另外购买设备，2012 年 5 月 29 日投入运营后，生产状况良好。从以上事实可知，国昌化工公司提供的设备存在严重的质量问题，不是通过维修方式就可以根本解决的，国昌化工公司认为 2012 年 4 月 6 日至 5 月 29 日丹峰化工公司停产的损失是由于工程师未能进厂维修造成的，应由丹峰化工公司自负其责的主张不能成立。原审法院确定丹峰化工公司经济损失的赔偿时间计算到 2012 年 5 月 29 日并无不当，国昌化工公司应当赔偿丹峰化工公司停产期间的损失 4,408,648.33 元。[1]

二、经营利润损失

经营利润损失多存在于承包、租赁、劳务、服务合同中，具体可参照已履行期间的利润率来计算剩余期间的利润损失。如在（2020）最高法民申 2309

---

〔1〕 最高法民事裁定书，（2014）民申字第 706 号。

号案中，最高法认为，案涉《租赁合同》签订后，辽宁华润万家生活超市有限公司（以下简称华润公司）在不具备合同约定终止情形的情况下，向丹东华美房地产开发有限公司（以下简称华美公司）发送《终止租赁合同及相关补充协议的通知》，以“因目前经济下行的市场环境及日趋恶化的零售市场，我司进行了战略调整”为由通知解除《租赁合同》，并且后续拒不接收案涉租赁物业，实质是明确表示拒绝履行合同，其行为已经构成根本违约。案涉《租赁合同》约定的租赁物业面积为 13,303 平方米，华润公司拒绝履行合同后华美公司将其中 12,272 平方米出租给案外人，两份租赁合同约定租期均为 20 年，华美公司依据两份租赁合同中所能取得的 12,272 平方米租赁物税后租赁对价差额 19,231,029.14 元，属于华美公司因违约所受的可得利益损失。[1]

在广州市左邻右里市场发展有限公司（以下简称左邻右里公司）与黄某等合同纠纷案中，最高法认为，关于左邻右里公司主张的可得利益损失，以左邻右里公司实际退场时间为起算点，将华荣市场在《经营场地合作协议书》履行期内的全部收入扣减应支出的成本后所得的金额，按该协议约定的双方分取纯利润的比例，即左邻右里公司占 49% 的纯利润的比例来计算。具体为：(1) 自 2006 年 1 月开始起算。(2) 关于华荣市场的面积计算，一审法院按华荣市场一层、二层楼的总面积 2479 平方米计算，黄某、钟某芬抗辩认为，该面积还包括了走廊等公共面积以及华荣市场办公室等，实际可使用的商铺面积为 1417.3 平方米。最高法认为，由于华荣市场的具体经营是按每个商铺分别出租、分别收取租金和管理费的方式进行经营，而非将华荣市场按总面积整体出租经营，故黄某、钟某芬的上述抗辩有事实依据，最高法按其主张的实际可出租的商铺面积 1417.3 平方米计算华荣市场经营收入。(3) 每月租金和管理费按黄某主张的每平方米 120 元计算。(4) 扣减的费用，主要包括两项，一是华荣市场每月向石东五社缴纳的租金和水电费；二是每月向黄某、钟某芬支付的员工工资 12,000 元，以及向黄某支付的 5000 元补贴，合计 17,000 元。据此，(1) 华荣市场每月的经营收入为 120 元 × 1417.3 = 170,076 元。(2) 华荣市场每月的支出：①租金支出，依黄某与石东五社签订的《厂房、铺位承包合同书》的约定，华荣市场向石东五社缴纳的租

---

〔1〕 最高法民事判决书，(2019) 最高法民终 235 号。

金,自2006年1月至2008年7月为41,519元;自2008年8月至2011年7月为44,841元;自2011年8月至2014年3月为48,427元。②污水处理费及水费,2005年5月至12月平均每月约为9810元。③电费,2005年3月至2006年1月平均每月约9400元。④每月员工工资17,000元。由上,华荣市场每月的支出,2006年1月至2008年7月为77,729元(41,519+9810+9400+17,000);2008年8月至2011年7月为81,051元(44,841+9810+9400+17,000);2011年8月至2014年3月为84,637元(48,427+9810+9400+17,000)。由此,左邻右里公司应得的预期可得利益为:2006年1月至2008年7月为(170,076－77,729)×49%×31=1,402,750.93元;2008年8月至2011年7月为(170,076－81,051)×49%×36=1,570,401元;2011年8月至2014年3月为(170,076－84,637)×49%×32=1,339,683.52元。以上合计4,312,835.45元。上述左邻右里公司的可得利益损失,因左邻右里公司在履行合同中亦有财务账目不公开以及未向黄某支付合同约定的费用的违约责任,对本案《经营场地合作协议书》不能继续履行存在一定过失,故依照《合同法》第120条"当事人双方都违反合同的,应当各自承担相应的责任"[1]之规定,最高法酌定左邻右里公司对上述损失应自行承担20%的责任。则黄某、钟某芬应向左邻右里公司赔偿可得利益损失3,450,268.36元。[2]

三、转售利润损失

在先后系列买卖合同中,因原合同出卖方违约而造成其后的转售合同出售方的可得利益损失通常属于转售利润损失。在连环购销合同中,常出现这类损失,一般为订约前的转售合同与原合同价款的差额,再扣除必要的转售成本。

在东京日进等与荣子公司合同纠纷案中,最高法认为,四方协议的内容是当事人的真实意思表示,合法有效,东京日进和大连日进以合作过程中出现"不和谐事件"为由单方面通知荣子公司解除合同并停止向荣子公司供货,不符合合同约定。应当向荣子公司赔偿损失。由于四方协议载明了协

[1] 对应《民法典》第592条。
[2] 最高法民事判决书,(2015)民抗字第12号。

议各方协作顺利、预见客户增加等内容，原判决据此认为东京日进和大连日进应当预见到其代理商与目标客户存在持续的销售合同及利润空间，并认为本案中荣子公司的可得利益损失相当于该公司预期转售利润的损失有事实依据，并无不当。该损失额的确定方法没有超过违反合同方东京日进和大连日进应当预见的损失。在东京日进和大连日进违约的情况下，本案损失额的确定无须以荣子公司合同相对人的索赔为依据。荣子公司是否有其他能力履行其与客户之间的合同、合同是否有技术协议、合同履行期是2年还是三四年都与确定荣子公司的损失无关。在荣子公司举证的65份合同中，有8份签订于其收到大连日进的停止供货通知之后，一审法院以荣子公司未采取措施致损失扩大为由未予认定。其余57份合同，二审法院根据荣子公司的申请，向荣子公司的合同相对方渤海船舶重工有限责任公司、大连船舶重工集团有限公司调取了合同实际履行方面的证据，证明其中16份合同已经履行完毕，故二审法院按照未履行的41份合同确定了荣子公司的损失额。故东京日进和大连日进关于本案65份合同已经履行完毕及荣子公司不存在经济损失的主张证据不足，最高法对其请求不予支持。[1]

第四节 可得利益计算方法

就可得利益而言，司法实践中确定可得利益是否成立为第一步，如何合法合理计算该可得利益为第二步。由于确定可得利益需要综合运用可预见性规则、减损规则、损益相抵规则和混合过错规则，因此，该可得利益之计算，不可避免地由司法裁判机构自由裁量。以下为通常的六种计算方法。

一、约定法

约定法是当事人之间事先对可得利益赔偿额计算进行了约定。根据《民法典》第585条第1款之规定，当事人可以约定一方违约时应当根据违约情况向对方支付一定数额的违约金，也可以约定因违约产生的损失赔偿额的计算方法。因此，当事人之间的前述约定体现了当事人的意思自治，也

[1] 最高法民事裁定书，(2015)民申字第2629号。

为可得利益损失赔偿额的确定提供了便利。在当事人对可得利益存有约定之情况下，司法裁判机构可依此确定。

在中新春谊智业（吉林）综合能源有限公司（以下简称中新公司）与吉林省乐府大酒店（以下简称乐府大酒店）等合同纠纷案中，中新公司与乐府酒店签署《能源服务合同》及《合作投资协议》，约定中新公司投资乐府大酒店污水源热泵工程360万元，为乐府大酒店提供综合能源服务，能源费实行总费用包干，包干价为169万元/年，生活热水费30元/吨，约定服务收费期限为15年。同时，约定乐府大酒店不得擅自解除或者终止合同，否则除应赔偿中新能源公司直接经济损失外，还应根据合同约定的收费年限每年按合同约定的能源费用年包干总费用169万元的20%计算赔偿中新能源公司的可得利润损失。

最高法认为，前述条款已明确直接经济损失与可得利润损失均为乐府大酒店违约损失赔偿的内容，系双方对自己可能承担的违约后果的预先安排。从尊重当事人意思自治和维护诚实信用的合同原则考虑，当乐府大酒店违约时，其应按上述合同约定向中新能源公司支付违约金。原二审判决认定投资和运营成本与可得利润损失属重复计算，系认定事实错误。

《九民纪要》第50条规定，“认定约定违约金是否过高，一般应当以《合同法》第113条规定的损失为基础进行判断，这里的损失包括合同履行后可以获得的利益”。原审查明，2017年12月25日双方签订案涉能源服务合同并约定服务收费期限为15年，2018年10月乐府大酒店出现迟延付款、将中新公司驱离能源站等违约行为导致案涉能源服务合同解除。原一审兼顾本案合同解除双方过错程度、合同约定服务期限与实际履行时间，参照双方关于可得利润损失的明确约定，酌情支持由乐府大酒店承担可得利润损失2,028,000元（1,690,000元×20%×6年），符合公平原则。原二审法院认为，违约金的认定仅应以实际损失为基础，而作出否定守约方中新公司应获可得利润损失赔偿的违约金调整，属适用法律错误，应予纠正。最高法对中新能源公司再审请求乐府大酒店赔偿其可得利益损失的合理部分，依法予以支持。[1]

---

〔1〕 最高法民事判决书，(2021)最高法民再341号。

二、估算法

可得利益因其属于合同履行后方可获得的未来利益，因此在很多情况下难以算出具体的数额，而法院又不能拒绝裁判，因此在这时往往会综合案件的具体情形，如合同实际履行情况、过错大小、行业利润等，对可得利益损失酌定一个数额进行赔偿。[1] 估算法，是指法院或仲裁机构在难以确定损失数额或难以准确地确定可得利益的损失数额时，可根据案件的具体情况，责令违约方支付一个大致相当的赔偿数额。[2]

估算法通常是守约方提供了相应的证据来证明估算的损失数额，且此种证明已经使法官对据此进行估算可得利益计算数额形成确信。在估算可得利益损失数额时，应扣除违约方不可预见的损失、非违约方不当扩大的损失、非违约方因违约获得的利益、非违约方过失造成的损失以及必要的交易成本。

在青海省三江水电开发股份有限公司（以下简称三江公司）与广东清能发电集团有限公司（以下简称清能公司）等买卖合同纠纷案[3]中，一审法院认为，确定可得利益损失数额依据估算法，可根据受损害方请求赔偿的数额为基础，根据违约方提出抗辩所依据的证据，依据公平原则确定具体数额。清能公司提出"弃水发电损失 = 电价 × 弃水量折算发电量"的计算方式，该方式主要是根据上游给水量核算因机组故障导致非正常弃水量，再将该弃水量作为基础乘以批准电价，按该方法计算共计造成发电损失 7380.9 万元，再扣除增值税、城建税及教育附加费，共计 6474.93 万元。结合本案实际情况，从三江公司提供的 2008 年度至 2010 年度尼那水电站发电统计的数据可以看出，在设备正常运转的情况下年发电量基本可以满足设计的年发电量，并且清能公司提供的 2004 年度、2005 年度、2006 年度尼那水电站总发电量表单及生产报表可以证实上述 3 年清能公司产生了相应的损失，其主张以估算法对损失进行衡量。该院认为，该方法是在以弃水量为基础计算每度电耗水率折算出弃水量的发电量乘以每度电的批准电价而得出的发电损失，是相对符合客观事实的，且在主张中也相应地扣减了税费，该损失计算方法

---

[1] 参见贺小荣主编：《最高人民法院第二巡回法庭法官会议纪要》（第 1 辑），人民法院出版社 2019 年版，第 21 - 22 页。

[2] See Knapp, Problems of Contract Law, Little, Brown and Company, 1987, p. 533.

[3] 最高法民事判决书，(2013)民二终字第 37 号。

应予采纳。涉案的1号、2号、3号、4号机组在交付使用后因机组设计制造、安装、运行管理与实验安全措施掌控等诸多方面的原因,出现了不同程度的故障及事故,双方当事人应按照自己过错承担相应的法律责任。根据《司法鉴定意见书》,清能公司在使用过程中的不当导致了部分损失的扩大,该部分损失理应由其自行承担,该部分数额酌情应确定为1294.93万元,三江公司作为《出售合同》的标的提供方应承担5180万元的损失赔偿。最高法二审对前述按照估算法确定的可得利益损失予以确认。

三、差额法

差额法,是指将损失行为发生时守约方的财产状况与合同得到适当履行后所应获得的财产状况进行对比,两者差额即为守约方所遭受的损失,包括可得利益损失。较为常见的有"一房二卖"[1]"一物二卖""股权二重转让"基于溢价产生的差价损失。在东京日进等与荣子公司合同纠纷案中,最高法就是按照差额计算法计算转售价格从而确定大连荣子公司的可得利益损失的。[2]

在福州立业投资咨询有限公司与福州市晋安区新店镇健康村民委员会(以下简称健康村委会)租赁合同纠纷案中,最高法认为,在签订本案《房屋租赁合同》之前,被申请人健康村委会就合同涉及的租赁事项召开了村民会议并作出了决议,虽然健康村委会称案涉租赁合同在租赁面积、租金计算等方面存在与村民会议决议不同的情形,但其在订立合同后并未申请撤销或者变更,且本案并无证据证明原村委会主任与申请人之间存在恶意串通损害集体利益的情形,故一审、二审判决认定案涉《房屋租赁合同》合法有效有事实和法律依据。本案中,二审判决并未认定申请人在履行合同中存在违约行为,鉴于健康村委会已经通过招标方式将讼争租赁物另行出租给案外人,案涉租赁合同客观上已无履行之可能,故一审、二审判决以申请人起诉之日作为合同解除之日并无不当。至于可得利益损失,申请人虽主张以被申请人向案外人收取的租金与合同约定的其应付租金之差额计算本案可得利益损失,但该主张并没有考虑到成本、市场、订约利益及租金调整等诸多

---

〔1〕 参见郑某安与某物业发展公司商品房买卖合同纠纷再审检察建议案,最高检检例第156号。

〔2〕 最高法民事裁定书,(2015)民申字第2629号。

因素，二审判决以依据不足为由未支持其诉请并无不当。[1]

四、类比法

类比法，是指比照守约方在相同或类似的其他单位在类似条件下可获得的利益来确定可得利益损失数额。类比法存在横向类比和纵向类比两种方法。横向类比可以比较同时期其他同类合同的履行利益；纵向类比可以比较同一民事主体之前所获得的合同履行利益。[2]

此种方法仅适用于守约方通常能获得比较稳定的财产收益的情形，且参照对象的相似度对于合理认定可得利益损失至关重要。一般而言，参照对象与受害人的情况相似度与可得利益准确性成正比。

在湖南华菱电子商务有限公司（以下简称华菱公司）与湖南旻峰物流有限公司（以下简称旻峰公司）仓储合同纠纷案中，最高法认为，可得利益损失，是指当事人订立合同时能够合理预见到的，合同在履行以后可以实现和得到的利益。在计算和认定可得利益损失时，应当综合运用可预见规则、减损规则、损益相抵规则以及过失相抵规则等，从非违约方主张的可得利益赔偿总额中扣除违约方不可预见的损失、非违约方不当扩大的损失、非违约方因违约获得的利益、非违约方亦有过失所造成的损失以及必要的交易成本。原审法院采取类比法即以双方正常履行合同时旻峰公司已经获得的收益作为参照，来类比确定合同未实际履行时旻峰公司的可得利益，此后再综合考虑旻峰公司未实际产生经营成本支出、消极利益部分的扣减、旻峰公司为无过错的守约方，根据公平原则和诚实信用原则，酌情确定的由华菱公司对旻峰公司的可得利益损失承担60%的赔偿责任中，已经扣除了华菱公司不可预见的损失、旻峰公司不当扩大的损失、旻峰公司因违约获得的利益及必要成本。因此，原审法院认定华菱公司应向旻峰公司赔偿经济损失11,152,455元，于法有据，并无不当。[3]

---

〔1〕 最高法民事裁定书，(2016)最高法民申129号。

〔2〕 参见贺小荣主编：《最高人民法院第二巡回法庭法官会议纪要》(第1辑)，人民法院出版社2019年版，第21页。

〔3〕 最高法民事裁定书，(2020)最高法民申6383号。

五、综合裁量法

综合裁量法，是指综合获利情况、当事人各自的过错因素、当前经济形势情况等因素综合判断可得利益损失数额的一种方法。这是实践中法院较多采用的方法。需要注意的是，综合裁量法应是一种补充性的计算方法，系无法根据差额法、类比法、约定法、估算法等方法予以计算可得利益损失的情况下所采纳的方法。该方法往往是守约方已经能够证明其遭受的可得利益损失数额的情况下，法官基于内心确信所适用的计算方法。[1]

在中国人寿保险股份有限公司甘肃省分公司（以下简称甘肃人寿公司）与甘肃兰东房地产开发有限责任公司（以下简称兰东公司）等合同纠纷案中，最高法认为，甘肃人寿公司举证证明了兰东公司“一房二卖”导致合同目的不能实现，并且两次交易价差巨大，存在可得利益损失等基本事实，但是，就其可得利益损失的金额这一具体事实，没有尽到举证证明责任。甘肃人寿公司举示的证据，不足以支持其可得利益损失数额的主张，原审法院根据其提交的证据难以作出可得利益损失金额的认定。双方当事人对有关可得利益损失赔偿金额这一具体事实的主张均属于举证不能。当事人在原审程序已经用尽民事诉讼法规定的举证证明措施。原审法院在法庭辩论终结前，对可得利益损失金额仍未能获得定案所需的全部证据。另外，有关待证事实即可得利益损失金额的认定所需证据，原审法院展开过法庭调查，当事人进行了有效质证，并就该事实争点进行了充分辩论。当事人双方在第二审开庭审理中，均明确表示同意由人民法院酌定可得利益损失赔偿金额。在这种情形下，原审法院按照经验法则，行使自由裁量权，酌情认定可得利益损失赔偿金额，非无理据。

《民诉法解释》第 90 条第 2 款规定：“在作出判决前，当事人未能提供证据或者证据不足以证明其事实主张的，由负有举证证明责任的当事人承担不利后果。”这种不利后果是未尽到举证证明责任时，当事人应当承担其诉讼主张得不到支持的诉讼风险，但并不一定是其诉讼请求必遭驳回的败诉后果，当事人应当承担因自由裁量权正当行使而带来的诉讼风险。即使当事人主张原审法院酌定赔偿金额有所偏差，该不利后果之风险也应由未尽

---

〔1〕 参见贺小荣主编：《最高人民法院第二巡回法庭法官会议纪要》（第 1 辑），人民法院出版社 2019 年版，第 23 页。

到举证证明责任的一方当事人来承受,该当事人应当容忍这种裁量结果。可得利益损失金额属于具体损害程度的裁量问题。在裁量结果没有明显失当的情形下,二审法院不应再次行使自由裁量权以推翻原审法院的自由裁量权行使结果。因此,原审法院在本案中行使自由裁量权,以酌定方法确定可得利益损失赔偿金额,并不缺乏正当基础。甘肃人寿公司和兰东公司主张原审判决以酌定方式裁量可得利益损失赔偿金额缺乏依据,不能成立。[1]

六、委托鉴定法

委托鉴定法,即法院在难以确定或者难以准确地确定受害人所受损失时,可依当事人的申请委托相关的专业评估机构进行评估。

在项城市人民政府水寨办事处(以下简称水寨办事处)与李某民等合同纠纷案中,根据已经生效的河南高院(2010)豫法民提字第342号民事判决和最高法(2011)民再申字第5号民事裁定的认定,原水寨镇政府未能按照招商投资文件给李某民安排厂房用地,构成违约,作为分立后单位的水寨办事处与东方办事处应承担违约责任。李某民因水寨镇政府违约造成的可得利益损失,水寨办事处与东方办事处应予赔偿。李某民正是根据水寨镇政府发布的文件拆除的旧厂房,筹建的新厂房,水寨办事处提供的证据不足以证明李某民要筹建的厂与其原丁集皮革厂没有关联。一审、二审判决认定水寨办事处向李某民赔偿预期可得利益损失并无不当。此外,关于郑宏价估字第(2014)3068号评估报告能否作为定案依据的问题。一审法院委托有鉴定资质的宏信公司对李某民皮革厂的经营收益进行鉴定,鉴定机构资质合格,鉴定程序合法,鉴定结论经过双方当事人的质证,可以作为定案依据。鉴定次数的多少不能作为推翻鉴定结论的依据。原审法院依据鉴定结论中皮革厂的经营收益数额确定李某民的可得利益损失并无不当。[2]

在湖南云达房地产开发有限公司(以下简称云达公司)与蔡某延合资、合作开发房地产合同纠纷案中,关于云达公司赔偿蔡某延经济损失520万元是否公平合理的问题,最高法认为,一审法院委托鉴定机构评估认定蔡某延的可得利润为9,123,500元。云达公司虽对鉴定意见书表示异议,但并未提

---

〔1〕 最高法民事判决书,(2017)最高法民终387号。

〔2〕 最高法民事裁定书,(2016)最高法民申1669号。

供充分的理由推翻该鉴定结论，故该鉴定意见可以作为蔡某延可得利益损失的认定依据。一审、二审法院鉴于开发协议实际未能履行，认证结论并未考虑其他政策性因素等情况，在评估的可得利润基础上，酌情减轻了云达公司赔偿的金额，具有公平性，并无不当。[1]

在南宁广发重工集团有限公司等与湖南新华晒北滩水电开发有限公司（以下简称新华公司）买卖合同纠纷案中，最高法认为，评估鉴定损失为认定最终数额的基础，应在此基础上综合运用可预见规则等，以最终确定可得利益损失。双方《经济合同》第 26 条约定，“机组按规定带满负荷试运转 72 小时后，设备应保证安全运行五年，定为保质期。在保证期内，如因南发总厂设计、制造质量不良造成缺陷，应由南发总厂负责调换或无偿处理。南发总厂赔偿由此造成的损失”。南发总厂逾期交货，且设备存在质量问题，造成新华公司不能正常发电，使其预期利润无法实现，新华公司客观上存在可得利益损失。国众联评估公司评估报告，依据新华公司的财务资料、经营收益资料等进行计算，确认发电收入每月 164.9542 万元。原审据此评估报告，计算两台设备返修导致的发电收入损失为 1402.1107 万元，此为可得利益损失。可得利益仅是当事人在付出劳动、正常经营情况下可能获得的收入，可以作为判决赔偿的一个参照依据。根据《合同法》第 113 条[2]之规定，可得利益损失不得超过违反合同一方订立合同时预见到或者应当预见到的因违反合同可能造成的损失。本案合同约定的总标的额仅 1443 万元，当事人很难预见到迟延履行会承担上千万元的赔偿责任。综合考虑本案合同金额、履行情况以及国众联评估公司评估报告等，根据公平原则，最高法酌情判定南发总厂向新华公司赔偿可得利益损失 500 万元。综合违约责任和损失赔偿责任，两项合计南发总厂应对新华公司承担 543.29 万元的责任。[3]

---

〔1〕 最高法民事裁定书，(2014)民申字第 230 号。

〔2〕 对应《民法典》第 584 条。

〔3〕 最高法民事判决书，(2015)民提字第 143 号。

第五节 可得利益损失限制

一、可得利益损失仅限于合同领域，侵权领域不适用

可得利益损失之规定源于《民法典》第584条，该法明确主张可得利益损失之前提为“当事人一方不履行合同义务或者履行合同义务不符合约定，造成对方损失的”，由此可见，可得利益损失存在适用于合同领域的前提。反之，在侵权责任法领域，《侵权责任法》与《民法典》均没有明确规定可得利益损失。《民法典》第1182条规定：“侵害他人人身权益造成财产损失的，按照被侵权人因此受到的损失或者侵权人因此获得的利益赔偿；被侵权人因此受到的损失以及侵权人因此获得的利益难以确定，被侵权人和侵权人就赔偿数额协商不一致，向人民法院提起诉讼的，由人民法院根据实际情况确定赔偿数额。”《民法典》第1184条规定：“侵害他人财产的，财产损失按照损失发生时的市场价格或者其他合理方式计算。”可见，《民法典》相关条文对损害赔偿范围仅进行了原则性规定，没有明确是否包含可得利益损失。

在瓦锡兰芬兰有限公司（以下简称瓦锡兰公司）等与荣成市西霞口船业有限公司（以下简称西霞口船业）等船舶设备买卖侵权纠纷案中，最高法认为，西霞口船业与瓦锡兰公司在涉案主机供货合同中具体约定了主机等设备的技术规范、设备部件保修（修理和更换）、违约责任与赔偿范围、纠纷解决方式、处理纠纷的准据法等。瓦锡兰公司在履行合同过程中向西霞口船业提供含有二手翻新旧曲轴的主机，基于其所称瓦锡兰公司提供旧主机的瑕疵给付而产生的额外费用和可得利益损失，均属于违约损失（合同履行利益）的范畴，在性质上属于合同债权。尽管瓦锡兰公司在履行合同过程中存在故意提供旧主机之嫌，西霞口船业诉请的给付属合同履行利益的性质并不由此改变。本案没有证据表明瓦锡兰公司提供旧主机使西霞口船业遭受合同履行本身及可得利益等合同债权之外的损害。《侵权责任法》并没有将合同债权列入该法保护范围，也即《侵权责任法》不调整违约行为。除非合同一方当事人的行为违反合同约定，又同时侵害侵权责任法所保护的民事权益，构成违约责任与侵权责任竞合，合同对方当事人无权针对一方的违约行为提起侵权责任之诉。合同相对人之间单纯的合同债权属于《合同法》调

整范围，而不属于《侵权责任法》调整范围。对于单纯合同履行利益，原则上应坚持根据《合同法》保护，而不应支持当事人寻求侵权责任救济。西霞口船业就其合同履行利益损失请求合同相对方瓦锡兰公司承担侵权责任，一审、二审法院予以支持，没有法律依据，应予以纠正。[1]

二、可得利益损失受到合同效力的限制

根据《民法典》第155条之规定，无效合同或者被撤销的民事法律行为自始没有法律约束力，因此，无效合同不涉及履行及违约问题；而可得利益损失系有效履行情况下可获得的利益，无效合同的损害赔偿系基于缔约过失行为产生的法律责任，赔偿范围仅限于信赖利益损失，不包括有效履行情形下可获得的利益即可得利益损失。因此，仅有合同合法有效才能主张可得利益损失，若合同未成立、无效，守约方不得主张可得利益损失。最高法在（2021）最高法民申7115号案中，清晰地表达了该意见，即“原审判决在认定案涉土地使用权转让合同无效的情况下，将有效合同才应支持的可得利益损失错误记入无效合同的缔约过失责任赔偿范围，应予纠正”。最高法在（2018）最高法民终542号案及（2019）最高法民申5162号案中秉持了该裁判思路。[2]

在沈阳富临房地产开发有限公司（以下简称富临公司）与徐某房屋买卖合同纠纷案中，可以看出最高法的裁判逻辑，即房屋租金损失，属于基于合同有效能够履行为前提而产生的可得利益损失的违约责任损失赔偿范畴。在该案中，富临公司作为一家专门从事房地产开发的企业，明知其没有预售许可证，仍与徐某签订具有商品房买卖合同性质的《商业网店定向建设合同》，签订合同后也一直未取得商品房预售许可证明，最终导致案涉《商业网店定向建设合同》被认定为无效。本案中，徐某主张的房屋租金损失，系其经营期间向案外人租赁经营场所发生的费用，徐某认为如果富临公司按照合同约定时间交付房屋，其就可以避免对外支付上述租金。最高法认为，因本案中的房屋买卖合同无效，徐某就不能再期待依据该无效合同取得合同中约定的房屋。因此，该房屋租金不是合同无效必然造成的损失，属于徐某

〔1〕 最高法民事裁定书，（2014）民申字第1723号。

〔2〕 类似案例还有（2015）民申字第2677号、（2015）民申字第2677号案。

开办公司和批发中心的经营成本，徐某诉请富临公司赔偿其房屋租金损失，没有法律依据。二审判决将房屋租金损失认定为合同无效后徐某的经济损失范围并判决富临公司支付徐某房屋租金损失，属于适用法律错误。据此，再审改判对徐某主张的房屋租金损失不予支持。〔1〕

三、可得利益损失受限于"客观确定性"

客观确定性并非《民法典》以及《买卖合同解释》中确立的可得利益损失的限制性条件，但却是最高法在司法实践中确立的一个主流裁判倾向。所谓"客观确定性"，是指该利益的取得，不仅在主观上是可能的，在客观上也是确定的，只是因为违约行为的发生，才使得该利益丧失；若无违约行为，该利益通常是必得的。〔2〕 在（2021）最高法民终 521 号中，最高法认为，可得利益的求偿需坚持客观确定性。

司法实务中，最高法有不少判例均确认在判定可得利益损失时应审查该可得利益的客观确定性。

在绵阳兆源房地产开发有限公司（以下简称兆源公司）与石嘴山市登峰房地产开发有限公司合资、合作开发房地产合同纠纷案中，最高法认为，兆源公司提出的"假设开发法"，也只是对房地产开发项目将来可能产生的利润作出评估，并不能据此确定将来该项目一定会产生利润。要求以可能产生的利润作为认定损失的依据并据此确定违约责任，没有法律依据。〔3〕

在海口万诺投资开发有限公司与三亚亿泰投资有限公司等合资、合作开发房地产合同纠纷案中，最高法认为，可得利益的求偿应当坚持客观确定性，即该利益的取得，不仅在主观上是可能的，在客观上也是确定的，只是因为违约行为的发生，才使得该利益丧失；若无违约行为，该利益通常是必得的。〔4〕

在大兴安岭方正木业有限公司（以下简称方正公司）与大兴安岭呼中林业局（以下简称呼中林业局）合同纠纷案中，最高法认为，因可得利益损失具有不确定性，人民法院在审查可得利益损失时要求必须是确定的、必然发生

〔1〕 最高法民事判决书，（2016）最高法民再 3 号。
〔2〕 最高法民事裁定书，（2018）最高法民申 5153 号。
〔3〕 最高法民事判决书，（2017）最高法民终 736 号。
〔4〕 最高法民事裁定书，（2018）最高法民申 5153 号。

的损失，而且还应除却市场经营风险可能导致的亏损部分。本案中，方正公司于2000年已被吊销营业执照，无法正常生产经营，其通过生产加工薪炭材获取利润的条件已不具备，当然也不存在可得利益损失的问题；此外，方正公司也没有证据证明呼中林业局在2000年5月19日之后存在违约行为。因此，方正公司要求呼中林业局赔偿可得利益损失2250万元，不应支持。[1]

在深圳市名夏集团有限公司（以下简称名夏公司）与深圳市中城建设工程有限公司（以下简称中城公司）、深圳市亚洲资产管理有限公司（以下简称亚洲公司）、闽泰集团有限公司（以下简称闽泰公司）及深圳市国融房地产开发有限公司财产损害赔偿纠纷案中，最高法认为，案涉工程项目施工期间，中铁建工集团有限公司深圳分公司与深圳市国融房地产开发有限公司、深圳市通产实业有限公司就港丰大厦建设及工程款支付问题产生纠纷及诉讼，案涉工程项目因此停工。事实上，即使没有中城公司、亚洲公司和闽泰公司非法强占案涉项目工地的事实，该工程竣工时间也受到工程施工方是否按计划建设、工程款是否按时支付、建设环境、政府行政管理等主客观条件影响；同时，即使工程能够按时竣工验收并交付使用，该大厦所有商铺、商务公寓及单身公寓等场所是否能够立即并全部出租，亦未可知。因此，深圳市国融房地产开发有限公司在本案中所主张的房屋租金即可得利益，具有较大不确定性。[2]

在马某贵与湖南方圆建筑工程设计有限公司企业承包经营合同纠纷案中，最高法认为，可得利益是合同履行后债权人所能获得的纯利润，该利益当具有一定的确定性。马某贵在无任何合同基础的情况下主张1444.60万元收益，有违可得利益的确定性。[3]

四、可得利益损失受限于“违约事实”

法律规定违约方应赔偿守约方包括可得利益在内的全部损失，是以适用过错责任原则为基本前提的，其法理在于对违约负有责任的一方不能在给对方造成损失的同时，反而因违约行为获得不当利益。鉴于可得利益损

[1] 最高法民事裁定书，（2016）最高法民申2513号。
[2] 最高法民事裁定书，（2019）最高法民申1006号。
[3] 最高法民事裁定书，（2021）最高法民申4006号。

失属于违约责任,只有违约方存在不履行合同义务或者履行合同义务不符合合同约定之事实,才有主张可得利益损失之基础。故如一方不履行或者履行合同义务不符合约定系不可抗力或者情势变更所致,则并非因为合同一方存在主观过错导致合同解除的情形,在双方对因合同解除发生的损失如何处理不能协商解决的情况下,应该根据公平原则处理,填平实际损失。根据《民法典》第180条及第533条之规定,自不应支持可得利益损失。

在常州新东化工发展有限公司(以下简称新东公司)与江苏正通宏泰股份有限公司(以下简称正通公司)建设工程承包、技术委托开发合同纠纷案中,常州市人民政府根据省人民政府《关于进一步加强污染物减排工作的意见》的要求,调整了节能减排的政策,明确要求新东公司自备电厂在2012年6月底前拆除燃煤锅炉,客观情况发生了重大变化,导致新东公司原定的对燃煤锅炉进行脱硫工程改造项目继续进行已经没有意义,无法实现合同目的,该变化是当事人无法预见的,这种合同风险显然也不属于普通的商业风险。虽然《合同法》及有关司法解释并未明确规定政府政策调整属于情势变更情形,但是如果确实因政府政策的调整,导致不能继续履行合同或者不能实现合同目的,当然属于合同当事人意志之外的客观情况发生重大变化的情形。因此,应该认定本案的情形属于情势变更。本案并非因为合同一方存在主观过错导致合同解除的情形,在双方对因合同解除发生的损失如何处理不能协商解决的情况下,应该根据公平原则处理。对于正通公司的损失,应该遵循填平原则,即该公司因涉案合同签订及履行已经实际发生的费用、损失,及其已经完成工作或实际付出的劳动应当获得的合理报酬,应当予以补偿。对其尚未进行的工作或付出的劳动,正通公司没有理由要求获得报酬或可得利益。[1]

五、可得利益损失受限于当事人事先约定

若双方当事人在订立合同时事先约定了损害赔偿的计算方法,则不赔偿可得利益损失。因为在约定可得利益损失计算方法之后,按照计算方法得出的损失是双方当事人在立约时就已经预见到的损失,即使数额不一定精确,也应该按照双方事先预见的数额来赔偿。

---

〔1〕 最高法民事判决书,(2015)民提字第39号。

六、可得利益损失受限于违约方之合法利益

如在王某全等与锡林郭勒盟锡原商贸有限公司(以下简称锡原公司)等相邻权纠纷案[1]中,锡原公司对本案砂石路享有通行权,但因王某全、王某、王某1阻止锡原公司通行,致使锡原公司从2008年至2010年不能正常生产经营,原审法院判决王某全、王某、王某1应赔偿锡原公司两年可得利益损失732,800元。最高法对此认为,根据《安全生产许可证条例》第2条"国家对矿山企业、建筑施工企业和危险化学品、烟花爆竹、民用爆炸物品生产企业实行安全生产许可证制度。企业未取得安全生产许可证的,不得从事生产活动"之规定,锡原公司在不具备安全生产许可证的情况下,本不应从事开采活动,当然亦不应因此而获利。否则,无异于保护、支持、鼓励违法开采行为。故王某全、王某、王某1阻止锡原公司通行虽有所不当,但锡原公司在不具备安全生产许可证的情况下要求赔偿其可得利益损失,不应支持。

第六节 结　语

我国早在1999年《合同法》中就确立了可得利益赔偿制度,且在2009年发布的《最高人民法院关于当前形势下审理民商事合同纠纷案件若干问题的指导意见》中进一步明确了可得利益计算规则。然而,司法实践中,由于司法裁判机构对可得利益损失认定严格依照确定性、未来性和可期待性进行界定,且囿于守约方证据能力或客观环境,当事人真正获得可得利益损失赔偿的司法案例较少。这不利于诚实信用原则在民事诉讼活动中的实施。根据我国合同法违约损失之完全填补原则,笔者认为,将来有必要适当放宽对可得利益损失的认定。

[1] 最高法民事判决书,(2015)民提字第222号。

第十五章 民刑交叉论述

刑法和民法作为调整社会关系的两大基础性规范，二者一定程度上的交错、竞合有其正当性和必然性。刑法关注刑事违法性和惩罚性，民法关注私权的保障。同一事实同时违反刑、民两法时，应秉承在打击刑事违法性的同时最大限度保护私权的原则，这是法的价值取向。从世界范围来看，民刑交叉案件的处理主要有两种模式：第一种为分离式，主要见于美国、英国等普通法系国家。在采用分离式的国家中，刑事诉讼和民事诉讼完全分离；在发生民刑交叉案件时，有关民事赔偿的部分只能通过民事诉讼寻求救济，即当事人只能在刑事诉讼以外，另行提起民事诉讼以救济因犯罪行为遭受的损失。第二种为附带式，主要见于法国、德国等大陆法系国家。采用附带式的国家区别公诉和私诉，并且有公诉附带私诉的传统；在发生民刑交叉案件之时，通常都会在刑事诉讼中附带将民事赔偿部分一并处理。[1] 就我国而言，1985 年确立了"先刑后民"原则，[2] 后逐渐演变成"先刑后民""民刑并举""先民后刑"三种方式。

---

〔1〕 参见黄亮：《商业秘密刑民交叉案件处理模式的困境及其破解》，载《时代法学》2015 年第 3 期。

〔2〕 1985 年 8 月 19 日发布的《最高人民法院、最高人民检察院、公安部关于及时查处在经济纠纷案件中发现的经济犯罪的通知》中明确规定，各级人民法院在审理经济纠纷案件中，如发现有经济犯罪，应按照 1979 年 12 月 15 日《最高人民法院、最高人民检察院、公安部关于执行刑事诉讼法规定的案件管辖范围的通知》，将经济犯罪的有关材料分别移送给有管辖权的公安机关或检察机关侦查、起诉，公安机关或检察机关均应及时予以受理。这是"先刑后民"原则确立的标志性法律文件。

对于民事纠纷与刑事纠纷交叉时的称谓问题，学术界并不统一，存在“刑民交织”“民刑竞合”“刑民结合”“刑民混合”“刑民交错”“民刑交叉”等，而“民刑交叉”使用最为广泛。“民刑交叉”并非严格意义上的法律概念，有学者主张从法律关系竞合角度分析民刑交叉案件，其认为，民刑交叉是指不同行为分别侵犯了刑事法律关系和民事法律关系，但不同行为之间具有一定的牵连关系，以及同一行为同时侵犯了刑事法律关系和民事法律关系或者侵犯的法律关系一时难以确定是刑事法律关系还是民事法律关系的现象。[1] 还有学者从法律关系的构成要件角度来界定民刑交叉案件，认为民刑交叉是行为人的同一行为同时部分或全部符合刑事犯罪的构成要件和民事法律关系的构成要件的客观存在，并认为这种交叉现象是行为人实施的行为特殊到一定程度，在刑事规范与民事规范的边缘区域发生摩擦、碰撞的结果。[2] 有观点则认为，民刑交叉案件，是指民事案件与刑事案件在法律事实、法律主体方面存在完全重合或者部分重合，从而导致案件的刑事、民事部分之间在程序处理、责任承担等方面相互交叉和渗透。正是由于案件法律事实产生了交叉（重合或者部分重合），根据不同的法律规范，产生了不同的法律责任（刑事责任和民事责任），涉及完全相同或者部分相同的主体承担，需要两种不同的诉讼程序（通过刑事诉讼运用公权力进行制裁和通过民事诉讼对私权利进行救济）来实现权利救济，才产生案件的交叉问题。[3] 尽管理论界对何为民刑交叉案件文义描述不尽一致，但本质属性相同，即因同一事实同时需要民、刑两法进行效果评价。

民刑交叉在当前司法实践中最为常见的一种情形是由同一民间借贷行为引发的民事法律关系和刑事法律关系相互交织，也是长期困扰司法机关的社会问题。[4] 对于民刑交叉案件到底适用“先民后刑”“先刑后民”，还是“刑民并举”之方式，笔者认为，一般情况下，以是否属于同一事实作为区分

---

〔1〕 参见刘建国等：《刑事诉讼中的刑民交错现象及其法律规制》，载张智辉主编：《中国检察》（第6卷），北京大学出版社2004年版，第183页。

〔2〕 参见童可兴：《刑民交错案件的司法界定》，载《人民检察》2004年第6期。

〔3〕 参见刘高：《民刑交叉中合同效力的认定及诉讼程序的构建——以最高人民法院相关司法解释为视角》，载《法学家》2015年第2期。

〔4〕 参见杨临萍等：《最高人民法院关于审理民间借贷案件适用法律若干问题的规定的理解与适用》，载《法律适用》2015年第11期。

标准。如系同一事实,则先刑后民;如非同一事实,则民刑并举,但特殊情况下仍应先民后刑。尽管我国现行法律对该问题已有相关规定,但最高法的司法实践却判法各异。本章将结合最高法司法判例,深入解析最高法处理民刑交叉案件的基本程序规则及其合同效力之评价准则。

第一节 民刑交叉界定标准

一、界定标准:同一事实

2021 年 1 月 1 日实施的《民刑交叉规定》第 1 条关于“同一自然人、法人或其他组织因不同的法律事实,分别涉及经济纠纷和经济犯罪嫌疑的,经济纠纷案件和经济犯罪嫌疑案件应当分开审理”、第 10 条关于“人民法院在审理经济纠纷案件中,发现与本案有牵连,但与本案不是同一法律关系的经济犯罪嫌疑线索、材料,应将犯罪嫌疑线索、材料移送有关公安机关或检察机关查处,经济纠纷案件继续审理”等规定,均将“同一法律事实”“同一法律关系”作为民刑交叉案件后续诉讼程序选择的标准,即若刑、民属于同一法律事实的,则按照“先刑后民”的原则处理;若刑、民分属不同法律事实的,则按照“民刑并举”的原则进行。

2014 年 3 月 25 日实施的《非法集资意见》第 7 条规定:“对于公安机关、人民检察院、人民法院正在侦查、起诉、审理的非法集资刑事案件,有关单位或者个人就同一事实向人民法院提起民事诉讼或者申请执行涉案财物的,人民法院应当不予受理,并将有关材料移送公安机关或者检察机关。人民法院在审理民事案件或者执行过程中,发现有非法集资犯罪嫌疑的,应当裁定驳回起诉或者中止执行,并及时将有关材料移送公安机关或者检察机关。公安机关、人民检察院、人民法院在侦查、起诉、审理非法集资刑事案件中,发现与人民法院正在审理的民事案件属同一事实,或者被申请执行的财物属于涉案财物的,应当及时通报相关人民法院。人民法院经审查认为确属涉嫌犯罪的,依照前款规定处理。”《非法集资意见》遵循了《民刑交叉规定》在民刑交叉问题处理上的“同一性”标准,但是没有采取“同一法律事实”“同一法律关系”的表述,而是采取了“同一事实”的表述。

2019 年 11 月 8 日实施的《九民纪要》第 128 条和第 129 条也采用了“同

一事实”“不同事实”的表述。

2021 年 1 月 1 日实施的《民间借贷规定》第 6 条规定:“人民法院立案后,发现与民间借贷纠纷案件虽有关联但不是同一事实的涉嫌非法集资等犯罪的线索、材料的,人民法院应当继续审理民间借贷纠纷案件,并将涉嫌非法集资等犯罪的线索、材料移送公安或者检察机关。”《民间借贷规定》进一步确认了应以“同一事实”作为区分刑民交叉案件程序选择的标准。由此可见,我国现行法律已将“同一事实”作为“刑民交叉”案件后续诉讼程序的选择标准。[1]

二、司法实践:认定路径

据笔者观察,最高法的裁判文书中,同一法律事实、同一法律关系、同一事实的表述并存,总体来说,看引用的法律条文,如果是引用《民刑交叉规定》,则一般表述“为同一法律事实”或“同一法律关系”;如果引用《民间借贷解释》,则表述为“同一事实”。其实,法律事实、法律关系是指法律规范调整下的事实和关系,只要法律规范性质不同,法律关系和法律事实就不同。从这一意义来说,由于民事规范和刑事规范性质的不同,民刑交叉情况下不存在同一法律事实或同一法律关系,故以此表述作为判断民刑程序选择标准存在逻辑矛盾。[2] 且应当承认,现行法律对何为“同一事实”本身也没有界定,可操作性差,这是导致民刑交叉问题长期成为热点、疑点及难点问题的重要原因。通过考察最高法的司法实践,就发现民刑交叉案件疑难之一在于界定是否属于同一事实。最高法在司法实践中,时常出现对同一事实相反的认定,这反映民刑交叉案件在处理上的分歧和法律适用上的疑难。实践中,司法裁判人员对案件的“法律事实”“法律关系”是否相同,理解认识不一致,司法裁判相当混乱。[3]

在黄某兴与四川中南明大置业投资有限公司借款合同纠纷案中,最高法经审查认为,经该院二审查明,厦门检察院认为李某华构成集资诈骗罪及

---

〔1〕 也有学者认为,涉嫌刑事犯罪的民事合同效力认定问题在理论界与实务界已被争论多年,扭转司法实践中大量存在的无效主义方法,仅凭此条规定,未免略显单薄。参见沈伟:《涉嫌诈骗合同效力的司法认定及其处理路径——基于法解释学的解构》,载《法学评论》2017 年第 4 期。

〔2〕 最高法民事裁定书,(2015)民申字第 1778 号。

〔3〕 参见林智远:《论涉嫌合同诈骗案件之诉讼方式选择》,载《海峡法学》2011 年第 4 期。

抽逃出资罪，于2013年7月23日以厦检刑诉(2013)89号起诉书向厦门中院提起公诉，起诉书附表二第30项载明，李某华于2008年2月至2010年11月从被害人黄某兴处集资93,550,000元，已经归还90,425,000元，尚有3,125,000元未予归还。故最高法二审认定本案涉嫌经济犯罪，有事实依据。本案黄某兴起诉的被告虽然除李某华外还包括了厦门前埔工行等，但由于与李某华涉嫌的非法集资案件涉及同一事实，最高法二审根据《民刑交叉规定》的规定，认定本案不属于人民法院受理民事诉讼的范围，裁定驳回黄某兴起诉，适用法律并无不当。[1]

在中国农业发展银行灯塔市支行(以下简称灯塔支行)与辽阳宾馆有限责任公司(以下简称辽阳宾馆)等借款合同纠纷案中，一审高院与二审最高法就辽阳罕王湖农业集团有限公司(以下简称罕王湖公司)法定代表人涉嫌骗取贷款罪案件与借款担保纠纷案件是否属于"同一事实"存在截然相反的认定。一审认为应驳回起诉，二审改判认为应当受理。从本案足以看出，在何为"同一事实"的认定缺乏可操作性规范的情况下，裁判者进行事实判断极为困难。最高法认为，驳回起诉将有关材料移送公安机关或检察机关需要具备两个条件：一是人民法院经审理认为不属于经济纠纷案件，二是有经济犯罪嫌疑。这两个条件相对独立、互相印证的，缺一不可。本案系因罕王湖公司向灯塔支行借款，辽阳宾馆提供保证，因罕王湖公司未能归还到期借款而引发诉讼，从当事人订立、履行合同的情况看，结合一审法院实体审理的情况，尚不能得出本案不属于经济纠纷案件的结论。辽阳市公安局决定立案的"辽阳市农发行贷款被骗案"，与本案有一定关联，说明本案有经济犯罪嫌疑，但不能以有经济犯罪嫌疑，就必然得出本案不属于经济纠纷的结论。况且，辽阳市公安局立案侦查的案件与本案涉及的民事法律关系并不完全一致，在本案中，上诉人起诉要求罕王湖公司承担借款本金及利息还款义务，并要求辽阳宾馆根据保证合同约定承担连带清偿责任。原审法院仅以罕王湖公司法定代表人李某峰涉嫌骗取贷款罪被公安机关进行立案侦查为由，将李某峰涉嫌骗取贷款案件与债务纠纷及担保纠纷认定为同一事实，并裁定驳回上诉人的起诉，明显不当。依当事人之约定，辽阳宾馆对罕王湖公司债务的保证责任是连带保证责任，即在罕王湖公司不能清偿到期债务

---

〔1〕 最高法民事裁定书，(2014)民申字第441号。

时,辽阳宾馆应当承担连带清偿责任,并不享有先诉抗辩权利。即使灯塔支行与罕王湖公司之间的借款合同无效,作为保证人的辽阳宾馆亦不当然免责,因此,灯塔支行为维护自身的合法权益而起诉罕王湖公司和辽阳宾馆,有事实和法律依据。灯塔支行的起诉符合《民事诉讼法》(2012 年)第 119 条[1]规定的起诉条件,人民法院应予受理,上诉人上诉理由成立,对其上诉请求应予支持。原裁定适用法律错误,应予以撤销。[2]

正是基于上述现状,为尽可能减少司法裁判尺度的不一致。《九民纪要》第 128 条和第 129 条对民刑交叉问题进行了规定,但《九民纪要》本身也没有解决何为“同一事实”的问题,《九民纪要》只是列出了 5 种不同事实。笔者认为,因民事与刑事的概念体系不尽一致,民事行为以意思表示为核心构成要件,而刑事犯罪则要求满足犯罪的四个构成要件,因此恐难以准确界定二者的重合关系,故所谓同一法律事实/法律关系的概念不是十分准确。在这种情况下,将竞合型民刑交叉案件认定为“同一事实”可能更恰当一些。“同一事实”要求民事行为本身就是刑事犯罪行为,只有满足此种条件,才构成竞合型民刑交叉案件,适用“先刑后民”的处理模式。

那么,什么是“同一事实”呢?根据最高法专委刘贵祥就《九民纪要》所发表的讲话,要从行为实施主体、相对人以及要件事实下述三个方面认定是否属于“同一事实”。

一是从行为实施主体的角度判断。“同一事实”指的是同一主体实施的行为,不同主体实施的行为不属于“同一事实”。需要特别注意的是,法定代表人、负责人以及其他工作人员等对外以法人名义从事的职务行为,应当由法人承担相应的民事后果。如果法定代表人、负责人以及其他工作人员构成犯罪,但法人本身不构成犯罪的,鉴于犯罪行为的主体与民事行为的主体属于不同的主体,一般不宜认定为“同一事实”。

在郭某尚与兰州银行股份有限公司恒通支行(以下简称兰州银行恒通支行)、朱某民间借贷纠纷案中,兰州经侦向兰州中院出具《情况说明》:“朱某伪造兰州银行恒通支行公章为他人提供担保,向郭某尚借款 1300 万元,现该犯罪事实我队正在侦办中,朱某已羁押于兰州第一看守所。”最高法认为,

---

[1] 对应现行《民事诉讼法》第 122 条。

[2] 最高法民事裁定书,(2013)民二终字第 39 号。

本案审理的是朱某作为时任兰州银行恒通支行行长，通过加盖公章的方式以兰州银行恒通支行的名义与郭某尚签订《借款合同》所产生的借贷关系。该借贷关系的主体是郭某尚与兰州银行恒通支行，而朱某涉嫌犯罪主要涉及朱某侵害该行的资金所有权，该法律关系的主体是朱某和兰州银行恒通支行，故借款事实与朱某涉嫌犯罪的事实不是同一法律事实。故原审驳回起诉错误。[1]

二是从法律关系的角度认定。比如，刑事案件的受害人同时是民事法律关系的相对人[2]的，一般可以认定该事实为“同一事实”。实践中，侵权行为人涉嫌刑事犯罪，被保险人、受益人或其他赔偿权利人请求保险人支付保险金；主合同的债务人涉嫌刑事犯罪，债权人请求担保人承担民事责任的，因涉及不同的法律关系，均不属于“同一事实”。

三是从要件事实的角度认定。只有民事案件争议的事实同时是构成刑事犯罪的要件事实的情况下，才属于“同一事实”。如当事人因票据贴现发生民事纠纷，人民法院在审理过程中发现汇票的出票人因签发无资金保证的汇票构成票据诈骗罪，但鉴于背书转让行为并非票据诈骗犯罪的构成要件，因而民事案件与刑事案件不属于“同一事实”。

第二节 民刑并举

刑事案件与民事案件虽然有一定牵连关系，但由于二者属于不同的法律事实和法律关系，因此，刑事诉讼和民事诉讼中，认定事实、审理、裁判的对象完全不同，民事审判的结果也并非刑事审判的结果。因此，刑事诉讼和民事诉讼可以各自独立进行。[3] 根据《民刑交叉规定》第 1 条及第 10 条之规定，同一自然人、法人或非法人组织因不同的法律事实，分别涉及经济纠

〔1〕 最高法民事裁定书，(2018)最高法民再 404 号。

〔2〕 立法机关经研究认为，根据民事合同相对性原理，民法上的相对人是指合同对方当事人。参见最高人民法院民事审判第二庭编著：《〈全国法院民商事审判工作会议纪要〉理解与适用》，人民法院出版社 2019 年版，第 105 页。

〔3〕 参见张永泉：《法秩序统一视野下的诉讼程序与法律效果的多元性——以竞合型刑民交叉案件为视角》，载《法学杂志》2017 年第 3 期。

纷和经济犯罪嫌疑的,经济纠纷案件和经济犯罪嫌疑案件应当分开审理,即应民刑并举。结合《九民纪要》及最高法的司法实践,民刑并举主要存在以下几类情形。

一、因债务人犯罪,要求担保人承担民事责任型

此类型即主合同的债务人涉嫌刑事犯罪或者刑事裁判认定其构成犯罪,债权人请求担保人承担民事责任的情况。如在(2017)最高法民再2号案中,最高法认为,借款人涉嫌犯罪案件与出借人要求保证人履行担保责任案件并非"同一事实"。

在江山市江建房地产开发有限责任公司(以下简称江建公司)与雷某程等民间借贷纠纷案中,最高法认为,对于借款人是否涉嫌犯罪的认定,不影响担保责任的认定与承担。在由第三人提供担保的民间借贷中,就法律关系而言,存在出借人与借款人之间的借款关系以及出借人与第三方的担保关系两种法律关系,而借款人涉嫌犯罪或者被生效判决认定有罪,并不涉及担保法律关系。刑事案件的犯罪嫌疑人或犯罪人仅与民间借贷纠纷中的借款人重合,而出借人要求担保人承担担保责任的案件,其责任主体与刑事案件的责任主体并不一致。因此,借款人涉嫌或构成刑事犯罪时,出借人起诉担保人的,应适用"民刑分离"的原则。[1]

在新疆京中房地产开发有限责任公司(以下简称京中公司)、何某燕与叶某保证合同纠纷案[2]中,叶某与赵某辉签订《个人借款合同》,约定由叶某给赵某辉提供借款700万元。京中公司、何某燕为本案借款提供连带保证担保。叶某已按照案涉《个人借款合同》约定,向赵某辉出借700万元款项。赵某辉因涉嫌集资诈骗被刑事拘留。最高法认为,本案中,保证人何某燕、京中公司均不涉及刑事案件,本案的保证合同纠纷与赵某辉涉嫌诈骗案件并非基于同一法律关系,借款人是否涉嫌犯罪,不影响出借人起诉担保人承担民事责任,再审申请人要求移送公安机关没有依据。该案中,刑事案件受害人为叶某,刑事犯罪嫌疑人为赵某辉,民事再审被申请人为保证人何某燕和京中公司,这种情形下,刑事案件受害人与民事案件相对人也就是被告或

〔1〕 最高法民事裁定书,(2016)最高法民申425号。
〔2〕 最高法民事裁定书,(2019)最高法民申1934号。

者再审被申请人不具有同一性，故不属于“同一事实”。

二、行为人犯罪，追究法人民事责任型

此类型即行为人以法人、非法人组织或者他人名义订立合同的行为涉嫌刑事犯罪或者刑事裁判认定其构成犯罪，合同相对人是请求该法人、非法人组织或者他人承担民事责任的情况。

在郎某伦与中铁二十三局集团第二工程有限公司（以下简称第二工程公司）、中铁二十三局集团第二工程有限公司云南分公司（以下简称云南分公司）及冯某辉建设工程合同纠纷案[1]中，冯某辉（行为人）以云南分公司名义将工程承包给了郎某伦（合同相对人），郎某伦将600万元合作保证金汇入云南分公司账户内，云南分公司在收取郎某伦依约支付的600万元工程保证金后，并未将工程项目承包给郎某伦，郎某伦起诉要求云南分公司返还收取的款项，冯某辉涉嫌合同诈骗犯罪，正在被司法机关追究刑事责任，现云南分公司不认可冯某辉具有代表云南分公司签署协议及收取保证金的权利。最高法认为，云南分公司作为与郎某伦签订协议的一方当事人，无论其经办人员冯某辉是否构成犯罪，均应依据所签协议对外承担相应的民事法律责任，即便冯某辉涉嫌犯罪的行为与本案经济纠纷有牵连，由于该涉嫌犯罪行为与本案纠纷并非同一法律关系，人民法院除移交犯罪线索、材料外，亦不影响本案作为经济纠纷案件继续审理。

在齐齐哈尔温商房地产开发有限公司（以下简称温商公司）与于某荣民间借贷纠纷案中，温商公司主张黄某寿涉嫌集资诈骗、非法吸收公众存款罪已经被移送齐齐哈尔市龙沙区检察院审查起诉，本案民间借贷事实需以刑事案件的审理结果为依据，原审法院应当中止本案诉讼。最高法认为，黄某寿是温商公司的总经理、股东，其以温商公司名义向于某荣借款480万元，借据加盖了温商公司的公章。后双方又协商以房产为涉案借款提供抵押担保，签订了商品房买卖合同，也加盖了温商公司的公章。黄某寿的上述行为足以使于某荣对黄某寿有权代理温商公司借款产生合理信赖。因于某荣有理由相信黄某寿有代理温商公司对外借款的权利，无论温商公司是否授权黄某寿借款，温商公司均应当承担责任。因此，本案的审理无须以刑事案件

---

〔1〕 最高法民事裁定书，(2017)最高法民再182号。

的审理结果为依据,无须中止诉讼。[1]

三、因负责人职务犯罪,追究法人民事责任型

此类型即法人或者非法人组织的法定代表人、负责人或者其他工作人员的职务行为涉嫌刑事犯罪,或者刑事裁判认定其构成犯罪,受害人请求该法人或者非法人组织承担民事责任的情况。这种情形又可以细分为以下两类。

第一类是行为人涉嫌犯罪,合同相对人主张构成表见代理、表见代表,要求行为人所在单位承担合同法律关系项下的民事责任。如在华昌达智能装备集团股份有限公司(以下简称华昌达公司)与湖北天乾资产管理有限公司(以下简称天乾公司)、武汉国创资本投资有限公司(以下简称国创公司)债权转让纠纷案[2]中,华昌达公司主张十堰市公安局已就"颜某涉嫌伪造华昌达公司印章向国创公司借款2亿元"正式刑事立案,颜某伪造印章向国创公司借款2亿元与案涉借款是基于同一事实及同一法律关系,按照法律规定应裁定驳回天乾公司的起诉并将本案材料及线索全部移交公安机关处理。最高法认为,本案中颜某以华昌达公司名义与国创公司签订借款合同,即使颜某存在侵占该笔借款的行为且涉嫌构成犯罪,华昌达公司仍应对该借款行为造成的后果承担民事责任。故原审法院将本案纠纷按照民事诉讼程序进行处理并无不当。

第二类是合同相对人认为单位对行为人具有管理上的过错,由于其管理上的过错导致相对人信赖行为人可以代表或代理单位行为而致损失,诉求单位承担侵权赔偿责任。例如,在长治银行股份有限公司十字街支行与上海瑞盛投资有限公司、二审上诉人长治银行股份有限公司(以下简称长治银行)、张某宇票据损害责任纠纷案[3]中,张某宇作为长治银行职工及信贷部工作人员,利用在该行工作的便利,实施了吸收客户资金不入账的民事侵权行为及刑事犯罪(因犯吸收客户资金不入账罪被判刑8年),而长治银行因单位公章使用和管理上存在的漏洞,为张某宇的侵权和犯罪行为提供了

---

〔1〕 最高法民事裁定书,(2016)最高法民申770号。
〔2〕 最高法民事裁定书,(2019)最高法民申4929号。
〔3〕 最高法民事裁定书,(2019)最高法民申4155号。

可乘之机。虽然长治银行与张某宇并不存在共同故意或通谋，但因其内部管理不善，导致本应避免的损失未能避免。因此，长治银行应在其过错范围内，对上海瑞盛投资有限公司的损失承担赔偿责任。

又如，在安徽老百姓大药房连锁有限公司（以下简称老百姓大药房）与芜湖扬子农村商业银行股份有限公司（以下简称扬子银行）、芜湖爱丽医药贸易有限公司（以下简称爱丽医药公司）等借款合同纠纷案中，扬子银行与爱丽医药公司、老百姓大药房分别签订《开立银行承兑汇票合同》和《保证金合同》，系各方当事人的真实意思表示。老百姓大药房提供的刑事判决认定胡某（爱丽医药公司的法定代表人）构成骗取贷款罪，因扬子银行向爱丽医药公司贷款是其正常业务范围，胡某构成骗取贷款罪恰恰证明扬子银行发放贷款系受到欺诈，而老百姓大药房没有提供充分证据证明扬子银行及其员工与胡某存在串通行为。故胡某承担骗取贷款罪的刑事责任并不影响扬子银行向爱丽医药公司主张其民事权益。[1]

四、侵权人犯罪，要求保险人承担民事责任型

此类型是侵权行为人涉嫌刑事犯罪或者刑事裁判认定其构成犯罪，被保险人、受益人或者其他赔偿权利人请求保险人支付保险金的情况，如行为人构成交通肇事罪，而受害人以保险公司为合同相对人提起人身损害赔偿之诉。

五、施害人犯罪，请求其他主体承担民事责任型

此类型是受害人请求涉嫌刑事犯罪的行为人之外的其他主体承担民事责任的情况。在河南鑫鑫房地产开发有限公司（以下简称鑫鑫公司）与彭某、河南中汇实业集团有限公司（以下简称中汇公司）民间借贷纠纷案中，最高法认为，根据本案查明的事实，本案涉及的民间借贷事实虽然与浙鑫公司非法吸收公众存款的犯罪事实有关联，但刑事案件的被告人是浙鑫公司及其法定代表人李某，而彭某起诉的债务人是鑫鑫公司、张某华和中汇公司，民事案件与刑事案件的主体不同，并非“同一事实”。[2]

---

〔1〕 最高法民事裁定书，(2018)最高法民申 756 号。

〔2〕 最高法民事裁定书，(2020)最高法民申 5587 号。

在沈阳朗勤置业有限公司(以下简称朗勤公司)、山东省金融资产管理股份有限公司(以下简称山东金融资产公司)与青岛恒通进出口有限公司(以下简称恒通公司)信用证纠纷案中,最高法认为,本案讼争的事实与刑事判决认定的事实并非“同一事实”。首先,实施刑事犯罪行为的犯罪人、受害人与案涉民事法律关系的主体并不对应。根据生效刑事判决查明的事实,陈某鸿、杨某以给朗勤公司2亿元授信资金为诱饵,骗取朗勤公司以其房地产项目为恒通公司在建行四方支行的融资与开立案涉信用证的行为提供抵押担保,该行为构成合同诈骗罪。实施合同诈骗行为诈骗朗勤公司的犯罪人是陈某鸿、杨某,受害人为朗勤公司。对比可知,案涉民事法律关系项下的《贸易融资合同》《委托融资合同》和两份《信用证开证合同》的合同双方是建行四方支行与恒通公司,《最高额抵押合同》的合同双方是朗勤公司与建行四方支行。实施刑事犯罪行为的犯罪人、受害人与案涉民事法律关系下诸合同的合同双方并不对应。尤其是朗勤公司与建行四方支行之间的担保法律关系所基于的事实与刑事判决认定的事实更非“同一事实”。刑事判决虽然也认定陈某鸿、杨某、陈某军等诈骗建行四方支行构成贷款诈骗、信用证诈骗罪,但陈某鸿、杨某构成信用证诈骗罪所涉的信用证并非本案恒通公司与建行四方支行之间的融资与开证涉及的信用证。其次,本案的债权受让人山东金融资产公司是依据建行四方支行与恒通公司及朗勤公司分别签订的相关民事合同,请求恒通公司和朗勤公司各自承担信用证偿付义务和担保责任。刑事判决仅解决了犯罪嫌疑人陈某鸿、杨某等是否构成犯罪、应否受到刑罚处罚以及如何处罚的问题。因刑事判决并未认定、朗勤公司亦未提供证据证明建行四方支行实施或参与实施了诈骗朗勤公司的犯罪行为,因而刑事判决并未当然解决恒通公司与建行四方支行、朗勤公司与建行四方支行签订的相关协议的效力,以及恒通公司、朗勤公司是否应承担相关合同义务的问题,这些问题以在本案通过民事诉讼解决为宜。[1]

六、无须以刑事案件审理结果为依据型

《民事诉讼法》第153条第1款第5项规定:“有下列情形之一的,中止诉讼:……(五)本案必须以另一案的审理结果为依据,而另一案尚未审结

〔1〕 最高法民事判决书,(2019)最高法民终266号。

的……"但现行立法及司法解释均未对"本案必须以另一案的审理结果为依据"之含义作进一步解释。一般情况下,当民事纠纷与刑事犯罪基于"同一事实",若刑事案件的认定事实及处理结果会对民事案件的审理结果造成实质性影响,民事案件应当中止诉讼。此种情况下采用"先刑后民"的处理方式,更有利于查明案件事实,避免法院作出相互冲突的裁判。如民事案件无须以刑事案件的审理结果为依据,则应按照民刑并举方式,民事诉讼和刑事诉讼分别进行。

在山西华润联盛能源投资有限公司(以下简称华润联盛公司)与中国民生银行股份有限公司济南分行(以下简称民生银行济南分行)票据追索权纠纷案中,最高法认为,本案系民生银行济南分行作为案涉票据的持票人向票据债务人山东世纪天成经贸有限公司(以下简称世纪公司)和华润联盛公司提起的票据追索权诉讼,现有在卷证据足以查清和认定案件事实,世纪公司法定代表人于某涉嫌骗取票据承兑案是否提起公诉以及最终刑事审理结果如何,均对本案民事审理不产生影响。故本案不属于《民事诉讼法》(2012年)第150条[1]所规定的应当中止审理的情形,华润联盛公司的有关上诉主张没有法律依据,最高法对此依法予以驳回。[2]

七、出借人起诉民事案件与刑事案件非同一型

此类型指出借人涉嫌非法吸收公众存款罪,但出借人起诉债务人的民事案件与刑事犯罪并非"同一事实"。在榆林市恒宏商贸有限公司、郭某胜、杨某敏、田某与高某峰民间借贷纠纷案中,被申请人高某峰是鼎盛公司的法定代表人,高某峰因涉嫌非法吸收公众存款罪,已被起诉至法院,该案现正在审理中。申请人榆林市恒宏商贸有限公司等与高某峰签订了《借款合同》,替高某峰向合同约定的银行账户发放了借款。最高法认为,本案申请人与高某峰之间的民间借贷行为并不涉嫌非法吸收公众存款犯罪,与高某峰涉嫌非法吸收公众存款罪案并非同一法律事实。[3]

---

〔1〕 对应现行《民事诉讼法》第153条。

〔2〕 最高法民事判决书,(2015)民二终字第152号。

〔3〕 最高法民事裁定书,(2017)最高法民申858号。

八、出借人起诉款项未纳入犯罪金额型

借款人涉嫌非法吸收公众存款罪，但出借人起诉的该笔款项并未纳入公安机关认定的数额或刑事判决数额中，故不属于同一事实。在郑某群与姜某及谭某、谭某仁、徐某芬、谭某1民间借贷纠纷案中，最高法认为，从原审查明的事实看，谭某（借款人）非法吸收公众存款犯罪案，法院已作出生效裁判，该生效裁判并未将本案所涉借款纳入谭某非法吸收公众存款犯罪中，也未将姜某（出借人）列为谭某非法吸收公众存款犯罪一案的受害人。故本案与谭某非法吸收公众存款犯罪一案不属同一法律关系。为此，原审对本案继续进行审理并径行判决并无不当，郑某群（担保人）所称本案涉嫌刑事犯罪应裁定驳回起诉并将本案移交公安机关依据不足。[1]

第三节　先刑后民

在现代诉讼程序刑民分离的背景下，刑事诉讼程序和民事诉讼程序之间存在技术上的差异，对于同一案件，刑事裁判与民事裁判之间可能不相一致甚至相互矛盾。[2] 在确实涉嫌刑事犯罪的情况下，先进行民事诉讼程序，由于不能对犯罪嫌疑人采取强制措施，犯罪嫌疑人在民事诉讼过程中可能逃跑或者发生其他危险，会对之后的刑事诉讼程序造成妨碍，[3] 且刑事附带民事诉讼和刑事程序扣押退赔等手段可以保障受害人民事权利无须进行冗长的民事诉讼程序。因此，就同一事实同时涉嫌民事纠纷和刑事犯罪时，采取先刑后民是妥当的。所谓“先刑后民”，是指在民事诉讼活动中发现涉嫌刑事犯罪时，应当在侦查机关对涉嫌刑事犯罪的事实查清后，由法院先对刑事犯罪进行审理，再就涉及的民事责任问题进行审理，或者由法院在审理刑事犯罪的同时附带审理民事责任问题，在此之前法院不应单独就其中的民

---

〔1〕 最高法民事裁定书，(2019)最高法民申6423号。

〔2〕 参见万毅：《“先刑后民”原则的实践困境及其理论破解》，载《上海交通大学学报（哲学社会科学版）》2007年第2期。

〔3〕 参见张明楷：《程序上的刑民关系》，载《人民法院报》2006年5月24日，B01版。

事责任予以审理判决。[1] 根据我国《非法集资意见》第7条[2]和《民间借贷规定》第5条[3]之规定，如果人民法院发现审理的民事案件与公、检、法正在办理的刑事案件系同一事实的，应按照先刑后民方式，就民事案件裁定不予受理、驳回起诉、中止审理或中止执行。

一、在办刑事案件与民事程序衔接

对公、检、法正在侦查、起诉或审理的刑事案件，有关单位或个人就该同一事实起诉或申请执行的，人民法院应当不予受理；对于人民法院作为经济纠纷受理的案件，经审理认为不属经济纠纷案件而有经济犯罪嫌疑的，应当裁定驳回起诉、中止审理或中止执行。

在梅某娇与李某玲等借款合同纠纷案中，最高法认为非法集资行为虽然在形式上表现为民间借贷法律关系，但因该民间借贷行为本身涉嫌刑事犯罪，因此，人民法院应当裁定驳回起诉。梅某娇与李某玲、陈某微之间3100万元的借款事实与李某玲、陈某微涉嫌非法吸收公众存款刑事案件涉及同一事实，并无争议。关于梅某娇与其他非涉嫌犯罪被申请人之间法律关系所涉及的事实与李某玲、陈某微涉嫌犯罪事实是否为同一事实的问题。首先，从本案交叉民刑关系涉及的主要事实看，梅某娇与李某玲、陈某微之间的借款事实已经属于两刑事犯罪嫌疑人涉嫌刑事犯罪事实的一部分，与该借款合同关联的其他保证、房屋抵债等合同，均系依附于主借款合同的从

---

[1] 参见肖建国、宋春龙：《责任聚合下民刑交叉案件的诉讼程序——对“先刑后民”的反思》，载《法学杂志》2017年第3期。

[2] 《非法集资意见》规定：“七、关于涉及民事案件的处理问题　对于公安机关、人民检察院、人民法院正在侦查、起诉、审理的非法集资刑事案件，有关单位或者个人就同一事实向人民法院提起民事诉讼或者申请执行涉案财物的，人民法院应当不予受理，并将有关材料移送公安机关或者检察机关。人民法院在审理民事案件或者执行过程中，发现有非法集资犯罪嫌疑的，应当裁定驳回起诉或者中止执行，并及时将有关材料移送公安机关或者检察机关。公安机关、人民检察院、人民法院在侦查、起诉、审理非法集资刑事案件中，发现与人民法院正在审理的民事案件属同一事实，或者被申请执行的财物属于涉案财物的，应当及时通报相关人民法院。人民法院经审查认为确属涉嫌犯罪的，依照前款规定处理。”

[3] 《民间借贷规定》第5条规定：“人民法院立案后，发现民间借贷行为本身涉嫌非法集资等犯罪的，应当裁定驳回起诉，并将涉嫌非法集资等犯罪的线索、材料移送公安或者检察机关。公安或者检察机关不予立案，或者立案侦查后撤销案件，或者检察机关作出不起诉决定，或者经人民法院生效判决认定不构成非法集资等犯罪，当事人又以同一事实向人民法院提起诉讼的，人民法院应予受理。”

合同，其从属性决定了上述从合同涉及的事实也会对刑事案件的审理和善后处置产生影响。其次，从本案交叉民刑关系涉及的主体上看，虽然表面上刑事案件只涉及李某玲和陈某微，民事案件除上述两人外还涉及其他未涉嫌犯罪的 6 位被申请人，但事实上刑事案件犯罪嫌疑人李某玲与本案其他 6 位被申请人有各种人身和财产上的关联关系（李某玲系鸿凌公司的法定代表人；李某玲与任某六系夫妻关系，与任某维系母女关系，与许某林、徐某云之间存在财产共有关系；徐某云系新兴公司的法定代表人），这种人身和财产上的关联关系对刑事案件的审理和善后亦会产生影响。最后，从本案交叉民刑关系涉及的财产看，梅某娇提交的《房屋抵债协议书》记载，作为抵债的财产，部分系李某玲所有，部分系李某玲与任某维、任某六共有，部分系李某玲与许某林、徐某云共有。这些李某玲所有的财产和财产份额很可能涉及刑事案件其他集资参与人的利益，亦可能对刑事案件的审理和善后产生影响。综上所述，本案交叉民刑关系涉及的主要事实应系同一事实，应该按照先刑后民的方式处理。原审法院依据《民事诉讼法》（2012 年）第 119 条第 4 项〔1〕之规定，裁定驳回起诉，于法有据。梅某娇主张原审裁定适用法律错误的再审申请理由不能成立，最高法不予支持。〔2〕

在帅某与江西丰瑞实业有限公司（以下简称丰瑞公司）等民间借贷纠纷案中，最高法认为，帅某作为民间借贷的出借人，其所出借款项已经被公安机关列入非法吸收公众存款罪中的犯罪数额，在公安机关要求移送本案的情况下，人民法院驳回其民间借贷之起诉并无不当。就原审裁定认定本案民间借贷行为本身涉嫌非法集资是否缺乏证据证明的问题，最高法认为，依据原审查明的事实，一审法院在审理本案过程中，江西省新干县公安局以涉嫌非法吸收公众存款罪于 2015 年 11 月 28 日对李某兴立案侦查，新干检察院于 2016 年 1 月 29 日对李某兴批准逮捕。2016 年 3 月 28 日，江西省新干县公安局作出新公（经）诉字（2016）0075 号起诉意见书，以犯罪嫌疑人李某兴以丰瑞公司的名义向帅某借款等为查明内容，将本案所涉借款列入李某兴涉嫌非法吸收公众存款罪中的第 23 项。江西省新干县公安局亦向一审法院来函通报李某兴涉嫌非法吸收公众存款罪与本案关联的相关事实，并要

〔1〕 对应现行《民事诉讼法》第 122 条第 4 项。

〔2〕 最高法民事裁定书，（2015）民申字第 1778 号。

求将本案相关材料移送至江西省新干县公安局。本案再审审查期间，帅某向最高法提交的新干检察院作出的赣干检刑诉(2016)95 号起诉书亦将本案所涉借款列入李某兴涉嫌非法吸收公众存款罪第 29 项，并载明是李某兴以丰瑞公司名义向帅某吸收资金 1000 万元。因此，原审裁定认定本案民间借贷行为涉嫌非法集资，并不缺乏证据证明。此外，《民间借贷规定》第 5 条第 1 款规定，“人民法院立案后，发现民间借贷行为本身涉嫌非法集资犯罪的，应当裁定驳回起诉，并将涉嫌非法集资犯罪的线索、材料移送公安或者检察机关”，《非法集资意见》第 7 条规定，“……人民法院在审理民事案件或者执行过程中，发现有非法集资犯罪嫌疑的，应当裁定驳回起诉或者中止执行，并及时将有关材料移送公安机关或者检察机关”“公安机关、人民检察院、人民法院在侦查、起诉、审理非法集资刑事案件中，发现与人民法院正在审理的民事案件属同一事实，或者被申请执行的财物属于涉案财物的，应当及时通报相关人民法院。人民法院经审查认为确属涉嫌犯罪的，依照前款规定处理。”依照上述法律之规定，原审裁定驳回帅某的起诉，适用法律并无不当。[1]

在王某国与江西括苍房地产开发有限公司民间借贷纠纷案中，最高法认为，在公安机关已经对企业涉嫌非法吸收公众存款进行立案侦查的情况下，应按照先刑后民方式进行处理。根据《非法集资意见》关于“对于公安机关、人民检察院、人民法院正在侦查、起诉、审理的非法集资刑事案件，有关单位或者个人就同一事实向人民法院提起民事诉讼或者申请执行涉案财物的，人民法院应当不予受理，并将有关材料移送公安机关或检察机关。人民法院在审理民事案件或者执行过程中，发现有非法集资犯罪嫌疑的，应当裁定驳回起诉或者中止执行，并及时将有关材料移送公安机关或者检察机关”的规定，王某国关于撤销一审驳回起诉之裁定、将本案交由江西高院审理的上诉请求不能支持。[2]

然而，尽管按照“先刑后民”方式，人民法院审理民事案件时应对当事人的民事案件裁定驳回起诉，但如果司法机关刑事审判最终认定该同一事实

---

〔1〕 最高法民事裁定书，(2017)最高法民申 234 号。

〔2〕 最高法民事裁定书，(2015)民一终字第 402 号。

不构成刑事犯罪，则当事人可重新起诉。[1]

二、违反先刑后民，应在再审中撤销

应当按照先刑后民方式处理的案件，如果人民法院在刑事案件未了结之前先行民事裁判，该民事判决应在再审程序中予以撤销。

在曲阜市红海置地有限公司（以下简称红海置地公司）与浙江八达建设集团有限公司建设工程施工合同纠纷案中，最高法认为，本案民事纠纷和王某南涉嫌合同诈骗犯罪存在案件事实重合。为防止民事判决与刑事判决矛盾，民事纠纷案件审理中有关合同签订履行事实认定、合同效力认定、责任划分等问题应以涉嫌犯罪案件的审理结果为依据，在涉嫌犯罪案件审结前，应当中止民事纠纷案件的审理。在本案纠纷审理中，红海置地公司申请法庭调取王某南涉嫌犯罪案件与本案相关的证据，但原审法院以"王某南涉嫌犯罪案件证据与本案并无直接关联"为由未予调取，并且在刑事案件审理结果出来之前作出一审、二审民事判决，是不当的。[2]

三、法院在办民事案件继续进行的前提

人民法院认为已立案的经济案件未涉嫌经济犯罪，公安机关认为涉嫌经济犯罪但却未依法提出移送或中止审理的要求，人民法院继续进行民事诉讼程序的，并无不当。

在郑某成与安徽国元融资担保有限公司等追偿权纠纷案中，最高法认为，本案争议的焦点问题是：二审法院未对本案中止审理、移送公安机关是否属于适用法律错误的情形。根据《民刑交叉规定》第 12 条规定，人民法院已立案审理的经济纠纷案件，公安机关或检察机关认为有经济犯罪嫌疑，并说明理由附有关材料函告受理该案的人民法院的，有关人民法院应当认真审查。本案《情况说明》系再审申请人郑某成在二审庭审过程中向法庭提交的，合肥市公安局高新技术产业开发区分局经侦大队并未向二审法院发函，要求移送案件或中止审理，也未按照法律规定提供证据和附相关说明，不符

---

〔1〕参见最高法民事裁定书，(2017)最高法民申 1550 号。

〔2〕最高法民事裁定书，(2016)最高法民申字 794 号。

合《民刑交叉规定》第12条规定的中止审理或移送案件的形式要件。[1]

当然,不能忽略的是,民刑交叉问题采用先刑后民的方式处理,并不意味着受害人因此丧失对其他未涉嫌犯罪的债务人主张担保责任等权利。若刑事案件处理完毕,受害人仍有债权未获得清偿,则其仍可依据相应法律再向担保人等主张权利。

第四节 先民后刑

适用"先民后刑"方式处理的案件,其特征是先审理民事案件不影响刑事案件的审理或者只有正确分清民事部分的权利义务关系后,才能查清涉嫌刑事犯罪部分的事实。这类案件通常有以下几种情形。

一、刑事案件暂无进展,已核实违法行为可先民后刑

犯罪嫌疑人未被抓获,该犯罪嫌疑人因其犯罪行为应当承担民事侵权责任又有财产被执行的民刑交叉案件,这类案件在司法实务中占有一定比例。为了让被害人的损失得到及时有效的赔偿,从经济方面预防和制裁犯罪,保护国家、集体、个人的合法权益,维护社会公平正义,法律应当赋予被害人先行向人民法院提起民事诉讼并予以执行的权利。尽管由于犯罪嫌疑人未被抓获无法提起刑事诉讼,但民事诉讼可以缺席审理以实现上述目的。司法实践中,先民后刑方式在交通肇事案件中适用较多。因为在一些交通肇事案件中,由于肇事人长期潜逃,导致公安机关对肇事犯罪案件久侦不结,但此时被害人却生命垂危、急需大量医疗费。此种情况下,不能再固守"先刑后民",而应允许被害人单独提起民事赔偿诉讼,以解燃眉之急。[2]

二、权属确认型民刑交叉案件可先民后刑

产权、股权等财产权属的确认是一个纯粹的民事法律问题,对产权、股

---

〔1〕 最高法民事裁定书,(2016)最高法民申580号。

〔2〕《扬州"先民后刑"案例示范全国》,载 http://jsnews2.jschina.com.cn/system/2011/12/28/012397304.shtml,最后访问日期:2017年8月3日。

权等权属的认定将直接影响贪污罪、挪用公款罪、职务侵占罪等刑事犯罪案件的审理。在民事纠纷没有解决时先行刑事介入,在认定是否构成刑事犯罪上可能发生错误。故只有当确认权属后,才能确定其是否构成犯罪,该类型案件应当适用“先民后刑”方式。例如,《刑法》第 345 条规定了盗伐林木罪与滥伐林木罪,构成盗伐林木罪以林木权不属于行为人为前提,而滥伐林木罪的对象包括行为人所有的森木和其他林木。换言之,擅自砍伐他人所有的林木的,成立盗伐林木罪;擅自砍伐自己所有的林木的,成立滥伐林木罪。因此,林木的权属性质成为区分盗伐林木罪与滥伐林木罪的关键。实践中,时常发生这样的案件:在林木权属存在争议的情况下,当事人一方擅自砍伐林木。对于此类案件,可能有三种处理方式:第一,仅采用刑事诉讼程序,并不查明林木权属。由于林木权属存在争议,不能认定行为人盗伐了他人的林木,对行为人只能以较轻的滥伐林木罪论处。但是,这种处理存在缺陷,即在完全可以查清林木权属的情况下却不查清,对被告人以轻罪论处,有放纵犯罪之嫌。第二,仅采用刑事诉讼程序,并在刑事诉讼程序中查明林木权属。但由于刑事诉讼与民事诉讼的性质与目的不同、证明责任的分配不同、证明标准不同,从事刑事审判的法官也不一定擅长民事案件的处理。因此,在刑事诉讼程序中查明林木权属,不一定合适,也会影响刑事审判。第三,先进行民事诉讼程序,确定林木权属后,再进入刑事诉讼程序,依据民事诉讼程序已经确定的林木权属性质,认定被告人的擅自砍伐行为的性质。[1] 笔者赞成第三种观点。

三、商业秘密等知产民刑交叉案件可先民后刑

审理侵害商业秘密的刑事案件之前提是对商业秘密的权属、侵权是否存在等先决问题作出认定。商业秘密权利是否存在的事实,应当适用“高度盖然性”的民事诉讼证明标准。因为侵犯商业秘密罪侵害的对象是他人的商业秘密权,而商业秘密权是一种民事权利,并依民事诉讼程序认定,即使在刑事诉讼中,也不可能改变商业秘密的私权性质和认定标准。因此,在涉及侵犯商业秘密的民刑交叉案件的情况下,先由民事诉讼对涉案商业秘密这一私权进行认定,然后再进行刑事诉讼,此时,刑事诉讼应当中止审理,等

---

〔1〕 参见张明楷:《程序上的刑民关系》,载《人民法院报》2006 年 5 月 24 日,B01 版。

待民事案件关于商业秘密认定的审理结果。[1] 待民事诉讼确认商业秘密权后，再由侦查机关决定是否继续追诉或进行刑事案件的审理，确定犯罪嫌疑人是否构成犯罪。

第五节　民刑交叉与合同效力

民商事纠纷与刑事犯罪交叉时，民事合同效力的认定是目前民商事案件审理中的疑难点，学术界认识不一，最高法对此也判决各异。总体来说，存在一些规律可循。

一、涉诈骗类民事合同效力认定

1. 不存在无效情形的涉诈骗类犯罪成立的合同属于可撤销的合同。涉诈骗类犯罪（含合同诈骗罪、贷款诈骗罪、骗取贷款罪），主合同和担保合同并不因一方涉嫌犯罪而无效，如不存在《民法典》第 144 条、第 146 条、第 153 条及第 154 条之规定，则属于民事欺诈，根据《民法典》第 148 条之规定，属于可撤销的合同，受骗方可以请求人民法院或仲裁机构予以撤销；合同在撤销前，应为有效。

在（2012）民再申字第 212 号中，最高法同样坚持认为，若无《合同法》第 52 条规定之情形，借贷合同效力并不因一方构成合同诈骗罪而无效。

在（2014）民申字第 2093 号案中，最高法认为，案涉合同不存在无效之情形，即使南京树信进出口有限公司构成合同诈骗罪，在受损害方江苏紫金农村商业银行股份有限公司城中支行并未主张撤销合同的情况下，亦不应否认借款合同效力。

在（2015）民申字第 996 号案中，最高法认为，在出借人平安银行股份有限公司深圳坪山新区支行未涉嫌合同犯罪的情况下，其向深圳市科瑞德投资发展有限公司（以下简称科瑞德公司）发放贷款均按银行正常放贷程序操作，双方是作为平等的民事主体进行的交易活动，科瑞德公司的员工涉嫌合

---

〔1〕 参见刘高：《民刑交叉中合同效力的认定及诉讼程序的构建——以最高人民法院相关司法解释为视角的展开》，载《法学家》2015 年第 2 期。

同诈骗行为属于另一法律关系，而刑事案件最终认定科瑞德公司的员工构成合同诈骗行为，并被判处相应刑罚，但并不因此导致本案《贷款合同》和《贷款保证担保合同》无效。

在(2016)最高法民申1017号案中，最高法认为，因一方当事人的负责人涉嫌犯罪，未有证据显示双方恶意串通，且另一方未行使撤销权时，担保合同有效。

在湖南中奥房地产开发有限公司(以下简称湖南中奥公司)与浙商银行股份有限公司义乌分行(以下简称浙商银行)、浙江中奥置业有限公司(以下简称浙江中奥公司)、余某昌、范某青、余某成金融借款合同纠纷案[1]中，最高法认为，虽然浙江中奥公司、余有昌因提供虚假的财务报表、虚构资金用途等行为被判骗取贷款罪，但(2017)浙07刑终87号刑事判决同时阐明，并无证据证明浙商银行及其工作人员明知财务报表等申请贷款的资料虚假、贷款资金用途与约定不符。故原审判决认为浙商银行作为被欺诈一方，根据《合同法》第54条之规定，有权请求人民法院或仲裁机构撤销借款合同，在浙商银行未行使撤销权的情况下，案涉借款合同及担保合同均为有效合同。

在葫芦岛宏达钼业有限公司(以下简称宏达钼业公司)与中国建设银行股份有限公司鸡西分行(以下简称鸡西建行)等金融借款合同纠纷案中，宏达钼业公司认为因生效刑事判决认定鸡东县金场沟矿业开发有限责任公司(以下简称金场沟公司)及其法定代表人那某志构成骗取贷款罪，故涉及刑事犯罪的借款合同应当无效，担保合同作为从合同也应当无效。对此，最高法认为，金场沟公司及其法定代表人那某志使用虚假审计报告提高信用等级，骗取案涉借款，在刑法上，因其欺诈手段和非法目的构成骗取贷款罪，应当据此承担刑事责任；但在合同法上，其行为构成单方欺诈。根据《合同法》第54条第2款“一方以欺诈、胁迫的手段或者乘人之危，使对方在违背真实意思的情况下订立的合同，受损害方有权请求人民法院或者仲裁机构变更或者撤销”之规定，鸡西建行享有撤销权。因鸡西建行未按照该条规定主张撤销案涉借款合同，故原审判决认定借款合同有效并无不当。至于宏达钼

---

〔1〕 最高法民事裁定书，(2018)最高法民申4011号。还可参考(2017)最高法民申1234号、(2017)最高法民再409号、(2018)最高法民再372号案。

业公司认为鸡西建行在发放贷款过程中存在违规操作以及相关工作人员与金场沟公司恶意串通骗取贷款一项因其并未提供相关证据予以证明，且案涉刑事判决并未认定鸡西建行的相关工作人员亦参与犯罪的事实，本案中并不存在借贷双方恶意串通损害国家利益的情形，案涉借款合同亦不存在其他导致合同无效的情形。最高法对宏达钼业公司的该项上诉主张不予支持。[1]

在潘某与靖江市润元农村小额贷款有限公司（以下简称润元公司）等借款合同纠纷案中，最高法认为，（2014）泰中刑二终字第0068号刑事判决认定陆某构成骗取贷款罪，其本身并不包括对借款合同效力的评价。案涉借款合同是否有效，应当依照《合同法》的规定进行判断，并不因为陆某构成骗取贷款罪而必然导致其与润元公司签订的借款合同无效。陆某以加盖伪造印章的方式，提供虚假证明文件，骗取润元公司贷款的行为，在《刑法》上构成骗取贷款罪，应当据此承担刑事责任；但在《合同法》上，其行为构成单方欺诈，借款合同有效，故润元公司享有合同撤销权。因润元公司未按照该条规定主张撤销案涉借款合同，故二审判决认定借款合同有效并无不当。[2]

2. 涉嫌诈骗类犯罪的借款主从合同均无效。借款方提供虚假资料骗取贷款，而银行工作人员滥用职权违法发放贷款造成损失，在没有证据证明抵押人参与犯罪或者对该犯罪行为知情并仍然提供抵押担保的情况下，要求抵押人承担民事责任没有法律依据。

在中国农业银行股份有限公司岫岩满族自治县支行（以下简称农行岫岩支行）与兰某等借款、抵押合同纠纷案中，最高法认为，鞍山万兴隆岩田木业有限公司（以下简称岩田木业公司）与农行岫岩支行在办理涉案固定资产贷款业务时存在犯罪行为，已经生效的盘锦市双台子区人民法院作出的（2010）双刑初字第183号刑事判决书和盘锦市中级人民法院作出的（2012）盘中刑二终字第18号刑事裁定书查明和认定，为获得涉案固定资产贷款，岩田木业公司制作虚假财务报告等文件申请贷款，并向农行岫岩支行工作人员江某南等人行贿财物，为此，农行岫岩支行工作人员江某南等人将虚假材料逐级上报，致使不符合贷款条件的岩田木业公司获得涉案贷款，其分别构

〔1〕 最高法民事判决书，（2016）最高法民终655号。
〔2〕 最高法民事裁定书，（2014）民申字第1544号。

成骗取贷款犯罪、单位行贿罪和非法发放贷款罪及受贿罪。因该《固定资产借款合同》的形成过程中,农行岫岩支行工作人员存在上述刑事判决书和裁定书认定的犯罪行为,双方当事人明显以合法形式掩盖非法目的,侵犯了国家的金融制度,构成犯罪,依据《合同法》第52条第3项关于"以合法形式掩盖非法目的"的规定,农行岫岩支行与岩田木业公司签订的《固定资产借款合同》应当认定无效,原审判决书认为该合同合法有效不妥,最高法予以纠正。因涉案借款主合同应当认定无效,根据《担保法》第5条关于"担保合同是主合同的以合同,主合同无效的,担保合同无效"的规定,与涉案固定资产借款合同配套的兰翎与农行岫岩支行签订的《抵押合同》为从合同,亦应认定无效。[1]

在中国长城资产管理公司大连办事处与营口市老边区交电公司(以下简称交电公司)等借款合同纠纷案中,最高法认为,借款人法定代表人借新还旧构成票据诈骗罪,债权人对借新还旧行为明知,借款合同效力无效。交电公司法定代表人李某春向中国工商银行股份有限公司营口分行(以下简称工行营口分行)骗取1225万元承兑汇票的行为,构成票据诈骗罪。李某春为偿还上述诈骗款项,又以交电公司的名义于2002年8月2日至2003年3月25日向工行营口分行分六次贷款共计1330万元。交电公司与营口光金服装有限公司(以下简称光金公司)为其中部分借款提供了抵押担保,并约定了独立担保条款。营口市向阳化工总厂(以下简称向阳化工厂)为其中部分借款提供了保证担保。对此,最高法认为,李某春以交电公司名义与工行营口分行签订借款合同,名义上是将借款用于"购家电",实际是通过虚构家电采购的交易关系,获取新贷款以偿还票据诈骗犯罪所涉的承兑汇票欠款,其行为方式与刑事裁判所认定的票据诈骗犯罪基本一致,故该借款行为是票据诈骗犯罪行为的延续,目的是通过一个新的合法借贷形式来掩盖李某春的票据诈骗犯罪行为,使李某春不仅免受刑事处罚,也将不能偿还诈骗款项的不利后果转嫁给债务人之外的担保人。工行营口分行分两笔将款项从交电公司存款账户转到该公司承兑账户的行为表明,该行对该笔借款为借新还旧是明知的。尽管不能据此认定该行对李某春掩盖犯罪行为的目的是明知的或者与李某春通谋,但因《合同法》第52条第3项所规定的"以合

[1] 最高法民事判决书,(2013)民二终字第51号。

法形式掩盖非法目的”的构成并不以合同当事人通谋为必要，法学理论界有不少学者认为单方虚假行为也可构成以合法形式掩盖非法目的，且司法实践中也有相当数量的判例援引《合同法》第52条第3项的规定来认定涉及刑事诈骗犯罪的合同无效，故借款合同无效、抵押合同无效。[1]

二、非法吸收公众存款罪成立的合同效力存有争议

与诈骗类民间借贷纠纷中合同效力认定较为一致不同，在涉嫌非法吸收公众存款罪民刑交叉案件处理程序中，合同效力的认定在司法实践中争议很大，最高法判例结果也不统一。

最高法有法官认为，非法经营类犯罪的构成一般是多个非法经营行为叠加的结果。就非法吸收公众存款罪而言，若干个民间借贷行为的叠加，导致由量变到质变，才构成犯罪。而每一笔民间借贷业务，均是在当事人自愿情形下发生的，并没有损害国家、集体、公共利益或者第三人利益，也没有以合法形式掩盖非法目的，因而都是合法有效的。[2] 最高人民法院民事审判第一庭编著的《最高人民法院民间借贷司法解释理解与适用》一书也持此观点。[3] 但是，民间借贷是被告人非法吸收公众存款的犯罪行为，受到《刑法》的否定性评价，而刑事法律是强制性规范，故该民间借贷行为违反了法律的强制性规定，应该认定为无效合同。因主合同无效，故作为担保合同的从合同也无效。也有学者认为，非法吸收公众存款罪不同于前述诈骗类犯罪，因其属于涉众性犯罪，涉及所有受害人的公平退赔问题，牵涉社会公共利益，应当确认合同无效，确保受害人按同等比例受偿，以维护社会稳定大局。最高法对此类案件的裁判思维之分歧，导致同属非法吸收公众存款罪的民刑交叉案件，借贷合同及担保合同效力的认定迥然不同。

在潘某峰与浙江金沐实业投资有限公司（以下简称金沐公司）别除权纠纷案中，潘某峰借款给金沐公司4000万元，金沐公司以衢州国用2010第5-64045号土地作为抵押，并办理了抵押登记。金沐公司进入破产程序后，潘

---

〔1〕 最高法民事裁定书，(2013)民申字第235号。

〔2〕 参见刘高：《民刑交叉中合同效力的认定及诉讼程序的构建——以最高人民法院相关司法解释为视角的展开》，载《法学家》2015年第2期。

〔3〕 参见最高人民法院民事审判第一庭编著：《最高人民法院民间借贷司法解释理解与适用》，人民法院出版社2015年版，第247页。

某峰申报了债权。现金沐公司管理人认为抵押无效，将潘某峰的3700万元债权确定为普通债权。对此，最高法认为，案涉3700万元已被衢江法院（2014）衢刑初字第41号刑事判决认定为金沐公司非法吸收公众存款犯罪事实的一部分，此借款行为并不能从金沐公司非法吸收公众存款罪的整体犯罪行为中独立、分离出来。因该借款行为违反了《刑法》对非法吸收公众存款罪的规定，该规定是强制性、禁止性的规定，且非法吸收公众存款罪为涉众型犯罪，涉及所有受害人的公平退赔问题，而本案一审判决已查明，案涉借款发生在金沐公司非法集资期间，资金用途、利息与其他非法集资行为相同，抵押担保系金沐公司进行非法集资的手段，故原一审、二审判决以《合同法》第52条第5项[1]有关"违反法律、行政法规的强制性规定的"合同无效的规定为据，认定案涉借款合同无效；以《担保法》第5条[2]有关"担保合同是主合同的从合同，主合同无效，担保合同无效"的规定为据，认定案涉《抵押合同》无效，适用法律正确，并无不当。[3]

在上述案例中，最高法认为所涉借款属于非法吸收公众存款罪数额中的一部分，违反了《刑法》的禁止性规定，从而认定借款主合同和担保合同无效。

在（2015）民申字第1018号案中，最高法认为，现有证据可证明江苏金地华巍房地产开发有限公司（以下简称金地华巍公司）和武某巍均知晓具体实施借款行为的人是盛某道，而且也知晓盛某道以江苏中淮建设集团有限公司金地国际城项目部的名义对外借款。此外，武某巍在公安机关询问时还陈述，盛某道没有偿还能力，但为了盛某道能够为金地华巍公司开发的项目施工，其仍然帮他宣传、介绍、担保了1000多万元的借款。由此可见，金地华巍公司、武某巍的上述行为为盛某道能够向不特定的多数人借款提供了便利。现借款合同因盛某道构成非法吸收公众存款罪而无效，进而导致担保合同无效。

对于非法吸收公众存款罪与合同是否有效的问题，很明显最高法存有不同的观点，其原因在于认定是否属于同一事实存在分歧。但最高法另有

---

〔1〕 对应《民法典》第153条第1款。

〔2〕 对应《民法典》第388条。

〔3〕 最高法民事裁定书，（2015）民申字第2160号。

部分判决中则持有效说，将涉及非法吸收公众存款罪的借贷合同及担保合同认定为有效。[1]

在景某华与中国农业银行股份有限公司兰州高新技术开发区支行（以下简称农行高新支行）等借款合同纠纷案中，最高法认为，甘肃觐荣贸易有限公司（以下简称觐荣公司）原法定代表人郭某军涉嫌非法吸收公众存款罪，但本案所涉农行高新支行与觐荣公司及各抵押人之间的借款抵押关系与上述涉嫌犯罪的行为之间并无直接关联，属两个不同的法律关系。景某华虽主张案涉借款合同与郭某军涉嫌非法吸收公众存款罪存在直接关联，但其并未提供相应证据予以证实，由于郭某军涉嫌非法吸收公众存款罪的行为与案涉借款担保合同关系并无直接关联，其是否构成犯罪并不影响案涉借款合同及担保合同的效力，因而，景某华与农行高新支行签订的《最高额抵押合同》效力不受郭某军涉嫌犯罪的行为所影响，属合法有效的合同。[2]

在仙某龙与李某雁、张某刚民间借贷纠纷案中，最高法认为，民间借贷涉嫌或构成非法吸收公众存款罪，合同一方当事人可能被追究刑事责任的，并不当然影响民间借贷合同以及相对应的担保合同的效力，合同相对人依然可以根据借款合同主张权利。[3]

在徽县华宇建筑工程有限公司（以下简称华宇公司）与中国农业银行股份有限公司徽县支行（以下简称农行徽县支行）等金融借款合同纠纷案中，最高法认为，借款人即使涉嫌非法吸收公众存款罪，也并不意味着其在经营活动中的一切商事行为均涉嫌犯罪。最高法认为，关于公安机关对陇南市大华商贸有限责任公司（以下简称大华公司）涉嫌非法吸收公众存款进行立案侦查是否影响本案审理的问题。大华公司涉嫌非法吸收公众存款罪尚未定性，即使确有嫌疑，也不意味着该法人企业在经营活动中的一切商事行为均涉嫌犯罪。本案中，大华公司与农行徽县支行订立借款合同，不违反法律或行政法规的强制性规定，属于有效的合同，也没有证据表明大华公司在涉案借贷关系中存在任何经济犯罪嫌疑。本案权利义务关系明确，属于经济

---

〔1〕 还可参考最高法民事判决书，(2017)最高法民再2号；最高法民事裁定书，(2019)最高法民申2335号、(2019)最高法民申438号。

〔2〕 最高法民事裁定书，(2016)最高法民申795号。

〔3〕 最高法民事裁定书，(2012)民申字第928号。

纠纷,无须以另案的审理结果为依据而中止诉讼,更不必因涉嫌经济犯罪而移送公安机关或检察机关。华宇公司的该再审申请理由不成立。最后最高法驳回了华宇公司要求确认大华公司与农行徽县支行借款合同无效的申诉请求。[1]

第六节　刑事追赃与民事再审

涉及刑事追赃[2]的民事再审,一般存在以下三种类型:第一,在刑事判决后,受害人对刑事被告人另行提起民事诉讼或受害人另行对非刑事被告人的其他责任主体提起民事诉讼,受害人对民事诉讼被驳回不服而申请再审;第二,刑事被告人对赋予受害人单独民事赔偿的民事判决不服提起的再审;第三,担保人等其他责任主体以在后刑事判决对退赃处理已经覆盖了原生效民事判决的民事责任为由,对要求其承担责任的在先民事判决不服而申请再审。

刑事犯罪与民事行为竞合的情况下,总体而言,"先刑后民"当属当下程序规范,追赃系刑事诉讼中的法定程序,对于被告人非法占有、处置被害人财产的追缴、退赔的诉讼问题,相关司法解释对被害人据此提起民事诉讼进行了限制。即如果判决主文写明了追缴或退赔具体内容,注明了判决前已经发还财产已经注明的情况下,对被告人的刑事附带民事或单独民事诉讼均不予受理。但是,同一行为经刑事审判认定,不构成犯罪,亦不影响民事审判对该行为是否应当承担民事责任进行认定。也应当看到,在保护被害

---

〔1〕 最高法民事裁定书,(2016)最高法民申3618号。

〔2〕 关于追赃与民事诉讼的法律规定,主要涉及3个法律条文:(1)《刑法》第64条:"犯罪分子违法所得的一切财物,应当予以追缴或者责令退赔;对被害人的合法财产,应当及时返还;违禁品和供犯罪所用的本人财物,应当予以没收。没收的财物和罚金,一律上缴国库,不得挪用和自行处理";(2)《最高人民法院关于适用刑法第六十四条有关问题的批复》:"被告人非法占有、处置被害人财产的,应当依法予以追缴或者责令退赔。据此,追缴或者责令退赔的具体内容,应当在判决主文中写明;其中,判决前已经发还被害人的财产,应当注明。被害人提起附带民事诉讼,或者另行提起民事诉讼请求返还被非法占有、处置的财产的,人民法院不予受理";(3)《刑诉法解释》第176条:"被告人非法占有、处置被害人财产的,应当依法予以追缴或者责令退赔。被害人提起附带民事诉讼的,人民法院不予受理。追缴、退赔的情况,可以作为量刑情节考虑。"

人权利方面，司法审判实践在想方设法地突破有关规定，启动对被害人的保护，呈现以下几种审判思路。

一、刑事判决追缴具体明确的，不予受理型

在刑事判决对被告人非法占有或处置的财产具体写明予以追缴或者责令退赔的情况下，人民法院对被害人向刑事案件被告人就该财产所提民事诉讼不予受理。最高法却认为刑事判决已经作出退赔处理后，即便因无财产执行而终结执行程序，被害人仍应通过执行程序寻求救济，不应支持另行提起民事诉讼的权利。

在王某林与山东晨光房地产开发有限公司、苏某民间借贷纠纷案[1]中，王某林作为刑事案件受害人认为通过追缴和退赔不能弥补损失而另行提起的民事诉讼被驳回，而提起再审。最高法认为，首先，人民法院的生效刑事判决已对被害人的财产损失作出处理。法院刑事判决责令被告人按该判决所附明细表载明金额退赔包括本案王某林在内的被害人损失共计83,404,470.52元。该刑事判决发生法律效力后，人民法院就其中财产部分立案执行，因未能查找到二被告可供执行的财产，裁定终结执行程序。如发现被执行人有可供执行财产的，可以再次申请执行。因此，王某林的损失仍可通过执行程序寻求救济。其次，王某林起诉的被告与此前生效刑事判决认定的承担刑事责任的被告完全竞合，不涉及其他责任主体，且该刑事判决对涉案财产的处理结果已涵盖民事诉讼请求的赔偿范围，被害人已获得公力救济。在此情况下，王某林基于同一事实、相同的诉讼标的、事实和理由另行提起民事诉讼，违反《民事诉讼法》“一事不再理”原则以及相关司法文件的规定。

二、刑事判决追缴不明确具体的，应予受理型

如果刑事判决对追缴、退赔表述不够明确、具体，在通过刑事追赃、退赔不能弥补全部损失的情况下，被害人对刑事案件被告人向人民法院另行提起民事诉讼的权利应得到保护，对原审驳回起诉裁定不服的再审申请应支持。

---

〔1〕 最高法民事裁定书，(2017)最高法民申106号。

在温某擎与李某、邢某、沈某刚、申某霞财产损害赔偿纠纷案中，再审申请人（刑事被告人）认为受害人应当向作出刑事判决的法院对损失财产部分申请执行，在未穷尽刑事追赃和执行时不能径行提起民事诉讼。对此最高法认为，虽生效刑事判决主文已写明“案发后扣押的赃款、赃物返还被害人，其余赃款、赃物继续追缴”，但刑事判决主文并未写明追缴或者责令退赔的具体内容，亦未明确刑事判决前是否存在已经发还被害人财产的问题，李某通过刑事判决追缴或者退赔的数额不明确、不具体。到目前为止，案涉刑事案件经追赃仅返还李某一辆奥迪车价值 60 万元，其余损失未经刑事追赃途径返还或追缴。被害人李某通过刑事追赃未能弥补其被诈骗的损失。在通过刑事追赃、退赔不能弥补全部损失的情况下，赋予被害人李某向人民法院另行提起民事诉讼的权利，有利于最大限度地保护被害人的合法权益，刑事判决与民事判决对于保护被害人的合法权益是相互补充的，并未加刑事被告人重温某擎等人的赔偿责任，人民法院受理李某提起的民事诉讼并无不当。[1]

三、刑事追缴不能弥补损失，追究其他主体民事责任型

在通过刑事追赃、退赔不能弥补全部损失的情况下，被害人向刑事被告人之外的其他责任主体另行提起民事诉讼的权利应得到保护，对原审驳回起诉裁定不服的再审申请应支持。

《刑诉法解释》第 176 条所禁止的是在刑事诉讼过程中被害人向被告人提起附带民事诉讼，并未禁止刑事诉讼结束后被害人可以另行针对其他应负责任的民事主体[2]提起民事诉讼以寻求救济。《最高人民法院关于适用刑法第六十四条有关问题的批复》仅限于被害人单独向刑事案件的被告人另行提起民事诉讼的情形，并不包括被害人基于民事法律关系向被告人之外的其他责任主体另行提起民事诉讼。[3]

在中国农业发展银行金塔县支行（以下简称农发行金塔支行）与金塔县建兴棉花有限责任公司（以下简称建兴棉花公司）、夏某余、王某、罗某发、曹

〔1〕 最高法民事裁定书，(2017)最高法民申 4094 号。
〔2〕 如担保人，只要担保是自愿作出的，主合同并不当然因犯罪而无效。
〔3〕 相关案例可参考(2018)最高法民再 360 号、(2017)最高法民再 304 号案。

某娟、曾某萍金融借款合同纠纷案[1]中，最高法认为，建兴棉花公司、夏某余为获得贷款，隐瞒其担保物已重复抵押的事实，向农发行金塔支行申请贷款，且在骗取贷款后将部分款项挪作他用，致使大量金融资产损失，其行为经金塔法院（2015）金刑初字第50号刑事判决认定构成骗取贷款罪。在该刑事判决中，被告人建兴棉花公司和夏某余被判处刑罚，但对其非法占有或处置的财产刑事判决并未予以处理。本案农发行金塔支行与建兴棉花公司签订《流动资金借款合同》，并按照协议约定发放了贷款，农发行金塔支行属被欺诈的一方，根据《合同法》第54条[2]的规定，农发行金塔支行对《流动资金借款合同》享有撤销权，但其并未依法主张撤销，故案涉《流动资金借款合同》为有效合同，为担保该合同项下借款所签订的担保合同作为从合同，也为有效合同。农发行金塔支行据此向债务人和各担保人主张权利，符合法律规定和合同约定，依法应予审理并作出判决。一审、二审法院裁定驳回起诉，认定事实不清，适用法律错误。

四、刑事追缴与民事诉讼并行型

在刑事追缴与民事诉讼并行的模式下，被告人或者其他责任主体往往以被害人会双重受偿进行抗辩，最高法的主要裁判观点如下：

1. 行为人被追究刑事责任并已经向受害人退还赃款赃物的，如民事案件尚未审结，退还部分可以从民事判决确定的民事责任承担者应给付的金额中予以扣除；

2. 刑事案件尚未作出最终判决的，不影响民事案件的赔偿数额的确定，并可在执行阶段解决数额扣除问题；

3. 在民事案件已经执行完毕、刑事被害人的民事权益得到全部救济的情形下，民事案件的责任人承担完民事责任后有权向罪犯追偿（另行执行到的赃款应退还给民事责任人）。[3]

在中国中轻国际控股公司（以下简称中轻公司）与中国远大集团有限责任公司进出口代理合同纠纷案中，最高法认为，刑事判决与民事判决是否存

---

〔1〕 最高法民事裁定书，（2017）最高法民再304号。

〔2〕 对应《民法典》第147～151条。

〔3〕 参见（2017）最高法民申1914号、（2019）最高法民申4155号、（2019）最高法民申2442号案。

在法律冲突。在民刑交叉案件中，由于救济的法益不同、责任形式不同，刑事案件与民事案件对于刑事被害人或者民事权利人的救济方式并不相同。在刑事判决明确进行追赃，民事判决判决责任人承担民事责任的情形下，应对追赃与民事责任的认定和执行进行协调。在民事案件审理过程中，追赃款应从民事责任人赔偿范围内进行扣减。在执行过程中，执行法院应结合民事责任、刑事责任的认定，确定民事责任人应承担的民事责任范围和赃款的退还对象，避免民事权利人（刑事被害人）双重受偿。在民事案件已经执行完毕、刑事被害人的民事权益得到全部救济的情形下，因罪犯是民事责任的最终责任人，民事案件的责任人承担完民事责任后有权向罪犯追偿，因此，赃款应退还给民事责任人。[1] 本案中，中轻公司已全部履行本案项下全部给付义务，故案涉追赃款应给付中轻公司。一审、二审法院未明确该事项虽存在不当，但该不当不影响本案实体审理结果。

第七节 结　语

民刑交叉只是学理概念，并无任何一部法律对此作出概念认定。总体而言，民刑交叉案件至少存在程序选择难和实体责任界定难问题，这又包括同一事实认定难、应否中止审理难、应否驳回起诉难、合同效力认定难、民刑交叉再审难。民刑交叉案件涉及公法和私法，两者价值取向稍有区别，但两者都是以维护社会公平正义为终极目标的，在保护私权的同时，推动了社会公平正义的发展。因此，在处理民刑交叉案件时，应"为保护当事人的民事诉权和实体权益，不应随便中止审理，应慎用驳回起诉。先刑后民应区别情形适用，不应绝对化和扩大化。先刑后民并非审理民刑交叉案件的基本原则，而只是审理民刑交叉案件的一种处理方式。在先刑后民情形下，还应注意解决因刑事案件久拖不决，民商事纠纷案件当事人的合法权益无法得到保护的问题"[2]。

---

[1] 最高法民事裁定书，(2017)最高法民申1914号。

[2] 参见宋晓明、张雪楳：《民商事审判若干疑难问题——民刑交叉案件》，载《人民法院报》2006年8月23日，第5版。

第十六章

约定违约金调整论述

违约金制度起源于罗马法，后为大陆法系所继受。[1] 与罗马法违约金制度同时出现的有违约金限制制度。罗马皇帝优士丁尼在公元531年发布的敕令C.7.47.1中指出："……对于一切涉及确定数量或者性质的情况，如买卖、租赁、服务、承揽以及其他所有合同，损害赔偿额无论如何不得超过合同中标的物价值的2倍……只有以合理限制调之，或者根据法律将其限于确定的范围内，这类惩罚才是与其性质相符的。"[2]这体现了公权力对契约自由的干预。德国、法国等大陆法系国家民法典均明确以公平为宗旨对违约金进行干预和控制。《德国民法典》第343条规定，"(1)已发生失权的违约金数额过大的，可以根据债务人的申请，以判决减至适当数额。在判断适当性时，必须斟酌债权人的一切正当利益而不拘于财产利益。违约金支付后，不得减少其数额"[3]。《法国民法典》第1152条规定，"除非例外，法院一般不得改变合同当事人所约定的违约金，尽管数额高于实际损失甚至没有实际损失。在特殊情况下，可以同时请求履行主债务和给付违约金"[4]。英美法系国家则是通过将违约金区分为损害赔偿额之预定和惩罚性条款，并进而否定惩罚性条款的强制执行力来达到其控制目的。[5]

---

[1] 参见王利明：《合同法研究》(第2卷)，中国人民大学出版社2003年版，第688页。

[2] 参见姚明斌：《违约金双重功能论》，载《清华法学》2016年第5期。

[3] 《德国民法典》，陈卫佐译注，法律出版社2015年版，第127页。

[4] 《法国民法典》，罗结珍译，北京大学出版社2010年版，第307页。

[5] Jack Grave, Penalty Clauses and the CISC, 30J. I&Comm. 153(2012), 10.

我国《民法典》第 584 条、第 585 条,《全国法院贯彻实施民法典工作会议纪要》第 11 条以及《最高人民法院关于当前形势下审理民商事合同纠纷案件若干问题的指导意见》共同构建了当下我国违约金调整制度的基本法律规范。前述法律强调要以损失为基础,兼顾合同的履行情况、当事人的过错程度等,根据公平原则和诚信原则综合衡量裁判。但司法实践中,对于如何综合衡量并无统一操作规范,而是由司法裁判者自由裁量之,致使判决各异,类案不同判。故此,以最高法的裁判案例为视角,对违约金性质、违约金调整概述、违约金调整自由裁量权行使边界和最高法司法实践中的调整规律等进行解析就极有必要,相信也会对读者有所裨益。

第一节 违约金性质

违约金是当事人通过约定而预先确定的,在违约后生效的独立于履行行为之外的给付。[1]

就我国《民法典》第 585 条(《合同法》第 114 条)有关违约金性质之规定而言,理论界存有补偿说、惩罚说、补偿性和惩罚性双重说等不同观点,莫衷一是。王利明教授认为,应当承认违约金以补偿性为主、惩罚性违约金为辅。如果当事人未在合同中特别约定或法律没有特别规定违约金为惩罚性,则当事人约定的违约金应为补偿性违约金。[2]

在立法层面上,直至 2009 年《合同法司法解释(二)》的实施,才第一次正式确立了这一原则。该解释第 28 条和第 29 条明确了我国合同法中违约金的性质:即以补偿性为主,以惩罚性为辅的双重性质。[3] 2009 年 7 月 7 日,《最高人民法院关于当前形势下审理民商事合同纠纷案件若干问题的指导意见》指出,"在当前企业经营状况普遍较为困难的情况下,对于违约金数额过分高于违约造成损失的,应当根据合同法规定的诚实信用原则、公平原

〔1〕 参见王利明:《违约责任论》,中国政法大学出版社 2000 年版,第 559 页。

〔2〕 参见王利明:《合同法研究》(第 2 卷),中国人民大学出版社 2003 年版,第 696 页。

〔3〕 也有学者认为应是"以赔偿性为主,以惩罚行为辅"。笔者认为,赔偿性更符合违约金赔偿当事人损失的性质。参见韩世远:《合同法总论》,法律出版社 2011 年版,第 658 - 662 页;陈怀峰、赵江风:《违约金数额司法调整的适用问题》,载《政法论丛》2011 年第 6 期。

则,坚持以补偿性为主、以惩罚性为辅的违约金性质……”这明确指出了我国违约金兼具补偿性与惩罚性。在约定的违约金低于造成的损失的情况下,违约金属于赔偿性质;在违约金高于造成损失的情况下,违约金兼有赔偿和惩罚的双重功能:违约金与损失相等部分,违约金应解释为赔偿性质,超过损失的部分,违约金被作为惩罚性质。[1] 2021 年 4 月 6 日发布的《全国法院贯彻实施民法典工作会议纪要》第 11 条做了与前述相同的规定。

在韶关市汇丰华南创展企业有限公司与广东省环境工程装备总公司广东省环境保护工程研究设计院合同纠纷案中,最高法认为,根据我国《合同法》及《合同法司法解释(二)》之规定,违约金具有补偿性和惩罚性双重性质,但违约金的性质仍以补偿性为主,以填补守约方的损失为主要功能,而不以严厉惩罚违约方为目的。《合同法司法解释(二)》第 29 条规定:“当事人主张约定的违约金过高请求予以适当减少的,人民法院应当以实际损失为基础,兼顾合同的履行情况、当事人的过错程度以及预期利益等综合因素,根据公平原则和诚实信用原则予以衡量,并作出裁决。当事人约定的违约金超过造成损失的百分之三十的,一般可以认定为合同法第一百一十四条第二款规定的‘过分高于造成的损失’。”在上述案例中,最高法认为,根据前述规定,违约金具有补偿性和惩罚性双重性质,合同当事人可以约定高于实际损失的违约金。但从约定的违约金超过造成损失的 30% 一般可以认定为过高来看,违约金的性质仍以补偿性为主,以填补守约方的损失为主要功能,而不以严厉惩罚违约方为目的。过高的违约金约定可能与公平原则存在冲突,在某些情况下还存在诱发道德风险的可能。因此当事人主张约定的违约金过高、请求予以适当减少的,人民法院应当依法予以调整。[2]

在宿迁市中宝投资集团有限公司等与宿迁市中宝投资集团有限公司等建设工程施工合同纠纷案中,最高法认为,违约金是对违约行为的一种处罚,它具有惩罚性和赔偿性两种功能。因此,对于违约行为,并不以是否造成实际损失为违约人承担责任的前提条件。由于宿迁市中宝投资集团有限公司逾期付款的行为已构成违约,原审法院判令该公司对其违约行为承担

---

〔1〕 参见最高人民法院研究室编著:《最高人民法院关于合同法司法解释(二)理解与适用》,人民法院出版社 2015 年版,第 256 页。

〔2〕 最高法民事裁定书,(2011)民再申字第 84 号。

一定的违约责任，并无不当。宿迁市中宝投资集团有限公司申请再审认为福建闽安建筑工程有限公司未举证证明存在实际损失，因此其无须承担违约责任的理由，缺乏法律依据，最高法不予支持。[1]

通说认为，《合同法》第 114 条第 3 款即现《民法典》第 585 条第 3 款所规定的迟延履行违约金属于惩罚性违约金。在当事人有约定之前提下，惩罚性违约金最大的特点就是其与实际损失没有必然联系。当然，受制于我国法律对违约金（无论是补偿性还是赔偿性）总体上采取填补损失为主的原则，故即使当事人约定了惩罚性违约金条款，一般情形下，最高法也是以本章第三节中归纳的要素进行综合衡量，根据当事人的请求对惩罚性违约金予以调整。

在江苏帝都建设工程有限公司与袁某莲等租赁合同纠纷案中，最高法认为，《合同法》第 114 条第 3 款规定："当事人就迟延履行约定违约金的，违约方支付违约金后，还应当履行债务。"由于支付违约金还应履行债务，表明违约金是专为对迟延履行行为予以惩罚而设定的，这就有惩罚作用。由于法律已经对迟延履行的违约金的性质作出了规定，因此，只要当事人在合同中没有改变法律的规定，则不管当事人是否约定了迟延履行违约金的性质，一旦发生迟延，违约金就具有惩罚性。本案中当事人在合同中约定"逾期未交纳租金，所欠租金按日万分之八计算违约金"，该违约金即属于惩罚性违约金。即申请人应当按照合同约定赔偿租赁物损失、支付租金以外，还应当给付惩罚性违约金。因袁某莲、刘某厂已经放弃了部分按照合同约定计算的违约金，只主张 40 万元违约金，该请求金额没有高于实际损失的 30%，符合《合同法司法解释（二）》第 29 条第 2 款"当事人约定的违约金超过造成损失的百分之三十的，一般可以认定为合同法第一百一十四条第二款规定的'过分高于造成的损失'"的规定。[2]

值得密切关注的是，在最高法的司法实践中，最高法的部分司法裁判者正在小心谨慎地探寻一条不予调整惩罚性违约金之道路。即如果违约方为商事主体，违约方过错明显，双方当事人均未提出异议，一般不予调整。

如在北京华普产业集团有限公司、北京华普投资有限责任公司、蒯某海

---

〔1〕 最高法民事裁定书，(2015)民申字第 101 号。

〔2〕 最高法民事裁定书，(2015)民申字第 1413 号。

与李某阳、尹某宇股权转让纠纷案[1]中，案涉《补充协议（四）》约定违约金数额为“不少于所欠款项20%”。最高法认为，这种明确约定一方面固然是为了事先确定违约后的赔偿数额以省去损害举证成本，另一方面显然含有借约定违约金向对方施加履行压力的意图，即本案违约金具有履约担保功能的配置意旨，若不存在私法自治被滥用的情形，当事人的真意应当得到尊重。本案中违约方为典型的商事主体，具有评估其违约金负担的能力，《补充协议（四）》中约定的违约金应在其合理预见范围之内。就本案合同履行情况而言，违约方自合同义务产生时起从未履行3亿元债务，违约持续时间长，过错明显，而守约方不存在违约情形，且违约方在原审中从未提出违约金金额过高的调整请求，也未能提供证据证明本案违约金数额过分高于造成的损失。因此，最高法认为原审判决违约方按照约定支付违约金，具有合同和法律依据，符合当事人意思自治原则，亦符合公平原则和诚实信用原则，应予以维持。

又如在宁波弘讯科技股份有限公司与雷神机电科技（宁波）有限公司知识产权合同纠纷案中，双方当事人在《和解协议》中约定如违反保密义务须赔偿100万元违约金。最高法认为，前述约定一方面是为了当一方违约之时填平另一方的实际损失，另一方面也是为了维系稳定的合同关系，保护当事人的合理预期，促进交易安全，带有适度的惩罚性。本案当事人双方都是商事主体，对各自行为后果应当承担与预期利益相对应的、谨慎的、合理的注意义务。[2] 因此，本案中的违约金并非仅以守约方所受损失为赔偿上限，带有适度的惩罚性质，当事人双方所约定的违约金数额也并非畸高，且当事人双方亦未就此提出异议，因此，原审法院对此予以全额支持正确。

2021年11月9日，在最高法公布的第166号指导案例即北京隆昌伟业贸易有限公司（以下简称隆昌贸易公司）诉北京城建重工有限公司（以下简称城建重工公司）合同纠纷案[3]中，隆昌贸易公司与城建重工公司在二审上诉期间达成和解协议，约定城建重工公司如未能于2016年10月14日前向隆昌贸易公司支付人民币300万元等，则隆昌贸易公司有权申请执行原一

---

[1] 最高法民事判决书，(2017)最高法民终455号。

[2] 最高法民事判决书，(2020)最高法知民终519号。

[3] 人民法院出版社编：《最高人民法院 最高人民检察院指导性案例》（上），人民法院出版社2022年版，第579-581页。

审判决并要求城建重工公司承担80万元违约金，隆昌贸易公司解除账户冻结。最高法认为，现隆昌贸易公司按协议约定申请解除了对城建重工公司账户的冻结，而城建重工公司作为商事主体自愿给隆昌贸易公司出具和解协议并承诺高额违约金，但城建重工公司在账户解除冻结后并未依约履行后续给付义务，具有主观恶意，有悖诚实信用。一审法院判令城建重工公司依约支付80万元违约金，并无不当。

第二节　违约金调整总论

违约责任承担属于民商事审判中的经典问题，而违约金的调整又是这种经典问题之中的经典问题。[1]

一、申请调整主体为当事人

按照《民法典》第585条第2款之规定，除个别学者观点[2]外，通说认为申请调整违约金的主体只能是合同当事人，法院不能依职权直接调整。违约金调整制度本质上属于合同自由原则与司法干预机制二者博弈之衍生品。考察大陆法系的民事立法可知，违约金调整主要有当事人申请调整和法院依职权调整两种。以法国为代表的国家和地区认为，法官可依职权调整违约金数额。《法国民法典》第1152条规定："在契约规定不履行契约的人应支付一定数额的款项作为损害赔偿时，给予另一方当事人的款项数额不得高于也不得低于规定的数额。但是，在原约定的数额明显过高或过低

〔1〕《民商事典型案例的实践指导价值》，载《人民司法·应用》2020年第1期。

〔2〕学者孙良国认为，《民法典》未绝对否定法院依职权主动调整违约金，其认为作为救济核心问题的违约金不仅是私人事务，而且法院在规定的严格条件下的确应该依职权主动调整过分高的违约金数额，且调整之后也必须符合合理性的要求。详见孙良国：《论法院依职权调整违约金——〈民法典〉第585条第2款之评判》，载《北方法学》2020年第5期。姚明斌教授认为，司法酌减规则是在意思自治、形式自由基础上协调实质正义、个案公平的法技术，属于诚实信用原则的具体化，而且在实践中确实存在若不酌减违约金即可能陷于有悖公平原则或者诚实信用原则的情况。这两项原则作为合同法的基本原则，应当发挥其在规范适用方面的指导功能。在债务人缺席而约定的违约金又明显过高时，不妨根据《合同法》第5条、第6条对违约金作出一定调整，而且酌减的依据在于公平原则和诚实信用原则，而非司法酌减规则。详见姚明斌：《违约金论》，中国法制出版社2018年版，第313页。

时,法官可以甚至得依职权减少或增加此种违约金的数额,任何相反之条款规定均视为未予规定。"〔1〕此外,《意大利民法典》第1384条亦未明确规定须经当事人一方主张,其2003年之后的司法实务则主张法院得依职权调减违约金。〔2〕而以德国为代表的国家和地区则认为,违约金调减程序仅能基于当事人的申请而发生,法院不得依职权主动干预。《德国民法典》第343条规定:"已发生失权的违约金数额过巨的,可以根据债务人的申请,以判决减至适当数额。在判断适当性时,必须斟酌债权人的一切正当利益而不拘于财产利益。违约金支付后,不得减少其数额。"〔3〕除德国法外,欧洲国家中明文规定须经债务人申请,法院才可酌减违约金的有《荷兰民法典债法总则编》第94条第1项、《波兰民法》第484条第2项。〔4〕

我国《合同法》借鉴了《德国民法典》之规定,在第114条第2款将有权申请违约金调整的主体赋予了当事人;现行《民法典》第585条第2款亦承袭了这一规定。即只有当事人方可申请进行调整,不能由法院依职权主动干预。这体现了司法自治、当事人处分的原则。正如王利明教授所言,合同体现了当事人的意思自治,当事人协商一致可以变更事先的约定。违约金数额的增加或减少其实是合同内容变更的一种具体表现。〔5〕因此,违约金数额的增减须建立在当事人协商一致的基础上,法院不宜超越当事人的愿望横加干涉。〔6〕如果法官认为违约金过高而当事人没有提出调整,法官可依法行使释明权。

在远盛公司与娱英公司房地产转让合同纠纷案〔7〕中,最高法明确指出,法院未经当事人请求即依职权调整违约金数额,属于适用法律错误,否认调整违约金数额可由法官依职权启动。最高法认为,二审法院在确定违约金时,适用法律错误。二审法院是依据《合同法司法解释(二)》第29条的规定,对违约金进行了下调。该条适用的前提是适用违约金的条件成就,但

〔1〕《法国民法典》,罗结珍译,法律出版社2005年版,第884页。
〔2〕参见杨芳贤:《民法违约金酌减规定之若干问题》,载《台大法学论丛》第4期(2011年)。
〔3〕《德国民法典》,陈卫佐译,法律出版社2010年版,第125页。
〔4〕参见杨芳贤:《民法违约金酌减规定之若干问题》,载《台大法学论丛》第4期(2011年)。
〔5〕参见王利明:《违约责任论》,中国政法大学出版社2000年版,第99页。
〔6〕参见韩世远:《违约损害赔偿研究》,法律出版社1999年版,第120页。
〔7〕最高法民事判决书,(2013)民提字第221号。

“当事人主张约定的违约金过高请求予以适当减少的”情形，而根据本案已查明事实，适用违约金的条件并未成就，且娱英公司在本案一审、二审中均未以违约金过分高于造成的损失为由，要求减少。故二审法院依职权确定违约金数额，属于适用法律错误，应予纠正。

在山西嘉和泰房地产开发有限公司（以下简称嘉和泰公司）与太原重型机械（集团）有限公司（以下简称太重公司）土地使用权转让合同纠纷案中，法官持同样的观点，认为人民法院对于当事人在合同中约定的违约金数额，只有在当事人请求调整，且数额确实低于或过分高于违约行为给当事人造成的损失时，才能进行调整。且其进一步认为法院依职权对违约金进行调整违背了当事人双方的约定，应予以纠正。该案例判决书认为，《协议书》对于双方当事人具体的权利义务中包括嘉和泰公司付款时间、数额及违约责任均作出了明确约定。太重公司及嘉和泰公司都应按照诚实信用原则，实际履行合同义务。太重公司按约定办理了土地出让、转让手续并将涉案地块实际交付给嘉和泰公司。嘉和泰公司应按约定履行付款义务，但嘉和泰公司在取得土地使用权后，未按约定时间及数额支付土地补偿金。嘉和泰公司迟延向太重公司支付土地补偿金是引起本案诉讼的主要原因。因此，嘉和泰公司的行为已构成违约，应按合同约定承担违约责任。一审判决认定嘉和泰公司迟延付款构成违约，但对太重公司按照合同约定的日万分之四的比例计算违约金的请求却未予支持，并将双方当事人按照日万分之四的比例计算违约金的约定调整为按银行利率计算利息。根据《合同法》第114条〔1〕之规定，人民法院对于当事人在合同中约定的违约金的数额，只有在当事人请求调整，且数额确实低于或过分高于违约行为给当事人造成的损失时，才能进行调整。一审判决对违约金的调整既违背当事人双方的约定，也缺少法律依据，应予纠正。太重公司关于嘉和泰公司应按合同约定承担违约责任，支付违约金的上诉请求理据充分，应予支持。〔2〕

二、有权调整主体为司法机构

除非当事人就违约金如何调整达成了协议，否则，对于当事人合同或协

〔1〕 对应《民法典》第585条。

〔2〕 最高法民事判决书，(2007)民一终字第62号。

议中已有的违约金约定条款,只能由人民法院或仲裁机构依据现行法律规定进行调整。

三、申请调整违约金的时间

我国现行法律没有对当事人申请调整违约金的时间作出规定。司法实践中,如果当事人在一审中未提出调整违约金的申请,对于其在二审中提出的调减申请是否应予审理的问题,目前仍没有一致的做法。笔者分析案例后发现,目前二审法院存在三种不同的处理模式:其一,二审法院以当事人在一审中没有提出违约金调减申请为由,不再予以调整;其二,基于当事人在二审中提出的调整违约金申请直接予以改判;其三,将当事人在一审提出的不应支付违约金的主张视为当事人以抗辩的方式作出了调减申请,进而在二审中加以处理。笔者认为,当事人在一审、二审甚至再审程序中均可申请调整违约金。

在青海华兴投资集团有限公司(以下简称华兴公司)与新疆广水管道有限公司(以下简称广水公司)买卖合同纠纷案中,在一审法院认定违约金数额过高的情形下,违约方在二审中提出了调整违约金申请,二审法院对其申请调整违约金的请求进行了审理并予以调整,最高法对二审法院的该项裁判结果予以维持。最高法认为,鉴于华兴公司并未提供有效证据证明其因此遭受了损失,且本案实际供货价款为6,848,848元,一审法院判令的387.6万元违约金数额明显过高,二审法院在广水公司提出降低合同约定违约金的请求后,按照中国人民银行同期同类人民币贷款基准利率加收30%予以调整,符合公平和诚实信用原则,认定事实和适用法律亦无不当,最高法予以维持。[1]

在唐山曹妃甸混凝土有限公司(以下简称曹妃甸公司)与中太建设集团股份有限公司(以下简称中太公司)买卖合同纠纷案中,中太公司在再审程序中提出调整违约金,再审法院予以支持。双方合同约定,如未按照约定期限结算或者支付货款,造成逾期付款,应按货款总额的每日0.1%给付逾期付款违约金。再审审理中,中太公司主张约定的违约金过高,请求将违约金调整为按中国人民银行同期贷款利率计算。最高法认为,根据本案实际情

[1] 最高法民事裁定书,(2014)民申字第1858号。

况，对中太公司的该项请求，最高法予以支持。曹妃甸公司在本案二审庭审中明确违约金诉讼请求为从2011年2月6日起计算至2014年11月18日，最高法予以确认。[1]

四、违约金调整及请求方式

综观大陆法系各国立法，司法机关调整违约金的方式包括增加数额和减少数额，但并非任何国家立法均对上述两种方式予以认可。德国、瑞士均仅承认通过调减的方式进行调整。即当约定的违约金过高，导致双方利益失衡时，法院可以根据合同履行的具体情况，在保证守约方获得合同预期利益的前提下，适当减少违约金。但是，当违约金低于实际损失时，为了充分体现当事人意思自治，上述国家主张排除违约金调增请求权，并通过赔偿或弥补损失的独立途径来保护守约方的利益。[2]《法国民法典》对增加数额和减少数额这两种违约金司法调整的方式都做了相应规定。我国《合同法》和现行《民法典》借鉴了《法国民法典》的做法：一方面，在合同约定的违约金低于守约方所受损害时，法院可以参照损害后果增加违约金数额；另一方面，在合同约定的违约金显著高于守约方所受损害时，法院应当事人的申请，亦可以参照损害后果酌情减少违约金数额。就请求调整违约金的方式而言，主要有以下三种。

（一）反诉

所谓反诉，是指在本诉的诉讼程序中，本诉的被告以本诉的原告为被告，提起的与本诉相关的诉，本诉被告被称为"反诉原告"，本诉原告被称为"反诉被告"。[3] 就约定的违约金高于造成的损失，债务人提出请求的方式可以是另行提起反诉。[4] 可见，在我国，当事人可通过反诉的方式请求对约定的违约金数额进行调整。

（二）对违约金数额的抗辩

抗辩，是指在诉讼中或者诉讼外，一方当事人依据实体法和程序法对另

---

[1] 最高法民事判决书，(2016)最高法民再197号。

[2] 参见郑玉波：《民法债编总论》，中国政法大学出版社2004年版，第322页。

[3] 参见江伟、肖建国主编：《民事诉讼法》，中国人民大学出版社2015年版，第37页。

[4] 黄薇主编：《中华人民共和国民法典合同编解读》（上册），中国法制出版社2020年版，第444－445页。

一方当事人提出的防御性主张或者行为。[1] 王泽鉴先生认为,“抗辩是指诉讼过程中发生的、依据实体法所享有的防御方法,包括抗辩[2]和抗辩权两大类”[3]。一方对违约金数额提出抗辩的,视为提出调整违约金的申请。

(三)否认合同效力

在违约之诉中,当事人无论是出于真实意思还是诉讼策略考虑,往往首先不选择对违约金数额问题进行抗辩,而是将辩论重点集中于其不构成违约、合同未生效、合同无效或者合同已撤销等问题上。此时,法官所做裁判往往不涉及违约金数额而仅对被告是否构成违约进行裁判,故被告只能从法官最后作出的判决书中得知法官对其抗辩所持的态度。如果法官未支持其不承担违约责任的抗辩,则其只能另行单独提起违约金调整之诉或者寻求其他权利救济,这无疑会增加当事人不必要的诉累和司法成本。[4] 为此,《买卖合同解释》第21条规定:“买卖合同当事人一方以对方违约为由主张支付违约金,对方以合同不成立、合同未生效、合同无效或者不构成违约等为由进行免责抗辩而未主张调整过高的违约金的,人民法院应当就法院若不支持免责抗辩,当事人是否需要主张调整违约金进行释明。一审法院认为免责抗辩成立且未予释明,二审法院认为应当判决支付违约金的,可以直接释明并改判”。之所以如此规定,理由主要是从民事纠纷的一次性解决角度考虑,防止当事人就同一纠纷再次提起诉讼,以达最大限度节省诉讼资源之效。[5]

实践中,有的法官认为,二审法院未直接释明调整违约金的,只要没有实体错误,该瑕疵并不足以导致改判。在河南华英建筑工程有限公司(以下简称华英公司)与信阳市马鞍山敬老院(以下简称马鞍山敬老院)合同纠纷案[6]中,马鞍山敬老院主张二审法院在华英公司未抗辩违约金过高的情况

---

[1] 参见柳经纬、尹腊梅:《民法上的抗辩与抗辩权》,载《厦门大学学报(哲学社会科学版)》2007年第2期。

[2] 抗辩包括权利障碍的抗辩和权利毁灭的抗辩。

[3] 王泽鉴:《法律思维与民法实例》,中国政法大学出版社2001年版,第172页。

[4] 参见张海燕:《论法官对民事实体抗辩的释明》,载《法律科学:西北政法大学学报》2017年第3期。

[5] 参见最高人民法院研究室编著:《最高人民法院关于合同法司法解释(二)理解与适用》,人民法院出版社2015年版,第214-215页。

[6] 最高法民事裁定书,(2017)最高法民申465号。

下主动调减违约金数额，属于适用法律错误。最高法认为，对于当事人以不构成违约为由进行免责抗辩而未主张违约金数额过高的，人民法院应当释明后再进行调整。本案二审法院未经释明即主动调减了违约金数额，确与前述法律及司法解释的规定不符，但该问题属于程序上的瑕疵，不影响实体处理，不属于适用法律错误，再审理由不成立。

在海天建设集团有限公司（以下简称海天公司）与玉林市星龙置业有限公司（以下简称星龙公司）建设工程施工合同纠纷案中，最高法认为，星龙公司一审中并没有申请调减违约金，但主张了违约金无效，此情形下，法院对违约金的主动调整符合以上例外情形。最高法认为，当事人双方约定星龙公司未能按约定时间正常开工超出 30 日历天，星龙公司应无条件退还海天公司全额保证金及支付保证金利息（按月息 2.5% 计提）。这属于双方对违约金的约定。本案并无证据证明星龙公司未依约返还保证金给海天公司造成了资金占用利息之外的损失，而双方约定的保证金利息约为同期银行贷款利息的 5 倍，显然过高。海天公司申请再审也没有指出原判决的违约金及保证金利息尚不足以弥补其损失。故原判决在支持海天公司提出的支付 100 万元违约金请求的同时，将利息调整为按中国人民银行规定的同期同类贷款利率计算，并无明显不当。海天公司称星龙公司未提出调低利率的请求，原判决调低利率属于主动调整违约金。事实是，星龙公司在一审时，以合同无效为由，对支付保证金的利息、违约金等诉讼请求提出了抗辩。在星龙公司完全不同意支付保证金利息的情况下，原判决调整违约金标准，不属于人民法院违反法律规定主动减少违约金。[1]

五、违约金调整与证明责任

首先，关于违约金调减，根据“谁主张，谁举证”原则并结合《民法典》第 585 条之规定，主张调减违约金一方属于受益方，其应承担证明责任，这本是应有之义。《九民纪要》第 50 条也规定：“主张违约金过高的违约方应当对违约金是否过高承担举证责任。”但“一般来说，违约方很难举证证明守约方因对方当事人违约而受多少损失”[2]，而“守约方因更了解违约造成损失的

---

〔1〕 最高法民事裁定书，(2017)最高法民申 56 号。

〔2〕 崔建远：《合同法》，北京大学出版社 2013 年版，第 393 页。

事实和相关证据而具有较强的举证能力”。因此，理论界和实务界有观点倾向于在一定程度上减轻主张调减方的举证责任，认为“违约方的举证责任也不能绝对化，守约方也要提供相应的证据”[1]。《全国法院贯彻实施民法典工作会议纪要》第11条第3款提出：“当事人主张约定的违约金过高请求予以适当减少的，应当承担举证责任；相对人主张违约金约定合理的，也应提供相应的证据。”而在审判、仲裁的实务中，有些合议庭、仲裁庭巧妙地运用了举证责任转换的技术，对违约方在这方面的举证，采取了较为宽容的态度，适当减轻违约方的举证负担。[2]

如在成都鑫成达投资有限公司（以下简称鑫成达公司）与成都兴蜀投资开发有限责任公司（以下简称兴蜀公司）合同纠纷案[3]中，最高法认为，虽然根据《投资建设合同书》的约定若兴蜀公司未按时支付投资回购金和投资回报金，每逾期一天按应付款总金额的万分之五向鑫成达公司支付违约金，但在双方当事人均未提交证据证明鑫成达公司除资金占用费之外还有其他损失的情况下，二审判决综合合同的履行情况、引发本案纠纷当事人的过错程度等综合因素，认定双方约定的违约金计算方式计算所得数额过分高于鑫成达公司的实际损失并予以调减，并无不当。

其次，关于违约金调增，因系守约方即债权人主张增加，因此，“应由债权人就违约金低于造成的损失承担证明责任”[4]。即债权人“应当证明具体损失额”[5]。

六、约定放弃违约金调整效力

按照《民法典》第585条第2款之规定，当事人约定的违约金与造成的

[1] 最高人民法院民事审判第二庭编著：《〈全国法院民商事审判工作会议纪要〉理解与适用》，人民法院出版社2019年版，第328页。也有学者对此持批评意见，认为该证明责任分配不符合举证责任分配规则，因为承担证明责任乙方不能证明的，应当承担不利后果，与对方是否有反证无关。详见朱广新、谢鸿飞主编：《民法典评注合同编通则》(2)，中国法制出版社2020年版，第418页。

[2] 崔建远：《合同法》，北京大学出版社2013年版，第393页。

[3] 最高法民事裁定书，(2021)最高法民申4759号。类案还有最高法民事判决书，(2019)最高法民终1848号。

[4] 朱庆育主编：《中国民法典评注·条文选注》(第2册)，中国民主法制出版社2021年版，第314页。

[5] 朱广新、谢鸿飞主编：《民法典评注合同编通则》(2)，中国法制出版社2020年版，第417页。

损失不一致的,可以请求人民法院或仲裁机构相应调整。而司法实践中,也不乏当事人约定放弃调整违约金的情况。对于当事人约定放弃违约金调整请求权之效力,“比较法上通常认为司法酌减属于不允许意定排除适用的强制规范”[1]。就我国而言,现行法律对此没有明确规定,理论界与司法实务中均存有分歧,存在三种观点。

第一种观点是,基于民事权利的可处分性,认定该约定有效。学者中,石冠彬持此观点。[2]

在乐平华润置业有限公司(以下简称乐平华润)与洪客隆百货投资(景德镇)有限公司(以下简称洪客隆)租赁合同纠纷案中,最高法认为,原审判决认定双方当事人放弃调整违约金的约定并不违反法律规定。首先,合同双方当事人放弃违约金调整的约定不违反法律的规定。从主观上看,双方当事人均是为了自身商业利益而从事本次交易活动,在自愿平等的情形下签订《预租赁协议》和《租赁合同》。从客观上看,双方当事人签订的合同在内容上没有违反法律法规的强制性规定。其次,合同双方当事人放弃调整违约金的约定属于当事人意思自治。双方当事人签订的《房屋预租协议》第3条第3款、第3条第4款以及《租赁合同》第10条第5款的约定已经明确放弃调整违约金。即无论损失是多少,违约金均按人民币500万元计算金额。人民法院应尊重双方当事人在本案中预先放弃调整违约金的约定。最后,原审未以租金价差确定违约金未违反《合同法》第114条第2款的规定。本案双方当事人签订合同时的真实意思表示为,500万元违约金数额的确定是在保障双方当事人利益的前提下,违约方承担的最大范围且具有惩罚意义的赔偿数额,这是双方当事人基于商业利益角度的决定,应自行承担相应风险。同时,关于违约金的确定是否以“违约造成实际损害”为条件,可以由当事人约定。本案中,在双方对违约金已经有了明确约定的情况下,法院不变动违约金数额,并无不当。故乐平华润申请再审的理由不成立。[3]

第二种观点是,当事人预先约定放弃调整违约金的条款无效。最高法

---

〔1〕 学者姚明斌通过对《法国民法典》、《荷兰民法典》、《欧洲共同参考框架草案》、《国际商事合同通则》及《德国民法典》等的考察,认为均不支持意定放弃调整违约金。参见朱庆育主编:《中国民法典评注·条文选注》(第2册),中国民主法制出版社2021年版,第298页。

〔2〕 参见石冠彬:《民法典合同编违约金调减制度的立法完善》,载《法学论坛》2019年第6期。

〔3〕 最高法民事裁定书,(2019)最高法民申3344号。

第二巡回法庭法官会议认为:“民事主体的意思自治应以公法提供的公共秩序为基础,民事法律行为的自由须限定在不损害国家利益、社会公共利益、他人合法权益的范围之内。当事人请求法院对违约金数额进行调整,本质上属于公法性质的诉讼权利。《民法典》第 585 条第 2 款规定的违约金司法调整制度,是为平衡当事人利益而对契约自由适当限制的结果。如果允许当事人通过预先约定放弃向法院请求调整违约金的权利,容易造成意思自治对公共秩序的冲击,法定的违约金调整规则将大概率被规避,进而影响市场交易安全并提升虚假诉讼的风险,《民法典》第 585 条第 2 款的立法目的有可能被架空。因此,当事人事先约定放弃违约金司法调整请求权,违约方再向法院请求调整违约金数额的,法院原则上应予以准许并依法进行审查处理。”〔1〕

在大同市天力房地产开发有限责任公司(以下简称天力公司)与山西同至人商业管理有限公司(以下简称同至人公司)等房屋租赁合同纠纷案中,双方约定的违约金是1 亿元,且约定违约金不得调整。对此,最高法认为,违约金是为了补偿守约方因对方违约造成的损失,不主要体现惩罚功能。本案中,双方虽有关于不得调整违约金的约定,但是该约定应以不违反公平原则为限,考虑到天力公司的合同履行行为也存在一定瑕疵,对于租赁合同来讲,承租方违约而给出租方造成的损失主要是二次招商运营的费用以及空租期的租金损失,原判决将同至人公司欠付的各项费用及利息之和作为天力公司的损失不当,最高法予以纠正。对于因同至人公司违约导致的具体损失数额,天力公司并未提供充分证据证明,考虑到天力公司早在 2014 年 7 月即已知道同至人公司撤离案涉商场而任由商场闲置至今,未采取任何措施防止损失扩大,酌定以双方《房屋租赁合同》约定的 2015 年 6 个月的租金作为调减后的违约金数额,即 1587.326 万元 ×50% =7,936,630 元。〔2〕

此外,在新疆星湖湾房地产开发有限公司等与刘某田等股权转让纠纷案〔3〕中,最高法事实上也确认了当事人放弃违约金调整请求权的约定无效

〔1〕 参见贺小荣主编:《最高人民法院第二巡回法庭法官会议纪要》,人民法院出版社 2022 年版,第 199 页。此外,叶名怡教授也主张特约无效。详见叶名怡:《论事前弃权的效力》,载《中外法学》2018 年第 2 期。

〔2〕 最高法民事判决书,(2015)民一终字第 340 号。

〔3〕 最高法民事判决书,(2015)民二终字第 310 号。

之观点。

第三种观点是，当事人放弃违约金调整的条款在特定情况下有效。比如，石佳友教授认为，对于民事合同，违约金的调整是法官的权限，司法的介入具有公共秩序属性，当事人不得预先约定排除；而对于商事合同，应当尽可能尊重当事人的约定，尊重契约自由，许可当事人预先排除。最高法吴庆宝法官认为，违约金约定过高如属于双方可预见之外情形，可以根据合理原则予以调整，其他情形则不能调整。尤其双方为确保合同履行而作出对可能出现的违约行为限制的，约定了违约金，并不以实际可能发生的损失为基础、前提，则违约金条款没有可调整的余地。姚明斌教授认为，事先排除酌减特约原则上无效，但商事主体经过充分协商后双方都排除酌减的有效。[1]

第三节 违约金调整原则

大多数大陆法系国家立法对约定违约金的调整原则规定均不具体，只提出了大致的方向和原则。根据《德国民法典》的规定，尽管合同纠纷是财产纠纷，但当事人的财产利益不能作为唯一的调整依据，还应考量当事人的一切正当利益。瑞士法则认为，只有在违约金过分高于或者低于实际损害时，才有调整的必要，但对“过分高于或者低于”并未作出明确界定。[2]

我国《合同法》第114条第2款[3]首次从立法层面上确立对违约金条款予以干预的原则，并赋予了当事人申请启动违约金调整程序之权利。此后，最高法于2009年公布的《合同法司法解释（二）》第28条及第29条在《合同法》第114条之基础上就当事人如何行使违约金调整权以及人民法院对违约金数额予以干预之裁量尺度提供了规范指引。此后，2009年4月24日施行的《最高人民法院关于当前形势下审理民商事合同纠纷案件若干问题的指导意见》又增加了应结合当事人缔约能力以及是否适用格式条款等内容。

---

〔1〕 王长军等：《事前放弃违约金调整请求权之合同条款的效力——民法典第五百八十五条第二款之适用》，载《人民司法》2021年第13期。

〔2〕 邱聪智：《新订民法债编通则》（下），中国人民大学出版社2004年版，第289页。

〔3〕 相同规定另见于《民法典》第585条第2款。

《民法典》第 584 条、第 585 条,《全国法院贯彻实施民法典工作会议纪要》第 11 条以及《关于当前形势下审理民商事合同纠纷案件若干问题的指导意见》构成了我国违约金调整的现有法律体系。从以上法律规定可知,我国违约金过高或过低的认定标准为:以实际损失为基准,兼顾合同的履行情况[1]、当事人的过错程度以及预期利益、当事人缔约地位的强弱、是否适用格式合同或条款等因素,根据公平原则和诚实信用原则综合衡量并裁判,此即为违约金调整审查案件中司法裁判人员的自由裁量权边界。现笔者详细论述如下。

一、以违约造成的实际损失为基础

尽管《合同法》第 114 条、《民法典》第 585 条均明确规定,在约定的违约金低于或过分高于造成的损失时,当事人可以请求人民法院或仲裁机构予以调整。对于何为"造成的损失",法律并未给出明确解释。最高法曾在《合同法司法解释(二)》第 29 条中规定,人民法院应当以实际损失为基础。此即表明最高法对"违约造成的损失"之理解应为实际损失。"违约造成的损失"无疑是法律规定最为明确且最为重要的衡量违约金高低的标准。[2] 之所以以"实际损失"作为参照物,其目的是防止违约金数额过分脱离实际损失、损害社会公平正义。实际损失是认定约定违约金是否合理的基础,此与我国现行法律规定的违约金"以补偿性为主,以惩罚性为辅"之性质一致。对于前述规定中的"实际损失",应当全面、正确地理解。在计算实际损失数额时,应当以违约方未能履行双方争议的、含有违约金条款的合同,给守约方造成的实际损失为基础进行计算,将合同以外的其他损失排除在外。对于一方当事人因其他合同受到的损失,即使该合同与争议合同有一定的牵连关系,也不能简单作为认定本合同实际损失的依据。即该实际损失是在综合运用减损规则、混合过错规则等后守约方因违约方违约所造成的损失。

---

[1] 也有学者认为,还应该综合衡量交易的类型(行为的性质和目的),如对赌协议中的估值调整条款就不能简单根据违约金过高规则进行酌减,业绩补偿条款的性质也并非违约金,非基于违约产生,其性质并非违约金条款。参见王雷:《民法证据规范论 · 案件事实的形成与民法学方法论的完善》,中国人民大学出版社 2022 年版,第 179 页。

[2] 参见最高人民法院研究室编著:《最高人民法院关于合同法司法解释(二)理解与适用》,人民法院出版社 2015 年版,第 261 页。

根据《合同法司法解释(二)》第29条(对应现《全国法院贯彻实施民法典工作会议纪要》第11条)之规定,低于实际损失的违约金被认定为"违约金过低",超过实际损失30%的违约金约定,一般认定为"违约金过高"。由此可见,当事人实际损失系衡量违约金过高和过低之尺度。

(一)举证责任分配

按照现行法律规定及司法实践,实际损失的客观存在及实际损失具体数额之认定,应由守约方承担初始的证明责任,继而举证责任转移至违约方,由违约方对守约方主张实际损失予以反驳。任何一方不能提供有利证据证明自身论点时,均应承担举证不利之后果。在福建能源发展有限公司等与中国农业银行股份有限公司东山县支行金融借款合同纠纷案中,最高法认为,关于违约金调整的问题,案涉《借款合同》对利率、罚息、复利的计算方式有明确约定,且均未超过中国人民银行规定的标准。能源公司等并未举证证明《借款合同》中罚息、复利等有关违约金的约定过高,原审法院按照合同约定计算罚息与复利,并无不当。[1]

在合肥市明利房地产开发有限公司(以下简称明利公司)与甘某生等房屋买卖合同纠纷案中,守约方甘某生、胡某科提供了充分证据证明其实际损失之存在,违约方明利公司虽申请调减违约金但未能提供充分证据予以反驳违约金明显过高,法院最终支持守约方关于实际损失之认定,判定由违约方明利公司遵照合同约定支付违约金。此案例裁定书认为,关于应否调整《赔偿协议》中约定的赔偿金的数额问题,本案中,明利公司与甘某生、胡某科在《赔偿协议》中,明确终止履行《房屋买卖协议书》,明利公司赔偿甘某生、胡某科购房损失3250万元,该赔偿损失数额属于约定的损害赔偿金。在《赔偿协议》不存在无效或可撤销的情形下,明利公司与甘某生、胡某科各方的权利义务应受其约束。而且,在二审审理过程中,经甘某生申请,安徽省合肥市衡正公证处于2011年11月4日分别对"网上备案一合肥家园网"中"(包河)玫瑰绅城花园"和"(包河)华中汽配大市场"上载明的信息进行证据保全,网上信息载明:"玫瑰绅城花园"B4已成交住宅均价为5200元/平方米;"华中汽配大市场"B4已成交商业用房均价4900元/平方米,B6已成交商业用房均价4400元/平方米。"玫瑰绅城花园""华中汽配大市场"与

[1] 最高法民事裁定书,(2015)民申字第1309号。

2008年12月31日签订的《房屋买卖协议书》所涉商品房位置相近，该协议约定的商品房价格为2045元/平方米。上述证据证明甘某生、胡某科的购房损失是客观存在的。相反，明利公司也未能提交证据证明《赔偿协议》约定的赔偿金过分高于甘某生、胡某科的购房损失。因此，二审根据《赔偿协议》的约定，判决明利公司承担相应的赔偿责任，有合同依据。明利公司申请再审称，《赔偿协议》是关于违约金的相关约定，甘某生、胡某科的损失仅限于购房款的同期银行贷款利息，法院应依《合同法》规定调整《赔偿协议》中约定的损失赔偿金数额，没有事实和法律依据。[1]

（二）举证不能之后果

如守约方无法提供证据证明其实际损失，基于违约方调整违约金之申请，裁判者将结合案件实际情况行使自由裁量权，依职权对实际损失予以认定。在林某云与李某彬股权转让纠纷案中，守约方林某云主张按照合同约定计算违约金，但因无法提供证据证明其实际损失的存在，在违约方申请调低违约金的前提下，法院行使自由裁量权对违约金予以调减。最高法认为，至于林某云申请再审主张应依据合同约定计算违约金一节，因林某云未提供证据证明其存在实际损失，一审判决根据《合同法》第114条和《合同法司法解释（二）》第29条第2款的规定，依据李某彬的申请将约定的合同总标的30%的违约金调整为以欠付股权转让款为基数参照中国人民银行同期同类贷款利率上浮30%予以计算，属自由裁量权的正当行使。二审判决予以维持，并无不当。林某云该项再审申请理由不能成立。[2]

二、兼顾合同履行情况及预期利益等

按照我国现行法律规定，违约金调整应以当事人实际损失为基础，这是调整违约金应首要考虑的因素。因此，在当事人实际损失可以确定或无法确定时，还应该衡量当事人的过错程度、合同履行情况、预期利益、当事人缔约地位强弱等因素，并据此对违约金支持幅度进行增减，这是第二界线。关于当事人这些因素到底在违约金调整中占有多大比例，现行法律没有规定，由司法裁判人员行使自由裁量权。

---

〔1〕 最高法民事裁定书，(2013)民申字第1714号。
〔2〕 最高法民事裁定书，(2016)最高法民申1937号。

1.兼顾当事人过错程度

我国学术界和司法实务界均认为,除《民法典》有特别规定的情形外,原则上违约责任的归责原则为严格责任原则。即在不存在法定免责事由的情况下,即使当事人对其违约行为无过错,也应承担违约责任。这表明当事人的过错与违约金调整没有关系。事实上,如果双方当事人均有过错,则在调整违约金时应过失相抵。对于恶意违约的行为,应加大制裁力度。因此,非主观恶意违约成为调减违约金之重要参考因素。

在辉县市宏宇贸易有限公司(以下简称宏宇公司)与浙江宝业建设集团有限公司(以下简称宝业公司)等买卖合同纠纷案中,最高法结合违约方对违约行为之发生不负主要过错且主观上非恶意违约,最终判决支持违约方主张调减违约金之请求。最高法认为,从本案的实际情况看,普利商贸城项目部未及时支付货款,主要是案涉项目的开发商拖欠其工程款所致,并非恶意违约。二审判决根据《合同法》第114条的规定,认定宏宇公司与普利商贸城项目部对违约金的约定过高,宝业公司对违约金予以调整的请求成立。[1]

在陈某寿等与张某树等其他合同纠纷案中,最高法结合守约方陈某寿、汲某权在合同履行过程中同样存在逾期履行合同义务之行为、存在过错之因素,因此,并未支持其按合同约定支付违约金之请求,反而对违约金予以了调减。陈某寿、汲某权提出张某树、蒋某梅应按照本案《股份转让协议书》有关约定按每人每日50万元支付违约金的诉讼主张,张某树、蒋某梅提出本案合同约定的违约金过高应予调整的抗辩。最高法认为,本案《股份转让协议书》约定的每人每日50万元的违约金确属过高,张某树、蒋某梅已支付了股权转让款1830万元,且陈某寿、汲某权亦存在逾期交付西宁东方美家居公司有关印章手续的过错行为,故陈某寿、汲某权关于张某树、蒋某梅应按每人每日50万元支付违约金的诉讼主张,最高法不予支持,但张某树、蒋某梅应按中国人民银行同期贷款利率向陈某寿、汲某权支付逾期付款利息。[2]

在史某培与甘肃皇台酿造(集团)有限责任公司(以下简称甘肃皇台)等互易合同纠纷案中,最高法考虑到违约方对违约存在的主观恶意,对其调减

---

〔1〕 最高法民事裁定书,(2013)民申字第1085号。

〔2〕 最高法民事判决书,(2014)民二终字第105号。

违约金之请求未予支持。最高法认为,虽然2002年《易货协议》第4条第2款明确约定“甲方完成食用酒精的备货后,应当书面通知乙方提货,乙方应在甲方通知后30日内提取货物,乙方延迟提货的,甲方有权另行处置所备货物,由此造成的交货延误,甲方不承担责任”,而且该《易货协议》第5条已经就食用酒精易货的方式作出明确约定即“易货给乙方的食用酒精由乙方自行到酒精生产厂仓库(甘肃省武威市新建路55号)提货,甲方提供协助,运输费用及运输过程中的货损风险由乙方承担”,但是从2003年5月12日建昊实业向甘肃皇台发函所称,“我方已做好接收酒精的准备工作,请贵方尽快联系发货事宜”,2003年5月16日和2003年6月7日甘肃皇台两次向建昊实业复函中关于“鉴于目前‘非典’疫情的影响,对食用品的运输受到限制,加之铁路专用运输罐调配有难度,不能如期向贵方发货,待疫情缓和后,将货物如数运抵贵公司”以及“贵公司6月2日《关于酒精交付问题再致皇台酒业的函》收悉。由于铁路规章规定不能办理易燃易爆品货物发送业务,我公司无法满足贵公司提出的铁路运输方式交付酒精的要求”的表述来看,应当认定双方已经变更了食用酒精易货履行方式,甘肃皇台负有向建昊投资发货的义务。特别要看到,2002年《易货协议》第4条第1款明确约定:“甲方在白酒转库当日交付全部葡萄酒,食用酒精在2003年12月31日前付清。甲方未能在此期限内交付酒精的,按迟交货价值每日万分之四承担违约金”,而从甘肃皇台自2004年5月31日至7月17日对建昊投资的系列复函的表述中,甘肃皇台存在拖延乃至拒绝履行食用酒精易货义务之嫌疑。因此,最高法认为,鉴于甘肃皇台迄今为止仍未交付食用酒精,根据《易货协议》第4条第1款关于“甘肃皇台在2003年12月31日前付清食用酒精”之约定,应当认定甘肃皇台构成违约,并应依约支付违约金。至于约定的违约金是否过高问题,《合同法》规定的违约金制度已经确定违约金具有“补偿和惩罚”双重性质。《合同法》明确规定,“约定的违约金过分高于造成损失的,当事人可以请求人民法院或者仲裁机构予以适当减少”,据此应当解释为只有在“过分高于造成损失”的情形下方能适当调整违约金,而一般高于的情形并无必要调整。鉴于甘肃皇台在本案中已经构成违约,且存在恶意拖延乃至拒绝履约的嫌疑,加之没有证据能够证明日万分之四的违约金属于过高情形,因此《易货协议》约定的日万分之四的违约金不能被认为过高,甘肃皇台关于其不构成违约不应支付违约金以及违约金过高而应予减少的主张无理，最高法予以驳回。一审法院关于甘肃皇台应向史文培支付违约金2,099,790元的判决正确，最高法予以维持。[1]

2. 考虑合同履行情况

违约形态可分为不履行与不适当履行。从违约行为给对方造成的损害程度来看，一般来说，合同不履行比不适当履行造成的损害大，故对前者的制裁应当比后者更为严厉，这一点已为其他一些国家和地区的有关立法与司法实践所确认。如《法国民法典》第1231条规定，主债务已经一部履行者，审判员得酌情减少违约金。[2] 在原《合同法》及现行《民法典》采用严格责任为归责原则（只要违约即应承担违约责任）的前提下，在一个已经几近履行完毕的合同与尚未履行的合同中，违约行为所导致的结果是明显不同的。[3] 根据守约方在合同履行中是否已有投入或投入多少，对于其实际损失尤其是可得利益损失的计算应有区别。

在中国联合网络通信有限公司红河哈尼族彝族自治州分公司（以下简称联通公司）与红河东佑房地产开发有限公司（以下简称东佑公司）等房屋拆迁安置补偿合同纠纷案中，最高法认为，按照权利义务对等性原则，联通公司既已履行完毕合同义务，其应该得到合同权益或者相当于合同权益的利益。故在未能得到房屋的情形下，其应该得到合同权益或者相当于合同权益的利益，即其应得到与拟交付房屋在约定交房日期的市场价值相当的损失赔偿。根据红河实信司鉴〔2012〕房鉴字第15号鉴定报告，东佑公司应向联通公司赔偿的损失为人民币27,260,800元，故再审判决进行了改判。[4]

在湖南屹林实业有限公司（以下简称屹林公司）与湖南新仁置业有限公司（以下简称新仁公司）合作协议纠纷案中，最高法认为，屹林公司主张1200万元可得利益，应当建立在其已按照《合作协议》完成8000万元融资义务的基础上。现因新仁公司的原因，屹林公司已经无须履行融资义务。在此情

---

〔1〕 最高法民事判决书，（2007）民二终字第139号。

〔2〕 参见《法国民法典》，罗结珍译，北京大学出版社2010年版，第303－304页。

〔3〕 参见最高人民法院研究室编著：《最高人民法院关于合同法司法解释（二）理解与适用》，人民法院出版社2015年版，第261页。

〔4〕 最高法民事判决书，（2015）民提字第162号，引自杜万华主编：《民事审判指导与参考》（总第68辑），人民法院出版社2016年版，第217－233页。

况下，新仁公司如承担1200万元的可得利益损失，不符合权利义务相一致的原则。故二审判决对该部分损失未予支持并无不当。[1]

在重庆索特盐化股份有限公司（以下简称索特公司）与重庆新万基房地产开发有限公司（以下简称新万基公司）土地使用权转让合同纠纷案中，最高法认为，新万基公司主张的实际损失主要涉及为履行本案合同而与案外人所签订的合同及由此产生的损失等，应予酌情保护，但新万基公司借款给索特旅游公司一节，即使与本案合同的签订有所关联，亦属于另一独立法律关系，不应作为本案损失予以考虑，新万基公司可另行主张。根据《合同法》第113条、第114条的规定，调整违约金时应当考虑预期可得利益。但在确定违约责任时，预期可得利益应与合同履行情况对应考虑，新万基公司的资金并未实际投入，因此相比其已经按照合同约定履行全部义务后而发生的违约情形，应有所区别。二审判决在确定违约金数额时，未能充分注意到新万基公司所受实际损失及本案合同尚未开始实际履行等客观情况，所确定的违约金数额明显高于新万基公司因合同不能继续履行所受损失，其结果确有失衡，索特公司对此请求予以调整的理由成立，最高法再审中酌情予以调整。根据本案合同性质、双方在缔结、履行合同中的情况以及实际发生的损失等，最高法再审酌定由索特公司给付新万基公司违约金1400万元。[2]

在内蒙古天润化肥股份有限公司（以下简称天润公司）与江苏上上电缆集团有限公司（以下简称上上公司）买卖合同纠纷案中，最高法认为，原审法院综合考量合同的履行情况、天润公司一再违约、上上公司融资成本高等因素，在平衡双方当事人利益的基础上，将赔偿利息损失的计算标准酌定为中国人民银行同期同类贷款基准利率的3倍。从目前国家的经济环境来看，中小企业融资难、融资成本高确实客观存在，天润公司欠付货款数额较大，给上上公司带来的资金压力显然存在，原审法院酌定天润公司赔偿利息损失的计算标准为中国人民银行同期同类贷款基准利率的3倍，是在综合考虑各种因素的情形下作出的，结果也未导致双方利益失衡。故天润公司以原审法院调整违约金违反法律规定为由申请再审，应不予支持。[3]

---

〔1〕 最高法民事裁定书，(2014)民申字第465号。
〔2〕 最高法民事判决书，(2010)民抗字第67号。
〔3〕 最高法民事裁定书，(2015)民申字第3430号。

3. 衡量合同预期利益

预期利益与可得利益系同一概念，是指合同在适当履行以后可以实现和取得的财产利益。[1] 也有一些学者将其称为“预期实现和取得的财产增值利益或由于违约方的违约而导致受损方丧失的应得收益”[2]。依我国《民法典》第 584 条之规定，可得利益是指因当事人一方不履行或履行了不符合约定的合同义务行为，直接导致对方丧失合同履行后可以获得的利益。因此，违约金调整应考虑无过错方之预期利益问题。当然，认定预期利益时应受到可预见性规则、减损规则、损益相抵规则即混合过错规则等限制，有关预期利益或可得利益之论述详见本书第十四章“可得利益论述”。

在上海鸿达饮料有限公司（以下简称鸿达公司）与谢某元等联营合同纠纷案中，最高法认为，《合同》第 11 条约定：“结算后，鸿达公司将至少确实履行三年合作，绝对不会提出或作出不合作及损害合作的行为和建议，否则鸿达公司将承担原世恩公司再寻找厂房、公司重申请、QS 认证、设备搬迁、能源申请、土建、工人工资、设备安装和调试的费用，同时鸿达公司将支付原世恩公司前 6 个月的工厂租金，或者鸿达公司以不低于 2000 万元的价格收购原世恩公司在新世恩公司中所有的股份并按新世恩公司在合作期间的产品加工最低价，承担原世恩公司后续 3 年的自有产品加工、生产。”无论《合同》内容是否由原上海世恩食品有限公司（以下简称原世恩公司）起草，均是双方充分协商后的真实意思表示，双方应受合同内容的约束。该条款的表述并未涉及上市或风险投资资金注入问题，其性质是针对鸿达公司在合作期间的违约行为所致损失赔偿额的预先约定。由于该条款约定了两种可供选择的违约损失额计算方法，原世恩公司作为守约方，有权选择以预先约定的 2000 万元作为主张违约损失的依据。本案中，鸿达公司的违约行为不仅使原世恩公司遭受了有形资产的损失（包括厂房和土建、生产线设备、设备搬迁费用、安装和调试费用等），而且产生了无形资产的损失（包括 QS 认证、技术人员、客户资源和既有订单的流失等），同时原世恩公司还丧失了《合同》履行后可以获得的利益，其中部分损失数额是难以具体量化的，这也是双方在《合同》中约定“一揽子”定损的原因所在。二审判决以 2000 万元作为违

〔1〕 参见王利明：《合同法研究》（第 2 卷），中国人民大学出版社 2003 年版，第 614 页。
〔2〕 参见程德钧主编：《涉外仲裁与法律》，中国人民大学出版社 1993 年版，第 138 页。

约损失赔偿额的计算标准,并无不当。[1]

4. 考量当事人缔约地位

当事人缔约地位的强弱,势必造成双方约定的违约金数额不公平,此种情况下,约定违约金应属于不合理之列。此外,违约金条款是否属于格式条款等,也属于法院审查当事人提出调整违约金数额时应考虑的因素。

在海口电信城市建设投资有限公司与海口市住房和城乡建设局(以下简称海口市住建局)房屋租赁合同纠纷案中,海口市住建局认为案涉《框架协议》约定违约金过高,请求调减。最高法认为,案涉《框架协议》的一方主体为主管工程建设的政府机构,另一方为专业的工程投资公司,双方具有相当的缔约能力。该协议约定的违约金计算标准,系双方在平等协商的基础上确定的,其主要目的是督促海口市住建局如期履行资金投入的义务等,该约定符合公平原则和诚实信用原则,且无明显不合理之处。[2]

5. 评判是否为商事交易

也应评判当事人的主体性质即交易性质,即是否为商事主体,该交易是否为商事交易。商事主体在签订合同时具有自身的商业判断及自身承担风险能力的判断。商事主体相较其他的民事主体,具有缔约优势和交易经验,在缔约时处于相对较优的地位,商事主体在缔约时应已充分衡量违约金数额的合理性和可行性。[3] 因此,如果属于商事主体从事的商事交易,则在认定违约金过高过低时,应更为谨慎。[4] "比如在两个商人之间,对其约定的违约金条款就不宜过多干预。"[5]更有学者认为,"商事合同原则上不应适用违约金酌减规则"[6]。

在山西鑫中大生物科技有限公司与上海运晟融资租赁有限公司等融资租赁合同纠纷案中,最高法认为融资租赁合同的双方当事人作为商事主体,拥有缔约选择权,在签订合同时对于应当承担的法律后果应当有充分考量。

---

[1] 最高法民事裁定书,(2013)民申字第1765号。

[2] 最高法民事判决书,(2016)最高法民终469号。

[3] 雷继平:《违约金司法调整的标准和相关因素》,载《法律适用》2009年第11期。

[4] 最高人民法院民法典贯彻实施工作领导小组主编:《中华人民共和国民法典合同编理解与适用》(二),人民法院出版社2020年版,第781页。

[5] 韩世远:《合同法总论》,法律出版社2018年版,第833页。

[6] 王利明主编:《中国民法典评注合同编》(一),人民法院出版社2021年版,第480页。

因此,在没有明确证据证明合同的签订违背当事人真实意思,且不违反法律法规强制性规定的情况下,人民法院应当以合同约定为基础,对违约金数额作出依法认定。[1]

在科瑞天诚投资控股有限公司与招商证券资产管理有限公司等借款合同纠纷案中,最高法认为,涉案合同主体为商事主体,应对自身的履约能力和违约风险具有合理预期。过错方对合同的实际履行程度较低,涉案违约金计算标准并不属于过高应予调减的情形。[2]

在江苏新世纪江南环保股份有限公司(以下简称江南环保公司)与神木市洁能综合利用发电有限公司(以下简称神木洁能公司)建设工程施工合同纠纷案中,就原判决不调整违约金适用法律是否正确,最高法认为,案涉会议纪要明确约定单日 10 万元违约金,该约定是双方当事人真实意思表示,不违反法律、行政法规的强制性规定。本案双方当事人均系合法存续的商事主体,对违约金的约定应是建立在合理预判预期收益及违约后果的基础之上,在无特别法定事由情形下,一般不应进行调整。同时,江南环保公司主张违约金过分高于损失,应提交证据予以证明,但该公司未能提交相应证据。此外,本案是脱硫装置项目建设工程施工合同纠纷,工期延误必将对业主的后续生产经营造成严重影响,此种法律关系与金融借款法律关系不具有同一性,此种违约金与银行贷款利率亦不具有可比性。江南环保公司以银行贷款利率类比本案违约金,不具有法律依据。二审法院根据合同实际履行情况,对违约金不作调整,并无不当。[3]

三、结果上应符合公平与诚实信用原则

这是违约金调整的第三道界线,也是违约金增减的兜底审查标准。公平原则和诚实信用原则系民法的基石,具有调整一切民事法律行为之功能。即一切民事法律行为均须遵循诚实信用原则,故若当事人有为违背诚实信用原则之行为,则应受到相应制裁。我国《民法典》第 7 条明确规定了民事主体从事民事活动应当遵循诚实信用原则。此外,民事法律行为结果的公

---

〔1〕 最高法民事裁定书,(2020)最高法民申 3042 号。

〔2〕 最高法民事判决书,(2020)最高法民终 937 号。

〔3〕 最高法民事裁定书,(2019)最高法民申 1196 号。

平性系人类永恒的追求，其贯穿整个民事法律行为过程中。因此，违约金调整结果是否公平合理当属司法审查衡量之标准。公平和诚信原则作为违约金高低评定审查的兜底条款，其作用在于，有利于司法裁判人员认定事实、适用具体法律，为法律解释与法律漏洞的填补提供价值判断。同时，为法官行使自由裁量权预留了足够的制度空间。合同自由并非绝对，需以合同正义予以规制，以防止违约金条款成为一方压榨另一方获取暴利的工具。[1]

在南昌市第一建筑工程公司（以下简称一建公司）与九江市鸿翎房地产开发有限公司（以下简称鸿翎公司）建设工程施工合同纠纷案中，最高法即以公平原则为由，认定原审法院调低违约金并无不当。本案中，双方当事人于2013年9月26日签订的《协议》系双方最后一份协议，该《协议》约定了鸿翎公司尚欠工程款金额、支付时间、应代缴的建筑安装税额、违约责任等。最高法认为，《协议》系双方真实意思表示，内容不违反法律法规的禁止性规定，具有法律效力，二审法院以该《协议》为基础认定各方权利义务，并无不当。《协议》约定鸿翎公司应于2013年9月27日将剩余工程款4,292,951元付清，《协议》第4条还约定，“本协议签订后，甲、乙双方之间建设施工合同解除，本合同履行完毕后，乙方不得再向甲方提出任何要求。同时，甲方亦不得向乙方提出任何要求，该项目所发生的安全、质量及工程资料均与乙方无任何关系”。鸿翎公司在约定的时间内代缴了税款，支付了部分工程款，尚余2,967,500元在双方约定日期的次日即2013年9月28日支付。鸿翎公司逾期支付上述款项的行为构成违约，应当承担违约责任。虽然《协议》第2条约定，“乙方（一建公司）确认工程款不得计算利息，如约定支付利息视为无效，但甲方（鸿翎公司）未代乙方在9月27日开具税票及转以上余款此协议无效，并承担自2012年10月1日停工后所欠工程款的利息（按月息3.5%计算）”。因鸿翎公司支付欠付工程款的时间仅迟延一天，金额2,967,500元，违约情节轻微。违约责任承担的范围应以逾期付款的数额为计算依据。如果不考虑延期付款的金额和时间，不加区分地要求鸿翎公司承担相同违约责任，不符合公平原则。故一审、二审法院认定鸿翎公司逾期付款应承担利息的款项范围为29,675,00元并无不当。《协议》对违约责任的约定是按月息3.5%计算利息，该违约金约定过高，一审、二审法院根据鸿

〔1〕 参见刘德权主编：《最高人民法院司法观点集成》（2），中国法制出版社2009年版，第1231页。

翎公司的请求,将违约金调整为参照中国人民银行公布的同期贷款利率计算利息并无明显不当。[1]

第四节　非借贷的金钱给付合同违约金调整规则

对于股权转让款、建设工程款等非借贷的金钱给付义务合同纠纷,以是否存在可以证明实际损失的证据为区分标准,大致可以分为能证明实际损失的违约金调整案件和无法证明实际损失的违约金调整案件两大类。在有证据证明实际损失的案件中,法官的自由裁量权基本上围绕"超过或低于实际损失的30%"这个界限进行调整;在没有证据证明实际损失的案件中,法官的自由裁量权较大,在综合认定双方的过错程度、当事人的缔约能力、守约方的收益情况以及公平原则、诚实信用原则后自由裁量。具体规则如下:

1. 有证据证明实际损失的案件中,违约金调整应结合实际损失尤其是预期损失、当事人过错程度等,法官的自由裁量权基本上围绕是否"超过或低于实际损失的30%"这个界限进行调整。

在江西省鹤群房地产开发有限责任公司(以下简称鹤群公司)与武宁县国土资源局(以下简称武宁县国土局)建设用地使用权出让合同纠纷案中,最高法认为,将违约金调整为日1.5‰是合理的。双方《国有土地使用权出让合同》约定,武宁县国土局未按时提供出让土地致使鹤群公司对本合同项下宗地占有延期的,每延期一日,武宁县国土局应当按鹤群公司已经支付的土地使用权出让金的3‰向鹤群公司给付违约金。最高法认为,如果按照每日3‰的违约金支付标准,该责任承担明显过高。原判决充分考虑到武宁县国土局迟延交地造成鹤群公司部分税费的增加以及相应开发成本的额外支出,并进一步综合考量武宁县国土局迟延交付出让土地非属恶意,以及鹤群公司由于武宁县国土局违约已经获得案涉出让国有土地使用权的巨大升值等因素,针对武宁县国土局申请调整上述约定违约金的请求,将武宁县国土

---

〔1〕 最高法民事裁定书,(2016)最高法民申453号。

局应支付的违约金计算标准酌情调整为按每日1.5‰计算合理。[1]

2. 没有证据证明实际损失的，应根据当事人的过错程度、当事人的缔约能力、合同的履行情况进行综合评判，由法官自由裁量，裁量结果应体现公正和诚实信用原则。可以确认的是，即便双方当事人均未能提供违约损失的具体数额，甚至守约方不存在损失，但由于违约金具有补偿和惩罚的双重性质，这并不等同于双方合法约定的违约金条款可免予适用，但法官调整的空间更大。

在林某云与李某彬股权转让纠纷案中，林某云申请再审主张应依据合同约定计算违约金，最高法认为，因林某云未提供证据证明其存在实际损失，一审判决根据《合同法》第114条和《合同法司法解释（二）》第29条第2款的规定，依据李某彬的申请将约定的合同总标的30%的违约金调整为以欠付股权转让款为基数参照中国人民银行同期同类贷款利率上浮30%予以计算，属自由裁量权的正当行使。二审判决予以维持，并无不当。[2]

在宝鼎建设工程有限公司（以下简称宝鼎公司）与王某浩买卖合同纠纷案中，王某浩与宝鼎公司之间成立钢材买卖合同关系，宝鼎公司委托的刘某峰所签欠条上显示欠付钢材款应付利息实为欠付钢材款应支付的违约金，刘某峰出具的欠条中约定月利率3%或日利率5‰的违约责任明显高于一般资金被占用所造成的损失，在王某浩未能充分举证证明其损失数额的情况下，应当认定违约金约定过分高于造成的损失，依法应予调整。二审法院直接采用法律支持的民间借贷年利率的上限24%对违约金进行调整，未综合考虑本案合同性质及合同履行等情况，适用法律不当，依法应予纠正。最高法结合王某浩在二审法院询问中自认其出售的钢材价款高于市场价以及宝鼎公司未及时支付钢材款长期占用王某浩资金的实际情况，根据公平原则，参照《买卖合同解释》（2012年）第24条第4款[3]“买卖合同没有约定逾期付款违约金或者该违约金的计算方法，出卖人以买受人违约为由主张赔偿逾期付款损失的，人民法院可以中国人民银行同期同类人民币贷款基准利率为基础，参照逾期罚息利率标准计算”的规定，以中国人民银行同期同类

---

〔1〕 最高法民事裁定书，（2016）最高法民申1925号。

〔2〕 最高法民事裁定书，（2016）最高法民申1937号。

〔3〕 对应现行版本第18条第4款。

贷款逾期罚息利率标准即中国人民银行同期同类贷款利率（2019年8月20日以后为全国银行间同业拆借中心公布的一年期贷款市场报价利率）的1.5倍计算王某浩的损失，并在该计算标准基础上再加算30%即中国人民银行同期同类贷款利率（2019年8月20日以后为全国银行间同业拆借中心公布的1年期贷款市场报价利率）的1.95倍计算违约金。[1]

第五节　国有土地使用权出让合同纠纷违约金调整

国有土地使用权出让，是指国家以土地所有者的身份将土地使用权在一定年限内让与土地使用者，并由土地使用者向国家支付土地使用权出让金的行为。[2] 关于政府部门作为出让方与受让方签署的国有土地使用权出让合同中，国有土地使用权出让合同是民事合同还是行政协议，学术界与实务界争论已久，最高法亦有分歧。[3] 在（2020）最高法行申3496号案中，滑县博瑞置业有限公司与河南省滑县人民政府、河南省滑县自然资源局、河南省滑县产业集聚区管理委员会将所签订的《国有土地使用权出让合同》纠纷认定为行政协议纠纷，当然，最高法虽以行政诉讼程序审理，但就违约金应否调整还是依据原《合同法》第114条进行评判。在（2020）最高法行申11753号案中，最高法认为，依据《城市房地产管理法》《城镇国有土地使用权出让和转让暂行条例》等规定，国有土地使用权出让合同属于行政协议。从签订主体看，签订国有土地使用权出让合同的一方是土地管理部门，系行政主体；从目的要素看，此类协议是为了实现公共利益或者国家对有限的土地资源合理、有效利用的管理目标；从双方权利义务关系看，此类协议与行政机关履行行政职责或者完成行政管理任务密切相关，行政机关在协议的签订和履行中享有基于社会公共利益或者法定事由单方收回土地等权利。原

〔1〕 最高法民事判决书，（2019）最高法民再380号。

〔2〕《城镇国有土地使用权出让和转让暂行条例》第8条。

〔3〕 参见杨科雄：《国有土地使用权出让合同属于行政协议》，载《人民法院报》2017年2月8日，第6版。

审法院认定，鸿亿公司与葫芦岛市资源局于2011年7月签订的编号2011－50《国有建设用地使用权出让合同》是行政协议，属于行政诉讼的受案范围，符合法律规定。[1] 本节后续所分析阐述的案例中，最高法认定其为民事合同而非行政协议。

根据《国务院办公厅关于规范国有土地使用权出让收支管理的通知》第7条，土地出让合同、征地协议等应约定对土地使用者不按时足额缴纳土地出让收入的，按日加收违约金额1‰的违约金。国务院办公厅的前述规定属于行政规章。关于其对行政规章所规定的违约金是否具有可调整性的问题，笔者通过考察最高法的多份裁判文书，发现存在两种截然不同的思路，现阐述如下：

第一种裁判思路，认为该违约金条款的内容具有法定性、行政管理的强制性，土地出让合同相较于普通的民事合同具有其特殊性，其中一方主体为政府国土资源行政主管部门，由其提供的土地出让合同格式文本会受到相关行政文件及部门规章的约束，不属于双方能够任意协商达成的条款。该类条款如不存在违反法律、行政法规强制性效力性规定的情形，原则上不宜以私法判决的方式否定其效力，亦不宜依职权作相应调整。即“政府规范性文件对违约金的计算方式具有优先性，司法机关不宜对此类违约金适用违约金酌减规则”[2]。此外，房地产企业在签订合同、取得土地使用权时，对于土地出让合同的内容包括违约责任的约定应当是知道的，合同一旦签订，应当对政府主管部门和房地产企业双方具有约束力。如在（2017）最高法民终561号案中，最高法判决由房地产开发公司按日1‰向昆明当地政府支付的违约金；最高法在（2021）最高法民申5861号案中，继续延续了该裁判思路，认为清镇市资源局逾期交付土地，应按照出让合同的约定，按受让人已经支付的国有建设用地使用权出让金的1‰向受让人给付违约金。在（2019）最高法民申308号案中，最高法亦坚持前述裁判思路。

---

〔1〕 在（2020）桂行终1241号案中，贵港市政府及贵港中院均认定银光房地产公司与贵港市自然资源局签订的国有土地出让合同为民事协议，但广西高院却认定为行政协议。在（2019）辽行终552号案中，辽宁高院认为，福源公司增加违约赔偿金额的上诉请求中符合法律规定的部分应以支持。市资源局和铁西区政府答辩意见中关于适当调整违约赔偿标准的请求符合法律规定，应予支持。

〔2〕 王利明主编：《中国民法典评注合同编》（一），人民法院出版社2021年版，第483页。

在西安市国土资源局（以下简称西安市国土局）、西安晟森房地产开发有限公司（以下简称晟森公司）建设用地使用权出让合同纠纷案中，西安市国土局（出让人）与晟森公司（受让人）签订《国有建设用地使用权出让合同》，约定受让人不能按时支付国有建设用地使用权出让价款的，自滞纳之日起每日按迟延支付款项的1‰向出让人缴纳违约金。晟森公司依约向西安市国土局缴纳了2800万元出让金，尚欠2156万元土地出让金未付。一审法院认为该约定的违约金明显高于其实际损失，根据晟森公司请求将违约金调至按照中国人民银行同期贷款利率计算。二审法院认为如以中国人民银行同期同类贷款利率计算案涉违约金，不能体现违约金的惩罚性，便将违约金调至按中国人民银行同期同类贷款利率的2倍计算。最高法再审最终推翻了一审、二审的判决内容，再审改判晟森公司按照合同约定即按照每日1‰支付违约金。在该案中，最高法阐述其改判理由为：首先，《合同法》第114条规定，并非意味着只要过分高于损失就必须调整。依据《合同法司法解释（二）》第29条规定，当事人主张违约金过高时，人民法院应以实际损失为基础，兼顾合同履行情况、当事人过错程度以及预期利益等综合因素，根据公平原则和诚信原则予以衡量。其次，国有建设用地使用权出让事关土地资源的充分保护和合理利用，其方式、程序、权利、义务由《物权法》《土地管理法》《城市房地产管理法》等法律、行政法规明确规定。合同中的诸多重要条款必须符合法律和政策规定，除经特殊程序合同主体一般无权作出变更和另行协商。《国务院办公厅关于规范国有土地使用权出让收支管理的通知》第7条及《财政部、国土资源部、中国人民银行关于印发〈国有土地使用权出让收支管理办法〉的通知》第34条都明确规定，对国有土地使用权人不按土地出让合同、划拨用地批准文件等规定及时足额缴纳土地出让收入的，应当按日加收违约金额1‰的违约金。案涉违约金条款作为土地拍卖文件的一部分，晟森公司在参加竞拍前既已知晓，不存在超出当事人预期或显失公平之情形。最后，晟森公司未按合同约定支付足额出让价款，从2014年5月5日起至2018年6月欠付余款2156万元出让金，达4年之久。西安市国土局依约交付了土地，在合同履行过程中没有违约行为，且晟森公司亦享受了棚户区改造的相关优惠政策。在此情况下，若对违约金予以调整，既不符合有关政策规定，也有悖公平和诚信原则。[1]

第二种裁判思路，认为《国务院办公厅关于规范国有土地使用权出让收支管理的通知》、《财政部、国土资源部、中国人民银行关于印发〈国有土地使用权出让收支管理办法〉的通知》及《国土资源部、国家工商行政管理总局〈关于发布国有建设用地使用权出让合同示范文本〉的通知》中违约金的计算方式，系从行政管理角度规范国有土地出让收入的缴纳，属于行政规章，在调整平等民事主体之间的法律关系中不应直接作为计算违约金的依据。《国有土地使用权出让合同》出让方为土地行政管理机关，受让方为土地使用者，在合同中虽然有政府行使行政职能的表现，但签订合同时依据的是平等、自愿、有偿原则。双方当事人对于违约金的承担虽然参照上述规定作了约定，但是民事平等主体有权请求人民法院进行违约金调整，人民法院也可以根据法律的违约金调整规则进行调整。如在(2021)最高法民申4929号案中，最高法认为，因广元资源局未举证证明其实际损失，二审法院结合案涉土地出让金的付款期限、部分土地出让金未付的事实，在兼顾合同履行过程中当事人的过错程度、预期利益等综合因素的情况下，根据公平原则和诚实信用原则对违约金的计算标准进行调整，并无不当。

第六节 结　语

尽管最高法以司法解释和指导意见等方式规范调整违约金的自由裁量权，但司法实践中，仍有人认为法院的自由裁量权过大。成文法的弊端就是司法裁判人员在理解法律时带有鲜明的主观主义色彩，笔者期望最高法的指导性案例能对违约金同案同判有所推进。此外，笔者认为，尽管惩罚性违约金受到严格的限制，但如果是当事人自愿接受不合理的违约金条款，法律不应对其进行干预；换言之，“公平原则还受到平等自愿原则的限制”[2]。

---

〔1〕 最高法民事判决书，(2018)最高法民再422号。

〔2〕 参见徐国栋：《民法基本原则研究——成文法局限性之克服》，中国政法大学出版社2001年版，第67页。

第十七章

表见代理论述

古代罗马法不承认代理制度。然社会关系渐为复杂，人之活动范围益广，渐有代理制度之需要，罗马法后期，亦不得不承认类似代理之制度。[1]代理制度之建立，使民事主体摆脱了事必躬亲之束缚，这无疑会促进交易。但是作为有权代理的天生伴生物，无权代理的出现，则危害了交易的安全和善意相对人之合法权益。因为，在交易过程中，第三人对于代理人之有无代理权及代理权限范围的判断，却不能不受客观情势的制约，（因代理人是否被授予代理权及授予何种性质、何种范围的代理权，毕竟纯属本人与代理人之内部关系）。如果将一切无权代理行为均作为单纯的违法行为对待，即无权代理行为均无效，则当第三人确信无权代理人有代理权，并对这一确信无过失时，第三人的利益难免受到不当损害。同时，这使第三人同代理人所进行的民事活动处于极不安定的状态。因此，为维护代理制度的信用与稳定，法律有必要在一定条件下“牺牲”本人的某些利益，借以确保交易的安全。为此，崇尚理性的德国人在 1900 年的《德国民法典》中第一次以极其严谨的逻辑演绎确定了表见代理制度。其在代理一般准则之外，确认在特定情况下，无权代理得发生与有权代理之同样效果。此种做法，后来为大陆法系一些国家或地区的民事立法所不同程度地采用，并成为英美法系国家审判实践中的重要原则。[2] 在英国，“假象的或表见的代理”通常发生在公认的贸

---

〔1〕 参见史尚宽：《民法总论》，中国政法大学出版社 2000 年版，第 512 页。

〔2〕 参见尹田：《我国新合同法中的表见代表制度评析》，载《现代法学》2000 年第 5 期。

易惯例和商业习惯中。当代理人显示他有代理权时,被代理人应对代理人签订的合同负法律责任,不能免除被代理人履行由代理人签订的该项合同的义务。[1] 按照英美法系的规则,"外表授权"(apparent authority)为产生代理权的原因之一。[2]

表见代理本质上是一种广义的无权代理。史尚宽先生认为,广义的无权代理包括发生本人责任之无权代理和不发生本人责任之无权代理。[3] 该制度充分体现了现代民法价值取向的根本变化,在现代经济社会具有重要的制度价值。[4] 我国《合同法》《民法总则》《民法典》,以及最高法有关司法文件,均对表见代理的规定过于简单,致使司法实践中裁判标准并不统一。"从长期的审判情况看,表见代理代理权的表象以及第三人是否善意无过失的判定,更多地依靠法官对证据掌握程度、认识程度,进而形成内心确认,恰当地运用自由裁量权予以判决。"[5]本章将从最高法再审案例的角度分析表见代理的有关构成要件及认定标准,探寻司法实践认定表见代理的大致规律,以期给读者启迪。

第一节 表见代理的概念

史尚宽先生认为,表见代理为代理人之代理行为,虽无代理权,但有可使第三人信其有代理权之事由,因而使本人对于相对人负授权人责任之无权代理。其情形有三点:(1)表示以代理权授予他人,或知他人表示为其代理人而不为反对之表示者;(2)代理权之限制及第三人非因过失而不知者;(3)代理权被撤回或消灭后,代理人为代理行为,第三人非因过失而不知者。[6]

根据我国《民法典》第172条之规定,所谓表见代理,是指代理人没有代

[1] 参见[英]P. S. 阿蒂亚:《合同法概论》,程正康等译,法律出版社1982年版,第270页。
[2] 参见梁慧星:《中国民法经济法诸问题》,法律出版社1991年版,第105页。
[3] 参见史尚宽:《民法总论》,中国政法大学出版社2000年版,第546页。
[4] 参见董学立:《重新审视和设计无权代理》,载《法学》2006年第2期。
[5] 虞政平主编:《民商事二审典型案例及审判经验》,人民法院出版社2019年版,第209页。
[6] 参见史尚宽:《民法总论》,中国政法大学出版社2000年版,第546-547页。

理权、超越代理权或者代理权终止后，由于具有代理关系的某些外观表象，从而导致无过错的第三方相信其具有代理权而与之实施民事法律行为，在这种情况下，法律使这种代理行为发生与有权代理同样的法律后果。

在汤某之、杨某罗与贺某沅、王某军、龙某峰确认合同无效纠纷案中，最高法认为，房屋的转让、出售系民事主体对其财产权利的重大处分，若委托他人代为行使，原则上委托人应有明确的授权。本案中，贺某沅以杨某钦委托代理人身份与王某军签订《房屋产权转让协议》，王某军明知案涉诉争房屋所有权人系杨某钦且一直在香港特区，但在贺某沅未能出具杨某钦的书面委托授权的情况下即与贺某沅签订《房屋产权转让协议》，有失慎重，协议的签订存在一定瑕疵；就此而言，汤某之、杨某罗的申请再审主张有一定的道理。但基于本案已经查明的事实，杨某钦与贺某沅、贺某夫、汤某清系亲戚关系；1995 年，杨某钦、贺某沅、汤某清、贺某夫四人共同购得房屋一栋，并分别办理了该栋房屋中四套门面及住房的房产证，其中杨某钦所得房屋所有权证为韶政私字第 H59 号，面积 123.42 平方米；杨某钦因居住在香港特区，将其名下房屋委托给贺某沅、汤某清、贺某夫看管；1999 年，贺某沅、汤某清、贺某夫与王某军签订《房屋产权转让协议》，将其三人名下的房屋出售给王某军，同时亦约定将杨某钦名下的房屋暂交由王某军看管及使用；后贺某沅以杨某钦委托代理人的身份对案涉诉争房屋的房产证进行了登报遗失挂失，并于 2002 年 5 月 23 日向韶山市房地产管理局重新申请办理了房屋所有权证，所有权人仍为杨某钦；2002 年 5 月 31 日，贺某沅以杨某钦委托代理人身份与王某军签订《房屋产权转让协议》，将案涉诉争房屋卖给王某军。由此，贺某沅代表杨某钦与王某军签订《房屋产权转让协议》、出售杨某钦名下的案涉诉争房屋，具有导致王某军有理由相信贺某沅有代理授权的基本的权利外观。[1]

表见代理本质上属于无权代理，其“法理基础为商事外观主义”[2]。因其具有外观授权的表象，并足以使相对人完全有理由相信该无权代理人具有代理权，且相对人对此作出的判断已尽到一个善良注意人的审慎义务，并

---

〔1〕 最高法民事裁定书，(2021)最高法民申 4194 号。

〔2〕 司伟、肖峰：《担保法实务札记——担保纠纷裁判思路精解》，中国法制出版社 2019 年版，第 29 页。

无过失。表见代理不同于有权代理,虽然表见代理和有权代理对本人而言,均产生同等约束力,但毕竟两者构成要件不相同。司法实践中,有相当多判决对此判断错误,笔者通过最高法下列两个案例一并分析之。

在湖北金华实业有限公司(以下简称金华公司)与苏某水等商品房买卖合同纠纷案中,关于武汉皓羽地产顾问有限公司(以下简称皓羽公司)向苏某水销售06号商铺、07号商铺行为的法律后果是否应归属于金华公司的问题,最高法认为,本案中皓羽公司的销售行为已构成有权代理,理由是:第一,在销售案涉楼盘时,金华公司已授予皓羽公司独家全程的代理权限。金华公司与皓羽公司签订的《"楚天星座"商品房保底包干销售合同》第2条约定,"甲方(指金华公司)授权乙方(指皓羽公司)为该项目独家全程销售代理,代理范围包括项目营销策划、销售代理、广告宣传等。非因本合同到期或解除及甲方前期界定之外,甲方不得自行销售,或委托其他公司、个人进行销售"。该条约定已明确授予皓羽公司销售案涉楼盘的代理权限,相关报纸广告等宣传材料上亦标明皓羽公司作为该楼盘"全程营销"的代理人的法律地位。第二,皓羽公司系以金华公司的名义而非以皓羽公司自身名义销售案涉商铺。06号商铺合同和07号商铺合同首部均载明出卖人为金华公司,并明确皓羽公司的身份为金华公司的委托代理机构。第三,06号商铺合同和07号商铺合同尾部均有苏某水签字,06号商铺合同尾部加盖有出卖人金华公司的销售合同专用章,07号商铺合同尾部亦有皓羽公司以金华公司委托代理人身份加盖的销售合同专用章。第四,苏某水购买商铺的过程中还取得了06号商铺、07号商铺的《(楚天星座)商品房认购合同》,该两份认购合同均加盖有金华司的销售合同专用章。第五,苏某水系在楼盘售楼处现场签订06号商铺合同与07号商铺合同并通过现场POS机支付主要购房款。可见,皓羽公司以金华公司名义向苏某水销售案涉商铺的行为,足以认定构成有权代理,且苏某水作为普通购房者亦有较为充分理由相信皓羽公司具有销售案涉商铺的代理权限。另外,部分楼盘宣传材料上虽有2006年5月1日"倾情推出"的表述,但此种表述并未包含对外宣示禁止皓羽公司于2006年5月1日之前销售案涉商铺的意思;同时,金华公司与皓羽公司就封盘期间、收款权限、签章权限等事项作出的若干约定均系金华公司与皓羽公司之间的内部约定,并未对外公示,不能对抗善意的购房者;而金华公司再审中主张06号商铺、07号商铺不在皓羽公司授权销售的范围之内但皓羽公司予以否认，且金华公司未能举证予以证实，故就金华公司关于皓羽公司销售案涉商铺系越权行为对金华公司无约束力的主张，最高法不予支持。至于金华公司提出因存在苏某水未注意案涉楼盘广告宣传系2006年5月1日"倾情推出"，苏某水未对合同的版本、涂改和签章及收据出具主体等进行必要审查，苏某水部分款项系通过皓羽公司财务人员中转等情形而应认定苏某水在购房中存在严重过错从而不构成表见代理的主张，在论证前提上即与本案中皓羽公司销售行为应系有权代理的性质不符，且结合本案代理销售、广告营销、合同签订与款项支付的前述具体过程与情形，金华公司关于合同相对方过错标准的主张亦超出了苏某水作为普通购房者的合理注意义务，最高法不予支持。综上所述，皓羽公司基于有效的委托代理关系所实施的代理行为应认定为有效，其代理行为的法律后果应直接约束被代理人，所产生的民事责任直接由被代理人承担。二审判决适用《合同法》第402条[1]认为皓羽公司销售07号商铺的行为构成隐名代理，对合同效力的最终认定虽无影响，但属于适用法律不当，最高法予以纠正。[2]

在江苏省第一建筑安装股份有限公司（以下简称江苏一建）与钱某琴等民间借贷纠纷案中，二审法院认定林某秀的借款行为对江苏一建构成表见代理，江苏一建认为钱某琴并非善意第三人，故不构成表见代理。最高法认为，表见代理的构成要件首先应为代理人无代理权限，而本案中林某秀代表江苏一建沈阳公司向钱某琴借款，系经过时任江苏一建沈阳公司负责人游某才的授权，并非表见代理，而是有权代理，其行为后果应当由江苏一建沈阳公司承担。理由如下：首先，形式要件方面，本案关键证据《借条》的借款人签章处有江苏一建沈阳公司公章及游某才个人名章，林某秀为经办人，可初步证明江苏一建沈阳公司与钱某琴之间存在借款合同关系。江苏一建沈阳公司亦认可林某秀的代理人身份，即使在《借条》形成之前，借款实际发生之时林某秀并无书面授权委托，但是江苏一建沈阳公司在《借条》上加盖公章的行为亦构成对前述林某秀借款行为的追认，被代理人江苏一建沈阳公司应当对代理人林某秀的代理行为承担责任。其次，借款过程方面，根据一审、二审及最高法庭审审理查明的事实，以及郁某宽、姜某的证人证言，钱某

[1] 对应《民法典》第925条。
[2] 最高法民事判决书，(2012)民抗字第24号。

琴在首次到沈阳追讨现金借款250万元时,其追讨对象即为游某才,江苏一建沈阳公司对于钱某琴出借500万元的整个过程均知晓,而未做否认表示,反而由游某才组织协调各方商讨还款事宜,其作为江苏一建沈阳公司的负责人,以实际行为认可了对林某秀借款行为的授权,江苏一建虽否认游某才曾与钱某琴接触,认为钱某琴通过转账汇款的250万元应当属于工程转让款,但钱某琴、臧某喜、林某秀、郁某宽、姜某的陈述均能印证在转账汇款及签署《委托书》之前,游某才曾组织钱某琴等各方就借款事宜进行协商,并确定由钱某琴为江苏一建沈阳公司先行垫付对外欠款,并由钱某琴看管"江南水乡8号楼、9号楼"工程,获取工程款后用于偿还其对江苏一建沈阳公司的借款,且钱某琴等各方签署的《委托书》确实保存于江苏一建沈阳公司,亦由其向法院举示,进一步印证游某才对于借款过程的认可。综上所述,林某秀受江苏一建沈阳公司负责人游某才的委托向钱某琴借款,其后江苏一建沈阳公司就全部借款金额向钱某琴出具借条,江苏一建沈阳公司即为借款合同项下的实际借款人。二审法院将林某秀的行为认定为表见代理属于认定事实不清,适用法律有误,应予纠正。[1]

第二节 表见代理的构成要件

笔者认为,实务中认定表见代理应具备以下五个要件。

一、行为人以本人名义对相对人实施"代理"行为

比如,行为人以本人(被代理人)名义同相对人签订合同,并从相对人处领取了有关款项。即"须代理人就权限外之事项,以本人之名义为意思表示,或为本人受领意思表示。"[2]此外,行为人同相对人之间的民事行为,应具备民事法律行为的一般有效要件,包括行为人与相对人均具有相应的行为能力、行为内容合法、意思表示真实等。如果行为人与相对人之间的行为属于《民法典》规定的无效或可撤销的民事行为,则不构成表见代理。

---

〔1〕 最高法民事判决书,(2016)最高法民再76号。

〔2〕 史尚宽:《民法总论》,中国政法大学出版社2000年版,第547页。

在陈某谨、陈某亮与代某艳、代某家、于某萍、济南龙庄园艺工程有限公司(以下简称济南龙庄公司)、济南农博士绿色肥料有限公司(以下简称济南农博士公司)、方某明民间借贷纠纷案中，最高法经审查认为，本案的主要争议焦点系代某艳在本案借贷关系中的行为是否构成表见代理。表见代理是行为人没有代理权、超越代理权或者代理权终止后作出行为，如果相对人有理由相信其有代理权，则相对人即可要求本人承担行为后果并受其约束。构成表见代理的前提是，代理人以被代理人的名义行事。从涉案三份借条来看，陈某谨系以本人名义出借，借贷关系发生于陈某谨与方某明、济南龙庄公司、济南农博士公司之间；根据现有证据，陈某谨并未直接授权代某艳从事借款相关事宜，借款系从陈某亮账户直接汇给济南龙庄公司账号，不存在委托汇款情形。济南龙庄公司与济南农博士公司出具的《情况说明》也清楚载明"我单位方某明董事长通过代某艳向陈某晋(谨)借款750万元人民币"，由此表明济南龙庄公司、济南农博士公司和方某明明知代某艳中间人的身份。二审判决认定代某艳在借贷过程中以陈某谨的名义代其行事依据不足，认定代某艳构成表见代理缺乏充分的事实和法律依据。[1]

在寇某顺与江苏兴厦建设工程集团有限公司(以下简称兴厦公司)、江苏兴厦建设工程集团有限公司西安分公司(以下简称兴厦西安分公司)、陈某飞民间借贷纠纷案中，寇某顺申请再审认为，陈某飞系以兴厦公司项目部负责人的身份借款，构成表见代理，兴厦公司应承担共同清偿责任。对此，最高法认为，《合同法》第49条规定："行为人没有代理权、超越代理权或者代理权终止后以被代理人名义订立合同，相对人有理由相信行为人有代理权的，该代理行为有效。"[2]该条规定了表见代理的构成条件。本案并不符合该条件。首先，本案相关借条均载明借款人为陈某飞，陈某飞并未以兴厦公司名义签订合同，不存在行为人以被代理人名义订立合同行为。其次，陈某飞并非兴厦公司工作人员，亦无兴厦公司委托授权手续，且借条中明确写明借款人为陈某飞，相关借款亦非汇入兴厦公司账户，故本案并不具备足以使合同相对人相信行为人有代理权的条件。因此，二审法院认定本案不构

---

〔1〕 最高法民事裁定书，(2018)最高法民申1140号。

〔2〕 对应《民法典》第172条。

成表见代理,依据充分,并无不当。[1]

二、没有代理权超越代理权或代理权终止后实施代理行为

行为人实施"代理"行为时,其没有合法有效的代理权,或是虽有合法有效的代理权但其超越代理权实施民事法律行为,或者在代理权已经终止后依然实施代理行为。所谓超越代理权限,史尚宽先生将其解释为,"代理人为权限外之行为,称为越权行为,不独量的逾越,质的逾越亦包括在内"[2]。

在五矿钢铁有限责任公司(以下简称五矿钢铁公司)与鞍钢附企一初轧轧钢厂一分厂(以下简称鞍钢轧钢一分厂)等买卖合同纠纷案中,最高法认为,本案有关担保范围的两份补充协议上鞍钢轧钢一分厂的公章系伪造。上述补充协议上虽有徐某的签名,但徐某并非鞍钢轧钢一分厂的法定代表人或者该厂履行相应职责的员工,其在签订两份补充协议时所持的鞍钢轧钢一分厂加盖公章、法定代表人于某签字的授权委托书,系鞍钢轧钢一分厂向海城市工商行政管理局出具,委托的事项是徐某代表其前往工商局办理动产抵押登记及其他手续,并未含有授权徐某与五矿钢铁公司签订补充协议,扩大抵押物担保范围的意思。而该动产抵押是依据双方签订的《合作协议》进行的,本案争议的《(钢材)购销合同》并非该《合作协议》的组成部分。徐某在空白的《动产抵押登记书》上将抵押担保的范围扩大到《(钢材)购销合同》项下的债权,显然超出鞍钢轧钢一分厂授权的范围。[3]

在钱某与云南九州建设集团有限公司(以下简称九州集团公司)等民间借贷纠纷案中,最高法认为,钱某提交的《授权委托书》的授权范围仅限于办理第一城工程施工报名投标文件,且该委托书载明的授权有效期截至2010年9月1日;《云南九州建设集团有限公司介绍信》的有效期亦截至2010年9月1日。涉案借条出具的时间为2011年6月9日,已经远远超过上述授权期限。在曹某清为案涉工程的实际施工人且仅为项目部副经理的情况下,钱某提交的证据不能证明曹某清有权以第一城项目部的名义对外借款。根据《合同法》第49条关于"行为人没有代理权、超越代理权或者代理权终止

---

〔1〕 最高法民事裁定书,(2019)最高法民申4128号。
〔2〕 史尚宽:《民法总论》,中国政法大学出版社2000年版,第547页。
〔3〕 最高法民事裁定书,(2015)民申字第2922号、第3062号。

后以被代理人名义订立合同,相对人有理由相信行为有代理权的,该代理行为有效”之规定,要认定曹某清的借款行为构成表见代理,需满足相对人钱某有理由相信曹某清有代理权这一条件。本案中,钱某曾在云南高院(2013)云高民一终字第185号民事案件庭审中,明确陈述其在出借款项时明知曹某清是涉案项目的实际施工人。此外,钱某在楚雄州中院(2012)楚中民二初字第48号民事案件审理过程中,向一审法院提交的于2011年6月21日与曹某清所签《民间私人借款协议》,能够证明钱某在向曹某清出借款项时明知曹某清以个人名义从九州集团公司处承包案涉项目且为实际施工人。因此,在钱某明知涉案工程系曹某清自行承包且又未向其提交有效代理权依据的情况下,钱某知道或应当知道曹某清无权代理九州集团公司。因此,曹某清的行为不构成表见代理,案涉借款的清偿责任应当由曹某清个人承担。[1]

三、客观上行为人具有代理权外观表象

尽管行为人实际上没有代理权或代理权限已经消灭,但根据其外观表象,相对人有正当理由相信或推断行为人有代理权。“本人的授权行为已经在外部形成了一种表象,即能够使第三人有合理的理由相信无权代理人已经获得了授权。”[2]根据《最高人民法院关于在当前形势下审理民商事合同纠纷案件若干问题的指导意见》第13条之规定,相对人主张构成表见代理的,需就代理权表象的存在承担证明责任。《民法典总则编解释》第28条规定,行为人存有代理权外观应由相对人举证。这些证明责任包括存在诸如盖有公章的合同书、公章、单位业务介绍信、印鉴等有权代理的客观表象形式要素;或被代理人知道行为人以本人名义订立合同而不作否认表示[3]等。由于实践中存在各种形式的权利外观,因此,法官对于能否构成表见代理享有较大的自由裁量权。通过对最高法近几年来的再审裁判文书进行分析,笔者发现存有以下裁判规则:

1. 确定一种权利外观是否存在,不应从被代理人事后是否否认来判断,

---

〔1〕 最高法民事裁定书,(2015)民申字第2428号。

〔2〕 王泽鉴:《债法原理》(第1册),中国政法大学出版社2002年版,第358页。

〔3〕 即容忍型表见代理,详见本章第三节分析。

而应从第三人是否相信或者应当相信的角度来考虑。

在南通大辰建设集团有限公司(以下简称大辰公司)与张某文等建设工程施工合同纠纷案中,最高法认为,表见代理属于广义上的无权代理,因被代理人与无权代理人之间的关系具有授予代理权的外观,致相对人相信无权代理人有代理权而与之为法律行为,法律使之发生与有权代理同样的法律效果。另案庭审时的证人范某、马某、安某、宋某称,“工地的一些事罗某超是可以作主的”,罗某超“业务上是项目经理”“我的上级是罗某超,罗某超是项目经理”“后期所有的活给罗某超干的”“罗某超在工地是项目经理”。可见,施工过程中罗某超(行为人)对外以大辰公司(本人)在团结汽配城施工项目的项目经理名义实施民事法律行为,且客观上罗某超也确实实施了有被授予代理权的外观行为,包括在支付工程款项的票据上签字、在整改通知单上签字等,而对于罗某超签字支付工程款项等行为,大辰公司、罗某奇均未提出异议。确定一种权利外观是否存在,不应从被代理人事后否认的表示来确定,而要从第三人是否相信或者应当相信的角度来考虑。因此,即便大辰公司、罗某奇在庭审过程中否认罗某超签订“施工图预算书”的效力,并不影响对罗某超表见代理行为的认定。二审法院认定罗某超在涉案工程施工期间所实施的前述行为构成表见代理,符合法律规定。[1]

2. 在青海宏信混凝土有限公司、海天建设集团有限公司青海分公司民间借贷纠纷案中,最高法认为案涉《协议书》由公司股东签订,其并非公司法定代表人,亦无证据证明其在公司任职或具有代理公司对外进行相关民事行为的授权,仅具有股东身份不足以成为其在案涉《协议书》上签字盖章的合理理由,该行为亦不构成表见代理。而在下列两案中,最高法认为,行为人虽系公司股东兼管理人员,但非法定代表人,然依照《公司法》的规定,行为人并不能代表公司,不足以使人相信其对外以公司名义签字盖章的行为是职务行为,其行为不构成表见代理。[2]

在北京城建建设工程有限公司(以下简称城建公司)等与北京市利满四方商贸有限公司(以下简称利满四方公司)买卖合同纠纷案中,最高法认为,关于苏某(行为人)行为是否构成表见代理的问题,虽然苏某是利满四方公

〔1〕 最高法民事裁定书,(2013)民申字第683号。
〔2〕 最高法民事判决书,(2019)最高法民终1535号。

司(本人)的大股东以及行为发生时在公司担任监事,但股东行为并不必然代表公司,《公司法》有关监事的职责中亦不包括对外代表公司的权利,苏某与城建公司(相对人)和城建怀柔分公司商谈业务、领取支票的行为,亦不足以表明其在本案涉诉事项上具有代表公司的权利,因此,城建公司和城建怀柔分公司有关苏某行为构成表见代理的主张不能成立。苏某签署的《承诺书》和在《确认书》的签字即便在形式上是真实的,由于苏某并无对外代表利满四方公司的权利,因此苏某出具的承诺内容并不能认定为利满四方公司的意思表示,也不能以此否认《确认书》的内容。[1]

在高某与鄂尔多斯市亿盟房地产开发有限责任公司(以下简称亿盟公司)等借款合同纠纷案中,关于菅某(行为人)的行为能否构成表见代理及高某是否系善意无过失问题,最高法认为,本案中,菅某在借据、《借款合同》中伪造法定代表人吕某连签字并加盖变造的亿盟公司(本人)印章,系其个人行为;虽然菅某是亿盟公司颐和小区项目的副总经理、股东,但其并无以亿盟公司名义为高某(相对人)提供担保的授权,且亿盟公司对其担保行为事后亦未加以追认,故本案菅某以亿盟公司的名义对外签署保证合同,属无权代理,对亿盟公司不能发生法律效力。二审法院认定菅某的行为不构成表见代理并无不当。对高某的该再审理由,最高法不予采信。[2]

股东或公司非法定代表人高管并不当然能代表公司,前述两案认定不构成表见代理是准确的。但是也应该看到,在最高法的案例中,也有直接凭股东兼非法定代表人管理人身份认定行为人构成表见代理之案例。如在(2016)最高法民申917号案中,最高法认为其股东兼管理人员的身份足以使人相信其对外以公司名义签字盖章的行为是职务行为,其行为构成表见代理,武汉雪花秀产业园投资有限公司应对其行为承担民事责任。笔者认为这种判法失之偏颇,有违《公司法》之规定。

3. 由于行为人与本人之间存在挂靠关系,故足以使相对人有理由相信本人印章的真实性以及行为人得到了本人的授权,行为人的行为构成表见代理。

在湛江市第一建筑工程公司(以下简称湛江一建)与白某江租赁合同纠

---

〔1〕 最高法民事判决书,(2014)民提字第175号。
〔2〕 最高法民事裁定书,(2014)民申字第743号。

纷案中，最高法认为，梁某同（行为人）与湛江一建（本人）自2009年至2012年存在挂靠关系，其间梁某同曾以湛江一建名义承接了乌斯太工程，湛江一建为此向梁某同出具了授权委托书。此外，梁某同还以湛江一建的名义承建了某工程。湛江一建主张梁某同承接某工程并未经其授权，属梁某同擅自以其名义所为。但在2012年梁某同退出某工程时，湛江一建却将该项目授权给了他人接管。由此证明，即使梁某同以湛江一建名义承建某工程属于无权代理，湛江一建事后亦予以追认并对该项目实际行使了管理权，故梁某同与湛江一建对于某工程仍构成挂靠关系。案涉《租赁合同》是2010年梁某同为某工程施工而以湛江一建名义与献县鑫兴建材租赁站的白某江（相对人）所签订，合同内容并不违反法律、行政法规的强制性规定。湛江一建虽主张《租赁合同》上湛江一建及某项目部的印章均系梁某同私刻，不代表其真实意思表示，合同应无效。但因梁某同与湛江一建之间存在挂靠关系，足以使白某江有理由相信印章的真实性以及梁某同得到了湛江一建的授权，故梁某同的行为构成表见代理，其行为后果应由湛江一建承担。[1]

4. 虽然行为人以自己的名义与相对人签订合同，但鉴于行为人在本人与案外人所签建设工程施工合同时是以本人代理人身份，并由本人盖章确认，后行为人确实也在该工程处现场全面负责施工，结算明细表也备注本人员工，这些外观权利表象，已让相对人有理由相信行为人的行为代表本人，行为人的行为构成表见代理。

在湖北省工业建筑总承包集团第三建筑工程公司（以下简称工建三公司）与王某华等买卖合同纠纷案中，最高法认为：首先，在与发包人十堰市林森房地产开发有限公司签订“水岸新都”房地产项目建设施工合同时，张某义（行为人）是以工建三公司（本人）委托代理人身份在承包人栏内签名，并加盖了工建三公司公章，随后十堰市林森房地产开发有限公司（甲方）与工建三公司（乙方）签署的补充协议亦由张某义在乙方栏签名。施工合同履行中，张某义在该工程中全面负责施工，并将办公地点设在项目现场。据此应当认定工建三公司对于张某义以该公司名义开展施工活动予以认可。其次，张某义在与王某华（相对人）签订《钢材供应合同》后，王某华按约将钢材运送至建设项目施工现场，嗣后结算时，王某华与张某义就供货钢材的结算

---

〔1〕 最高法民事裁定书，（2015）民申字第3402号。

提货明细表中注明的是“工建三公司张某义”。因此,虽然张某义以自己的名义与王某华签订了《钢材供应合同》,但基于上述事实,王某华有理由相信张某义的行为代表工建三公司,二审判决据此认定张某义的行为构成表见代理,符合《合同法》第49条的规定。[1]

5. 以行为人曾参与协商收款过程为由,认定相对人有理由相信本人委托行为人进行收款及相对人已尽合理审查义务,并据此认定行为人的行为构成表见代理的,属于认定事实和适用法律错误。

在泸州三建与新久源公司等债权转让纠纷案中,最高法认为,就石某建(行为人)的行为是否构成表见代理,泸州三建(本人)是否应对石某建的行为承担法律后果的问题。石某建既因挂靠青竹公司建设三万吨酒精生产技改土建工程而成为新久源公司的债权人,亦因挂靠泸州三建建设康定跑马山项目工程而成为泸州三建的债务人,具双重身份。案涉债权由青竹公司转让给泸州三建后,虽泸州三建与新久源公司(相对人)协商过还款事宜,且当时泸州三建的律师和石某建均在现场,但石某建参与该还款协商过程并无泸州三建的授权,新久源公司明知石某建具有上述双重身份,仅以石某建曾参与协商为由主张石某建系泸州三建的代理人,理据不足。石某建在没有代理权的情况下以泸州三建名义向新久源公司出具《授权委托书》,并签订《债务清偿协议》《债务清偿补充协议》。首先,就《授权委托书》上加盖的泸州三建印章而言,石某建虽声称系泸州三建“康定印象商业项目”印章,新久源公司亦陈述石某建持《授权委托书》与其协商付款时告知其该印章系泸州三建“康定印象商业项目”印章,但肉眼可见该印章与泸州三建备案的“康定印象商业项目”印章明显不同,系属伪造。其次,《债务清偿协议》《债务清偿补充协议》中约定,新久源公司应向石某建个人账户而非泸州三建公司账户还款,所还款项优先支付所欠付的民工工资和材料供应商的材料款,并由青竹公司监督行使。最后,与案涉债权6,121,498元本金及相应利息相比较,《债务清偿协议》确定的550万元清偿数额,已属对6,121,498元本金和全部利息的放弃,《债务清偿补充协议》又超出《授权委托书》记载的授权范围再次放弃433,300元本金。《授权委托书》《债务清偿协议》《债务清偿补充协议》存在前述诸多不合理之处,明显有损泸州三建的合法利益,新久源

---

〔1〕 最高法民事裁定书,(2015)民申字第2687号。

公司具备向泸州三建进行核实的便利条件而未尽审查义务，不构成表见代理。二审判决仅以石某建曾参与协商付款过程为由认定新久源公司有理由相信泸州三建委托石某建进行收款，已尽合理审查义务，据此认定石某建的行为构成表见代理，认定事实和适用法律有误，最高法予以纠正。[1]

6. 行为人的行为不符合本人业务范围，也不符合相对人与本人之间已有的交易习惯和通常做法，这足以推断行为人的行为不具有外观权利表象，不构成表见代理。

在汇依公司与王某储等民间借贷纠纷案中，最高法认为，吴某（行为人）的行为对王某储（本人）不构成表见代理。本案一审判决以吴某的行为构成表见代理为由，认定王某储与汇依公司（相对人）形成借款关系，判决汇依公司承担还款责任。二审判决以王某储主张借款给汇依公司，汇依公司亦认可收到了款项，王某储已完成举证责任，汇依公司的证据不足以证明王某储知道并同意为华夏公司、文博旅游公司还款等为由，认定王某储与汇依公司存在借款关系，判决维持了一审判决。最高法认为，吴某的身份及与王某储之间的信贷往来关系，不足以认定吴某的行为对王某储构成表见代理。第一，认定吴某的行为对王某储构成表见代理不符合法律关于汇依公司业务范围的规定。汇依公司是小额贷款公司，其业务范围不包括对外融资借款，王某储对此应当明知。按照《江苏省人民政府办公厅关于开展农村小额贷款组织试点工作的意见（试行）》的规定，小额贷款公司属于"只贷不存的非金融机构，即只能依靠其资本金发放贷款，而不能吸收公众存款"。故发放贷款是汇依公司的业务范围，而对外融资借款则不属于其业务经营事项范围。既然汇依公司都没有对外融资借款的权利，作为其员工的吴某当然更没有此权利。王某储是做资金生意的，经常从事资金的借与贷业务，所以其对小额贷款公司的业务范围应当清楚，对于汇依公司不能对外融资借款而只能依靠资本金发放贷款的性质应当明知，对于吴某在公司只能贷不能借的职权也应当十分清楚。王某储在庭审中表示，是吴某和他协商说汇依公司短期资金紧张，需要借款 1 周左右，他没有见过汇依公司其他人，他因与吴某有过信贷往来，信任吴某才将钱借给汇依公司。这种说法显然不符合法律规定。第二，认定吴某的行为对王某储构成表见代理不符合王某储与汇

〔1〕 最高法民事判决书，(2016)最高法民再 200 号。

依公司已有的交易做法。根据王某储和吴某在庭审中的陈述，王某储曾通过吴某向汇依公司借过款。证据显示，王某储于2011年7月4日向汇依公司借款65万元时，不仅与汇依公司签订了书面借款合同，加盖了汇依公司合同专用章，而且约定了借款数额、利率、借款期限等，并签订了最高额抵押担保合同，相关手续非常完备。以前借款只有65万元都签订了书面合同，对相关问题作出明确约定，现在涉案款项2500万元之巨却没有要求签订书面合同，各种事项都处于模糊状态，该种做法显然不符合王某储与汇依公司已有的交易做法。此外，对于做资金生意的王某储来说，在8月4日交付汇依公司1500万元，汇依公司没有归还也没有支付利息的情况下，又在8月19日再支付1000万元。不仅如此，在此之后，王某储却仍向汇依公司支付前述65万元借款的利息。也就是说，在汇依公司欠其2500万元本息而且到期未还的情况下，王某储却仍在支付汇依公司借给其的65万元的利息。王某储的这些行为显然不符合常理，也与其主张相悖。第三，认定吴某的行为构成表见代理不符合吴某给王某储介绍"过桥资金"的通常做法。根据吴某陈述，其给王某储介绍过3次"过桥资金"，均是由王某储与实际用款人协商后，由王某储代实际用款人偿还借款。该陈述一方面表明，王某储对吴某在汇依公司的工作性质及权限十分清楚，对吴某介绍"过桥资金"的通常操作方式"仅限于介绍"也清楚。另一方面表明，吴某给王某储介绍"过桥资金"是由王某储与实际用款人协商，并由王某储代实际用款人还款，而与实际用款人的债权人无关。庭审中，吴某关于汇依公司贷款到期后催还程序的说明，即"财务先给出到期的本金和利息，经过正常的催讨后，客户必须以借款人的名义将款项汇至汇依公司，这是公司的规定"，亦能证明这一点。本案中，吴某是王某储方的关键证据来源方，吴某的上述陈述说明其与王某储关于本案"过桥资金"使用的磋商，按照惯例，不可能属于由实际用款人文博置业公司的债权人汇依公司向王某储借款而替实际用款人偿还欠款的情况。[1]

7. 尽管行为人并非本人的工作人员，但在相对人与本人签订商业合同时，相对人知晓本人已经与其他公司签订同类商业合同，该行为人也作为代表人在该合同上签字并加盖公司印章。在与相对人签订商业合同时，行为

〔1〕 最高法民事判决书，(2015)民提字第32号。

人也持有本人之印章，并且在该合同上注明付款方式与前一个合同的付款方式同步。虽然行为人持有行政章而不是合同章，签订地址也不在本人处所，依然可认定行为人签订商业合同时构成表见代理。

在安徽环宇电缆集团有限公司（以下简称环宇公司）与遵义长征电器开关设备有限公司（以下简称长征公司）买卖合同纠纷案中，关于徐某（行为人）签订本案《工业品买卖合同》的行为是否构成表见代理，最高法经审查认为：(1)环宇公司（本人）在申请再审时提交贵州省遵义市江川区人民法院2016年1月29日作出的(2015)汇民商初字第120号民事裁定书，拟证明徐某并非其员工，徐某订立合同的行为不符合《合同法》关于表见代理的规定。《合同法》第49条规定："行为人没有代理权、超越代理权或者代理权终止后以被代理人名义订立合同，相对人有理由相信行为人有代理权的，该代理行为有效。"根据该条规定，表见代理的构成前提即为行为人没有代理权、超越代理权或者代理权已经终止。环宇公司提交的该份民事裁定书仅能证明徐某并非环宇公司员工，而与认定是否构成表见代理并无直接关联，不足以推翻本案判决。(2)根据《合同法》第49条的规定，表见代理的构成要件，包括代理人的无权代理行为在客观上形成具有代理权的表象，相对人在主观上善意且无过失地相信行为人有代理权。本案长征公司（相对人）的主营业务是包括电器开关在内的多种供用电设备，其向客户出售产品属于正常经营范围。在与环宇公司签订《工业品买卖合同》时，长征公司知晓环宇公司已经与震元公司签订供电设备安装合同，徐某作为代表人在该合同上签字并加盖公司印章。在签订《工业品买卖合同》时，徐某也持有环宇公司印章，并且在该合同上注明付款方式与前一个合同的付款方式同步。从常理来说，长征公司无法分辨该印章的真假，其已经尽到合理的注意义务，有理由相信徐某的行为即代表环宇公司。至于环宇公司主张合同是行政章不是合同章，合同签订地不在环宇公司等，并不影响对于表见代理的认定。环宇公司主张长征公司在签订合同时存在过失无充分证据证明，该项申请再审理由不能成立。[1]

8. 在合肥鑫丰建筑安装工程有限公司（以下简称鑫丰公司）与青海华瑞物资有限公司（以下简称华瑞公司）等买卖合同纠纷案中，最高法认为，行为

---

〔1〕 最高法民事裁定书，(2016)最高法民申1913号。

人刘某民作为该项目之分包人具有“合同、付款协议”之外观表象，再加上相对人已经进行了现场勘查，行为人确实负责该项目之施工，分包人（行为人）以建设工程项目部的名义签订合同的行为构成表见代理。

在上述案例中，最高法认为，鑫丰公司（本人）承包民和县保障性住房和棚户区改造工程安置房工程后，与刘某民（行为人）签订《幢号承包责任制合同》，刘某民实际负责鑫丰公司该项目 6 号楼、7 号楼、8 号楼的施工。对此节事实，鑫丰公司无异议。鑫丰公司虽称其与刘某民之间是分包关系，但刘某民个人并无工程建筑的施工资质，鑫丰公司应当知晓刘某民只能以鑫丰公司的名义进行施工。而对华瑞公司（相对人）而言，到工商管理部门核实签章的真实性并非签订合同的必要环节。华瑞公司根据“合同、付款协议，以及现场勘查”，已有理由相信刘某民具有鑫丰公司的授权，华瑞公司已尽到谨慎的审查义务。故刘某民以鑫丰公司6 号楼、7 号楼、8 号楼项目部的名义签订合同的行为构成表见代理，由此产生的法律后果应由鑫丰公司承担。[1]

9. 在广东省八建集团有限公司（以下简称八建公司）与杨某纯买卖合同纠纷案中，最高法认为，行为人持本人与案外人的真实的《建设工程施工合同》及本人与行为人签订的《工程项目安全责任书》，足以使相对人相信行为人有代理权的外观表象，在相对人善意无过失情况下，行为人的行为已构成表见代理。

在上述案例中，关于史某伟（行为人）是否构成表见代理的问题，最高法认为：(1)关于杨某纯（相对人）是否有理由相信史某伟具有代理权。史某伟在购买钢材时手中持有富源德鑫集团有限公司（以下简称德鑫公司）与八建公司（本人）签订的《建设工程施工合同》和史某伟与八建公司云南分公司签订的《工程项目安全责任书》。经鉴定，《建设工程施工合同》上的公章为八建公司的真实印章，虽八建公司云南分公司的印章经鉴定与工商企业登记管理档案中的印章不是同一枚印章，但对于杨某纯来说，已足够使其相信史某伟具有代理权。(2)关于杨某纯是否善意且无过失。八建公司称欠条可能是杨某纯与史某伟借购买钢材之名行民间借贷之实，但是八建公司并未提交证据证明其主张。八建公司亦未提交其他证据证明杨某纯存有恶意及

---

〔1〕 最高法民事裁定书，(2015)民申字第1620号。

过失行为。故杨某纯应为善意无过失的。(3)关于史某伟和杨某纯之间是否发生钢材买卖法律关系。经二审法院向案外人德鑫公司调查,八建公司与德鑫公司签订《建设工程施工合同》时陈某祥和史某伟均到现场,并在合同上签字,合同系史某伟实际履行,工程款也是向史某伟支付的。杨某纯提供了由史某伟或史某斯签字的发货单和收据,在部分发货单上还注明开单之日起照2分利息算。史某伟2008年12月30日出具欠条,确认欠杨某纯钢材款242万元及30万元利息。以上证据可以证明杨某纯与史某伟发生了钢材买卖法律关系,结合前述理由,史某伟的行为已经构成表见代理。[1]

10. 行为人虽然没有本人出具的书面委托书,但鉴于行为人受本人委托从事交货、运货、检斤、验质等事务,且本人实际上已经授权行为人领取部分承兑汇票,这足以认定行为人具有代理本人领取案涉承兑汇票权限的外观表象。

在中钢集团辽宁有限公司(以下简称中钢集团)与长春燃气股份有限公司(以下简称长春燃气公司)买卖合同纠纷案中,最高法认为,客观上张某(行为人)具备中钢集团委托其领取涉案承兑汇票的外观表象。首先,中钢集团(本人)与鹤岗市天汇物资经销有限公司(以下简称天汇公司)、长春燃气公司(相对人)分别签订《煤炭买卖合同》,由天汇公司将煤炭直接发给长春燃气公司,天汇公司指派其工作人员张某进行交货、运货、检斤、验质等事项。虽然中钢集团并未给张某出具书面的委托书,但在涉案《煤炭买卖合同》履行过程中,张某实际系受中钢集团委托从事交货、运货、检斤、验质等事务。其次,涉案《煤炭买卖合同》约定煤炭到货验收、票据财务入账后,以银行承兑汇票形式付款。长春燃气公司在合同履行过程中先后给付中钢集团数十张承兑汇票,中钢集团认可张某持有其出具的专用收款收据领取了部分承兑汇票。由此可知,中钢集团实际上已经授权张某领取部分承兑汇票。原审判决据此认定张某有代理中钢集团领取涉案承兑汇票的外观表象,具有证据支持。[2]

11. 尽管行为人没有本人的明确授权,但在长达1年多的合同履行过程中,本人明知行为人以其名义收取款项并同时接受行为人给付的款项,且未

[1] 最高法民事裁定书,(2013)民申字第1060号。
[2] 最高法民事裁定书,(2016)最高法民申3136号。

对行为人的上述行为向相对人表示过异议或否认,即足以使相对人有理由相信行为人有权代理本人收取工程款。

在成都市第五建筑工程公司(以下简称五建公司)与都江堰市南方真空实业有限公司(以下简称南方公司)建设工程施工合同纠纷案中,最高法认为:首先,从双方支付工程款的过程来看,除五建公司(本人)申请再审时主张融海公司转账支付的370万元外,另有9,060,836元是由陈某、万某(行为人)收取南方公司(相对人)交付的承兑汇票并出具收条的方式收取的。这一支付方式从2011年1月开始至2012年4月20日,时间长度长达1年多,所涉收条的签字落款也多为“成都市第五建筑工程公司”、“市建五公司”或“成都市第五公司”并加上陈某或万某的签名。从形式上看,陈某和万某显然不是在以南方公司的名义给付款项而是以五建公司的名义出具收条。在五建公司对上述收条认可的前提下,又主张其不知陈某、万某以五建公司名义收取承兑汇票和银行转账,显然不能成立。其次,一审中融海公司出具的书面材料可以证明,融海公司在收到陈某、万某交付的四张承兑汇票共计400万元后受陈某、万某的委托分三笔向五建公司转账370万元。这说明,该笔款项也是陈某、万某以五建公司名义收取承兑汇票后再通过现金转账的形式向五建公司交付款项。最后,尽管五建公司授权的项目负责人为肖某,也无证据证明陈某、万某得到了五建公司的明确授权,但在上述长达1年多的合同履行过程中,五建公司明知陈某、万某以其名义收取款项并同时接受陈某、万某给付的款项,且未对陈某、万某的上述行为向南方公司表示过异议或否认,即足以使南方公司有理由相信陈某、万某有权代理五建公司收取工程款。至于585万元中的175万元系由陈某、万某出具收条,从赵某龙、徐某凤银行卡转账到陈某妻子陈某曦、万某妻子汪某等人的银行卡上这一事实,从南方公司的角度来看,仍然是陈某、万某代理五建公司收取工程款的行为,至于该笔款项的最终走向,并不会改变该行为对南方公司的法律意义。因此,陈某、万某构成表见代理。[1]

12. 就伪造、变造或者所盖印章与本人备案印章不一致是否影响认定表见代理时,最高法总体观点为,不能仅以合同中加盖的印章印文与公司备案印章印文或常用业务印章印文不一致来否定公司行为的成立及其效力,而

---

〔1〕 最高法民事裁定书,(2015)民申字第700号。

应当根据合同签订人是否有权代表或代理公司进行相关民事行为来判断。如在(2018)最高法民申4726号案中,最高法认为,相对方抗辩合同上加盖的印鉴系伪造或者变造,人民法院应当结合合同缔结与履行过程中的各种因素综合判断是否构成表见代理。单就伪造、变造公司印章对案件基本事实的影响而言,关键在于合同相对人是否尽到合理的注意义务。此外,最高法在四川省大业建筑安装工程有限责任公司与成都和陵商贸有限公司买卖合同纠纷案〔1〕中也认为,合同上加盖的本人印章与其备案印章虽有细微差异,但相对方基于对行为人身份和印章外观的判断有理由相信行为人的行为已得到本人授权的,可以认定构成表见代理。

四、相对人基于善意且无过失地信赖该行为人有代理权

现代民法上的善意,由来已久。其最早源于拉丁文 *bona fides*,意为"不知情"。近代各国如法国、德国、日本、瑞士等的民法典,都确立了善意制度。〔2〕《牛津法律大辞典》对善意的定义为:如果一个人诚实行事,即不知道也没有理由相信其主张是没有根据的,他就是善意行事——当该人得知或应知表明其权利缺乏法律根据的事实时,则不存在善意。〔3〕理论界对善意之定义有"积极观念说"和"消极观念说"两种。"积极观念说"认为,行为人必须认为其所为的民事行为合法或行为的相对人依法享有权利;"消极观念说"认为,只要行为人不知或不应知其行为缺乏法律上的根据或相对人没有权利,即为善意。〔4〕其实,善意与恶意是相对应的概念,属于一个事物正反两面,实质上是一种主观心理状态。判断相对人是否属于善意,应将"即虽以善良管理人之注意,尚不知代理权消灭之事实"〔5〕作为判断标准。故表见代理中的善意,是指订立契约时,相对人对行为人不具有真实合法有效的代理权限之事实不知情、不能知情或者不能推定其应当知情。

对于无过失的判断,是指相对人是否尽到了谨慎注意义务和审查义务。

---

〔1〕最高法民事裁定书,(2017)最高法民申4008号。

〔2〕参见郑立、马太建:《论民法中的善意制度》,载《法学杂志》1989年第5期。

〔3〕参见[英]戴维·M.沃克:《牛津法律大辞典》,北京社会与发展研究所译,光明日报出版社1988年版,第102页。

〔4〕参见王利明等:《民法新论》(下),中国政法大学出版社1988年版,第74页。

〔5〕史尚宽:《民法总论》,中国政法大学出版社2000年版,第554页。

"即虽以善良管理人之注意,而仍可信其为代理权限内之行为。"[1]具体而言,一方面,从行为人代理权外观的真假程度来判断。一般说来,行为人代理权外观的可疑之处越多,可疑程度越高,则相对人信赖的正当性、合理性就越低。另一方面,应从相对人是否尽到谨慎审查义务来判断。一般而言,应严格审查行为人有无本人之授权以及该授权的范围界限。对于不熟悉之代理人,对于外观表面有缺陷之身份和权利凭证,对于授权不明的代理事项、权限、期限等,相对人应负有谨慎审查义务。相对人是否尽到谨慎审查义务,是判断其"过失"之有无、大小,以及信赖的正当性、合理性及其程度的重要标准;并且该种注意义务会因相对人身份、地位和专业知识差异以及是否存在以往交易习惯等有所不同,在有证据证明相对人具有专业知识或根据以往交易习惯判断相对人熟知业务流程,则法律赋予其更高的注意义务。

另外,《民法典总则编解释》第 28 条已经将相对人不符合"不知道行为人行为时没有代理权,且无过失"的举证证明责任分配给了本人(被代理人)。因此,对被代理人来说,成功证明行为人存有过失是否定表见代理的关键所在。在 2022 年笔者团队代理的 8 宗争议焦点为是否构成表见代理的合同纠纷案中,笔者作为被代理人某央企的经办律师,集中火力点,穷尽合法手段收集证据,聚焦相对人的重大过错、过失。代理意见纷纷为法院所采信,相对人不是撤诉就是其诉讼请求被人民法院所驳回。现根据笔者的办理体会,并结合最高法有关典型案例对本部分内容进行阐述,分析、探寻最高法的裁判思维。

在任某与中国十九冶集团有限公司(以下简称十九冶公司)、许某、四川汉城建设发展有限公司(以下简称汉城公司)民间借贷纠纷案中,2018 年 1 月 8 日,承包人十九冶公司与分包人汉城公司就案涉十九冶公司合肥长安汽车有限公司调整升级项目厂房工程施工 2 标段工程签订劳务分包合同,汉城公司为该工程分包人,许某非十九冶公司员工。任某提交的借款总额 1860 万元的 7 份《借款合同》中载明的出借人为任某,借款人为十九冶公司,但加盖的印章为十九冶公司合肥长安项目部,借款经办人为许某,许某身份为该项目部负责人,借款用途为称合肥长安工程项目。原审庭审中许某认可十九冶公司合肥长安项目部印章是其私刻的,不是十九冶公司的备案印章。

---

[1] 史尚宽:《民法总论》,中国政法大学出版社 2000 年版,第 548 页。

该1860万元借款汇入十九冶公司账户，用于汉城公司向十九冶公司交纳工程保证金。案涉《借款合同》中虽载明借款人为十九冶公司，但仅加盖了十九冶公司合肥长安项目部的印章，在十九冶公司未明确授权许某或项目部对外借款的情况下，许某以项目部名义向任某借款不能形成具有十九冶公司授予其代理权的表象；任某仅根据项目部出具的内容为“许某为该项目负责人，该项目从招标阶段开始，许某负责全权处理相关事宜”的《证明》，在未进一步审查核实许某是否取得十九冶公司就对外借款事项有明确授权的情况下，与十九冶公司合肥长安项目部签订《借款合同》，未尽到合理的注意义务，主观上存在过失，任某主张许某的借款行为构成表见代理的理由不能成立。[1]

在李某盛与新疆天瑞圣源建设工程有限公司（以下简称天瑞圣源公司）、奚某军、张某、国家新能源示范城市暨自治区和谐生态城区和城乡一体化吐鲁番示范区管理委员会（以下简称示范区管委会）建设施工合同纠纷案中，最高法认为，在处理无资质企业或个人挂靠有资质的建筑企业承揽工程时，应区分内部和外部关系，挂靠人与被挂靠人之间的协议因违反法律禁止性规定，属无效协议。挂靠人以被挂靠人名义对外签订合同的效力，应根据合同相对人在签订协议时是否善意、是否知道挂靠事实来作出认定。首先，本案中李某盛与张某、奚某军之间签订施工合同，张某、奚某军作为承包方，将案涉工程外墙保温部分转包给李某盛施工，该合同上落款处只有李某盛与张某、奚某军签名、捺印，并无天瑞圣源公司公章。其次，李某盛实际施工期间，从未向天瑞圣源公司主张支付案涉工程款，也未在天瑞圣源公司处取得任何工程款。最后，天瑞圣源公司在与示范区管委会签订的《工程合同协议书》上盖章及其与王某成建筑工程施工合同案事后追认的行为，并不能代表其认可张某、奚某军与李某盛的转包行为，且李某盛在得知案涉工程进城务工人员上访追讨工资事件发生后，仍与张某、奚某军签订案涉施工合同，未尽到合理审查义务。因此，李某盛并非属于善意且无过失，原审据此认定张某、奚某军的行为不能构成表见代理，并无不当。[2]

1. 从表象上看，行为人与相对人之间发生法律关系；从主观上看，相对

---

[1] 最高法民事裁定书，(2020)最高法民申6900号。

[2] 最高法民事裁定书，(2021)最高法民申2345号。

人未尽到合理的注意义务，不构成善意，行为人不构成表见代理。

在王某与宗某国等民间借贷纠纷案中，最高法认为，构成表见代理不仅要求代理人的无权代理行为在客观上形成具有代理权的表象，而且要求相对人在主观上善意且无过失地相信行为人有代理权。具体到本案中，王某在借款前曾考察过涉案工程工地，宗某国向其出示了相关施工合同、补充协议和授权委托书，而授权委托书上并未载明对外借款之授权，且授权委托期限已经届满。从借款行为的发生过程看，宗某国、许某红系以个人名义向王某出具借条，未加盖大辰公司或项目部的印章，款项也是汇至宗某国个人账户，而非大辰公司的账户。因此，从表象上看，王某系与宗某国、许某红个人之间发生借贷关系；从主观上看王某未尽到合理的注意义务，不能构成善意。由此可见，宗某国、许某红的借款行为不构成表见代理。[1]

2. 因相对人对行为人的行长身份未经核实即轻信、对存款过程中存在的诸多不合常规操作未产生怀疑，且主观上具有违规追求高额利息的故意，故相对人与行为人商谈存款事宜过程中，存在未经合理注意义务的过失，相对人主张行为人构成表见代理的理由不成立。

在李某勇与中国农业银行股份有限公司重庆云阳支行（以下简称农行云阳支行）储蓄存款合同纠纷案中，最高法认为，李某勇在农行云阳支行杏家湾分理处办理业务时，并未向柜员表示存款1000万元。李某勇称其明确向“行长”谭某力表示存款，应视为向农行云阳支行作出存款的意思表示。李某勇该主张能否成立，关键在于谭某力能否代表农行云阳支行，即谭某力在与李某勇商谈存款事宜时，是否构成表见代理。本案中，李某勇在与谭某力商谈存款事宜过程中，在以下方面存在未尽合理注意义务的过失。一是对谭某力行长的身份未经核实即轻信。李某勇是经刚认识的刘某等陌生人介绍认识“行长”谭某力，谭某力接待李某勇时并未在农行云阳支行办公地点，而是在农行云阳支行云江大道分理处的办公室，作为“行长”的谭某力亲自带李某勇到柜台办理“存款”业务，李某勇因为疏忽，对谭某力作为“行长”不符合常规的做法未产生怀疑，未尽合理注意义务。二是李某勇对存款过程存在的诸多不合常规操作未产生怀疑。谭某力交给李某勇的《承诺书》载明，农行云阳支行在3个月存款期内承诺对款项“不抵押、不查询、不提前支

---

〔1〕 最高法民事裁定书，(2015)民申字第1111号。

取”。上述承诺内容均为李某勇作为存款所有权人可以行使的权利,放弃权利的承诺应当由权利人作出,但农行云阳支行却对此作出承诺。李某勇应当注意到承诺书内容的不合常理之处。李某勇作为储户应当知道在银行柜台办理业务时,需向柜员表明业务办理事项,却未在柜台交易时作出存款的意思表示。李某勇作为办理过银行存款业务的储户,应当知道存款应当填写存款凭条,存单应当由柜员直接交付储户。李某勇没有填写存款凭条,存单又是放在信封中从银行柜台递出,李某勇因疏忽轻信而未向柜台工作人员核实。三是李某勇主观上具有违规追求高额利息的故意。钟某明承诺给李某勇每月5.5%的高息,换算成年息为66%,李某勇对如此高的利息未产生怀疑,亦未向农行云阳支行核实,主观上并非善意。因李某勇不符合善意无过错的表见代理构成要件要求,谭某力的行为不构成表见代理。李某勇向谭某力作出的存款意思表示不能视为向农行云阳支行作出的意思表示,表见代理不能成立。[1]

3.在行为人伪造印章与相对人签署买卖合同,且款项未打入合同约定的银行账户之情况下,可认为相对人没有尽到谨慎注意义务,存在过失。

在鄂州中博经济贸易有限公司(以下简称中博公司)与张某华等买卖合同纠纷案中,最高法认为,关于张某华在本案中的行为是否构成表见代理的问题。张某华在本案中的行为构成表见代理应符合以下两个条件:一是客观上具有使中博公司相信张某华具有代理权的外观表象;二是中博公司有理由相信张某华有代理权,即中博公司主观上已尽了谨慎注意义务,是善意且无过失的。本案中,已生效的内蒙古达拉特旗人民法院(2011)达刑初字第310号刑事判决查明,2011年4月30日张某华以物华公司的名义利用伪造的印章与中博公司签订煤炭买卖合同。2010年3月28日委托书上的签字系伪造。对于上述生效刑事判决查明的事实,中博公司并无相反的证据予以推翻,依法应予以确认。虽然物华公司财务总监田某飞前往中行朔州分行开设了账号为13×××83的一般结算账户,但田某飞的上述行为并不足以证明物华公司与中博公司之间存在煤炭买卖关系。中博公司主张信用证已开立且实际到达了物华公司的开户行,其后又被物华公司申请退回。物华公司对该主张予以否认,中博公司亦未能提供有效证据证明该主张。

---

〔1〕 最高法民事判决书,(2013)民提字第95号。

从上述情形看，张某华没有代理权。同时，从涉案14,328,800元款项的流转情况看，该款项并未打入合同约定的银行账户，而是中博公司依照张某华的指令打入工行光明支行23×××37账户。中博公司没有尽到谨慎注意义务，存在过失。根据《合同法》的规定，表见代理不仅要求代理人的无权代理行为在客观上形成具有代理权的表象，而且要求相对人在主观上善意且无过失地相信行为人有代理权。因此，从上述分析看，张某华的行为并不符合《合同法》规定的表见代理的构成要件，张某华的行为不构成表见代理。[1]

4. 在本人明确行为人不是本人的代理人或员工的前提下，相对人继续付款显然不属于善意，属于恶意。

在潍坊市坊子区交通运输局（以下简称坊子交通局）与张某涛等建设工程施工合同纠纷案中，最高法认为，张某涛支取工程款的行为不构成表见代理。主要理由：第一，就案涉工程价款的确定及拨付方式问题，坊子交通局与潍坊兴海市政工程股份有限公司（以下简称兴海市政公司）已通过建设工程施工合同及协议予以明确约定。张某涛并非兴海市政公司工作人员，兴海市政公司亦未就张某涛可以兴海市政公司名义从事收取工程款等对外法律活动出具授权委托书或其他证明文件，且2012年2月26日，兴海市政公司向坊子交通局发出书面通知，明确告知张某涛不是兴海市政公司的代理人，也不是该公司的业务员。同时告知，张某涛私刻兴海市政公司印章，请坊子交通局不要再向张某涛付款。坊子交通局申请再审认为，兴海市政公司的起诉状陈述内容及相关张某涛参加工程结算等事实，能够证明兴海市政公司承认了张某涛是其承包拥军路工程的代理人。最高法认为，兴海市政公司起诉状中关于"该工程由第三人张某涛介绍落实，且原被告签订的建设工程施工合同是由第三人张某涛出面办理"的陈述内容，仅表明张某涛参加过工程介绍及建设工程施工合同的缔结，不能由此推导出兴海市政公司具有授权张某涛为其公司代理人，张某涛据此可以向坊子交通局收取工程欠款的意思表示。张某涛以兴海市政公司名义收取坊子交通局工程款的行为属于无权代理。第二，表见代理的构成要件应理解为下述四项内容，即行为人没有代理权、行为人实施了代理行为、相对人有理由相信行为人取得了被代理人的授权、相对人没有过错。最高法认为，经原审审理查明，张某涛

---

〔1〕 最高法民事裁定书，(2013)民申字第828号。

于12份领款收据上加盖的兴海市政公司印章系其私刻伪造，坊子交通局对此未尽审查义务，且在没有充分理由确信张某涛具有代理权的情况下，仍向张某涛支付工程款，坊子交通局的行为具有过错。据此，张某涛以兴海市政公司名义收取坊子交通局工程款的行为不构成表见代理。第三，本案一审、二审审理过程中，坊子交通局均主张案涉拥军路改建工程系张某涛借用兴海市政公司资质，以其名义与坊子交通局签订合同，张某涛是该工程的实际施工人。现坊子交通局另行以张某涛构成表见代理为由申请对本案进行再审，不仅与其原审主张相矛盾，而且有违诚信原则，不应支持。[1]

5. 行为人虽然持有项目部的印章，具有一定的有权代理的客观表象，但由于行为人与相对人系表兄弟关系，相对人对行为人的身份、借款的具体用途等情况应当知晓，故相对人并非善意且无过失。

在张某航与张某等民间借贷纠纷案中，最高法认为，张某航主张张某的借款行为构成表见代理，应当承担举证责任，一方面需举证证明张某的代理行为存在有权代理的客观表象形式要素，另一方面需证明其善意且无过失地相信张某具有代理权。首先，从张某航提交的借款合同及收款条上看，张某在借款合同及收款条中均注明借款人为中太集团香格今典项目部，且加盖了中太集团香格今典项目部的印章，具备一定的有权代理的客观表象。但是，从张某航出借款项的流向上看，相关款项系直接存入或转账存入张某的会计田某娟、张某莲个人的银行卡，而非存入中太集团香格今典项目部或者中太集团的账户，形式要素上有所欠缺。其次，张某航与张某系表兄弟关系，张某航对张某的身份、借款的具体用途等情况应当是知晓的。张某航未能证明其善意且无过失地相信张某具有代理权，能够代表中太集团借款，故不符合表见代理的构成要件。[2]

6. 相对人在签约时并未对行为人的身份、权限尽合理的审查责任，也没有要求行为人出示任何与本人有关的身份证明或授权文件，相对人在主观上并非善意且无过失。

在克拉玛依市丰业节能建材有限公司（以下简称丰业公司）与陈某国等买卖合同纠纷案中，最高法认为，丰业公司在签约时并未对陈某国的身份、

---

〔1〕 最高法民事裁定书，(2015)民申字第1168号。

〔2〕 最高法民事裁定书，(2015)民申字第1895号。

权限尽合理的审查责任,也没有要求陈某国出示任何与永升建设集团有限公司(以下简称永升公司)有关的身份证明或授权文件,故丰业公司在主观上并非善意且无过失的。客观上,陈某国并未持有具有代理意义的介绍信、授权委托书、印鉴等,也没有证据证明其作为永升公司的业务员与丰业公司有永升公司承认的长期业务往来等。根据《建筑工程内部承包合同》的约定,若急需用料,永升公司下属的物流公司一时无法组织解决,陈某国需自行采购的,必须事前写书面报告,上报自购计划,报永升公司主管领导审批同意后,方可自行采购。陈某国与丰业公司之间的采购行为并未经过永升公司主管领导审批同意,合同也未在永升公司备案。故陈某国向丰业公司采购建筑材料纯属个人行为,并不符合表见代理的构成要件。[1]

7. 相对人对行为人的身份并未进行核实,对于交易方式异常也未予以注意,对是否享有相应权限未进行审查核实,相对人主张行为人构成表见代理不成立。

在巴云山与中石化胜利建设工程有限公司(以下简称胜利公司)买卖合同纠纷案中,最高法认为,吕某源先为第六工程处的安全员后为第三工程处沥青搅拌站的职工,自始不享有以第三工程处名义对外签订合同的职权,亦无证据证明胜利公司对吕某源以第三工程处名义对外签订合同单独予以了授权。根据已查明事实,巴云山签订涉案买卖合同时对以下事实未予以充分注意,不能证明其有理由相信吕某源有代理权。一是对于吕某源的身份并未进行核实。吕某源自始不享有以第三工程处名义对外签订劳保用品买卖合同的身份和职权,并且吕某源签订涉案买卖合同所使用的第三工程处公章系其私刻。二是对于交易方式异常也未予以注意,使吕某源的诈骗行为得逞。本案中,对于买卖合同的核心义务之一即交付货物以及货物是否符合合同约定双方并不关注,仅仅是进行现金的流转。对于这种非正常的交易方式,巴云山并未尽到充分注意义务。三是虽然吕某源原为第六工程处安全员,即使其原来有权以第六工程处名义对外签订买卖合同,但在其又以第三工程处名义与巴云山签订合同时,巴云山也应对身份变化情况及是否享有相应权限进行审查核实。由于巴云山未尽到上述注意义务,故其无理由相信吕某源有以第三工程处名义对外签订买卖合同的职权,吕某源的

---

[1] 最高法民事裁定书,(2014)民申字第536号。

行为不构成表见代理。[1]

在衡水银行股份有限公司、乌海银行股份有限公司合同纠纷再审案涉案中，最高法认为，银行主要负责人李某某利用伪造的银行印章擅自以银行名义对外签订《资管计划受益权转让协议》，其行为除涉嫌犯罪外，在民事法律关系上亦属越权。虽然没有证据证明相对人对于李某某利用伪造的银行印章实施的犯罪行为事先知情或应当知情，但是其既不要求李某某出示董事会决议，也不对相关情况进行了解，贸然在李某某办公室签订案涉《资管计划受益权转让协议》，说明其对李某某越权代表这一事实是应当知道的，无善意可言。[2]

8. 在连续性交易中，不能孤立地看待某一次的交易而忽视合同双方之前及之后的行为特征，应结合合同缔结、合同履行、交易模式、交易惯例等多种因素综合考量，探寻当事人的真实意思表示，进而认定行为人是否构成表见代理。

在中国铁路物资沈阳有限公司（以下简称沈阳公司）与天津市长芦盐业总公司（以下简称长芦公司）买卖合同纠纷案中，焦点之一是建平公司接收沈阳公司承兑汇票的行为是否构成表见代理的问题。最高法认为，第一，无论是从庭审陈述还是长芦公司二审提交的证据均可看出，长芦公司与建平公司在本案前即存在常年的合作与交易，有紧密经济往来，长芦公司亦是通过建平公司的一手经办而与沈阳公司签订了涉案合同，因此，基于双方对外所表现的关系，对于沈阳公司来说极易形成长芦公司与建平公司之间存在委托之表象。第二，当涉案货物交付后，长芦公司于 2013 年 1 月 29 日向沈阳公司出具了 4900 万元的增值税专用发票，沈阳公司亦于 2013 年 1 月 29 日将银行承兑汇票全称完整、字面清晰的背书给了长芦公司。与交付现金或银行汇款的支付方式不同，汇票票面的背书记载足以表明沈阳公司在主观上具有足额、及时、明确的付款意愿，在客观上亦符合票据流转的法定要件，因此，沈阳公司在汇票付款的形式上不存在任何恶意或过错。对于沈阳公司将涉案汇票交付给建平公司的行为，必须考虑到在此前履行与涉案合同交易模式完全相同的 2012 年 8 月的两份共计 9750 万元的《产品购销合

---

〔1〕 最高法民事裁定书，(2013)民申字第 2016 号。

〔2〕 最高法民事裁定书，(2020)最高法民申 6873 号。

同》时,沈阳公司同样将已经背书给长芦公司的 9750 万元银行承兑汇票在无任何书面委托的前提下,交给了建平公司。此后,长芦公司从建平公司取得了转交的汇票并向沈阳公司出具了全额的收款收据,此次有效的转交行为进一步加深了沈阳公司对长芦公司与建平公司之间存在委托关系的信赖。因此,本案沈阳公司基于前期形成的信赖将涉案 4900 万元汇票再次交付给建平公司具有合理性,主观上不存在实质性的过错。第三,包含涉案合同在内的两份《产品购销合同》的原约定总价款为 8900 万元,而无论是依据《催款函》还是事实,长芦公司均开具了 8400 万元的增值税专用发票,而非 8900 万元。尽管增值税专用发票的开具不代表货款的收受,但依照长芦公司在二审庭审中一再表示对于货物数量变更以及价款变更均不知情的陈述,进一步可以确认 8400 万元增值税专用发票是长芦公司在知晓建平公司已经从沈阳公司取得 8400 万元的汇票后出具的,此事实也恰恰与张某在公安机关的陈述相符合。第四,双方在涉案合同中明确约定,当涉案货物办理过户手续后,长芦公司在 3 日内向沈阳公司开具增值税专用发票,沈阳公司一次性用 6 个月银行承兑汇票付清货款。当沈阳公司将背书的银行承兑汇票交给建平公司又取得全额的增值税专用发票后,长芦公司却在张某刑事犯罪案发前长达 9 个月的时间里从未提出过货款未付的异议。长芦公司的此消极行为进一步加强了沈阳公司对建平公司之前表见代理行为的确信。第五,必须指明的是,长芦公司不但没有提出未付款的异议,反而是在沈阳公司将涉案汇票交予建平公司后的第七个月即 2013 年 7 月,再次与沈阳公司、建平公司合作,共同签署了《三方协议》。依据《三方协议》的内容,沈阳公司需在建平公司依约支付 6650 万元后,第一时间将煤炭过户给长芦公司。经过调查,此协议中约定由建平公司支付的 6650 万元,却全部来自长芦公司,更与长芦公司在本案的诉讼主张矛盾的是,作为实际支付 6650 万元货款的一方,长芦公司却从未向沈阳公司主张过包括涉案货款在内的 8400 万元货款,亦未主张过抵销。因此,基于长芦公司对此前 4900 万元货款长期未提出异议,并继续与建平公司合作履行《三方协议》付款的行为,进一步向沈阳公司显示其与建平公司之间相互信赖、相互合作、相互委托的关系。长芦公司与建平公司所再次表现的密切关系,再次让沈阳公司确认建平公司有权代为领取之前的 4900 万元汇票,也再次确认自己已经完成了支付涉案货款的事实。第六,结合沈阳公司的冷某、建平公司的王某以及长芦公司的李某

（第一次）在公安机关的陈述，三人同时陈述了沈阳公司曾于 2013 年 4 月、5 月向长芦公司索要过涉案货款收据的事实。尽管长芦公司在二审庭审中对于相关笔录的内容予以否认，但该三人在不同时间、不同地点所作出的相互吻合、相互印证的内容，加之此前认定的事实，能够令最高法确认该三人所陈述的上述事实具有高度可能性。因此，在沈阳公司已经在《三方协议》签订前即已催要涉案收款收据的情形下，长芦公司却直至再次支付了 6650 万元后，仍然未向沈阳公司提出货款未付的主张，不仅明显有悖常理并且可以认为是对建平公司代为收款行为的默认。另外，长芦公司在张某于 2013 年 10 月被公安机关因涉嫌诈骗罪刑事拘留之后，才于 2013 年 11 月 1 日向沈阳公司发出《催款函》，催要包含涉案货款在内的 8400 万元。长芦公司对其此种异常行为，仅以其信任国有企业为由予以解释明显过于牵强，不但难以令人采信，更令人怀疑其起诉之缘由。第七，《合同法》第 49 条对于表见代理作出了明确规定，即"行为人没有代理权、超越代理权或者代理权终止后以被代理人名义订立合同，相对人有理由相信行为人有代理权的，该代理行为有效"。最高法认为，基于表见代理制度的内容及目的，善意无过失的合同相对人，基于无权代理人在客观上形成的可信赖之表象，所为的合理行为的法律后果，应当归属于被代理人。在长芦公司与建平公司存在长期密切往来的前提下，综观涉案合同的签订方式、结合之前 9750 万元的两份合同的签订和履行方式，再考虑到《三方协议》期间的三方行为，足以制造出长芦公司委托了建平公司从事交易、代收货款等表象。基于此，已经完成了汇票背书付款的沈阳公司有理由相信建平公司有权代理长芦公司领取 4900 万元汇票。在上述分析的综合考量下，最高法认为，认定长芦公司领取该汇票的行为构成表见代理更具有合理性，亦更符合法律之本意。[1]

五、关于是否需以本人具有可归责性为要件存有争议

我国理论界关于表见代理构成要件争论的关键点为《合同法》第 49 条[2]是否包含本人可归责性要件。尹田、王建文等学者认为，我国表见代

---

〔1〕 最高法民事判决书，(2015)民二终字第 335 号。该案例为最高人民法院第二巡回法庭典型案例。

〔2〕 相同规定另见于《民法典》第 172 条。

理制度中包括本人是否有可归责性这一构成要件。[1] 史尚宽先生则认为，表见代理中并无本人是否存在过错这一构成要件。通说认为，我国现行表见代理制度并不以本人具有过错为前提。实践中，一般要求本人审查以下行为：是否明确授权，是否及时通知或公告与代理权有关的事项，是否及时答复相对人查询、核实代理人的身份、权限等事项，是否及时收回代理证明等，这有助于判断相对人是否构成善意并无过失。在最高法表见代理成立与否的再审裁判文书中，也存在对本人是否有过错进行分析的案例，这说明该问题在实践中存有争议。

在江西宏安房地产开发有限责任公司（以下简称宏安公司）、南昌县兆丰小额贷款股份有限公司（以下简称兆丰公司）企业借贷纠纷再审案中，最高法判断兆丰公司是否有理由相信张某有代理权这一问题时，认定应从张某是否具有表征代理权存在的外观、兆丰公司对相关的权利外观的信赖是否合理、宏安公司作为被代理人对该权利外观的存在是否具有可归责性及其程度这三个方面进行综合考量。[2]

在山东宝华耐磨钢有限公司（以下简称山东宝华公司）、方大特钢科技股份有限公司（以下简称方大特钢公司）买卖合同纠纷案中，最高法判断方大特钢公司是否有理由相信马某君有代理权这一问题时，认为应从马某君是否具有表征代理权存在的外观、方大特钢公司对相关权利外观的信赖是否合理、山东宝华公司作为被代理人对该权利外观的存在是否具有可归责性及其程度这三个方面进行综合考量。[3]

在达州市建筑工程总公司（以下简称达州公司）与北京金梁博宇商贸有限责任公司（以下简称金梁博宇公司）买卖合同纠纷案中，就袁某（行为人）是否构成表见代理的问题，最高法认为，达州公司对袁某的代理人身份不予认可，无论案涉买卖合同加盖达州公司印章是否真实，均涉及袁某是否有权代理达州公司问题。二审判决认定袁某构成表见代理与未认定案涉买卖合同加盖印章虚假并不相悖。达州公司（本人）在北京设有分公司，案涉工程系以达州公司的名义承包，达州公司北京分公司的负责人是廖某明。袁某

---

〔1〕 参见尹田：《我国新合同法中的表见代表制度评析》，载《现代法学》2000 年第 5 期；王建文、李磊：《表见代理判断标准重构：民商区分模式及其制度构造》，载《法学评论》2011 年第 5 期。

〔2〕 最高法民事判决书，(2017)最高法民再 209 号。

〔3〕 最高法民事判决书，(2018)最高法民终 122 号。

签订案涉买卖合同时出示了加盖达州公司印章及北京分公司负责人廖某明名章的授权委托书。金梁博宇公司(相对人)有理由相信袁某有代理权。达州公司未妥善保管进京许可证,其北京分公司负责人廖某明的私章由符某国持有,达州公司对符某国以其名义承揽天外天项目负有过错。金梁博宇公司基于对达州公司是天外天项目承包人的信赖,与达州公司的委托代理人袁某签订钢材供应合同,并无明显过失。[1]

《民法典》起草过程中,审议稿曾提及本人过错问题,但由于可归责性内涵不明确,最终出台的《民法典》条文回避了本人可归责性。但全国人大常委会法制工作委员会民法室主任黄薇主编的《中华人民共和国民法典总则编解读》一书认为:"表见代理最重要的特征就是相对人有正当理由相信行为人有代理权,而不问被代理人是否有过错。"[2]因此,往后最高法审判实践中会否继续考察本人可归责性。应继续保持观察。

第三节 容忍型表见代理

容忍型表见代理是肇始于德国民法的概念。德国法上的容忍型表见代理意指本人并未明确授予行为人代理权,但是后者以前者的名义实施代理行为。本人对此明知却保持沉默,则交易相对人从这一行为可以推定代理权的存在。[3]本人的沉默行为或者容忍是一种非客观表象,明显区别于我们通常所说的拥有客观代理表象特征的表见代理。学者周清林认为,常见的表见代理是一种具有客观授权表征的代理,而容忍型表见代理是具有主观授权表征的代理。[4] "容忍型表见代理之所以构成一种权利外观代理,是因为本人没有对内部的无授权关系进行一个正确的外部告知。在第三人不知道内部真实关系的情况下,本人的容忍足以使第三人认定行为人具有代理权。"[5]

在比较法层面,德国民法认可容忍型表见代理。德国学者拉伦茨认为:

---

〔1〕 最高法民事裁定书,(2016)最高法民申 2338 号。
〔2〕 黄薇:《中华人民共和国民法典总则编解读》,中国法制出版社 2020 年版,第 561 页。
〔3〕 参见[德]迪特尔·施瓦布:《民法导论》,郑冲译,法律出版社 2006 年版,第 545 页。
〔4〕 周清林:《合理类型化下的无权型表见代理确定》,载《政法论坛》2018 年第 1 期。
〔5〕 周清林:《合理类型化下的无权型表见代理确定》,载《政法论坛》2018 年第 1 期。

“容忍代理权所需要的前提条件是该人知道未被授予代理权的代理人的行为,而未予以干预,在这种情况下,既不存在内部授权也不存在外部授权,但存在应归责于被代理人的在他知晓的情况下所作出的存在代理权的权利表象,为避免误解,人们只能把这种情况称为容忍代理权。”〔1〕

我国民法对容忍型表见代理尚无明确法律规定,但学者理论研究并不鲜见〔2〕。在司法实务中,《民法总则》实施后,审判人员均以该法第172条(内容同现行《民法典》第172条)作为裁判依据。为更好地从实务角度理解与识别容忍型表见代理,笔者归纳以下要点。

1. 容忍型表见代理认定的前提是无权代理。这是分析是否构成容忍型表见代理的前提和基础。如在(2019)最高法民终424号案中,最高法认为,马某国和陈某琦签署《协议书》之前,并未获得徐某和王某的授权。公司股权属于公司法上的财产性权益,对其处分应由登记的股东本人或其授权的人行使。虽然马某国和徐某、陈某琦和王某为夫妻关系,但在没有得到股东徐某和王某授权之前,马某国和陈某琦转让徐某和王某名下的公司股权,仍属于无权处分。同理,陈某琦处分李某宇的股份,必须获得李某宇的授权或追认。虽然陈某琦在代表李某宇签署《协议书》时取得了李某宇的父亲李某明的授权,但李某宇与李某明是独立民事主体,没有证据证明李某明是涉案股权的实际所有人,也没有证据证明电子授权经过了李某宇的认可,在李某宇对陈某琦的签字行为明确不予认可的情况下,陈某琦处分李某宇的股权行为属于无权代理。虽然陈某琦、马某国的代签行为属于无权代理。在(2021)沪02民终8424号案中,陈某瑞在签署股东会决议之前,并未获得汇海公司的授权。股东的表决权涉及公司法上的财产性权益,对其行使应由登记的股东本人或其授权的人进行。虽然陈某瑞所代表的新新公司与X公司在法人人格上趋于同一性,而X公司正是汇海公司的主管部门,但在没有

---

〔1〕[德]卡尔·拉伦茨:《德国民法通论》(下),王晓晔等译,法律出版社2003年版,第892页。

〔2〕杨代雄:《容忍代理抑或默示授权——〈民法通则〉第66条第1款第3句解析》,载《政治与法律》2012年第4期;周清林:《合理类型化下的无权型表见代理确定》,载《政法论坛》2018年第1期;冉克平:《民法典视野下“本人沉默视为同意”规则的再造》,载《当代法学》2019年第4期;石一峰:《沉默在民商事交往中的意义——私人自治的多层次平衡》,载《法学家》2017年第6期;谢鸿飞:《代理部分立法的基本理念和重要制度》,载《华东政法大学学报》2016年第5期;等等。

得到汇海公司授权之前，陈某瑞的表决签字行为仍属无权代理。

2. 容忍型表见代理通常存在于商事活动。如上述援引的两则案例，分别为公司股权处分及公司决议签字行为，均属于典型的商事活动。之所以常见于商事交易，是由于“近几十年来，因私法领域的保护信赖利益与追求商事交易效率的价值越来越受重视，权利外观责任遂成为容忍代理的理论基础。在适用范围上，由于商事交易中的代理行为存在重复、多次交易的特性，因此更易满足容忍代理的构成要件”〔1〕。

3. 本人“明知”行为人实施无权代理行为。〔2〕对于本人“明知”行为人以其名义实施无权代理行为的判断，应当按照理性人的判断标准，即一个理性人在本人所处的情景之下已经意识到行为人实施无权代理行为。〔3〕司法实务中，识别是否属于“明知”，常用推理的技术手段。如在（2019）最高法民终424号案中，最高法认为，陈某琦和王某、马某国和徐某系夫妻关系，虽然股权具有人身属性，但是夫妻作为特殊社会关系，在其中一方处置另一方所有且如此巨大的财产时，另一方完全不知情，不符合生活常理。李某宇与李某明是父子，李某明在明知股权属于李某宇且不知道协议书具体内容的情况下，未将电子授权内容告知李某宇即转发给陈某琦，同意陈某琦替李某宇代签字，亦不符合常理。另外，宝玉公司与志成公司在此之前还存在一份2016年8月22日签订的、名称相同的协议书，该协议书同样是由马某国代徐某签字，陈某琦代王某、李某宇签字，志成公司根据该协议书在《三亚日报》上发布债权债务公告。虽然该协议最终被终止履行，但志成公司股东对于与宝玉公司之间的股权转让应当知情和了解。在（2021）沪02民终8424号案中，X公司与汇海公司系上下级行政管理关系，而新新公司与X公司间又具有“两块牌子、一套班子”的历史属性，虽然表决权专属于公司的股东，但基于新新公司及X公司与汇海公司的特殊行政隶属关系，陈某瑞作为法定代表人在处置另一方所有且如此巨大财产的股东会上作出表决时，另一方完全不知情，不符合商事活动常理。

4. 本人有意地创造或维持了行为人具有代理权的权利外观而予以容

〔1〕冉克平：《民法典视野下“本人沉默视为同意”规则的再造》，载《当代法学》2019年第4期。

〔2〕冉克平：《民法典视野下“本人沉默视为同意”规则的再造》，载《当代法学》2019年第4期。

〔3〕冉克平：《民法典视野下“本人沉默视为同意”规则的再造》，载《当代法学》2019年第4期。

忍。[1] 正如本章第二节第5点所分析,在具有客观权利表象的表见代理认定中,本人是否具有可归责性存有争议,且立法机关倾向于认为不应过问本人是否存有过错。“在一般表见代理中,尽管本人尽到最大注意应当会知情,但事实上本人对无权代理行为却并不知晓。”[2] 而在容忍型表见代理中,本人不但知情,而且对相对人的行为不作为,即予以沉默、容忍的态度,不予干涉。在前述最高法案例中,最高法认为,结合陈某琦拥有志成公司公章,表明志成公司股东认可除法定代表人徐某外,陈某琦亦可代表志成公司对外洽谈,而涉案协议始终是李某龙与陈某琦商谈。在双方协商谈判长达半年的时间里,志成公司的三位股东从未对陈某琦出面商谈和前后两份协议书的代签字行为提出过异议。而且,原审查明,2017年5月27日志成公司向宝玉公司发送的《解除合同通知书》中,并未涉及陈某琦、马某国的代签行为,说明志成公司及其股东当时对代签行为是认可的。综合上述事实,宝玉公司、李某龙、千某花主张其有理由相信陈某琦有代理权,陈某琦、马某国的签字构成表见代理,具有事实依据。在(2021)沪02民终8424号案中,2004年12月9日至28日,陈某瑞作为××公司董事在董事会决议上签名,或者作为新新公司与X公司的法定代表人代表汇海公司在股东会上参与表决,其间汇海公司对此亦从未提出过异议。

5. 相对人善意且无过失地信赖本人沉默所代表的权利外观。如前述第4点所分析的,相对人应基于善意且无过失,相对人如果已知悉行为人没有代理权,即使出现了本人的一再沉默、容忍,相对人也不能得出行为人具有代理权外观之判断。在前述最高法案例中,最高法认为,在宝玉公司(相对人)与志成公司(本人)2016年11月26日重新签订《协议书》后,徐某于12月5日和10日代表志成公司接收宝玉公司支付的两笔300万元款项,并注明是订金和首付款。虽然徐某陈述其是被陈某琦隐瞒、欺骗的情况下接收的款项,但该陈述系其单方意见,且陈某琦是否告知股东相关真实情况系志成公司内部管理、追责的问题,从宝玉公司、李某龙、千某花的角度看,系徐某等履行涉案《协议书》的行为。在(2021)沪02民终8424号案中,汇海公司系非公司制的国有企业,X公司作为主管部门与汇海公司间不仅仅是出资

[1] 冉克平:《民法典视野下“本人沉默视为同意”规则的再造》,载《当代法学》2019年第4期。
[2] 周清林:《合理类型化下的无权型表见代理确定》,载《政法论坛》2018年第1期。

关系，更是行政上的管理与被管理关系。相较于公司制度下股东与公司的关系，因汇海公司非公司制企业法人之属性，X公司或新新公司作为其行政管理主体对其显然具有更强的控制力，因此，在汇海公司未明确表示异议的情况下，基于新新公司与汇海公司的特殊关系，陈某瑞代表汇海公司参与公司表决无疑产生具有代理权的权利表象。

可见，在(2019)最高法民终424号案中，最高法认为如股东知道其配偶的代签行为，但股东不明示同意也不明示反对，而是放任配偶的代签行为，则股东的容忍行为和夫妻关系构成权利外观，相对人对交易的信赖源于股东对配偶代签行为的容忍，此时配偶的代签行为构成容忍型表见代理，股东应承担配偶代签的法律责任。[1] 在(2021)沪02民终8424号案中，上海法院也认为陈某瑞的表决签字行为构成容忍型表见代理，对汇海公司有效，从而对汇海公司具有法律约束力。

虽然在司法实践中，直接认定容忍型表见代理的案例较少，但从上述两份裁判文书可知，容忍型表见代理在我国现行法律框架下有解释的空间，也有解决现实纠纷的需要，根据容忍代理理论所得出的裁判结果并无不妥。正是因为容忍型表见代理中行为人的行为要归属于本人，“因而在商事交往中若对此种通常意义有异议需不迟延地表达出来，否则就创造了第三人可信赖的‘同意’外观”[2]。申言之，本人对相对人的行为知情，本来完全可以明示反对或拒绝，但却沉默的，虽然沉默视为同意并非基于本人的意思表示，但本人之沉默的外观引起了相对人的信赖，因而沉默人即本人要承担沉默外观责任。

第四节　结　　语

表见代理制度是信赖保护的一项重要制度，对于保护相对人利益，维护交易安全具有重要作用。由于法律规定本身较为原则，而表见代理的认定

〔1〕 参见江显和、罗菲：《容忍代理在股权转让代签行为中的认定》，载《人民司法》2020年第2期。
〔2〕 石一峰：《沉默在民商事交往中的意义——私人自治的多层次平衡》，载《法学家》2017年第6期。

受个案事实差异和法官个体认识差异影响甚巨,故审查认定自由裁量权较大。因此,如何认定相对人有理由相信行为人有代理权,属于当事人在诉讼中常见争议论点之一,也是司法实践中审判的疑难点,这必将长久争论下去。此外,容忍型表见代理尚处于民法理论层面,司法实务中,裁判人员也是通过分析德国的容忍代理理论来断案,显示我国司法实践方面尚显法律不足。

第十八章 情势变更原则论述

情势[1]变更原则起源于十二三世纪,注释法学派著作《优帝法学阶梯注解》中有一项法律原则,假定每一合同均包含一个默示条款,即缔约时作为合同基础的客观情况应继续存在,一旦这种情况不再存在,准予变更或解除合同,此即"情事不变条款"。[2] 情势变更原则与英美法系中的合同落空原则类似,其在大陆法系正式确立是在第一次世界大战后的德国。自20世纪以来,人类历史经历了三次重大变革,即第一次世界大战、第二次世界大战和席卷资本主义市场的1929~1933年大危机,最终促成了法律思想的转变。第一次世界大战后,由于交通运输被破坏,物价暴涨,货币严重贬值,市场情况发生了剧烈变化,因此,许多合同无法依约履行。无论是在大陆法系还是英美法系,法院均面临大批不能依现行法律或先例裁判的案件,即发生所谓"法律不足"现象。在这种历史背景下,学者借鉴历史上的"情事不变条款"理论,提出情事变更原则的各种学说,并最终经法院采纳作为裁判理由,使情事变更原则具有法律拘束力。此后,情势变更原则迅速为大陆法系国家所借鉴、采纳和发展。无论是在英美法系还是大陆法系,"为维护公平正义原则,当合同原有的利益平衡因经济的激烈动荡从而导致不公正的结果

〔1〕 学术上也称"情事",本书中"情势变更"与"情事变更"通用。
〔2〕 参见梁慧星:《合同法上的情事变更问题》,载《法学研究》1988年第6期。

时,引入情势变更规则的价值在于能对其施以法律的救济”[1]。因此,“自罗马法以来整个法律的发展证实,无论实定法如何排斥情势不变条款,它总是去而复来,无法消失”[2]。现情势变更原则在大陆法系的绝大部分国家民法典中均有规定,且被判例所运用。[3]

就我国而言,尽管学界早在1988年就一直呼吁将情事变更原则纳入《合同法》,但由于担忧实践中被滥用,影响法的安定性,[4]因此,直到2009年我国才在《合同法司法解释(二)》第26条中确立了该原则。我国合同法上的情势变更仅限于客观原因,如战争、重大法律或政策调整、重大政治事件等。因此,归纳起来主要存在三种类型:一是因政府行政行为导致的合同基础丧失或履行困难;二是非因重大政治或经济事由带来的市场环境变化导致的合同基础丧失或履行困难;三是纯粹因第三人原因导致的合同基础丧失。

第一节　概念辨析

就何为情势变更而言,我国学者观点大致统一。王家福先生认为,情势变更原则是指合同有效成立后,因不可归责于双方当事人的事由发生情势变更而使合同的基础动摇或者丧失,若继续维持合同会显失公平,因此,允许当事人通过协商或者司法程序变更合同内容或解除合同。[5] 张晓军先生认为,情势变更原则是指在合同成立后,当事人订立合同的基础或环境因不可归责于双方的事由发生变更,致使发生当事人在订立合同时所不能预见的结果,如果仍贯彻原合同之法律效力,则显失公平或者不能实现合同目的,从而认为原合同亦应作相应变更或者解除的规范。[6] 王利明先生认为,

---

〔1〕 曹守晔:《最高人民法院关于适用〈中华人民共和国合同法〉若干问题的解释(二)之情势变更问题的理解与适用》,载《法律适用》2009年第8期。

〔2〕 彭凤至:《情势变更原则之研究》,台北,五南图书出版公司1986年版,第154页。

〔3〕 参见江平:《民法学》,中国政法大学出版社2000年版,第650页。

〔4〕 参见梁慧星:《民法学说判例与立法研究》(二),国家行政学院出版社1999年版,第191页。

〔5〕 参见王家福主编:《中国民法学·民法债权》,法律出版社1991年版,第393页。

〔6〕 参见张晓军:《合同法上情势变更原则探析》,载《法制与经济》2015年第18期。

情势变更是指合同依法成立后,履行完毕前,因当事人缔约时不能预料的客观情势发生变化,从而导致合同的履行将对对方显失公平的,其有权请求人民法院变更合同内容或者解除合同。[1]

根据《民法典》第533条之规定,情势变更是指合同成立后,合同的基础条件发生了当事人在订立合同时无法预见的、不属于商业风险的重大变化,继续履行合同对于当事人一方明显不公平的,受不利影响的当事人可以与对方重新协商;在合理期限内协商不成的,当事人可以请求人民法院或仲裁机构变更或解除合同。由此可知,情势变更制度适用的前提是合同可以继续履行。为准确理解,笔者试结合最高法案例予以解析。

第二节 构成要件与适用条件

对于情势变更的构成要件,理论界存在多种学说。韩世远教授认为,我国情势变更原则的适用条件有以下五个:(1)情势变更的事实;(2)情势变更发生在合同成立之后、履行完毕之前;(3)情势变更的发生不可归责于当事人;(4)情势变更于当事人缔约时所不可预见;(5)情势变更导致履行原合同显失公平。[2] 笔者认为,识别"情势变更"应从以下十个维度展开。

一、发生客观情势的重大异常变更

学界对"情势"的理解已基本达成共识,即作为合同基础的客观事实,包括合同签订时的法秩序、经济秩序和通常交易条件等。[3]

所谓"变更",则指"合同赖以成立的环境或基础发生重大变化"。这种变动是重大的,有可能导致合同当事人预期的权利义务严重不对等,从而使合同失去本来的平衡和公平。也就是说,只有属于订立合同的基础或者环境方面要素的重大变化,方能构成情势变更的"情势"范畴。此外,该情势须

---

〔1〕 参见王利明:《中国民法典草案建议稿及说明》,中国法制出版社2004年版,第189页。
〔2〕 参见韩世远:《合同法总论》,法律出版社2011年版,第386页。
〔3〕 参见韩世远:《履行障碍法的体系》,法律出版社2006年版,第44页。

发生重大变更。[1]

司法实践中,根据笔者所统计的案例,最高法对于是否存在客观情势已经发生重大变动也存有较大争议。

在中国长城资产管理公司北京办事处与沈阳东油(集团)股份有限公司(以下简称沈阳东油公司)等金融不良债权追偿纠纷案中,就沈阳东油公司提出合同履行中发生重大客观变化应适用情势变更原则的问题,最高法认为,首先,适用情势变更原则应具备的条件包括:有情势变更的事实即合同赖以存在的客观情况发生重大变化,以及如果继续维持合同效力,会对当事人显失公平。本案中,沈阳东油公司等在诉讼期间提交的《国务院办公厅关于金融支持经济结构调整和转型升级的指导意见》,内容旨在更好地发挥金融对经济结构调整和转型升级的支持作用,更好地发挥市场配置资源的基础性作用,更好地发挥金融政策、财政政策和产业政策的协同作用,优化社会融资结构,持续加强对重点领域和薄弱环节的金融支持,切实防范化解金融风险,并未具体涉及对有关石油企业的政策调整。其在诉讼期间提交的《辽宁银监局办公室关于辖区内银行机构建立债权人委员会工作的指导意见》,内容主要是为落实银监会关于建立债权人委员会的部署和要求,确保债权人委员会各成员步调一致,并提出要切实加强金融债权管理,加大辽宁银行业金融机构对供给侧结构性改革的支持力度,亦未提到对相关石油企业的支持措施。故现有证据不能证明本案的合同在履行中已发生了无法预见的重大变化。其次,本案所涉合同为《最高额综合授信合同》《流动资金借款合同》《保证合同》《最高额保证合同》《最高额抵押合同》《最高额质押合同》,法律关系为借款及担保法律关系,盛京银行股份有限公司沈阳市民主支行作为出借人出借款项,沈阳东油公司、沈阳中油天宝(集团)物资装备有限公司、北京新大宗饭店有限公司、北京宝山创业商贸有限公司、刘某发作为借款人和担保人,对所借款项偿还贷款本息及承担担保责任,权利义务对等,并不存在明显不公平的情形。因此,沈阳东油公司等主张本案适用情势变更原则,没有事实依据和法律依据,原审法院不予支持。[2]

---

〔1〕 参见曹守晔:《最高人民法院关于适用〈中华人民共和国合同法〉若干问题的解释(二)之情势变更问题的理解与适用》,载《法律适用》2009 年第 8 期。

〔2〕 最高法民事判决书,(2016)最高法民终 727 号。

在成都鹏伟实业有限公司(以下简称鹏伟公司)与江西省永修县人民政府等采矿权纠纷案中,就鹏伟公司提出应适用情势变更进行调整的问题,最高法认为,本案合同履行中客观情况确已出现重大变化,予以变更方能平衡双方利益。判决认为,公平原则是当事人订立、履行民事合同所应遵循的基本原则。《合同法司法解释(二)》第26条规定:"合同成立以后客观情况发生了当事人在订立合同时无法预见的、非不可抗力造成的不属于商业风险的重大变化,继续履行合同对于一方当事人明显不公平或者不能实现合同目的,当事人请求人民法院变更或者解除合同的,人民法院应当根据公平原则,并结合案件的实际情况确定是否变更或者解除。"[1]本案中,鹏伟公司所享有的鄱阳湖永修段采砂权虽然是通过竞拍方式取得的,但竞拍只是鹏伟公司与永修县鄱阳湖采砂管理工作领导小组办公室(以下简称采砂办)为订立《采砂权出让合同》所采取的具体方式,双方之间的合同行为仍应受《合同法》的调整。鹏伟公司在履行本案《采砂权出让合同》过程中遭遇鄱阳湖36年未遇的罕见低水位,导致采砂船不能在采砂区域作业,采砂提前结束,未能达到《采砂权出让合同》约定的合同目的,形成巨额亏损。这一客观情况是鹏伟公司和采砂办在签订合同时不可能预见到的,鹏伟公司的损失也非商业风险所致。在此情况下,仍旧依照合同的约定履行,必然导致采砂办取得全部合同收益,而鹏伟公司承担全部投资损失,对鹏伟公司而言是不公平的,有悖于《合同法》的基本原则。鹏伟公司要求采砂办退还部分合同价款,实际是要求对《采砂权出让合同》的部分条款进行变更,符合《合同法》和最高法司法解释的规定,最高法予以支持。[2]

在江苏威如房地产有限公司与天津宝士力置业发展有限公司(以下简称宝士力公司)等股权转让纠纷案中,最高法认为,本案中宝士力公司在签订《股权转让协议》时,对于诉争地块上的建筑物、物资等所有权并非宝士力公司所有以及有权拆迁单位亦非宝士力公司是明知的,对于拆迁进度并非宝士力公司能够控制以及诉争地块能否在约定期限内拆迁完毕具有不确定性的风险应当有所预见,合同成立以后客观情况并未发生当事人在订立合

---

〔1〕对应《民法典》第533条。

〔2〕《最高人民法院公报》2010年第4期,另外,最高法曾对此案进行再审,再审维持二审判决,再审案号为(2011)民再字第2号。

同时无法预见的重大变化，因此，不构成情势变更事由。[1]

在成都好家乡超市有限公司（以下简称好家乡超市）与成都营韵企业管理有限公司（以下简称营韵公司）房屋租赁合同纠纷案中，尽管当地政府已经收到政府拆迁部门的公函，要求租户做好相关拆迁搬迁准备，但由于案涉地块旧改一直未启动，因此，最高法认为，本案实质上并未出现客观情形重大变化，尚不足以认定情势变更。就好家乡超市一方提出二审法院未支持好家乡超市、四川省好家乡商业有限公司（以下简称好家乡公司）关于本案系情势变更的主张，适用法律有误的问题，最高法认为，根据一审、二审查明的事实，好家乡超市、好家乡公司与营韵公司签订租赁合同后，2013 年 9 月，成都市青羊区政府拟将案涉地块纳入旧城改造范围。同年 10 月 18 日，营韵公司向好家乡公司发函，说明案涉地块已被政府纳入旧城改造范围，请好家乡公司配合并做好相关准备。2014 年 6 月，案涉地块明确被青羊区政府纳入旧城改造范围。根据《政府信息公开申请告知书》，截至 2016 年 5 月 6 日，案涉地块旧城改造启动时间尚无法确定。

本案中，尚无证据显示营韵公司或是好家乡超市、好家乡公司得到了搬迁、停业或限期搬迁的通知。案涉地块虽被纳入旧城改造范围，但改造工作何时启动、最终能否完成补偿、搬迁尚处于不确定的状态，好家乡超市并不必然面对停业或是限期停业的境地，租赁合同继续履行尚无现实的障碍。成都市青羊区政府将案涉地块纳入旧城改造范围并公告，好家乡超市、好家乡公司为旧城改造进行了相关准备、营韵公司在 2013 年下半年向好家乡公司发函请其配合旧城改造并做好相关准备，会对好家乡超市的经营产生一定影响。一审、二审法院因此判定营韵公司的损失由好家乡超市、好家乡公司、营韵公司进行分担并无不当。在案涉地块何时启动旧城改造、何时需要好家乡超市停业搬迁尚处于不确定状态的情况下，继续履行租赁合同并不会对好家乡超市、好家乡公司显失公平或存在不能实现合同目的的情形，且好家乡超市、好家乡公司在缓付租金、变更租金支付方式被营韵公司拒绝后，并未援引情势变更条款变更或解除合同。一审过程中，好家乡超市、好家乡公司答辩过程中援引不安抗辩权规定进行抗辩，亦未提出情势变更请求。因此，二审法院认为好家乡超市、好家乡公司主张情势变更理由不成立并无

〔1〕 最高法民事判决书，(2015)民二终字第 231 号。

不妥,适用法律并无错误。[1]

二、无法定或约定风险的归属

如果法律对合同履行过程中的风险归属已有规定,则应按规定处理。除非双方当事人已作出了不为现行法律所禁止的风险归属变更约定。当然,在当事人已有约定的前提下,说明双方当事人对此风险已有预判,应按照诚实信用原则依法履行,无适用情势变更之条件。以下三份最高法的判决均支持此种观点。

在福建七建集团有限公司(以下简称七建公司)与厦门精卫模具有限公司(以下简称精卫公司)建设工程施工合同纠纷案中,最高法认为,根据《补充协议书》的约定,七建公司应在2012年1月15日完成工程预验收,2月15日前完成工程验收合格;如果延期超过45天,七建公司将自行承担材料机械人工价格上涨的330万元;七建公司只有在2012年1月15日前完成预验收,才能获得精卫公司55万元补贴。七建公司并未按期完成预验收,本案讼争工程竣工时间为2013年3月18日,超过《补充协议书》约定的竣工日期远大于45天。按照上述约定,330万元材料机械人工调差应由七建公司自行承担,精卫公司也不应向七建公司支付55万元预验收补贴。关于七建公司2012年人工费调差90.40万余元的承担,《补充协议书》约定,施工期间材料机械人工价格上涨导致的差价按550万元认定,且该认定金额不再因任何原因而调整。双方此项约定已经排除了今后任何调整的可能性。结合本案七建公司延期完工的事实,550万元费用应由七建公司自行承担。七建公司主张其中的90.40万余元人工费由精卫公司支付,违反上述约定。本案未发生履行条件和客观情况的重大变故,不适用情势变更的法律规定。七建公司主张应由精卫公司支付窝工费用的请求不能成立。[2]

在大宗集团有限公司(以下简称大宗公司)等与淮北圣火矿业有限公司(以下简称圣火矿业公司)等股权转让纠纷案中,最高法认为,淮北宗圣矿业有限公司(以下简称淮北宗圣公司)成立于2007年,涉案三处煤炭资源一直申请办理采矿权手续或立项核准,直到2014年10月12日《国家能源局关于

---

〔1〕 最高法民事裁定书,(2016)最高法民申3466号。

〔2〕 最高法民事裁定书,(2015)民申字第2081号。

调控煤炭总量优化产业布局的指导意见》公布之前，也未获得批准，并且该指导意见规定，只是在今后一段时间内东部地区原则上不再新建煤矿项目，且安徽省是否属于该指导意见所确定的东部地区尚需进一步论证。而案涉《股权转让协议》第 4 条约定，无论与淮北宗圣公司、宿州宗圣公司拥有的三处煤炭资源相关的探矿许可证或采矿许可证是否作废、到期或失效，圣火矿业公司均无条件履行该协议约定的所有条款；第 2 条约定，2014 年 7 月 31 日前，圣火矿业公司向大宗公司支付第一笔股权转让款。圣火矿业公司对此并无异议，且在第一笔转让款期满不能支付的情况下向大宗公司出具了 2000 万元的违约金欠条并实际履行 1000 万元，而上述指导意见出台时间是 2014 年 10 月 12 日。因此，最高法认为，圣火矿业公司主张构成情势变更不能成立。[1]

在陕西圣安房地产开发有限公司（以下简称圣安公司）等与延长油田股份有限公司川口采油厂（以下简称延长川口采油厂）商品房销售合同纠纷案中，最高法认为，对于圣安公司及陕西圣安房地产开发有限公司延安分公司（以下简称圣安延安分公司）所称的因情势变更导致房屋售价过低构成显失公平的问题，在案涉房屋建设主体工程已经完成的情况下，当事人于 2010 年 1 月 8 日达成会议纪要，对如何继续履行合同进行了明确约定，表明当事人对合同履行过程中发生的有关变化以及由此带来的影响已经作出判断并就相关事宜的变更达成了合意，延长川口采油厂据此支付了相应的购房款，圣安公司及圣安延安分公司按照约定应于 2010 年 5 月 15 日"交付住房钥匙"，但其却迟迟未能依约履行，故本案并不存在适用情势变更的前提条件。至于圣安公司及圣安延安分公司提供的陕西省建设厅陕建发〔2007〕232 号《关于调整房屋建筑和市政设施基础工程、工程量清单计价安全文明措施费及综合人工单价的通知》、陕建发〔2009〕3 号《关于主要建筑材料价格风险约定及调整的通知》、《延安市房屋征收管理局关于印发 2012 年城市规划区各类区房屋征收市场评估参考价格》以及委托中介机构的评估价格等证据，并不能证明本案存在情势变更的情形，也不能证明按照约定价格履行将导致显失公平的结果。因此，圣安公司及圣安延安分公司所称的因情势变更导致房屋售价过低构成显失公平的理由不能成立，当事人应当根据诚实信用

---

〔1〕 最高法民事判决书，（2015）民二终字第 236 号。

原则,按照案涉商品房买卖合同、补充协议以及会议纪要等的约定继续履行。该二审判决后于2016年为最高法再审申诉裁定书(2016)最高法民申343号所维持。[1]

三、发生于合同成立后履行完毕前

“情势变化的嗣后性应为情事变更原则适用的必然要求。”[2]在我国,当援引情势变更规则时,情势变更须发生在合同成立后、履行完毕前,这基本上是学术界的共识。[3]

情势变更的事实必须发生在合同成立以后。合同成立之前已经存在的情势,那是当事人知道或者应当知道的,属于当事人订立合同的基础。换句话说,此种情势属于当事人订立合同时应该考虑的因素。如果履行过程出现不利于自己的结果,允许当事人对合同订立前就已存在的事实以考虑不周为由,主张情势变更的,明显有悖于诚实信用原则。

在司法实践中,对于应在合同成立后重大事变发生时,还是重大事故发生后、合同履行完毕前,以情势变更为由提出解除合同,最高法判例持有不同的观点。

在青海隆豪置业有限公司(以下简称隆豪公司)与青海三新房地产开发有限公司(以下简称三新公司)项目转让合同纠纷案中,就隆豪公司提出应以情势变更为由解除合同的申诉请求,最高法认为,双方签订协议后,政府取消危旧房改造的优惠政策,隆豪公司支付土地出让金取得涉案土地使用权,《协议书》签订的背景发生了变化,但自隆豪公司2009年8月竞拍取得涉案土地使用权至一审法院于2011年7月受理本案,隆豪公司未能提供证据证明其曾与三新公司协商变更或者解除《协议书》,或者曾在法定期间内行使变更或解除合同的权利,且双方还曾于2010年7月27日共同作为建设单位取得包含涉案项目在内的建筑工程施工许可证,故本案判决未支持隆

[1] 最高法民事判决书,(2015)民一终字第179号。

[2] 谢怀栻等:《合同法原理》,法律出版社2000年版,第192页。

[3] 参见王利明:《合同法新问题研究》,中国社会科学出版社2011年版,第581页;韩世远:《合同法总论》,法律出版社2011年版,第387页;崔建远主编:《合同法》,法律出版社2010年版,第130页。

豪公司依据情势变更原则要求解除合同的诉讼请求并无不当。[1]

四、为当事人缔约时所不可预见

如果是当事人缔约时能够预见的事实变化,即使产生不利后果,也是在当事人自愿接受的预期之内,若允许据此主张情势变更原则的适用,则殊为不当。

在广东省电白建筑工程总公司与东莞市长安镇房地产开发公司建设工程施工合同纠纷案中,最高法认为,双方之间的《建设工程施工合同》约定,承包方式为按定标价包人工、包材料、包工期、包质量、包安全,还包括按国家规定由乙方缴纳的各种税收,除设计变更外,总价、单价以定标价为准,结算时不作调整。上述约定系针对合同约定的施工期间内包括主要建材价格产生变化的市场风险承担条款,说明双方当事人已预见建材价格变化的市场风险,故二审判决认定开工日期至合同约定的竣工日期建筑材料上涨属于正常的商业风险,不属于情势变更,适用法律并无不当。[2]

五、不可归责于当事人

情势之变更并非由合同当事人引起的,这要求当事人主观上的过错与情势之变更不存在联系;如果该情势之变更是当事人的主观过错直接导致的,则依据责任自负原则,此时造成的损害后果由过错方承担,而不应当适用情势变更原则。也就是说,如果情势之变更可以归责于双方当事人,那么,根据过失相抵的规定,当事人双方应当按照各自过错的程度分别承担责任;如果该情势之变更可以归责于获利一方,则对于情势之变更造成的损害后果,由获利一方承担过错责任或者是违约责任;如果该情势之变更可以归责于损害一方,则对于因情势之变更造成的损害后果,由该损害一方自行承担。

在重庆长虹塑料厂(以下简称长虹塑料厂)与重庆天龙房地产开发有限公司(以下简称天龙公司)房屋拆迁安置补偿合同纠纷案中,最高法认为,虽然天龙公司解除合同的行为有效,但其行为已构成违约。长虹塑料厂根据

---

〔1〕 最高法民事裁定书,(2013)民申字第511号。
〔2〕 最高法民事裁定书,(2013)民申字第1099号。

《房屋联建合同》及补充协议的约定，履行了将合同约定地块上的相关房屋及土地使用权证、房屋所有权证交给天龙公司的合同义务。根据本案查明的事实，天龙公司于2004年6月5日获得南坪正街地块（包括长虹塑料厂在内）的开发使用权后，因未按照约定期限支付土地出让金，也未与重庆市国土资源和房屋管理局签订国有土地使用权出让合同，从而导致其未能取得涉案土地使用权。这也是《房屋联建合同》及补充协议不能履行的根本原因。天龙公司主张本案发生了南坪东环高架路穿过该地块、政府规划调整、南坪街道办事处搬迁滞后等事由以及由此导致的"政府储备用地"等客观情况，属于情势变更情形，应适用情势变更原则解除合同。根据《合同法司法解释（二）》第26条"合同成立以后客观情况发生了当事人在订立合同时无法预见的、非不可抗力造成的不属于商业风险的重大变化，继续履行合同对于一方当事人明显不公平或者不能实现合同目的，当事人请求人民法院变更或者解除合同的，人民法院应当根据公平原则，并结合案件的实际情况确定是否变更或者解除"的规定，情势变更是当事人在缔约时无法预见的非市场系统固有的风险，是指合同成立以后客观情况发生了当事人在订立合同时无法预见、非不可抗力造成的、不属于商业风险的重大变化。本案中合同无法履行的直接原因是天龙公司未取得涉案土地使用权，而天龙公司未取得涉案土地使用权的直接原因是其未按时缴纳土地出让金。虽然本案客观上也存在南坪东环高架路穿过该地块、政府规划调整等导致合同不能履行的原因，但这些并不是合同不能履行的直接和根本原因。上述原因属于合同之外第三人的原因，不是《合同法司法解释（二）》第26条规定的情势变更情形，不能成为天龙公司的免责事由。因此，天龙公司应承担违约责任，至于天龙公司与政府之间发生的影响合同履行的事由，应由其与政府另行协商解决，不属于本案处理的范围。[1]

六、继续按原合同履行对当事人一方明显不公平

"《民法典》第533条第1款规定的'继续履行合同对于当事人一方明显不公平'实则属于情势变更制度的基本出发点和核心考量要素，其他构成条

---

〔1〕 最高法民事判决书，(2016)最高法民终203号。

件基本上都是以该条件为核心从不同维度进行设置和考量的。”[1]这是民法公平原则的具体体现，如果继续履行不会造成明显不公平的结果，断无适用情势变更之余地。相反，如果继续履行明显违反公平原则，正如本书第四章第三节的论述，再审也可改判。

至于何为“明显不公平”，现行法律并未有明确的界定标准，有学者认为是“履行过于艰难或必须付出高昂的代价”[2]，也有学者认为是“将使一方当事人成本剧增或者收益剧减，根本改变（打破）双方利益均衡”[3]。司法实践中，此情况由司法裁判者根据案情综合判断。如在（2020）最高法民终629号案中，最高法认为，构成情势变更的“对于当事人一方明显不公平的”，应是指继续履行合同会造成一方当事人履约能力严重不足、履约特别困难、继续履约无利益并对其利益造成重大损害、明显违反公平、等价有偿原则等情形。

为理解本要件，一般应考虑不适用情事变更时利害关系的巨大变动、适用后不致引起相对方蒙受不当损害、不公存在于双方当事人之间、情势变更与显失公平存在因果关系四个方面。[4]

在大庆创业广场有限责任公司（以下简称创业广场）与沈阳集体联社企业（集团）有限公司（以下简称沈阳集体联社）租赁合同纠纷案中，最高法认为，沈阳集体联社关于变更《补充协议书》税款承担条款的请求不应支持。本案中，一方面，大庆市人民政府关于土地使用税税额调整幅度较小，在国家征收法律法规确定的税额范围之内，应属双方当事人可能预见的范围，不属于无法预见的重大变化。另一方面，创业广场将涉案16，000平方米房产免租金租赁给沈阳集体联社，沈阳集体联社仅承担2006年之后的房产税、土地税，此次税额标准的调整不会严重影响涉案合同履行，也不会导致合同履行后权利义务显失公平。沈阳集体联社以情势变更为由要求变更涉案《房屋租赁合同》税费承担依据不足，不应支持。[5]

---

〔1〕 朱广新：《情势变更制度的体系性思考》，载《法学杂志》2022年第2期。

〔2〕 参见王利明主编：《中国民法典释评（合同编·通则）》，中国人民大学出版社2020年版，第345页。

〔3〕 梁慧星：《合同通则讲义》，人民法院出版社2021年版，第209页。

〔4〕 参见郑玉波：《民法债编总论》，中国政法大学出版社2002年版，第253页。

〔5〕 最高法民事裁定书，（2016）最高法民申2594号。

在涉矿企业股权转让合同纠纷中，对于何为合同目的并非不存在争议。关于受让方收购涉矿企业股权的目的到底是获得股权还是矿业公司的正常采矿权，受让方受让股权后，涉矿企业被关闭是否构成情势变更等问题，最高法在王某新与雷某股权转让纠纷案中给出了答案。

在上述案例中，关于案涉《股权转让协议》及《补充协议》是否应当解除并由雷某向王某新返还相关款项的问题。王某新认为，吼西煤矿因政策原因关闭后，双方之间基于合同形成的债权关系，应当根据合同法“情势变更”原则解除合同。最高法认为，本案中，王某新与雷某签订的《股权转让协议》及《补充协议》是双方当事人的真实意思表示，且不违反法律及行政法规的强制性规定，应为合法有效。在上述协议中，双方对吼西煤矿的股权划分、转让、技改升级以及后续经营管理等作出了一系列约定，双方签订协议的目的在于共同对吼西煤矿进行投资、升级和经营，从而获得利益，而不仅仅只是约定王某新对煤矿进行技改升级，雷某向其支付对价的单一债权债务关系。上述协议签订后，王某新按约支付了相关股权转让款，从而获得了吼西煤矿20%的股权，随后以合伙人的身份对煤矿进行技改升级和经营管理，虽然在进行技改升级过程中，吼西煤矿被政府列为关闭对象，导致技改无法继续进行，双方不能通过经营煤矿获利，但是协议约定的王某新通过支付股权转让款获得20%的股权，并以合伙人身份参与煤矿经营管理等内容已经得到履行，案涉协议目的得到部分实现。另外，煤矿因政策原因被关闭，其结果是王某新、雷某均不能再从煤矿经营生产中获得利益，即对双方造成的影响是一致的，并非只损害了王某新的利益从而在双方当事人之间造成显失公平。因此，本案吼西煤矿在技改升级过程中被关闭不符合情势变更的情形，不应适用情事变更原则对双方所签协议进行变更或解除。[1]

七、受不利影响当事方有权请求与对方重新协商[2]

《合同法司法解释(二)》第26条确定了情势变更原则，但却未明确规定“重新协商”，《民法典》第533条第1款则予以明确界定。即在情势变更导

〔1〕 最高法民事判决书，(2015)民二终字第284号。

〔2〕 对该“重新协商”，最高人民法院民法典贯彻实施工作领导小组主编的《中华人民共和国民法典合同编理解与适用(一)》认为是“再交涉义务”，详见该书第485页。本书采纳全国人大常委会法工委民法室主任黄薇主编的《中华人民共和国民法典合同编解读》(上册)的观点。

致当事人之间权益失衡显失公平时，受不利影响的当事人可以与对方重新协商，“从本条基本文义出发，重新协商仅仅为单纯的法律倡导，当事人是否愿意重新协商应由其自己决定，法律不应过分干涉当事人的意思自治”[1]。因此，并不要求当事人必须达成新的合同或者达到某一特定的结果，只要当事人依据诚信原则和公平原则进行了协商即可。从诚信角度来看，在受不利影响的当事人请求与对方当事人协商时，对方应当积极回应、参与协商。

从司法实务来说，请求协商一方应提前收集、保留合同的基础条件发生重大变化的各种证据，以便作为与对方当事人重新协商的佐证材料，为重新协商进而改订成权利义务更为公平的合同奠定基础。

八、由人民法院或仲裁机构变更或解除

根据《民法典》第533条的规定，情势变更后，在合理期限内协商不成的，当事人变更或解除合同，必须通过法院或者仲裁机构进行。即在此种情况下，我国法律仅赋予了法院或者仲裁机构变更或解除合同的权利，限制当事人自行变更或解除合同。

在四川省攀化科技有限公司与攀钢集团有限公司（以下简称攀钢公司）合同纠纷案中，最高法认为，攀钢公司在知晓《环境综合整治实施方案》以及签订目标责任书后，并未援引该情势变更条款请求人民法院变更或解除合同，一审、二审过程中攀钢公司也未提出情势变更的请求。即使攀钢公司认为构成情势变更，在不能与合同相对方协商解除合同的情况下，也应该请求人民法院变更或解除合同，由人民法院根据实际情况确定是否准许，而不应当单方解除合同。[2]

九、人民法院或仲裁机构不得主动援用情势变更原则

在当事人没有提出以情势变更为由解除合同的前提下，法院或仲裁机构不得主动援用情势变更原则判决变更或解除合同。

在刘某兰与府谷县瑞丰煤矿有限公司（以下简称瑞丰煤矿）合同纠纷案

[1] 杨代雄主编：《袖珍民法典评注》，中国民主法制出版社2022年版，第465页。
[2] 最高法民事裁定书，(2017)最高法民申27号。

中，最高法认为，情势变更原则的适用，必须严格区分情势的重大变化与正常市场风险，并应由当事人提出请求。煤炭市场不景气以及价格涨跌属于正常商业风险，对此双方当事人在订立合同时均应当预见，且刘某兰与瑞丰煤矿均未以情势变更为由请求人民法院变更或者解除合同，并同时上诉主张本案不属于情势变更的情形。故一审法院关于刘某兰解除合同的实际原因是现在煤炭市场不景气，并非合同根本目的不能实现，鉴于刘某兰已明确表示不再履行合同，双方所签《煤矿治理项目转让协议书》由于情势变更予以解除的认定，适用法律错误，最高法予以纠正。[1]

十、该重大变化不属于商业风险

情势变更不同于商业风险，对于情势变更与商业风险的具体区别，笔者将在本章第四节“情势变更与商业风险”中予以详细阐述。

此外，《合同法司法解释（二）》第 26 条对情势变更原则作出了明确规定，但尚缺乏更细致的判断标准。为防止地方法院滥用此条款导致合同当事人权利义务失衡进而危及合同法的诚实信用及公序良俗原则，维护公平交易的社会环境，最高法要求各级人民法院对情势变更务必正确理解、慎重适用、严格适用程序，如确需个案适用，应由高院审核，必要时应报请最高法审核。但《民法典》第 533 条已经取消了这个规定。

第三节 情势变更与不可抗力

《民法典》第 533 条并未将不可抗力排除在外，即不可抗力可作为情势变更事由。就情势变更与不可抗力之异同，梁慧星教授从履行障碍程度、概念的确定性、是否是法定免责事由、效力的当然性四个方面对二者进行区分。[2] 崔建远教授认为，正因为情势泛指作为合同成立基础或者环境的客观情况，包括不可抗力——不可抗力发生，没有导致合同不能履行，但继续

〔1〕 最高法民事判决书，(2016)最高法民终 342 号。
〔2〕 参见梁慧星：《民法学说判例与立法研究》(二)，国家行政学院出版社 1999 年版，第 191 – 192 页。

履行合同显失公平，基于情势变更制度可变更乃至解除合同。[1]

根据《民法总则》第180条、《合同法》第117条以及《民法典》第180条之规定，不可抗力，是指不能预见、不能避免并不能克服的客观情况。不可抗力事件一般表现为阻碍合同履行的灾难性事件，既包括自然力量，如地震、旱灾、水灾、暴风雪；也包括社会异常行动，如战争、暴乱、军事封锁。情势变更也属于不可预见、不可避免的情形，但继续履行会导致双方利益关系的严重失衡，即要么对一方当事人明显不公平，要么使当初缔约目的无从实现。虽然两者都是发生在合同成立之后，履行完毕前，但两者还是具有根本性区别。

一、引起原因不同

情势变更更多指向当事人不可预见、不可归责的疫情及其防控措施、价格异常涨落、政策变化或法律规范变化、政府行为等；而不可抗力更多指向当事人不可预见、不可克服、不可避免的灾难性事件，既包括自然力量，如地震、旱灾、水灾、暴风雪，也包括社会异常行动，如战争、暴乱、军事封锁。

二、导致结果不同

不可抗力导致的结果为合同无法履行，属于履行不能；而情势变更并未达到履行不能的程度，仍属于能够履行，只是其履行极为艰难并会导致双方利益关系严重失衡、不公。[2]

三、法律责任不同

不可抗力是合同不能履行的法定免责事由，主要在于免除或减轻当事人的责任。而情势变更制度主要解决当事人利益严重失衡问题，虽然它也能免除当事人变更或解除合同的责任，但其主要作用在于使合同继续得以顺利履行。此外，不可抗力制度既可免除违约责任，又可免除侵权责任。情势变更制度主要适用于合同关系，不能用于侵权责任的免除。[3]

---

〔1〕崔建远：《合同法总论》，中国人民大学出版社2016年版，第12页。

〔2〕参见梁慧星：《合同通则讲义》，人民法院出版社2021年版，第207页。

〔3〕参见曹守晔：《最高人民法院关于适用〈中华人民共和国合同法〉若干问题的解释（二）之情势变更问题的理解与适用》，载《法律适用》2009年第8期。

四、法律性质不同

在不可抗力制度下，当事人享有的解除合同的权利为形成权，可引起诉讼时效中止，金钱债务一般不适用不可抗力，且法院可以依职权直接适用不可抗力制度。但在当事人主张适用情势变更原则的情况下，当事人享有的解除权则为请求权，不能引起诉讼时效的中止。此外，金钱债务不排除适用情势变更原则，且非依当事人申请主张，法院不得直接援用情势变更原则变更或解除合同。

第四节　情势变更与商业风险

商业风险，是指交易人在商业经济活动中因经营失利所应承担的正常损失，是从事商业活动的固有风险。〔1〕 商业风险的存在具有客观性，风险自负是其核心要义。现实生活中的商业风险无处不在，如市场价格的波动，物价的波动，汇率变动，社会政治经济文化环境的变化，消费者价值观的变化，都能导致市场经济条件下的商业风险。物价的降浮，币值、汇率的涨落，企业的兴亡，市场的兴衰等都可能成为商业风险与情势变更的原因。因此，在合同履行过程中，引起商业风险的原因可能与引起情势变更的原因相同，但法律效果则截然不同。如果被认定为商业风险，按照风险自负的原则，遭受损失的一方应当自行承担风险；而一旦被认定为情势变更，则意味着遭受损失的一方当事人可请求变更或解除合同，使风险由对方承担或双方分担。司法实践中，一些合同当事人可能会以正常的商业风险作为适用情势变更的理由，要求法院予以变更或解除合同，以免除自身责任，将损失转嫁于对方。因此，为了正确甄别两者异同，防止情势变更原则在司法实践中被滥用，应对二者作严格区分。笔者认为，尽管两者都发生在合同成立生效后，但情势变更与商业风险还是具有重大区别。

一、是否具有意外属性不同

情势变更属于合同成立基础之环境发生异常变动的情形，所造成的风

〔1〕 参见王利明、崔新远：《合同法新论·总则》，中国政法大学出版社1996年版，第116页。

险属于意外的风险;[1]意外属性是其区别于商业风险之首要特征。而商业风险属于生产交换价值规律中所固有的经营风险,其与商业收益成正比,不具有意外属性。

在华光小原光学材料(襄阳)有限公司(以下简称华光小原)与上海锗业国际贸易有限公司纠纷案中,就华光小原提出应适用情势变更的问题,最高法认为,本案不存在情势变更应解除合同的情形。案涉货物氧化镧的价格在合同签订后确实有较大幅度下跌,但氧化镧的市场价格本身波动较大,华光小原没有证据证明该市场价格波动超出市场因素的影响,该价格波动仍属于商业风险的范畴,不属于情势变更应解除合同的情形。华光小原有关履行合同显失公平应解除合同的再审申请理由不成立。[2]

二、是否具有可预见性不同

情势变更原则以"订立合同时不能预见"为要件。当事人的预见能力如何判断,应坚持客观标准,即合同当事人在订立合同时所处的客观环境下,作为一个普通的从事经营活动主体应当具有的认知能力。《民法典》第533条也强调了在订立合同时情势的不可预见性。情势变更的发生,当事人签约时无法预见,而且根据实际能力和当时的具体条件,也不可能预见,即缔约后合同履行的基础情势的变更超出了正常主体的认知范围,使合同当事人在当时的情况下无法推测其可能发生。而商业风险则在当事人的预料范围之内,即能够预见或应当预见客观情况的变化可能发生。在订立合同时,客观上可以预见的而当事人没有预见,应由该当事人自行承担不利后果,而不得主张适用情势变更。例如,当事人参与股票交易,不得主张适用情势变更原则。[3] 而商业风险则是行为人能够预见或应当预见客观情况的变化可能发生,并尽量加以避免的一种可能性。

在山西华晋纺织印染有限公司(以下简称华晋公司)等与戴某合资、合作开发房地产合同纠纷案中,最高法认为,华晋公司主张本案应适用情势变更,在双方签订合作协议时,对欲收购的目标公司股权结构应是了解的,其

---

〔1〕 参见崔建远主编:《合同法》,法律出版社2003年版,第93页。

〔2〕 最高法民事裁定书,(2015)民申字第2048号。

〔3〕 参见张建军:《情势变更与商业风险的比较探讨》,载《甘肃政法学院学报》2004年第2期。

对此陈述为,华晋公司分期缴纳保证金是收购策略,试探是否有第三方介入,以及上海兆雪百货有限公司(以下简称兆雪公司)是否诚意转让其持有的广万公司的股权,由此可见,华晋公司对兆雪公司行使优先购买权有充分的预判,因此,本案不存在合同成立后客观情况发生变化的情势变更情形,而应为正常的商业风险。[1]

三、是否具有可归责性不同

情势变更是在双方均无过错的前提下,因不可归责于双方当事人的重大变故所导致的,即使当事人尽了最大注意义务仍不可避免,所以双方当事人在主观上都没有过错,不可归责于双方当事人。而商业风险由于具有可预见性,故可以说当事人对此存有过失,当事人能够或者应当预见到将会发生商业风险,但甘愿冒风险或抱有侥幸心理。故商业风险有可归责于一方当事人的主观认识错误,如不遵循经济规律的要求、不了解市场行情、不充分掌握市场经济信息、一味投机冒险或在生产经营的商品中掺杂使假而被媒体曝光等。故是否有可归责于一方或双方当事人的过错从而导致合同履行中客观情况的重大变化,是正确界定情势变更与商业风险的前提。[2]

在上海同在国际贸易有限公司(以下简称同在公司)与远东电缆有限公司(以下简称远东公司)买卖合同纠纷案中,最高法认为,关于本案是否适用情势变更原则问题。2008 年全球性金融危机和国内宏观经济形势变化并不完全是一个令所有市场主体猝不及防的突变过程,而是一个逐步演变的过程。在演变过程中,市场主体应当对于市场风险存在一定程度的预见和判断。参照上海期货市场铜 2004 年至 2011 年价格走势图,2006 年 4 月 18 日至 5 月 15 日,上海期货交易所阴极铜价格上涨了 18,366 元/吨;2008 年 7 月 16 日至 9 月 17 日,下跌了 15,830 元/吨;2011 年 9 月 1 日至 29 日,下跌了 17,160 元/吨;2011 年 10 月 21 日至 28 日上涨了 10,250 元/吨;2011 年 11 月 10 日当天 1201 合约(2012 年 1 月合约)铜价就下跌了 3140 元/吨。该价格波动非为当事人在缔约时无法预见的非市场系统固有的风险,应当属于商业活动的固有风险。远东公司与同在公司约定参照上海期货交易所期货

[1] 最高法民事判决书,(2015)民一终字第 72 号。

[2] 参见张建军:《情势变更与商业风险的比较探讨》,载《甘肃政法学院学报》2004 年第 2 期。

合约卖盘报价进行定价，双方均应当预见也有能力预见有色金属这种市场属性活泼、长期以来价格波动较大的大宗商品存在投资风险。况且，《谅解补充协议》签订之后，铜的价格开始上涨，如2009年5月18日至6月15日期末结算价为39,800元/吨，同年6月16日至7月15日为41,170元/吨，同年7月16日至8月17日为47,800元/吨，该价格走势对买方远东公司明显有利。故本案要慎重适用情势变更原则，要将远东公司对市场价格走势判断失误造成的损失与不可抗力因素相区分。同时，正是基于对2008年有色金属价格波动较大情况的考量，最高法参照《谅解补充协议》约定的违约金标准认定违约责任，兼顾了减轻违约方违约责任的考虑。[1]

四、履行后果不同

情势变更的发生使合同的继续履行在客观上会使预期的目的发生根本性动摇，如继续履行原合同，将对一方当事人明显不公而对另一方当事人明显有利或者不能实现合同目的，与诚实信用原则和公平原则背道而驰。情事变更原则的法律宗旨，就在于救济非属商业风险所引起的交易上显失公平的结果。在商业风险中，合同基础没有发生根本变化，继续履行合同不会对一方当事人明显不公平或者不能实现合同目的，只是造成一定条件下的履行困难及履行合同费用的增加、利润的减少或并非重大的一般性亏损。[2]

在常州新东化工发展有限公司（以下简称新东公司）等与江苏正通宏泰股份有限公司（以下简称正通公司）等建设工程施工合同纠纷案中，最高法认为，本案再审有两个争议焦点问题：一是本案情形是否属于《合同法司法解释（二）》第26条所指的情势变更，二是正通公司的哪些损失应该由新东公司予以补偿。本案情形是否属于情势变更。原两审判决均认定正通公司、新东公司双方达成会议纪要明确了涉案合同解除等相关事项，应视为双方协商一致解除了涉案合同，该认定是正确的，最高法予以确认。

《合同法司法解释（二）》第26条规定："合同成立以后客观情况发生了当事人在订立合同时无法预见的、非不可抗力造成的不属于商业风险的重

---

〔1〕 最高法民事判决书，(2011)民二终字第55号。

〔2〕 参见曹守晔：《最高人民法院关于适用〈中华人民共和国合同法〉若干问题的解释（二）之情势变更问题的理解与适用》，载《法律适用》2009年第8期。

大变化，继续履行合同对于一方当事人明显不公平或者不能实现合同目的，当事人请求人民法院变更或者解除合同的，人民法院应当根据公平原则，并结合案件的实际情况确定是否变更或者解除。”本案涉案合同在履行过程中，常州市人民政府根据《江苏省人民政府关于进一步加强污染物减排工作的意见》的要求，调整了节能减排的政策，明确要求新东公司自备电厂在2012年6月底前拆除燃煤锅炉，客观情况发生了重大变化，导致新东公司原定的对燃煤锅炉进行脱硫工程改造项目继续进行已经没有意义，无法实现合同目的，该变化是当事人无法预见的，这种合同风险显然也不属于普通的商业风险。虽然《合同法》及有关司法解释并未明确规定政府政策调整属于情势变更情形，但是如果确实因政府政策的调整，导致不能继续履行合同或者不能实现合同目的，当然属于合同当事人意志之外的客观情况发生重大变化的情形。因此，应该认定本案的情形属于《合同法司法解释（二）》第26条规定的情势变更情形。新东公司主张本案的情形属于情势变更，其解除合同不属于违约行为，有充分的事实和法律依据，最高法予以支持。正通公司关于新东公司签订涉案合同有严重过失、本案情形不属于情势变更的主张，没有事实和法律依据，最高法不予支持。[1]

第五节 情势变更与显失公平

.《民法典》第147～151条规定的可撤销民事行为中，第151条就是显失公平的民事行为，按照该条以及《民法通则意见》第72条之规定，所谓显失公平，是指一方当事人利用对方处于危困状态或利用对方缺乏判断能力，致使民事法律行为在成立时双方的权利与义务明显违反公平、等价有偿原则。尽管情势变更原则和显失公平规则适用的条件都与公平失衡有关，但两者之间仍然存在明显差异。

一、法定事由不同

显失公平属于当事人可行使撤销权之法定事由之一，而情势变更属于

〔1〕 最高法民事判决书，(2015)民提字第39号。

当事人可请求裁判机构变更或解除合同的法定理由。

二、启动主体不同

提出显失公平的主体为合同履行中处于危困状态或缺乏判断能力等情形的受损害方,而以情势变更为由主张变更或解除合同的主体可以是任何一方当事人。

三、产生时间不同

造成显失公平的事实发生在民事合同成立时,而引起情势变更的事实则发生在合同成立之后的合同履行阶段。

四、产生原因不同

显失公平的发生是由于一方当事人利用对方处于危困状态或缺乏判断能力等情形,导致双方权利义务严重失衡。属于一方当事人故意为之所致;而引起情势变更的事实是合同当事人以外的客观情势所致,与当事人的行为没有关联。

五、法律性质不同

显失公平行为具有违法性,性质上属于违法行为,情势变更的发生属于事实状态,与违法没有任何关系。[1]

在华锐风电科技(集团)股份有限公司与肇源新龙顺德风力发电有限公司(以下简称新龙公司)买卖合同纠纷案中,最高法认为,契约严守为合同法的基本原则,只有由于不可归责于合同当事人的原因导致合同缔约时的基础动摇或丧失,强行维持合同原有效力将导致合同当事人之间的利益均衡关系受到破坏,严重违背公平诚信原则时,才能适用情势变更制度。情势变更的发生是否为当事人不可预见、继续履行合同是否显失公平则为界定本案情形是否适用情势变更制度需要考虑之要件因素。从本案买卖合同缔约情形来看,新龙公司对其以4520元/千瓦的综合造价购买案涉风力发电机组的意思表示明确,其主张的无法预见是指风力发电机组的价格在合同签订

〔1〕 参见张晓军:《合同法上情势变更原则探析》,载《法制与经济》2015年第21期。

之后大幅下滑,但新龙公司在缔约时对于合同的交易价格是明知的,对其在本次交易中的实际付出有明确的预期,不存在无法预见之情形。新龙公司主张继续履行合同显失公平,但是否显失公平并不能简单以合同签订时的价格与合同履行时的价格进行纵向比较。本案中,新龙公司如继续履行合同不会额外增加其订约时预计付出的履约成本,仅是其在合同签订后可以以更少的交易成本从别处获取合同标的物,但这不是新龙公司可以违约并置正常的交易秩序于不顾之理由,故本案亦不存在显失公平之情形。[1]

第六节 结　　语

情势变更与商业风险的确界限模糊,与不可抗力也并非完全可以迅速区隔,故在司法实践中,当事人提出情势变更抗辩比较常见,而法院审核认定情势变更成立则少之又少。在认定标准上,不可预见与继续履行会对一方当事人明显不公平是一个重要的参考因素。

---

〔1〕 最高法民事判决书,(2015)民二终字第88号。

第十九章

建设工程价款优先受偿权论述

优先权制度源于罗马法。在近代民法中,法国民法最先设立优先权制度,[1]其后为日本民法所继受,被称为先取特权。[2] 德国法和瑞士法对此均有相关规定。它是出于立法政策上的考虑,为求得当事人之间的公平和社会秩序的稳定,通过法律的规定,作为债权平等原则的一种例外,对特定债权所给予的特别保护。“其立法基础不仅有社会政策的考量,也有对建筑物增值有贡献的债权优先受偿的正义思想。”[3]

建设工程价款优先受偿权,是指发包人未按合同约定支付建设工程价款时,承包人等权利人有权就所承建工程折价、拍卖所得款项优先受领的权利。我国《合同法》第 286 条[4]规定,发包人未按照约定支付价款的,承包人可以催告发包人在合理期限内支付价款。发包人逾期不支付的,除按照建设工程的性质不宜折价、拍卖外,承包人可以与发包人协议将该工程折价,也可以申请人民法院将该工程依法拍卖。建设工程的价款就该工程折价或者拍卖的价款优先受偿。该规定打破了传统“时间在先、权利在先”的

---

〔1〕《法国民法典》第 2103 条第 4 款规定:建筑师、承包人、瓦工与其他受雇于建筑、重建或修理楼房水渠或其他任何工程施工的工人,即对该工程有优先权。参见《法国民法典》,罗结珍译,中国法制出版社 1999 年版,第 480 页。

〔2〕参见《日本民法典》第 8 章。

〔3〕杨代雄主编:《袖珍民法典评注》,中国民主法制出版社 2022 年版,第 743 页。

〔4〕对应《民法典》第 807 条。

一般物权优先原则,体现了不依时间评价而依原因评价之特性。[1] 但由于该规定过于原则性,且学术界与司法实践中对于工程价款优先受偿权的性质认识存在问题。根据当时《合同法》的规定,建设工程合同的承包人包括建设工程勘察人、设计人和施工人。施工人又分为总包人、分包人和实际施工人等不同主体。而对于施工人的范围存在争议,特别是对分包人与实际施工人应否享有此项权利各有不同的认识。2002 年,最高法针对上海高院的请示作出了《最高人民法院关于建设工程价款优先受偿权问题的批复》,该批复虽进一步明确了有关优先受偿权的问题,但对其性质和效力缺乏进一步的规范,导致司法适用上出现很多困惑,最高法层面同案不同判现象一直存在。

关于建设工程价款优先受偿权的性质界定,我国法学理论及实务界主要有三种观点,即留置权说[2]、法定抵押权说[3]以及法定优先权说。学界通说认同法定优先权说,即建设工程价款优先受偿权当属法定优先权范畴[4]。建设工程价款优先受偿权具备优先权的众多特征:一是由法律直接规定,无须当事人约定,其产生与法律效力具有法定性;二是以特定财产担保债权实现;三是具备从属不可分性、物上代位性及优先受偿性等特征。建设工程价款优先受偿权是法律出于保护承包人生存权利和维持建筑行业正常发展的需要作出的特别规定。[5]

直到 2019 年 2 月 1 日《建设工程司法解释》(2018 年)正式施行,该解释第 17 ~ 23 条共计 7 个条文对建设工程价款优先受偿权的行使主体、范围和期限等有关问题进行了比较明确的界定。

2021 年 1 月 1 日起施行的《建设工程司法解释》(2020 年)第 35 ~ 42 条对建设工程价款优先受偿权做了更为细致的界定。但关于实际施工人,尤其是对于发包人明知实际施工人系挂靠人,挂靠人是否享有建设工程价款

---

[1] 参见谢在全:《承揽人抵押权之研究》,载《月旦法学杂志》第 69 期(2001 年)。

[2] 参见江平主编:《中华人民共和国合同法精解》,中国政法大学出版社 1999 年版,第 223 页。

[3] 参见梁慧星:《合同法第二百八十六条的权利性质及其适用》,载《山西大学学报(哲学社会科学版)》2001 年第 3 期。

[4] 涉及不动产权利优先性的顺位是:消费者物权期待权 > 建设工程价款优先受偿权 > 抵押权 > 一般不动产买受人的物权期待权 > 普通金钱债权。参见《九民纪要》第 126 条的规定。

[5] 参见江必新等:《最高人民法院指导性案例裁判规则理解与适用 · 房地产卷》,中国法制出版社 2014 年版,第 258 - 260 页。

优先受偿权依然存在争议。

为探究最高法在建设工程价款优先受偿权方面的司法运行现状，本章将结合最高法裁判文书从以下七个方面展开论述。

第一节 优先受偿权行使主体

根据《民法典》第807条之规定，建设工程价款优先受偿权之行使主体为承包人。现结合《建设工程司法解释》(2020年)的相关规定以及司法实践之争议，本书对以下主体是否享有建设工程优先受偿权进行简析。

一、与发包人订立建设工程施工合同的承包人

按照《民法典》第788条之规定，建设工程合同是承包人进行工程建设、发包人支付价款的合同。根据《建设工程司法解释》(2020年)第35条之规定，与发包人订立建设工程施工合同的承包人当然享有建设工程价款的优先受偿权。但是，建设工程合同包括工程勘察、设计和施工合同，尽管工程的勘察人、设计人、施工人皆为建设工程的承包人，但勘察合同中的勘察费用、设计合同中的设计费用与建设工程价款优先受偿权为保障建筑工人这一弱势群体的劳动报酬之立法目的不符，且赋予勘察人、设计人费用优先受偿权在工程竣工前不具备实现的可能性，在工程竣工后，又与施工人的价款优先受偿权存在冲突。[1] 因此，勘察合同中的勘察费用、设计合同中的设计费用不享有优先受偿权。不过，最高法民事审判第一庭认为就工程总承包中勘察与设计费，承包人可以主张优先权。[2]

二、装饰装修工程承包人

2004年12月8日，《最高人民法院关于装修装饰工程款是否享有合同法第二百八十六条规定的优先受偿权的函复》规定，装修装饰工程属于建设

[1] 参见最高人民法院民事审判第一庭编著：《最高人民法院新建设工程施工合同司法解释(一)理解与适用》，人民法院出版社2021年版，第358页。

[2] 参见最高人民法院民事审判第一庭编著：《最高人民法院新建设工程施工合同司法解释(一)理解与适用》，人民法院出版社2021年版，第359页。

工程，可以适用《合同法》第286条关于优先受偿权的规定，但装修装饰工程的发包人不是该建筑的所有权人或者承包人，与该建筑物的所有权人之间没有合同关系的除外。享有优先权的承包人只能在建筑物因装修装饰而增加价值的范围内优先受偿。最高法出台的这一批复明确肯定了装修装饰工程承包人享有建设工程价款的优先受偿权，但存在两个方面的限制：第一，装修装饰工程的发包人必须是建筑物的所有权人或者承包人，必须与该建筑物的所有权人之间存在合同关系，即如果装修装饰工程是分包或以其他方式承包，则装修装饰承包人不享有建设工程价款优先受偿权；第二，其优先受偿权的范围仅限于建筑物因装修装饰而增加价值的部分，即建筑物因添附和修缮而使建筑物增值部分是装修装饰承包人享受优先受偿权的范围。

《建设工程司法解释》(2018年)第18条则以司法解释的形式对装饰装修工程承包人就装饰装修工程折价拍卖价款享有优先受偿权进行了明确规定，但该司法解释保留了但书条款，即要求该装饰装修工程的发包人系该建筑物的所有权人。

《建设工程司法解释》(2020年)第37条就装饰装修工程的承包人主张优先权设置了一个前置条款，即要求该装饰装修工程具备折价或者拍卖条件，但去除了要求该装饰装修工程的发包人系该建筑物的所有权人这一但书条款。

三、发包人直接发包的其他专业工程承包人

与装修装饰工程承包人相同，发包人直接发包的其他专业工程承包人，如玻璃幕墙工程承包人、水电安装工程承包人、消防工程承包人、铝合金门窗工程承包人，也享有建设工程价款优先受偿权。发包人直接发包的专业工程属于建设工程，施工总承包合同、装修装饰工程合同也属于建设工程施工合同，因此也适用《民法典》第807条之规定。

四、实际施工人

所谓实际施工人，是指建设工程施工合同被认定无效后，具体实施工程建设的人，包括转包关系中的承包方、违法分包关系中的承包方、挂靠或者

借用建筑业企业资质的承包方等。[1] 就实际施工人是否享有建设工程价款优先受偿权的问题，在学术分析层面及审判实践中，存有分歧、并无定论。

观点一认为，建设工程价款优先受偿权系法定优先权，因其具有优于普通债权和抵押权的权利属性，故对其权利的享有和行使必须具有明确的法律依据，现行法律及司法解释并未赋予实际施工人享有建设工程价款优先受偿的权利，因此，实际施工人主张建设工程价款优先受偿权于法无据[2]，也无权根据《建设工程司法解释》(2020 年)第 43 条第 2 款依据代位诉讼主张优先受偿权。[3] 最高法民事审判第一庭最新倾向性观点是认为实际施工人不应享有工程价款优先受偿权。[4]

在王某霖与辽宁万泰房地产开发有限公司等第三人撤销之诉案中，最高法认为，鉴于建设工程价款优先受偿权系法定优先权，因其具有优于普通债权和抵押权的权利属性，故对其权利的享有和行使必须具有明确的法律依据，实践中亦应加以严格限制。根据前述法律及司法解释的规定，行使建设工程价款优先受偿权，应当同时具备以下条件：第一，行使优先受偿权的主体应仅限于承包人，现行法律及司法解释并未赋予实际施工人享有建设工程价款优先受偿的权利。第二，建设工程施工合同应当合法有效。优先受偿的工程价款包括承包人为建设工程应当支付的工作人员报酬、材料款等实际支出的费用，不包括承包人因发包人违约所造成的损失。合同被确认无效的，当事人承担的是返还财产和根据过错程度赔偿损失的责任，即具有普通债权属性，故无效合同中的承包人不应享有建设工程价款优先受偿权。第三，可以行使优先受偿权的工程应当限于承包人施工，且在性质上适宜折价、拍卖的建设工程。根据前述规定，法律赋予承包人对其施工的凝聚其劳动和投入的建设工程折价或者拍卖所得价款的优先受偿权。不属于承包人施工的工程，或者在性质上不宜折价、拍卖的工程，则不属于可以行使

---

[1] 参见最高人民法院民事审判第一庭编著：《最高人民法院新建设工程施工合同司法解释(一)理解与适用》，人民法院出版社 2021 年版，第 363 页。

[2] 如最高法前法官肖峰就持该观点，参见肖峰、韩浩：《建设工程价款结算及其优先受偿权的若干实务问题》，载《人民司法》2021 年第 22 期。

[3] 参见最高法民事裁定书，(2021)最高法民申 6148 号。

[4] 参见最高人民法院民事审判第一庭编著：《最高人民法院新建设工程施工合同司法解释(一)理解与适用》，人民法院出版社 2021 年版，第 363 页。

优先受偿权的工程范围。第四,行使优先受偿权应当严格遵守法律及司法解释规定的行使期限。即在发包人经催告未在合理期限内支付工程款的,承包人应在自建设工程竣工之日或者建设工程合同约定的竣工之日起6个月内行使优先受偿权。本案中,建设工程的承包人是市政第十工程处和东方市政公司,王某霖只是该工程的实际施工人,不符合法律及司法解释规定的可以享有优先受偿权的主体资格;王某霖实际施工的工程是小区的部分道路排水工程,该排水工程属于分项工程,且在性质上不宜折价、拍卖,亦不符合法律及司法解释规定的该工程系其承包且按照工程性质可以折价或者拍卖的条件。因此,王某霖作为实际施工人,主张建设工程价款优先受偿权没有法律依据。[1]

在马某忠与新疆鑫达伟业房地产开发有限责任公司等建设工程施工合同纠纷案[2]中,案涉施工合同项下的建设工程由马某忠施工,马某忠系案涉工程实际施工人,但最高法认为马某忠并非与发包人新疆鑫达房产公司签订建设工程施工合同的承包人。二审法院认为马某忠作为实际施工人不享有建设工程价款优先受偿权,适用法律正确。

观点二认为,虽然转包、非法分包被法律所禁止,但实际施工人是建设工程人、财、物的实际投入者,且其主张的工程款也包括应付给建筑工人的工资,即这不能改变建设工程是转包、非法分包合同实际施工人劳动物化的结果。《建设工程司法解释》(2020年)第43条第2款赋予实际施工人突破合同相对性向发包人主张欠付工程款的权利,故当承包人怠于行使工程款,怠于主张建设工程价款优先受偿权时,实际施工人可以《民法典》第535条之规定代位行使建设工程价款优先受偿权,无论发包人对存在实施施工人的情况是否知情。正如最高法前法官王毓莹所言:“从现有的制度解读中,无法得出否定实际施工人代位行使优先受偿权的结论,且多地法院的规范

---

〔1〕 最高法民事裁定书,(2015)民申字第2311号。

〔2〕 最高法民事裁定书,(2019)最高法民申2755号。

性意见也对此持肯定意见。”[1]

在宁夏钰隆工程有限公司与安徽三建工程有限公司、宁夏蓝天房地产开发有限责任公司建设工程施工合同纠纷案[2]中，最高法认为，实际施工人和建筑施工企业谁是承包人，谁就享有工程价款请求权和优先受偿权。在合同书上所列的“承包人”是具有相应资质的建筑施工企业，即被挂靠人；而实际履行合同书上所列承包人义务的实际施工人，是挂靠人。关系发包人实际利益的是建设工程是否按照合同约定的标准和时间完成并交付到其手中，只要按约交付了建设工程，就不损害发包人的实际利益。但是否享有工程价款请求权和优先受偿权，直接关系对方当事人的实际利益。事实上，是挂靠人实际组织员工进行了建设活动，完成了合同中约定的承包人义务。所以，挂靠人因为实际施工行为而比被挂靠人更应当从发包人处得到工程款，被挂靠人实际上只是最终从挂靠人处获得管理费。因此，挂靠人比被挂靠人更符合法律关于承包人的规定，比被挂靠人更应当享有工程价款请求权和优先受偿权。挂靠人既是实际施工人，也是实际承包人，而被挂靠人只是名义承包人，认定挂靠人享有主张工程价款请求权和优先受偿权，更符合法律保护工程价款请求权和设立优先受偿权的目的。

观点三[3]认为，在发包人同意或者认可挂靠存在的情形下，挂靠人作为没有资质的实际施工人借用有资质的建筑施工企业（被挂靠人）的名义，

---

〔1〕 参见王毓莹、史智军：《建设工程施工合同纠纷疑难问题和裁判规则解析》，法律出版社 2022 年版，第 355 – 356 页。王毓莹认为，只有挂靠或借用建筑业企业资质的承包方享有建设工程价款优先受偿权，其认为转包、违法分包关系中的实际施工人，因其与发包人不存在直接的合同关系，一般不享有优先受偿权。详见前书第 348 – 349 页。另有学者李建星也认为，优先受偿权作为法定担保物权，也是从权利，也纳入代位权的范围。由分包人、实际施工人代位行使，抑或由承包人直接主张，只是原告身份的不同，并未加重发包人的负担，恶化其法律地位，排除分包人、实际施工人代位行使优先受偿权并不妥当。参见李建星：《〈民法典〉第 807 条（建工价款的优先受偿权）评注》，载《南京大学学报（哲学·人文科学·社会科学）》2021 年第 4 期。也另有学者却认为，非法转包、违法分包法律关系中的实际施工人基于《建设工程司法解释》（2020 年）第 43 条、第 44 条之规定，有权向发包人主张欠付工程款的权利，因此当承包人怠于主张到期的工程款，怠于主张建设工程价款优先受偿权的，实际施工人可以代为行使建设工程价款优先受偿权。参见王利明主编：《中国民法典评注合同编》（三），人民法院出版社 2021 年版，第 1416 页。

〔2〕 最高法民事裁定书，（2019）最高法民申 6085 号。

〔3〕 另可参见最高法民事判决书，（2016）最高法民终 361 号；安徽高院民事裁定书，（2020）皖民终 1110 号。

与发包人订立了建设工程施工合同。挂靠人是实际承包人，被挂靠人是名义承包人，两者与发包人属于同一建设工程施工合同的双方当事人。事实上，是挂靠人实际组织员工进行了建设活动，完成了建设工程施工合同约定的承包人义务。挂靠人既是实际施工人，也是实际承包人，而被挂靠人只是名义承包人，认定挂靠人享有主张工程价款请求权和优先受偿权，更符合法律保护工程价款请求权和设立优先受偿权的目的。因此，应认定挂靠人即实际施工人享有建设工程价款优先受偿权。

在申某松与重庆市桓大建设（集团）有限公司（以下简称桓大公司）、盘州市光明房地产开发有限责任公司（以下简称光明公司）等建设工程施工合同纠纷案中，最高法认为借用资质的实际施工人具有建设工程价款优先受偿权。该判决书认为，对于案涉工程而言，桓大公司与光明公司之间未形成实质性的法律关系，本案建设工程施工合同由光明公司与申某松实际履行，双方已形成事实上的权利义务关系。本案申某松是借用资质的实际施工人，其已取代名义上的承包人桓大公司作为实际承包人与光明公司成立事实上的建设施工合同关系，此为申某松能够直接请求光明公司付款的原理所在。同理，在案涉工程已经实际交付光明公司的情况下，申某松对案涉工程应当享有优先受偿权。[1]

最高法民法典贯彻实施工作领导小组对此认为："借用资质签订建设工程施工合同的情况下，缺乏资质的单位或者个人是否享有建设工程价款优先受偿权的问题，实践中存在争议。对这一问题，有两点需要注意：一是享有建设工程价款优先受偿权的主体原则上应为一人而不宜为多人；二是在处理出借资质的建筑企业、借用资质的单位或者个人、发包人三方之间的关系时，应当考虑《民法典》第146条的规定，以各方当事人的真实意思为基础确定各自法律关系。"[2]

五、工程款债权受让人

就建设工程价款优先受偿权是否随工程款债权一并转让的问题，尚存

---

[1] 最高法民事判决书，(2021)最高法民终727号。类似案例还有最高法民事裁定书，(2020)最高法民申6978号。

[2] 最高人民法院民法典贯彻实施工作领导小组主编：《中华人民共和国民法典合同编理解与适用》(三)，人民法院出版社2020年版，第2037页。

争议,并无定论。

第一种观点认为,根据《民法典》第547条之规定,除专属于债权人自身的从权利外,受让人可取得与受让债权有关的从权利。建设工程价款优先受偿权系具有担保性质的权利,其依附于作为主债权的工程款债权,故承包人将建设工程价款债权转让的,建设工程价款优先受偿权随之转让。最高法民一庭也认为,建设工程承包人转让其在施工合同中形成的债权的,受让人基于债权转让而取得工程款债权,故其应享有该工程款优先受偿权。法定优先权属担保物权,具有一定追及效力,其功能是担保工程款优先支付,该权利依附于所担保工程而存在,即使被担保工程发生转让,亦不影响承包人优先受偿权的行使。〔1〕

在陕西西岳山庄有限公司(以下简称西岳山庄)与中建三局建发工程有限公司(以下简称建发公司)等建设工程施工合同纠纷案中,就建发公司对涉案工程是否享有优先受偿权的问题,最高法认为,建设工程款具有优先受偿性质。建发公司基于受让债权取得此项权利。鉴于该项建设工程目前尚未全部竣工,《施工合同》因西岳山庄拖欠工程款等原因而迟延履行,建发公司优先受偿权的行使期限应从2005年10月10日解除合同时起算。此前建发公司已提起诉讼,故不应认定其优先受偿权的行使期限已超过6个月。对于西岳山庄关于建发公司已超过行使优先受偿权期限的主张,最高法不予支持。〔2〕

针对该案,最高法在《最高人民法院二审民事案件解析》一书中写道:"第一,转让涉案合同债权符合法律规定。建设工程施工合同的转让效力应区别对待。合同转让分为债权让与、债务承担和代替履行。法律对承包人的债权让与没有特别限制,故与一般债权让与没有本质区别。而债务承担则往往涉及工程审批、承包人的资质和发包人对受让人的信赖等限制条件,《建筑法》规定工程禁止转包,故不得随意转让合同义务。代替履行是指债权债务一并转让,即由合同的受让人履行全部合同义务,这也会涉及转让合同义务的问题,因此,债权债务一并转让也不允许。本案债权让与的内容并

---

〔1〕 参见杜万华主编、最高人民法院民事审判第一庭编:《民事审判指导与参考》(总第65辑),人民法院出版社2016年版,第252页。

〔2〕 最高法民事判决书,(2007)民一终字第10号。

不涉及债务承担问题,依法应当准许。第二,本案债权转让不损害发包人的利益。通常情况下,债权人既有权要求债务人直接清偿债务,也有权指定债务人向第三人清偿债务。对债务人而言,向第三人清偿债务等于向债权人清偿债务,其法律后果都是消灭债务。本案的诉讼标的主要是工程款,属于劳务报酬的性质。承包人依约完成了工程的土建和主体结构并经验收合格,有权取得相应的工程款。此时合法的债权已经形成,至于将工程款交给承包人还是受让人,本质上并无区别。在双方对工程款数额存有争议的情况下,应以法院委托的鉴定机构确认的数额作为债权数额。合同解除后未履行部分不再履行,如果等到工程全部竣工后再付工程款,对于受让人将是极不公平的。第三,承包人就债权转让通知了发包人,合同债权转让符合法定条件。依照《合同法》第 80 条[1]的规定,债权人转让合同权利的,应当通知债务人。本案中,承包人已经履行了通知义务,债权转让已经生效。"[2]

在王某燕与闫某毛、焦作市东成房地产开发有限公司(以下简称东成公司)案外人执行异议之诉案[3]中,最高法认为,关于闫某毛对案涉房屋是否享有建设工程价款优先受偿权的问题,《合同法》第 81 条[4]规定:"债权人转让权利的,受让人取得与债权有关的从权利,但该从权利专属于债权人自身的除外。"本案中,根据已查明事实,黎阳公司对东成公司享有 19,372,188.8 元债权,并对东成公司温县新东未来城 1 号、2 号、3 号楼及人防、商铺、地下车库工程以折价或拍卖的价款在 19,372,188.8 元范围内享有的优先受偿权,黎阳公司已于 2019 年 5 月 16 日与闫某毛签订债权转让协议,将其对东成公司享有的债权及相关权利转让给闫某毛。《建设工程司法解释》(2018 年)第 17 条规定,与发包人订立建设工程施工合同的承包人,根据《合同法》第 286 条规定请求其承建工程的价款就工程折价或者拍卖的价款优先受偿的,人民法院应予支持。该条虽然规定由承包人主张优先受偿权,但是并不能得出建设工程价款优先受偿权具有人身专属性。本案中,闫某毛系作为黎

---

〔1〕 对应《民法典》第 546 条。

〔2〕 参见中华人民共和国最高人民法院民事审判第一庭编:《最高人民法院二审民事案件解析》,法律出版社 2008 年版,第 178 页。

〔3〕 最高法民事裁定书,(2021)最高法民申 35 号。类案还有最高法民事裁定书,(2021)最高法民申 33 号;最高法民事判决书,(2021)最高法民终 958 号。

〔4〕 对应《民法典》第 547 条。

阳公司承建案涉工程全额投资人受让案涉工程款债权及相关权利，一审、二审判决基于债权转让并结合闫某毛系全额投资人身份的事实，认定建设工程价款主债权转让的，建设工程价款优先受偿权一并转让，闫某毛取得相关工程款债权优先受偿权并不违反上述法律规定。

第二种观点则认为，建设工程价款优先受偿权制度的目的是保护建筑工人的劳动报酬，承包人转让工程价款债权获得相应对价后，则建筑工人的劳动报酬已经实现，而受让人并不涉及劳动报酬问题。在（2021）最高法民终869号案中，最高法认为，工程款优先受偿权为保障建设工程农民工工资而设，也不能将其转让。

六、工程总承包人

在建设工程施工总承包合同中，施工总承包方是建设工程的承包人；依据《民法典》第807条及《建设工程司法解释》（2020年）第35条之规定，其享有建设工程价款优先受偿权不存在歧义。

2020年3月1日，《房屋建筑和市政基础设施项目工程总承包管理办法》正式施行，我国建筑行业正趋向于向工程总承包模式转型。而在工程总承包[1]的模式下，因不是单纯的建设工程施工合同，工程总承包人承包的范围包括设计、施工、采购等内容，因此工程总承包人是否享有建设工程价款优先受偿权，不能说完全没有争议。[2] 但通常而言，目前我国最高法的审判实践可以证明，工程总承包人的建设工程价款优先受偿权能得到保护。

在赤峰光大光伏农业发展有限公司（以下简称光大公司）与山东电力建

---

〔1〕 常见的工程总承包有设计－采购－施工总承包模式（EPC）、设计－施工总承包模式（DB）、交钥匙总承包（LSTK）、F－EPC工程总承包模式、EPCM总承包模式等。详见最高人民法院民事审判第一庭编著：《最高人民法院建设工程施工合同司法解释（二）理解与适用》，人民法院出版社2019年版，第365－366页；周利明：《解构与重塑：建设工程合同纠纷审判思维与方法》，法律出版社2021年版，第688－689页。

〔2〕 最高法应用法学研究所李明博士认为："《合同法》第269条规定，建设工程合同是承包人进行工程建设，发包人支付价款的合同，建设工程合同包括勘察、设计、施工合同。对于建设工程施工合同来说'本解释只调整建设工程施工合同纠纷案件，不调整建设工程总承包合同，本条所称的总承包合同是指建设工程施工总承包合同，而不是指建设工程总承包合同。'由此，《建设工程司法解释一》和《建设工程司法解释二》仅调整建设工程施工合同，不调整建设工程总承包合同。"参见李明：《最高人民法院建设工程施工合同纠纷案解》，法律出版社2020年版，第4页。

设第三工程公司(以下简称电建公司)、原审被告张某棋建设工程施工合同纠纷案中,尽管《光大公司一期10兆瓦设施农业光伏发电示范项目EPC总承包合同》及《光大公司66KV线路工程EPC总承包合同》无效;但电建公司对光大公司10兆瓦设施农业光伏发电示范项目工程、66千伏线路工程享有优先受偿权得到了最高法的司法确认。[1]

在山西能投光伏农业发展有限公司(以下简称光伏农业公司)与中国葛洲坝集团机电建设有限公司(以下简称葛洲坝机建公司)建设工程施工合同纠纷案中,葛洲坝机建公司(承包方)与光伏农业公司(发包方)签订《阳曲县20兆瓦分布式光伏发电项目工程总承包合同》,葛洲坝机建公司承接了阳曲县20兆瓦分布式光伏发电EPC总承包项目,以总金额1.4亿元提供光伏电站工程设计、采购和施工(EPC)交钥匙工程承包工作,双方因款项支付及优先权等问题发生纠纷诉至法院。在该案中,案涉工程项目为EPC工程总承包合同,最高法终审判决光伏农业公司支付葛洲坝机建公司工程款项11,698.7635万元,葛洲坝机建公司对涉案阳曲县20兆瓦分布式光伏发电项目工程享有优先受偿权。最高法也明确EPC工程总承包人享有的建设工程价款优先受偿权范围包含了设计费及采购费。[2]

在中国核工业华兴建设有限公司(以下简称华兴公司)与南京欣网视讯文化传播有限公司(以下简称南京欣网视讯)等建设工程施工合同纠纷案中,涉案南京欣网视讯研发大楼工程由华兴公司以EPC工程总承包模式施工,一审法院判决华兴公司对南京欣网视讯研发大楼已完工程折价或拍卖价款(除南楼13~20层价款外),在389,831,035.55元范围内享有工程价款优先受偿权,最高法二审予以维持。[3]

第二节 优先受偿权行使范围

从最高法的司法实践来看,建设工程价款优先受偿权行使范围颇有争

[1] 最高法民事判决书,(2017)最高法民终894号。
[2] 最高法民事判决书,(2019)最高法民终250号。
[3] 最高法民事判决书,(2021)最高法民终1241号。

议，特别是对于承包人因发包人违约所产生的损失是否应纳入优先受偿权的范围，判法不一。总体来说，司法实践中有以下几种观点。

一、优先受偿权保护范围包括直接费、间接费、利润和税金等

正如最高法民事审判第一庭所言；从建设工程价款优先受偿权保护的法益来看，主要系保障工程款债权的实现，故承包人因发包人违约所产生的损失不应纳入建设工程价款优先受偿权的范围，但对于工程价款应涵盖承包人就其完成的工程成果所产生的所有费用，包括直接费、间接费、利润、税金等。[1]

二、承包人对发包人支付或承诺支付的补偿款项不享有优先受偿权

在安徽三建工程有限公司（以下简称安徽三建）与漳州市龙文区桂溪房地产开发有限公司（以下简称桂溪公司）建设工程施工合同纠纷案中，最高法认为，就安徽三建享有优先受偿权的工程款数额是否包括1200万元问题，安徽三建与桂溪公司建设工程施工合同解除后，双方《解除合同框架协议》第1条约定，桂溪公司同意在实际结算总价基础上增加1200万元造价给安徽二建。虽然双方在该条约定中并没有明确1200万元是补偿款，但在该条中表明增加1200万元的原因是安徽三建按照合同约定支付了1000万元履约保证金及为该项目的工程建设进行了资金等各项投入。正是基于1200万元款项中已包括桂溪公司占用安徽三建1000万元履约保证金给予的补偿，双方才在《解除合同框架协议》第3条第3款中同时约定，桂溪公司无息返还1000万元履约保证金。关于1200万元的补偿性质，双方亦在《解除合同框架协议》第6条中明确，该协议解决的主要问题是对安徽三建前期施工的工程款结算与清算、损失补偿、返还履约保证金、工程场地与资料交接的框架协议。据此，一审法院认定1200万元是桂溪公司因中途解除合同给予安徽三建的补偿款并无不当。根据《最高人民法院关于建设工程价款优先受偿权问题的批复》第3条之规定：建筑工程价款包括承包人为建设工程应当支付的工作人员报酬、材料等实际支付的费用，不包括承包人因发包人违约

---

〔1〕 参见中华人民共和国最高人民法院民事审判第一庭编：《民事审判指导与参考》（总第38辑），人民法院出版社2009年版，第306－307页。

所造成的损失。安徽三建称其享有优先受偿权的工程款范围包括1200万元的上诉理由不能成立,最高法不予支持。[1]

三、不得就利息违约金损害赔偿金主张优先受偿权

承包人无权就逾期支付建设工程价款的利息、违约金、损害赔偿金主张优先受偿权。在《建设工程司法解释》(2018年)施行前,承包人的利息损失是否属于优先受偿权范围存有争议。如在唐山爱德利尔塑料制品有限公司(以下简称爱德利尔公司)等与河北省汉沽农场建筑工程总公司(以下简称汉沽公司)建设工程施工合同纠纷案中,最高法认为,工程款优先权的受偿范围包括利润以及逾期支付产生的利息损失。该裁定书认为,关于汉沽建筑公司享有的工程款优先权是否已过除斥期间以及该优先权的受偿范围问题。(1)工程款优先权系法律为保护承包方的利益而作的规定。由于爱德利尔公司一直未对讼争工程组织竣工验收,导致工程款一直处于不确定状态,据此应认定汉沽建筑公司享有的工程款优先权未过6个月除斥期间,故爱德利尔公司和中国工商银行股份有限公司唐山丰南支行(以下简称工行丰南支行)关于工程款优先权已过除斥期间的申请理由均不能成立。(2)工行丰南支行还主张工程款优先权的受偿范围不应包括利润以及逾期支付产生的利息损失。该申请理由与《最高人民法院关于建设工程价款优先受偿权问题的批复》第3条"建筑工程价款包括承包人为建设工程应当支付的工作人员报酬、材料款等实际支出的费用,不包括承包人因发包人违约所造成的损失"的规定精神不相符。工程利润属于工程款的组成部分,应属于优先权的受偿范围,而利息属于法定孳息,系承包人实际支出费用而产生的孳息,与工程款本为一体,也应属于优先权的受偿范围。[2]

在郑某桂与广深珠高速公路有限公司等执行分配方案异议纠纷案中,最高法却认为,承包人对工程款利息不享有建设工程价款优先受偿权。该裁定书认为,根据《最高人民法院关于建设工程价款优先受偿权问题的批复》之规定,郑某桂享有的工程款债权中的利息部分不属于优先于抵押权的权利,所以该利息部分不能与工程款本金一并优先受偿。原审判决认定郑

〔1〕 最高法民事判决书,(2015)民一终字第283号。
〔2〕 最高法民事裁定书,(2012)民再申字第16号。

某桂对广州粤兴房地产开发有限公司的工程款利息不享有优先受偿权,并无不当。[1]

但《建设工程司法解释》(2018 年)第 21 条以及《建设工程司法解释》(2020 年)第 40 条均明确否定承包人无权就逾期支付建设工程价款的利息、违约金、损害赔偿金主张优先受偿权,至今就无争议了。

四、工程质保金可优先受偿

关于发包人从建设工程价款中预扣的工程质量保证金,承包人可就建设工程折价或者拍卖的价款中优先受偿。工程质量保证金条款依赖于双方当事人的约定。而对于承包人能否就发包人未支付的充抵质量保证金的部分工程价款行使优先受偿权的问题,实践中存在争议,[2]现行法律也没有明确规定。但根据《建设工程质量保证金管理办法》第 2 条[3]之规定,工程质保金系从应付工程款部分中预留,本质上仍属于建设工程价款之范畴。正如最高法民一庭所言:从某种意义上讲,返还建设工程价款中预扣的工程质量保证金可视为附期限的工程价款支付义务。该期限即为合同约定或者法律规定的缺陷责任期。[4]

近年来,最高法的司法实践逐渐形成质保金享有工程价款优先受偿权之裁判思维。如在(2020)最高法民申 1318 号案中,最高法认为,简阳市虹都房地产开发有限公司主张工程质量保证金不属于建设工程价款优先受偿权的范围,于法无据,不予支持。又如在(2020)最高法民申 4593 号案中,最高法认为,一审、二审法院根据上述合同约定,将中建七局第二建筑有限公司起诉要求偿付的工程款分为两部分,即总价款 95% 以内的工程结算款和质保金分项裁判虽无不当,但因涉案质保金在本案中属于工程价款的一部分,二审法院未将涉案质保金计入中建七局第二建筑有限公司享有优先受

[1] 最高法民事裁定书,(2014)民申字第 1306 号。

[2] 最高人民法院民事审判第一庭编著:《最高人民法院新建设工程施工合同司法解释(一)理解与适用》,人民法院出版社 2021 年版,第 416 页。

[3] 《建设工程质量保证金管理办法》第 2 条规定:“本办法所称建设工程质量保证金(以下简称保证金)是指发包人与承包人在建设工程承包合同中约定,从应付的工程款中预留,用以保证承包人在缺陷责任期内对建设工程出现的缺陷进行维修的资金。”

[4] 最高人民法院民事审判第一庭编著:《最高人民法院新建设工程施工合同司法解释(一)理解与适用》,人民法院出版社 2021 年版,第 417 页。

偿权的范围存在漏判。

第三节 优先受偿权行使方式

承包人对所建工程的优先权不需要经过专门的诉讼程序加以确认即可行使,即使承包人在诉讼请求中没有明确主张该权利,也不影响其权利的行使。一般而言,承包人既可以在诉讼阶段行使,也可以在执行阶段行使。[1]司法实践中,主要有以下几种行使方式。

一、催告函

第一种观点认为,只要在工程实际竣工日期或者合同约定的竣工之日起的法定期限内(现行法定期限为 18 个月),承包人向发包人发出催告函,函中表明若发包人未能按时支付工程款,其有权行使建设工程价款优先受偿权的意思表示,同时发包人认可承包人发函之事实,法院即可认定承包人享有建设工程价款优先受偿权。

在山西龙鑫恒泰能源焦化有限公司(以下简称龙鑫能源)与中冶天工集团有限公司(以下简称中冶天工)与破产有关纠纷案[2]中,最高法认为,在案证据证明,2008 年 1 月 8 日、2008 年 11 月 1 日、2010 年 8 月 30 日、2010 年 10 月 26 日、2012 年 10 月 24 日、2014 年 10 月 23 日、2016 年 10 月 20 日中冶天工先后向龙鑫能源发出工程催款函,并在催款函中主张了该项优先受偿权。因此,原审法院认定中冶天工在法定期限内行使了优先权,并无不当。龙鑫能源虽对中冶天工向其发出的工程催款函不予认可,但其提交的证据不足以推翻在案证据已证明的事实,故对龙鑫能源的该再审申请理由,最高法不予采纳。另外,《合同法》第 286 条规定:“发包人未按照约定支付价款的,承包人可以催告发包人在合理期限内支付价款。发包人逾期不支付的,除按照建设工程的性质不宜折价、拍卖的以外,承包人可以与发包人协议将该工程折价,也可以申请人民法院将该工程依法拍卖。建设工程的价款就

[1] 参见杨心忠等:《建设工程合同纠纷裁判思路》,法律出版社 2014 年版,第 261 页。

[2] 最高法民事裁定书,(2021)最高法民申 2026 号。

该工程折价或者拍卖的价款优先受偿。”[1]从该法条规定来看，其并未规定建设工程价款优先受偿权必须以何种方式行使，因此只要中冶天工在法定期间内向龙鑫能源主张过优先受偿的权利，即可认定其已经行使了优先权。龙鑫能源称中冶天工仅在“催款函”中宣示优先受偿的权利，不属于建设工程价款优先受偿权的行使方式，没有法律依据。

在中天建设集团有限公司（以下简称中天公司）、鹰潭市美亚置业有限公司（以下简称美亚公司）与鹰潭市美丽城置业有限公司等建设工程施工合同纠纷案中，最高法认为，美亚公司主张建设工程价款优先受偿权的行使方式仅为向法院申请工程拍卖并主张优先受偿，于法无据。中天公司通过律师发函件给美亚公司的方式主张优先受偿权不违反法律规定，一审判决确认中天公司享有建设工程价款优先受偿权并无不当。[2]

第二种观点认为，催告函中应有就案涉工程折价抵偿工程款以及对全部工程款享有优先受偿权的意思表示。

在正太集团有限公司（以下简称正太公司）与唐山市金凤桐房地产开发有限公司（以下简称金凤桐公司）破产债权确认纠纷案中，最高法认为，关于建设工程优先受偿权的行使方式问题，正太公司可以采取与金凤桐公司协议将工程折价，或者是在协商不成的情况下向人民法院申请将该工程拍卖的方式行使优先受偿权。而在本案中，无论是《撤场协议》的约定，还是正太公司于2015年10月18日向金凤桐公司发函催告金凤桐公司将第二批款项支付至指定账户，并表示对全部工程款享有优先受偿权的行为，均不包含正太公司与金凤桐公司就案涉工程折价抵偿工程款的意思表示。在金凤桐公司并未依《撤场协议》的约定于2015年9月30日之前支付第二批款项，且在正太公司发函催告后仍拒不支付工程款的情况下，在自2015年9月30日起6个月内，正太公司未及时与金凤桐公司协商将工程折价，或直接向人民法院申请将工程拍卖，要求将工程款在折价款或拍卖款中优先受偿。故原审判决关于正太公司并未依照法定方式在法定期限内依照法定方式行使建设工程优先受偿权的认定，有相应的事实和法律依据。申请人正太公司关于

〔1〕 对应《民法典》第807条。

〔2〕 最高法民事判决书，(2019)最高法民终750号。类案还有最高法民事裁定书，(2019)最高法民申3079号；最高法民事判决书，(2018)最高法民再84号。

《撤场协议》和发函行为共同构成行使建设工程优先权的要件，其已经在法定期限内依法主张了权利的申请理由不能成立，最高法不予支持。[1]

第三种观点不认可承包人通过发函方式主张优先受偿权的效力。理由一是，根据《民法典》第807条之规定，承包人行使优先受偿权的方式只有承包、发包人协议以工程折价和请求法院拍卖。理由二是，工程价款优先受偿权与抵押权实现具有类比相似性，根据《民法典》第410条之规定，不能得出抵押权人可向抵押人发函主张抵押权的结论。依据逻辑推理可知，承包人发函也不能主张优先受偿权等。[2]

二、协议将建设工程优先抵债或折价

当发包人无力支付工程款项时，承包人等权利人可以与发包人协商一致以建设工程折价受偿。即发包人与承包人协商将建设工程的部分所有权或全部所有权转让给承包人以冲抵工程欠款。另外，该协议约定应该是清楚的，折价或抵债的意思表示是准确的，不附加其他条件，不应属于附条件的民事法律行为。

在安徽润佳电缆集团股份有限公司（以下简称润佳电缆公司）与安徽省池州市第三建筑工程有限公司（以下简称池州三建公司）建设工程施工合同纠纷案中，就池州三建公司对剩余工程款是否享有优先受偿权之问题，最高法认为，本案中，案涉工程分为一期、二期，但双方并未约定分别支付一期、二期工程价款，实际支付中亦未进行区分，而双方认可的二期工程竣工投产时间是2012年6月30日，润佳电缆公司在2012年6月27日、2013年1月15日、2013年2月4日三次承诺以地上建筑物优先抵债给池州三建公司，据此原审法院认定池州三建公司依法行使了优先权，有事实和法律依据，并无不当。润佳电缆公司主张池州三建公司应在一期工程交付使用后6个月内主张优先权，与本案事实不符，不能成立。[3]

---

〔1〕 最高法民事裁定书，(2019 最高法民申4925号。

〔2〕 参见王毓莹、史智军：《建设工程施工合同纠纷疑难问题和裁判规则解析》，法律出版社2022年版，第375－376页。

〔3〕 最高法民事裁定书，(2016)最高法民申606号。

三、通过诉讼或仲裁的方式主张工程价款优先受偿权

此种方式是实践中主张优先受偿权最主要和最常见的方式[1]。当发包人拖欠工程款项且谈判已陷入僵局时，承包人等权利人可在法定除斥期限内直接提起支付之诉并一并请求法院或仲裁机构确认其对该建筑工程变卖或拍卖价款享有优先受偿权。一旦生效裁判文书判决或裁决承包人等权利人享有优先受偿权，那么在进入执行阶段后，承包人等权利人即可直接从拍卖或变卖的工程款项中依法优先受偿。

另外，承包人在诉讼或仲裁程序中需要明确无误地提出对工程拍卖款享有优先受偿权，否则，仅要求支付工程款本身这一诉求并不能当然视为已经通过诉讼或仲裁方式主张了建设工程价款优先受偿权。

四、承包人等权利人直接在执行阶段主张优先受偿权

该方式是建设工程因其他原因被变卖，或因他案被其他法院拍卖，承包人参与工程变卖款或拍卖款的分配程序，主张对建设工程价款享有优先受偿权的情形，该方式也属于承包人行使了建设工程价款优先受偿权的方式之一。

2021年11月9日，最高法发布了第171号指导性案例，即中天建设集团有限公司诉河南恒和置业有限公司建设工程施工合同纠纷案[2]。在该案例中，最高法认为，执行法院依其他债权人的申请，对发包人的建设工程强制执行，承包人向执行法院主张其享有建设工程价款优先受偿权且未超过除斥期间的，视为承包人依法行使了建设工程价款优先受偿权。发包人以承包人起诉时行使建设工程价款优先受偿权超过除斥期间为由进行抗辩的，人民法院不予支持。

该案中，最高法认为，人民法院依据发包人的其他债权人或抵押权人申请对建设工程采取强制执行行为，会对承包人的建设工程价款优先受偿权产生影响。此时，如承包人向执行法院主张其对建设工程享有建设工程价

---

[1] 最高法个别案例更是认为"建设工程款优先受偿权的行使期限属于除斥期间，且承包人需在法定期限内通过诉讼的方式予以主张"。这种观点过于偏激，也不利于保护承包人、建筑工人的合法权益，事实上已被最高法第171号指导性案例即中天建设集团有限公司诉河南恒和置业有限公司建设工程施工合同纠纷案颠覆。该个别案例案号（2017）最高法民再389号、（2016）最高法民申2502号。

[2] 最高法民事判决书，（2019）最高法民终255号。

款优先受偿权,属于行使建设工程价款优先受偿权的合法方式。河南恒和置业有限公司和中天建设集团有限公司共同委托的造价机构德汇工程管理(北京)有限公司于2014年11月3日对案涉工程价款出具《审核报告》。2014年11月24日,中天建设集团有限公司收到通知,焦作中院依据河南恒和置业有限公司其他债权人的申请将对案涉工程进行拍卖。2014年12月1日,中天建设集团有限公司第九建设公司向焦作中院提交《关于恒和国际商务会展中心在建工程拍卖联系函》,请求依法确认对案涉建设工程的优先受偿权。2015年2月5日,中天建设集团有限公司对案涉工程停止施工。2015年8月4日,中天建设集团有限公司向河南恒和置业有限公司发送《关于主张恒和国际商务会展中心工程价款优先受偿权的工作联系单》,要求对案涉工程价款享有优先受偿权。2016年5月5日,中天建设集团有限公司第九建设公司又向洛阳中院提交《优先受偿权参与分配申请书》,依法确认并保障其对案涉建设工程价款享有的优先受偿权。因此,河南恒和置业有限公司关于中天建设集团有限公司未在6个月除斥期间内以诉讼方式主张优先受偿权,其优先受偿权主张不应得到支持的上诉理由不能成立。

但如果发包人或其他利害关系人对承包人申报的债权数额有异议,则承包人需通过诉讼或仲裁等方式确定其债权数额,相关负责建设工程拍卖或变卖的单位应将工程拍卖款或变卖款中优先受偿权相对应的债权数额暂时保存在指定账户,待确定债权数额后再予以清偿,以保障承包人的优先受偿权。《重庆市高级人民法院关于审理和执行涉及"四久工程"纠纷案件若干问题的意见》第23条就作出了类似的规定:对享有优先受偿权但未起诉的债权人、正在审理中的"四久工程"工程案件优先受偿债权人、裁判已生效但未申请执行的优先受偿债权人的优先受偿相应款项,人民法院应保存在指定的账户上。[1]

---

〔1〕 王敏、周吉高:《建设工程价款优先受偿权再认识》(三),载《建筑时报》2012年11月19日,第3版。

第四节 建设工程价款优先受偿权行使期限

依《建设工程司法解释》(2020年)第41条之规定,建设工程优先受偿权行使期限只有18个月。[1] 就该期限的性质,法律没有明确规定,实践中存在分歧与争议。一种观点认为,该期限"作为承包人的权利行使期限,应当是除斥期间"[2],不发生中止、中断和延长之情形;另一种观点认为,该期限"既不属于诉讼时效,也不属于除斥期间,是从保护施工人和其他权利人权益的角度拟制的期限"[3]。前述分歧与争议赋予了司法裁判人员的自由裁量权。

尽管对其性质存有分歧,但无论是除斥期间还是拟制的合理期限,18个月不会延长却是司法实践中的普遍共识。因此,准确界定该18个月之起算时间就至关重要。《建设工程司法解释》(2020年)第41条规定,建设工程优先受偿权的行使期限自发包人应当给付建设工程价款之日起计算。实践中,建设工程案件情况非常复杂,关于应当从何时确定应付工程款,认识不一、掌握的标准也不一致,自由裁量权大。如何判断建设工程优先受偿权行使期限之起算时间成为工程法律实务之疑难点、工程案件之争议焦点。现结合最高法案例及最高法民一庭观点[4]阐述如下。

---

[1] 建设工程优先受偿权行使期限最早见于2002年6月20日公布的《最高人民法院关于建设工程价款优先受偿权问题的批复》第4条规定:"建设工程承包人行使优先权的期限为六个月,自建设工程竣工之日或者建设工程合同约定的竣工之日起计算。"后该规定在《建设工程司法解释》(2018年)第22条得到延续,《建设工程司法解释》(2020年)第41条修改为18个月。

[2] 最高人民法院民事审判第一庭编著:《最高人民法院建设工程施工合同司法解释(二)理解与适用》,人民法院出版社2019年版,第447页。另外,最高法[2007]执他字第11号函认为该期限为不变期间,不存在终止、中断或延长的情形。(2021)最高法民申7084号案认为该期限为除斥期间。

[3] 最高人民法院民事审判第一庭编著:《最高人民法院新建设工程施工合同司法解释(一)理解与适用》,人民法院出版社2021年版,第421页。

[4] 最高人民法院民事审判第一庭编著:《最高人民法院新建设工程施工合同司法解释(一)理解与适用》,人民法院出版社2021年版,第423-426页。

一、以生效裁判文书确定的时间为准

有生效裁判文书认定应付工程价款之日的,因生效司法裁判文书具有民事既判力,其认定的工程价款应付时间毋庸置疑。

在东营天华建筑安装有限公司(以下简称天华公司)与山东考普莱机械科技有限公司(以下简称考普莱公司)建设工程价款优先受偿权纠纷案中,最高法认为,承包人天华公司提起本案诉讼之前,其已起诉发包方考普莱公司追索案涉工程欠款及违约金,东营经开区法院作出(2016)鲁0591民初1885号民事判决,该案现已经发生法律效力。该案判决认定,考普莱公司应于2015年12月18日前支付案涉工程95%的工程款,于2016年12月7日支付5%的保修金。上述生效判决就考普莱公司就案涉工程应付款时间作出了认定,据此可以判断天华公司于2018年11月30日提起本案诉讼请求确认其对案涉工程享有建设工程价款优先受偿权时,已超过法定6个月的期限,一审、二审判决对天华公司诉讼请求不予支持,认定事实及适用法律并无不当。[1]

二、有明确约定且合同已经履行完毕的,从约定

应付工程价款之时间本属于私法领域,当贯彻民法的基本原理即意思自治之原则,当事人无论是施工前在建设工程合同本文约定,还是工程竣工后的事后补充协议约定[可参见下文提及的(2021)最高法民申330号案例],只要案涉建设工程已履行完毕,均遵从该约定。

在中铁二十三局集团第三工程有限公司(以下简称中铁二十三局三公司)与陇南汇鑫水电股份有限公司(以下简称汇鑫公司)建设工程价款优先受偿权纠纷案中,最高法认为,案涉工程于2014年8月16日竣工后,中铁二十三局三公司与汇鑫公司于2016年1月13日就支付7,620,359.74元工程款签订了《还款协议》,约定汇鑫公司在2017年10月20日前支付完毕上述款项。后因汇鑫公司未按《还款协议》履行还款义务,中铁二十三局三公司于2018年9月19日提起本案建设工程价款优先受偿权诉讼。依据《建设工程司法解释》(2018年)第22条[2]关于"承包人行使建设工程价款优先受

---

〔1〕 最高法民事裁定书,(2020)最高法民申2401号。

〔2〕 对应现行《建设工程司法解释》(2020年)第41条。

偿权的期限为六个月,自发包人应当给付建设工程价款之日起算”的规定,原审判决认定中铁二十三局三公司工程价款优先受偿权的期间为2017年10月20日至2018年4月20日,并据此认定中铁二十三局三公司行使优先受偿权已超过6个月期间,并判决驳回中铁二十三局三公司该项诉讼请求并无不当。[1]

在中国化学工程第六建设有限公司(以下简称六建公司)与兖矿鲁南化肥厂(以下简称鲁南化肥厂)建设工程价款优先受偿权纠纷案中,最高法认为,本案的核心问题在于如何确定“应当给付建设工程价款之日”。双方签订的补充协议书约定,甲方(鲁南化肥厂)收到乙方(六建公司)竣工结算书之日起30天内完成工程决算审核,如甲方在45个日历天内仍未审核完毕,甲方应按乙方上报的工程结算价款为准付给乙方。根据已经查明的事实,六建公司于2016年3月即向鲁南化肥厂报送结算材料。按照上述补充协议约定,在鲁南化肥厂未按时审核的情况下,六建公司不仅能够据此确定工程款数额,在其提交工程结算资料45个日历天后即获得主张工程价款的权利。也就是说,在鲁南化肥厂未按时审核的情况下,该条不仅能够确定工程款的结算数额,也可据此确定应付工程款时间。六建公司2019年3月25日向鲁南化肥厂管理人申报债权并主张建设工程价款优先受偿权,已远超6个月期间。一审、二审判决认定并无不当。[2]

三、双方未约定或约定不明且未结算,工程价款不确定型

如当事人对建设工程应付时间没有约定或约定不明确,双方也未结算,工程价款不确定的,又可以分为如下四种情形[3]。

1. 建设工程实际交付的,以建设工程交付之日起算。此为参照《民法典》第628条规定的“买受人应当在收到标的物……的同时支付”确立的。建设工程交付时,发包人已经收到并实际控制该标的物,可行使占有、使用、

---

〔1〕 最高法民事裁定书,(2019)最高法民申6556号。

〔2〕 最高法民事裁定书,(2021)最高法民申330号。

〔3〕 实际上是参照《建设工程司法解释》(2020年)第27条的规定:“利息从应付工程价款之日开始计付。当事人对付款时间没有约定或者约定不明的,下列时间视为应付款时间:(一)建设工程已实际交付的,为交付之日;(二)建设工程没有交付的,为提交竣工结算文件之日;(三)建设工程未交付,工程价款也未结算的,为当事人起诉之日。”

收益的权利，当有付款之义务。就何为实际交付，从类型上可分为主动交付（如协议提交）、被动交付[如被收回，可参见下列（2020）最高法民终483号案例]，从证据层面可认定为发包人、承包人有交接手续的实际交付、建设工程被擅自使用、建设工程被强行收回等。

在广西建工集团第一建筑工程有限责任公司（以下简称广西一建）与青海恒平房地产开发有限公司（以下简称恒平公司）建设工程施工合同纠纷案中，最高法认为，《建设工程司法解释》（2018年）第22条规定："承包人行使建设工程价款优先受偿权的期限为六个月，自发包人应当给付建设工程价款之日起算。"《建设工程司法解释》（2004年）第18条规定，"当事人对付款时间没有约定或者约定不明的，下列时间视为应付款时间：（一）建设工程已实际交付的，为交付之日"。本案中，首先，根据查明的事实，案涉工程商铺于2017年3月22日已有商户开始使用，故一审法院据此认定案涉工程已于2017年3月22日实际投入使用，以此日期作为恒平公司应付款之日，并无不当。〔1〕

在浙江省三建建设集团有限公司与咸阳凯创置业有限责任公司建设工程施工合同纠纷案中，案涉合同无效且本案工程未经竣工验收、双方未结算，但发包人收回了案涉工程，最高法认为，发包人收回工程之日为应付工程价款之日，为优先受偿权的起算时点。〔2〕

2. 建设工程未交付，但已经验收合格的，以承包人提交竣工结算文件之日起算。其法理源于《民法典》第159条"不正当地阻止条件成就的，视为条件已经成就"的规定。在建设工程竣工验收合格后，承包人已经完成了其主要义务，承包人按照合同约定之时间提交了竣工结算文件，发包人如在合同约定的期限内不予答复，应视为不正当阻止付款条件成就，以提交竣工结算文件作为应付款时间具有合理性。

在宁夏东宇实业有限公司（以下简称东宇公司）、南通金典装饰工程有限公司（以下简称金典公司）装饰装修合同纠纷中，关于金典公司主张优先受偿权的期限是否符合法律规定的问题。根据《建设工程司法解释》（2018年）第22条关于"承包人行使建设工程价款优先受偿权的期限为六个月，自

---

〔1〕 最高法民事判决书，（2019）最高法民终1365号。

〔2〕 最高法民事判决书，（2020）最高法民终483号。

发包人应当给付建设工程价款之日起算”及《建设工程司法解释》(2004 年)第 18 条关于“当事人对付款时间没有约定或者约定不明的,下列时间视为应付款时间……(二)建设工程没有交付的,为提交竣工结算文件之日”的规定,经查明,案涉《施工合同》第 5.6 条约定“工程竣工后,金典公司应通知东宇公司验收,东宇公司自接到验收通知 10 日内组织验收,并办理验收、移交手续。如东宇公司在规定时间内未能组织验收,需及时通知金典公司,另定验收日期。但东宇公司应承认竣工日期,并承担金典公司的看管费用和相关费用”。金典公司于 2016 年 1 月 16 日向东宇公司送达竣工申请单、2016 年 1 月 25 日送达交工通知,东宇公司均签收确认,故案涉工程的竣工日期应确定为 2016 年 1 月 16 日。金典公司向宁夏高院提起诉讼的时间是 2016 年 5 月 26 日,未超过 6 个月期限。故金典公司在东宇公司欠付工程款的范围内,对案涉装饰装修工程折价或者拍卖的价款享有优先受偿权。[1]

3. 建设工程未交付,建设工程价款也未结算的,以起诉之日起算。此类大部分为工程未完工或者完工后未经竣工验收的情形。基于该工程价款结算条件尚未成就,无法确定应付工程价款之日,为平衡各方利益以及准确固定起诉时间,以此确定一审起诉之日作为拟制的应付款之日。

在湖南王老五饮品有限公司(以下简称王老五公司)、湖南人生饮品有限公司(以下简称人生公司)与湖南航天建筑工程有限公司(以下简称航天公司)及湘潭九华基础工程施工有限公司(以下简称九华公司)等建设工程施工合同纠纷案中,《补充协议书》对于案涉争议二期工程付款方式约定:“二期工程按月形象进度计量、付款,乙方(航天公司)每月 25 日向甲方(人生公司)提交当月工程量清单及报价文件,甲方须在当月 30 日之前完成审核工作并于下月 5 日前向乙方支付上月工程计量款的 80%,余款在相应单位工程竣工结算审定后付足总价款的 95%,总价款 5% 作为保修金在保修期满后 7 天内一次付清。”案涉工程因王老五公司、人生公司拖欠工程进度款未能完工,项目未经整体竣工验收及结算审定,因此《补充协议书》约定的工程价款支付条件未成就。王老五公司和人生公司主张,应以航天公司提交结算资料和汇总表的时间即 2017 年 2 月 21 日起算优先受偿权的期间。最高法认为,以提交竣工结算文件之日作为应付款时间的条件是双方当事人

---

〔1〕 最高法民事判决书,(2019)最高法民终 1861 号。

对结算文件所载明的工程款均无异议，在此情形下，承包人才具备了根据确定的建设工程价款主张优先受偿权的条件。本案中，航天公司提交结算汇总表时，王老五公司、人生公司未予审核确认，案涉工程未完成竣工结算。如果王老五公司、人生公司认可2017年2月21日为应当给付工程价款之日，须同时认可以结算汇总表计算的金额11,585万余元进行结算，但其对该时点的工程款数额仍存在异议，故对王老五公司、人生公司的该主张，不予支持。2019年11月7日，王老五公司、人生公司与姜某泉、九华公司通过核对，确认无争议部分的工程款为62,175,906.8元，并一致同意就有争议部分的工程款申请法院进行造价鉴定。2020年1月13日，航天公司提起本案诉讼，请求判令王老五公司、人生公司以双方确认或者造价鉴定的数额为准向其支付相应工程价款，并在案涉工程折价或者拍卖的价款中优先受偿。可见，直至航天公司起诉之日，双方当事人对应付工程价款仍有争议。本案中，案涉工程交付之日不明，工程价款也未结算，应以航天公司起诉时间作为应当给付建设工程价款之日。[1]

在中铁建设集团有限公司与天津辉信房地产开发有限公司建设工程施工合同纠纷案中，最高法认为，工程价款未结算，同时亦未交付情况下，合同约定的工程价款结算条件未能成就，此时，无法确定应付工程价款的时间，应当规定一个拟制的时间作为应付工程价款及计付利息的时间。考虑起诉为权利人正式主张权利的时点，法院经过审理最终认定发包人欠付承包人工程价款的事实，但由于合同约定的工程价款结算条件未能成就，在提起诉讼之前不存在应付款的确定时点，因此，以一审原告起诉时间作为应付款时间较为适宜。[2]

4.建设工程施工合同解除或者终止履行，且工程未经竣工结算的，应区分情况认定起算日。

第一种情形是以合同解除之日为应付价款之日。如在兰州新区嘉伯文化发展有限责任公司与中冶建工集团有限公司（以下简称中冶建工公司）等建设工程施工合同纠纷案中，案涉工程未经竣工验收即停工，双方当事人于2018年12月经协商解除建设工程施工合同。从合同解除之日至中冶建工

〔1〕 最高法民事裁定书，(2021)最高法民申7245号。

〔2〕 最高法民事判决书，(2019)最高法民终412号。

公司起诉之日,并未超过6个月期限,原判决对优先受偿权行使期限的认定并无不当。[1]

又如,在破产清算案件中,建设工程施工合同符合《企业破产法》第18条规定的该合同视为解除的情形的,承包人行使建设工程价款优先受偿权自合同解除之日起计算。

在通州建总集团有限公司(以下简称通州建总公司)与安徽天宇化工有限公司(以下简称天宇公司)别除权纠纷案中,双方当事人签订的建设工程施工合同虽约定了工程竣工时间,但涉案工程因天宇公司未能按合同约定支付工程款导致停工。现没有证据证明在工程停工后至法院受理破产申请前,双方签订的建设施工合同已经解除或者终止履行,也没有证据证明在法院受理破产申请后,破产管理人决定继续履行合同。根据《企业破产法》第18条"人民法院受理破产申请后,管理人对破产申请受理前成立而债务人和对方当事人均未履行完毕的合同有权决定解除或者继续履行,并通知对方当事人。管理人自破产申请受理之日起二个月未通知对方当事人,或者自收到对方当事人催告之日起三十日内未答复的,视为解除合同"之规定,涉案建设工程施工合同在法院受理破产申请后已实际解除,本案建设工程无法正常竣工。按照《九民纪要》的精神,因发包人的原因,合同解除或终止履行时已经超出合同约定的竣工日期的,承包人行使优先受偿权的期限自合同解除之日起计算,天宇公司要求按合同约定的竣工日期起算优先受偿权行使时间的主张,缺乏依据,不予采信。2011年8月26日,法院裁定受理对天宇公司的破产申请,2011年10月10日通州建总公司向天宇公司的破产管理人申报债权并主张工程款优先受偿权,因此,通州建总公司主张优先受偿权的时间是2011年10月10日。天宇公司认为通州建总公司行使优先受偿权的时间超过了破产管理之日6个月,与事实不符,不予支持。[2]

第二种情形是合同解除或终止履行后,双方达成复工协议的,以该复工协议约定的时间为应付款之日。

在四川同程建设有限公司(以下简称同程公司)与成都安舒置业有限公司(以下简称安舒公司)、成都博友房地产开发有限公司(以下简称博友公

〔1〕 最高法民事裁定书,(2021)最高法民申2944号。
〔2〕 最高法指导案例73号。

司)建设工程施工合同纠纷案中,最高法认为,《建设工程司法解释》(2018年)第22条规定:“承包人行使建设工程价款优先受偿权的期限为六个月,自发包人应当给付建设工程价款之日起算。”《建设工程司法解释》(2004年)第18条规定:“利息从应付工程价款之日计付。当事人对付款时间没有约定或者约定不明的,下列时间视为应付款时间:(一)建设工程已实际交付的,为交付之日;(二)建设工程没有交付的,为提交竣工结算文件之日;(三)建设工程未交付,工程价款也未结算的,为当事人起诉之日。”本案中,同程公司、安舒公司、博友公司于2018年7月5日签订了《和解复工协议》,约定“确认截至本协议签订时,同程公司前期施工完成工程安舒公司还应向同程公司支付的债权金额为3200万元”,并约定“1.在三方签订本协议后25日内(2018年7月底前),安舒公司向同程公司支付600万元;同程公司必须在收到该笔款项后5日内进场复工,如同程公司未按时复工则……2.同程公司实际进场复工后,每月15日前安舒公司向同程公司支付一次该欠款,支付金额不低于200万元;但上述欠款必须在2019年1月31日前付清”。据此,二审法院认定3200万元工程价款的应付款日期为2019年1月31日,并以此作为同程公司主张该笔价款的优先受偿权的起算时间并无不当。[1]

四、破产案件受理日为工程加快应付日

破产案件中,破产申请受理时,建设工程价款视为到期,因此破产案件受理之日为工程价款应付之日。优先受偿权行使期限自此起算。

在东营市顺达机械工程有限公司(以下简称顺达公司)、山东华懋新材料有限公司(以下简称华懋公司)建设工程价款优先受偿权纠纷案中,2016年11月东营市中级人民法院裁定受理华懋公司的破产申请,顺达公司2017年1月申报案涉工程债权,但并未明确主张建设工程价款优先受偿权,顺达公司主张由于华懋公司的原因,案涉工程价款一直没有确定,直到2019年4月3日才得以确认案涉工程价款优先受偿权的起算时间点应是2019年4月3日,顺达公司于2019年4月12日,向破产管理人提交了优先受偿申请书,因此应享有优先受偿权。最高法认为:(1)《最高人民法院关于对人民法院调解书中未写明建设工程款有优先受权应如何适用法律问题的请示的复

---

〔1〕 最高法民事裁定书,(2021)最高法民申4069号。

函》所称的“无须当事人另外予以明示”系指“人民法院调解书中未写明建设工程款有优先受偿权”时，当事人可以依据调解书依法行使建设工程价款优先受偿权这一法定优先权，而无须在调解书中写明当事人享有工程价款优先受偿权内容。当事人依法享有工程价款优先受偿权与其依法主张工程价款优先受偿权不同，如其不主张工程价款优先受偿权，则其权利无法得到实现。建设工程价款优先受偿权涉及发包人以及其他债权人的利益，当事人向发包人行使建设工程价款优先受偿权须明确自己所主张的权利及享有优先权，以使相对方以及其他债权人知道其主张的权利。当事人未明确主张自己享有建设工程价款优先受偿权的情况下，其所主张的权利仅能视为普通债权。本案中，顺达公司提交的债权申报登记回执、债权人会议需关注的几个问题列表等相关证据只能证明顺达公司 2017 年 1 月 3 日申报案涉工程债权，但并未明确主张建设工程价款优先受偿权，故其申报债权的行为只能视为其主张普通债权的行为，不能产生法定优先权的效果。(2)《建设工程司法解释》(2018 年)第 22 条规定：“承包人行使建设工程价款优先受偿权的期限为六个月，自发包人应当给付建设工程价款之日起算。”顺达公司主张上述规定为特别规定，其建设工程价款优先受偿权应自 2019 年 4 月 3 日工程价款得到确认之日开始计算。最高法认为，《建设工程司法解释》(2018 年)关于建设工程价款优先受偿权的问题系关于行使建设工程价款优先受偿权的一般规定，而《企业破产法》关于“未到期的债权，在破产申请受理时视为到期”的规定属于关于债权到期的具体规定，二者并不冲突。根据上述规定，破产申请受理时(2016 年)，顺达公司对华懋公司享有的工程债权即视为到期，其有权依法主张工程价款优先受偿权。故原审法院认定顺达公司 2019 年 4 月向华懋公司管理人主张工程价款优先受偿权已超出了法律规定的 6 个月期限，亦无不当。[1]

此外，应当看到，由于建设工程优先受偿权设立目的为保护农民工和建筑工人之利益，最高法审查权利行使是否超期限时，尤其是对行使期限有轻微瑕疵之情形，基本倾向是只要不存在怠于行使权利之情形，一般会作出有利于承包人之解释。如从宽认定起算点。在(2014)民申字第 2193 号案中，承包人应在 2012 年 1 月 8 日之前行使优先受偿权，但承包人起诉状上加盖

---

〔1〕 最高法民事裁定书，(2020)最高法民申 2592 号。

收件章的时间为2012年1月9日，而2012年1月8日是星期日，最高法认为除斥期间在周日应顺延。

又如，在河北建设集团股份有限公司（以下简称河北建设）与云南世邦房地产开发有限公司（以下简称世邦公司）建设工程施工合同纠纷案中，应付工程款由两份审核定案表和一份结算书构成。2016年11月14日《爱尚苑项目阶段性工作内容结果》作出，工程总价款基本明确，但超高增加费和垂直运输费是否计入、如何计入未确定，华昆造价的报告中载明“计取比例需建设方与施工单位协商认定”。据此，世邦公司的应付工程款尚未完全确定，河北建设具有与世邦公司协商确定工程款数额的合理预期，一审法院自世邦公司应付已确定部分工程款时起算河北建设应当主张优先受偿权的时间并不妥当，应当延长至双方协商不能时。本案中没有证据显示双方协商不能的准确时间，但是河北建设云南分公司曾在2017年7月5日起诉世邦公司主张工程价款及优先受偿权。该案虽因主体不适格被人民法院驳回起诉，但无论享受承包人权利的主体是河北建设还是其云南分公司，均可认定承包人在2017年7月5日以起诉方式向世邦公司主张了建设工程价款优先受偿权。此时，距离2016年11月30日仅有7个月零5天，即使按照世邦公司主张从2016年11月30日起算主张优先受偿权的时间，也仅超过了1个月零5天。最高法认为，建设工程价款优先受偿权对于承包人具有重大意义，本案中无证据显示河北建设怠于主张权利，将双方协商期间推定为覆盖了1个月零5天符合常理，应当认定承包人在2017年7月5日以起诉方式主张优先受偿权未超出法律规定的除斥期间，河北建设有权在工程款范围内就施工工程折价或者拍卖的价款优先受偿。[1]

第五节　放弃行使优先受偿权

从比较法上看，瑞士法规定预先放弃优先受偿权无效。《瑞士民法典》第837条第2款规定，在为土地上的建筑或其他工程提供材料及劳务或单纯

〔1〕 最高法民事判决书，（2020）最高法民终144号。

提供劳务的职工或承包人不得预先放弃作为工程价款优先受偿的法定抵押权。[1] 就我国而言,放弃优先受偿权的效力问题在理论界和司法实务界均存在较大分歧。这直接体现在最高法司法实践中,笔者解析如下。

一、无效说

无效说认为,尽管建设工程价款是一种债权,但是建设工程价款优先权是一种法定担保物权,这种法定担保物权不得预先放弃。理由如下:第一,建设工程价款优先权基于法律规定产生,其不同于意定担保物权。因此,允许预先放弃在一定程度上减损了其作为法定担保物权的属性,尤其是在发包人往往处于优势地位的情况下,允许预先放弃势必造成对承包人权利的压迫。第二,建设工程价款优先受偿权往往涉及施工人的材料款和工人工资,材料款债权在一定程度上具有所有权取回权的性质,而工人工资债权具有基本生存保障的性质,因此,这种权利的放弃在一定程度上牺牲了材料款权利和工人的工资权利,明显侵害了第三人的利益。从此角度来说,这种放弃的单方意思表示应认定无效。第三,允许建设工程价款优先权可以预先放弃违反了该制度的设立初衷。在发包人不支付工程欠款的情况下,承包人往往拖欠工人工资,导致工人的基本生存权无法获得保障,引发社会不稳定因素;这同该制度设计初衷不符。第四,从社会防范的角度来看,如果这种权利不能放弃,那么对于抵押贷款人乃至建筑物受让人来说,完全可以采取预先防范措施保护其权利;而承认可以预先放弃工程价款优先权,表面上看来是尊重当事人的意思自治,但是实质上对于参与工程建设的工人等债权人来说,则往往因无法得知这种权利是否已经被放弃而无法采取防范措施。第五,从当前建筑业市场来看,建设工程承包人往往处于弱势地位,有些施工人为了承揽工程不得不接受发包方的苛刻条件。如果允许可以在施工人和劳动者同意的情况下放弃建设工程价款优先权,那么势必造成进一步对施工人和劳动者的压迫,从而隐性损害施工人特别是劳动者的利益。基于以上理由,最高法钟伟珩法官认为,建设工程价款优先权不能采取事先放弃的形式限制其法定物权效力,且承包人或劳动者同意放弃的意思表示,

〔1〕 参见《瑞士民法典》,殷生根、王燕译,中国政法大学出版社1999年版,第237页。

均应认定为无效。[1]

二、有效说

有效说认为,建设工程价款优先受偿权可以预先放弃。理由主要有:第一,建设工程价款作为民事财产权,可依据权利主体的真实意思予以处分,是最基本的意思自治原则的体现。第二,当事人在以协议形式明确表示放弃优先受偿权后,应当受其限制,遵循诚实信用原则。承包人放弃权利后又主张放弃无效,违背了交易过程中的"禁反言"原则,因此,应当从民法的帝王条款诚实信用原则出发,承认放弃优先受偿权的有效性。[2] 第三,承包人放弃该优先受偿权并不必然导致实际施工人的合法利益无法得到保障。建设工程价款优先受偿权最初的立法目的是保障承包人的利益。[3] 承包人放弃优先受偿权并不必然导致实际施工人无法获得工程价款。此外,在现行法律框架下,实际施工人的工资还可以通过《劳动法》《劳动合同法》《民法典》《刑法》等予以实现。如在承包人损害实际施工人工资债权的情形下,实际施工人可以按照《民法典》第 538 条的规定行使撤销权以保全自己的债权。在承包人拒不支付劳动报酬的情况下,可以按照《刑法》第 276 条的规定,追究承包人拒不支付劳动报酬的刑事责任。因此,不能简单否认放弃工程价款优先受偿权的效力,否则会过分夸大优先受偿权的效应,弱化其他法律对民事权利的救济。第四,放弃建设工程价款优先权不违反强制性法律规定等。

笔者赞同放弃有效说。实践中,发包人将在建工程抵押至银行办理贷款,由于建设工程价款优先受偿权优于抵押权,银行要求施工企业出具书面承诺函,承诺在贷款范围内或者剩余工程款范围内放弃工程价款优先受偿权的做法较为普遍。优先受偿权目的在于优先保障民工工资等权益的实现,但该类权益的保障也可以通过当事人筹集资金的措施予以实现。作为财产性民事权利,权利人可以处分优先受偿权,对于自己作出的民事行为应

---

〔1〕 载 http://blog. sina. com. cn/s/blog_4ac0fb8101017vlj. html,最后访问日期:2017 年 9 月 7 日。

〔2〕 参见中华人民共和国最高人民法院民事审判第一庭编:《民事审判指导与参考》(总第 37 辑),法律出版社 2009 年版,第 46 页。

〔3〕 参见梁慧星:《合同法第二百八十六条的权利性质及其适用》,载《山西大学学报(哲学社会科学版)》2001 年第 3 期。

承担相应后果,因此,放弃承诺应有效。

三、最高法观点

在《建设工程司法解释》(2018 年)出台前,司法实践中最高法主流观点均认同放弃优先受偿权约定有效。

如在大连安泰建设有限公司(以下简称安泰公司)与大连中裕嘉合房地产开发有限公司(以下简称嘉合公司)等建设工程施工合同纠纷案中,最高法认为,安泰公司放弃涉案工程的优先受偿权约定有效。该判决书认为,第一,安泰公司已放弃了涉案工程优先受偿权。安泰公司出具的《承诺书》明确载明,"无论嘉合公司现在及以后是否欠付安泰公司在建工程的工程款,其自愿放弃上述《抵押合同》中约定的在建工程优先受偿权。本承诺书一经签发不可撤销"。《承诺书》是安泰公司的真实意思表示,不违反法律、行政法规的强制性规定,合法有效。安泰公司上诉称《承诺书》是为了嘉合公司取得贷款作出的,不是其真实意思表示。但其作为专业建筑企业,应当知道出具《承诺书》的法律后果,而且,其也没有证据证明在出具《承诺书》时存在欺诈、胁迫、乘人之危等违背真实意愿的情形,应当为出具《承诺书》的行为负责。在安泰公司明确放弃优先受偿权之后,再次提起诉讼主张涉案工程优先受偿权,违反了《承诺书》的约定,也违背了诚实信用原则,依法不应支持。第二,安泰公司放弃优先受偿权不违反法律规定。《民事诉讼法》(2012 年)第 13 条规定,当事人有权在法律规定的范围内处分自己的民事权利和诉讼权利。建设工程优先受偿权是法律赋予建设工程施工人的法定权利,属于具有担保性质的民事财产权利。作为民事财产权利,权利人当然可以自由选择是否行使,当然也应当允许其通过约定放弃。而且,放弃优先受偿权并不必然侵害建设工程承包人或建筑工人的合法权益,承包人或建筑工人的合法权益还可通过其他途径的保障予以实现。因此,安泰公司关于优先受偿权属于法定权利,不能通过约定放弃的上诉理由,于法无据,不应支持。〔1〕

在湖南园艺建筑有限公司(以下简称园艺公司)与广发银行股份有限公司长沙分行(以下简称广发银行长沙分行)等第三人撤销之诉纠纷案中,最

〔1〕 最高法民事判决书,(2016)最高法民终 532 号。

高法再次确认,当事人自愿放弃工程价款优先受偿权有效。最高法认为,本案再审审查的主要问题为园艺公司是否自愿放弃了涉案工程价款优先受偿权。园艺公司向广发银行长沙分行出具的《承诺书》具备法律效力。园艺公司作为涉案工程的施工主体,对涉案建设工程享有工程价款优先受偿权,该权利可以优先于抵押权及其他债权,但该权利仍为当事人可自由处分的财产权。园艺公司作为具有完全民事行为能力的企业法人,自愿向广发银行长沙分行作出放弃涉案建设工程价款的优先受偿权的意思表示,应为合法有效的法律行为,二审法院认定《承诺书》合法有效并无不当。园艺公司再审中关于其放弃优先受偿权的承诺无效的主张不能成立。[1]

在上海锦浩建筑安装工程有限公司(以下简称锦浩公司)与昆山纯高投资开发有限公司(以下简称昆山纯高公司)建设工程施工合同纠纷案中,最高法认为,建设工程价款优先受偿权的放弃系基于贷款合同履行的结果,在贷款合同未获实际履行的情况下,放弃的承诺亦失去了履行的依据和对象,该放弃既无必要也无可能履行,故此时不应认定放弃优先受偿权生效。就锦浩公司对于涉案工程是否享有优先受偿权问题,该判决认为,2009 年 9 月 16 日,锦浩公司向安信信托投资股份有限公司(以下简称安信信托公司)和昆山纯高公司出具了《承诺函》,其内容主要为:“截至该承诺函出具之日,锦浩公司对昆山纯高公司享有五千万元债权,对于以上所列之债权和自本承诺函出具之日起锦浩公司对昆山纯高公司新发生的债权,在安信信托投资股份有限公司与昆山纯高公司之间编号为 AXXT(2009)JH06DK01《信托贷款合同》项下的贷款本金、利息及其他相关费用未获全部清偿之前,锦浩公司承诺不向昆山纯高投资开发有限公司要求偿还该等债权项下的任何本金,利息或其他相关费用。”从《承诺函》的内容看,其针对的对象十分明确,系针对安信信托公司与昆山纯高公司之间签订的编号为 AXXT(2009)JH06DK01 的《信托贷款合同》作出的,《承诺函》是对该合同项下债权的保护性承诺,即承诺在昆山纯高公司全部偿还该《信托贷款合同》项下的相关款项之前,锦浩公司不向昆山纯高公司主张相应债权。从本案的实际情况看,在安信信托公司和昆山纯高公司之间,既签订了《信托贷款合同》,还签订了《资产收益财产权信托合同》。而从已经生效的(2013)沪高民五(商)

---

〔1〕 最高法民事裁定书,(2015)民申字第 3139 号。

终字第11号民事判决书的认定看,《信托贷款合同》并未实际履行。该判决书认定:“原告(安信信托公司)与被告(昆山纯高公司)签订《信托贷款合同》,与信托合同存在冲突,因为案外投资人的一笔款项,不能既作为案外投资人购买收益权份额的款项,又作为原告的放贷款项”“应认定《信托贷款合同》仅作为表面形式,其实质在于实现信托合同中所约定的抵押权登记。安信信托公司与昆山纯高公司之间的权利义务以及违约责任,应以《信托合同》为准”。从上述内容看,安信信托公司并未依据《信托贷款合同》将贷款实际发放给昆山纯高公司,即《信托贷款合同》并未实际履行,《信托贷款合同》项下的债权并未实际发生。《承诺函》的效力依附于《信托贷款合同》,在《信托贷款合同》未获实际履行的情况下,《承诺函》失去了履行的依据和对象,其既无必要也无可能履行。在此情况下,一审判决依据《承诺函》的内容认定锦浩公司放弃了优先受偿权错误,应予纠正。锦浩公司对于涉案工程享有优先受偿权。[1]

但在《建设工程司法解释》(2018年)出台后,该解释第23条对发包人与承包之间约定放弃或者限制建设工程价款优先受偿权进行了特定限制,即如果前述约定放弃或者限制损害建筑工人利益,则与我国法律设立优先受偿权之日的不符,应属无效。这一规定后在《建设工程司法解释》(2020年)第42条得到沿用。

可见,优先受偿权作为一项民事权利,受到法律保护。权利人在依照自身意愿且不损害公序良俗的情况下行放弃该行为的,只要法院依法查实并无恶意串通或损害公序良俗之情形,且该放弃不损害建筑工人利益,该放弃当然有效。

第六节　合同效力与建设工程优先受偿权

一、历史沿革:合同效力与优先受偿权

在《建设工程司法解释》(2018年)出台前,对于建设工程价款优先受偿权的行使是否应以工程施工合同有效为前提条件,一直存在较大争议。不

〔1〕 最高法民事判决书,(2015)民一终字第86号。

同的认识导致司法实践中裁判标准的不统一。肯定的观点认为,建设工程价款优先受偿权是根据工程建设行为本身的特殊性而设立的,旨在保护承包人为建设工程实际支出的工作人员报酬、材料款等费用,只要已完成的建设工程质量合格,享有优先受偿权就不应以建设工程合同是否有效为适用前提。否定的观点认为,建设工程价款优先受偿权在性质上类似于抵押权,根据主合同无效担保合同无效的法律规定,无效的建设工程施工合同的承包人主张工程价款优先受偿权缺乏法律依据,且对《合同法》第286条做体系解释,在施工合同无效的前提下,承包人行使建设工程价款优先受偿权并不符合该法律规定。[1]

二、现行规定:优先受偿权仅以建设工程质量是否合格为前提

设置建设工程价款优先受偿权主要是考虑到承包人的劳动已经物化到建筑物中:当发包人不能按照约定支付工程款时,赋予承包人优先受偿的权利。建设工程价款优先受偿权的基础权利源于工程款债权,在工程款仍应支付、工程款债务仍需清偿的情况下,建设工程价款优先受偿权亦应得到支持。这不仅符合建设工程价款优先受偿权制度设计的目的,还考虑到承包人的人力、物力、财力已经物化于建筑工程的实际情况,应尽可能保护该种权利。[2] 在无效建设施工工程合同中,上述有关费用也应予以支付。即便合同无效,认定承包人就该笔费用享有优先受偿权,依然有利于促进承包人利益的保护,符合建设工程优先权制度的立法目的。

《建设工程司法解释》(2018年)第19条、第20条对前述争议问题进行了明确定性。即便建设工程施工合同无效,但建设工程质量合格,承包人对所建工程仍享有建筑工程价款优先受偿权。后《建设工程司法解释》(2020年)第38条、第39条沿用了前述规定,且《建设工程司法解释》(2020年)第38条明确规定承包人的工程价款优先受偿权与建设工程质量是否合格相

---

〔1〕 参见最高人民法院民事审判第一庭编著:《关于审理建设工程施工合同纠纷案件适用法律问题的解释(二)》,人民法院出版社2019年版,第391-392页。

〔2〕 参见杜万华主编、最高人民法院民事审判第一庭编:《民事审判指导与参考》(总第60辑),人民法院出版社2015年版,第255页;杜万华主编、最高人民法院民事审判第一庭编:《民事审判指导与参考》(总第63辑),人民法院出版社2016年版,第238-239页。

关,不与合同效力直接相关。[1]

三、司法实践:来自最高法案例

在佛山市南海圣城仓储有限公司、甘某辉建设工程施工合同纠纷案中,最高法认为,承包人可对建设工程价款优先受偿,主要是因为承包人的人力、物力、财力已经物化于建筑工程中。当发包人不能如约支付工程款时,赋予承包人优先受偿权,有利于保护农民工的合法权益。而当建设工程施工合同无效时,只要工程竣工验收合格,承包人的实际付出与案涉合同合法有效,并无不同,此时,肯定承包人对案涉工程价款享有优先受偿权,较为公允。[2]

在鸿瑞公司与申泰公司建设工程施工合同纠纷案中,最高法认为,因案涉建设工程没有依法进行招投标,原审判决认定申泰公司与鸿瑞公司签订的《滨州市富仕花园建设工程施工总承包合同》无效,法律依据充分。关于承包人能否就无效的建筑工程合同向发包人主张建筑工程价款优先受偿权的问题,根据《建设工程司法解释》(2004 年)第 2 条之规定,在建设工程合同无效的情形下,只要工程验收合格,承包人仍可参照合同约定要求发包人支付工程价款。建筑工程价款优先受偿权是根据工程建设行为本身的特殊性而设立的,旨在保护承包人为建设工程实际支出的工作人员报酬、材料款等费用,不应以建设工程合同是否有效为适用前提。因此,在建设工程合同虽无效但工程验收合格的情况下,承包人对所建设工程仍享有建筑工程价款优先受偿权。[3]

在中国建筑股份有限公司与昆山市超华投资发展有限公司建设工程施工合同纠纷案中,最高法认为,虽然合同无效,但涉案工程于 2009 年 7 月 2 日竣工验收合格,并已交付使用,有权在昆山市超华投资发展有限公司欠付工程款范围内就该工程折价或者拍卖的价款优先受偿。[4]

在山东省孔府医药保健品有限责任公司与夏某华建设工程施工合同纠纷案中,最高法进一步确认,即使涉诉工程未竣工验收,但因该工程不能继续施工系山东省孔府医药保健品有限责任公司造成的,所以夏某华主张已

---

〔1〕 最高人民法院民事审判第一庭编:《民事审判实务问答》,法律出版社 2021 年版,第 60 页。
〔2〕 最高法民事裁定书,(2019)最高法民申 2351 号。
〔3〕 最高法民事判决书,(2014)民一终字第 310 号。
〔4〕 最高法民事裁定书,(2015)民申字第 2701 号。

施工部分的工程款并无不当。而且,即使施工合同无效,因并无法律法规否定施工方在工程款方面的优先权,故二审判决确认夏某华对涉诉的相应工程款享有优先受偿权并无错误。[1]

第七节 结　　语

建设工程价款优先受偿权调整多方利益,司法实践中时常裁判不一;且实践中新问题较多,如当事人能否因优先受偿权被侵犯主张侵权索赔的问题。在渭南高新技术产业开发区管理委员会(以下简称渭南高新区管委会)与陕西华达建筑工程有限公司(以下简称华达公司)侵权责任纠纷案中,最高法认为,渭南高新区管委会有过错,导致华达公司的工程款无法在涉诉工程折价款范围内优先取得,根据《侵权责任法》第 6 条[2]判令渭南高新区管委会赔偿了华达公司的损失。[3] 又如,在无法拍卖或折价之特殊工程中如何行使优先受偿权的问题。在中国银行股份有限公司江门分行与广东中人集团建设有限公司等执行分配方案异议之诉案中,最高法认为,因涉案工程为公路建设工程,属于特殊建设工程,无法直接拍卖或折价,该工程的主要经济价值即体现在其通行费用上,故将其收益即年票补偿款作为优先受偿权的行为对象合法。[4] 再如,在(2021)最高法民申 3629 号案[5]中,南通二建向上海弄商行出具虚假的已收超实际应得建设工程价款证明,配合发包人佳程房产公司套取银行贷款。最高法从南通二建的主观过错、后果、是否损害他人合法权益、是否影响建筑工人利益等因素综合考虑,认为南通二建不享有建设工程价款优先受偿权。实践中,这类新问题很多。总而言之,在是否保护建设工程价款优先受偿权问题上,最高法判例总体上体现了“建筑工人利益为底线、保护善意承包人、惩戒恶意承包人”之裁判倾向。

---

〔1〕 最高法民事裁定书,(2015)民申字第 2185 号。

〔2〕 对应《民法典》第 1165 条。

〔3〕 最高法民事裁定书,(2014)民申字第 956 号。

〔4〕 最高法民事裁定书,(2016)最高法民申 1281 号。

〔5〕 江苏南通二建集团有限公司与上海农村商业银行股份有限公司浦东分行等建设工程施工合同纠纷案,载《最高人民法院公报》2022 年第 9 期。

第二十章 可撤销合同论述

“撤销”具有多种含义。狭义的撤销是指对有瑕疵的意思表示的撤销，即表意人因重大误解、被欺诈、受胁迫等作出意思表示并予以撤销的行为。广义的撤销不仅包括狭义的撤销，还包括对其他法律行为和意思表示的撤销，如要约的撤销、赠与的撤销、无权代理合同的撤销、善意相对人对限制民事行为能力人依法不能独立实施的行为之撤销。可撤销合同属于狭义撤销的范畴，是指当事人在订立合同时，因意思表示不真实，法律允许撤销权人通过行使撤销权从而使已经生效的合同归于无效。[1] 可撤销合同是意思表示有瑕疵的合同，正常情况下，当事人通过表示行为表达于外部的意思与其内心真实意思一致，但有时也会出现表示行为和效果意思不一致的情形，因此，法律赋予当事人撤销权以平衡当事人双方的权利义务。

《合同法》第54条、《民法总则》第147~151条以及《民法典》第147~151条对此均做了明确规定，但根据“新法优于旧法”的原则，从2021年1月1日开始，应当以《民法典》的规定为准。

法律之所以将上述合同认定为可撤销合同而不是无效合同，其原因在于：首先，充分体现意思自治和合同自愿的原则。合同法属于私法，应最大限度尊重当事人意思自由。重大误解、被欺诈、受胁迫以及显失公平主要是意思表示不真实的问题，一般只涉及合同当事人之间的利益，因此，法律无须强制干涉，否定合同的效力，而应当将瑕疵意思表示效力的决定权交给表

[1] 王利明：《合同法研究》（第1卷），中国人民大学出版社2002年版，第663页。

意不真实一方,以维护意思自治和合同自愿的原则。其次,有利于保护表意不真实一方的权益。在合同存在重大误解、欺诈、胁迫以及显失公平的情况下,若表意不真实一方认为继续履行合同对其有利,则可以放弃撤销权,继续履行合同;反之,若认为对其不利,则可以请求人民法院、仲裁机构撤销合同,使当事人双方的权利义务恢复到合同成立前的状态。这既可以保护表意不真实一方的权益,也可以在一定程度上对有过错一方实施惩罚性制裁。再次,意思表示是否真实,当事人之外的第三人一般无从判断。即便当事人意思表示不真实,在表意不真实一方从自身权益保护出发不愿意撤销合同的情况下,按照意思自治和合同自愿的原则,法律也不应予以强制干涉。最后,将上述合同认定为可撤销合同有利于维护交易安全。若重大误解、被欺诈、受胁迫以及显失公平的合同无效,势必导致大量正在履行的合同归于无效,这不利于维护交易安全,稳定市场经济秩序。

就《合同法》与《民法典》关于可撤销合同的规定而言,二者区别如下:

第一,《民法典》第 151 条关于显失公平的规定吸收了《合同法》第 54 条规定的乘人之危。《民法典》将乘人之危作为一种手段,与利用对方处于危困状态、缺乏判断能力等并列,若民事法律行为成立时显失公平,则属于可撤销的合同。《民法典》的规定使显失公平与乘人之危之间的关系更加符合逻辑,否则,按照《合同法》的规定,二者在构成要件及适用范围上都可能出现竞合。

第二,《民法典》第 149 条和第 150 条增加了第三人欺诈和胁迫制度。第三人欺诈和胁迫制度在域外法上有较多的立法经验,但《民法典》颁布前,我国没有规定第三人欺诈和胁迫制度。

第三,《民法典》取消了受损害方的合同变更权。根据《合同法》第 54 条第 2 款之规定,对于可撤销的合同,受损害方有权请求人民法院或者仲裁机构予以变更。根据《民法典》第 136 条第 2 款“行为人非依法律规定或者未经对方同意,不得擅自变更或者解除民事法律行为”之规定,由于《民法典》并未规定可撤销合同中的受损害方享有变更合同的权利,故受损害方无权就可撤销合同请求人民法院、仲裁机构予以变更。

第四，撤销权行使期限的变化。对比《民法典》第152条[1]和《合同法》第55条[2]的规定可知，《民法典》对可撤销合同撤销权行使期限的规定变化如下：(1)重大误解案件的除斥期间为3个月，自知道或者应当知道撤销事由之日起计算。在意思表示错误的情况下，赋予撤销权人1年的除斥期间，"这无异于鼓励当事人基于一个可归因于自己的原因去利用除斥期间进一步使得自己的利益最大化，而毫无可归责性的对方当事人却不得不忍受这一段时间处于法律上的不确定状态"，[3]这不利于无过错方利益的保护。因此，《民法典》的规定更合理。(2)受胁迫的案件，除斥期间自胁迫行为终止之日起计算。这与《法国民法典》第1144条"对于胁迫，自胁迫停止之日起开始计算"之规定一致。在当事人受胁迫的情况下，胁迫行为开始时，其已经知道合同具有可撤销的事由，但当事人在受胁迫期间无法行使合同撤销权，因此，《民法典》规定撤销权应当自胁迫行为终止之日起1年内行使，该规定较《合同法》更具有合理性。

◇ 第一节 可撤销合同的特征

一、可撤销合同是意思表示有瑕疵的合同

契约自由是近代私法的基本原则。契约通过要约和承诺的方式成立，若当事人发出的要约或者作出的承诺与其内心的真实意思不符，则双方成立的合同属于意思表示有瑕疵的合同。《民法典》第147～151条规定了四种可撤销的民事法律行为，其中，当事人意思表示不真实主要存在两个方面

---

〔1〕《民法典》第152条规定："有下列情形之一的，撤销权消灭：(一)当事人自知道或者应当知道撤销事由之日起一年内、重大误解的当事人自知道或者应当知道撤销事由之日起九十日内没有行使撤销权；(二)当事人受胁迫，自胁迫行为终止之日起一年内没有行使撤销权；(三)当事人知道撤销事由后明确表示或者以自己的行为表明放弃撤销权。当事人自民事法律行为发生之日起五年内没有行使撤销权的，撤销权消灭。"

〔2〕《合同法》第55条规定："有下列情形之一的，撤销权消灭：(一)具有撤销权的当事人自知道或者应当知道撤销事由之日起一年内没有行使撤销权；(二)具有撤销权的当事人知道撤销事由后明确表示或者以自己的行为放弃撤销权。"

〔3〕薛军：《论意思表示错误的撤销权存续期间——以中国民法典编撰为背景的分析》，载《比较法研究》2016年第3期。

的原因:第一,主观方面的原因,即当事人因自身原因对民事法律行为的内容产生重大误解。第二,客观方面的原因,如表意人受欺诈、胁迫作出民事法律行为,第三人乘人之危,使表意人作出对其显失公平的民事法律行为。由于民事法律行为包括一方行为、契约和合同行为,[1]可撤销合同属于可撤销民事法律行为的一种,属于意思表示有瑕疵的合同。

二、可撤销合同在撤销前有效

对于可撤销合同在撤销前的效力状态,理论界主要存在两种观点:一种观点认为,可撤销合同在撤销前效力未定。[2] 另一种观点认为,可撤销合同在撤销前与有效合同的效力状态相同。[3] 笔者赞成第二种观点,尽管可撤销合同最终既可能有效,也可能无效,但在当事人行使撤销权以前,双方均应该按照合同的约定履行义务。因被诈欺而为意思表示者,在表意人撤销前,其意思表示仍为有效。因被胁迫而为意思表示者,在表意人撤销前,买卖契约及让与合意(物权行为)均属有效。[4] 而《民法典》规定的,因重大误解实施的民事法律行为,因欺诈、胁迫实施的民事法律行为,以及显失公平的民事法律行为均属于可撤销民事法律行为的范畴,因此,可撤销合同在撤销前有效,任何一方均不得以合同具有撤销事由而拒不履行。

例如,在安徽九鼎置业咨询有限公司(以下简称九鼎置业公司)与中国建筑第六工程局有限公司挂靠经营合同纠纷案中,九鼎置业公司提出按照《补充协议》的约定承担责任显失公平,对此,最高法认为,显失公平属于合同可撤销之情形,在九鼎置业公司未依法主张变更或者撤销的情况下,上述约定有效。[5]

又如,在广州启润实业有限公司(以下简称启润公司)与兴隆县志海矿业有限公司等保证合同纠纷案中,兴隆县天宝矿业有限公司(以下简称天宝公司)认为案涉《代理采购协议》和《担保书》无效,对此,最高法认为,天宝公司申请再审认为上述合同无效的理由主要有两点,一是该合同系梁某基于

---

[1] 参见史尚宽:《民法总论》,中国政法大学出版社 2000 年版,第 309－310 页。
[2] 参见王家福主编:《中国民法学·民法债权》,法律出版社 1991 年版,第 331 页。
[3] 参见苏惠祥主编:《中国当代合同法论》,吉林大学出版社 1992 年版,第 118 页。
[4] 参见王泽鉴:《民法学说与判例研究》,北京大学出版社 2015 年版,第 263－264 页。
[5] 最高法民事判决书,(2016)最高法民终 144 号。

诈骗目的签订，二是该合同侵害了启润公司、天宝公司及天宝公司全体股东的利益。就其所持第一点理由，一方以欺诈、胁迫的手段或者乘人之危，使对方在违背真实意思的情况下订立的合同，受损害方有权请求人民法院或者仲裁机构变更或者撤销。天宝公司所持上述合同系基于诈骗目的签订的事由，属于法律规定的合同撤销权行使范畴，天宝公司据此主张合同无效，缺乏相应法律依据。在深圳普和实业有限公司、天宝公司与启润公司分别签订上述《代理采购协议》，天宝公司向启润公司出具《担保书》后，启润公司作为受欺诈一方，未行使撤销权的情况下，二审判决认定上述《代理采购协议》和《担保书》具有法律效力，并无不当。[1]

由此可见，可撤销合同在撤销前有效，当事人双方应当按照合同的约定履行义务。

三、意思表示有瑕疵的一方才享有请求撤销合同的权利

一方面，可撤销合同并不意味着任何人均享有合同撤销权。撤销权人原则上仅为基于撤销原因之行为而直接取得法律效果之人，因此，撤销权人通常仅为意思表示不真实的表意人本人。因此，无论合同是否有利于表意真实方以及当事人以外的第三人，表意真实方、第三人均无权请求人民法院、仲裁机构撤销合同。

例如，在张某杰与中国城市建设控股集团有限公司（以下简称中城建公司）等股权转让纠纷案中，第三人请求人民法院撤销其他民事主体订立的合同，对此，最高法认为，《合同法》第54条规定："下列合同，当事人一方有权请求人民法院或者仲裁机构变更或者撤销：（一）因重大误解订立的；（二）在订立合同时显失公平的。一方以欺诈、胁迫的手段或者乘人之危，使对方在违背真实意思的情况下订立的合同，受损害方有权请求人民法院或者仲裁机构变更或者撤销。"[2]该规定表明，当事人撤销权，是指合同成立后，因当事人意思表示不真实或不自由，从而赋予一方当事人向仲裁机构或人民法院申请撤销，使合同自始归于无效的权利。当事人撤销权的主体仅限于意思与表示不一致的合同当事人。《合同法》所称当事人，是指以合同一方主

---

〔1〕 最高法民事裁定书，(2016)最高法民申1017号。

〔2〕 对应《民法典》第147～151条。

体身份出现，并与对方当事人进行要约和承诺活动的人。就本案而言，案涉股权转让协议的出让方为李某忠和李某华，受让方为中城建公司，张某杰不属于任何一方当事人，基于前述法律规定，张某杰不能以合同当事人身份撤销其他民事主体之间达成的合同。〔1〕

另外，我国《民法典》规定的可撤销合同中的撤销权是撤销请求权，并非形成权。德国民法中，意思表示有瑕疵的一方需以诉讼之外的表示行为予以撤销。〔2〕因此，德国法上的撤销权是形成权，权利人通过行使撤销权可以溯及既往的消灭其可撤销的意思表示所产生的法律效力。〔3〕但按照我国现行法律的规定，在符合法律规定的情况下，当事人只能向有管辖权的人民法院、仲裁机构提出，由人民法院、仲裁机构裁决是否撤销。且由于瑕疵的意思表示只存在于当事人之间，第三人难以发现，在当事人不主动提出撤销合同的情况下，人民法院、仲裁机构不主动行使合同撤销权。

此外，《民法典》第 147 ~ 151 条仅赋予特定情形下人民法院、仲裁机构撤销合同的权利，并未赋予人民法院和仲裁机构在当事人未达成合意的情形下对民事法律行为予以强行变更的权力。故在当事人未就变更达成合意的情形下，人民法院、仲裁机构不得变更。〔4〕

四、当事人必须在一定期限内行使合同撤销权

可撤销合同在撤销前虽然有效，但是其效力处于不稳定的状态。若撤销权永久存在，则相对人及其他利害关系人的法律地位将永远不确定，因此，各国法律大多设定除斥期间，以限定当事人在一定期限内行使合同撤销权。我国《民法典》第 152 条规定：“有下列情形之一的，撤销权消灭：(一)当事人自知道或者应当知道撤销事由之日起一年内、重大误解的当事人自知道或者应当知道撤销事由之日起九十日内没有行使撤销权；(二)当事人受胁迫，自胁迫行为终止之日起一年内没有行使撤销权；(三)当事人知道撤销事由后明确表示或者以自己的行为表明放弃撤销权。”当事人自民事法律行

〔1〕 最高法民事裁定书，(2015)民申字第 1342 号。

〔2〕 参见沈达明、梁仁洁编著：《德意志法上的法律行为》，对外贸易教育出版社 1992 年版，第 135 页。

〔3〕 参见[德]迪特尔·梅迪库斯：《德国民法总论》，邵建东译，法律出版社 2013 年版，第 550 页。

〔4〕 《〈中华人民共和国民法总则〉条文理解与适用》(下)，人民法院出版社 2017 年版，第 1009 页。

为发生之日起5年内没有行使撤销权的，撤销权消灭。撤销权属于形成权，其消灭的事由包括行使、除斥期间届满和权利人抛弃三种。“盖以倘诈欺久不发见，胁迫久不终止，无论经过若干岁月，其意思表示皆有被撤销之虞，似此长久不确定，将何以保交易上之安全。”[1]因此，我国现行法律限定权利人应当自民事法律行为发生之日起5年内行使撤销权，否则，撤销权消灭。

《民法典》规定的可撤销合同的除斥期间与传统民法规定的除斥期间不同。依传统民法法理，除斥期间应以民事法律行为的“成立之日”作为客观起算时间点，以区别于诉讼时效“知道或应当知道”权利被侵害之日的主观起算时间点。[2]《民法典》为保护撤销权人的权益，以“知道或应当知道”权利被侵害之日作为除斥期间的起算点。

在上海宏南工贸有限公司（以下简称宏南公司）与江西洪都宾馆（以下简称洪都宾馆）、江西洪都宾馆有限公司（以下简称洪都公司）股权转让纠纷案中，最高法认为，储某南于2012年6月5日在案涉《股权转让协议》上签名，其作为完全民事行为能力人，理应知道将产生股权变更的法律后果。之后江西省工商行政管理局于同年8月15日针对洪都公司提交的申请变更材料的有关情况对储某南进行询问，储某南理应知道案涉股权即将过户。储某南于2013年4月8日被释放，而宏南公司直到2016年4月7日才提起本案诉讼，已超过1年除斥期间。[3]

此外，在撤销权人受胁迫的情况下，尽管权利人被胁迫时已经知道撤销事由，但在胁迫行为持续进行的情况下，其难以行使撤销权。因此，《民法典》规定，受胁迫人应当自胁迫行为终止之日起1年内行使。《民法典》对不同情形下撤销权的起算时间做不同的规定符合公平正义原则。

就除斥期间，笔者考察发现，最高法在认定是否已经超过除斥期存在明显争议时，呈现作出有利于撤销权人的解释之倾向。比如，在（2017）最高法民申910号案中，最高法认为，周某刚、杨某在2013年7月22日至12月12日陆续向周某伟无偿转让案涉7套房产，其转移财产逃避债务的目的明显，且行为具有连续性。从保护债权人债权的角度，应以2013年12月12日作

---

〔1〕 史尚宽：《民法总论》，中国政法大学出版社2000年版，第443－444页。

〔2〕 《〈中华人民共和国民法总则〉条文理解与适用》（下），人民法院出版社2017年版，第1011页。

〔3〕 最高法民事裁定书，（2017）最高法民申2450号。

为债权人行使撤销权的期间起算点。梁某仁于2014年10月28日提起债权人撤销权之诉,并未超过1年除斥期间。

在广州市华星酒店有限公司(以下简称华星公司)与广州市南沙区黄阁镇房地产开发公司(以下简称黄阁公司)合同纠纷案[1]中,2010年6月18日,黄阁公司将其名下不动产以1869万元的对价转让给华星公司。后在检察院调查陈某滥用职权案过程中,评估公司接受检察院的委托出具评估报告:在评估基准日2010年5月31日,前述不动产的评估价值为10,821万元,与交易对价相差8000余万元。2016年6月14日,检察院向黄阁镇人民政府发出《检察建议》,内容包括"陈某涉嫌滥用职权一案,存在国家工作人员滥用职权致使国有资产流失的情况。现查明:2007年至2012年,黄阁公司将其不动产以1800余万元的价格转让给华星公司,经检察机关委托评估,上述地产时值10,821.60万元"。2017年1月25日,黄阁公司提起诉讼,请求华星公司承担侵权损害赔偿责任(但未要求撤销涉案房地产买卖合同)。在2017年6月14日后,黄阁公司在诉讼中变更诉请,以显失公平为由,要求撤销涉案房地产买卖合同。华星公司则反驳黄阁公司在《检察建议》发出后1年内未行使撤销权(通过变更诉请的方式提出撤销时已超过1年),其撤销权已经消灭。

最高法认为,黄阁公司在南沙区人民检察院于2016年6月14日发出《检察建议》后,于2017年1月25日提起本案诉讼。尽管黄阁公司诉讼请求的依据及理由在一审诉讼期间发生了变更,由最初的请求侵权损害赔偿,调整为请求确认合同无效或者撤销,但其为了维护自身的合法权益的诉讼目的未变,均是要求华星公司赔偿其经济损失;且黄阁公司发现自身合法权益受到损害后,积极采取措施寻求法律救济。故原判决认定黄阁公司提起本案诉讼未超过法律规定的行使撤销权的期限,符合本案实际情况和撤销权制度设置的目的。

五、当事人必须以一定方式行使合同撤销权

《民法典》第147~151条之规定赋予受胁方撤销权,但是也限制了撤销权的行使方式,要求撤销权人在法律规定的除斥期间内必须以诉讼或者仲

[1] 最高法民事裁定书,(2021)最高法民申3569号。

裁的方式行使，以避免撤销权的滥用。

第二节　可撤销合同类型及其构成要件

《民法典》第147～151条规定了四种可撤销的民事法律行为，合同属于民事法律行为的一种，因此，可撤销的合同也包括上述四种类型，即重大误解的合同、受欺诈订立的合同、受胁迫订立的合同和显失公平的合同。

一、重大误解的合同

重大误解，是指合同当事人因自己的过错对合同内容发生错误认识，从而造成重大损失的行为。《民法典总则编解释》第19条规定，“行为人对行为的性质、对方当事人或者标的物的品种、质量、规格、价格、数量等产生错误认识，按照通常理解如果不发生该错误认识行为人就不会作出相应意思表示的，人民法院可以认定为民法典第一百四十七条规定的重大误解”。可见，该误解直接影响当事人双方的权利义务，因此，《民法典》第147条规定：“基于重大误解实施的民事法律行为，行为人有权请求人民法院或者仲裁机构予以撤销。”具体而言，重大误解应符合下列条件才能构成并产生使合同撤销的法律后果。

（一）表意人对合同的内容产生误解

误解即意思与表示行为不一致，误解既可以是一方的误解，也可以是双方的误解。我国现行法律将重大误解作为合同可撤销的事由，然而，在有的国家和地区，错误才会导致合同可撤销。例如，《意大利民法典》第1428条规定：“当错误是本质性的并为缔约另一方可识别时，错误是合同得撤销的原因。”《德国民法典》第119条则规定：“（1）表意人所作意思表示的内容有错误，或者表意人根本无意作出此种内容的意思表示，如果可以认为，表意人若知悉情事并合理地考虑其情况后即不会作出此项意思表示时，表意人可以撤销该意思表示。（2）交易中认为很重要的有关人的资格或者物的性质的错误，视为意思表示内容的错误。”对于该条第2款中的“很重要的性质”，有学者认为，它仅包括那些使交易特定化的事实上的、法律上的特性，而不包括那些仅对交易的价值有间接作用的因素。究竟什么性质才是很重要的,一般取决于具体交易的经济目的。[1]

我国《民法通则意见》第71条规定:"行为人因对行为的性质、对方当事人、标的物的品种、质量、规格和数量等的错误认识,使行为的后果与自己的意思相悖,并造成较大损失的,可以认定为重大误解。"《全国法院贯彻实施民法典工作会议纪要》规定,重大误解系指行为人因对行为的性质、对方当事人、标的物的品种、质量、规格和数量等的错误认识,使行为的后果与自己的意思相悖,并造成较大损失。有学者认为,《民法通则意见》中的重大误解相当于传统民法中的错误。[2] 也有学者认为,重大误解包括误解和错误两种情形。[3] 还有学者认为,合同法中的重大误解与国外合同法中的错误的概念并不完全相同。[4] 笔者赞成最后一种观点。错误系表意人方面,于意思表示成立之际之误,误解系受领人方面于了解意思表示时之误。[5] 我国民法规定的重大误解是对行为的性质、对方当事人、标的物的品种、质量、规格和数量等产生错误认识,而错误不仅仅包括上述内容,还包括对合同的条款、词语的理解发生错误等,因此,错误的范围更广泛。综上所述,笔者认为,我国《民法典》规定的重大误解不同于其他国家民法中的错误。

在海南勤富实业有限公司(以下简称勤富公司)等与临高县临城镇人民政府(以下简称临城镇政府)等房屋拆迁安置补偿合同纠纷案中,临城镇政府主张其与勤富公司签订《房屋拆迁补偿安置协议》,误将勤富公司当作高昌养殖场地上附着物的所有者而约定将补偿款支付给勤富公司,属于对地上附着物权属存在重大误解的情形,请求撤销该《房屋拆迁补偿安置协议》。最高法认为,关于地上附着物的补偿问题。虽然2004年8月30日临高县信托公司与勤富公司之间签订的《高昌养殖场转包合同》第3条第8项约定,如国家需要征用本标的土地时,除土地补偿归临高县美夏乡昌拱村委会所有外,一切养殖、建设、地面附着物之补偿均归乙方所有,但该协议未经昌拱村委会签署,虽然有充分的证据证明昌拱村委会同意该转包行为,但本案中没有充分的证据证明昌拱村委会同意该条约定、放弃其在养殖场上原属集

[1] 参见李先波:《合同有效成立比较研究》,湖南教育出版社2000年版,第229页。

[2] 参见李先波:《合同有效成立比较研究》,湖南教育出版社2000年版,第244页。

[3] 参见彭万林主编:《民法学》,中国政法大学出版社1991年版,第106页。

[4] 参见王利明:《合同法研究》(第1卷),中国人民大学出版社2002年版,第683页。

[5] 参见史尚宽:《民法总论》,中国政法大学出版社2000年版,第395-396页。

体所有的地上附着物部分财产的补偿。虽然 1988 年 12 月 20 日昌拱村委会与临高县信托公司签订的《养殖承包合同》第 7 条第 5 项约定本合同期满后，乙方遗留在承包地的不动产附着物同意无偿给予甲方所有，且在国家征收土地的情况下可以视为承包合同加速到期，但该条约定不能对抗勤富公司在承包经营养殖场期间添附财产的所有权。在这种情况下，对《高昌养殖场转包合同》第 3 条第 8 项约定的合理解释应当是，在国家征收土地的情况下，养殖场地上属于勤富公司添附的财产的补偿应当归勤富公司，而原属于昌拱村委会所有的地上附着物部分的补偿在昌拱村委会没有明确的转让给勤富公司的意思表示的情况下，临高县信托公司无权处分昌拱村委会的财产，该部分财产的补偿仍应当归昌拱村委会所有。因此，临城镇政府与勤富公司签署《房屋拆迁补偿安置协议》，将养殖场上全部地上附着物的补偿款 9,451,866 元支付给勤富公司，构成重大误解，对《房屋拆迁补偿安置协议》中将地上附着物补偿款 9,451,866 元支付给勤富公司的内容应予撤销。[1]

本案系表意人对合同内容发生误解并造成重大损失的情形，表意人有权请求人民法院撤销合同。当然，根据《民法典总则编解释》第 19 条之规定，重大误解现不以“重大损失”为要件。

若当事人主张重大误解与其实际行为不一致，则不构成重大误解。如在河南有线电视网络集团有限公司（以下简称河南有线）与驻马店市广播电视局（以下简称驻马店广电局）合同纠纷案中，河南有线主张《收购协议》第 4 条关于“乙方（驻马店广电局）在建网过程中，与深圳瀚光公司发生的诉讼案件所产生的赔偿或补偿，100% 由甲方（河南有线）承担”的约定是其因重大误解而订立的，请求变更为“驻马店广电局在建网过程中，与深圳瀚光公司发生的诉讼案件所产生的赔偿或补偿，100% 由驻马店广电局承担”。最高法认为，《收购协议》第 4 条虽然对河南有线代驻马店广电局承担的另案诉讼赔偿或补偿责任没有明确具体数额，但对赔偿或补偿范围以 100% 由河南有线承担的方式进行了界定。《收购协议》签订于 2007 年 2 月 13 日，而另案诉讼于 2002 年 11 月 7 日就已提起，深圳瀚光公司要求驻马店广电局赔偿的损失数额为 30,066,000 元，河南有线对此明知，应当认为其在签订本案《收购协议》时对其代驻马店广电局承担的赔偿数额有适当的判断和预估。

---

〔1〕 最高法民事判决书，(2015)民提字第 198 号。

另案诉讼就深圳瀚光公司的损失经过了两次鉴定:第一次鉴定是在本案《收购协议》签订之前,认定的损失数额为380,403元;第二次鉴定虽然是在《收购协议》签订之后,认定投资损失和可得利益损失数额为16,315,110.23元,但该数额亦未超出另案的诉讼请求,不影响河南有线对其代偿责任的预估。同时,另案诉讼过程中,河南有线一直通过邮件、函件往来等方式跟踪、关注该案的进展情况,与驻马店广电局进行了多次沟通、商议,直到2009年7月28日,驻马店广电局函告河南有线另案判决的一审结果即驻马店广电局应赔偿数额为8,316,601.12元及利息,河南有线仍未表示其对《收购协议》第4条约定内容存在重大误解。另案二审判决作出后,河南有线又与驻马店广电局协商一致,由驻马店广电局全权负责执行和解事宜。虽然河南有线于2010年11月17日申请仲裁、2012年5月4日提起变更之诉,但其间还向驻马店广电局发函解释其目的是争取另案执行和解。上述行为表明河南有线对《收购协议》第4条约定内容及可能产生的后果均有客观认识和判断,不存在重大误解。另外,《收购协议》第3条关于资产收购价格4500万元的约定与第4条河南有线承担代偿责任的约定均明确具体,不存在重合或者冲突之处,河南有线主张资产收购价格4500万元已经包含本案所涉债务、第4条约定无限扩大其代偿责任的主张,与合同约定不符。综上所述,河南有线提出其对《收购协议》第4条内容存在重大误解应予变更的主张,与其真实意思表示以及行为均不符,无论该诉讼请求是否在法定期间之内提出,均不能成立。[1]

此外,有的当事人以合同约定外的事项未实现与其真实意思表示不符为由主张重大误解,并以此为由请求人民法院撤销合同。但由于合同约定外的事项超出了合同的履行范围,人民法院不予支持。

如在陕西融辉置业发展有限公司(以下简称融辉公司)与中国工商银行股份有限公司兰州广场支行(以下简称工行广场支行)等抵押合同纠纷案中,融辉公司主张其真实的意思是为叶天而非为甘肃明宇能源开发有限公司(以下简称明宇公司)向工行广场支行借款提供担保,贷款发放后,叶天未能实际使用该笔贷款,故融辉公司为该笔贷款提供担保的意思表示存在重大误解,应予撤销。最高法认为,即使融辉公司的真实意思是为叶天提供担

[1] 最高法民事裁定书,(2015)民申字第381号。

保,但该意思表示并未体现在《最高额抵押合同》中。《最高额抵押合同》明确约定,被担保主债权的债务人是明宇公司。叶天系自然人,明宇公司系企业法人,二者在名称上即截然不同,叶天担任法定代表人的鸿源公司在名称上与明宇公司也有显著区别。一般情况下,不存在错误认识的可能。融辉公司在《最高额抵押合同》上盖章,却称其误认为其所担保的主债权的债务人是叶天,最高法无法采信。叶天是否实际使用贷款,超出了案涉合同的履行范围,系案涉合同外的因素所致,与本案无关。融辉公司以其对合同约定外的事项未能实现,与其真实意思不一致为由主张其对合同存在重大误解,依据《合同法》关于重大误解的规定请求撤销合同,不应支持。[1]

(二)表意人的误解是重大的

表意人对合同内容产生误解并不必然享有合同撤销权。撤销合同是合同严守原则的例外,为防止当事人借机不履行合同,只有发生重大误解时,权利人才有权请求人民法院或者仲裁机构撤销合同。对于"重大"的认定,《国际商事合同通则》认为,"与订立合同相关的错误必须是很严重的。对于错误的分量应参照主客观两方面的标准进行衡量,亦即在订立合同时'一个通情达理的人处在与错误方相同的情况下',如果已经知道事实真相,可能作出的行为。如果他因此将根本不可能订立合同,或者合同将只会按实质不同的条款订立,那么在这种情况下,可以认为错误是严重的"[2]。

我国民法学者王利明先生则认为:"从客观上说,误解必须在客观上实质性地影响到当事人的权利义务。主观上说,一个合理的商人处在与错误方相同的情况下,若已经知道了事实真相时,不可能订立合同,则构成重大误解。"[3]笔者赞成此种观点。

(三)误解是表意人自己的过失造成的

若表意人订立合同时故意保留其真实意思表示,或者明知自己已对合同发生误解仍然与对方订立合同,此时,表意人希望追求其意思表示所产生的法律效果,此种情况下,表意人不享有合同撤销权。此外,若表意人因自身重大过失对合同内容产生误解,表意人亦不享有合同撤销权。

---

〔1〕 最高法民事判决书,(2016)最高法民终465号。

〔2〕 尚明主编、陈福利等编译:《国际统一司法协会:国际商事合同通则》,法律出版社2004年版,第56页。

〔3〕 王利明:《合同法研究》(第1卷),中国人民大学出版社2002年版,第688页。

在彭某森与李某等股权转让纠纷案中，李某称因彭某森故意隐瞒真实情况及受到错误账面凭证误导，误以为彭某森已履行前期全部投资义务，因此对股权价值作出错误判断，从而签订股权转让协议。李某主张该股权转让协议系因重大误解而签订的显失公平之合同，并据此主张撤销股权转让协议，要求彭某森返还股权转让款 200 万元。对此，最高法认为，根据一审、二审查明的事实，鑫城公司于 2011 年 1 月 16 日作出鄂鑫发 2011［001］号《关于公司组织机构设立和人事任命及责任分工的通知》文件，文件中明确规定李某自 2011 年 1 月起担任鑫城公司的财务总经理，主管公司的财务工作。因此，李某应当充分了解鑫城公司的财务状况、资产价值和彭某森的出资情况，对公司的财务账目情况，如账目不规范、财务管理混乱等情况也是明知的。李某基于对鑫城公司股权价值的认识作出收购股权的商业判断，风险应由其自行承担。一审、二审判决认定《公司股东股权转让协议》有效，李某根据《公司股东股权转让协议》的约定已支付的 200 万元股权转让款不应退还，股权转让款延期支付的部分按每月 3% 支付利息的约定属于违约金性质，根据《合同法》第 114 条第 2 款[1]酌情调整为按中国人民银行同期贷款利率的 4 倍标准支付利息，并无不当。[2]

本案即为表意人订立合同时故意保留其真实意思表示，或者明知自己已对合同发生误解仍然与对方订立合同的情形，此种情形下，表意人不享有合同撤销权。

（四）表意人因误解作出了意思表示

表意人因误解作出了意思表示，即表意人的错误认识与其作出意思表示之间具有因果关系。司法实践中，最高法有案例也予以认定，“且该误解与合同的订立或者合同条件存在因果关系”[3]。尽管表意人的外部表示与其内心的真实意思一致，但由于其内心真实意思发生了错误认识，其外部意思表示亦存在错误。因此，在诉讼层面，是否存在因果关系乃重大误解是否成立的抗辩点之一。

---

〔1〕 对应《民法典》第 585 条第 2 款。

〔2〕 最高法民事裁定书，（2016）最高法民申 3355 号。

〔3〕 最高法民事裁定书，（2020）最高法民申 4426 号。

二、受欺诈订立合同

欺诈在罗马法中称为(dolo),罗马法学家拉贝奥将欺诈定义为:“一切为蒙蔽、欺骗、欺诈他人而采用的计谋、骗局和手段。”[1]由于早期的罗马法注重法律行为的形式,因此,即便当事人受欺诈订立合同,只要该合同符合法律规定的形式要件,也属于有效的合同。直至罗马共和国末期,罗马法才产生“欺诈之诉”(actio de dolo malo),使受欺诈人可以撤销其所为的法律行为。[2] 因此,因欺诈实施的法律行为属于可撤销的范畴。

大陆法系国家大多沿袭罗马法的规定,认为因欺诈订立的合同属于可撤销的合同。《德国民法典》第 123 条规定:“(1)因被欺诈或者被不法胁迫而作出意思表示的,表意人可以撤销该意思表示。(2)欺诈系由第三人所为的,对于另一方所作的意思表示,只有当另一方明知或者可知欺诈事实时,始得撤销。应向其作出意思表示的相对人以外的人,因意思表示而直接取得权利时,只有当权利取得人明知或者可知欺诈事实时,始得撤销该意思表示。”《日本民法典》第 96 条规定:“(一)因欺诈或胁迫而进行的意思表示,可以撤销。(二)就对某人的意思表示,第三人进行欺诈时,以相对人知其事实情形为限,可以撤销其意思表示。(三)因欺诈而进行的意思表示的撤销,不得以之对抗善意第三人。”大陆法系国家之所以将因欺诈订立的合同认定为可撤销的合同,其原因在于欺诈导致当事人意思表示不真实,损害表意人的合法权益。“因欺诈或胁迫而撤销是以意思缺乏自由为根据的,欺诈是当事人一方对另一方采取的手段,即欺诈人为影响相对方的意思所使用的手段。这种手段是不正当的,法律就应允许表意人收回他的意思表示。”[3]

根据《民法典总则编解释》第 21 条之规定,我国民法语境下的欺诈的含义为,故意告知虚假情况,或者负有告知义务的人故意隐瞒真实情况,致使当事人基于错误认识作出意思表示。此外,我国《民法典》第 148 条规定:“一方以欺诈手段,使对方在违背真实意思的情况下实施的民事法律行为,受欺诈方有权请求人民法院或者仲裁机构予以撤销。”这是合同当事人实施欺诈行为的情形。《民法典》第 149 条还规定了第三人欺诈的情形:“第三人

---

〔1〕［意］彼德罗・彭梵得:《罗马法教科书》,黄风译,中国政法大学出版社 2005 年版,第 72 页。

〔2〕参见周枏:《罗马法原论》(下册),商务印书馆 1994 年版,第 591 页。

〔3〕参见沈达明、梁仁洁编著:《德意志法上的法律行为》,对外贸易教育出版社 1992 年版,第 143 页。

实施欺诈行为，使一方在违背真实意思的情况下实施的民事法律行为，对方知道或者应当知道该欺诈行为的，受欺诈方有权请求人民法院或者仲裁机构予以撤销。”因此，在合同相对人实施欺诈的情况下，若表意人实施的民事法律行为违背其真实意思表示，则其有权请求人民法院或者仲裁机构予以撤销；而在第三人实施欺诈行为时，若相对人不知或非因过失而不知表意人被第三人欺诈之事情时，表意人即不得撤销其意思表示。[1]

对于欺诈的构成要件，理论上存在多种观点。王利明教授认为，因欺诈导致合同被撤销须具备以下条件：第一，欺诈方具有欺诈的故意；第二，欺诈方实施欺诈行为；第三，被欺诈的一方因欺诈而陷入错误并因此作出了意思表示；第四，欺诈行为造成了另一方的损失。[2] 此种观点要求欺诈行为造成另一方损失，这为立法机关的释义所否定。[3] 而史尚宽先生则认为，欺诈的构成要件包括：(1)须有欺骗他人之行为；(2)诈欺人须有故意；(3)诈欺人须有意思能力；(4)诈欺行为必须至于有背于诚信原则之程度；(5)须因诈欺而使表意人陷于错误；(6)须表意人因错误而为意思表示。[4] 该观点要求欺诈人具有意思能力，笔者认为，当事人具有意思能力是合同有效成立的要件之一，无须将其单独作为欺诈的构成要件。本书采用我妻荣先生的观点，即构成欺诈应符合以下要件。[5]

（一）欺诈者的故意

欺诈者的故意，即实施欺诈行为的一方明知自己告知对方的行为是虚假的，且会导致对方陷入错误认识，行为人仍然希望或者放任该结果的发生。学者一般认为，成立欺诈，欺诈者须有两层故意。第一层为使相对人陷于错误之故意，第二层故意为使相对人依其错误而为一定之意思表示。[6]

---

〔1〕 参见王泽鉴：《民法学说与判例研究》，北京大学出版社2015年版，第265页。

〔2〕 参见王利明：《合同法研究》（第1卷），中国人民大学出版社2002年版，第706页。

〔3〕 立法机关认为，欺诈的构成并不需要受欺诈人客观上遭受损害后果的事实。详见黄薇主编：《中华人民共和国民法典总则编解读》，中国法制出版社2020年版，第482页。

〔4〕 史尚宽：《民法总论》，中国政法大学出版社2000年版，第424－426页。

〔5〕 参见［日］我妻荣：《新订民法总则——我妻荣民法讲义Ⅰ》，于敏译，中国法制出版社2008年版，第288～290页。

〔6〕 参见史尚宽：《民法总论》，中国政法大学出版社2000年版，第425页。［日］我妻荣：《新订民法总则——我妻荣民法讲义Ⅰ》，于敏译，中国法制出版社2008年版，第288页。

(二)存在欺诈行为

欺诈行为既可以是积极的告知对方虚假情况,也可以是消极的故意隐瞒真实情况,“前者可称为积极欺诈,后者可称为消极欺诈或沉默欺诈”[1]。但这只针对合同当事人实施欺诈行为的情形。在第三人实施欺诈行为的情况下,由于第三人并没有告知合同相对人真实情况的义务,第三人不能以消极不作为的方式实施欺诈行为。此外,通说认为,所谓“‘受第三人欺诈而实施的民事法律行为’中的第三人并非民事法律行为第三人之外的所有人,其至少应当排除代理人、受雇人、缔约辅助人(没有代理权但也受委托参与谈判的助手)等相对人应为其行为负责的人”[2]。因为代理人、受雇人和缔约辅助人的行为代表相对人,所以,在上述行为人实施欺诈行为的情况下,权利人撤销权的行使不以相对人知道、应当知道为前提。

实践中,行为人的行为是否构成欺诈,人民法院一般根据当事人是否故意告知对方虚假情况,或者是否故意隐瞒真实情况,从而导致当事人实施的民事法律行为违背其真实意思表示进行判断。

例如,在呼和浩特市捭阖道餐饮管理有限责任公司(以下简称捭阖道公司)与丁某征特许经营合同纠纷案中,最高法认为,本案中捭阖道公司与丁某征签订的《品牌技术使用协议》具备商业特许经营合同的特征,且双方对合同性质均无争议,其性质为特许经营合同。双方在签订协议时,捭阖道公司隐瞒了“变态薯”商标并未注册的事实,并于2011年7月22日在签发给丁某征包头市青山区加盟店的证书以及变态薯产品培训手册、宣传彩页以及公司网站网页上均使用了“变态薯”文字及图形组合商标标识,并在该标识右上角明显位置标注了注册商标的符号,隐瞒了“变态薯”商标当时未核准注册的事实;而且捭阖道公司在“变态薯”商标图样右下角标注有HOLLAND'POTATO - 1982,在公司网页上也宣传“变态薯”为其旗下品牌,于2008年从荷兰直接引进,亦会使包括丁某征在内的相关客户及消费者误认为其所使用的马铃薯产品及“变态薯”品牌源自荷兰,且捭阖道公司无法证实该宣传的真实性。综上所述,最高法认为,捭阖道公司故意隐瞒真实情况,向丁某征提供不真实的经营信息和虚假宣传,直接影响到丁某征对捭阖

[1] 杨代雄主编:《袖珍民法典评注》,中国民主法制出版社2022年版,第106页。
[2] 《〈中华人民共和国民法总则〉条文理解与适用》(下),人民法院出版社2017年版,第995页。

道公司的客观认知，进而在加盟项目选择、经营发展以及未来预期中可能作出错误的意思表示。故一审、二审法院决认为摔阖道公司的行为构成欺诈并足以影响丁某征作出错误的意思表示并无不妥。[1]

在许某安等与曹某勇增资纠纷案中，最高法认为，曹某勇先以《债务确认书》的形式作出向滨海公司的实际控制人许某安偿还3800万元个人债务的承诺，实现增资目的后却明确否认与许某安之间的债权债务关系并拒绝偿还，证明曹某勇增资前的承诺构成欺诈，使许某安等在违背真实意思的情形下，与曹某勇达成了由其单独增资、其他股东放弃优先认缴权的股东协议。一审法院认为许某安等以受到曹某勇欺诈作出错误意思表示为由，主张撤销放弃认缴增资优先权的协议内容，应予支持。[2]

此外，民事欺诈多见于涉诈骗类民刑交叉案件[3]中，比如，在郑某、北京五洲世纪互动电视科技有限公司（以下简称北京五洲公司）与穆某娟等合同纠纷案[4]中，最高法认为，一审、二审判决查明澳门五洲公司的实际注册资本、北京五洲公司固定工作人员的实际情况及郑某收到穆某娟投资款后不久即失联且并未依约确认穆某娟股东身份等事实，结合刑事案件相关人员的陈述，一审、二审认为澳门五洲公司的实际注册资本与根据《五洲卫视投资协议书》中可推断的注册资本存在较大差距、郑某及北京五洲公司实际经营管理及履约能力证据不足，故而认定郑某在案涉合同洽商过程中隐瞒真实情况，致使穆某娟对澳门五洲公司的注册资本和实际履约能力产生错误认知而签订案涉《五洲卫视投资协议书》构成欺诈，符合常理推断，并无不当。

（三）有错误认识

有错误认识，即被欺诈一方因为欺诈行为陷入错误认识，或者加深了其错误认识的程度。因此，错误既可以因欺诈行为而发生，也可以在受欺诈方已经存在错误的情况下加深其错误认识。

在马某与河南林都实业有限公司（以下简称林都公司）股权转让纠纷案中，对于马某主张林都公司签订合同时隐瞒了政府返还土地款19,943.88万

---

〔1〕 最高法民事裁定书，(2015)民申字第2427号。
〔2〕 最高法民事判决书，(2015)民二终字第313号。
〔3〕 有关刑民交叉案件中涉及民事欺诈认定，可详见本书第十五章第五节。
〔4〕 最高法民事裁定书，(2019)最高法民申4559号。

元，未将该笔款项计入财务报表，属于欺诈行为的申诉请求，最高法认为，马某所主张的款项是鄢陵县人民政府向河南鄢陵北方花木交易中心有限公司（以下简称花木公司）拨付的补助资金，鄢陵县人民政府于2011年9月26日决定向花木公司拨付补助资金21,850万元。此时，马某并未被羁押，且仍是花木公司的股东、董事，故马某对政府决定向花木公司拨付补助资金的事情应当知情，因此，其并没有陷入错误认识。马某主张林都公司以欺诈手段与其签订《股权转让协议》的理由不能成立。[1]

在宋某利与淄博市张店区沣水镇张二村村民委员会（以下简称张二村委会）合同纠纷案中，对于宋某利提出的欺诈情况，最高法认为，宋某利称《协议合同书》《承诺书》是张二村委会以卖企业给他为由欺诈所签。对此其并未提供证据证明张二村委会在其《协议合同书》《承诺书》签订之前答应过以此承诺为条件将企业直接卖给宋某利。而且，签订协议、出具承诺之后，宋某利参加了企业的竞标，该行为说明其认同张二村委会以竞标的方式出售企业。故宋某利以受欺诈为由诉请撤销《协议合同书》《承诺书》理据不足。[2]

（四）因错误认识作出了意思表示

被欺诈方因为欺诈陷入错误认识后，又基于该错误认识作出了意思表示，即欺诈行为与被欺诈方作出意思表示之间存在因果关系。若被欺诈方没有出现错误认识也会作出该意思表示，则不构成欺诈，被欺诈方也不享有合同撤销权。

在江西银行股份有限公司赣州分行（以下简称赣州分行）与中铁恒丰置业有限公司（以下简称中铁公司）等金融借款合同纠纷案中，中铁公司等主张赣州分行对其恶意欺诈签订《最高额保证合同》。最高法认为，中铁公司等作为保证人对其所担保主合同项下的交易背景，同样负有相应的注意义务，其也可以在当时通过网络查询等方式获知交易背景是否虚构的事实。事实上，根据中铁公司等的主张，其在《最高额保证合同》签订前通过赣州分行已知悉交易背景可能存在虚构的情况。在此情形下中铁公司仍召开股东会，通过决议为新资源公司提供担保并签订涉案《最高额保证合同》，应视为

〔1〕 最高法民事裁定书，（2016）最高法民申412号。
〔2〕 最高法民事判决书，（2015）民抗字第30号。

其自愿行为,故其主张赣州分行对其恶意欺诈签订《最高额保证合同》的理由不能成立。[1] 本案中,中铁恒丰置业有限公司和孙某钢在提供担保前已经知道新资源公司可能存在欺诈行为,因此,中铁恒丰置业有限公司和孙某钢非因为陷入错误认识而签订《最高额保证合同》。故本案不构成欺诈,中铁公司和孙某钢不享有合同撤销权。

(五)欺诈是违法的

在某些情形下,一方当事人虽然作了虚假陈述,但其行为却并不具有违法性,对方当事人不得以受到恶意欺诈为由行使撤销权。[2] 因此,有学者主张应当对《民法典》第148条进行目的性限缩,将不具有违法性的欺诈排除在该条款的适用范围之外。[3]

三、受胁迫订立合同

与民事胁迫有关的法律制度起源于罗马法,罗马法将意思可能因物质胁迫或精神胁迫产生的瑕疵称为民事胁迫。[4] 罗马法关于民事胁迫的规定被不同程度上接受和继承。《德国民法典》第123条第1款规定:"因被欺诈或者被不法胁迫而作出意思表示的,表意人可以撤销该意思表示。"我国《民法典》第150条也规定:"一方或者第三人以胁迫手段,使对方在违背真实意思的情况下实施的民事法律行为,受胁迫方有权请求人民法院或者仲裁机构予以撤销。"

尽管《德国民法典》未明确规定第三人实施胁迫行为的情形,但这并不否认胁迫者可以是第三人。由于胁迫行为的违法性比欺诈行为更严重,因此,在第三人实施胁迫行为的情况下,无论合同相对人是否知道第三人的胁迫行为,只要受胁迫方作出的意思表示与其真实意思表示不符,则其有权在法律规定的期限内请求人民法院、仲裁机构撤销合同。也就是说,施行胁迫者为第三人时,关于表意人之撤销权,"民法"既未设有限制,则相对人虽不知或非因过失而不知表意人被胁迫之情事,表意人仍得依相关规定撤销其

〔1〕 最高法民事判决书,(2015)民二终字第229号。
〔2〕 参见王泽鉴:《民法总则》,北京大学出版社2009年版,第368页。
〔3〕 参见杨代雄主编:《袖珍民法典评注》,中国民主法制出版社2022年版,第108页。
〔4〕 参见[意]彼得罗·彭梵得:《罗马法教科书》,黄风译,中国政法大学出版社2005年版,第57页。

意思表示。[1]

成立胁迫需要具备一定条件，即胁迫者的故意、胁迫行为、产生畏惧、因畏惧作出了意思表示以及胁迫是违法的。

（一）胁迫者的故意

“胁迫人须故意实施胁迫行为，其必须有意思地通过表示施加不利益将表意人置于迫不得已状态，并希望表意人在这种状态下依‘两害相权取其轻’的原则作出意思表示。”[2]因此，一般而言，“为使胁迫成立，胁迫人需有两层之故意，即第一层须有胁迫相对人使生恐怖之念之故意，第二层须使其因恐怖而为一定的意思表示之故意”[3]。胁迫者是否具有希望因胁迫行为获得财产上的利益，或者希望表意人遭受财产上的损失之故意在所不问。因此，表意人是否遭受财产上的损失不是受胁迫者是否享有撤销权的要件。

（二）胁迫行为

胁迫行为，是指为迫使他人产生恐怖而作出违背真实意愿的意思表示，以将来施加危害相要挟的行为。首先，行为人用来胁迫的事项应当具有“将来性”，其发生是否必然具有“可能性”并不影响，只要被胁迫者内心认为不利后果为胁迫者左右即可。其次，我国现行法律不要求胁迫者实施重大的胁迫行为，只要胁迫行为足以导致表意人内心发生恐惧即可。再次，胁迫行为既可以由合同当事人实施，也可以由第三人实施。在第三人实施胁迫行为的情况下，胁迫行为是对当事人意思自治的干涉，无论合同当事人是否善意，表意人均享有合同撤销权。最后，就被胁迫的对象而言，有的国家对此有明确规定，如《法国民法典》第1113条规定：“胁迫为契约无效的原因；不仅对于缔约人行使胁迫，即对于缔约人的配偶、直系卑血亲或尊血亲行使胁迫时亦同。”我国现行法律规定的被胁迫的对象包括表意人本人、表意人的亲友和法人，但未明确规定亲友的范围。有学者主张应对亲友做扩大解释。“凡是对被胁迫者施加危害能够引起表意人恐惧且由此为意思表示的，都应认定为胁迫。”[4]笔者赞成此观点。

---

〔1〕 参见王泽鉴：《民法学说与判例研究》，北京大学出版社2015年版，第265页。

〔2〕 杨代雄主编：《袖珍民法典评注》，中国民主法制出版社2022年版，第112页。

〔3〕 史尚宽：《民法总论》，中国政法大学出版社2000年版，第435页。

〔4〕 夏凤英：《胁迫相关问题探讨——兼评〈合同法〉之规定》，载《法学论坛》2000年第5期。

实践中，对于胁迫行为的司法认定标准，原《民通意见》第69条[1]有清晰界定，即"以给公民及其亲友的生命健康、荣誉、名誉、财产等造成损害或者以给法人的荣誉、名誉、财产等造成损害为要挟，迫使对方作出违背真实的意思表示的，可以认定为胁迫行为"之规定。《民法典总则编解释》第22条规定："胁迫是指，以给自然人及其近亲属等的人身权利、财产权利以及其他合法权益造成损害或者以给法人、非法人组织的名誉、荣誉、财产权益等造成损害为要挟，迫使其基于恐惧心理作出意思表示。"可见，《民法典总则编解释》基本沿袭了《民通意见》的规定。

例如，在荣华油轮运输有限公司（以下简称荣华公司）与广州市登泰船厂有限公司（以下简称登泰船厂）船舶修理合同纠纷案中，荣华公司主张《结账款确认》系其在受胁迫和欺诈的情形下出具，应予以撤销。对此，最高法认为，登泰船厂以荣华公司将遭受巨额违约索赔、停止提供岸电等方式要求荣华公司结算款项，并不属于胁迫。[2]

（三）表意人产生恐惧

表意人产生恐惧，即表意人因为胁迫者的胁迫行为产生恐惧。在表意人受胁迫前已经产生恐惧的情况下，若胁迫行为加强了其恐惧心理，则也构成胁迫。对于恐惧心理的判断，理论上存在"客观说"与"主观说"两种观点。"客观说"认为应当根据通常情况下一个合理人的标准进行判断，而"主观说"则认为应当根据具体当事人的表现予以判断。德国学理和判例认为，胁迫必须使一个通情达理的人害怕祸患的到来，从而违心地表示同意，因此，德国法倾向于"客观说"。我国台湾地区有学者认为，"表意人就恐怖之发生不妨有过失，如为通常人应不因该胁迫而生恐怖之心，唯表意人发生之者，亦无妨碍"[3]。因此，其倾向于"主观说"。《法国民法典》第1112条第1款规定："凡行为的性质足使正常之人产生印象，并使其发生自己身体或财产面临重大且迫切危害的恐惧者，成立胁迫。"第2款规定："关于此问题，应考虑受胁迫人的性别、年龄及个人的情况。"因此，法国法采用以客观标准为原则、主观标准为例外的双重标准。

---

[1] 对应《民法典总则编解释》第22条。

[2] 最高法民事裁定书，(2015)民申字第1924号。

[3] 史尚宽：《民法总论》，中国政法大学出版社2000年版，第437页。

我国现行法律未规定恐惧的认定标准，笔者认为，应当借鉴法国法的规定，采用以客观标准为原则、主观标准为例外的双重标准。一般情况下，若欺诈者的行为足以使一般人产生恐惧心理，则胁迫达到了法定程度。但若按照此种标准进行裁判显失公平，则应当采取主观标准。

（四）因畏惧作出了意思表示

成立胁迫不仅要求表意人作出意思表示与其产生恐怖之间具有因果关系，且要求表意人为了迎合胁迫人的意思而作出意思表示，否则不构成胁迫。比如，在陈某荣与许某华、二审上诉人范某铭股权转让纠纷案〔1〕中，牧羊集团的五位自然人股东同时担任牧羊集团董事会成员，负责公司的经营管理。后公司股东之间产生分歧，部分公司股东提议召开公司定期董事会，但均未能召开董事会作出公司决议，形成了公司僵局。与此同时，牧羊集团针对公司部分股东实施向有关部门举报、向有关人民法院提起诉讼的行为，后许某华因涉嫌刑事犯罪被采取了限制人身自由的强制措施。在被限制人身自由期间，当地有关司法机关工作人员前往许某华被限制人身自由的场所与其协调，并向许某华预示了其目前存在的困境以及以后可能面临的不利境况，许某华在此困境下于被限制人身自由的场所内签署了案涉股权转让协议。协议签订后，许某华很快恢复了人身自由，且未再因此被限制人身自由和追究相关刑事责任。并且，该股权转让协议约定的转让价格也与牧羊集团当时应有的股权价值明显不符。最高法认定，上述事实足以认定许某华与陈某荣之间的案涉股权转让协议存在胁迫。

（五）胁迫是违法的

对于胁迫是否必须具有违法性，各个国家和地区规定有所不同，学者之间也存在争议。《德国民法典》第 123 条第 1 款规定："因被欺诈或者被不法胁迫而作出意思表示的，表意人可以撤销该意思表示。"因此，德国法中的胁迫要求具有不法性。《日本民法典》第 96 条第 1 款规定："因欺诈或胁迫而进行的意思表示，可以撤销。"但日本民法学者我妻荣先生则认为，胁迫需要具有违法性。〔2〕笔者认为，胁迫应当具有违法性，否则该行为不成立胁迫，

〔1〕 最高法民事裁定书，（2021）最高法民申 7937 号。

〔2〕 参见［日］我妻荣：《新订民法总则——我妻荣民法讲义Ⅰ》，于敏译，中国法制出版社 2008 年版，第 293 页。

表意人不享有合同撤销权。

就违法性而言,主要包括目的违法和手段违法两种情形。只要胁迫者实施的行为符合目的违法和手段违法中的一种,表意人即享有合同撤销权。

在(2013)最高法民提字第24号案中,关于2005年1月13日程某珍向马某元出具的《承诺》、程某与马某元签订的《协议书》是否存在被胁迫问题,最高法认为,首先,程某珍于2005年1月12日被四平市公安局经侦支队采取限制人身自由的强制措施直至2005年1月13日,在此期间程某珍出具《承诺》、程某与马某元签订《协议书》等事实,可由四平市公安局经侦支队办案人员靳某根、王某兴分别于2005年9月9日和11日出具的《情况说明》、四平市中级人民法院法官宋某平于2007年2月26日出具的关于程某签订《协议书》时的《情况说明》以及四平市公安局经侦支队询问笔录予以证实。其次,四平市中级人民法院宋某平法官于2005年1月13日出具的证言以及2007年2月26日出具的《情况说明》证实,程某与马某元签订的《协议书》是由宋某平按照马某元的要求拟订,且四平市经侦支队办案干警直接参与了对协议内容的修改。郭某行于2005年10月10日出具的证言以及2007年3月15日出具的《情况说明》以及在最高法再审庭审中出庭作证时的陈述与宋某平的证言能够相互印证。尤其是宋某平作为马某元的朋友在2005年1月13日帮助马某元起草《协议书》,对该协议书的形成过程与作为程某珍下属的郭某行所作的证言能够相互印证。因此,两人的证言能够证明程某2005年1月13日与马某元签订《协议书》时并无合意的过程,程某并非处于自愿的状态。最后,无论四平市公安局经侦支队对程某珍采取的强制措施是否合法,在程某珍被限制人身自由的情形下,程某珍作出向马某元偿还238万元债务的承诺,与双方之前签订的两份借款合同所约定的借款金额211.2万元存在26.8万元的差额。在本案诉讼过程中,马某元始终未能说明该差额的出处及根源。程某珍在人身自由被限制的情形下作出的超出原约定数额的债务,在无其他合理解释的前提下,不能认定程某珍作出的意思表示是真实自愿的。程某作为程某珍的侄子,出于尽快使其姑母获得人身自由的主观目的,与马某元签订《协议书》加入其姑母的债务之中,亦不应认定为其真实意思表示。综上所述,2005年1月13日,程某珍作出的《承诺》、程某与马某元签订的《协议书》,系在被胁迫的情形下作出的,程某珍、程某有权请求撤销承诺及《协议书》。程某珍在本案中主张对超出其所签合同约定的债务数额不承担责任、程某在本案反诉请求撤销该《协议书》，都是行使撤销权的一种方式，应予支持，程某珍向马某元所作的《承诺》及程某与马某元签订的《协议书》因被撤销而不发生法律效力。

受胁迫方要事后举证被胁迫的事实，以便法官自由心证认定存在被胁迫作出意思表示的事实，但是通过考察最高法的诸多案例，不得不承认有关胁迫的诉求绝大部分均被以举证不能为由没有得到司法确认，可见受胁迫的举证难度极大。原因在于，根据民事证明责任理论及《民诉法解释》第109条之规定，主张因受胁迫作出意思表示的，适用“排除合理怀疑”证明标准，这是民事诉讼中三类证明标准中的难度最大的类型。[1]

在上海长春藤生物科技有限公司（以下简称长春藤公司）、庄某清与苏某标房屋买卖合同纠纷案[2]中，最高法认为，案涉协议书的订立时间系在长春藤公司竞拍东森会馆之后近两年。而证人李某的证言证明庄某清签署协议书的地点系东森会馆大厅且周边还有其他人员，该证人证言仅证明庄某清不情愿地签署了文件，但并未证明苏某标在当时有任何强迫或者胁迫行为。长春藤公司、庄某清虽然提交证据试图证明苏某标控制了长春藤公司的一切证照及公司的全部经营管理活动，但并未进一步证明苏某标利用了该优势地位，采取了威胁性的言行迫使两申请人签订协议。何况从订立协议的现场情形看，庄某清如果确实不愿意签订该协议，其完全有条件拒绝。故庄某清在有条件拒绝签字的场合亲笔签署了协议书，应认定系其真实的意思表示。苏某标控制长春藤公司的证照及经营管理活动，即便属实，也不能当然得出胁迫庄某清的结论。是否胁迫，仍需要有进一步的举证。两申请人有关签订协议书系苏某标胁迫的主张没有事实依据。

在朝阳三好房地产开发有限公司大安二分公司（以下简称大安二分公司）与抚顺纵横房地产有限责任公司等项目转让合同纠纷案[3]中，就大安二分公司主张其负责人肖某因涉嫌逃税罪被执行逮捕，2009年4月30日被取保候审，后因其逃税行为显著轻微、危害不大，检察机关作出了不予起诉的决定，该份《房屋转让协议书》正是在羁押期间受到威胁而签订的。最高

---

〔1〕 有关民事证明标准类型详见本书第六章第七节。
〔2〕 最高法民事裁定书，(2015)最高法民申字第1161号。
〔3〕 最高法民事裁定书，(2015)最高法民申字第457号。

法认为，大安二分公司负责人肖某因涉嫌犯罪而被采取强制措施并不必然导致其在签订涉案合同时受到胁迫，在无充分证据证明的前提下，其主张受到胁迫的事实不能认定。

在西安大鹏生物科技股份有限公司（以下简称大鹏公司）与陕西华宇实业有限公司（以下简称华宇公司）等建设用地使用权转让合同纠纷案[1]中，最高法认为，即使华宇公司确实存在对大鹏公司拉闸停电、组织人员冲击大鹏公司的工厂等行为，大鹏公司除向当地公安机关报警外，还可以采取向人民法院起诉请求华宇公司停止侵害、排出妨碍、赔偿损失等合法途径维权，并非必须签订违背真实意思表示的《补充协议》。故原判决没有认定《补充协议》是大鹏公司受胁迫签订的违背真实意思表示的合同，并无不当。

在新疆兴恒通房地产开发有限公司（以下简称兴恒通公司）与奎屯永通工贸有限公司（以下简称永通公司）建设工程施工合同纠纷案[2]中，最高法认为，涉案工程已经完工，在兴恒通公司拖延结算的情况下，永通公司主动找兴恒通公司进行工程结算，结算过程中虽然双方发生争议，且有警方到场，但并不意味着《工程结算单》是受胁迫签订。从《工程结算单》载明的事项看，其内容详细，在改动处均有捺印，体现了双方不断协商的过程，是双方当事人真实的意思表示，《工程结算单》形成后，兴恒通公司亦未报警主张其受到胁迫。综合上述情况，应认定《工程结算单》合法有效。兴恒通公司主张《工程结算单》签订时存在胁迫应对其予以撤销，缺乏依据，最高法不予支持。

四、显失公平的合同

（一）显失公平的含义及其渊源

显失公平的合同，是指一方在订立合同时因处于危困状态或缺乏判断力而订立的明显对自己有重大不利的合同。显失公平制度起源于罗马法，罗马法最初奉行严格的形式主义和自由主义，不注重合同内容的实质公平。后随着经济社会的发展，实质公平逐渐得到重视，从而产生了“非常损失规

---

〔1〕 最高法民事裁定书，(2014)最高法民申字第2159号。

〔2〕 最高法民事裁定书，(2016)最高法民申141号。

则”[1]。帝国时期，查士丁尼在制定法典时创设了“短少逾半规则”，即当买卖价金少于标的物价值的一半时，出卖人得解除契约，返还价金并请求返还标的物。[2]

大陆法系国家最早继受“非常损失规则”的是《法国民法典》。《法国民法典》第1118条规定：“因显失公平致使一方当事人遭受损失之事实……对某些契约或对某些人，构成取消契约的原因。”此外，《法国民法典》还确定了损失数额的具体标准，只有符合法律规定的具体数额时，权利人才有权请求撤销合同。例如，第1674条规定，出卖人遭受的损失超过不动产价金十二分之七时，其有权请求取消买卖；第887条规定，共同继承人所分配的财产少于其应得份额的四分之一以上的，其有权请求取消。

德国法则将显失公平称为暴利行为，根据《德国民法典》第138条第2款[3]之规定，构成暴利行为，不但要求给付与对待给付之间明显不对等，且要求暴利者利用对方穷困、无经验、缺乏判断力或意志显著薄弱的情形。[4]

我国现行法律也确立了显失公平制度。《民法典》第6条规定：“民事主体从事民事活动，应当遵循公平原则，合理确定各方的权利和义务。”显失公平的民事行为违背了公平原则，使当事人双方的权利义务明显不对等。因此，《民法典》第151条规定：“一方利用对方处于危困状态、缺乏判断能力等情形[5]，致使民事法律行为成立时显失公平的，受损害方有权请求人民法院或者仲裁机构予以撤销。”权利人依据本条行使撤销权，既要考虑行为人行为的性质，也要考虑行为的结果，且必须注意显失公平的判断时间点。

---

[1] 参见周枏：《罗马法原论》（下册），商务印书馆1994年版，第766页。

[2] 参见梁慧星：《民法》，四川人民出版社1989年版，第137页。

[3] 《德国民法典》第138条第2款规定：当法律行为系乘另一方穷困、没有经验、缺乏判断能力或者意志薄弱，使其为自己或者第三人的给付作出财产上的利益的约定或者担保，而此种财产上的利益与给付显然不相称时，该法律行为无效。

[4] 参见［德］迪特尔·梅迪库斯：《德国民法总论》，邵建东译，法律出版社2000年版，第541－542页。

[5] 有学者认为，还包括利用对方劣势的其他情形，并区分了绝对劣势与相对劣势，结构劣势与个体劣势。参见朱庆育主编：《中国民法典评注·条文选注》，中国民主法制出版社2021年版，第13页。

(二)显失公平的构成要件

1. 判断时间点

要求民事法律行为成立时显失公平。显失公平的判断时间点为“合同成立时”。“评价民事法律行为是否显失公平,应从民事法律行为成立时的情况分析,而不能以事后的变化来评价利益是否失衡。”[1]合同成立后,因自然灾害、社会异常事件等原因导致双方的权利义务明显不公平的,不适用显失公平制度,而应当适用不可抗力制度或情势变更原则。

2. 客观要件

显失公平,是指双方当事人在民事法律行为中的权利义务明显失衡、显著不相称。至于“失衡“不相称”的具体标准,则需要结合民事法律行为的具体情形,如市场风险、交易行情、通常做法等加以判断。[2] 如标的物的价值和价款相差悬殊,合同责任或风险承担明显不合理等。[3] 合同客观上是否显失公平应综合考虑以下因素:[4]

第一,相对比例。若标的物的转让价格低于交易时、交易地的指导价或者市场交易价 70% 的,则属于“明显不合理的低价”;若转让价格高于当地指导价或者市场交易价 30% 的,则属于“明显不合理的高价”。上述两种情形均可能构成显失公平。

在计某林与梅兰化工集团有限公司(以下简称梅兰化工公司)股权转让纠纷案中,计某林称原判决认定《合作协议书》显失公平、应予撤销属于认定事实错误。对此,最高法认为,2011 年 6 月 23 日,计某林在与梅兰化工公司签订的《合作协议书》第 1 条、第 2 条中约定,计某林将其拥有的颖兴萤石矿 50% 的权益以 8000 万元的价款转让给梅兰化工公司,该 8000 万元价款包括颖兴萤石矿采矿许可证矿区范围 1.6214 平方千米、10 个矿脉、980 万吨萤石储量和协议生效之日双方盘点的颖兴萤石矿所有无形资产与有形资产。合同履行期间,双方对萤石储量发生争议。依据梅兰化工公司申请,一审法院从围场县国土局调取的《颖兴萤石矿扩界勘察及资源储量核实报告》(以下

[1] 最高法民事裁定书,(2021)最高法民申 1658 号。

[2] 参见黄薇主编:《中华人民共和国民法典总则编解读》,中国法制出版社 2020 年版,第 493 页。

[3] 参见胡康生主编:《〈中华人民共和国合同法〉释义》,法律出版社 2009 年版,第 98 页。

[4] 参见贺剑:《〈合同法〉第 54 条第 1 款第 2 项(显失公平制度)评注》,载《法学家》2017 年第 1 期。

简称《储量核实报告》)载明,截至2012年8月底,颖兴萤石矿萤石资源储量为14.638万吨,与《合作协议书》确认980万吨的萤石储量差额巨大。计某林虽提交河北中川地质调查有限公司(以下简称中川公司)出具的《颖兴萤石矿矿产资源远景评价地质报告》(以下简称《远景评价地质报告》),欲证明该报告预测的涉案矿石远景资源量为813.5万吨,与合同约定基本相符。但该储量为预测量,计某林委托的有专门知识的人出庭陈述意见时亦认为,《远景评价地质报告》是颖兴萤石矿的远景资源量,是对储量的预测。而双方在《合作协议书》中载明的980万吨萤石储量并未说明是预测储量,而梅兰化工公司支付4000万元股权转让款的对价亦是建立在980万吨确定的萤石储量基础上。据此,二审法院认定梅兰化工公司以4000万元价款购买名为980万吨、实际为14.638万吨萤石储量的颖兴萤石矿50%股权,显失公平,双方签订的《合作协议书》应予撤销并无不当。[1]

本案中,梅兰化工公司支付4000万元股权转让款是建立在980万吨萤石储量基础之上的,但案涉萤石资源储量仅为14.638万吨,因此,梅兰化工公司以明显不合理的高价购买案涉股权,属于显失公平的合同,依法应予以撤销。在具有类似案情的另一宗探矿权转让合同纠纷案[2]中,最高法认为,作为本案探矿权交易受让方的汇宝有色公司、汇宝国际公司系以一〇三勘探队交付的包括《可研报告》、《评估报告》(评估价值为36,597.76万元)在内的探矿权相关资料作为参考,与一〇三勘探队、东煤地质局签署合同完成案涉探矿权交易。而一审法院委托大地评估公司依据中煤沈阳设计院存档《可研报告》的发热量数值,其他参数、评估方法、基准日均参照环宇评估公司《评估报告》,对发热量变化对矿权评估价值影响进行评估,经评估案涉探矿权在评估基准日的价值为7557.38万元人民币。一〇三勘探队系专门从事煤炭地质勘查的专业机构,具有较为丰富的专业经验。而汇宝国际公司的经营范围包括对房产、矿山、农业、旅游业、港口、公路建设的投资管理,汇宝有色公司在成立后次年便进行了本案交易。双方在煤炭地质勘查、矿权交易相关专业性问题及交易经验方面存在较大差距。汇宝有色公司、汇宝国际公司对一〇三勘探队委托制作,并向其提供的《可研报告》《评估报

---

〔1〕 最高法民事裁定书,(2016)最高法民申1648号。

〔2〕 最高法民事判决书,(2021)最高法民终484号。

告》等相关资料具有较高信任，且一〇三勘探队亦对上述资料的真实性作出承诺。汇宝有色公司、汇宝国际公司在其相关专业经验不足的基础上，与东煤地质局、一〇三勘探队订立了交易价格远高于案涉探矿权真实价值的《探矿权转让协议书》及《置换协议》，致使双方权利义务明显违反公平、等价有偿原则，《探矿权转让协议书》及《置换协议》存在显失公平的法定可撤销情形。

在青海昆玉实业投资集团有限公司（以下简称昆玉公司）与青海福果典当有限公司（以下简称福果公司）合同纠纷案中，就《玉石冲抵借款费用协议书》是否构成显失公平而应当予以撤销的问题，最高法认为，本案《借款合同》于2014年11月27日到期，因昆玉公司不能如期归还福果公司借款本金及利息，为了能够延长借款期限，双方合议签订《玉石冲抵借款费用协议书》，约定将质押物1.43104亿元玉石以总标价3%计4,541,695元冲抵昆玉公司所欠福果公司借款违约金、逾期滞纳金及其他费用。上述玉石折价约定与双方在2014年9月28日《玉石质押合同》中协商约定的玉石评估价值相同，没有超出昆玉公司的预期，应为双方当事人真实的意思表示。昆玉公司二审答辩称，《玉石冲抵借款费用协议书》是在该公司危难急迫之际，福果公司利用其债权人的优势地位而形成的，冲抵协议对以上全部产品和原料仅冲抵了4,541,695元，该价格远低于产品的市场价值。对此主张，昆玉公司未能提交充分证据证明其存在“不得已而选择”的情况，亦未能证明福果公司存在欺诈、胁迫或者乘人之危的事实。本案双方当事人自行约定玉石价格，符合玉石交易的惯例。昆玉公司作为开采、加工、销售玉石的专业企业，未经评估机构评估，即对其所有的玉石进行折价，不属于缺乏经验的情形，亦不违反法律、行政法规的效力性规定。昆玉公司基于生产经营需要而进行借贷并展期，与紧急情况下的生活消费型借贷不同，不存在危难急迫的客观事实。综上所述，福果公司关于本案《玉石冲抵借款费用协议书》不存在乘人之危、违背昆玉公司真实意思表示以及玉石抵债价格不存在显失公平的上诉理由成立，最高法予以支持。[1]

本案中，尽管昆玉公司以价值1.43104亿元的玉石冲抵所欠福果公司4,541,695元的违约金、逾期滞纳金以及其他费用，相当于昆玉公司以明显不合理的低价向福果公司出售了玉石。但由于玉石行业的交易具有特殊

---

〔1〕 最高法民事判决书，(2016)最高法民终234号。

性,且昆玉公司是开采、加工、销售玉石的专业企业,在没有证据证明福果公司存在欺诈、胁迫或者乘人之危的情况下,不能仅根据玉石价格判断是否构成显失公平。

第二,绝对金额。尽管标的物的转让价格未低于70%,也未高于30%,但在标的物的绝对价值相对较高时,也可能构成客观要件上的显失公平。

第三,合同性质和目的。合同的权利义务不对等并不必然导致合同内容显失公平,还应当结合合同的性质和目的进行判断。若当事人双方在买卖合同中有赠与的意思表示,则尽管合同价格明显低于或高于市场价,也不应认定为显失公平的合同。在投资或者投机交易中,判断权利义务是否对等还应当结合交易的高风险、高收益特点。[1]

第四,与其他交易的关联。就单独的一个合同而言,当事人双方的权利义务可能显失公平,但若将其放在其他关联交易中,则可能是公平的。

3. 主观要件

对于显失公平的成立是否应具备主观要件的问题,理论上存在三种观点,即单一要件说、双重要件说和折中说。单一要件说认为成立显失公平只需具备客观要件即可;双重要件说认为需要主客观要件兼备;折中说则认为应以单一要件说为原则,双重要件说为例外,或者以双重要件说为原则,单一要件说为例外。[2]

笔者认为,根据《民法典》第151条之规定,我国现行立法采用双重要件说,即客观上当事人双方的权利义务不对等,主观上行为人利用表意人处于危困状态、缺乏判断能力等情形,否则不成立显失公平,"这意味着,一方当事人主观上意识到对方当事人处于不利情境,且有利用这一不利情境之故意"[3]。司法实践中也有大量案例可兹佐证。比如,在(2018)最高法民申1774号案中,最高法认为,"认定合同是否构成显失公平时,应采用主观要件和客观要件相结合"。[4] 此外,采用双重要件说有利于稳定经济秩序,否则,

---

〔1〕 葛文:《如何认定合同的显失公平》,载中华人民共和国最高人民法院民事审判第一庭编:《民事审判指导与参考》(总第35辑),法律出版社2009年版,第141页。

〔2〕 曾大鹏:《论显失公平的构成要件与体系定位》,载《法学》2011年第3期。

〔3〕 最高法民事裁定书,(2020)最高法民申1231号。

〔4〕 吉林鑫城房地产综合开发有限责任公司与汤某鹏房屋买卖合同纠纷案,载《最高人民法院公报》2020年第3期。

大量已经成立的合同可能会被撤销，且容易诱使当事人以显失公平为由撤销合同。

所谓危困状态，一般指因陷入某种暂时性的急迫困境而对于金钱、物的需求极为迫切等。[1] 在(2020)最高法民申 1231 号案中，最高法认为，2015 年 3 月 19 日李某军因涉嫌诈骗犯罪被采取刑事强制措施，其客观上不能对其开办的湖南中富植物油脂有限公司(以下简称中富油脂公司)及作为股东和执行董事的伟业公司进行经营和管理。在其妻田某外出躲避的情况下，李某军唯有特别授权其刚大学毕业回国的女儿李某代其行使权利。2016 年 4 月 30 日，中富油脂公司所借中国农业发展银行邵阳市分行(以下简称邵阳农发行)2000 万元贷款到期，逾期后该行多次与李某协商还款事宜，并明确告知李某，如逾期贷款不能按时归还，该行将采取诉讼保全措施。李某多方筹措资金未果。以上事实说明，股权转让前，李某军及其中富油脂公司已处于危困状态，如处理不及时，随时面临中富油脂公司被纳入失信人、抵押担保的财产被处分的危险境地。而在(2020)最高法民申 5516 号案中，柳州中小担保公司因担保代偿纠纷向柳北区法院申请执行，该院裁定拍卖仙河公司所有的柳州市雒容工业园 2 号国有土地使用权及地上房产以清偿债务。2016 年 2 月 21 日，钧达公司与仙河公司签订《资产收购协议》约定钧达公司收购协议项下仙河公司的资产。仙河公司称在签订该协议时存在经济上的困难，并面临法院强制拍卖其资产，因而《资产收购协议》显失公平。最高法认为，法院强制执行是为了确保生效判决确定的债务得以履行，该情形不属于《民法总则》第 151 条[2]规定的危困状态。

所谓缺乏判断能力，是指缺少基于理性考虑而实施民事法律行为或对民事法律行为的后果予以评估的能力。[3] 在(2021)最高法民申 7846 号案中，最高法认为，签订《归还资金协议书》前，河南国控集团向上级领导部门进行了汇报，在反复讨论的基础上，履行了决策及报备程序，该协议是其及其三级控股子公司宋都安居公司的真实意思表示，不存在缺乏判断力的情形。在(2020)最高法民申 1231 号案中，最高法认为，李某于 2015 年 2 月从

---

[1] 参见黄薇主编：《中华人民共和国民法典总则编解读》，中国法制出版社 2020 年版，第 493 页。
[2] 对应《民法典》第 151 条。
[3] 参见黄薇主编：《中华人民共和国民法典总则编解读》，中国法制出版社 2020 年版，第 493 页。

学校毕业回国,在其父亲李某军被羁押后,于同年4月开始参与公司的经营管理。从原审查明的事实"2015年6月29日伟业公司时任工作人员彭某瑾通过电子邮件发送给李某的股东决议:李某定期参加公司股东会和重大事宜决策会议,行使李某军股东权益,李某不参与项目具体事项处理,不涉及重大决策的相关事项,确定由李某星向李某反馈信息"看,李某参与伟业公司的管理,并没有深入了解伟业公司的情况,仅参加重大事宜决策会议,对伟业公司的具体管理、运营等均无具体参与。综合以上情形,李某刚从学校毕业步入社会,其是在父亲李某军被羁押、母亲田某外出躲避的情况下,才仓促代表李某军参与伟业公司管理,其缺少对企业管理经营经验,且参与伟业公司管理时间短,对伟业公司的基本情况未全面摸清。在此情形下,原审法院认定李某缺乏对李某军持有伟业公司股权正确估值的判断能力,并无不当。李某平、李某辉主张李某具有完全民事行为能力和完整的判断能力,与李某是否具备对李某军持有伟业公司股权正确估值的判断能力,是两个不同的概念,李某平、李某辉的该项主张不成立,法院不予支持。

在西藏中太恒源实业有限公司(以下简称西藏中太公司)与拉萨市柳梧新区城市投资建设发展集团有限公司(以下简称柳梧城投公司)合同纠纷案[1]中,最高法从主观要件和客观要件对西藏中太公司与柳梧城投公司签订的《收购协议》是否存在显失公平进行了精彩分析,特摘录如下:

最高法认为,故西藏中太公司是否享有显失公平的合同撤销权应当从主、客观两方面的构成要件进行考察和认定:一是主观上,是否存在一方当事人利用了对方处于危困状态、缺乏判断能力等情形,使对方在违背真实意思的情况下订立合同;二是客观上,是否造成当事人之间在给付与对待给付之间严重失衡或利益严重不平衡。

就主观要件而言,首先,西藏中太公司由于自身资金链断裂,无力清偿高额债务,拖欠工程款和民工工资引发多次集体上访,影响社会稳定,危及债权人利益,是产生本案《收购协议》的直接原因。西藏中太公司称彼时资产雄厚,2015年年底通过政府借款已化解民工集访的问题,能够推动项目建设缺乏事实依据,且与《2016年度财务尽职调查专项审计报告》和《收购意向书》中载明的情况相反,本院不予采信。其次,《2015年度第八次党工委会

---

〔1〕 最高法民事判决书,(2019)最高法民终760号。

议纪要》《拉萨市第九次信访专题会议纪要》表明，若西藏中太公司能自行解决债务危机则无须进行收购，当无法自行解决问题时才由柳梧城投公司进行收购，在此过程中并没有证据表明柳梧城投公司利用了所谓"优势地位"强行收购，且收购价格虽然定义于"成本价"，但其出发点仍然是"商讨"，表明西藏中太公司与柳梧城投公司签订《收购协议》是在平等协商的基础上进行。最后，《拉萨城市广场证件交接单》显示，西藏中太公司于2015年12月30日将相关证照交给了柳梧城投公司保管，交接单本身没有载明原因，不能证明柳梧城投公司收取西藏中太公司证照的行为是为了强行收购项目而故意为之。西藏中太公司虽然主张公章也同时被收缴，但没有提供充分的证据证明，且其并不否认股东会决议、董事会决议、《收购意向书》及《收购协议》上的公章系自行加盖，现已查明的事实无法得出柳梧城投公司存在为谋取不正当利益乘人之危，使对方在违背真实意思的情况下订立合同的结论。

就客观要件而言，当事人在交易中的利益失衡经常发生，而且此种失衡往往是当事人所应当承担的正常的交易风险。只有在利益失衡超出了社会公平观念所能容忍的界限和破坏了正常人所具有的道德标准时，法律才应当对其进行干预。合同撤销权中的显失公平，是指一方当事人不是出于自己的真实意愿签约，对方当事人因此获得不正当利益而导致的利益失衡，而不是仅指价格与价值之差。本案并不存在乘人之危，违背真实意思签订《收购协议》的情况，显失公平的前提条件不存在，前面已作认定，不再赘述。单从收购价格上看，双方在第三方评估鉴定结果的基础上，商定最终收购价符合双方合同约定，亦不违反公平合理原则。首先，《收购意向书》载明，"收购前由甲方聘用专业机构进行审计、资产评估和造价鉴定，以报告结果为参考，双方商定收购价"。西藏中太公司与柳梧城投公司共同作为委托方，分别与河南金鼎工程咨询有限公司、成都惯城房地产评估有限公司签订了委托评估协议，即便如西藏中太公司所称评估机构由柳梧城投公司选取，无论是《收购意向书》中关于单方委托的约定，还是共同委托的事实行为，均表明西藏中太公司对评估机构的认可。现西藏中太公司又以评估报告系单方委托，未体现资产真实价值为由申请司法鉴定，法院不予准许。其次，成都惯城房地产评估有限公司出具的《房地产估价咨询报告》，虽然资产评估总价为6.08亿元，但也载明，中太·城市广场在建工程部分已设定抵押，欠大部分工程款，本次评估结果未考虑应付工程款和抵押对其价值的影响。而河南金鼎工程咨询有限公司出具的《拉萨中太城市广场工程中期结算审核报告》载明案涉项目工程款结算审核金额为4.65亿余元。双方在此基础上，通过谈判协商，扣除西藏中太公司已将320套房屋售出收取的购房款8917万元以及应向320户购房人支付的逾期交房违约金348万元，最终确定收购价为4.725亿元。该收购价是双方基于当时项目的实际情况进行谈判协商的结果，不能得出收购价严重偏离市场价，造成双方利益严重失衡的结论。综上所述，《收购协议》不符合显失公平可予撤销的构成要件。

第三节　撤销的法律后果

在可撤销合同中，仅意思表示不真实方才享有请求人民法院、仲裁机构撤销合同的权利。权利人行使合同撤销权后，若合同被人民法院、仲裁机构部分撤销的，则除被撤销的部分外，其他部分继续有效。若被全部撤销，则合同自始无效，但合同撤销不影响合同中独立存在的有关争议解决条款的效力。且根据现行《民法典》第157条之规定，合同无效或者被撤销后，因该合同取得的财产，应当予以返还；不能返还或者没有必要返还的，应当折价补偿。有过错的一方应当赔偿对方因此所受到的损失，双方都有过错的，应当各自承担相应的责任。实践中，最高法也按照此规则进行裁判。

在中天公司与孙某志合同纠纷案中，就《协议书》被撤销后孙某志依据《协议书》已支付中天公司的款项是否应予返还的问题，最高法认为，根据《合同法》第58条之规定，中天公司依该被撤销的《协议书》从孙某志处划转的500万元理应返还给孙某志。二审判决在认定撤销《协议书》的同时，对于双方当事人依据《协议书》已实际划还中天公司的500万元作出不予返还的判决，属适用法律错误，最高法对此依法予以纠正。[1]

在胡某旺与山西省新绛县汉都房地产开发有限责任公司（以下简称汉都公司）、城固县秦汉房地产开发有限责任公司（以下简称城固秦汉公司）等债务转移合同纠纷案中，就案涉《商品房买卖协议》变更后的剩余债务清偿问题，最高法认为，因债务承担不同于债务的单方免除，案涉《协议》中关于

---

〔1〕 最高法民事判决书，(2015)民提字第50号。

“胡某旺与新绛县汉都公司签订合同后，胡某旺与李某全个人、城固秦汉公司、陕西秦汉集团再无任何关系”，以及《商品房买卖协议》中关于“本协议签订后，李某全（包括李某全担任法定代表人的全部公司）与胡某旺无任何债务”等约定，依法应当以汉都公司所承担的新债务足以清偿胡某旺的债权为前提。因城固秦汉公司、陕西秦汉集团和汉都公司在缔约时即明知案涉协议价款与真实市价的差别，对案涉协议存在显失公平这一可撤销、变更事由应属明知，故在合同价款变更后，应当共同承担恢复原状或者损害赔偿之责。原审判决关于城固秦汉公司、陕西秦汉集团和新绛县汉都公司应当共同偿还胡某旺抵售后的剩余 2169.85 万元债务的处理结果正确，最高法予以确认。[1]

第四节 结 语

有效的民事法律行为不仅要求民事主体的内心意思与外在表示行为一致，且该意思表示必须出于自愿，否则，该瑕疵的意思表示必然导致民事法律行为效力的瑕疵。《民法典》将意思表示不真实与意思表示不自由纳入瑕疵意思表示的范畴，赋予意思表示有瑕疵的一方合同撤销权，这不仅可以平衡当事人双方的权利义务关系，还可以在一定程度上打击恶意一方当事人的不法行为。

《民法典》增加了第三人欺诈、胁迫制度，取消了表意不真实一方享有的合同变更权，还调整了不同情形下撤销权的行使期限。第三人欺诈、胁迫制度的确立填补了法律空白，符合当今民事立法趋势。合同变更权的取消符合“非依法律规定或经对方同意，不得擅自变更”的规定，可以有效避免公权力对私法领域的不当干预，是对意思自治原则的凸显和尊重。对于撤销权行使期限的调整而言，《民法典》较《合同法》的规定更具有合理性。

---

〔1〕 最高法民事裁定书，(2015)民申字第 3510 号。

第二十一章

不可抗力论述

不可抗力(force majeure)的原意是指“上帝的力量”,[1]既为“上帝的力量”,即非芸芸众生所能阻挡,自可成为合同履行之免责事由。我国历史上最早的不可抗力制度始于秦代。据秦《睡虎地秦墓竹简·法律答问》记载,侵权人在官舍居住,火灾将其所借车马烧毁,不负赔偿责任。[2] 这是我国将不可抗力作为法定免责事由最早的成文法记载。后我国《唐律·杂律》对不可抗力也有规定,“雨水过常,非人力所防者”,行船“卒遇风浪,损失财物及杀伤人者”,不坐不偿。[3]

西方法律体系中的不可抗力制度肇始于罗马法。罗马法的这一制度为大陆法系各国民商立法所承继,如《法国民法典》第1148条规定:“如债务人系由于不可抗力或事变而不履行其给付或作为的债务,或违反约定从事禁止的行为时,不发生损害赔偿责任。”[4]《德国民法典》第275条关于给付义务的排除之规定为:“只要给付对于债务人或对于任何人是不可能的,给付请求权就被排除。”[5]与此同时,英美法系国家也有类似规定。可见,不可抗

---

〔1〕 参见最高人民法院侵权责任法研究小组编著:《中华人民共和国侵权责任法条文理解与适用》,人民法院出版社2016年版,第216页。

〔2〕 原文为:舍公官,廬火燔其舍,雖有公器,勿責。今舍公官,廬火燔其乘車馬,當負不當出? 當出之。

〔3〕 参见李志敏:《中国古代民法》,法律出版社1988年版,第194页。

〔4〕 《拿破仑法典》,李浩培等译,商务印书馆1979年版,第154页。

〔5〕 《德国民法典》,陈卫佐译注,法律出版社2015年版,第93页。

力是跨越侵权责任和合同责任的法律概念，是各国法律通行的法定抗辩事由。但各国立法鲜有明确规定其含义者，原因在于不可抗力种类繁杂，富于变动和弹性，难以抽象其共性。[1]

第一节 不可抗力的特征

根据我国《民法典》第180条第2款及第590条之规定，不可抗力是指不能预见、不能避免、不能克服的客观情况。不可抗力主要存在以下三个特征。

一、须为当事人缔约时所不可预见

考究“当事人”的标准，是指包括当事人在内的社会一般人，社会一般人能够预见、能够避免并且能够克服，仅当事人不能预见、不能避免、不能克服的客观情况，当不构成不可抗力。[2]

就不可预见的时间界限，不可抗力须是行为人建立民事关系时未能预见之现象。如果是当事人能够预见的事实变化，即使导致不利后果，也是当事人自愿接受预期之内的，若允许据此主张不可抗力的适用，殊为不当。

就“预见标准”而言，认定某种现象是否为不可抗力，应考虑当事人对该事件或现象的发生负有何种程度的注意义务，还要考虑当事人是否已尽到注意义务，以及不可抗力事件发生当时的社会科技发展水平，从而决定是否应予免责。

正如尹田教授所言：“对不可预见性的判定也存在抽象标准和具体标准：抽象标准即一般‘谨慎稳妥’的人所应具有的预见能力的标准，具体标准依照的则是债务人的个人情形。实践中，对于特定事件所具有的不可预见性的判定理由，法庭也须作出说明。”[3]

在吉林长邮通信建设有限公司与赤峰北宇商贸有限公司等财产损害赔

---

[1] 参见叶林：《论不可抗力制度》，载《北方法学》2007年第5期。

[2] 参见梁慧星：《合同通则讲义》，人民法院出版社2021年版，第403页。

[3] 尹田编著：《法国现代合同法》，法律出版社1995年版，第315页。

偿纠纷案中，最高法认为，当日降雨系造成案涉财产损失的原因之一，但此次降雨并非不能预见；对于损失而言，亦不属于不能避免、不能克服的情形，故原审未将此次降雨认定为不可抗力并无不当。[1]

二、结果上不能抗拒

不能抗拒即我国《民法典》所称的“不能避免、不能克服”。按照王利明先生的解释，“避免”是使事件不发生，“克服”是指消除损害后果。[2]

在延平公司与厦门非金属矿进出口有限公司等海上、通海水域货物运输合同纠纷案中，最高法认为，二审判决认定涉案船舶沉没原因为意外事件，延平公司对此提出异议，主张涉案事故原因构成不可抗力。根据《合同法》第117条第2款[3]之规定，本法所称不可抗力，是指不能预见、不能避免并不能克服的客观情况。其中的“不能避免并不能克服”是指损害结果发生的必然性，应理解为即使预见到事件的发生也无法避免损害结果的发生。涉案船舶航行过程中触碰不明物体，如果事先预见完全可能采取措施避免与克服，二审判决认定其不构成不可抗力，适用法律正确。[4]

三、免除事由与其不履行义务之间存在必然联系

有学者认为，“不可抗力必须是债务履行受阻的最近、唯一和关键原因，不能存在阻断因果关系的事由。否则，就不能引起不可抗力规则预定的法律效果”。[5] 笔者赞成此种观点。

在耀声（厦门）物业管理有限公司与青岛海协信托投资有限公司借款担保合同纠纷案中，对本案借款合同的用途，借款合同约定为专项用于耀声物业公司偿还所欠银行款项及项目装修的流动资金，但本案各方当事人均认可该笔借款系用于哈曼尼广场的项目建设。虽然厦门市政府为市政建设征用了哈曼尼广场的部分用地，一定程度上影响了该工程的建设进度，但政府征用行为与耀声物业公司是否如期偿还本案借款没有必然的因果关系，不

---

〔1〕 最高法民事裁定书，(2015)民申字第1207号。

〔2〕 参见王利明、崔建远：《合同法新论·总则》，中国政法大学出版社1996年版，第712页。

〔3〕 对应《民法典》第180条第2款及第590条。

〔4〕 最高法民事裁定书，(2014)民申字第1041号。

〔5〕 参见叶林：《论不可抗力制度》，载《北方法学》2007年第5期。

构成不可抗力,耀声物业公司以此作为逾期归还金融机构借款的抗辩理由,没有法律依据。借款人厦门国投公司也没有法律规定或合同约定的义务对该笔借款予以展期。故耀声物业公司的上诉理由不应支持。[1]

第二节 不可抗力的后果

不同类型以及程度的不可抗力事件对民事关系的影响程度不同,且不可抗力的法律效果有诸多形态。有的涉及合同存废,有的涉及标的物或价款给付,有的涉及风险负担,还有的涉及给付行为等情形。因此,发生不可抗力事件时不能一概而论,得出将免除债务人全部或部分责任的结论。笔者认为,不可抗力除具有免责效果外,还能引起合同义务的解除和延缓。

一、责任免除

根据《民法典》第180条第1款及第590条之规定,因不可抗力不能履行民事义务的,存在不承担民事责任、承担部分民事责任、因迟延履行后发生不可抗力不能免除责任以及特别法另有规定的除外四种情形。该特别法包括《民法典》第823条规定的承运人无过错责任制度,《民用航空法》第124条以及《邮政法》第48条第1款规定的即使发生不可抗力也不得免除责任之情形。

在黑河市德源化工硅有限公司(以下简称德源公司)等与逊克县库尔滨流域水电有限公司(以下简称逊克水电公司)供用电合同纠纷案中,最高法认为,依据《供电合同》约定,逊克水电公司每年应向东宝冶炼公司供电6000万千瓦时,而逊克水电公司2003年至2006年每年的发电量均已达到6000万千瓦时,但逊克水电公司自2002年11月18日向东宝冶炼公司供电起到2006年10月10日止,每年的供电量均未达到合同约定数额,故逊克水电公司构成违约。逊克水电公司四个水电站是利用库尔滨水库的蓄水进行发电,设计发电量能力是年发电14,690万度,从1998年至2005年库尔滨流域始终处于枯水年,平均径流量比正常水平偏低33%,最高时偏低50.2%,导

---

〔1〕 最高法民事判决书,(2007)民二终字第92号。

致逊克水电公司此期间年平均发电量只有 8000 余万度，未能达到设计的年发电量能力，而此种情形是双方当事人在签订《供电合同》时不能预见、不能避免且不能克服的客观情况，属于《合同法》规定的不可抗力，且此不可抗力在 1998 ~ 2005 年处于持续状态。所以，原审判决认定逊克水电公司2002 ~ 2005 年未能向东宝冶炼公司按约供电是因不可抗力的客观原因所致正确。因逊克水电公司 2002 ~ 2005 年的违约行为系因不可抗力所致，逊克水电公司对东宝冶炼公司 2002 ~ 2005 年的损失不承担责任。逊克水电公司在 2006 年足额发电的情况下，未能完全履行向德源公司的供电义务，应赔偿德源公司的损失。对于德源公司 2006 年损失的数额，最高法二审已经认定为 3,659,221.55 元，故而逊克水电公司应当承担 2006 年因未按约供电给德源公司造成的直接损失 3,659,221.55 元。原审判决以德源公司未能提供证明其 2006 年损失的直接证据，并对德源公司 2006 年的损失数额未予支持，属处理结果不当，最高法予以纠正。[1]

在北京建工一建工程建设有限公司（以下简称北京一建）与天津金发新材料有限公司建设工程施工合同纠纷案中，最高法明确提出因迟延履行导致不可抗力的，不能免责。

该裁定书认为，案涉工程最终因进入冬季，受天气和管理方面影响，造成工期进一步延误，而天气因素确系属于不可抗力。根据《合同法》第 117 条的规定以及双方施工合同通用条款第 39 条的约定，因一方当事人违约造成工程延期的情况下发生不可抗力的，不能免除违约方的违约责任。根据双方施工合同的约定，案涉工程应于 2010 年 11 月 10 日完成，考虑工程所处的地理环境，如果工程按期完工，则可以避免冬季施工的不利因素，而正是因为案涉工程在施工过程中出现了工期顺延，才使工期被拖延至冬季，并不得不进一步顺延。故对于因冬季施工造成的工期顺延的违约责任，仍应由发生不可抗力前负有违约责任的各方当事人按照其违约责任比例承担相应责任。北京一建以冬季天气原因造成工期顺延属于不可抗力因素为由，认为其对此不应承担违约责任，缺乏事实和法律依据。[2]

在最高法公布的第 51 号指导案例，即阿卜杜勒 · 瓦希德诉中国东方航

---

〔1〕 最高法民事判决书，(2013)民二终字第 127 号。

〔2〕 最高法民事裁定书，(2013)民申字第 1632 号。

空股份有限公司航空旅客运输合同纠纷案中，最高法认为，当不可抗力造成航班延误，致使航空公司不能将换乘其他航班的旅客按时运抵目的地时，航空公司有义务及时向换乘的旅客明确告知到达目的地后是否提供转签服务，以及在不能提供转签服务时旅客如何办理旅行手续。航空公司未履行该项义务，给换乘旅客造成损失的，应当承担赔偿责任。

该判决认为，《1955 年在海牙修改的华沙公约》第 19 条规定："承运人对旅客、行李或货物在航空运输过程中因延误而造成的损失应负责任。"第 20 条第 1 款规定："承运人如果证明自己和他的代理人为了避免损失的发生，已经采取一切必要的措施，或不可能采取这种措施时，就不负责任。"2004 年 12 月 31 日的 MU703 航班由于天气原因发生延误，对这种不可抗力造成的延误，东方航空公司不可能采取措施来避免发生，故其对延误本身无须承担责任，但还需证明其已经采取了一切必要的措施来避免延误给旅客造成的损失发生，否则即应对旅客因延误而遭受的损失承担责任。阿卜杜勒在浦东机场时由于预见到 MU703 航班的延误会使其错过国泰航空公司的衔接航班，曾多次向东方航空公司工作人员询问怎么办。东方航空公司应当知道国泰航空公司从中国香港特区飞往卡拉奇的衔接航班 3 天才有一次，更明知阿卜杜勒一行携带婴儿，不便在中转机场长时间等候，有义务向阿卜杜勒一行提醒中转时可能发生的不利情形，劝告阿卜杜勒一行改日乘机。但东方航空公司没有这样做，却让阿卜杜勒填写《续航情况登记表》，并告知会帮助解决，使阿卜杜勒对该公司产生合理信赖，从而放心登机飞赴中国香港特区。鉴于阿卜杜勒一行是得到东方航空公司的帮助承诺后来到中国香港特区，但是东方航空公司不考虑阿卜杜勒一行携带婴儿要尽快飞往卡拉奇的合理需要，向阿卜杜勒告知了要么等待 3 天乘坐下一航班且 3 天中相关费用自理，要么自费购买其他航空公司机票的"帮助解决"方案。根据查明的事实，东方航空公司始终未能提供阿卜杜勒的妻子杜琳在登机前填写的《续航情况登记表》，无法证明阿卜杜勒系在明知飞往中国香港特区后会发生对己不利的情况仍选择登机，故法院认定"东方航空公司没有为避免损失采取了必要的措施"是正确的。东方航空公司没有采取一切必要的措施来避免因航班延误给旅客造成的损失发生，不应免责。阿卜杜勒迫于无奈自费购买其他航空公司的机票，对阿卜杜勒购票支出的 5480 港元损失，东方航空公司应承担赔偿责任。[1]

二、解除合同

《民法典》563 条规定,因不可抗力致使不能实现合同目的的,当事人可以解除合同。合同目的并不是当事人的内心动机,合同目的为缔约各方彼此所知晓。通常情况下,依据合同条款的约定或合同的通常属性,即可得知或推定当事人缔约之目的所在。如发生不可抗力之客观现象,且不可抗力的发生与不能实现合同目的之间有必然的因果关系,则当事人可以解除合同。

三、迟延履行

履行期限的重要性,应根据合同目的和具体案情作出分析判断。若不可抗力引起的迟延履行从根本上妨碍了合同目的的成就,则当事人可以解除合同。若不可抗力仅导致合同暂时不能履行,且该迟延履行不会导致合同目的不能实现,则在不可抗力现象消失后,当事人即可采取迟延履行等补救措施,而非解除合同。

第三节　不可抗力的范围

不可抗力事件的不可预见性和偶然性决定了立法者不可能完全列举出其外延,立法者不能穷尽人类和自然界可能发生的种种偶然事件。因此,尽管世界各国都承认不可抗力可以免责,但是没有一个国家能够确切地规定不可抗力的范围。而且,由于习惯和法律意识的不同,各国对不可抗力范围的理解也有所不同。根据我国司法实践、国际贸易惯例以及其他国家有关法律的解释,笔者认为,不可抗力事件的范围主要包括以下三类。

一、自然灾害

自然灾害也称为天灾,依《牛津法律大辞典》的解释,是指"独立于人们

---

[1] 上海一中院民事判决书,(2006)沪一中民一(民)终字第 609 号。

意志以外发生的事件,它是人类的预见力和防范力在合乎情理的条件下所不能及的,或至少是防止或避免不了的"[1]。自然灾害是我国理论界和实务界较为认同的、比较典型的不可抗力现象,具体包括地震、海啸、龙卷风、海浪、洪水、风暴、冰雹、蝗灾、山体滑坡、沙尘暴、火山爆发、雪崩、泥石流。另外,自然灾害在我国也有南北东西差异,更有轻微和严重之分,最高法主流观点就认为台风系不可抗力。[2] 最高法司法实践中也多见将台风认定为不可抗力之判例。

在中国人民财产保险股份有限公司泉州市分公司(以下简称泉州人保公司)与海口港集装箱码头有限公司(以下简称海口集装箱公司)港口货物保管合同纠纷案中,最高法对台风是否构成不可抗力进行了详细论述。最高法认为,"不可抗力"是指不能预见、不能避免并不能克服的客观情况。通常依据现有技术水平和一般人的认知而不可能预知为不能预见。对于台风而言,根据现有技术手段,人类可能在一定程度上提前预知,但是无法准确、及时预见其发生的确切时间、地点、延续时间、影响范围等。预见的范围包括客观情况的发生和影响范围、影响程度,而本案中的损害结果正是由于未能准确预见的台风影响范围所造成的。虽然在台风"海鸥"发生前,海南省以及海口市新闻媒体对台风"海鸥"登陆时间和最大风力进行了预报,通过国家海洋预报台预报的风暴潮最大增水和《潮汐表》中的天文大潮潮高可以计算出预计将会出现的最大潮高,但是上述信息仅为一种预估,并非将要发生的台风实际情况的准确反映,而且作为货物损失最直接的原因——海水倒灌并未在预报中有所体现。泉州人保公司认为刚刚发生的台风"威马逊"与本案台风非常相近,海口集装箱公司应当对此类台风以及台风造成的后果有更为准确的预见。最高法认为,属于不可抗力造成的损害总有重复发生,如果先前已发生的类似偶发事件可以阻却之后发生事件的不可预见性,则不可预见的条件就很难得到满足,不可抗力的制度价值即可能落空。综上所述,原审判决认定本案台风的发生及其影响为当事人所不能预见,并无

---

〔1〕[英]戴维·M.沃克:《牛津法律大辞典》,北京社会与发展研究所译,光明日报出版社1988年版,第10页。

〔2〕参见《〈中华人民法共和国民法总则〉条文理解与适用》(下),人民法院出版社2017年版,第1185-1186页。

不当。[1]

毕竟不可抗力概念过于空泛，且现有法律法规并未具体界定哪一种自然灾害或异常天气为不可抗力，故在最高法司法实践层面，就台风是否为不可抗力之认定，也存有不同之判例。在下述案例中，最高法认为，在台风登陆前已有预报的情况下，台风并非不能预见。

在台州市太平海运有限公司（以下简称太平公司）与中国平安财产保险股份有限公司张家港支公司水路货物运输合同纠纷案中，最高法认为，尽管承运船舶在运输途中遭遇台风，但台风登陆前已有预报，太平公司应做好相应的准备。因篷布捆扎不牢被吹开导致海水进入船舱，同时船员没有及时检查船舱进水情况并立即排水，而是在台风于 2007 年 8 月 19 日登陆后，直至 8 月 29 日在船舶靠码头卸货时才发现船舱进水、钢材锈蚀，然后排水。就本案货损而言，太平公司有明显的管货过失；台风不属于“不能预见、不能避免并不能克服的客观情况”，即不构成不可抗力。原审法院依照《合同法》第 311 条[2]的规定，判决太平公司承担货损赔偿责任，事实和法律依据充分，最高法予以维持。太平公司以货物锈蚀系不可抗力所致为由主张免责，不应支持。[3]

依笔者观之，判断台风是否属于不可抗力，应从是否能够准确预报台风的发生、能否预见其发生的确切时间、地点、延续时间、影响范围等，以及该次损失与台风的发生是否具有必然性即台风是否具有不可避免性而定。不可采取“一刀切”的方式认定台风是不是不可抗力。

二、社会异常事件

社会异常事件既不是自然灾害，也不是政府行为，而是社会团体政治行为引起的事件，如战争、武装冲突、罢工、劳动力缺乏、骚乱、暴动。这些事件对发动者或制造者而言是可以预见和避免的，但对于私法行为的当事人而言，则是不能预见、也不能避免和克服的。张新宝教授认为，“战争、武装冲突可以一般地作为社会原因的不可抗力，而罢工、劳动力缺乏只能有条件地

---

〔1〕 最高法民事裁定书，(2017) 最高法民申 3253 号。

〔2〕 对应《民法典》第 832 条。

〔3〕 最高法民事裁定书，(2011) 民申字第 448 号。

作为社会原因的不可抗力,因为后二者在大多数情况下是可以预见的"[1]。

三、政府行为

对于政府行为应否作为不可抗力,理论界颇有争议。广义上的政府行为既指由立法机关颁布制定法的行为,又包括由行政机关或司法机关发布命令的行为。狭义上的政府行为仅指行政机关的行政行为,本书采狭义之意。英美合同法理论认为,当法律或政令的颁布使履行合同成为违法行为时,当事人可以拒绝冒违法履约的风险,即使在当时的情况下履约仍然是可能的。进一步来说,即使政府行为后来被证明是错误的或无效的,当事人也可以获得免责,只要该当事人是善意行事的。美国各州合同法和统一商法典均规定,行政行为构成不可抗力,如订立合同后,政府出于对外执行反倾销措施或其他贸易报复措施的需要而实行封锁禁运等,使合同不能履行的,当事人即可由此免责。

传统的大陆法系理论也认为行政行为属于不可抗力。其原因在于:一方面,行政行为即使频繁,如果仍是不可预见的,则不妨碍其构成不可抗力;另一方面,有大量行政行为在作出之前不可能为当事人所知,当事人更无法预见。此外,某些无法通过诉讼或复议进行救济的行政行为,对于当事人即不能克服。[2] 但也有学者对此持反对观点,认为行政行为出现次数过于频繁,易导致不可抗力制度滥用,且部分行政行为是可以预见的,如行政法规发布前可能已经向社会征求意见或经过媒体报道宣传了,或是可以克服的,如通过行政诉讼要求撤销处罚决定。[3]

笔者认为,政府行为是否构成不可抗力需个案分析、区别对待,不可一律以不可抗力论处,也不能一概否认。实践中,应与不可抗力的要素结合起来进行分析。通常情况下,不可抗力分为两类,一类是法律规定的不可抗力,另一类是当事人合同约定的不可抗力。无论基于法律规定还是合同约定,政府行为均可能成为不可抗力的具体情形,但亦应符合当事人在签订合同时不能预见、不能避免并不能克服的客观要件。换言之,应限于政府为了

---

〔1〕 张新宝:《中国侵权行为法》,中国社会科学出版社1998年版,第596页。

〔2〕 参见翟寅生、唐孟暄:《行政行为是否构成商品房买卖中的不可抗力》,《人民法院报》2015年2月18日,第7版。

〔3〕 参见刘凯湘、张海峡:《论不可抗力》,载《法学研究》2000年第6期。

应对重大、突发的自然灾害、危及公共安全的各种社会事件等作出的具有宏观性应对措施，或者针对社会经济生活作出具有全局性影响的重大政策调整等。如果政府出于一般社会管理需要，就社会生活中某一具体的事项作出的具体行为，并不具有社会影响的宏观性和全局性，在合同法领域则不能将该政府行为定性为不可抗力，而应属于商业风险的范畴。

在广州元阳房地产开发有限公司（以下简称元阳公司）与石河子信远业丰股权投资管理有限公司等借款担保合同纠纷案[1]中，就元阳公司主张因政府各部门政策不协调，导致位于广州市天河区的颐和天珑项目开发受阻，属于不可抗力，应予免责的问题。最高法认为，基于一般生活经验，元阳公司作为房地产行业的企业法人，应对房地产市场风险即各种履行障碍有一定程度的预见和判断，故其于本案所称不协调的“政策”并非不能预见，不属于不可抗力。

在湖南省建筑工程集团总公司（以下简称建工集团）与湖南鑫亿置业发展有限公司（以下简称鑫亿公司）建设工程施工合同纠纷案[2]中，案涉工程延期竣工 509 天，经查电梯原因延误 6 个月，长沙市进行全国文明城市评选活动延误 15 天，复工手续延误 60 天。以上共计 255 天延期的原因不属建工集团延误所致，对于其余 254 天延误，建工集团不能提交属于不可抗力或者鑫亿公司原因的证据，其作为施工方，应承担工程延期竣工的责任。在该案中，最高法实际上将长沙市全国文明城市评选活动导致工期延期认定为不可抗力。

在福州城市客运场站运营有限公司（以下简称场站公司）与福建索天信息科技股份有限公司（以下简称索天公司）承揽合同纠纷案中，就场站公司提出的案涉合同因福州市人民政府的行政行为导致无法继续履行，该政府行为构成法定或约定的不可抗力的免责事由的主张。该案中，福州市人民政府出于为城市居民提供公共自行车这一社会公共产品的目的，决定与本案有关的项目立项，但随着社会经济的进一步发展，该市政府后又取缔该项目。本案合同双方当事人作为商事主体，在签订合同时对此应有充分认识，并且福州市人民政府要求中止在建合同等行为，是针对场站公司、索天公司

〔1〕 最高法民事判决书，(2021)最高法民终 962 号。
〔2〕 最高法民事裁定书，(2014)民申字 1733 号。

等特定主体作出的特定行为，亦不同于对社会产生普遍影响的政策性调整。因此，本案相关政府行为属于正常商业风险，并非当事人无法预见、不能避免或不能克服的情形。就双方合同约定的不可抗力而言，案涉合同第13条对不可抗力的约定与《合同法》第117条〔1〕规定一致，该条第2项列举的包含"政府行为、法律规定或其他适用的变化或者其他任何无法预见、避免或者控制的事件"在内的不可抗力情形，应理解为对不可抗力的举例说明，即该条约定的政府行为仍以符合不可抗力基本构成要件为前提。因此，原审认为场站公司主张不可抗力免责事由不成立，其承担违约责任，有事实和法律依据。〔2〕

因此，对于合同中约定的不可抗力条款应严格依照《民法典》第180条进行审查。对于合同中约定的政府行为不符合《民法典》关于不可抗力的法律规定的，不应认定为不可抗力条款，但应当视为附条件的免责条款，当合同约定的条件成就时可免责。正如崔建远教授所言："不可抗力条款与法律界定的不可抗力在内涵和外延方面完全一致的，不以合同条款论，而应产生法定效果；不可抗力条款超出法律界定的不可抗力部分的，才作为合同条款，其法律效果遵循法律关于合同条款的控制。"〔3〕

在青岛新城创置房地产有限公司与济南银丰鸿福置业有限公司（以下简称鸿福置业公司）、银丰地产集团有限公司合同纠纷案〔4〕中，双方当事人是因政府土地挂牌出让条件的变化导致不能按照合作开发协议约定的模式合作。合作开发协议约定"合作范围内部分地块因政府原因（如调整规划，出让计划重大变更等）或其他不可抗力因素导致未能合作的，双方互不承担违约责任，且不影响其他地块的合作"，根据该条约定，政府土地挂牌出让条件的变化属于政府原因，应属于免责情形，故鸿福置业公司无须因此承担违约责任。

---

〔1〕 对应《民法典》第180条第2款及第590条。

〔2〕 最高法民事裁定书，(2021)最高法民申6537号。

〔3〕 崔建远：《不可抗力条款及其解释》，载《环球法律评论》2019年第1期。

〔4〕 最高法民事判决书，(2019)最高法民终283号。

第四节 不可抗力之约定

关于合同中能否约定不可抗力条款,我国法律上曾经有过明确的规定。原《涉外经济合同法》第 24 条规定:“当事人因不可抗力事件不能履行合同的全部或者部分义务的,免除其全部或者部分责任。当事人一方因不可抗力事件不能按合同约定的期限履行的,在事件的后果影响持续的期间内,免除其迟延履行的责任。不可抗力事件是指当事人在订立合同时不能预见、对其发生和后果不能避免并不能克服的事件。不可抗力事件的范围,可以在合同中约定。”但《合同法》第 117 条、《民法总则》第 180 条及《民法典》第 180 条均未提及当事人能否约定不可抗力条款的问题。这导致不可抗力条款是否订入合同,以及如若可以其约定的范围有何限制等问题一直存在争论。笔者认为,不可抗力条款可以订入合同。

首先,法院认可当事人在合同中约定不可抗力条款。虽然现行法并未明确规定当事人可以在合同中约定不可抗力条款,但实践中,在合同中约定不可抗力条款已成为一种习惯,法院也承认其效力。例如,在(2015)民申字第 3159 号中,最高法认为,普洱学院搬迁是按当地政府对教育改革发展的整体规划而实施,系政府实施行政管理行为的结果,属于《引建项目合同》第 4 条约定的“不可抗力”情形。对此,普洱学院并无过错,不构成违约。纪某康称二审判决认定此种情形构成不可抗力属于适用法律错误、普洱学院构成违约的主张不能成立。

其次,约定不可抗力虽不属于法定不可抗力范畴,但依然对当事人具有约束力。在约定不可抗力条款的情况下,若当事人约定的不可抗力范围与法定的不可抗力范围不一致,由于不可抗力是法定免责事由,其适用具有法定性,即便事实上发生的事件不在合同约定的不可抗力情形之中,在符合不可抗力构成要件的情况下,免责同样适用。

但是,若约定的不可抗力范围大于法定的范围,即约定的事项没有满足上述不可抗力的构成要件,此时,有学者认为,此种情况下超出的部分不属于不可抗力,不能适用不可抗力免责。[1] 但是,超出的部分也并非必然无效,其应当视为成立了另外的免责条款,除非其违反了公序良俗。实践中,也确有类似情况发生。

2009 年,北京一中院审理了北京佳莲伟业房地产开发有限公司与北京百得利汽车进出口集团有限公司(以下简称百得利公司)买卖合同案,该判决书认为,双方合同第 6 条不可抗力条款约定:“不可抗力包括但不限于自然原因如海啸、地震等的各种灾害,国与国政治关系原因、社会原因如战争、罢工等引起的以及由于国家税费调整造成的合同价格变动。综述以上不可抗力事件,使本合同无法履行或无法按期履行,卖方不承担责任。”根据我国相关法律规定,不可抗力指不能预见、不能避免、不能克服的客观现象。国家税费调整引起合同价格变动,不应属于不可抗力的范畴,但不属于不可抗力范畴并不导致双方约定内容的无效,该项约定应当视为附条件的免责条款,当合同约定的条件成就时,百得利公司对其不履行合同的行为免责。本案中,双方均认可在合同履行期间,因国家税收政策调整,引起消费税税率的提高,销售成本也随之提高,符合双方约定的“由于国家税费调整造成的合同价格变动”条件,根据约定,百得利公司可以不再按原合同价格履行合同。双方就新价格不能达成一致,不能继续履行合同,双方均对此均无过错、均非违约行为。[2]

第五节　结　　语

不可抗力的外延并非一成不变,随着社会的发展和进步,人类将不断深化对各种自然现象和社会现象的认识,若干年之后,现在不可预见的客观现象也许便可以预见了。此外,如果双方当事人均未援引不可抗力规则主张免责的,法院也不能主动援引该规则进行裁判。

---

〔1〕 参见崔建远:《不可抗力条款及其解释》,载《环球法律评论》2019 年第 1 期。
〔2〕 北京一中院民事判决书,(2009)一中民终字第 7584 号。

参考书目

一、著作

[1]张新宝:《中国侵权行为法》,中国社会科学出版社 1998 年版。

[2]梁慧星:《合同通则讲义》,人民法院出版社 2021 年版。

[3]王利明、崔建远:《合同法新论·总则》,中国政法大学出版社 2000 年版。

[4]尹田编著:《法国现代合同法》,法律出版社 1995 年版。

[5]李志敏:《中国古代民法》,法律出版社 1988 年版。

[6]杨代雄主编:《袖珍民法典评注》,中国民主法制出版社 2022 年版。

[7]王东敏:《公司法审判实务与疑难问题案例解析》,人民法院出版社 2021 年版。

[8]胡康生主编:《〈中华人民共和国合同法〉释义》,法律出版社 2009 年版。

[9]梁慧星:《民法》,四川人民出版社 1989 年版。

[10]史尚宽:《民法总论》,中国政法大学出版社 2000 年版。

[11]王泽鉴:《民法学说与判例研究》,北京大学出版社 2015 年版。

[12]王利明:《合同法研究》(第 1 卷),中国人民大学出版社 2002 年版。

[13]周枏:《罗马法原论》(下册),商务印书馆 1994 年版。

[14]沈达明、梁仁洁编著:《德意志法上的法律行为》,对外贸易教育出版社 1992 年版。

[15]尚明主编、陈福利等编译:《国际统一司法协会国际商事合同通则》,法律出版社 2004 年版。

[16]朱庆育主编:《中国民法典评注·条文选注》(第 2 册),中国民主法制出版社 2021 年版。

[17]李先波:《合同有效成立比较研究》,湖南教育出版社 2000 年版。

[18]彭万林主编:《民法学》,中国政法大学出版社 1991 年版。

[19]邹碧华:《要件审判九步法》,法律出版社 2010 年版。

[20]杜万华主编、最高人民法院民事审判第一庭编:《民事审判指导与参考》(总第 60

辑),人民法院出版社 2015 年版。

[21]苏惠祥主编:《中国当代合同法论》,吉林大学出版社 1992 年版。

[22]肖峰:《最高人民法院民事诉讼证据规则条文解析与实务运用》,法律出版社 2022 年版。

[23]杜万华主编、最高人民法院民事审判第一庭编:《民事审判指导与参考》(总第 65 辑),人民法院出版社 2016 年版。

[24]最高人民法院民事审判第一庭编著:《最高人民法院建设工程施工合同司法解释的理解与适用》,人民法院出版社 2004 年版。

[25]江必新等:《最高人民法院指导性案例裁判规则理解与适用·房地产卷》,中国法制出版社 2014 年版。

[26]江平主编:《中华人民共和国合同法精解》,中国政法大学出版社 1999 年版。

[27]韩世远:《合同法总论》,法律出版社 2018 年版。

[28]崔建远:《合同法》,北京大学出版社 2021 年版。

[29]韩世远:《履行障碍法的体系》,法律出版社 2006 年版。

[30]王家福主编:《中国民法学·民法债权》,法律出版社 1991 年版。

[31]崔建远:《合同法》,法律出版社 2003 年版。

[32]王利明、崔建远:《合同法新论·总则》,中国政法大学出版社 1996 年版。

[33]梁慧星:《民法学说判决与立法研究》(二),国家行政学院出版社 1999 年版。

[34]郑玉波著、陈荣隆修订:《民法债编总论》,中国政法大学出版社 2004 年版。

[35]谢怀栻等:《合同法原理》,法律出版社 2000 年版。

[36]王利明:《合同法新问题研究》,中国社会科学出版社 2011 年版。

[37]彭凤至:《情势变更原则之研究》,台北,五南图书出版公司 1986 年版。

[38]江平:《民法学》,中国政法大学出版社 2000 年版。

[39]王利明等:《民法新论》(下),中国政法大学出版社 1988 年版。

[40]王泽鉴:《债法原理》(第 1 册),中国政法大学出版社 2002 年版。

[41]梁慧星:《中国民法经济法诸问题》,法律出版社 1991 年版。

[42]徐国栋:《民法基本原则研究——成文法局限性之克服》,中国政法大学出版社 2001 年版。

[43]最高人民检察院第六检察厅编:《〈人民检察院民事诉讼监督规则〉理解与适用》,中国检察出版社 2021 年版。

[44]史尚宽:《债法总论》,中国政法大学出版社 2000 年版。

[45]邱聪智:《新订民法债编通则》(下),中国人民大学出版社 2004 年版。

[46]王泽鉴:《法律思维与民法实例》,中国政法大学出版社 2001 年版。

[47]王利明:《违约责任论》,中国政法大学出版社 2000 年版。
[48]贺小荣:《最高人民法院第二巡回法庭法官会议纪要》,人民法院出版社 2022 年版。
[49]韩世远:《违约损害赔偿研究》,法律出版社 1999 年版。
[50]黄薇主编:《中华人民共和国民法典合同编解读》(上册),中国法制出版社 2020 年版。
[51]黄薇主编:《中华人民共和国民法典合同编解读》(下册),中国法制出版社 2020 年版。
[52]张智辉主编:《中国检察》(第 6 卷),北京大学出版社 2004 年版。
[53]黄茂荣:《债法总论》(第 2 册),中国政法大学出版社 2003 年版。
[54]史尚宽:《债法总论》,台北,荣泰印书馆 1978 年版。
[55]崔建远:《合同责任研究》,吉林大学出版社 1992 年版。
[56]最高人民法院民事审判第二庭编著:《最高人民法院关于买卖合同司法解释理解与适用》,人民法院出版社 2016 年版。
[57]王泽鉴:《债法原理》,北京大学出版社 2013 年版。
[58]曾世雄:《损害赔偿法原理》,台北,三民书局 1996 年版。
[59]胡康生主编:《〈中华人民共和国合同法〉释义》,法律出版社 1999 年版。
[60]李永军:《合同法》,法律出版社 2010 年版。
[61]程德钧主编:《涉外仲裁与法律》(第 1 辑),中国人民大学出版社 1994 年版。
[62]王利明:《民法总则研究》,中国人民大学出版社 2012 年版。
[63]王泽鉴:《民法总则》,北京大学出版社 2014 年版。
[64]李仁玉等:《合同效力研究》,北京大学出版社 2006 年版。
[65]程啸:《民法学习方法九讲》,中国人民大学出版社 2022 年版。
[66]梁慧星:《民法解释学》,法律出版社 2022 年版。
[67]崔建远:《合同法总论》(上卷),中国人民大学出版社 2011 年版。
[68]王毓莹、史智军:《建设工程施工合同纠纷疑难问题和裁判规则解析》,法律出版社 2022 年版。
[69]崔建远:《合同法总论》(中卷),中国人民大学出版社 2016 年版。
[70]王利明:《合同法研究》(第 2 卷),中国人民大学出版社 2011 年版。
[71]王利明:《合同法研究》(第 3 卷),中国人民大学出版社 2012 年版。
[72]梁慧星:《民商法论丛》(第 1 卷),法律出版社 1994 年版。
[73]曾世雄:《民法总则之现在与未来》,中国政法大学出版社 2001 年版。
[74]梁慧星:《民法总论》,法律出版社 2007 年版。
[75]郑玉波:《民商法问题研究》(一),台北,三民书局 1983 年版。

[76]佟柔主编:《中国民法学·民法总则》,中国人民公安大学出版社 1990 年版。
[77]朱兰春:《法官如何裁判》,中国法制出版社 2021 年版。
[78]最高人民法院民事审判第一庭编著:《最高人民法院建设工程施工合同司法解释的理解与适用》,人民法院出版社 2015 年版。
[79]韩世远:《合同法学》,高等教育出版社 2010 年版。
[80]柳经纬主编:《债法总论》,北京师范大学出版社 2011 年版。
[81]最高人民法院应用法学研究所编:《人民法院案例选》(总第 91 辑),人民法院出版社 2016 年版。
[82]唐德华、孙秀君主编:《合同法及司法解释条文释义》,人民法院出版社 2004 年版。
[83]史尚宽:《债法各论》,台北,三民书局 1960 年版。
[84]郑玉波:《民法债编各论》(下),台北,三民书局 1981 年版。
[85]最高人民法院办公厅编:《中华人民共和国最高人民法院公报》(2015 年卷),人民法院出版社 2016 年版。
[86]余延满:《合同法原论》,武汉大学出版社 1999 年版。
[87]孔祥俊:《合同法疑难案例评析与法理研究》,人民法院出版社 1999 年版。
[88]全国人大常委会法制工作委员会民法室编著:《2012 民事诉讼法修改决定条文解释》,中国法制出版社 2012 年版。
[89]齐树洁:《民事诉讼法》,厦门大学出版社 2017 年版。
[90]齐树洁主编:《台湾地区民事诉讼制度》,厦门大学法律出版社 2016 年版。
[91]李浩:《民事证明责任研究》,法律出版社 2003 年版。
[92]毕玉谦:《民事证据法及其程序功能》,法律出版社 1997 年版。
[93]中共中央文献研究室编:《习近平关于全面依法治国论述摘编》,中央文献出版社 2015 年版。
[94]江伟、肖建国主编:《民事诉讼法》,中国人民大学出版社 2015 年版。
[95]卞建林主编:《证据法学》,中国政法大学出版社 2002 年版。
[96]孙祥壮:《民事再审程序:从立法意图到司法实践》,法律出版社 2016 年版。
[97]何东宁、丁俊峰、杨心忠:《新民事诉讼法再审程序问题裁判标准》,人民法院出版社 2013 年版。
[98]张卫平:《民事诉讼法》,法律出版社 2013 年版。
[99]《瑞士民法典》,殷生根、王燕译,法律出版社 1987 年版。
[100]梁慧星:《裁判的方法》,法律出版社 2003 年版。
[101]黄舒芃:《变迁社会中的法学方法》,台北,元照出版有限公司 2009 年版。
[102]贺荣主编:《深化司法改革与行政审判实践研究》(上),人民法院出版社 2017

年版。
[103]最高人民法院民事审判第二庭编著:《最高人民法院关于买卖合同司法解释理解与适用》,人民法院出版社 2016 年版。
[104]毕玉谦主编:《证据法要义》,法律出版社 2003 年版。
[105]王利明:《中国民法典草案建议稿及说明》,中国法制出版社 2004 年版。
[106]陈新民:《德国公法学基础理论》(下册),山东人民出版社 2001 年版。
[107]城仲模主编:《行政法之一般法律原则》(二),台北,三民书局 1997 年版。
[108]江必新等:《新民事诉讼法再审程序疑难问题解答与裁判指导》,法律出版社 2014 年版。
[109]邱联恭:《程序制度机能论》,台北,三民书局 2008 年版。
[110]景汉朝、孙华璞主编,最高人民法院审判监督庭编:《审判监督指导》(总第 55 辑),人民法院出版社 2017 年版。
[111]杨荣馨主编:《民事诉讼原理》,法律出版社 2003 年版。
[112]宋朝武主编:《民事诉讼法学》,厦门大学出版社 2015 年版。
[113]白绿铉编译:《日本新民事诉讼法》,中国法制出版社 2000 年版。
[114]中共中央文献研究室编:《十八大以来重要文献选编》(上),中央文献出版社 2014 年版。
[115][英]P. S. 阿狄亚:《合同法导论》,赵旭东等译,法律出版社 2002 年版。
[116]《拿破仑法典》,李浩培等译,商务印书馆 1979 年版。
[117][日]我妻荣:《新订民法总则——我妻荣民法讲义Ⅰ》,于敏译,中国法制出版社 2008 年版。
[118][德]迪特尔·梅迪库斯:《德国民法总论》,劭建东译,法律出版社 2000 年版。
[119][意]彼得罗·彭梵得:《罗马法教科书》,黄风译,中国政法大学出版社 2005 年版。
[120]《瑞士民法典》,殷生根等译,中国政法大学出版社 1999 年版。
[121][英]P. S. 阿蒂亚:《合同法概论》,程正康等译,法律出版社 1982 年版。
[122]《法国民法典》,罗结珍译,北京大学出版社 2010 年版。
[123]《德国民法典》,陈卫佐译注,法律出版社 2015 年版。
[124][美]莫顿·J. 霍维茨:《美国法的变迁 1780 ~ 1860》,谢鸿飞译,中国政法大学出版社 2004 年版。
[125][德]卡尔·拉伦茨:《德国民法通论》,王晓晔等译,法律出版社 2003 年版。
[126][日]我妻荣:《债法各论》(上卷),徐慧译,中国法制出版社 2008 年版。
[127][德]伯恩·魏德士:《法理学》,丁小春、吴越译,法律出版社 2005 年版。
[128][德]K. 茨威格特、H. 克茨:《比较法总论》,潘汉典等译,法律出版社 2003 年版。

[129][德]卡尔·恩吉施:《法律思维导论》,郑永流译,法律出版社 2004 年版。
[130][德]米夏埃尔·施蒂尔纳编:《德国民事诉讼法学文萃》,赵秀举译,中国政法大学出版社 2005 年版。
[131][日]石井一正:《日本实用刑事证据法》,陈浩然译,台北,五南图书出版公司 2000 年版。
[132][美]约翰·亨利·梅利曼:《大陆法系》,顾培东、禄正平译,法律出版社 2004 年版。
[133]《法国民法典,民事诉讼法典》,罗结珍译,国际文化出版公司 1997 年版。
[134][日]新堂幸司:《新民事诉讼法》,林剑锋译,法律出版社 2008 年版。
[135][英]戴维·M. 沃克:《牛津法律大辞典》,北京社会与发展研究所译,光明日报出版社 1988 年版。
[136][德]汉斯·普维庭:《现代证明责任问题》,吴越译,法律出版社 2000 年版。
[137]齐树洁:《程序正义与司法改革》,厦门大学出版社 2010 年版。
[138]谢在全:《民法物权论》,中国政法大学出版社 1999 年版。
[139]最高人民法院民法典贯彻实施工作领导小组主编:《中华人民共和国民法典合同编理解与适用》,人民法院出版社 2020 年版。
[140]最高人民法院民事审判第二庭:《最高人民法院民法典担保制度司法解释理解与适用》,人民法院出版社 2021 年版。
[141]高圣平:《担保法前沿问题与判解研究》(第 5 卷),人民法院出版社 2021 年版。

二、期刊

[1]王利明:《论无效合同的判断标准》,载《法律适用》2012 年第 7 期。
[2]汤维建:《从模式比较的视角看我国民事再审制度的改革与完善》,载《时代法学》2006 年第 4 期。
[3]刘练军:《既判力、再审制度与司法公正》,载《杭州师范大学学报(社会科学版)》2012 年第 5 期。
[4]于锐:《案外人申请再审的主体资格及路径分析》,载《行政与法》2010 年第 9 期。
[5]刘辉:《民事调解监督问题调研》,载《国家检察官学院学报》2014 年第 5 期。
[6]宋朝武:《当代中国民事检察监督的变革方向与路径考量》,载《河南社会科学》2011 年第 1 期。
[7]颜峰、黄立群:《法院依职权启动再审问题的思考》,载《山东审判》2011 年第 2 期。
[8]王亚新:《"再审之诉"的再辨析》,载《法商研究》2006 年第 4 期。
[9]张卫平:《民事再审事由研究》,载《法学研究》2000 年第 5 期。

[10]李浩:《民事证据的若干问题——兼评最高人民法院〈关于民事诉讼证据的司法解释〉》,载《法学研究》2002 年第 3 期。
[11]林文学、吴凯敏:《民事再审审查法官行使自由裁量权的思考》,载《法律适用》2012 年第 11 期。
[12]武建华:《民事纠纷案件再审的审查标准》,载《人民司法》2016 年第 13 期。
[13]程春华:《民事案件裁判方法论:三段论法与证明责任法》,载《南昌大学学报(人文社会科学版)》2013 年第 2 期。
[14]杨立新:《关于民事行政申诉案件的案卷审查》(上),载《人民检察》2001 年第 9 期。
[15]朱力宇:《关于法的溯及力问题和法律不溯既往原则的若干新思考》,载《法治研究》2010 年第 5 期。
[16]胡建森、杨登峰:《有利法律溯及原则及其适用中的若干问题》,载《北京大学学报(哲学社会科学版)》2006 年第 6 期。
[17]余文唐:《法律冲突三大适用规则关系论——兼论新普旧特法冲突的适用模式》,载《法官文丛》2008 年第 1 期。
[18]程春华:《举证责任分配、举证责任倒置与举证责任转移——以民事诉讼为考察范围》,载《现代法学》2008 年第 2 期。
[19]崔玉清、林文学:《完善民事再审审查制度的思考》,载《人民检察》2013 年第 22 期。
[20]景汉朝、卢子娟:《经济审判方式改革若干问题研究》,载《法学研究》1997 年第 5 期。
[21]毕玉谦:《经验法则及其实务应用》,载《法学》2008 年第 2 期。
[22]谭兵、黄胜春:《论我国民事诉讼中的质证制度》,载《法学评论》1995 年第 5 期。
[23]蒋大兴:《超越商事交易裁判中的"普通民法逻辑"》,载《国家检察官学院学报》2021 年第 2 期。
[24]李浩:《管辖错误与再审事由》,载《法学研究》2008 年第 4 期。
[25]张卫平:《管辖权异议、回归原点与制度修正》,载《法学研究》2006 年第 4 期。
[26]刘贵祥:《民法典中关于担保的几个重大问题》,载《法律适用》2021 年第 1 期。
[27]刘保玉、梁远高:《民法典中债务加入与保证的区分及其规则适用》,载《山东大学学报(哲学社会科学版)》2021 年第 4 期。
[28]孙良国:《违约方的合同解除权及其界限》,载《当代法学》2016 年第 5 期。
[29]石银山:《违约方主张解除合同如何处置》,载《中国审判》2012 年第 9 期。
[30]崔建远:《无权处分合同的效力、不安抗辩、解除及债务承担》,载《法学研究》2013 年第 6 期。
[31]崔建远、龙俊:《委托合同的任意解除权及其限制》,载《法学研究》2008 年第 6 期。
[32]李开国、李凡:《合同解除有溯及力可以休矣——基于我国民法的实证分析》,载《河

北法学》2016 年第 5 期。
[33] 崔建远:《不可抗力条款及其解释》,载《环球法律评论》2019 年第 1 期。
[34] 刘凯湘、张海峡:《论不可抗力》,载《法学研究》2000 年第 6 期。
[35] 叶林:《论不可抗力制度》,载《北方法学》2007 年第 5 期。
[36] 崔建远:《情事变更原则探微》,载《当代法学》2021 年第 3 期。
[37] 龙宗智:《立法原意何处寻:评 2021 年最高人民法院适用刑事诉讼法司法解释》,载《中国法学》2021 年第 4 期。
[38] 夏凤英:《胁迫相关问题探讨——兼评〈合同法〉之规定》,载《法学论坛》2000 年第 5 期。
[39] 薛军:《论意思表示错误的撤销权存续期间——以中国民法典编撰为背景的分析》,载《比较法研究》2016 年第 3 期。
[40] 梁慧星:《合同法第二百八十六条的权利性质及其适用》,载《山西大学学报(哲学社会科学版)》2001 年第 3 期。
[41] 陈信勇:《建设工程价款优先受偿权放弃行为的效力分析》,载《浙江社会科学》2016 年第 2 期。
[42] 谢在全:《承揽人抵押权之研究》,载《月旦法学杂志》第 69 期(2001 年)。
[43] 李后龙、花玉军、葛文:《再审新证据认定和运用的实证分析》,载《人民司法》2009 年第 21 期。
[44] 王利明:《论"存疑推定为保证"——以债务加入与保证的区分为中心》,载《华东政法大学学报》2021 年第 1 期。
[45] 王朝辉:《民事再审事由的体系展开与程序效力》,载《法律适用》2020 年第 20 期。
[46] 曹守晔:《最高人民法院关于适用〈中华人民共和国合同法〉若干问题的解释(二)之情势变更问题的理解与适用》,载《法律适用》2009 年第 8 期。
[47] 张建军:《情势变更与商业风险的比较探讨》,载《甘肃政法学院学报》2004 年第 2 期。
[48] 梁慧星:《合同法上的情事变更问题》,载《法学研究》1988 年第 6 期。
[49] 尹田:《我国新合同法中的表见代表制度评析》,载《现代法学》2000 年第 5 期。
[50] 王建文、李磊:《表见代理判断标准重构:民商区分模式及其制度构造》,载《法学评论》2011 年第 5 期。
[51] 郑立、马太建:《论民法中的善意制度》,载《法学杂志》1989 年第 5 期。
[52] 董学立:《重新审视和设计无权代理》,载《法学》2006 年第 2 期。
[53] 张海燕:《论法官对民事实体抗辩的释明》,载《法律科学(西北政法大学学报)》2017 年第 3 期。

[54]柳经纬、尹腊梅:《民法上的抗辩与抗辩权》,载《厦门大学学报(哲学社会科学版)》2007 年第 2 期。
[55]杨芳贤:《民法违约金酌减规定之若干问题》,载《台大法学论丛》第 4 期(2011 年)。
[56]陈怀峰、赵江风:《违约金数额司法调整的适用问题》,载《政法论丛》2011 年第 6 期。
[57]姚明斌:《违约金双重功能论》,载《清华法学》2016 年第 5 期。
[58]肖建国、宋春龙:《责任聚合下民刑交叉案件的诉讼程序——对“先刑后民”的反思》,载《法学杂志》2017 年第 3 期。
[59]万毅:《“先刑后民”原则的实践困境及其理论破解》,载《上海交通大学学报(哲学社会科学版)》2007 年第 2 期。
[60]张永泉:《法秩序统一视野下的诉讼程序与法律效果的多元性——以竞合型刑民交叉案件为视角》,载《法学杂志》2017 年第 3 期。
[61]林智远:《论涉嫌合同诈骗案件之诉讼方式选择》,载《海峡法学》2011 年第 4 期。
[62]沈伟:《涉嫌诈骗合同效力的司法认定及其处理路径——基于法解释学的解构》,载《法学评论》2017 年第 4 期。
[63]谢鸿飞:《民法典担保制度内在体系的变迁》,载《东南学术》2021 年第 5 期。
[64]童可兴:《刑民交错案件的司法界定》,载《人民检察》2004 年第 6 期。
[65]黄亮:《商业秘密刑民交叉案件处理模式的困境及其破解》,载《时代法学》2015 年第 3 期。
[66]郝丽燕:《违约可得利益损失赔偿的确定标准》,载《环球法律评论》2016 年第 2 期。
[67]冉克平:《“恶意串通”与“合法形式掩盖非法目的”在民法典总则中的构造》,载《现代法学》2017 年第 4 期。
[68]肖建国:《民事再审事由的类型化及其审查——基于解释论的思考》,载《法律适用》2013 年第 4 期。
[69]汤维建、韩香:《民事再审事由分层(类型化)理论研究》,载《政治与法律》2012 年第 2 期。
[70]朱金高:《再审事由的深度透析》,载《法律科学(西北政法大学学报)》2013 年第 5 期。
[71]江必新:《民事再审事由:问题与探索——对〈民事诉讼法〉有关再审事由规定的再思考》,载《法治研究》2012 年第 1 期。
[72]杜万华:《民事诉讼法司法解释重点问题解析》,载《法律适用》2015 年第 4 期。
[73]高沈坚:《〈关于民事审判监督程序严格依法适用指令再审和发回重审若干问题的规定〉的理解与适用》,载《人民司法》2015 年第 13 期。
[74]Jack Grave, Penalty Clauses and the CISC, 30J. I & Comm. 153(2012), 10.

三、报纸

[1]翟寅生、唐孟暄:《行政行为是否构成商品房买卖中的不可抗力》,载《人民法院报》2015 年 2 月 18 日,第 7 版。
[2]王胜全:《判决生效后新生成的证据不能用作再审新证据》,载《人民法院报》2009 年 11 月 24 日,第 6 版。
[3]朱新林:《放弃违约金调整请求权约定之效力》,载《人民法院报》2014 年 3 月 5 日,第 7 版。
[4]宋晓明、张雪楳:《民商事审判若干疑难问题——民刑交叉案件》,载《人民法院报》2006 年 8 月 23 日,第 5 版。
[5]张明楷:《程序上的刑民关系》,载《人民法院报》2006 年 5 月 24 日,B01 版。
[6]闵俊伟:《委托合同任意解除权的特约放弃》,载《人民法院报》2012 年 5 月 23 日,第 7 版。
[7]怀晓红:《合同违约方能否主张解除合同》,载《人民法院报》2014 年 5 月 21 日,第 7 版。
[8]王朝辉:《民事诉讼管辖权裁定不应被再审》,载《人民法院报》2015 年 9 月 16 日,第 7 版。
[9]汤维建:《"管辖错误"作为再审事由的正当性确证》,载《人民法院报》2009 年 5 月 26 日,第 5 版。
[10]张卫平:《管辖错误不宜作为民事再审的事由》,载《人民法院报》2007 年 9 月 18 日,第 6 版。
[11]孙祥壮、田朗亮、李宗诚:《以正确司法理念为指导全面考量各种价值平衡——〈关于再审中新证据的认定及运用问题的调研〉会议综述》,载《人民法院报》2009 年 10 月 16 日,第 5 版。
[12]乔文心:《全国法院受理案件数突破一千四百万》,载《人民法院报》2017 年 8 月 1 日,第 1 版。
[13]孙祥壮:《关于案外人申请再审以及相关处理》,载《人民法院报》2009 年 3 月 17 日,第 5 版。
[14]肖建国:《案外人申请再审的理论与适用》,载《人民法院报》2009 年 3 月 17 日,第 5 版。

附录

最高人民法院民事案件当事人申请再审指南*

为引导当事人正确行使申请再审权，方便当事人诉讼，根据《中华人民共和国民事诉讼法》《最高人民法院关于适用〈中华人民共和国民事诉讼法〉的解释》《全国人民代表大会常务委员会关于授权最高人民法院组织开展四级法院审级职能定位改革试点工作的决定》《最高人民法院关于完善四级法院审级职能定位改革试点的实施办法》的规定，结合最高人民法院民事申请再审案件受理工作实际，制定本指南。

一、向最高人民法院申请再审的法定条件

第一条 当事人对最高人民法院已经发生法律效力的一审、二审民事判决、裁定、调解书，可以向最高人民法院申请再审。

第二条 当事人对高级人民法院已经发生法律效力的一审、二审民事判决、裁定，符合下列情形之一的，可以向最高人民法院申请再审：

(一)再审申请人对原判决、裁定认定的基本事实、主要证据和诉讼程序无异议，但认为适用法律有错误的；

(二)原判决、裁定经高级人民法院审判委员会讨论决定的。

---

* 载最高人民法院官网 2021 年 11 月 29 日，https://www.court.gov.cn/zixun-xiangqing-333711.html。

第三条 下列情形当事人申请再审的，最高人民法院不予受理：

（一）已经发生法律效力的解除婚姻关系的判决、调解；

（二）当事人将生效判决、调解书确认的债权转让，债权受让人对该判决、调解书不服申请再审的案件；

（三）适用特别程序、督促程序、公示催告程序、破产程序等非讼程序审理的案件；

（四）再审申请被驳回的案件；

（五）再审判决、裁定；

（六）人民检察院对当事人的申请作出不予提出再审检察建议或者抗诉决定的案件；

（七）当事人对高级人民法院已经发生法律效力的民事调解书申请再审的案件。

第四条 当事人可以对最高人民法院、高级人民法院作出且符合本指南第一条、第二条规定的下列裁定向最高人民法院申请再审：

（一）不予受理的裁定；

（二）驳回起诉的裁定。

第五条 再审申请人应当符合下列情形之一：

（一）判决、裁定、调解书列明的当事人；

（二）认为原判决、裁定、调解书损害其民事权益，所提出的执行异议被裁定驳回的案外人；

（三）上述当事人或案外人死亡或者终止的，其权利义务承继者。

第六条 当事人向最高人民法院申请再审的，一般应委托律师作为诉讼代理人。委托律师有困难的，可以申请法律援助。

第七条 当事人提交的再审申请书不符合要求的，应当在告知后十日内予以补正。无正当理由逾期未予补正的，按撤回再审申请处理。

第八条 当事人申请再审，应当在判决、裁定、调解书发生法律效力后六个月内提出；有民事诉讼法第二百条第一项、第三项、第十二项、第十三项规定情形的，自知道或者应当知道之日起六个月内提出。

二、向最高人民法院申请再审的方式

第九条 当事人向最高人民法院申请再审，可以下列方式提出：

(一)到最高人民法院诉讼服务中心提交申请再审案件材料;

(二)向最高人民法院邮寄提交申请再审案件材料;

(三)通过最高人民法院诉讼服务网、中国移动微法院、人民法院律师服务平台、人民法院网上申诉信访平台在线提交申请再审案件材料。

三、向最高人民法院申请再审应当提交的书面材料

第十条　再审申请人应当提交再审申请书,并按照被申请人及原审其他当事人人数提交再审申请书副本。

第十一条　再审申请书应当载明下列事项:

(一)再审申请人、被申请人及原审其他当事人的基本情况。当事人是自然人的,应列明姓名、性别、出生日期、民族、职业(或工作单位及职务)、住所及有效联系电话、邮寄地址;当事人是法人或者其他组织的,应列明名称、住所和法定代表人或者主要负责人的姓名、职务及有效联系电话、邮寄地址;

(二)作出判决、裁定、调解书的人民法院名称,判决、裁定、调解文书案号;

(三)具体的再审请求;

(四)申请再审所依据的法定情形(须列明所依据的民事诉讼法的具体条、款、项)及具体事实、理由。当事人不服最高人民法院生效判决、裁定申请再审的,再审申请书列明的再审事由应当是民事诉讼法第二百条规定的情形。当事人不服高级法院生效判决、裁定向本院申请再审的,再审申请书列明再审事由应当是民事诉讼法第二百条第六项规定的情形,并在再审申请书中声明对原判决、裁定认定的基本事实、认定事实的主要证据、适用的诉讼程序没有异议,同时载明案件所涉法律适用问题的争议焦点、生效裁判适用法律存在错误的论证理由和依据。再审申请书未列明再审事由的,应当补充;

(五)向最高人民法院申请再审的明确表述;

(六)再审申请人的签名或者盖章。

第十二条　再审申请人除应提交符合规定的再审申请书外,还应当提交以下材料:

(一)再审申请人是自然人的,应提交身份证明复印件;再审申请人是法

人或其他组织的，应提交加盖公章的组织机构代码证复印件、营业执照复印件、法定代表人或主要负责人身份证明书；

（二）委托他人代为申请，除提交授权委托书外，委托代理人是律师的，应提交律师事务所函和律师执业证复印件；委托代理人是基层法律服务工作者的，应提交基层法律服务所函和法律服务工作者执业证，以及当事人一方位于本辖区内的证明材料。委托代理人是当事人的近亲属的，应提交代理人身份证明复印件以及与当事人有近亲属关系的证明材料；委托代理人是当事人的工作人员的，应提交代理人身份证明复印件和与当事人有合法劳动人事关系的证明材料；委托代理人是当事人所在社区、单位以及有关社会团体推荐的公民的，应提交代理人身份证明复印件、推荐材料和当事人隶属于该社区、单位的证明材料；

（三）申请再审的判决、裁定、调解书原件，或者经核对无误的复印件；判决、裁定、调解书系二审裁判的，应同时提交一审裁判文书原件，或者经核对无误的复印件；

（四）在原审诉讼过程中提交的主要证据复印件；

（五）支持申请再审所依据的法定情形和再审请求的证据材料；

（六）再审申请人有新证据的，应按照被申请人及原审其他当事人人数提交相应份数的新证据副本。

第十三条 再审申请人提交再审申请书等材料应使用A4型纸，同时可以附与书面材料内容一致的可编辑的一审、二审裁判文书和再审申请书的电子文本（WORD文本），并提供所有纸质文件的便携式格式文本（PDF文本），将上述两种格式的电子文本刻录在同一张光盘中，与纸质材料一并提交。

第十四条 再审申请人提交的再审申请书等材料不符合上述要求，或者有人身攻击等内容，可能引起矛盾激化的，应当补充或改正。

四、到最高人民法院诉讼服务中心提交申请再审案件材料的要求

第十五条 最高人民法院在本部、各巡回法庭及知识产权法庭诉讼服务中心设立专门窗口负责审查接受申请再审案件材料。

第十六条 再审申请人到最高人民法院诉讼服务中心提交申请再审材料的，应当填写来访人员登记表，按照提交登记表的顺序，由接谈法官审查其再审申请是否符合受理条件以及材料是否齐备。

第十七条　再审申请人提出的再审申请符合受理条件且材料齐备的，应填写《最高人民法院民事申请再审诉讼材料收取清单》一式两份，签名并注明日期，由接谈法官加盖最高人民法院收取诉讼材料专用章后返还一份清单。

再审申请人应同时填写送达地址确认书。

五、向最高人民法院邮寄提交申请再审案件材料的要求

第十八条　再审申请人向最高人民法院邮寄提交申请再审案件材料的，应当符合以下要求：

（一）按照本指南第十条至第十四条的要求提供材料，并附材料清单、送达地址确认书及电话等有效联系方式；

（二）在信封上注明提交民事申请再审案件材料；

（三）在信封上注明来信地址、邮政编码及联系电话。

第十九条　再审申请人以邮寄方式提出再审申请符合受理条件，但申请再审案件材料不齐备或需要改正的，应当按要求予以补充或改正。

六、在线提交申请再审案件材料的要求

第二十条　当事人在线提交申请再审案件材料应当符合以下要求：

（一）按照本指南第十条至第十四条的要求提供材料，并附材料清单、送达地址确认书及电话等有效联系方式；

（二）上传与书面材料内容一致的可编辑的一审、二审裁判文书和再审申请书的电子文本（WORD 文本），并提供所有纸质文件的便携式格式文本（PDF 文本）；

（三）填写送达方式、送达地址确认书。

第二十一条　再审申请人在线提出的再审申请，符合受理条件的，立案受理。但申请再审案件材料不齐备或需要补正的，应当按要求予以补正。

七、涉外民事案件申请再审的特别规定

第二十二条　涉外民事案件中的外国当事人向最高人民法院申请再审，申请人为外国人的，应当提交其与原件核对无误的护照复印件，或能证明其身份信息的其他证件复印件；申请人为外国企业或组织的，应当提交申

请人身份证明及代表人身份证明。上述身份证明应当经所在国公证机关公证，并经中华人民共和国驻该国使领馆认证，或者履行中华人民共和国与该所在国订立的有关条约中规定的证明手续。

外国人、外国企业或者组织从中华人民共和国领域外寄交或者托交的授权委托书，应当经所在国公证机关公证，并经中华人民共和国驻该国使领馆认证，或者履行中华人民共和国与该所在国订立的有关条约中规定的证明手续。外国人、外国企业或者组织的代表人在中华人民共和国境内签署授权委托书的，应当根据民事诉讼法司法解释第五百二十五条的规定，在人民法院法官见证下签署，或根据民事诉讼法司法解释第五百二十六条的规定提交中华人民共和国公证机构的公证书。

八、其他

第二十三条 最高人民法院网站可供查询民事申请再审相关规定和诉讼文书样式，提交民事申请再审案件材料网址为 ssfw. court. gov. cn。也可拨打 12368 诉讼服务热线查询。

第二十四条 申请再审材料邮寄地址：

最高人民法院本部 北京市东城区北花市大街 9 号最高人民法院立案庭诉讼服务中心登记四室，邮政编码：100062。如需实地查询请到北京市朝阳区南四环肖村桥南顶路红寺村 316 号最高法院申诉信访大厅办理。

第一巡回法庭 广东省深圳市罗湖区红岭中路 1036 号最高人民法院第一巡回法庭诉讼服务中心，邮政编码：518000。

第二巡回法庭 辽宁省沈阳市浑南区世纪路 3 号最高人民法院第二巡回法庭诉讼服务中心，邮政编码：110179。

第三巡回法庭 江苏省南京市江北新区浦珠北路 88 号最高人民法院第三巡回法庭诉讼服务中心，邮政编码：210031。

第四巡回法庭 河南省郑州市郑东新区博学路 33 号最高人民法院第四巡回法庭诉讼服务中心，邮政编码：430070。

第五巡回法庭 重庆市江北区盘溪路 406 －9 号最高人民法院第五巡回法庭诉讼服务中心，邮政编码：400021。

第六巡回法庭 陕西省西安市国际港务区港兴二路 6116 号最高人民法院第六巡回法庭诉讼服务中心，邮政编码：710038。

后记

十多年来，笔者一直主要从事民商事重大诉讼及风险防范之研究和代理工作，特别是自2015年7月获聘最高法第一巡回法庭志愿律师[1]以来，进一步接触了大量巡回区域当事人申请再审、申诉甚至信访案例。在一一解答当事人疑惑的同时，笔者时常在思虑如何进一步提升自身乃至律师同人对最高法再审裁判运行规律的认识深度，以便更好地在最高法以及各级地方法院为客户提供高质量的法律服务，此乃本书之写作初衷也。

不像英美法系存在遵循先例原则，判例在我国仅仅起补充作用。截至2022年10月7日，中国裁判文书网共公开了83,690,348篇民事裁判文书，但最高法才公布了32批共计185个指导性案例，这个数量是沧海一粟。通常大陆法系国家采取演绎推理模式进行断案，经典的三段论推理模式在今天仍然占据主导地位。[2] 而裁判者在推理演绎过程中不可避免地体现其个人对案件事实和法律适用的独特理解和判断，因此同案不同判在所难免，再审与二审不同判也在所难免。一般而言，能够到最高法再审的案件，最少经历两次甚至三次判决或裁定。相比地方法院的案件，该类案件案情更复杂、牵涉面更广。作为错案的补充救济性手段，再审在启动方式、立案法定事由和再审改判标准方面，均有异于一审、二审之处。法官在维持生效裁判文书的既判力和维护实质公平正义中如何维持一种平衡，的确值得深入研究。最高法的司法判决更能代表我国司法实践对于某一问题的价值立场与基调

---

〔1〕 笔者于2017年11月28日，获“最高人民法院第一巡回法庭第一期志愿律师团优秀志愿律师”荣誉称号。

〔2〕 [德]汉斯·普维庭：《现代证明责任问题》，法律出版社2000年版，第71页。

取向。故本书便以最高法再审案例为视角，尝试对再审程序和实务中一些疑难问题进行深入分析、研究和论证，试图找出最高法在民商事再审裁判方面存在的一定规律。由于笔者才疏学浅，且书中尚有部分观点在司法实践中还存有争议，故本书存在错误在所难免，恳请各位专家和读者批评、指正，笔者将在今后研究中进一步修正。

本书的原版即《通向再审之路——最高人民法院民商事再审疑难实务》，承蒙中国法学会民法学研究会副会长、清华大学法学院博士研究生导师崔建远教授作序；本书承蒙中国法学会民事诉讼法学研究会副会长、厦门大学法学院齐树洁教授指导及作序，一并表示诚挚谢意！

丁义平

2022年10月28日

于深圳国际创新中心A栋4楼